Politiques sociales

Marie-Thérèse Join-Lambert,
Anne Bolot-Gittler, Christine Daniel,
Daniel Lenoir, Dominique Méda

Politiques sociales

2e édition revue
et mise à jour

PRESSES DE SCIENCES PO et DALLOZ

Catalogage Électre-Bibliographie (avec le concours des Services de documentation de la FNSP)

Politiques sociales / Marie-Thérèse Join-Lambert, Anne Bolot-Gittler, Christine Daniel et al.. – 2e éd. Paris : Presses de Sciences Po et Dalloz, 1997. – (Amphithéâtre)

ISBN 2-7246-0736-8	ISBN 2-247-02638-9
RAMEAU :	France : politique sociale
DEWEY :	361.1 : Politique sociale. Aide sociale.
	Politiques sociales. Aide publique. Questions générales
Public concerné :	Universitaire

Couverture : Carré Noir

Remerciements

Cet ouvrage trouve son origine dans des enseignements dispensés à l'Institut d'études politiques de Paris, particulièrement dans le cadre du « certificat de spécialisation » de questions sociales, coordonné par Marie-Thérèse Join-Lambert. Il a bénéficié à ce titre des discussions menées collectivement, tant avec les autres enseignants du cours magistral — Bertrand Fragonard (jusqu'en 1993), puis Dominique Coudreau pour la protection sociale, Jean-Emmanuel Ray pour le droit du travail — qu'avec les enseignants des cours-séminaires. Que tous les responsables de ces enseignements soient chaleureusement remerciés.

Ce livre est également ancré dans la pratique professionnelle — diversifiée — des auteurs, qui ont pour point commun d'avoir passé une partie de leur vie professionnelle, quatre ans au moins, à l'Inspection générale des affaires sociales. Ce temps leur a permis d'acquérir ou d'approfondir leur connaissance des politiques sociales grâce à de nombreux déplacements sur le terrain. Les auteurs tiennent donc tout particulièrement à remercier l'IGAS, son chef de corps actuel Christian Rollet, ainsi que son prédécesseur Michel Lucas.

Pour autant ce livre n'engage en aucun cas l'Inspection ; les auteurs portent l'entière responsabilité de ce qui est écrit.

Nos remerciements vont enfin à Sylvie Bertani qui nous a beaucoup aidés dans nos recherches documentaires.

Table des matières

DEUXIÈME PARTIE

TRAVAIL, EMPLOI ET FORMATION À L'ÉPREUVE DU CHÔMAGE

TROISIÈME PARTIE

LA PROTECTION SOCIALE ENTRE ASSURANCE ET SOLIDARITÉ

Liste des sigles

AAH : Allocation adulte handicapé
ACOSS : Agence centrale des organismes de Sécurité sociale
AFPA : Association pour la formation professionnelle des adultes
AFR : Allocation formation-reclassement
AGED : Allocation de garde d'enfant à domicile
AGIRC : Association générale des institutions de retraites des cadres
AIF : Actions d'insertion et de formation
AJE : Allocation au jeune enfant
AMM : Autorisation de mise sur le marché
ANAES : Agence nationale d'accréditation et d'évaluation en santé
ANPE : Agence nationale pour l'emploi
APE : Allocation parentale d'éducation
APEC : Association pour l'emploi des cadres
API : Allocation parent isolé
ARPE : Allocation de remplacement pour l'emploi
ARRCO : Association des régimes de retraites complémentaires
ASF : Association pour la structure financière
ASFNE : Allocation spéciale du fonds national pour l'emploi
ASFO : Association pour la formation professionnelle
ASS : Allocation spéciale de solidarité
ASSEDIC : Association pour l'emploi dans l'industrie et le commerce
AUD : Allocation unique dégressive

BEP : Brevet d'études professionnelles
BIT : Bureau international du travail
BTS : Brevet de technicien supérieur

CANAM : Caisse nationale d'assurance maladie et maternité des travailleurs non salariés des professions non agricoles
CANCAVA : Caisse autonome nationale de compensation de l'assurance vieillesse artisanale
CAP : Certificat d'aptitude professionnelle
CDC : Caisse des dépôts et consignations

CDD : Contrat à durée déterminée
CDI : Contrat à durée indéterminée
CE : Conseil d'État
CE : Comité d'entreprise
CEE : Communauté économique européenne
CEE : Centre d'études de l'emploi
CEEP : Centre européen des entreprises publiques
CERC : Centre d'études des revenus et des coûts
CEREQ : Centre d'études et de recherche sur les qualifications
CES : Conseil économique et social
CES : Contrat emploi-solidarité
CES : Confédération européenne des syndicats
CFA : Centre de formation d'apprentis
CFDT : Confédération française démocratique du travail
CFI : Crédit formation individualisé
CFTC : Confédération française des travailleurs chrétiens
CGE-CGC : Confédération générale de l'encadrement – Confédération générale des cadres
CGPME : Confédération générale des petites et moyennes entreprises
CGT : Confédération générale du travail
CGT-FO : Confédération générale du travail – Force ouvrière
CHSCT : Comité d'hygiène et de sécurité et des conditions de travail
CIF : Congé individuel de formation
CIE : Contrat iniative emploi
CIG : Conférence intergouvernementale
CJD : Centre des jeunes dirigeants
CLD : Chômeur de longue durée
CNAF : Caisse nationale des allocations familiales
CNAMTS : Caisse nationale de l'assurance maladie des travailleurs salariés
CNASEA : Centre national pour l'aménagement des structures et exploitations agricoles
CNAVTS : Caisse nationale d'assurance vieillesse des travailleurs salariés
CNIS : Conseil national de l'information statistique
CNPF : Conseil national du patronat français
CRAM : Caisse régionale d'assurance maladie
CRDS : Contribution pour le remboursement de la dette sociale
CPAM : Caisse primaire d'assurance maladie
CRE : Contrat de retour à l'emploi
CREDOC : Centre de recherche pour l'étude et l'observation des conditions de vie
CROSS : Comité régional de l'organisation sanitaire et sociale
CSG : Contribution sociale généralisée
CSMF : Confédération des syndicats médicaux français

DARES : Direction de l'animation de la recherche et des statistiques (ministère de l'emploi et de la solidarité)
DDASS : Direction départementale des affaires sanitaires et sociales

DDTEFP : Direction départementale du travail, de l'emploi et de la formation professionnelle
DEFM : Demandes d'emploi en fin de mois
DIRMI : Délégation interministérielle au revenu minimum d'insertion
DGB : Deutsche Gewerkschaftbund (Fédération des syndicats allemands)
DPE : Dépense pour l'emploi
DRASS : Direction régionale des affaires sanitaires et sociales
DRTE : Direction régionale du travail et de l'emploi
DSQ : Développement social des quartiers
DUT : Diplôme universitaire de technologie

ENSP : École nationale de la santé publique
ETT : Entreprise de travail temporaire

FAF : Fonds d'assurance formation
FAS : Fonds d'action sociale pour les travailleurs étrangers et leurs familles
FDES : Fonds de développement économique et social
FEN : Fédération de l'Éducation nationale
FFPPS : Fonds de la formation professionnelle et de la promotion sociale
FNE : Fonds national pour l'emploi
FNGS : Fonds national de garantie des salariés
FMF : Fédération de la mutualité française
FNMF : Fédération nationale de la mutualité française
FNS : Fonds national de solidarité
FSV : Fonds de solidarité vieillesse

GRETA : Groupement d'établissements de l'Éducation nationale

HCSP : Haut comité de la santé publique
HVS : Habitat et vie sociale

INED : Institut national d'études démographiques
INSEE : Institut national de la statistique et des études économiques
INSERM : Institut national de la santé et de la recherche médicale
IRP : Institutions représentatives du personnel

MG France : Fédération française des médecins généralistes
MSA : Mutualité sociale agricole

NGAP : Nomenclature générale des actes professionnels

OCDE : Organisation de coopération et de développement économique
OFCE : Observatoire français des conjonctures économiques
OMA : Organisme de mutualisation agréé
OMS : Organisation mondiale de la santé
OPACIF : Organisme paritaire agréé au titre du congé individuel de formation
ORGANIC : Organisation autonome nationale de l'industrie et du commerce

OST	: Organisation scientifique du travail
PIB	: Produit intérieur brut
PME	: Petite et moyenne entreprise
PSD	: Prestation spécifique dépendance
PSPH	: Participant au service public hospitalier
RMI	: Revenu minimum d'insertion
RMO	: Références médicales opposables
SESI	: Service des statistiques des études et des systèmes d'information (ministère de l'Emploi et de la Solidarité)
SIFE	: Stage d'insertion et de formation à l'emploi
SMIC	: Salaire minimum interprofessionnel de croissance
SMIG	: Salaire minimum interprofessionnel garanti
TSAP	: Tableau statistique d'activité des praticiens
TUC	: Travaux d'utilité collective
TUC	: Trade Union Congress
UCANSS	: Union des caisses nationales de Sécurité sociale
UCCSF	: Union collégiale des chirurgiens et spécialistes français
UE	: Union européenne
UIMM	: Union des industries métallurgiques et minières
UNEDIC	: Union nationale interprofessionnelle pour l'emploi dans l'industrie et le commerce
UNICE	: Union des industries de la Communauté européenne
UNIRS	: Union nationale des institutions de retraite des salariés
URSSAF	: Union pour le recouvrement des cotisations de la Sécurité sociale et d'allocations familiales
ZUP	: Zone à urbaniser en priorité

Avant-propos

Le champ de cet ouvrage concerne les politiques sociales. Il traite des interventions des pouvoirs publics et tente de rendre intelligibles les diverses politiques que ceux-ci ont élaborées au cours du temps pour résoudre ce que l'on a d'abord appelé la « question sociale », au XIXe siècle, puis plus tard les « problèmes sociaux ». Le fait de prendre pour fil directeur l'action des pouvoirs publics (Parlement, gouvernement, administration, collectivités territoriales) ne signifie pas, loin de là, que l'on néglige l'importance fondamentale des mouvements sociaux et des autres acteurs – entreprises, organisations professionnelles et syndicales, associations de tous ordres, Union européenne –, qui concourent, dans ce domaine plus que dans tout autre, aux politiques mises en œuvre et qui sont constamment évoquées au cours du texte. Comment pourrait-il d'ailleurs en être autrement, tant les interventions publiques sont en ce domaine dépendantes de l'état de la société et des positions des différents acteurs qui la composent ?

Mais, dans la mesure où les interventions publiques constituent son point d'entrée, ce n'est pas un ouvrage sur le social en général, tel le *Traité du social* élaboré pour la première fois en 1976 par Jacques Fournier et Nicole Questiaux [1]. Ce n'est pas davantage un livre de droit social et il va de soi qu'il ne se substitue pas aux outils qui sont à la disposition des étudiants en la matière et dont ils trouveront les références dans le corps des chapitres et dans la bibliographie générale [2].

Donner une définition de ce que sont les politiques sociales ne va pas de soi. Le terme « social » a, en effet, une acception très large, susceptible de varier au cours du temps. Avant 1830, il signifiait tout ce qui touche à la vie en société, aux relations réciproques entre ses membres. À partir de 1830 environ, un nouveau sens est apparu : tout ce qui est relatif aux

1. Jacques Fournier, Nicole Questiaux, Jean-Marie Delarue, *Traité du social : situations, luttes politiques, institutions,* 5e éd., Paris, Dalloz, 1989.

2. Notamment Jean-Jacques Dupeyroux, *Droit de la Sécurité sociale,* 12e éd., Paris, Dalloz, 1993 ; Gérard Lyon-Caen, Jean Pélissier et Alain Supiot, *Droit du travail,* 18e éd., Paris, Dalloz, 1996 ; Jean Rivero et Jean Savatier, *Droit du travail,* Paris, PUF, 1996.

rapports entre les classes de la société, particulièrement les conditions matérielles des travailleurs et l'amélioration de leur situation et de leur statut. Cette seconde acception n'a pas effacé la première qui garde toute sa place en sociologie comme dans le langage courant : les faits « sociaux », l'évolution « sociale ».

Les définitions retenues pour traiter des politiques sociales peuvent être plus ou moins extensives selon les auteurs ou selon les pays.

Certaines acceptions étroites subsistent, il est vrai de moins en moins : la politique sociale, c'est l'assistance, l'aide sociale, l'aide aux plus démunis, tenues parfois dans un certain mépris ; dans le droit fil des conceptions du XVIIIe et du début du XIXe siècle, qui ressurgissent plus souvent qu'on ne le pense, on est « social » quand on s'occupe de la situation des plus pauvres, les mécanismes de l'économie étant bien tenus par ailleurs.

Extensive était la définition retenue par Jacques Fournier et Nicole Questiaux dans le *Traité du social* : « Les questions sociales ne se réduisent pas aux problèmes du travail et de la sécurité sociale. Elles englobent aujourd'hui la plupart des conditions d'existence des individus, car il n'est presque aucun de ces aspects qui ne soit affecté par l'évolution économique et qui ne doive faire l'objet d'une intervention collective. » À ce titre, cet ouvrage traite de ce que l'on appelle les fonctions collectives (dont l'éducation, le cadre de vie : logement, urbanisme, habitat), de la consommation et des modes de vie. De même, *Données sociales* de l'INSEE [1], qui regroupe un ensemble de références statistiques et d'études, réunies et commentées par des statisticiens et des chercheurs, couvre un domaine large. La publication de 1996 traite ainsi des thèmes suivants : population, éducation et formation, emploi, salaires et conditions de travail, santé, famille, revenus et patrimoines, conditions de vie, protection sociale, pauvreté, précarité.

Si la définition étroite est une (malheureuse) survivance du passé, la définition large a d'immenses avantages : elle permet notamment d'examiner ensemble et, éventuellement, de proposer des arbitrages entre la protection sociale et les services collectifs, notamment l'éducation et le logement. C'est le type de définition qu'a retenu le commissariat au Plan, en 1966, lorsque fut créé, sous l'impulsion de Jacques Delors, un service des affaires sociales.

Le présent ouvrage retient une définition intermédiaire du « social » non seulement institutionnelle mais aussi historique et empirique, qui correspond à celle des travaux sur l'« État social [2] » ou sur l'« État providence [3] » ou encore sur l'« invention du social [4] » qui ont montré que les interventions sociales de la collectivité ont commencé à se développer à un moment que l'on peut assez précisément dater, comme se situant,

1. *Données sociales*, qui a connu une première édition en 1973, puis en 1978, fait l'objet depuis cette date d'une publication tous les trois ans.

2. Jürgen Habermas, *Raison et légitimité. Problème de légitimation dans le capitalisme avancé,* Paris, Payot, 1973.

3. Pierre Rosanvallon, *La crise de l'État providence,* Paris, Le Seuil, 1981 ; *L'État en France de 1789 à nos jours*, Paris, Le Seuil, 1992 ; *La nouvelle question sociale,* Paris, le Seuil, 1995 ; François Ewald, *L'État providence*, Paris, Grasset, 1986.

4. Jacques Donzelot, *L'invention du social,* Paris, Fayard, 1984.

selon les pays concernés, au début, dans le courant ou plutôt à la fin du XIXᵉ siècle. « Invention » nécessaire pour rendre gouvernable une société ayant opté pour un régime démocratique, dans le cadre d'un système économique libéral ; ensemble d'actions mises en œuvre progressivement par les pouvoirs publics pour parvenir à transformer les conditions de vie d'abord des ouvriers puis des salariés et éviter les explosions sociales, la désagrégation des liens sociaux. Ce champ correspond, dans leur ordre d'apparition, aux politiques du travail (conditions de travail et relations collectives entre employeurs et salariés), à la protection sociale (aide sociale, politiques d'assurances puis de sécurité sociale, vieillesse, santé, famille, indemnisation du chômage), aux politiques de la formation professionnelle et de l'emploi, ainsi qu'à différentes politiques dites « transversales » plus récentes : revenu minimum et politiques locales d'insertion qui lui sont liées, intégration des immigrés, politique de la ville. Il coïncide approximativement avec les domaines d'intervention du ou des ministères en charge du travail, de l'emploi et de la formation professionnelle, des affaires sociales, de la santé et de la ville, ainsi que ceux de différents organismes à caractère interministériel parfois en charge des politiques transversales.

Il n'existe pas de discipline ayant pour objet, en tant que telle, l'étude des politiques sociales. Le traitement de ces questions est actuellement éclaté entre l'économie (essentiellement, mais pas seulement, l'économie du travail), le droit (droit du travail, droit de la sécurité sociale), la sociologie (sociologie du travail), et l'histoire. Chaque discipline applique ses propres méthodes ; ici, comme dans l'ensemble des sciences sociales, la spécialisation et le cloisonnement nuisent à des lectures plus globales. La philosophie, seule discipline pouvant s'intéresser à un objet entier, hésite à s'engager dans cette voie, à quelques notables exceptions près (J. Habermas, H. Arendt...). Enfin, il n'existe pas encore de discipline constituée pour l'analyse des politiques publiques.

Cette situation conduira les étudiants à mobiliser, chaque fois qu'ils en trouveront l'occasion et l'intérêt, des données et des grilles d'analyse provenant d'autres enseignements, ou de leur culture propre, notamment l'histoire, dont nous verrons qu'elle constitue un fil directeur important. Mais aussi le droit, car les politiques sociales se sont traduites dans des droits particuliers, qui trouvent leur place dans un ordonnancement juridique spécifique dont témoigne l'existence de codes particuliers (Code du travail, Code de la sécurité sociale, Code de la famille et de l'aide sociale, Code de la mutualité, Code de la santé publique).

La sociologie a également marqué les politiques sociales par son souci d'une observation scientifique de la société, tant pour apprécier la réalité des problèmes à résoudre que pour mesurer l'effet des interventions des politiques publiques.

Enfin, une place toute particulière doit être faite à l'économie : car l'analyse économique est indispensable à la compréhension des politiques sociales de plus en plus insérées, par l'importance de leurs interventions, dans les circuits économiques d'ensemble. Cependant, l'intégration des interventions sociales dans les analyses et les théories économiques est récente et demeure encore réductrice et partielle ; de ce point de vue, un élargissement de la science économique, dans lequel certains s'engagent aujourd'hui, paraît particulièrement fructueux.

Reste enfin à lutter contre les préjugés. Le social n'est pas triste. La mauvaise réputation dont il souffre parfois a trait à son extrême complexité et au caractère anonyme et « kafkaïen » de l'accueil qui résulte de ce qu'on appelle la politique « des guichets ». Mais c'est oublier que la complexité des politiques et des institutions sociales peut et doit faire d'abord l'objet d'une lecture synthétique qui donne les principaux éléments de compréhension. C'est oublier aussi que les pratiques anonymes des guichets ne sont pas une composante inéluctable des politiques sociales ; elles ont des causes qui doivent et peuvent être combattues. Comprendre ces causes et connaître les moyens de les combattre, c'est déjà un grand pas.

Pour qui fait l'effort à la fois d'acquérir la vision synthétique que tente de donner cet ouvrage et d'ouvrir les yeux autour de lui (qui ne connaît l'hôpital, les démarches à faire pour être assuré social, les problèmes de dépendance ou de chômage de personnes proches...), les politiques sociales s'éclairent, et leur connaissance constitue un apport incomparable à l'ouverture et à la compréhension du monde actuel, à la conscience de citoyen, à la recherche de modes d'action utiles – indépendamment de leur nécessité pour le cursus universitaire et également pour de nombreuses professions aujourd'hui.

Première partie

LES POLITIQUES SOCIALES HIER ET AUJOURD'HUI

« Aujourd'hui, on dirait bien que tout se passe comme si les énergies utopiques étaient consumées, comme si elles s'étaient retirées de la pensée historique. L'horizon de l'avenir s'est rétréci et l'esprit du temps, tout comme la politique, s'est profondément modifié. L'avenir est chargé négativement, et au seuil du XXIe siècle se dessine un panorama d'épouvante dans lequel les intérêts vitaux universels s'avèrent menacés [...]. Les réponses des intellectuels ne reflètent pas moins que celles des politiques une certaine perplexité. Et lorsqu'une perplexité résolument acceptée se substitue de plus en plus à toute tentative d'orientation vers l'avenir, on ne peut pas dire qu'il s'agisse simplement de réalisme. Il se pourrait bien que la situation soit explicitement brouillée. Pour autant, cette absence de visibilité est aussi fonction des dispositions à agir dont la société se croit capable. Ce qui est en jeu aujourd'hui, c'est la confiance de la culture occidentale en elle-même [1]. »

Les politiques sociales sont sans doute, encore plus que d'autres, soumises aux incertitudes des temps présents. Obscurcies par la conjoncture, les difficultés immédiates et d'incessantes modifications, parmi lesquelles on ne parvient pas toujours à distinguer l'essentiel de l'accessoire, elles font parfois l'objet de jugements à l'emporte-pièce faisant fi du respect le plus élémentaire de la mémoire et des réalités du terrain.

Cet ouvrage procède d'une volonté de prendre une certaine distance par rapport à cette vision immédiate :

– il cherche, en premier lieu, à restituer le sens et les principales lignes de force des politiques sociales par le retour à l'histoire. Seule celle-ci

1. Jürgen Habermas, *La crise de l'État providence ou l'épuisement des énergies utopiques. Écrits politiques,* Paris, Le Cerf, 1990, chap. 6 « Passages », p. 47-48.

permet de comprendre leurs principes fondateurs, leurs principales modalités d'intervention et leurs difficultés d'aujourd'hui ;

– il montre, en second lieu, en quoi les ébranlements profonds de l'économie et de la société depuis 1973, qui ne sont pas propres à la France, ont conduit aux remises en question que nous connaissons aujourd'hui et pourquoi notre pays y est, au moins sur certains points, plus sensible que d'autres.

Cette démarche a été adoptée pour toutes les parties. Elle est présentée de façon synthétique dans cette première partie, pour l'ensemble du champ de cet ouvrage.

Si l'on retient comme acte de naissance des politiques sociales non l'assistance aux indigents qui a toujours existé sous une forme ou sous une autre – le plus souvent laissée à la bienfaisance religieuse, aux œuvres charitables, ou à la diligence des communes –, mais la première intervention qu'a constituée en 1841 la loi réglementant le travail des enfants, les politiques sociales ont aujourd'hui près de cent soixante ans : cent trente années, d'abord, au cours desquelles se sont progressivement constitués puis généralisés leurs principes directeurs, plus de vingt années d'ébranlements, ensuite, liés non, comme on l'a cru initialement, à une crise réversible mais à une très profonde mutation.

Chapitre 1

Les politiques sociales : 130 années d'histoire

Prendre, comme acte fondateur des politiques sociales, la loi de 1841 interdisant, dans les usines de plus de vingt ouvriers, le travail des enfants de moins de 8 ans et fixant une durée maximale de douze heures par jour pour ceux âgés de 12 à 16 ans, ne doit pas conduire à ignorer les interventions antérieures de l'État : dans le domaine de l'assistance, mais aussi de la répression du vagabondage, de l'obligation du travail, du contrôle de la circulation de la main-d'œuvre, de l'« enfermement » des mendiants au XVIIe siècle... [1]. Les interventions sociales différaient alors fondamentalement selon que les populations visées étaient ou non capables de travailler. Celles qui étaient exonérées de travail relevaient du « social assistanciel », les indigents valides étaient soumis à de plus rudes contraintes...

Mais c'est à partir du milieu du XIXe siècle que les principes fondateurs des interventions publiques qui nous régissent encore aujourd'hui dans le domaine social (travail, emploi, formation professionnelle, protection sociale) se sont progressivement dégagés en France, au cours d'une histoire violente et tourmentée. Histoire qui a marqué de son empreinte les politiques sociales françaises : celles-ci présentaient, à la veille de la crise de 1974, un certain nombre de traits spécifiques par rapport à d'autres « modèles sociaux » constitués dans différents pays d'Europe qui, au XIXe siècle, étaient à l'avant-garde de l'industrialisation.

1. Robert Castel, *Les métamorphoses de la question sociale. Une chronique du salariat*, Paris, Fayard, 1995 ; Michel Foucault, *Histoire de la folie à l'âge classique*, Paris, Gallimard, 1972 ; Bronislaw Geremek, *La potence ou la pitié*, Paris, Gallimard, 1987.

I | LE DÉVELOPPEMENT DES POLITIQUES SOCIALES DE 1841 À 1973

La manière particulière dont s'est posée la « question sociale » dans la France du XIXe siècle explique le développement relativement tardif de ces interventions par rapport à d'autres pays comme l'Allemagne ou la Grande-Bretagne. Trois étapes peuvent être approximativement distinguées : de 1841 à 1890 environ, les interventions protectrices de l'État acquièrent une légitimité et se mettent progressivement en place ; elles sont néanmoins très limitées. De la fin du XIXe à 1945, s'ajoute à l'État protecteur la reconnaissance de l'État « assureur » et organisateur des relations professionnelles. Après 1945 et jusqu'en 1973, s'installe sans partage ce que l'on a appelé l'« État social », l'« État providence », l'« État promoteur du social » [1]. Ces trois catégories d'intervention ainsi sommairement définies ne sont pas exclusives les unes des autres ; elles apparaissent à des époques différentes et se développent ensuite conjointement jusqu'à se combiner après la dernière guerre dans l'« État social ».

A / *La « question sociale » en France*

L'invention des premières formes d'intervention publique dans le domaine social est organiquement liée à la révolution industrielle et au développement du paupérisme. Ces interventions ont été tardives en France par rapport à d'autres pays comme l'Allemagne et la Grande-Bretagne, pour deux raisons principales.

D'une part, le développement industriel a été plus lent qu'ailleurs. Des travaux récents [2] montrent qu'un premier démarrage de la production industrielle s'est produit sous la monarchie de Juillet et s'est fait sentir jusqu'en 1866 ; mais il a fallu attendre la grande crise de 1880-1890, due en partie à l'instauration du libre-échange avec l'Angleterre, pour que commence à se constituer en France, trois quarts de siècle après la Grande-Bretagne, un véritable prolétariat industriel.

L'explication de ce retard a fait l'objet de diverses analyses. On a ainsi mis en avant le fait que la France avait constamment refusé, durant cette période, de laisser le développement industriel se faire au prix du sacrifice de son agriculture, tout à la fois structure sociale et système de valeurs. Plus largement, l'état du rapport de force entre les principaux groupes sociaux qui composent la société française a été évoqué : les classes populaires et paysannes ont déployé leurs capacités de résistance afin d'empêcher les bouleversements inhérents à la grande industrie et les trans-

1. Sur cette approche historique, cf. particulièrement : Robert Castel, *op. cit.* ; Jacques Donzelot, *L'invention du social,* Paris, Fayard, 1984 ; François Ewald, *L'État providence,* Paris, Grasset, 1986 ; Henri Hatzfeld, *Du paupérisme à la Sécurité sociale,* Nancy, Presses universitaires de Nancy, 1989 ; Gérard Noiriel, *Les ouvriers dans la société française, XIXe et XXe siècles,* Paris, Le Seuil, 1986 ; Pierre Rosanvallon, *L'État en France de 1789 à nos jours,* Paris, Le Seuil, 1992.

2. Olivier Marchand, Claude Thélot, *Le travail en France, 1800-2000,* Paris, Nathan, 1997.

formations sociales brutales comme en Grande-Bretagne. C'est ainsi que l'industrialisation française s'est appuyée, au XIXe siècle, sur la diffusion du travail industriel dans les campagnes, grâce à la double activité paysans-ouvriers, aux migrations saisonnières : le travail industriel (hiver et printemps) était étroitement mêlé aux travaux agricoles (été et début de l'automne) [1]. Jusqu'à la fin du XIXe siècle, le véritable « prolétariat » décrit par Villermé est loin de correspondre à l'ensemble du groupe ouvrier. C'est seulement ensuite que le paupérisme, lié à l'industrialisation, devient un fait social massif, dominant dans la classe ouvrière.

D'autre part, la définition de modes d'intervention de l'État face à cette situation s'est longtemps heurtée en France aux principes de la République de 1789, qui reflétaient pour une part la pensée de Jean-Jacques Rousseau : « Si, quand le peuple suffisamment informé délibère, les citoyens n'avaient aucune communication entre eux, du grand nombre des petites différences résulterait toujours la volonté générale et cette volonté serait toujours bonne [...]. Il importe donc qu'il n'y ait pas de société partielle dans l'État et que chaque citoyen n'opère que d'après lui [2]. »

En 1789, c'était la reconstruction de l'État sur la volonté du peuple qui donnait la clé du bonheur social : « En rendant le pouvoir aux citoyens, la République restitue à la France sa nature, la vérité de sa personne, l'être ensemble d'une communauté [3]. » Dans cette conception, le principe de la liberté, définie comme l'autonomie de la loi et impliquant égalité devant la loi et responsabilité de chacun, se dressait comme un obstacle fondamental à l'intervention de l'État en matière sociale.

Ainsi, jusqu'à la révolution de 1848, et notamment après les premières enquêtes sociales qui montraient les conditions de vie déplorables et l'insécurité des indigents, la réinstauration de la république et l'établissement du suffrage universel apparaissaient comme le seul moyen de clore l'ère d'instabilité politique et comme la réponse globale aux problèmes de la vie en société. Cette conception va être sérieusement ébranlée par la révolution de 1848 et particulièrement par ce qui a provoqué son écroulement, la tentative d'application d'un droit au travail. À cette date, le caractère d'urgence de la crise économique et le grand nombre de chômeurs suscitent en effet la réclamation d'un droit au travail garanti, ainsi d'ailleurs qu'un système de couverture maladie et vieillesse. C'est alors, sous la pression de la foule, qu'est pris un décret préparé par Louis Blanc (26 février 1848) : « Le gouvernement provisoire de la République française s'engage à garantir du travail à tous les citoyens. Il reconnaît que les ouvriers doivent s'associer entre eux pour jouir du bénéfice légitime de leur travail. »

L'idée des ateliers sociaux contenue dans le décret et demandée par Louis Blanc et Auguste Blanqui est écartée au profit des ateliers nationaux. L'État embauche donc : 28 000 inscrits fin mars, 100 000 fin avril.

1. Gérard Noiriel, *op. cit.*
2. Jean-Jacques Rousseau, *Contrat social,* II, 3.
3. François Furet, *La Révolution. De Turgot à Jules Ferry (1770-1880),* Paris, Hachette, 1988.

À cette occasion, se dévoile la nature spécifique du droit au travail que l'on tente de garantir : non un « droit liberté » qui protège les individus contre les abus de pouvoir mais un « droit créance » qui, comme la plupart des droits sociaux, ne peut être satisfait sans une prestation ou une intervention de l'État, les deux allant de pair.

En 1848 cependant, l'État n'a ni la légitimité ni les moyens de faire accepter ce droit : il reste sans pouvoir face à la crise économique et à la peur immense qui naît d'une atteinte possible au droit de la propriété, conquête toute fraîche née de la distribution récente des biens nationaux. D'où la fermeture des ateliers nationaux et les violences qui s'en suivirent, reniements dramatiques pour les hommes de 1848, dont Lamartine, qui ont déçu les espérances qu'avait fait naître la Deuxième République.

La période suivante, jusqu'à la fin du XIXe siècle, restera marquée par cet échec. La Troisième République va devoir, face à la question sociale, s'attacher plus précisément à déterminer la nature de la démocratie et la légitimité de l'intervention de l'État. Si le droit et l'égalité de tous devant la loi ne suffisent pas, c'est, selon l'école libérale, une société libre de l'empreinte de l'État et restaurée dans l'archaïsme de ses liens sociaux qu'il s'agit de reconstruire. Selon l'école marxiste et une partie au moins des socialistes, tout passe par l'État, c'est à partir de lui que la société doit être réorganisée.

C'est à cette difficulté conceptuelle et à ces deux critiques opposées que l'État républicain mit tant de temps à répondre en France, alors que d'autres pays de traditions très différentes réagissaient plus rapidement et avec beaucoup plus d'empirisme (notamment l'Allemagne).

Ce qui heurtait particulièrement l'entendement des hommes de l'époque était que cette nouvelle forme d'insécurité apparue avec l'industrialisation n'était pas due à l'absence de travail, mais au contraire à l'extension du travail salarié. Le paupérisme constituait un fait massif qui mettait en cause l'équilibre social, interdisait toute stabilisation durable de la vie politique. Mais sa prise en compte paraissait incompatible en France avec les cadres fondamentaux de pensée, les principes de philosophie politique hérités de la Révolution française : la liberté contractuelle, la responsabilité, et, s'agissant de l'insécurité, le recours à la seule assistance ou à la prévoyance individuelle.

B / *De l'État observateur et hygiéniste à l'État protecteur (seconde moitié du XIXe siècle)*

Depuis fort longtemps, la connaissance était reconnue comme nécessaire à l'exercice des fonctions régaliennes ; « gouverner, c'était compter [1] ». Cette fonction de l'État franchit une étape importante au milieu du XIXe, avec la création, en 1840, du service de la statistique générale de la France et le développement de ce que l'on appelait l'« enquête sociale ».

Par ailleurs, les progrès de la médecine modifient complètement à

1. Pierre Rosanvallon, *L'État en France*, *op. cit.*

cette époque la façon dont on appréhendait les maladies, notamment les épidémies. La lutte contre l'insalubrité, l'assainissement, les techniques d'isolement, présentes dès le début du XIXe siècle, s'accentuent après les épidémies de choléra de 1832 et de 1849. Les soucis de santé publique qui s'inscrivent encore pour une part dans le cadre d'activités de police se transformeront, avec la « révolution pastorienne », en un ensemble d'institutions et de pratiques de prévention.

L'instauration de l'État protecteur rencontrait plus de difficultés : ne conduisait-il pas à une ingérence dans la sphère des rapports civils et privés, contraire aux principes de liberté et d'égalité qui régissaient le droit des contrats auquel était assimilé le contrat de travail ? Mais les concepts du droit civil étaient incapables d'assurer la sécurité dans l'entreprise. L'intervention protectrice de l'État, d'abord dirigée vers les plus faibles, rencontrait des préoccupations d'ordre hygiéniste et démographique qui la firent accepter parmi les premières. En application de ce principe de protection, la seconde moitié du XIXe siècle voit se développer une série d'interdictions ou de limitations (âge d'accès, durées du travail...) dont le contrôle sera confié aux inspecteurs du travail (1874).

Cette première phase a donc correspondu, pour l'essentiel, à la naissance d'une politique de protection des travailleurs les plus faibles au sein de l'entreprise industrielle. L'insécurité ouvrière devant les risques de maladie, d'accident, d'arrêt d'activité, reste largement l'apanage des communes, de l'initiative privée, et de certains chefs d'entreprise : hospices, hôpitaux, bureaux de bienfaisance et institutions philantropiques, développement du « patronage patronal ». C'est ainsi qu'à cette époque se développe dans certains grands sites industriels (textile alsacien, mines d'Anzin, le Creusot, Montceau-les-Mines) une infrastructure à peu près complète de services sociaux, puissant facteur de fixation de la main-d'œuvre ouvrière. Toutes interventions que Robert Castel qualifie de « politique sans État [1] ».

C / *L'État assureur et organisateur des relations professionnelles (1890-1945)*

Deux éléments majeurs permettent à la France, à la fin du XIXe siècle, de franchir une étape importante que d'autres pays avaient déjà franchie.

Il s'agit, d'une part, de la crise des années 1880-1890 et de ses conséquences : crise du monde rural et de l'industrie rurale, touchée notamment par les traités de libre-échange avec l'Angleterre, et concentration industrielle sont alors à l'origine de la constitution progressive d'un véritable prolétariat industriel. À partir des années quatre-vingt, une intense mobilisation collective gagne les classes populaires. La classe ouvrière, au départ très faiblement représentée sur le plan politique, devient un enjeu de première importance [2].

La révolution industrielle prend toute son ampleur dans les années

1. Robert Castel, *op. cit.*, chap. 5, « Une politique sans État », p. 254 et suiv.
2. Gérard Noiriel, *op. cit.*

vingt. Entre 1900 et 1930, la France connaît en effet un développement considérable de la production industrielle qui s'effectue dans un contexte de pénurie de main-d'œuvre, liée notamment à la guerre. On trouve là une raison du développement particulièrement important de l'organisation scientifique du travail (OST) car, l'exode rural étant insuffisant et la proportion de main-d'œuvre féminine régressant légèrement durant cette période dans l'industrie, la France recourut alors à une immigration massive de travailleurs non qualifiés, particulièrement après la guerre : de 1911 à 1926, le taux d'accroissement annuel de la population étrangère s'éleva à 10 %.

Dans le même temps, apparaît progressivement une nouvelle conception des rapports entre la société et l'État, qui va permettre, selon l'expression de Jacques Donzelot, l'« invention du social ». La publication, en 1893, de l'ouvrage de Durkheim, *De la division du travail social,* marque de ce point de vue une étape importante. Fondateur de l'école française de sociologie, conservateur, mais très sensible aux problèmes sociaux de son temps et aux désordres sociaux découlant de l'industrialisation, Émile Durkheim fait évoluer considérablement la représentation que l'on se fait de la société à l'époque. Il démontre en effet les conséquences de la division du travail social qui accroît la dépendance de chacun envers tous, où les individus sont liés les uns aux autres non plus parce qu'ils se ressemblent, mais parce qu'ils exercent des rôles et des fonctions complémentaires à l'intérieur du système social. La solidarité n'est plus « mécanique » mais « organique ». Il faut donc reconnaître l'activité des groupements. « Pour que l'anomie prenne fin, il faut donc qu'il existe ou qu'il se forme un groupe où se puisse constituer le système de règles qui fait actuellement défaut [1]. » Par ailleurs, la société n'est ni le résultat d'un décret volontaire, ni celui d'une agrégation originelle. Plus importante que le contrat libre entre les individus est la solidarité organique de la société. « La division du travail ne met pas en présence des individus, mais des fonctions sociales. Or la société est intéressée au jeu de ces dernières [...]. Son existence en dépend donc et d'autant plus étroitement qu'elles sont plus divisées [2]... » Si le libre et égal suffrage de tous fonde la souveraineté de l'État, ce n'est plus suffisant. Comme permettent de l'éclaircir des débats entre juristes (Duguit et Hauriou) [3], l'émergence d'une solidarité organique au sein de la société inhérente à l'expansion de la division du travail fonde et justifie l'exercice par l'État d'un autre type de pouvoir à partir de cette notion de solidarité.

À la même époque, le « solidarisme » popularisé par Léon Bourgeois trouve une technique d'application qui permet d'éviter de transférer vers l'État la responsabilité d'ensemble du mouvement de la société, ce dont l'État républicain ne voulait à l'époque à aucun prix : l'assurance permet, en effet, de traiter les problèmes sociaux comme les conséquences de risques appelant réparation, et non comme le fruit d'injustices originelles appelant la refonte globale de la société. De surcroît, agissant comme une

1. Émile Durkheim, *De la division du travail social,* Paris, PUF, 1967.
2. *Ibid.,* conclusion.
3. Jacques Donzelot, *op. cit.*

sorte de main invisible de la solidarité, l'assurance « permet de passer de la notion subjective de comportement et de responsabilité individuelle à une notion objective de risque... qui permet de reléguer au second plan le jugement sur les individus [1] ».

De cette double évolution sont nées les interventions de l'État en matière sociale à partir de la fin du XIXe siècle jusqu'à la guerre de 1940.

D'une part, dans les faits, l'accroissement du nombre de salariés et l'extension corrélative du contrat de travail conduisent à développer le droit protecteur contre l'inégalité inhérente à la condition du salarié et à tenter de protéger celui-ci contre les risques qui menacent ses moyens d'existence. D'autre part, la reconnaissance de la notion de solidarité organique donne un fondement à l'intervention de l'État pour institutionnaliser la représentation ouvrière (la négociation entre groupes sociaux se substitue au vieux rêve du contrat inaugural) et pour reconnaître l'assurance comme technique de réparation des risques sociaux. La loi de 1898 sur les accidents du travail constitue le véritable point de départ de cette dernière évolution [2].

C'est donc une période de développement des interventions sociales : poursuite des mesures de protection du salarié, reconnaissance pleine et entière, après les prémisses de la loi de 1884, des organisations syndicales et institutionnalisation des relations professionnelles sous l'effet notamment de l'avènement, en 1936, d'un gouvernement de Front populaire et des mouvements de grève de l'époque ; enfin, mise au point de couvertures pour une partie des salariés contre certains risques sociaux par la technique de l'assurance, qui permet aux assurés de socialiser les risques sans pour autant donner un droit sur l'État.

Les mesures de protection du travail et de protection par l'assurance contre certains risques ont brisé la « fiction contractuelle ». Mais elles ont instauré du coup deux rationalités différentes. Les chefs d'entreprise, libérés des soucis de protection de leurs ouvriers (bien que le mouvement paternaliste soit resté très prégnant), vont, avec leurs organisations, défendre plus clairement la rationalité économique ; les organisations syndicales reprendront les revendications sociales.

Pendant cette période, l'économique et le social se séparent progressivement.

D / *L'État providence, promoteur du social (1945-1973)*

« Chacun a le devoir de travailler et le droit d'obtenir un emploi...

« La nation assure à l'individu et à la famille les conditions nécessaires à leur développement. Elle garantit à tous, notamment à l'enfant, à la mère et au vieux travailleur, la protection de la santé, la sécurité matérielle, le repos et les loisirs. Tout être humain qui, en raison de son âge, de son état physique ou mental, de la situation économique, se trouve dans l'incapacité de travailler a le droit d'ob-

1. Pierre Rosanvallon, *La nouvelle question sociale,* Paris, Le Seuil, 1995, p. 23-24.
2. François Ewald, *op. cit.*

tenir de la collectivité des moyens convenables d'existence. La nation garantit l'égal accès de l'enfant et de l'adulte à l'instruction, à la formation professionnelle... »

Préambule de la Constitution de 1946.

La période d'après guerre opère un basculement intellectuel complet. Deux éléments sont à l'origine de ce bouleversement :

– la fin de la guerre qui a correspondu en France, comme dans d'autres pays, à un moment de « refondation sociale », d'« élan de fraternité et de rapprochement des classes [1] », de reformulation symbolique du contrat social. En Angleterre, le rapport de Lord Beveridge, en 1942, s'y référait d'ailleurs explicitement : « Chaque citoyen sera d'autant plus disposé à se consacrer à l'effort de guerre qu'il sentira que son gouvernement met en place des plans pour un monde meilleur » ;

– la situation économique dont le dynamisme a permis, grâce à la large application des idées keynésiennes soulignant le rôle moteur de la demande pour la croissance, de ne plus considérer le progrès social comme un coût mais comme un facteur d'entraînement pour l'économie.

Le rythme de la croissance industrielle, qui avait considérablement fléchi à partir de 1931, reprend à une allure jamais atteinte auparavant (tableau 1).

p L'après-guerre voit la notion d'assurances sociales faire place à une notion plus large, la sécurité sociale, qui prévoit l'assujettissement de tous les Français et une amélioration qui constitue un véritable changement d'échelle. La notion d'assurance cède le pas à la notion de droits sociaux. Cette évolution a une portée considérable, qui a été mise en valeur par les travaux d'Henri Hatzfeld [2] et de Robert Castel [3]. Il s'agit en quelque sorte d'une mutation de la propriété. « L'opposition propriétaires/non-propriétaires qui a structuré tous les débats sociaux au XIXe siècle n'est pas abolie, mais redéfinie. » La « propriété sociale » s'est juxtaposée à la propriété privée, ce qui fait que l'« on peut rester en dehors de la propriété privée sans être en manque de sécurité [4] ». Avec le développement des droits sociaux, et l'avènement de ce que l'on appelle « la société salariale », s'est accompli un immense transfert de propriété par la médiation du travail et sous l'égide de l'État.

1945 a également marqué une étape fondamentale dans le développement des droits des travailleurs et de la représentativité syndicale. Le droit du travail va se développer désormais séparément du droit de la sécurité sociale, celui-ci ayant vocation à s'étendre au-delà de la population salariée et active.

Après une phase de dirigisme liée à la conjoncture politique et à la sortie de l'économie de guerre, au rationnement et à la régulation des grands mouvements de population consécutifs aux retours des popula-

1. Pierre Rosanvallon, *La crise de l'État providence, op. cit.*, et *La nouvelle question sociale, op. cit.*
2. Henri Hatzfeld, *Du paupérisme à la sécurité sociale, 1850-1940, op. cit.*
3. Robert Castel, *Les métamorphoses de la question sociale, op. cit.*
4. *Ibid.*, chap. 6 « La propriété sociale ».

Tableau 1. *Taux de croissance annuels de l'industrie et de l'ensemble de l'économie*

(en %)

	Industrie et bâtiment	Ensemble de l'économie
1831-1866	2,4 à 2,1	1,5 à 1,7
1866-1896	2,1 à 1,3	1,2 à 0,8
1896-1931	2,0	1,4
1931-1949	0,7	0,9
1949-1973	6,4	5,1
1973-1995	1,1	2,2

Source : Olivier Marchand, Claude Thélot, *Le travail en France..., op. cit.,* p. 153 et 156. Séries reconstituées jusqu'en 1896 à partir d'indices calculés par Jean-Claude Toutain et Michel Lévy-Leboyer (d'où les fourchettes). À partir de 1896, taux du PIB et de la valeur ajoutée industrielle.

tions déportées, prisonnières et réfugiées, commence une phase d'exceptionnelle croissance qui durera jusqu'en 1973.

La « promotion du social » a correspondu à une période où l'économique et le social étaient, sinon totalement réconciliés, du moins considérés comme non contradictoires. Le social soutenait la croissance, l'économie permettait une juste répartition des fruits de la croissance. Comme dans tous les pays de développement comparable, l'« État social » atteint son apogée : il apparaît comme une nécessité pour domestiquer le capitalisme libéral et attirer à lui une plus grande partie des classes sociales grâce à la distribution de satisfactions par le canal de l'État. Il se substitue, si nécessaire, aux mécanismes du marché, et augmente la force productive que représente le travail humain, en amortissant les conséquences matérielles et sociales de l'organisation de la production.

Mais, durant cette période où elle connaît un rythme de croissance supérieur à ceux de la plupart des principaux pays développés, la France conserve certaines de ses spécificités :

– la pénurie de main-d'œuvre reste vive jusque vers 1965. Le chômage est alors très bas. La gestion « taylorienne » se maintient encore longtemps. La France recourt à nouveau à une importante immigration de travailleurs non qualifiés. Le groupe des « ouvriers spécialisés » est celui qui s'accroît le plus, notamment dans les nouvelles industries fabriquant les biens de consommation (Citroën, Moulinex sont des entreprises « phares » de cette période). On assiste à l'émergence de catégories ouvrières sans racines. En 1975, la moitié des emplois d'ouvriers spécialisés (OS) sont occupés par des femmes et des étrangers ;

– aussitôt les nouveaux principes de la protection sociale affichés, des groupes sociaux encore quantitativement importants, comme les agriculteurs et les commerçants indépendants, et des groupes en expansion, comme les cadres, vont faire échec à une partie des ambitions des ordonnances de 1945 et de 1946. Loin de devenir universelle, la protection sociale restera cloisonnée entre divers régimes ; et le principe d'assurance restera très prégnant dans le système de sécurité sociale français en dépit des ambitions initiales de solidarité fixées par ses fondateurs et notamment par Pierre Laroque.

E / *Bilans*

1 / *Ordre d'apparition des politiques sociales*

Ce survol de la période de fondation des politiques sociales et de leurs principaux instruments permet de situer assez clairement l'ordre d'apparition des politiques qui vont être étudiées dans les deuxième et troisième parties.

La plus ancienne est la politique du travail, bien qu'un de ses instruments essentiels, le droit du travail, soit qualifié de « jeune droit [1] ». Ses principes sont apparus dès 1841, puis en 1884 avec la reconnaissance des syndicats. Elle se développera considérablement par la suite, notamment à l'occasion des guerres et des grands mouvements politiques et sociaux : 1936, 1945, 1968.

La politique de protection sociale, à l'exception de l'hygiène publique et de l'assistance (cette dernière ayant toujours existé sous une forme ou sous une autre), a des racines moins anciennes. Son apparition peut être située en 1898, avec la loi sur la couverture du risque « accidents du travail » ; elle s'est développée de façon très parcellaire jusqu'aux années trente. De la fin du XIXe siècle à 1945, les politiques du travail et des assurances sociales étaient assez étroitement liées, car elles s'appliquaient aux salariés pour l'essentiel, et encore à une partie assez faible d'entre eux s'agissant des assurances sociales. Elles employaient des techniques différentes mais avaient un rattachement administratif commun, dont a témoigné longtemps le traitement par un ministère unique (travail et prévoyance ou Sécurité sociale) qui n'a cessé que tardivement, en 1969. À partir de 1945, la politique de sécurité sociale devient un secteur particulièrement important des politiques sociales et connaît un exceptionnel développement (tableau 2) ; elle prend son autonomie par rapport à la politique du travail.

La politique de l'emploi voit le jour plus tard, du fait à la fois de l'exceptionnelle pénurie de main-d'œuvre qui a caractérisé l'économie française jusqu'à la deuxième moitié des années soixante – à l'exception des grandes crises –, et par ailleurs des incertitudes attachées à la notion de droit au travail, dont on a vu l'échec au moment de la révolution de 1848. On peut situer à 1963, date à laquelle fut créé le Fonds national de l'emploi, la naissance de politiques de l'emploi modernes en France – date tardive par rapport à d'autres pays, notamment l'Allemagne et la Suède.

La politique de formation professionnelle enfin, si elle a des racines anciennes dans l'idée d'éducation permanente formulée dès la Révolution qui n'avait donné lieu qu'à des réalisations très partielles comme le Conservatoire national des arts et métiers (CNAM), a été mise en place en France de façon récente. Après une loi de 1959, sa réelle consécration date de 1970 et de 1971, avec les négociations et la loi sur la formation professionnelle continue [1].

2 / *Création des ministères sociaux*

Au terme de cette période, les ministères sociaux sont constitués [2].

1. Jean-Emmanuel Ray, *Droit du travail, droit vivant,* Paris, Liaisons, 1996.

Tableau 2. *Proportion, par rapport au PIB, des dépenses de sécurité sociale et de l'ensemble des dépenses publiques de 1872 à 1971*

(en % du PIB)

Années	Sécurité sociale	Dépenses publiques (État, collectivités locales, Sécurité sociale)
1872	0	11,0
1880	0	14,6
1890	0	14,3
1900	0	14,4
1909	0	15,0
1920	0	32,8
1924	0,1	24,6
1930	0,2	21,9
1938	0,9	26,5
1947	8,1	40,9
1950	6,9	41,3
1960	10,9	47,7
1965	12,9	48,9
1970	14,3	49,3
1971	14,4	49,8

L'intérêt de cette série longue établie par des chercheurs est de montrer le rythme d'accroissement des dépenses de sécurité sociale sur longue période. Mais la définition n'est pas forcément entièrement cohérente avec les définitions modernes. En particulier, les « dépenses publiques » ne correspondent pas à la définition du taux de prélèvements obligatoires. Par ailleurs, le chiffre 0 signifie que les dépenses de sécurité sociale étaient trop faibles pour avoir une signification quelconque en termes de proportion du PIB.

Source : Robert Delorme, Christine André, *L'État et l'économie. Un essai d'explication de l'évolution des dépenses publiques en France, 1870-1980,* Paris, Le Seuil, 1983.

3 / *Les différents moyens d'intervention*

Enfin se stabilisent, au terme de cette période, les différents moyens d'intervention des politiques sociales, classés d'après leur impact sur les mécanismes économiques et sur le jeu du marché, selon les distinctions très claires qu'ont établies J. Fournier et N. Questiaux [3].

On peut ainsi placer l'essentiel de la politique du travail dans la catégorie de la régulation des activités privées, la protection sociale en majorité dans celle du transfert de ressources monétaires, mais les politiques menées grâce à elle, et plus spécialement la santé, la politique en direction des personnes âgées, dans la catégorie de la fourniture de biens et services.

Les politiques plus récentes de l'emploi et de la formation professionnelle utilisent l'ensemble de la palette : régulation des activités privées (obligation de formation, règles d'établissement des plans de formation), transfert de ressources monétaires (« 1,5 % » formation, aides diverses à l'emploi), fourniture de biens et services (ANPE, AFPA).

[1]

DATES D'APPARITION
ET PRINCIPES D'INTERVENTION DES POLITIQUES SOCIALES

	Travail	Protection sociale	Emploi, formation professionnelle
Avant 1841	Contrat de louage de service	Prévoyance individuelle	La liberté du travail doit permettre à tous d'accéder à un emploi
1841-fin XIXe État observateur et protecteur	Protection des plus faibles jusqu'en 1892	Lois d'assistance aux plus faibles jusqu'en 1905	
Fin XIXe – seconde guerre mondiale État observateur, protecteur, assureur et organisateur des relations sociales	Reconnaissance de la représentation syndicale (1884) et du caractère collectif des relations de travail (1919). Généralisation de la protection	Assurance contre certains risques sociaux	Politiques « conjoncturelles » de main-d'œuvre – 1914 – 1936
À partir de 1945 « État social »	Institutionnalisation de la représentation et des relations collectives. Politique des bas salaires (SMIG, puis SMIC)	Généralisation de la sécurité sociale	Naissance d'une politique « moderne » de l'emploi et de la formation professionnelle

II | LES POLITIQUES SOCIALES À LA VEILLE DE LA CRISE DE 1974

Si sommairement qu'elle soit ici retracée, l'histoire permet de comprendre certains traits importants de l'organisation et du fonctionnement des politiques sociales françaises à la veille de 1974. Car si l'État providence, la Sécurité sociale, la « société salariale » ont été le lot commun, après guerre, de tous les pays européens, chacun a conservé de son histoire des caractéristiques propres qui donnent une physionomie spécifique à leurs acteurs, à leurs institutions. Cette diversité constitue une richesse en même temps qu'un obstacle aujourd'hui pour la réalisation d'une « Europe sociale ».

À l'image des interrogations relatives au comportement de l'économie française en période de crise qui présentait – et présente encore aujourd'hui – quelques troublantes régularités (croissance maintenue plus longtemps, crise retardée mais installation plus durable dans la dépression), les années soixante à soixante-dix furent l'occasion de nombreuses

[2]

DATES DE CRÉATION DES MINISTÈRES DU TRAVAIL, DE LA SANTÉ PUBLIQUE, DES AFFAIRES SOCIALES [1]

– Décret du 25 octobre 1906 : création d'un ministère du Travail et de la Prévoyance sociale.

Le nouveau ministère reprend certaines attributions et services appartenant aux ministères du Commerce, de l'Industrie et du Travail et au ministère des Travaux publics. Il doit s'occuper de tout ce qui concerne les travailleurs liés par un contrat de travail avec d'autres personnes, ainsi que des conditions dans lesquelles s'exerce ce contrat.

– Décret du 27 janvier 1920 : création d'un ministère de l'Hygiène, de l'Assistance et de la Prévoyance sociale.

– Décret du 29 mars 1924 : réunion des deux ministères sous le titre de ministère du Travail, de l'Hygiène, de l'Assistance et de la Prévoyance sociale.

– 28 mars 1930 : séparation des deux ministères. Est créé un ministère de la Santé publique ; le ministère du Travail et de la Prévoyance sociale garde ses anciennes attributions.

– Après la période de Vichy, et les gouvernements provisoires de la Libération, sont constitués un ministère du Travail et de la Sécurité sociale, d'une part, un ministère de la Santé publique et de la Population, d'autre part.

– Le 8 janvier 1966, le ministère du Travail et celui de la Santé publique et de la Population sont réunis dans un ministère des Affaires sociales, élevé le 1er juin 1968 au rang de ministère d'État.

– Dans le gouvernement constitué par décret du 22 juin 1969, le ministère d'État chargé des affaires sociales éclate en un ministère du Travail, de l'Emploi et de la Population, et un ministère de la Santé publique et de la Population.

– À partir de cette date, les ministères sociaux ont connu soit des périodes d'unification sous l'égide d'un « grand ministère », soit des phases de séparation, le plus souvent entre un ministère en charge de la Sécurité sociale et de la santé, avec souvent un ministère délégué pour ce secteur, et un ministère en charge du travail et de l'emploi. En 1985 se sont ajoutées aux attributions de ce dernier ministère les attributions en matière de formation professionnelle regroupées, depuis la loi de 1970, sous l'autorité du Premier ministre.

1. Maurice Bargeton, « La formation des ministères sociaux », *Revue française des affaires sociales*, mars 1971.

réflexions sur les « spécificités » des politiques sociales françaises, notamment :

– le rythme du développement des interventions : alternance de retards et de brusques changements ;

– le caractère particulier des acteurs, et notamment la répartition des rôles entre l'État et les organisations syndicales et professionnelles, l'État ayant conservé un rôle très important dans le système de relations professionnelles par rapport à ce qui se passe dans d'autres pays ;

– les techniques d'intervention : nombre et importance des textes

[3]

CLASSEMENT DES INTERVENTIONS SOCIALES SELON LEURS INCIDENCES ÉCONOMIQUES [1]

Première catégorie : *la régulation des activités privées*

Ces actions regroupent les actions de réglementation et d'incitation susceptibles de modifier le comportement des agents économiques. On peut citer, par exemple, la réglementation du travail, notamment celle sur la durée et les conditions de travail. Ces interventions ont ceci en commun qu'elles laissent subsister le jeu des acteurs, tout en modifiant les règles de ce jeu. Dans aucun cas, il n'y a utilisation de ressources physiques ou monétaires par les collectivités publiques, à l'exception de celles, relativement faibles, qui sont nécessaires au fonctionnement des services et au contrôle, ce qui ne signifie pas que ces interventions n'aient pas d'incidence économique (pensons, par exemple, à la réglementation du temps de travail).

Seconde catégorie : *le transfert de ressources monétaires*

Elle regroupe les cas dans lesquels les collectivités publiques prennent de l'argent aux uns pour le donner aux autres – l'exemple type étant celui de la Sécurité sociale qui prélève des cotisations sur les employeurs et les salariés et redistribue les sommes ainsi collectées (auxquelles s'ajoutent des ressources fiscales) sous forme de prestations aux malades, aux retraités, aux familles. Mais cet exemple n'est pas le seul. Une partie des moyens de la politique de l'emploi appartient à cette catégorie (soutien à l'embauche par exonérations de cotisations, préretraites). Ici l'intervention sur le marché est plus poussée que dans l'exemple précédent. Il n'y a pas d'action directe sur l'offre de biens et services mais modification de la structure de la demande, par une répartition différente des revenus, qui a nécessairement des répercussions sur l'offre.

Troisième catégorie : *la fourniture de biens et services*

Elle concerne les cas dans lesquels les collectivités publiques ou parapubliques assurent elles-mêmes, en dehors du cadre du marché, c'est-à-dire gratuitement ou à un prix qui ne correspond pas au prix du marché, la production et la distribution à la population d'un certain nombre de biens ou services. Ainsi en est-il de ce qu'on a coutume d'appeler les équipements ou plutôt les services collectifs (éducation notamment). L'exemple le plus évident est le domaine de la santé avec les hôpitaux. Mais on trouve également dans le domaine de l'emploi et de la formation des grands établissements publics : Agence nationale pour l'emploi (ANPE), Association pour la formation professionnelle des adultes (AFPA), qui dispensent des services de conseil, d'assistance au placement, de formation. Cette fois-ci, les interventions sont assurées en dehors du cadre du marché, puisque, ni du côté de l'offre, ni du côté de la demande, les règles de celui-ci ne sont prises en compte.

1. Jacques Fournier, Nicole Questiaux, *op. cit.*, 5e éd., 1989, p. 70.

législatifs (droit du travail), répartition incertaine des techniques de protection, laissant une part importante à l'assurance en dépit des objectifs affichés de solidarité.

A / *Des progrès d'une ampleur considérable*

Après les développements des années d'après-guerre, la France se situait en 1973, en matière de politiques sociales, dans la moyenne plutôt élevée des pays développés.

Avec le développement des conventions collectives et l'amélioration générale du contrat de travail, les revenus salariaux suivaient une tendance à la hausse ; une indexation des salaires sur les prix se mit rapidement en place. Les revenus issus des transferts sociaux (maladie, maternité, vieillesse, accidents du travail, chômage) prirent une place croissante dans les revenus des ménages : la part des transferts sociaux dans le revenu disponible des ménages est passée de 23 % en 1962 à 29 % en 1970, et 35 % en 1975. Ainsi le pouvoir d'achat du revenu disponible moyen par ménage a-t-il été multiplié par 1,6 de 1962 à 1975 [1].

La part de la protection sociale dans le PIB, relativement faible au départ par rapport à celle d'autres pays, atteignait en 1975 une moyenne élevée.

Ainsi, la part des « dépenses sociales » au sens large (y compris l'éducation) était plus faible en France, en 1960, que dans la plupart des pays européens développés (14,9 % contre 20,5 % en Allemagne, mais 13,9 % en Grande-Bretagne). En 1975, toujours selon la même définition, elle atteignait une proportion de 25,9 %. La France était seule devancée sur ce plan en Europe par les Pays-Bas (26,7 %) et la République fédérale d'Allemagne (29,7 %) [2].

B / *Alternance de périodes d'atonie ou de retard et de progrès brutaux*

1 / *Retards*

Les institutions sociales françaises ont gardé la trace du lent développement de la population ouvrière par rapport aux autres catégories de la population active.

La réduction de la population agricole a été beaucoup moins rapide que dans d'autres pays. Le secteur agricole employait encore 42,9 % des actifs en 1901 (près de 60 % en 1841) ; en 1936, la proportion était de 32,9 %. De 32 % après la guerre, celle-ci est ensuite rapidement tombée à 26,1 % en 1955, 20,1 % en 1962, 10,6 % en 1974 (moins de 4 % aujourd'hui). Le secteur industriel (y compris le bâtiment) n'est devenu, en effectifs et en proportion de la population active, équivalent au secteur agricole qu'en 1926.

Le tableau 3 donne une analyse synthétique de la structure sociale de la population active française de 1851 à 1975. L'évolution relativement « atypique » de cette structure sociale française, de même que les difficultés que rencontrèrent en France les hommes du XIXe siècle à surmonter leurs clivages et leur conception initiale du rôle de l'État, permettent

1. « Les revenus des ménages 1960-1984 », *Documents du CERC*, 80, 2e trimestre 1986.
2. Jacques Fournier, Nicole Questiaux, *op. cit.* (d'après un travail effectué par l'OCDE en 1984).

Tableau 3. *Structure sociale de la population active française de 1851 à 1982*

(en %)

Années	Agriculteurs exploitants	Salariés agricoles	Patrons industrie et commerce	Professions libérales	Cadres, employés	Ouvriers	Domestiques de la personne	Autres (armée, police, clergé...)	Ensemble
1866	32,0	18,5	17,5	0,4	4,5	18,9	5,0	3,2	100
1901	30,4	10,7	13,1	0,4	10,1	27,2	4,5	3,6	100
1921	26,7	9,5	11,7	0,4	14,0	31,4	3,5	2,8	100
1936	23,5	8,1	13,8	0,5	16,0	31,3	3,3	3,5	100
1954	20,3	5,9	11,9	0,6	20,9	33,2	2,9	4,3	100
1962	15,2	4,2	10,2	0,6	25,6	35,3	2,7	6,2	100
1968	11,9	2,8	9,6	0,7	31,7	37,1	2,5	3,7	100
1975	7,5	1,7	7,9	0,8	39,8	37,2	1,8	3,3	100
1982	6,1	1,3	7,5	0,9	45,2	34,7	1,4	2,9	100

Source : Olivier Marchand, Claude Thélot, *Le travail en France..., op. cit.*, p. 236.

de comprendre les décalages qu'a connus, jusqu'en 1945, la politique sociale française par rapport à d'autres pays, notamment la Grande-Bretagne et l'Allemagne [4].

Ces retards relatifs sont sans doute une des causes de certaines difficultés des administrations sociales : leur relative jeunesse, la faiblesse de leurs moyens, leur insuffisant enracinement dans les traditions d'action des « grands ministères ». Les progrès brutaux enregistrés en contrepartie n'étaient guère susceptibles de compenser ce handicap de départ tant ils paraissaient aux autorités économiques et monétaires indûment « arrachés » en l'absence de tout « raisonnement économique » et conduisaient, par ailleurs, plutôt à un éparpillement des dispositifs mis en place dans l'urgence qu'à une rationalisation et à un renforcement des instruments existants.

2 / *Progrès brusques*

À la veille de 1973, le caractère brutal des progrès sociaux en France frappait, particulièrement après les événements de 1968, les intellectuels et les hommes politiques français. Tout se passait en effet comme si, après de longs ressentiments accumulés, seule une crise permettait de dénouer les conflits et de « rattraper » le temps perdu. La France apparaissait aux observateurs étrangers comme un pays alternativement atone et turbulent. Au terme d'explosions sociales étendues (le mythe de la grève générale a habité longtemps la classe ouvrière) – que les organisations syndicales avaient le plus grand mal à discipliner – étaient obtenues, en une fois, d'importantes concessions sous le patronage de l'État (accords Matignon en 1936, accords de Grenelle en 1968), progrès qui n'étaient pas même envisageables quelques jours auparavant (que l'on songe à la hausse du SMIC en 1968). Le progrès s'effectuait alors sous l'égide des pouvoirs publics, orientant les discussions, encourageant à la négociation, légiférant pour étendre les accords ; ceux-ci intervenaient même parfois directement dans ce qui aurait relevé du domaine des relations professionnelles dans la plupart des autres pays européens, où l'État se bornait à définir le cadre des procédures de négociation, et non leur contenu.

Ce mode de progression sociale rejoignait les analyses plus générales de la société française, « société bloquée [1] ». « La crise, comme moyen privilégié de changement, constitue [...] le trait culturel essentiel qui conditionne le style d'action collective auquel sont attachés les Français [2]. » Il est loin de s'expliquer uniquement par les retards d'industrialisation : le jeu des acteurs sociaux, et notamment les rôles respectifs de l'État et des organisations professionnelles et syndicales, ont toujours été marqués en France d'une empreinte particulière.

1. Michel Crozier, *La société bloquée*, Paris, Le Seuil, 1970.
2. *Ibid.*

[4]

PRINCIPALES DATES D'INSTITUTION DES POLITIQUES SOCIALES EN GRANDE-BRETAGNE ET EN ALLEMAGNE

En Grande-Bretagne, après la politique d'assistance aux pauvres inaugurée par le fameux acte du Parlement de Speenhamland (1795), vigoureusement critiqué dès la fin du XVIIIe siècle et modifié dans un sens restrictif en 1834, c'est en 1908 (institution de pensions pour les vieillards indigents) et surtout en 1911 que s'amorce une évolution profonde. Le *National Insurance Act* institue un système d'assurance obligatoire, géré par l'État, pour les risques de maladie, de chômage et d'invalidité. La loi est complétée en 1920 et en 1931 par des protections développées en matière de chômage. Le droit syndical a été reconnu en Grande-Bretagne bien avant la France (1825).

En Allemagne, dès 1871, une loi pose le principe d'une responsabilité limitée des industriels en cas de faute pour les accidents du travail. Et en 1883 et en 1898, l'Allemagne se dote avec Bismarck d'un système assez complet d'assurances sociales : accidents du travail, maladie, vieillesse, invalidité, textes trois fois modifiés, puis codifiés et étendus par le Code des assurances sociales en 1911, premier modèle historique du genre.

Prévaut en effet en Allemagne une conception différente du rôle de l'État, « hégélienne », où l'État est considéré comme fin suprême de l'individu. Le *sozialstaat* s'est installé en conséquence assez tôt, soutenu par une administration puissante et par des économistes qui ne font pas complètement confiance au marché [1].

La peur du socialisme a conduit en Allemagne et en France à deux réactions complètement opposées, comme le montre la citation suivante, extraite des Mémoires de Bismarck [2], témoignant d'un pragmatisme dont furent très longtemps éloignées les joutes intellectuelles françaises : « Messieurs les démocrates joueront vainement de la flûte lorsque le peuple s'apercevra que les princes se préoccupent de leur bien-être. »

1. Cf. sur tous ces points les fiches annexes par pays qu'a constituées Pierre Rosanvallon (*La crise de l'État providence, op. cit.*)
2. Cité par N. Murard, *La protection sociale,* Paris, La Découverte, 1996.

C / *L'État et les autres acteurs sociaux : un mode de régulation unique en Europe*

1 / *L'État, acteur puissant*

Dans tous les pays, l'État constitue un acteur important des systèmes sociaux, mais ce rôle est différent, en fonction de l'histoire et des traditions nationales. Or, on sait qu'en France « il constitue non une institution au service de la société, mais une institution légitime par elle-même. Incarnant la part transcendante des individus, ce par quoi ils sont légitimes, l'État a son fondement non dans la contingence des forces sociales mais quelque part au-dessus d'elles, et il possède à ce titre le droit d'éduquer et de réformer la société [1] ».

1. Secrétariat d'État au Plan, *Entrer dans le XXIe siècle. Essai sur l'avenir de l'identité française,* rapport du groupe de travail « Horizon 2000 », présidé par Emmanuel Le Roy Ladurie, Paris, La Découverte/La Documentation française, 1990.

Quel que soit le système d'interprétation retenu, certains auteurs insistant plus sur la continuité et se référant à la tradition colbertiste, d'autres retenant plutôt la coupure de la Révolution et le « déficit » de corps intermédiaires, le rôle de l'État en France apparaît ainsi tout à fait central. Si tardives qu'elles aient été par rapport à d'autres pays européens, les interventions des pouvoirs publics en France dans le domaine social ont prolongé et amplifié des traditions interventionnistes fort anciennes dans d'autres domaines, qui n'avaient pas fléchi au cours du XIXe siècle, en dépit du discours libéral. Adossé à ces traditions, le rôle de l'État dans le domaine social, qui a fait l'objet d'un remarquable consensus jusqu'au milieu des années soixante-dix, revêt des caractéristiques particulières par rapport à d'autres formes d'État social. Ce rôle est d'autant plus marqué en matière de politiques sociales que le jeu des relations professionnelles est marqué dans notre pays par des caractéristiques singulières.

2 / *Un système spécifique de relations professionnelles*

Le pluralisme syndical français est bien connu, ainsi que ses conséquences sur le jeu d'acteurs qui s'institue dans l'entreprise, dans la branche professionnelle, ou au niveau interprofessionnel : tendance à la concurrence et à la surenchère, plus grande facilité de division, les chefs d'entreprise ou les pouvoirs publics pouvant facilement tenter de conclure avec l'un ou l'autre selon la nature des problèmes traités, en dehors précisément des périodes de bouleversements qui provoquent l'unité syndicale. Ce syndicalisme « pluriel » est issu d'abord de la scission de la CGT, réunie un temps, notamment après la guerre en 1945 (ce qui a permis des discussions très aisées sur la création de la Sécurité sociale, comme se plaît à le rappeler P. Laroque). Le pluralisme syndical s'est accentué depuis 1947 ; mais il n'existe pas qu'en France : l'Italie le connaît également. Et certains auteurs des années soixante-dix notaient que, plutôt que de pleurer l'introuvable unité, il était préférable de reconnaître les avantages du système français : possibilités de choix, adaptation des divers syndicats à toute la palette de la population salariée... Ils faisaient également remarquer que la France cherchait à copier les relations professionnelles d'autres pays dans le temps même où ceux-ci connaissaient des difficultés : rigidités excessives en Grande-Bretagne, grèves sauvages dans certains pays.

Ce sur quoi s'attardent plus longuement les observateurs du syndicalisme français, ce sont les conséquences de la constitution tardive et de l'hétérogénéité de la classe ouvrière, liées à la fois au retard d'industrialisation et au développement particulièrement marqué de l'organisation taylorienne du travail. Non seulement la croissance du nombre d'ouvriers a été tardive, mais les couches nouvelles mobilisées après 1945 ont été essentiellement des agriculteurs, des femmes et des travailleurs étrangers, dont la tradition d'organisation était faible. La tradition première des ouvriers qualifiés français était celle de l'« action directe », héritée en partie de l'expérience politique accumulée depuis la Révolution française ; celle-ci n'est guère compatible avec les règles de la représentation, fondée sur la délégation de pouvoir. Dans les grands mouvements qui ont correspondu à une croissance des effectifs syndicaux (surtout 1936 et 1945), ce sont les générations peu enracinées, sans véritables traditions, qui ont été au cœur des combats les plus radicaux.

Ces traditions sont très éloignées de celles des tendances réformistes anglo-américaines et allemandes.

On explique ainsi pourquoi le taux de syndicalisation n'a jamais été en France aussi élevé que dans les autres pays européens (tableau 4).

Il convient cependant de rappeler que, si le syndicalisme français a toujours été faible par rapport à d'autres pays en nombre de militants et en moyens matériels, il mobilisait bien au-delà de ces chiffres lorsqu'il y avait une crise sociale, où la quasi-totalité des salariés le suivait.

Cette relative faiblesse numérique liée à une attitude de forte opposition – syndicalisme de revendication plutôt que d'implication – a rencontré, jusque vers 1965, une attitude peu encline à la négociation de la part du patronat français. Si l'on y ajoute les tendances initiales des chefs d'entreprise français, peu prompts à s'organiser et comprenant longtemps une proportion de petits employeurs plus importante qu'ailleurs, on comprend que le jeu des relations professionnelles en France n'ait pas eu le même rôle dans le progrès des interventions sociales que dans d'autres pays, ou du moins que son mode de fonctionnement ait été très différent : impliquant nécessairement de temps à autre l'intervention de l'État du fait du blocage prolongé du dialogue social.

Cette situation préoccupait beaucoup les hommes politiques et les hauts fonctionnaires dans les années soixante, notamment après les événements de 1968. C'est l'image de la « société bloquée », qui domine, en 1969, le discours d'investiture de Jacques Chaban-Delmas, inspiré sur ce point par Jacques Delors [5].

[5]

EXTRAIT DU DISCOURS DE JACQUES CHABAN-DELMAS
À L'ASSEMBLÉE NATIONALE EN 1969
(*JOAN* du 16 octobre 1969)

« Nous sommes dans un pays de castes [...]. On préfère trop souvent se battre pour des mots, même s'ils recouvrent des échecs dramatiques, plutôt que pour des réalités. C'est pourquoi nous ne parvenons pas à accomplir des réformes autrement qu'en faisant semblant de faire des révolutions. La société française n'est pas encore parvenue à évoluer autrement que par crises majeures. La conséquence de cet état de choses est que chaque catégorie sociale ou professionnelle, faute de se sentir assurée pour pouvoir négocier directement de façon responsable, se réfugie dans la revendication vis-à-vis de l'État [...]. À un dialogue social véritable se substitue un appel à la providence de l'État. »

Les pouvoirs publics ont alors tenté d'inverser le jeu, en incitant fortement au développement des relations professionnelles et des négociations, en tentant d'abord de mettre en place les conditions d'une véritable négociation dans le secteur public et en cherchant de façon plus générale à nettement distinguer les domaines propices à un relatif consensus (formation professionnelle) de ceux qui sont, de toute façon, conflictuels (salaires). C'est alors que se développèrent les grands accords inter-

Tableau 4. *Évolution du taux de syndicalisation dans les pays industriels*

(nombre de syndiqués en % de la population salariée)

	Taux moyen des années soixante [1]	Estimations 1987 [2]	Estimations 1994 [3]
France	20	9	9
États-Unis	28	17	16
Japon	35	24	24
Grande-Bretagne	50	38	36
Allemagne	43	39	32
Suède	75	70	84

1. et 2. Source : P. Rosanvallon, *La question syndicale*, Paris, Hachette/Calmann-Lévy, 1988, p. 264.
3. Source : UIMM, janvier 1995, à partir d'une étude de la centrale syndicale suédoise LO.

professionnels et les « lois négociées » qui venaient ratifier et étendre les accords conclus au niveau interprofessionnel. Mais n'était-ce pas encore un mécanisme particulier à la France ? Le fait d'impulser fortement les négociations ne constituait-il pas un autre aspect du jeu du « théâtre d'ombres » auquel devaient se livrer les pouvoirs publics ? Les ambiguïtés de la gestion tripartite ou paritaire des divers organismes, notamment la Sécurité sociale, sont sans doute également à relier à cette faiblesse et à cette division des acteurs. L'État cherche à les conforter sans pour autant abandonner ses pouvoirs.

D / *Caractères spécifiques des techniques d'intervention*

La spécificité des techniques d'intervention en matière sociale est pour partie la conséquence du rôle de l'État, ainsi que du poids démographique et politique qu'ont eu dans le passé certaines catégories sociales très attachées à leurs particularismes.

On peut signaler les quelques exemples suivants :

– le rôle important de l'État, la relative atonie des relations contractuelles pendant de longues périodes, le caractère brutal des avancées sociales sous l'égide de l'État expliquent à la fois l'importance des interventions protectrices qui figurent dans le droit du travail français, et ce que les juristes appellent sa relative « ineffectivité ». L'Inspection du travail ne peut pas être partout, et le meilleur garant de l'application des règles serait le développement des organisations représentatives de salariés, qui ont mis longtemps à pénétrer dans l'entreprise et sont quasiment absentes dans la majeure partie des moyennes et petites entreprises ;

– la fréquente « sous-traitance » des services sociaux aux associations. La structure du monde associatif en France se distingue en effet de celle d'autres pays : le soutien public est beaucoup plus élevé ; les ressources propres sont faibles, et les dons des particuliers très limités. La prise en charge précoce par l'État de certains services éducatifs, culturels, de santé l'a conduit à mettre en place par la suite un « partenariat », dont le relais a été pris en certains domaines après la décentralisation par les collectivités locales : le financement public fournit alors la majorité des ressources, les associations produisant des services [1] ;

– l'importance du concept et des techniques d'assurances (la France est le pays où la proportion de financement par cotisations est la plus forte), qui sont restés très prégnants en dépit des principes de solidarité affichés en 1945, peut pour partie trouver une explication dans le pas que cette technique a permis de faire franchir à la France au début du XXe siècle, compte tenu des débats qui demeuraient alors très vifs sur le rôle de l'État ;

– l'histoire permet également de comprendre le maintien, au sein de la Sécurité sociale, et en dépit des principes affichés, de nombreux régimes spécifiques, dont l'existence s'expliquait au départ par l'importance numérique et le poids des populations concernées.

1. Édith Archambault, *Le secteur sans but lucratif. Associations et fondations en France*, Paris, Economica, 1996.

Chapitre 2

« La grande transformation [1] »

> « Quel que soit l'angle sous lequel ils l'examinent, la modernité apparaît à ceux qui en étudient les effets sur les sociétés comme l'expression d'une mutation de grande ampleur, dont ils soulignent la puissance de désorganisation, mais dont ils ne voient pas encore l'issue [2]. »

Ce chapitre n'a pas pour ambition de dresser un tableau d'ensemble des changements intervenus depuis 1973, mais de mettre l'accent, sans souci d'exhaustivité, sur ceux qui constituent tout particulièrement des remises en cause des politiques sociales dont l'édification a été retracée dans le précédent chapitre.

Gardons-nous, à cet égard, d'idées trop simplistes.

– Bien avant les difficultés économiques de 1973 s'étaient produites de profondes transformations – notamment des structures sociales et des mœurs – qui se sont partiellement exprimées en 1968, et dont beaucoup sont venues à maturité dix ans plus tard. La rencontre avec la crise leur a donné une coloration particulière.

– Certaines évolutions importantes qui sont déjà à l'œuvre aujourd'hui ne sont sans doute pas encore, sinon décelées, du moins analysées et évaluées à leur juste mesure.

– Surtout, bien que nombre de travaux aient été menés et publiés ces

1. Titre d'un ouvrage de Karl Polanyi, *La grande transformation : aux origines politiques et économiques de notre temps,* Paris, Gallimard, 1983.

2. Thomas Ferenczi, « Changement d'époque », Préface aux grands entretiens du *Monde,* tome 3, numéro spécial de *Dossiers et documents du Monde,* juin 1996.

dernières années, l'issue de cette période de mutation, d'« entre-deux », où d'anciennes structures sont en train de basculer, en attendant une recomposition d'ensemble, échappe encore aux observateurs les plus attentifs.

Seront distinguées, dans ce chapitre, les mutations économiques et technologiques d'une part, et les évolutions sociales de l'autre, bien qu'il existe entre elles de nombreuses et parfois subtiles interdépendances.

I | UNE NOUVELLE FRACTURE ENTRE L'ÉCONOMIE ET LE SOCIAL

Ce ne sont pas seulement le ralentissement de la croissance et ses conséquences mécaniques sur l'accroissement du chômage et les difficultés de financement des régimes sociaux qui ont bouleversé le contexte sur lequel interviennent les politiques sociales. Comptent plus encore le complet bouleversement de notre environnement mondial et technologique, et ses incidences sur les nouvelles organisations du travail, la répartition des revenus, la mise en « concurrence » des systèmes sociaux... La période que nous vivons depuis 1973, qui a été longtemps pensée comme une crise longue, mais passagère, apparaît aujourd'hui pour ce qu'elle est : une mutation profonde, qui ébranle les modes d'intervention de l'action publique dans le domaine social.

A / *Le choc de la mutation économique et technologique*

1 / *Le ralentissement de la croissance*

Les pays européens sont entrés durablement dans une période de croissance ralentie. En France, le taux de croissance du PIB s'est réduit de plus de moitié depuis 1974. Cette réduction s'accompagne d'une plus forte irrégularité. En 1987 s'ouvre la seule période durable d'inversion des tendances depuis la crise. Au début des années quatre-vingt-dix commence une période de fort ralentissement, puis de récession qui culmine en 1993 – la plus importante que la France ait connue depuis l'après-guerre (tableau 5). Le taux de croissance du PIB sur longue période se réduit dans de semblables proportions en Italie, dans des proportions moindres en Allemagne et au Royaume-Uni (tableau 6)

Comme le fait remarquer Daniel Cohen [1], si l'on regarde l'histoire du siècle passé, plutôt que la seule histoire des années de l'après-guerre, c'est la croissance des Trente Glorieuses qui apparaît exceptionnelle. En moyenne, la croissance « séculaire » sur l'ensemble du XXe siècle qui se termine bientôt n'est que de 2 % l'an et ce qui nous apparaît aujourd'hui très faible a d'abord été considéré par les économistes du XIXe siècle comme un rêve fou. Sur la période 1971-1996, la croissance a été, en France, de 2,2%

1. Daniel Cohen, *Les infortunes de la prospérité,* Paris, Julliard 1994, ainsi que *Richesse du monde, pauvretés des nations,* Paris, Flammarion, 1997.

Tableau 5. *Taux de croissance annuel moyen du PIB en France, en volume*

(en %)

1949-1973	5,1
1974-1982	2,5
1983-1987	1,8
1988-1989	4,4
1990-1992	1,5
1993	– 1,3
1994	2,6
1995	2,1

Source : INSEE, *Comptes de la nation.*

en moyenne. S'il se poursuit sur trente ans, ce rythme aboutit tout de même à une multiplication par deux de la taille de notre économie. Il n'en demeure pas moins que, trop faible pour résorber le chômage et éviter de graves difficultés de financement des régimes sociaux, irrégulière et incertaine, cette croissance atone constitue un handicap de taille pour les interventions sociales auxquelles on demande, à elles seules, de répondre à des défis disproportionnés par rapport à leurs moyens d'action.

2 / « *Le choc des nations* » [1]

Il ne s'agit évidemment pas que d'un problème de croissance. Notre insertion dans le monde a profondément changé. En cela, rappellent certains historiens [2], la période récente se rapprocherait – plutôt que de la crise de 1929 qui hante encore les esprits – de la « dépression » de la fin du XIXe siècle, qui correspondait à une recomposition de l'espace économique mondial. Le terme de dépression illustre le caractère de crise prolongée, de rupture de l'équilibre économique, dont les causes persistent jusqu'à ce que se construise un nouveau système englobant à la fois l'économique, le social, le politique et le culturel.

Trois phases doivent être en fait distinguées dans les développements de la mondialisation [3].

La France a connu un premier mouvement d'ouverture dans les années soixante. Cette internationalisation s'est développée à l'intérieur de l'OCDE, maîtrisée et organisée par les discussions qui se sont déroulées dans le cadre du GATT, dans le contexte d'un système monétaire international fondé sur la fixité du change.

La seconde époque s'est ouverte à la fin des années soixante-dix, étayée par les progrès de l'informatique et l'inversion de la politique monétaire américaine, et fondée cette fois sur la disparition des frontières. « Nous sommes alors sortis d'un modèle " douanier " de la mon-

1. Titre d'un ouvrage d'Anton Brender, *Un choc de nations,* Paris, Hatier, 1988.

2. Jacques Marseille, « La crise économique est-elle cyclique ? » *Histoire,* décembre 1993, reproduit dans *Problèmes économiques,* 2389, 14 septembre 1994 ; et « Les crises économiques du XXe siècle » (présenté par Jacques Marseille) *Vingtième siècle. Revue d'histoire,* 52, octobre-décembre 1996.

3. Cf. Jean-Paul Fitoussi, Pierre Rosanvallon, *Le nouvel âge des inégalités,* Paris, Le Seuil, 1996, p. 111 et suiv.

Tableau 6. *Taux de croissance annuel du PIB dans divers pays*

(en %)

	Allemagne	France	Grande-Bretagne	Italie	États-Unis	Japon
1971-1980	2,7	3,3	2,0	3,7	2,0	4,5
1981-1990	2,3	2,4	2,7	2,2	2,9	4,0
1991-1996	1,9	1,1	1,4	1,3	2,0	1,5

Source : *Perpectives économiques de l'OCDE* (1995, prévisions OCDE), repris dans OFCE, *L'économie française en 1997,* Paris, La Découverte, coll. « Repères », 1997.

dialisation, fondé sur des classifications de produits, des droits, des procédures, des négociations entre États, pour basculer dans l'économie monde des marchés des changes et des produits financiers [1]. »

Une troisième époque s'ouvre depuis le début des années quatre-vingt-dix, à la faveur de l'ouverture de l'ancien monde communiste et des pressions libéralisatrices du monde développé. « L'unification totale de l'espace commercial mondial devient possible. » Les accords du GATT de 1994 prévoient une réduction de 38% des droits de douane imposés par les pays développés sur les marchandises. Il s'agit d'une ouverture massive, sans le recours d'une réelle instance internationale de régulation.

Durant les années soixante-dix et quatre-vingt, le ralentissement de la croissance mondiale n'a pas empêché le mouvement d'ouverture des économies caractéristiques de l'après-guerre de se poursuivre, particulièrement l'internationalisation de la production manufacturière. Les échanges ont continué de croître plus rapidement que la production et la demande mondiale, notamment parce que les déséquilibres des paiements courants aggravés par les crises pétrolières ont amené les pays à tenter d'accroître leurs exportations pour payer la facture énergétique [2].

Ce renforcement de l'internationalisation des économies s'est opéré principalement au profit des pays d'Asie du Sud-Est et du Japon. L'Asie a conquis à l'exportation 6 % du commerce mondial entre 1967 et 1985. En revanche, le dynamisme des pays européens s'est considérablement affaibli à partir du début des années soixante-dix. De plus, les exportations des pays de la CEE se sont accrues moins vers l'extérieur qu'à l'intérieur de la Communauté elle-même, ce qui traduit une baisse de compétitivité des pays européens au niveau mondial, parallèlement à l'élargissement du marché communautaire.

En même temps, des transformations profondes se sont produites tant dans la nature des produits échangés que dans le mode de spécialisation et la géographie des échanges internationaux [3]. La division internationale du travail avait commencé à changer bien avant 1970. La nouveauté des

1. Jean-Paul Fitoussi, Pierre Rosanvallon, *op. cit.*
2. Sur tous ces points, cf. les ouvrages du Centre d'études et de prospective internationale (CEPI), et Commissariat général du Plan, *L'économie française en perspective* (préface de J.-B. de Foucauld, introduction de J.-M. Charpin), rapport du XIe Plan, Paris, La Découverte/La Documentation française, 1993.
3. Ces développements doivent beaucoup aux travaux d'Anton Brender.

Tableau 7. *Croissance du volume du commerce international de marchandises par grandes régions, 1990-1995*

(variation annuelle en %)

	Exportations 1994	Exportations 1995	Exportations 1990-1995	Importations 94	Importations 95	Importations 90-95
Monde	9,5	8,0	6,0	10,0	8,5	6,0
Amérique du Nord	10,0	8,5	7,0	13,0	7,5	7,5
Amérique latine	9,5	11,5	8,0	13,5	7,5	7,5
Europe occidentale	9,5	7,0	4,5	8,0	7,5	4,0
Union européenne (15)	10,0	7,0	4,5	8,5	7,5	4,5
Europe centrale et orientale et ex-URSS	13,5	9,5	3,0	7,5	6,5	0,0
Asie	10,0	9,5	7,5	13,5	13,0	10,0
Japon	1,5	2,5	1,0	13,5	11,5	6,0
Six pays Asie de l'Est (1)	15,0	14,5	11,0	16,0	15,0	12,0

1. Hong Kong, Malaisie, république de Corée, Singapour, Taïpei chinois et Thailande.
Source : Organisation mondiale du commerce, « Évolution et perspectives du commerce mondial », *Problèmes économiques,* 2486, 18 septembre 1996.

décennies soixante-dix à quatre-vingt-dix, c'est que des nations, laissées jusqu'alors à l'écart de la compétition internationale, décident, de façon de plus en plus délibérée, de modifier elles-mêmes leur place en déstabilisant la distribution des cartes de l'économie mondiale. C'est l'exemple, après le Japon, de la Corée du Sud qui fonde sa concurrence sur le caractère compétitif de ses coûts de main-d'œuvre. Ainsi ce sont des systèmes sociaux qui entrent, si l'on peut dire, en concurrence : l'insertion de ces nouveaux pays dans le cadre de la concurrence ne peut se faire pour eux que par la différence immense des coûts de main-d'œuvre. Les années soixante-dix ont donc été marquées par l'effondrement de grands pans de notre industrie (le textile, l'électronique) qui étaient soumis à la concurrence de ces pays.

Le Japon avait utilisé une autre arme dans la compétition internationale : la sélection de certains secteurs, choisis d'emblée pour être des vecteurs privilégiés de la compétition internationale, et où est concentrée une masse considérable d'investissements. Ainsi se sont trouvés déstabilisés d'autres secteurs comme l'automobile, l'optique et un petit nombre de secteurs de la sidérurgie et de l'électronique, où le Japon avait atteint des gains de productivité très élevés, sur lesquels les autres pays avaient beaucoup de mal à s'aligner.

Depuis le début de 1990, s'ouvrent encore d'autres perspectives : ce sont des pays comme la Chine, la Russie, pour ne citer que les plus grands, qui s'étaient tenus à l'écart de l'économie globalisée et qui font effort pour y prendre pied à leur tour. La « mondialisation » n'est donc pas près de s'arrêter, comme le montre la croissance du volume mondial de marchandises par grandes régions sur la période 1990-1995 (tableau 7).

Ainsi s'expliquent pour partie la nature et l'ampleur des restructurations industrielles auxquelles ont dû faire face l'Europe et la France depuis plus de vingt ans. Le taux de croissance de la valeur ajoutée industrielle s'est affaibli particulièrement à partir de 1980, et il a été marqué par une forte instabilité ; l'emploi industriel a diminué, avec des menaces

Tableau 8. *Taux de croissance annuel moyen de la valeur ajoutée et de l'emploi dans l'industrie en France sur longue période*

(en %)

	1975/70	1980/75	1985/80	1990/85	1995/90
Valeur ajoutée	3,9	3,3	– 0,5	2,8	– 0,1
Emploi	0,8	– 1,2	– 2,7	– 0,9	– 2,6

Source : OFCE, *L'économie française en 1997, op. cit.*, p. 54.

sur des pans entiers de l'industrie traditionnelle (tableau 8). Ces évolutions ont été ressenties en France avec une intensité particulière, car notre économie, insérée après guerre dans un mécanisme d'échange inégal avec ses colonies, a dû se reconvertir à marche forcée. Au tout début des années soixante, plus de 30 % de notre commerce extérieur se faisaient avec les pays de la zone franc. Aujourd'hui, 80 à 85 % de nos échanges se font avec les pays de l'OCDE – dont les deux tiers avec les pays de l'Union européenne.

Ces constats ne doivent pas masquer le fait que la France demeure une grande puissance industrielle : elle occupe le quatrième rang dans le monde en termes de production industrielle – loin, il est vrai, derrière les trois « géants industriels » que sont le Japon, les États-Unis et l'Allemagne. Mais le dynamisme commercial des entreprises françaises franchit difficilement les frontières européennes (les principaux pays clients de la France sont l'Allemagne, l'Italie, le Royaume-Uni, la Belgique, les Pays-Bas...), en dépit de quelques brillantes percées dans les pays extracommunautaires. Et l'industrie française paraît prendre quelque retard par rapport au dynamisme technologique retrouvé de l'industrie américaine, qui investit massivement dans la diffusion de l'informatique et les nouvelles technologies de l'information et de la communication.

3 / *Nouvelles technologies, nouvelles organisations du travail*

La nouvelle phase de concurrence internationale s'effectue dans un contexte de changement technologique accéléré. Les mutations industrielles en cours ne peuvent être comparées à aucune période d'ajustement rapide de l'industrie [6]. Ce n'est certes pas la première fois qu'une vague de transformations majeures bouleverse l'organisation des entreprises. Mais les changements techniques d'aujourd'hui, qui se produisent essentiellement par la diffusion de machines outils à calculateur intégré, d'automates programmables, de robots de plus en plus complexes dotés de moyens d'appréhension et d'interprétation de l'univers de la tâche, le développement de techniques de conception, de fabrication et de gestion assistées par ordinateur ont et auront des conséquences immenses sur l'évolution du travail et son organisation, que chaque pays, chaque système social, traduira selon ses traditions et sa culture propre (il n'y a pas de déterminisme technologique, de relation obligée entre une technologie nouvelle et une organisation du travail, mais des exigences nouvelles qui peuvent être satisfaites par divers modes d'organisation).

[6]

LES TROIS PHASES DE MUTATIONS TECHNOLOGIQUES

Dominique Taddéi et Benjamin Coriat distinguent trois phases dans la succession des transformations technologiques [1] dans l'industrie.

– *Avant 1960 :* mécanisation et automatisation rigide. Outil roi : la machine transfert, développée dans l'industrie américaine (automatisation style « Detroit »).

– *1960-1975 :* phase de transition avec le développement de l'industrialisation et la maîtrise des pilotages et des conduites industrielles à distance. Cette vague touche surtout les industries de processus continu : verre, caoutchouc, pétrole. L'outil roi est alors l'ordinateur ou le calculateur de process.

– *Depuis 1975 :* automatisation flexible. Utilisation à usage industriel de la micro-électronique et de la micro-informatique. Outil roi : le robot programmable. Cette nouvelle technologie permet de faire face avec des coûts et des délais réduits aux contraintes d'une demande volatile exigeant de plus en plus de différenciation des produits.

On doit y ajouter aujourd'hui l'extension spectaculaire des nouvelles technologies de l'information et de la communication. Déjà, durant ces dernières années, les circuits intégrés et la technologie numérique ont entraîné une modernisation sans précédent des réseaux de communication. La « révolution des télécommunications » sera marquée dans les prochaines années par des développements technologiques extrêmement rapides dans quatre secteurs principaux : transmissions large bande et commutation ; applications multimédias ; technologies sans fil ; réseaux intelligents [2].

1. Dominique Taddéi, Benjamin Coriat, *Made in France. L'industrie française dans la compétition internationale,* Paris, Le Livre de poche, « Biblio/essais », 1993.
2. Cf. « Les nouvelles technologies de l'information et de la communication. Risques et opportunités d'une économie de l'immatériel », *Problèmes économiques,* 2464-2465, 20-27 mars 1996.

Si la période précédente conduisait déjà à un vieillissement accéléré des méthodes tayloriennes dont on sait que la France a largement usé, la dernière phase technologique les rend maintenant inopérantes et largement dépassées. En effet, le travail devient plus indirect, plus concentré autour des tâches de gestion technique ou économique, et consiste davantage en une mobilisation et une initiative permanentes autour des outils techniques ; la gestion des rapports avec les fournisseurs et les sous-traitants devient un élément de la compétitivité globale de l'entreprise. L'objectif de qualité ne peut résulter que de la motivation des salariés. C'est un modèle nouveau de travail, fondé sur la compétence, l'implication personnelle plus forte des travailleurs, une mobilisation plus active, une aptitude à travailler en commun sur des objectifs précis [1]. Le travail se déplace vers l'appel à des facultés de raisonnement, de gestion de l'imprévisible et de l'inattendu. Les exi-

1. Ces développements sont étroitement inspirés de l'ouvrage de D. Taddéi et B. Coriat *(op. cit.),* ainsi que des travaux du Centre d'études et de recherches sur les qualifications (CEREQ), et des publications d'Yves Lichtenberger.

gences nouvelles de l'organisation du travail, et notamment celle de qualité qui est devenue une hantise des industriels français, sont en contradiction directe avec celle à laquelle avait fait appel, durant des années, la France « fille aînée du taylorisme [1] ».

Ainsi, la France est aujourd'hui engagée dans des transformations de grande ampleur de son modèle d'organisation du travail, « probablement comparable en importance à celle qui s'est opérée, il y a un siècle, avec la rationalisation taylorienne. Cette transformation, toutefois, est loin d'être achevée. Elle se traduit par une multitude d'expériences plus ou moins abouties ; elle crée de nombreuses tensions entre les formes du passé, encore bien souvent dominantes – le taylorisme n'est pas mort – et les formes nouvelles de la rationalisation industrielle [2] ».

B / *Le social sur la défensive*

Les changements économiques et techniques ainsi rapidement rappelés ont eu des conséquences considérables sur les éléments qui fondaient le contrat social explicite ou implicite sur lesquels les pays européens vivaient depuis la guerre. Pendant un certain nombre d'années, la France a vécu dans l'idée que la crise était provisoire. Ce n'est que dans les années quatre-vingt que s'est effectuée une véritable prise de conscience : l'atonie et l'irrégularité de la croissance économique, la mondialisation, la nouvelle phase de progrès technologiques mettaient à mal le modèle social mis au point au terme de cent trente ans d'histoire.

1 / *Emploi et chômage*

On ne peut attribuer, comme certains rapprochements simplistes pourraient le laisser penser, l'accroissement du chômage en France aux effets de la mondialisation, et plus particulièrement à la concurrence des pays à bas salaires. De nombreuses études sur le contenu en emploi du commerce extérieur ont montré que l'effet était sans doute faiblement négatif, mais ne saurait constituer l'explication de la montée du chômage que nous connaissons depuis 1973 [3]. Ce faible impact global ne saurait occulter la concentration des effets négatifs sur des pans entiers de l'industrie traditionnelle, à fort contenu en main-d'œuvre peu qualifiée (textile-habillement, chaussure, horlogerie, jouet) et sur des produits technologiques standardisés (électronique, petits matériels électriques). Les régions étant plus ou moins spécialisées sectoriellement, les pertes d'emplois liées à la concurrence de pays à bas salaires sont de plus concentrées géographiquement : des régions entières sont ainsi sinistrées...

1. Terme d'Alain Lebaube dans *Social : par ici la sortie,* Le Monde Éditions, 1993.
2. Commissariat général du Plan, *Le travail dans vingt ans,* rapport de la commission présidée par Jean Boissonnat, Paris, Odile Jacob, La Documentation française, 1995.
3. Cf., par exemple, Joël Maurice, « L'emploi, victime de la concurrence des pays à bas salaires ? « *Projet,* 246, été 1996 ; Eddy Lee, « La mondialisation et l'emploi : des craintes justifiées ? « *Revue internationale du travail,* 5, 1996, reproduit dans *Problèmes économiques,* 2517, 23 avril 1997.

Mais dans le domaine de l'emploi comme dans d'autres, la majeure partie des effets des changements liés à la mondialisation, aux progrès technologiques, sont beaucoup plus diffus. On ne peut les isoler sous forme d'impacts directs et identifiables. Il s'agit de ruptures dans nos anciens modes de régulation, qu'ont pu accentuer les politiques suivies.

Depuis 1974, la croissance du chômage a été en France quasi permanente. De 593 000 en moyenne annuelle en 1973, le nombre de chômeurs au sens du BIT est passé à 3 248 000 fin 1996. Le taux de chômage est passé, durant la même période, de 2,7 % de la population active à 12,7 %.

Du point de vue des grandes caractéristiques de l'emploi et du chômage, la France est assez proche des autres pays européens. Cependant, la croissance du chômage y a été plus forte, son taux est resté élevé même pendant les périodes de reprise économique. Depuis les années soixante-dix, l'accroissement du taux de chômage et la proportion de chômeurs dans la population active ont été en France plus élevés qu'en Allemagne, en Italie, au Royaume-Uni, aux États-Unis et au Japon (tableaux 9 et 10).

Cet accroissement du chômage n'est que le signe le plus apparent de profondes transformations dans les règles de fonctionnement antérieures du marché du travail. Les changements du marché mondial ont rendu nécessaire un renversement de la logique de la production. La modification des processus productifs pour faire face à la concurrence des marchés et aux comportements des consommateurs a conduit à ce qu'on appelle la *lean production* (production frugale) avec ses zéros stocks, ses flux tendus. Dans ce nouveau contexte, le développement d'une capacité d'adaptation en temps réel aux fluctuations quantitatives et qualitatives des carnets de commande devient vital, et la flexibilité un maître mot, qu'il s'agisse de production ou de gestion de main-d'œuvre. Les conséquences en ont été l'externalisation des activités, le développement de la sous-traitance, l'éclatement des collectifs de travail, le développement des formes « atypiques » d'emploi.

Par ailleurs, les nouvelles formes d'organisation, plus autonomes, plus « responsabilisantes », rendent plus difficile l'accès à l'emploi de personnes qui, pour une raison ou pour une autre, ne peuvent s'adapter à ces fortes exigences. Or, en dépit d'un développement considérable de sa scolarisation, la France souffre d'un taux d'échec scolaire important qui se traduit par la sortie, chaque année, de l'école, de quelque 80 000 jeunes sans autre diplôme que la fin de la scolarité obligatoire. Par ailleurs, les déficits de formation antérieurs étaient grands, la France ayant recouru pendant longtemps à des organisations du travail assez rigides et hiérarchisées et fait appel à une main-d'œuvre étrangère peu qualifiée. Ce sont ces personnels non qualifiés qui ont été visés particulièrement par les restructurations industrielles ; ceux-là mêmes qui, les moins aptes au changement, sont les plus concernés par ce qu'un chercheur étudiant des reconversions ou des fermetures d'entreprises appelait d'un titre suggestif : « Quand les changements prennent de vitesse le temps d'une vie ». Les ouvriers non qualifiés ont diminué, entre les recensements de 1975 et de 1982, de près de 100 000 unités par an, et, entre ceux de 1982 et de 1990, de plus de 50 000 par an.

Tableau 9. *Accroissement du chômage, variations du PIB, évolutions de l'emploi de 1973 à 1995 dans sept pays*

(taux de croissance annuel moyen, en %)

	France	Allemagne [1]	Italie	Royaume-Uni	États-Unis	Japon
Accroissement du taux de chômage [2]	+ 8,9	+ 8,4	+ 7,3	+ 6,1	+ 0,7	+ 1,9
PIB	+ 2,2	+ 2,6	+ 2,4	+ 1,8	+ 2,5	+ 3,2
Emploi	+ 0,2	+ 1,2	+ 0,3	+ 0,1	+ 1,8	+ 0,9

1. 1973 : Allemagne de l'Ouest ; 1995 : Allemagne après réunification.
2. En écart de taux.

Source : Données OCDE dans *Économie et statistique*, 301-302, 1997, 1/2.

Tableau 10. *Taux de chômage moyens dans six pays*

(en %)

	France	Allemagne	Italie	Royaume-Uni	États-Unis	Japon
1971-1980	4,2	2,6	6,4	3,8	6,4	1,8
1981-1990	9,3	7,1	8,8	9,1	7,1	2,5
1991-1996	11,2	8,7	10,5	8,9	6,4	2,7

Source : Données OCDE dans OFCE, *L'économie française en 1997, op. cit.*

2 / *Protection sociale*

La protection sociale est d'abord directement et quasi mécaniquement menacée par les difficultés de financement liées à la perte de recettes dues au chômage et à la faible croissance ou à la stagnation de la masse salariale. Ces effets sont particulièrement marqués dans un pays où le financement reste assis pour une très large part sur des cotisations sur les salaires. La croissance des prestations sociales résulte quant à elle, pour une part non négligeable, d'évolutions démographiques et sociales peu sensibles à la conjoncture économique, tandis que les besoins de sécurité et de couverture s'accroissent pour certaines catégories de population particulièrement touchées par la crise.

De 1981 à 1985, les prestations sociales ont évolué en France plus vite que le PIB. De 1985 à 1989 au contraire, elles ont crû moins rapidement et leur part dans le PIB a légèrement fléchi. Mais la croissance a repris à partir de 1990 et les déficits ou les besoins de financement ont crû dans des proportions très importantes en fin de période (tableau 11).

Mais plus encore que les effets directs sur le financement, les évolutions économiques et les politiques suivies ont eu des conséquences pernicieuses sur le « contrat social » de base dans lequel intervenaient les politiques sociales, pour plusieurs raisons.

D'une part, les évolutions du contexte mondial, la déréglementation du marché des capitaux et les politiques monétaires suivies ont eu des conséquences notables sur la répartition des revenus. Une forte modification du partage des revenus s'est produite en Europe au détriment des

Tableau 11. « *Déficits* » *du régime général depuis 1991*

(en milliards de francs)

	1991	1992	1993	1994	1995
Solde de l'exercice	– 16,6	– 15,3	– 56,4	– 54,8	– 67,3

Source : Cour des comptes, « La sécurité sociale », septembre 1996 (Les éditions du Journal officiel), p. 148.

salariés. Depuis 1980, la part des profits dans la valeur ajoutée des entreprises est passée en Europe de 30,3 à 37,4 %, soit un déplacement de 7,1 % de la valeur ajoutée. Ce déplacement s'est situé autour de la moyenne en Allemagne, en Belgique et aux Pays-Bas ; il a été plus faible que la moyenne au Royaume-Uni ; il a été supérieur à la moyenne en France (+ 11,4 %) et en Espagne (+ 11,1 %) [1].

Par ailleurs, les caractéristiques macroéconomiques des années quatre-vingt-dix (croissance faible, taux d'intérêt élevés, chômage en hausse) ont eu sur l'évolution des revenus de notables incidences [2]. Entre 1988 et 1994, les revenus du patrimoine se sont accrus de 3,9 % par an en moyenne, tandis que les revenus d'activité des ménages décroissaient de 0,5 % [3]. « Durant la première moitié des années quatre-vingt-dix, le niveau de vie des ménages actifs les plus aisés continue à augmenter assez rapidement : les revenus du patrimoine, les salaires des cadres, les revenus des professions libérales s'accroissent à des rythmes non négligeables. Par contre, en bas de la distribution, les évolutions de la conjoncture se font pleinement sentir : le niveau de vie stagne. Celui des ouvriers non qualifiés, celui des jeunes décroît [4]. » Les revenus sociaux qui permettaient auparavant de contenir l'accroissement des inégalités de revenus ne le font plus que partiellement.

Ces évolutions ont, sur notre système social, des effets d'effritement, au départ peu apparents qui ne sont pas toujours reliés à leurs véritables causes, particulièrement bien mis en lumière par Jean-Paul Fitoussi [5]. À mesure que s'accroissent les inégalités et que certaines catégories sociales supportent plus que d'autres les difficultés, la vocation redistributive du système doit se renforcer. Mais le système de protection devient alors plus coûteux pour ceux qui ont un revenu et un emploi. La tentation est grande, chez ces catégories, de plaider pour un système de couverture minimale et du fait des rendements favorables des diverses formes de placement, de se couvrir contre les risques par d'autres moyens, ou encore de recourir à des formes de protection complémentaires facultatives. La crise financière n'est pas loin d'une crise de légitimité.

Enfin, les pays développés sont entrés inexorablement dans l'ère de la

1. Source OCDE, 1996.
2. Conseil supérieur de l'emploi, des revenus et des coûts (CSERC), *Inégalités d'emploi et de revenu ; les années 1990,* Paris, La Documentation française, 1996.
3. *Ibid.,* tableau, p. 74.
4. *Ibid.,* p. 85.
5. Jean-Paul Fitoussi, *Le débat interdit,* Paris, Arléa, 1995.

« concurrence des systèmes sociaux ». Les mouvements de capitaux et d'entreprises exacerbent la concurrence entre les « espaces nationaux ». Il n'est pas un pays aujourd'hui qui puisse prendre une décision dans le domaine fiscal, dans le domaine du travail, de la protection sociale, sans se poser la question de savoir comment cette décision va affecter sa place dans la concurrence entre les espaces nationaux. Les pays développés ne peuvent jouer la carte d'une concurrence impossible avec les pays à très faible coût et à très faible protection de main-d'œuvre. L'issue est pour eux ailleurs. « Ce qui bouge dans l'économie met en concurrence ce qui ne bouge pas [1]. » C'est-à-dire que la mobilité accrue des entreprises met en balance, non seulement les coûts, mais le rapport avantages/coûts des espaces nationaux. La qualité du système social, l'éducation et la formation, les infrastructures acquièrent un rôle important, et c'est la seule carte que puissent jouer les pays développés. Ceux-ci n'ont d'autre choix que d'utiliser leurs propres atouts, qui sont la qualification, le niveau élevé de compétence de leur population, en se spécialisant sur des biens sophistiqués, de nouvelles industries (TGV, logiciels, industries de haute technologie...), c'est-à-dire de jouer le jeu de la nouvelle division internationale du travail en élevant le niveau général des qualifications et en encourageant la reconversion de la main-d'œuvre vers les activités à productivité élevée. Quels que soient les problèmes qu'elles créent, il ne faut pas oublier que les nouvelles conditions du commerce mondial offrent aux pays pauvres l'opportunité de se développer et d'échapper à la misère en leur ouvrant une insertion dans la communauté internationale [2].

Le problème est de savoir comment les systèmes sociaux européens et le système français notamment sauront et pourront se transformer pour faire face à ces conditions nouvelles. L'élaboration de nouveaux compromis sociaux supposerait en tout cas des progrès sensibles de l'Union européenne, car l'absence d'harmonisation internationale des normes concernant les conditions de production et les biens produits risque d'entraîner une course dangereuse soit à la déréglementation, soit à la surréglementation sous forme de protection déguisée [3].

II | TENDANCES À L'AFFAIBLISSEMENT DE LA COHÉSION SOCIALE

L'affaiblissement de la cohésion sociale, en France, résulte au premier chef de l'importance du chômage et de ses caractéristiques (chômage de longue durée et chômage des jeunes [4]), qui, en nourrissant l'exclusion, affecte la cohésion sociale à la manière d'un cancer.

Sont évoqués ici certains éléments de transformation plus autonomes,

1. Anton Brender, *L'impératif de solidarité ; la France face à la mondialisation,* Paris, La Découverte, 1996, p. 16.
2. Cf. notamment Daniel Cohen, *Richesse du monde, pauvreté des nations,* Paris, Flammarion, 1997.
3. Cf. notamment Jacques Adda, *La mondialisation de l'économie,* 2e tome, *Problèmes,* Paris, La Découverte, coll. « Repères », 1996.
4. Ces aspects seront développés dans le chapitre 6.

ceux dont l'évolution est venue se conjuguer avec la crise économique, et qui résultent d'évolutions de la démographie et des structures sociales, à l'œuvre déjà depuis les années soixante.

A / *Transformations démographiques : vieillissement, « familles incertaines »* [1], *solitudes*

L'examen des données démographiques autorise une incursion dans un passé plus profond ; ce que l'on appelle parfois « les turbulences de la démographie [2] » aujourd'hui est à la fois prolongation des tendances lourdes à l'œuvre dans les pays occidentaux depuis 1800 et rupture du fait de l'accélération de certaines évolutions : allongement sans précédent de l'espérance de vie, baisse de la natalité, évolutions de la nuptialité, de la divortialité, des unions libres... qui ont conduit et conduiront plus encore dans les prochaines années à des transformations très importantes des indices démographiques.

1 / *Vieillissement*

La principale tendance lourde est celle du vieillissement de la population, commun à des degrés divers à tous les pays occidentaux.

Ce vieillissement est la résultante de deux mouvements : le caractère temporaire du baby-boom, ce ressaut de la fécondité qui s'est produit en France dans les deux décennies qui ont suivi la deuxième guerre mondiale, qui a été suivi par une baisse prolongée, moins marquée cependant en France que dans d'autres pays. Le taux de fécondité (indicateur conjoncturel de fécondité) est, en France, inférieur depuis 1974 au chiffre de 2,1 qui assure le renouvellement des générations. À partir de 1983, ce taux oscille entre 1,6 et 1,8 (1,7 en 1995). La pyramide des âges se rétrécit ainsi à la base, et la proportion de jeunes diminue au bénéfice de celle des plus âgés.

Le vieillissement est dû, par ailleurs, à un allongement sans précédent de la vie humaine. L'espérance de vie à la naissance progresse au rythme d'un trimestre par an. En 1995, elle atteignait 74 ans pour les hommes et 82 ans pour les femmes. Au cours des cinquante dernières années, la population âgée de 80 ans ou plus a quadruplé, passant de 550 000 à 2 millions et demi ; dans les cinquante prochaines années, elle va tripler pour dépasser 7 millions. Si, globalement, la population de la France continue d'augmenter, le nombre de Français âgés de moins de 50 ans diminue. La croissance démographique actuelle est donc trompeuse : elle résulte uniquement de la croissance du groupe constituant le quart le plus âgé de la population.

Ainsi, la modification progressive de la structure par âge conduit à

1. Titre d'un ouvrage de Louis Roussel, *Familles incertaines*, Paris, Odile Jacob, 1989.
2. Jean-Marie Poursin et al., « Rigidités de la répartition et turbulences de la démographie », dans *État providence ; arguments pour une réforme*, Paris, Gallimard, coll. « Folio actuel », 1996.

l'accroissement inéluctable de la proportion de personnes âgées dans la population totale.

Actuellement, on ressent surtout l'effet d'une diminution relative des naissances sur la tranche d'âge 0-19 ans et de l'allongement de la durée de vie pour les plus de 75 ans. Selon les prévisions, assez sûres en matière démographique, le vieillissement de la population française, qui est inéluctable du moins à l'horizon 2040, date jusqu'à laquelle on peut faire des prévisions socio-démographiques [1], franchirait un seuil à partir de 2005, date à laquelle les générations du *baby-boom* commenceront à arriver à l'âge de la retraite.

La conjonction du ralentissement économique et du vieillissement a déjà, et aura encore plus à l'avenir, d'immenses conséquences :

– sur les régimes de retraite et leurs perspectives ;

– sur les dépenses de santé ;

– sur le développement d'un nouveau risque : la dépendance ;

– sur le vieillissement de la population active, déjà à l'œuvre aujourd'hui et qui peut se traduire, si l'on n'y veille pas, par un affaiblissement de l'esprit d'innovation, de l'ouverture sur l'extérieur, de la mobilité ;

– sur « le pacte social entre générations », ébranlé à la fois par l'évolution de la pyramide des âges et par le fait qu'une partie importante des difficultés d'emploi a pesé durant cette période sur les jeunes générations entrant sur le marché du travail.

Plus fondamentalement encore pour l'avenir, la situation actuelle – de moins en moins d'actifs pour financer plus d'inactifs de toute nature – conduit à une discrète mais profonde transformation du « contrat social ». D'un modèle assurantiel, où les actifs pouvaient avoir le sentiment qu'ils cotisaient pour eux-mêmes, il apparaît de plus en plus clairement aux personnes en activité qu'il faut payer pour les autres.

2 / « *Familles incertaines* »

Les recensements et les différentes enquêtes menées par l'INSEE et l'INED mettent en évidence la progression sensible, à partir des années soixante-dix, des « célibataires », hommes ou femmes, ou des « ménages à une personne ». Ce phénomène apparaît comme un signe d'isolement vécu par des groupes de plus en plus larges de la société.

Il faut examiner attentivement ce terme d'isolé car il recouvre des réalités complètement hétérogènes et parfois éphémères [2].

Il est certain qu'on voit s'imposer des comportements familiaux nouveaux : couples non mariés, avec ou sans enfant, familles monoparentales, familles recomposées après un ou plusieurs mariages ou concubinages.

1. *Livre blanc sur les retraites* (coll. « Rapports officiels »), Paris, La Documentation française, 1991 et Commissariat général du Plan, *Perspectives à long terme des retraites*, rapport du groupe de travail présidé par Raoul Briet, Paris, La Documentation française, 1995.

2. Sur ces différents points, cf. Agnès Pitrou, « Famille : des temps nouveaux à gérer », dans *L'état de la France, 1993-1994,* Paris, La Découverte/CREDOC, juin 1992 ; « Naître, grandir, vieillir » dans *L'état de la France 1996-1997*, Paris, La Découverte/CREDOC, 1996 ; Irène Théry, *Le démariage*, Paris, Odile Jacob, 1996.

On notera quelques éléments particulièrement caractéristiques :

– la montée des naissances hors mariages : 6,4 % des naissances en 1968 ; 30,1 % en 1990 ; 36 % en 1994 ;

– la montée de l'union libre : 300 000 fin 1960 ; 1 700 000 en 1990 ; 2 200 000 en 1994 ;

– la montée du divorce : le taux de divortialité est passé de 11,8 en 1970 à 39,8 en 1994.

Avec 4,4 mariages par an pour 1 000 habitants, la France est, avec la Suède, le pays d'Europe occidentale qui connaît la nuptialité la plus faible.

Ces changements inspirent actuellement de nombreux travaux de recherche, notamment sur l'évolution respective des attitudes féminines et masculines dans ces nouvelles configurations. Les changements des comportements féminins, liés à la possibilité de maîtriser le calendrier des naissances et au développement considérable des taux d'activité, ont bouleversé la société par rapport à ce qu'elle était encore dans les années cinquante. Les taux d'activité féminins français sont parmi les plus élevés d'Europe. La progression de l'activité féminine, qui a débuté au début des années soixante et a pris toute son ampleur après 1968, est d'autant plus significative qu'elle n'a pas marqué, jusqu'à présent, une sensibilité particulière à la crise.

Ces changements ont déjà exigé des adaptations de la politique familiale (prestations spécifiques pour les mères isolées, redéfinition progressive de la notion d'obligation alimentaire qui contraint tous les membres proches ou éloignés d'une famille à prendre en charge les dépenses de l'un d'entre eux accédant à l'aide sociale).

Ces évolutions floues, encore incertaines, posent fréquemment problème lorsqu'il s'agit de définir le champ de nouvelles prestations. Elles en poseront de plus en plus, particulièrement lorsqu'il s'agit de la composition du foyer et de la notion de personnes à charge.

3 / *Solitudes*

Il y a des solitudes voulues et des solitudes subies. Les changements démographiques ont pour conséquence d'accroître plutôt la fréquence de ces dernières : proportion élevée de femmes âgées seules, du fait de leur espérance de vie plus forte que celle des hommes, célibataires et parents âgés coupés du monde – la révolution des mœurs et le déclin des familles étendues au profit des familles nucléaires et évolutives rendant très difficile leur prise en charge matérielle ou affective.

Ces évolutions ne sont pas toutes négatives, loin de là. Pendant des siècles, la famille n'a servi qu'à transmettre un patrimoine ou à assurer la survie de l'espèce. Mais il est frappant de constater combien un élargissement du champ des possibles et une conquête de l'émancipation ont, dans une conjoncture de crise, accru pour certains la fragilité aux risques, du fait de la perte de solidarités de proximité. Toutes les études empiriques concordent : les effets cumulatifs de la perte des droits sociaux (endettement, expulsion, errance...) sont souvent liés à une fragilité particulière des individus touchés par la perte de leur tissu relationnel.

Du fait de la crise et du chômage, ces formes de solitude se doublent en effet de celles, beaucoup plus graves, qui sont liées au « dualisme » ou même à l'éclatement de notre société en multiples strates : emplois stables, emplois précaires, « sans statut »...

L'isolement des quartiers urbains construits après la seconde guerre mondiale pour faire rapidement face aux destructions de la guerre et à la pénurie de logement est une manifestation sans doute des plus frappantes de la fracture entre deux ou plusieurs mondes.

Le droit à la réussite individuelle porté en valeur supérieure isole une partie de la population de la « bonne vie » pour des raisons diverses : âge, chômage, ou absence d'insertion dans la production qui détermine encore largement l'identité sociale et professionnelle.

B / *Transformations de la structure sociale* [7]

Si l'érosion de la population active agricole a commencé dès après la guerre, en même temps que la montée du tertiaire, les vingt années qui viennent de s'écouler ont été marquées par des inflexions sensibles, voire des fractures dans l'évolution des structures sociales.

La première est le freinage de la montée historique du salariat : 88 % des actifs occupés sont aujourd'hui salariés, 91 % si l'on ne retient que les actifs non agricoles. « La salarisation complète de la force de travail... n'aura sans doute pas lieu [1]. » Les catégories indépendantes s'accroissent dans tous les pays d'Europe, même si ce phénomène recouvre encore des proportions assez faibles et des réalités hétérogènes.

La seconde inflexion est le déclin numérique des ouvriers, essentiellement des ouvriers spécialisés.

C / *Évolution des attitudes des jeunes*

Dès les années soixante-dix, certains observateurs s'interrogeaient sur l'« allergie au travail » de certaines parties, jeunes, de la population.

Certains travaux de recherche récents ont montré comment se sont conjugués les bouleversements économiques – notamment la précarité et le chômage – et des attitudes nouvelles plutôt liées à l'évolution des mentalités et des transformations sociales [8].

François Dubet [2] donne les résultats de ses observations sur les jeunes des banlieues. « Le renversement de conjoncture économique n'a pas arrêté le processus de mutation que nous avions observé à travers les nouvelles luttes [3] », mais les conditions ont profondément changé. Alors que l'entrée dans une société postindustrielle se faisait « par le haut », elle s'opère maintenant « par le bas », par la face sombre de la crise, de

1. Olivier Marchand, Claude Thélot, *op. cit.*
2. François Dubet, *La galère : jeunes en survie*, Paris, Fayard, 1987.
3. François Dubet fait ici allusion aux travaux qui ont été menés par Alain Touraine et son équipe sur les nouveaux mouvements sociaux : mouvement écologiste, mouvements régionalistes, mouvement des femmes...

[7]

L'ÉVOLUTION SOCIALE DE LA POPULATION ACTIVE DE 1975 à 1995 [1]

En vingt ans, de 1975 à 1995, l'évolution sociale de la population active a été considérablement transformée.

La population active de 1975 à 1995

(en %)

Catégories socio-professionnelles	Proportion de la population active en 1975	Proportion de la population active en 1995	Variation annuelle
Agriculteurs exploitants	7,7	2,4	– 4,9
Artisans, commerçants, chefs d'entreprise	8,0	6,3	– 0,5
Cadres et professions intellectuelles supérieures	7,0	12,3	+ 3,6
Professions intermédiaires	15,8	20,8	+ 1,9
Employés	24,3	29,8	+ 1,7
Ouvriers	36,9	27,8	– 0,7
Chômeurs n'ayant jamais travaillé	0,03	1,5	+ 8,6
Ensemble de la population active	100	100	+ 0,7

En 1995, les catégories de cadres, professions intermédiaires et employés représentent plus de 50 % de la population active.

Ce sont les cadres qui ont connu l'expansion la plus rapide. La croissance des ingénieurs, spectaculaire dans les années cinquante, a fait place, à partir des années quatre-vingt, à un accroissement des fonctions technico-commerciales. La croissance des professeurs et des médecins salariés (liée au développement de la scolarisation et à l'extension du système hospitalier), qui avait été très élevée dans les années 1960-1975, s'est ralentie depuis. Les professions libérales, traditionnellement classées avec les cadres, ont été en croissance également rapide.

Les professions intermédiaires – situées entre les cadres et les employés d'exécution –, qui se définissent par leur technicité ou leur responsabilité d'encadrement, ont augmenté à un rythme inférieur à celui des cadres. Leur niveau de diplômes s'est beaucoup élevé.

Quant aux employés, définis dans la nomenclature comme des salariés qui accomplissent des tâches d'exécution dans les fonctions administratives ou commerciales ainsi que des fonctions de service, ils ont connu une croissance un peu inférieure à celle des professions intermédiaires qui recouvre une décroissance des employés administratifs et une croissance vive des personnels de service (agents de services sociaux, hôtellerie, restauration, secteurs liés aux loisirs et au tourisme...).

Le signal du déclin des professions ouvrières a été donné, à partir de 1979, par les suppressions massives d'emploi dans la sidérurgie et l'automobile. Le fait le plus marquant de la période est la chute – de moitié en vingt ans – du nombre des ouvriers non qualifiés de type industriel. Le nombre d'ouvriers qualifiés est en progression assez faible (+ 0,5 % par an de 1975 à 1995) : en dehors de la maintenance, presque toutes les spécialités industrielles ont stagné ou régressé.

Enfin l'évolution observée de 1975 à 1995 consacre ce que certains ont appelé « la fin des paysans » : la France, qui comptait, en 1936, 36 % d'agriculteurs dans sa population active, en compte aujourd'hui moins de 4 %.

La faible régression du nombre d'artisans et de commerçants et de leur proportion dans la population active masque une très profonde évolution des métiers exercés et notamment les nombreuses installations dans la prestation de services.

1. « L'évolution sociale de la population active », *INSEE Première,* 434 (mars 1996) ; repris dans *Problèmes économiques,* 2474, 29 mai 1996.

[8]

ÉTUDES SUR L'ÉVOLUTION DES ATTITUDES DES JEUNES

Les études de Nicole-Chantal Drancourt [1] sur l'insertion professionnelle des jeunes éclairent ce que beaucoup ont analysé comme un refus d'engagement dans des métiers non désirés. Cherchant à décrire les effets de la crise sur les processus d'insertion des jeunes, l'auteur a montré dans ses travaux que les explications par la crise, le niveau de diplôme ne pouvaient suffire. D'autres évolutions de comportement, très différentes selon les sexes, expliquaient les parcours d'insertion et la forme qu'ils prenaient : particulièrement la recherche immédiate d'une insertion pour les filles se sentant plus menacées par le chômage : changements d'emploi, chômage, parcours très instable. Pour les garçons, ou certains d'entre eux, on trouve plus de « refus des normes du travail » du moins pendant un certain temps consacré « à la volonté d'épanouissement de soi, la construction de son identité » au cours de ce temps nouveau qui apparaît entre l'école et la vie professionnelle. Certains jeunes hommes ne sont effectivement pas prêts à s'intégrer à la fin de la période scolaire. Alors que pour les jeunes femmes travailler, c'est se construire tout de suite une identité sociale, pour les jeunes gens, celle-ci se construit en dehors du travail, préalablement à celuici.

N.-C. Drancourt a travaillé sur une ville moyenne, ni sinistrée, ni particulièrement dynamique du point de vue de l'emploi, ayant connu des mutations du marché du travail assez semblables à l'évolution générale.

1. Citées et analysées par le Commissariat général du Plan, *Exclus et exclusions*, rapport du groupe technique présidé par Philippe Nasse, Paris, La Documentation française, janvier 1992.

la marginalité, de la défiance et parfois de la peur. Mais il n'empêche que c'est bien du même changement qu'il s'agit... Dans un contexte favorable, l'entrée dans la société postindustrielle a pu se manifester par la création d'utopies et de nouvelles luttes. Dans une conjoncture difficile et chez les populations marginalisées, ce processus se joue à travers la formation de « classes dangereuses [1] ». Les trois principes qui, selon lui, organisent la galère pour les jeunes des cités sont la désorganisation sociale, l'exclusion et la rage. Mais laissons encore la parole à François Dubet tant on risque de banaliser sa pensée en la résumant.

« La galère est une action de classes dangereuses en ce qu'elle ne découle pas seulement d'un défaut de régulation, d'une anomie... Dans le trou et le vide laissés par la destruction des anciennes formes de conscience de classe et par l'absence de nouveaux mouvements, les acteurs ne définissent aucun adversaire social et aucun enjeu de conflit qui pourraient les opposer à des formes de domination. La violence et le sentiment de vivre dans une jungle remplacent le conflit et l'acteur des classes dangereuses est défini comme " enragé " [2]. »

1. François Dubet, *op. cit.*, p. 21, 22.
2. *Ibid.*, p. 24.

D / « *L'ère du vide* [1] »

Beaucoup de chercheurs et de théoriciens de toutes disciplines se penchent sur l'énigme de l'« être ensemble » aujourd'hui, sur les modalités de l'instauration d'un nouveau lien social, alors que ne cesse de se « diffracter » l'espace des solidarités, de s'élargir la sphère de l'autonomie et de l'individualisme. Les attitudes de retrait social que l'on connaît et qui consistent à chercher des solutions individuelles sont-elles « réactionnaires », « régressives » ou indiquent-elles une voie pour une recomposition des rapports sociaux ? Toujours est-il qu'en dehors même des difficultés économiques s'installe le doute sur les finalités des politiques sociales.

Significative de ce point de vue est la remise en cause, sous certaines de ses formes, de l'objectif d'égalité. Les espaces de solidarité se restreignent. La demande de sécurité paraît l'emporter parfois sur la demande d'égalité, le coût des avancées sociales apparaît de plus en plus lourd car on a l'impression de ne plus « faire payer les autres », mais soi-même. Et tel qui habite la même cité ressentira comme une injustice de travailler pour une rémunération égale au SMIC, alors qu'un voisin perçoit le RMI ou des indemnités de chômage.

Ainsi reprennent des débats sur la nature même de l'objectif d'égalité. Ainsi s'explique le succès de la pensée de John Rawls qui montre qu'il peut y avoir des inégalités légitimes. « Les inégalités sociales et économiques doivent être organisées de façon à ce que : *a)* elles apportent aux plus désavantagés les meilleures perspectives ; *b)* elles soient attachées à des positions et à des fonctions ouvertes à tous, conformément à la juste égalité des chances [2]. »

Même si de nombreux travaux voient en ce moment le jour, c'est une caractéristique des difficultés présentes que la crise des représentations de l'avenir, l'absence de parole de la société sur elle-même.

III | LES POLITIQUES SOCIALES EN QUÊTE D'ACTEURS

Ces constats sont d'autant plus préoccupants qu'aucun acteur aujourd'hui, que ce soit au niveau national ou international, ne paraît en mesure de reprendre l'initiative.

A / *Syndicalisme, négociations, conflits*

Certains parlent aujourd'hui de « syndicats sous perfusion [3] ». L'implantation des principaux syndicats français, traditionnellement déjà faibles, continue à décliner, beaucoup plus vite et plus profondément que

1. Titre d'un ouvrage de Gilles Lipovetsky (Paris, Gallimard, 1983).
2. John Rawls, *Théorie de la justice*, Paris, Le Seuil, 1987.
3. Gérard Adam, « Les syndicats sous perfusion », *Droit social*, décembre 1990.

dans les pays étrangers. Aujourd'hui, moins de 10 % des travailleurs se déclarent syndiqués, ce qui représente, compte tenu de la plus forte syndicalisation du secteur public, moins de 6 % dans le secteur privé.

En une quinzaine d'années, les syndicats, toutes organisations confondues, ont perdu entre 50 et 70 % de leurs adhérents.

Les couches nouvelles de la population active sont celles qui paraissent se sentir les moins concernées : les jeunes, les femmes, massivement non syndiquées, les travailleurs des PME qui le sont encore moins.

Le syndicalisme français, même s'il a toujours eu un nombre plus limité d'adhérents que dans d'autres pays, a eu un rôle de mobilisation important ; il contribuait à créer des valeurs collectives de solidarité, il représentait un espoir pour ceux auxquels le système n'offrait pas leur chance. Il a constitué un instrument d'émancipation et de promotion collective. Aujourd'hui, il apparaît décalé et ses nombreuses représentations institutionnelles dans le système de Sécurité sociale, le régime d'assurance chômage, les nombreux organismes consultatifs auxquels il est associé, tranchent de plus en plus avec sa représentativité réelle [1].

Les conséquences sur les négociations sont importantes. Non que les accords signés connaissent un fléchissement : globalement, ils sont en augmentation assez rapide. Mais, si la négociation interprofessionnelle se poursuit sur des thèmes majeurs (durée du travail, formation en alternance...), elle ne parvient pas, en dépit de ses avancées conceptuelles, à impulser des accords au niveau de la branche, qui n'augmentent que faiblement. Et le développement très important des accords d'entreprises, qui constitue le fait marquant des négociations depuis les années quatre-vingt, se produit dans un contexte de rapports de forces défavorable aux salariés.

La conflictualité sociale est sur une pente fortement déclinante sur le long terme. Ce fait n'est pas, contrairement à des interprétations hâtives, un signe de bonne santé. « Le conflit, loin de briser le lien de la société, s'emploie à produire une dimension de communauté d'appartenance. C'est aussi un moyen de faire participer les individus, de les impliquer dans la définition d'un univers... [2]. » Or la plupart des mouvements sociaux qui se produisent aujourd'hui n'ont plus cette vertu intégratrice. Plutôt dominés par une logique individualiste, atypiques, parfois violents, parfois corporatistes, les conflits apparaissent comme des secousses, après lesquelles l'avenir ne se montre pas plus clair et où souvent les pouvoirs publics, faute de moyens de gouvernabilité de la société, sont tentés de faire des concessions à des groupes particuliers, sans parvenir à faire prévaloir l'intérêt général.

À ces tendances de long terme, les mouvements sociaux de l'hiver 1995 ont apporté un relatif démenti. Comparable à ces « explosions » périodiques que l'on jugeait caractéristiques du système français de relations

1. Clisthène, « Quel avenir pour le syndicalisme ? », *Esprit*, mars 1992 ; Yves Lichtenberger, « Syndicalisme et performance », *CFDT aujourd'hui*, 97, juillet 1990.
2. Gilles Lipovetsky se réfère ici à un texte de Marcel Gauchet dans *L'empire de l'éphémère*, Paris, Gallimard (coll. « Folio/essais »), 1987.

professionnelles dans le milieu des années soixante-dix, ce mouvement se laisse difficilement enfermer dans un système d'explication classique. Objet de vives polémiques de la part des intellectuels qui s'opposaient lors des mouvements eux-mêmes sur la nature du mouvement (« Était-ce ou non un vrai mouvement social » ?), il a défié par son ampleur, par la résonance qu'il a rencontrée dans une partie de la population non gréviste, par les « langages » qui se sont exprimés à cette occasion (l'« antimépris », l'absence d'avenir...), toutes les prévisions de météorologie sociale [1]. Entre les jugements « négatifs » sur le caractère régressif de ces mouvements, et les partisans d'une interprétation large d'un « grand mouvement social », on retiendra avec intérêt une troisième interprétation, peut-être hasardeuse, mais stimulante : celle de nouvelles formes de mobilisation sociale, dans des sociétés dépossédées de leur capacité d'action collective, par la mondialisation, l'atomisation des individus, la fragilisation du tissu social. Mobilisations, où il n'y a pas ou presque pas au départ d'acteurs centraux, qui sont déclenchées par quelques acteurs principaux (cheminots, RATP, étudiants...), ceux-ci recueillant un soutien diffus d'acteurs périphériques. Mobilisations qui ne comportent pas que des grèves, mais des « manifestations » diverses constituant en quelque sorte des modes pertinents d'expression. Ces nouvelles formes de mobilisation ne développeraient pas d'utopie particulière, pas de projet alternatif, mais seraient en quelque sorte une « forme nouvelle de participation à la modernité [2] ».

B / *Le rôle des associations*

On pourrait penser, au vu de l'apparent dynamisme du mouvement associatif, que celui-ci pourrait fournir sinon un substitut, du moins un relais aux difficultés des corps intermédiaires. Les associations ont en effet toujours joué et jouent aujourd'hui plus encore un rôle important dans le domaine des politiques sociales.

Contrairement aux organisations professionnelles et syndicales, elles bénéficient d'un rythme de croissance soutenu. Le régime juridique de ce secteur est placé sous l'égide principale de la loi de 1901 qui a reconnu la liberté d'association et a doté ces dernières d'un statut très libéral ; le régime juridique des fondations est, lui, très récent puisqu'il date de 1987.

700 000 associations existent aujourd'hui en France, dont 2 000 « reconnues d'utilité publique » (acte discrétionnaire du gouvernement après avis du Conseil d'État) et 800 fondations. Les créations d'associations ont connu un boom au cours des dernières années. Les créations

1. Trois ouvrages sont parus sur ces mouvements, dont les analyses et les thèses sont diverses : Jean-Pierre Le Goff et Alain Caillé, *Le tournant de décembre,* Paris, La Découverte, 1996 ; Henri Vacquin, Jean-Pierre Minvielle, *Le sens d'une colère. Chances et perspectives, novembre-décembre 1995,* Paris, Stock, 1996 ; Alain Touraine, François Dubet, Didier Lapeyronnie, Farhad Khosrokhavar, Michel Wievorka, *Le grand refus. Réflexions sur la grève de décembre 1995,* Paris, Fayard, 1996.

2. Farhad Khosrokhavar, « Les nouvelles formes de mobilisation sociale », dans *Le grand refus..., op. cit.*

annuelles étaient de 15 000 dans les années soixante, elles sont de 70 000 en 1994.

Cependant, le secteur associatif a été amené en France à intervenir selon le principe de subsidiarité inversée : lorsque l'État et la Sécurité sociale se sont révélés défaillants ; lorsqu'un besoin ou un risque social n'a pas été perçu. Il est par ailleurs dépendant pour une part non négligeable du financement public (60 % de ses ressources), et par là fragilisé par les contraintes budgétaires très fortes de ces dernières années.

Son rôle est irremplaçable dans la dynamique sociale et la décentralisation de la satisfaction des besoins, il ne peut se substituer à un système de régulation du monde du travail et de la protection sociale mis au point après des décennies. Il serait par ailleurs dangereux pour son dynamisme et sa capacité d'innovation que les pouvoirs publics – État et collectivités locales – se déchargent sur lui de certaines évolutions sociales en cours [1].

C / *Le rôle de l'État*

À nouveau, et cette fois un peu malgré eux, les pouvoirs publics se retrouvent replacés au centre d'un jeu social particulièrement atone.

Le moment leur est peu favorable : si l'entreprise a acquis, au cours de cette dernière décennie, une reconnaissance qu'elle n'avait jamais connue en France – ce qui n'est pas en soi une mauvaise chose –, l'État a vu en France son image se ternir. Alors que, dans le passé, l'administration a bénéficié d'une légitimité peu commune, et les fonctionnaires d'une image fortement valorisée grâce à leur prise en charge de l'intérêt général et à la distance vis-à-vis de l'argent que traduisait leur style de vie [2], la situation a bien changé aujourd'hui. La perte de confiance en l'État a des effets particulièrement néfastes aujourd'hui dans le domaine social où ses pouvoirs sont demeurés faibles et dispersés. Elle s'alimente de la critique justifiée de l'excès de bureaucratie, qui est le fait dans ce domaine non seulement des administrations d'État et des collectivités territoriales mais également de l'important réseau d'organismes sous tutelle gérés ou non par les partenaires sociaux, qui assure le contact avec l'usager et dont la complexité accentue le caractère parfois « kafkaïen ». Qui ne s'est entendu dire, à l'occasion d'une démarche relative à sa santé, à son emploi, à sa retraite ou celle relative à une embauche : il faut vous adresser à tel guichet, à tel autre, à tel organisme dont on ne connaît ni le nom, ni le rôle ? L'État social s'est accompagné d'un réseau toujours plus dense de normes juridiques et d'institutions « balkanisées » plus ou moins concurrentes qui entretiennent les critiques à l'égard de son caractère anonyme et irresponsable. En dépit de certains efforts, très inégaux selon les secteurs et les sites géographiques, cette situation est très grave pour les populations défavorisées, car elle contribue à les mettre en posi-

1. Cf. notamment Edith Archambault, *Le secteur sans but lucratif. Associations et Fondations en France*, Paris, Economica, 1996.
2. François de Singly, Claude Thélot, *Gens du privé, gens du public : la grande différence*, Paris, Dunod, 1988.

tion de forte précarité, ou à aggraver encore cette situation, du fait de leurs handicaps.

Les travaux menés sur cette question mettent en évidence leurs difficultés de compréhension face aux démarches à accomplir, et aux conditions nécessaires pour obtenir les prestations, l'angoisse devant les délais de traitement souvent incompatibles avec les situations d'urgence, la dissimulation des détresses devant les guichets [1].

On se trouve alors devant le paradoxe d'une critique permanente des interventions sociales et d'une demande renouvelée de protection à l'égard des pouvoirs publics.

Le renversement des rôles respectifs de la négociation et des acteurs publics amorcé dans les années soixante-dix est devenu problématique dans la situation actuelle, où la négociation connaît des difficultés. Ne risque-t-on pas de voir la France retomber dans ce que l'on a appelé « l'étatisme et l'irresponsabilité sociale... » ? « L'émancipation et la solidarité ne sont pas chez nous des valeurs inspirant la société, mais des obligations pour l'État seul [2]. »

D / *Le défaut de régulation internationale et d'« Europe sociale »*

1 / *Les instances internationales*

Une organisation existe de longue date dans le cadre des Nations unies : l'Organisation internationale du travail (OIT), dotée d'un organe exécutif, le Bureau international du travail (BIT). L'OIT, créée en 1919, a pour objectif de définir des réglementations applicables dans tous les pays. Mais il s'agit bien évidemment de réglementations minimales, dont l'application est en outre difficile à garantir.

Plusieurs initiatives récentes méritent en outre d'être signalées.

– En mars 1995 s'est déroulé, à Copenhague, dans le cadre de l'ONU, un sommet sur le développement social, analogue aux sommets qui s'étaient ou se sont tenus depuis, à Rio sur l'environnement ou à Pékin sur les femmes. Les résultats de tels sommets sont peu opératoires dans l'immédiat. Quelques acquis doivent cependant être notés sur un plan très général. Il s'agit des déclarations des pays développés concernant l'aide aux pays pauvres et l'annulation de la dette, de la priorité donnée à la lutte contre la pauvreté à propos de laquelle tous les pays devront mettre en œuvre des politiques de lutte concrètes. Le sommet de Copenhague a également conduit, dans la déclaration finale, à une affirmation des droits de l'homme au travail : condamnation du travail des enfants, promotion de la libre association syndicale, de la négociation collective, et a appelé tous les États du monde à la ratification de ces droits. Ces déclarations ont permis d'esquiver le débat sur la « clause sociale », c'est-à-dire la définition d'un ensemble de droits devant être respectés dans

1. Comité interministériel de l'évaluation des politiques publiques, Premier ministre, Commissariat général du Plan, *Les services publics et les populations défavorisées. Évaluation de la politique d'accueil*, Paris, La Documentation française, juin 1993.

2. *Entrer dans le XXIe siècle. Essai sur l'avenir de l'identité française*, rapport cité, p. 180.

tous les pays. L'introduction d'une clause sociale a failli faire échouer le sommet de Copenhague, les pays pauvres voyant dans son instauration un moyen de protectionnisme déguisé de la part des pays les plus riches.

– Par ailleurs, l'instance mise en place à partir de 1975 entre les pays les plus industrialisés de la planète (le « G7 ») a consacré dans les années récentes deux réunions spéciales à l'emploi : à Detroit en mars 1994, à Lille en avril 1996. Lors de cette dernière réunion, qui répondait à un double objectif (mettre en commun les expériences des pays du G7, dégager des orientations communes) se sont opposées les thèses américaines favorables à une plus grande flexibilité du travail, et européennes soucieuses de préserver un certain modèle de protection sociale.

2 / L'« *Europe sociale* [1] »

Les premiers dispositifs sociaux européens n'étaient pas destinés à construire ce qu'on appelle aujourd'hui une « Europe sociale », mais à *adapter les politiques sociales nationales à l'ouverture européenne des marchés.* La CEE – l'Union européenne depuis le traité de Maastricht –, n'était pas en effet à l'origine une construction sociale, mais une construction économique, s'appuyant sur la constitution progressive d'un grand marché. C'est donc d'abord par rapport à ces objectifs que se sont mises en place des politique sociales d'accompagnement [9].

Les politiques d'accompagnement du grand marché sont apparues très limitées face aux mutations que connaissent les pays européens depuis 1973. L'exigence d'une véritable « Europe sociale » apparaît seule en mesure de répondre aux défis de ces changements structurels. Les objectifs ici sont beaucoup plus ambitieux : faire face aux effets négatifs du marché unique, éviter que la concurrence ne porte à l'intérieur de celui-ci sur les conditions de travail et sur la protection sociale, parvenir à une coordination des politiques économiques et monétaires au bénéfice en priorité de l'emploi, rapprocher et défendre les modèles sociaux européens menacés... Mais, en ce domaine, les dispositifs plus généraux, notamment l'adjonction de dispositions sociales au traité, ont rencontré beaucoup de difficultés, du fait de l'opposition de certains pays, au premier chef la Grande-Bretagne.

La mise en place d'une véritable dimension sociale de la construction communautaire a connu plusieurs étapes. Au début des années soixante-dix, certaines réflexions avaient conduit à la définition d'un programme d'action sociale, dont les intentions devaient céder devant l'ampleur de la crise. C'est dans les années quatre-vingt que le débat a été relancé sur l'Europe sociale avec le renouveau de la construction européenne et l'approfondissement des règles de la libre circulation. Cette réflexion, fortement encouragée par le président de la Commission, Jacques Delors, aboutit à l'adoption, par le Conseil européen de Strasbourg, de la charte communautaire des droits sociaux fondamentaux, à la fin de 1989. La Grande-Bretagne n'a pas accepté de signer ce texte, qui n'est pourtant en

1. Cf. notamment Daniel Lenoir, *L'Europe sociale,* Paris, La Découverte, coll. « Repères », 1994 ; ainsi que Pierre Héritier (dir.), *Un pacte social pour l'Europe,* Paris, Les Éditions de l'Atelier, 1996.

[9]

LES POLITIQUES SOCIALES D'ACCOMPAGNEMENT DU GRAND MARCHÉ EUROPÉEN

1. Ces politiques ont consisté en premier lieu à *éliminer les freins à la libre circulation des travailleurs* – objectif qui a été mis en œuvre très rapidement : dès 1968 étaient prévues les dispositions qui autorisaient les travailleurs, ou des demandeurs d'emploi et leurs familles à se déplacer librement pour répondre à un emploi effectivement offert au sein de la Communauté, ou encore à s'établir comme travailleur indépendant. Ces dispositions impliquaient que fût instituée une liberté d'accès aux emplois (non applicable aux emplois de la Fonction publique liés aux fonctions régaliennes de l'État). En 1990, la libre circulation a été étendue, dans des conditions un peu moins favorables, aux étudiants et aux retraités.

Mais pour constituer un marché européen du travail, il fallait encore s'attaquer aux obstacles que constituaient la protection sociale dans le pays d'accueil, et la reconnaissance des qualifications et diplômes nationaux dans d'autres pays. Pour la sécurité sociale, c'est un principe de coordination et non d'intégration des systèmes nationaux qui a été mis en place. La législation applicable aux travailleurs migrants est celle du lieu de travail, et un système de flux financiers entre les divers régimes européens a été mis en place pour assurer les compensations nécessaires. S'agissant du système de qualifications et de diplômes, l'harmonisation s'est faite d'abord en définissant des équivalences entre les formations et les diplômes correspondants ; puis, à partir de la fin des années quatre-vingt, par la reconnaissance mutuelle des diplômes. Dernier aspect lié à la libre circulation, qui a pris avec la crise de l'emploi des aspects très restrictifs dans les différents pays de l'Union, l'harmonisation des conditions d'entrée des étrangers extracommunautaires, avec les accords de Schengen et la convention de 1990 sur les procédures d'examen communautaire du droit d'asile.

2. *Les politiques sociales d'accompagnement ont également eu pour but de réglementer la circulation des biens et services qui sont liés aux politiques nationales de protection sociale.* Ainsi ont été mises en place des réglementations pour ordonner le marché unique des médicaments et des produits médicaux, et pour constituer un marché unique de la protection sociale facultative. Si la protection sociale de base obligatoire ne relève pas du marché européen, les organismes de protection sociale facultative sont en effet des assurances au sens du droit européen : il a donc été mis en place un cadre européen homogène pour l'ensemble des activités d'assurance, y compris celles qui relèvent de la protection sociale.

rien un traité, mais une déclaration d'intention des chefs d'État. La Commission avait adjoint à la charte un programme d'action. Les textes correspondants – notamment les directives – ont été élaborés par la Commission, mais la mise en œuvre du programme s'est heurtée à l'exigence d'unanimité qui s'appliquait en tous domaines et qui permet à un seul État membre de s'opposer à une mesure. En effet, pour se traduire dans des règles, les politiques sociales européennes doivent prendre la forme des normes européennes : règlements ou directives [10].

Les possibilités d'intervention de la Commission ont été par la suite élargies par le biais d'une diminution de la portée de la règle de l'unanimité au profit de celle de la majorité qualifiée.

– Avec le traité de Rome, seule jouait la règle de l'unanimité.

[10]

NORMES JURIDIQUES EUROPÉENNES [1]

Les règlements sont directement applicables dans les pays de l'Union. Ils sont intégrés dans le système juridique de chaque État membre.

Les directives créent une obligation quant aux résultats à atteindre, en laissant à chaque État membre le choix quant aux formes et aux moyens. Elles doivent, pour être appliquées, être transcrites dans le droit interne de chaque pays.

En outre, les institutions de l'Union peuvent prendre des décisions obligatoires pour les seuls destinataires ; elles peuvent également formuler des recommandations ou des avis.

Seuls les règlements et directives constituent des actes qui ont une portée réglementaire. Ils sont adoptés, en règle générale, par le Conseil des ministres européens, mais aussi, dans certains cas, par la Commission.

Il existe deux procédures d'adoption d'un texte par le Conseil. La plus simple, mais de moins en moins efficace, est l'unanimité, mais un texte peut également être adopté à la majorité qualifiée (le vote des États membres est affecté d'une pondération en fonction des caractéristiques de chacun des pays).

En ce qui concerne le Parlement européen, son intervention :

– peut se limiter à une simple consultation (traité de Rome) ;

– peut relever de la procédure de coopération qui lui donne une possibilité (limitée) d'amendement (Acte unique) ;

– ou de la procédure de codécision (traité de Maastricht) avec une procédure de navette entre le Conseil et le Parlement.

Certaines décisions (notamment les décisions d'élargissement) ne peuvent être prises que sur avis conforme du Parlement.

1. Cf. Daniel Lenoir, *op. cit.*, p. 86.

– L'Acte unique européen de décembre 1985 a élargi les possibilités de réglementation communautaire en matière sociale, dans un domaine limité, celui de l'hygiène et de la sécurité du travail, où la procédure de vote à la majorité qualifiée des États membres a été instituée.

– Le traité sur l'Union européenne, signé à Maastricht le 7 février 1992 et entré en vigueur le 1er janvier 1994, a élargi les possibilités de réglementation européenne dans le cadre d'un accord séparé sur l'Europe sociale, qui n'a été adopté au départ que par onze États membres puisque la Grande-Bretagne s'est refusée à souscrire à ce protocole. Les trois nouveaux pays qui ont adhéré à l'Union depuis ont signé le protocole social. Dans le cadre de cet accord séparé, le champ de décisions susceptibles d'être prises à la majorité qualifiée a été élargi aux conditions de travail, à l'information et à la consultation des travailleurs, à l'égalité hommes-femmes, à l'intégration des personnes exclues du marché du travail. La majorité qualifiée s'applique également aux actions communautaires susceptibles d'être menées en matière de santé publique et de formation professionnelle. Une procédure de négociation collective trouve par ailleurs sa place dans les règles européennes.

Aujourd'hui, l'unanimité reste nécessaire pour la coordination des régimes de sécurité sociale, les licenciements, la représentation des salariés, l'emploi des immigrés, les programmes d'appui. Les rémunérations, le droit d'association (droit syndical), le droit de grève et de lock-out sont exclus des compétences communautaires.

Enfin, la Commission a présenté, en novembre 1993, un Livre blanc sur l'emploi et a proposé à la réflexion des États membres une réflexion (Livre vert) sur la politique sociale européenne. Le Livre blanc présentait un certain nombre de priorités d'action (parier sur l'éducation et la formation tout au long de la vie ; accroître la flexibilité externe et interne ; attendre davantage de la décentralisation et de l'initiative ; réduire le coût du travail peu qualifié ; rénover profondément les politiques d'emploi ; se porter à la rencontre de nouveaux besoins). Il proposait également un programme de grands travaux dans le domaine des réseaux transeuropéens et de l'énergie [1].

Ces lentes et difficiles avancées se sont traduites par un développement important des dispositions européennes dans deux domaines déjà anciens : les fonds structurels, qui mobilisent pour la « cohésion économique et sociale » de la Communauté des moyens financiers relativement importants [11] et le droit européen du travail qui constitue un des chantiers les plus avancés de l'Europe sociale : égalité de traitement et protection de l'emploi, obligation de consultation des salariés en cas de licenciements collectifs, maintien des contrats de travail en cas de transferts d'entreprises, harmonisation des règles en matière de sécurité et de santé des travailleurs [2]. Par ailleurs, les tentatives de développement de dialogue social européen ont connu certaines avancées qui, envisagées dans la moyenne durée, n'apparaissent pas négligeables [3]. Dans une première phase, le dialogue social européen a été relancé, à l'initiative de Jacques Delors, lors de rencontres avec les partenaires sociaux européens donnant lieu à la production d'avis communs (rencontres dites de Val Duchesse). Une deuxième phase débute en 1991, année où les partenaires sociaux européens signent un accord important mettant en place « les bases d'une véritable mécanique de régulation sociale articulant le conventionnel et le réglementaire ». Désormais, non seulement la Commission devra consulter les partenaires sociaux pour toute proposition dans le domaine social, mais ceux-ci auront la possibilité de négocier leur propre texte dont les termes seront repris dans une directive communautaire [4]. Cet accord sera intégré pratiquement l'année suivante dans le protocole social adjoint au traité de Maastricht. Le premier accord-cadre conclu en vertu de ces nouvelles dispositions a été l'accord sur le congé parental, signé le 14 décembre 1995 par l'Union des confédérations de l'industrie et des employeurs d'Europe (UNICE), le Centre européen de l'entreprise

1. Commission des Communautés européennes, « Croissance, compétitivité, emploi. Les défis et les pistes pour entrer dans le XXIe siècle », Livre blanc, *Bulletin des Communautés européennes,* supplément 6/93.

2. Ouvrage de référence en la matière : Antoine Lyon-Caen, Gérard Lyon-Caen, *Droit social international et européen,* 8e éd., 1993.

3. Anne-Marie Groselier, Pierre Héritier, Jacques Ion, Udo Rehfeldt, « Les relations sociales en Europe », dans Pierre Héritier (dir.), *Un pacte social pour l'Europe, op. cit.*

4. *Ibid.*

[11]

LES FONDS STRUCTURELS DE L'UNION EUROPÉENNE

Il existe trois fonds structurels :
- le fonds européen de développement régional ;
- le fonds social européen ;
- le fonds européen d'orientation et de garantie agricole (FEOGA).
Les orientations d'action sont au nombre de cinq :
- Objectif 1 : l'évolution des régions en retard de développement ;
- Objectif 2 : la reconversion des régions industrielles en déclin ;
- Objectif 3 : le combat contre le chômage de longue durée ;
- Objectif 4 : l'adaptation des travailleurs aux mutations industrielles et à l'évolution des systèmes de production ;
- Objectif 5 : l'adaptation des régions agricoles ayant des problèmes de structures de production ; la promotion et le développement des zones rurales.

Les moyens sont en forte augmentation :

Crédits des fonds structurels
(en millions d'écus)

1989-1993	1994-1998
60 315	141 471

Source : *Un pacte social pour l'Europe, op. cit.*, p. 183-184 ; Alain Buzelay, « Cohésion économique et sociale : rôle et limites des fonds structurels », *Revue du marché commun et de l'Union européenne*, septembre-octobre, 1996 (repris dans *Problèmes économiques*, n° 2513, 26 mars 1997).

publique (CEEP), et la Confédération européenne des syndicats (CES) [12].

Ces dispositions sociales demeurent encore limitées par rapport aux objectifs d'une véritable Europe sociale, dans un contexte de malaise social et de désenchantement par rapport à la construction européenne. La Conférence intergouvernementale chargée de réformer le traité de Maastricht, qui s'est ouverte en mars 1997 à Turin, avait au départ pour objectif essentiel d'adapter les institutions de l'Union européenne afin de tenir compte de l'expérience acquise depuis l'entrée en vigueur du traité de Maastricht et de la perspective de l'arrivée de nouveaux pays membres. Jusqu'à un passé récent, plusieurs États membres plaidaient pour une approche minimaliste de la CIG, limitée à l'inévitable réforme des institutions, au renforcement de la politique étrangère et de sécurité commune, et à la coopération en matière de sécurité intérieure. La Suède, appuyée par les autres pays nordiques, certains groupes du Parlement européen estimaient au contraire nécessaire de revoir en profondeur les dispositions du traité concernant le social et l'emploi et d'y consacrer un chapitre spécial inclus dans le traité. Leurs idées trouvent progressivement plus de résonances. En avril 1995, la Commission a adopté un programme d'action sociale, dans lequel elle prévoyait la mise en place d'un comité des Sages destiné à examiner les suites susceptibles

[12]

LES PARTENAIRES SOCIAUX EUROPÉENS [1]

La Confédération européenne des syndicats (CES) a été créée en 1973. Elle regroupe 46 confédérations nationales des 22 pays d'Europe, parmi lesquels le TUC anglais, le DGB allemand, et, du côté français, la CFDT, FO, la CFTC (la CGT a posé sa candidature). La CES représente plus de 45 millions de salariés.

L'Union des confédérations de l'industrie et des employeurs d'Europe (UNICE) a été créée en 1958. Elle regroupe 32 fédérations centrales de l'industrie et des employeurs de plus de vingt pays européens. La France y est représentée par le CNPF.

Le Centre européen des entreprises à participation publique est né en 1961. Il réunit l'ensemble des entreprises publiques ou à participation publique des pays membres de la CEE.

1. *Un pacte social pour l'Europe, op. cit.*, p. 81.

d'être données à la charte communautaire des droits sociaux des travailleurs dans le cadre de la révision des traités de l'Union européenne [1]. Un mémorandum a été présenté par la France sur l'emploi et les questions sociales en vue de la préparation de la CIG. Le président de la Commission envisage de convoquer une table ronde sur l'emploi. Le gouvernement anglais a manifesté, après les élections de mai 1997, sa volonté de rejoindre les signataires du protocole social. En juin 1997, le gouvernement français issu des élections anticipées a obtenu une « résolution sur la croissance et l'emploi » qui fait pendant au pacte de stabilité budgétaire. Un conseil européen extraordinaire consacré à l'emploi est prévu pour l'automne 1997.

Autant de signes que l'on espère favorables à des avancées importantes, qui demeurent cependant encore incertaines. L'Europe n'est pas à ce jour un « acteur » doté de moyens suffisants pour assurer, notamment par une coordination des politiques économiques et des moyens de lutte contre le chômage, la pérennité du modèle social européen. Non qu'elle soit appelée à devenir le seul acteur : les partenaires sociaux nationaux, la « société civile » de chaque pays, les États ont des responsabilités importantes et inaliénables. Mais, dans la nouvelle configuration du monde, une action sociale coordonnée à l'échelle européenne constitue un maillon important des politiques sociales qui fait défaut, alors que les modalités anciennes des acteurs nationaux sont touchées par des difficultés très profondes.

***

Cette première partie a présenté les grandes lignes de la démarche qui sera suivie et approfondie dans la suite de l'ouvrage :

1. Rapport du comité des Sages, *Pour une Europe des droits civiques et sociaux*, Commission européenne, L'Europe sociale, 1996.

– les politiques du travail, de l'emploi et de la formation professionnelle à l'épreuve du chômage ;

– la protection sociale entre assurance et solidarité ;

– à la recherche de nouvelles cohérences : les politiques sociales transversales.

La conclusion générale de cet ouvrage tentera de « réduire » les incertitudes en présentant rapidement quelques lignes encore floues qui pourraient servir de base aux solutions d'avenir. Cette partie introductive aura suffisamment montré que ces solutions ne peuvent être inventées « technocratiquement ». Seules l'évolution des mouvements sociaux, du mouvement des idées, des actions de l'État et l'intervention progressive ou brutale d'acteurs anciens ou nouveaux dévoileront l'histoire des politiques sociales à venir et les inventions « stratégiques » de demain. Il n'est cependant pas interdit d'y contribuer par l'action et la réflexion.

Deuxième partie

TRAVAIL, EMPLOI ET FORMATION À L'ÉPREUVE DU CHÔMAGE

Les politiques du travail, de l'emploi et de la formation professionnelle sont apparues en des moments différents de l'histoire. Alors que l'on situe généralement en 1841 la naissance de la politique du travail, les instruments modernes des politiques d'emploi et de formation professionnelle n'ont réellement fait leur apparition en France qu'à la fin des années cinquante.

Ces politiques ont cependant un champ largement commun qui les distingue nettement des politiques de protection sociale : le travail et l'entreprise. La politique du travail, si l'on s'en tient au champ couvert par un de ses principaux instruments, le droit du travail, concerne seulement les salariés du secteur privé : elle exclut les fonctionnaires et agents publics assimilés, soit environ 5 millions de personnes aujourd'hui [1], de même que les non-salariés (professions indépendantes, libérales...). La politique de l'emploi vise un public plus large : elle peut utiliser l'emploi public et, plus généralement, le secteur dit « non marchand » pour créer des emplois ; elle s'intéresse à toute la population active (salariée ou non salariée) à partir du moment où celle-ci recherche un emploi salarié ou souhaite bénéficier d'aides à la création d'entreprises. La politique de la formation professionnelle enfin concerne aujourd'hui, au-delà des salariés du secteur privé, l'ensemble de la population active, ou désireuse d'occuper un emploi : les agents publics, les

1. Si le droit du travail exclut la fonction publique, on peut considérer que la politique du travail inclut, dans une acception large, l'« État employeur » qui a joué, à la fin des Trente Glorieuses, un rôle important dans la recherche d'un entraînement à la négociation collective.

non-salariés, les chômeurs, les jeunes ont droit, selon des dispositions qui leur sont propres, à la formation professionnelle continue.

Ces trois politiques s'inscrivent, pour ce qui concerne leurs aspects législatifs et réglementaires, dans le Code du travail. Mais, au-delà de cette unité juridique, le fait d'intervenir prioritairement dans le champ de l'emploi salarié et de l'entreprise donne aux instruments des pouvoirs publics des caractéristiques propres par rapport à ceux utilisés en matière de protection sociale. Sauf dans leurs responsabilités d'« État employeur », les pouvoirs publics ne peuvent, en effet, se substituer à l'entreprise ; ils ne peuvent qu'encadrer les pouvoirs de l'employeur, protéger les salariés par des mesures « plancher » ; ils peuvent également organiser les modalités de représentation d'intérêts divergents (employeurs, salariés) et encourager – sans se substituer aux principaux acteurs intéressés – les négociations et les compromis entre ceux-ci. Telles sont, schématiquement, les interventions développées au titre de la politique du travail et, jusqu'à la fin des années cinquante, au titre de celle de l'emploi. Jusqu'à cette date, en effet, la politique de l'emploi était une politique du marché du travail et utilisait largement les mêmes instruments que la politique du travail au point de se confondre avec elle sur certains points (réglementation des abus sur le marché du travail par l'interdiction du « marchandage » et du placement privé, instauration en 1945 du monopole public de placement...).

Lorsque le chômage se développe, en dehors des secteurs qui leur sont directement rattachés (fonction publique, secteur public), les pouvoirs publics ne peuvent pas se substituer à l'entreprise, qui seule crée l'emploi. Outre les leviers dont ils disposent pour la politique économique d'ensemble, se développent l'indemnisation des chômeurs et des personnes que l'on tente de soustraire à la population active (pré-retraités...) et tout un système d'incitations à la création d'emplois par les entreprises, à la reprise d'emploi par les personnes au chômage. La réussite de ces incitations dépend d'une estimation correcte de leur capacité à infléchir les comportements des agents économiques. Les pouvoirs publics rencontrent en ce domaine des difficultés : le comportement des acteurs n'est pas toujours celui qu'ils attendent, d'où de fréquentes modifications des dispositifs. La politique de formation professionnelle, quant à elle, utilise aussi bien l'obligation (le 1 % formation devenu le 1,5 %) que l'incitation (conventions de formation, engagements de développement de la formation, crédits d'impôts divers...).

Centrées sur le travail et sur la population active, les politiques de travail, d'emploi et de formation professionnelle ont été fortement ébranlées, à partir de 1974, par les conséquences des chocs économiques. La politique de l'emploi a été alors développée dans d'assez considérables proportions. Ce n'est qu'un peu plus tard, à partir de 1982, que les difficultés de la situation de l'emploi ont conduit à remettre en cause certaines des dispositions protectrices de la politique du travail, jugées contraires à la flexibilité nécessaire aux entreprises pour faire face aux conditions nouvelles de la compétitivité internationale. De ce point de vue, les lois dites Auroux ont constitué, en 1982, la consécration et la dernière manifestation des modalités antérieures d'évolution du droit du travail. Quant à la politique de formation professionnelle continue, dont les cadres généraux avaient été mis en place juste avant la crise, ses objectifs initiaux ont dû quelque peu céder le pas face à la nécessité d'organiser des formations pour les personnes au chômage et pour les jeunes non qualifiés qui ne parvenaient plus à s'insérer sur le marché du travail.

Les sept chapitres suivants seront consacrés à l'étude de la mise au point de ces différentes interventions, ainsi qu'à leur évolution depuis l'ébranlement des vingt dernières années.

Les trois premiers sont consacrés à la politique du travail. Politique du travail ne signifie pas droit du travail, bien que celui-ci constitue un de ses principaux instruments [1]. Aussi la présentation retenue dans cet ouvrage est-elle différente de l'ordre adopté le plus souvent dans les manuels de droit du travail. Centrée sur les interventions de l'État, elle étudie successivement :

– les grandes étapes d'apparition des logiques d'intervention de l'État (chap. 3) ;

– les modalités selon lesquelles l'État a fixé le cadre de la politique du travail en organisant un système de relations collectives entre patronat et syndicats, cadre dans lequel il joue un rôle central (chap. 4) ;

– les interventions des pouvoirs publics qui en résultent dans les relations individuelles de travail, vis-à-vis du salarié comme de l'entreprise (chap. 5).

Les chapitres 6, 7 et 8 sont consacrés au chômage et aux politiques d'emploi, le chapitre 9 aux politiques de formation professionnelle.

1. Les étudiants se référeront pour l'étude du droit du travail aux manuels existants en la matière, notamment ceux de Gérard Lyon-Caen, Jean Pélissier et Alain Supiot, *Droit du travail*, Paris, Dalloz, 18e éd., 1996, et de Jean Rivero et Jean Savatier, *Droit du travail*, Paris, PUF, 1996. Les non-juristes utiliseront l'ouvrage de J.-E. Ray, *Droit du travail, droit vivant*, Paris, Liaisons, 5e éd., 1996.

Chapitre 3

Les étapes de l'intervention de l'État dans le domaine du travail

Au XIXe siècle, l'intervention de l'État dans les relations de travail n'allait pas de soi. Ce sont les conséquences de l'industrialisation sur la condition ouvrière et la naissance du mouvement ouvrier qui ont balayé la conception individualiste des relations de travail héritée de la Révolution française. C'est alors, sous la pression de la nécessité, que se sont développées les interventions de l'État, selon trois axes principaux. Outre un effort constant pour se doter de moyens d'observation de la réalité sociale, les pouvoirs publics sont intervenus pour protéger les salariés, et surtout pour reconnaître et encadrer le syndicalisme ouvrier, comme d'ailleurs pour susciter un mouvement patronal, afin de se donner les moyens d'une régulation sociale.

LA CONCEPTION INDIVIDUALISTE DES RELATIONS DE TRAVAIL À L'ÉPREUVE DE L'INDUSTRIALISATION

I | LA CONCEPTION INDIVIDUALISTE

En 1789, avec l'abolition des privilèges et la Déclaration des droits de l'homme et du citoyen, la Révolution française proclame la liberté et l'égalité. C'est au nom de ces deux principes qu'elle supprime ensuite les systèmes d'organisation du travail cloisonnés et rigides de l'Ancien

Régime : en 1791, le décret d'Allarde proclame la liberté du travail, et la loi Le Chapelier supprime les corporations et interdit les coalitions.

La traduction des principes de liberté et d'égalité lorsqu'on traite des relations entre individus, c'est le contrat librement conclu. Selon l'article 1134 du Code civil (1803-1804), « les conventions légalement formées tiennent lieu de loi à ceux qui les ont faites ». Le Code civil achève ainsi l'œuvre libérale de la Révolution française : la société est fondée sur des relations entre des individus libres, égaux et responsables. Ces relations sont réglées dans un cadre contractuel qui est censé concilier les intérêts de chacun. Et c'est ce modèle contractuel qui sera appliqué dès l'origine aux relations de travail, avec le contrat de louage de service.

Le rôle de l'État se limite à des fonctions régaliennes. Il n'a pas à intervenir dans les relations entre les particuliers qui relèvent du contrat : « L'État n'a pas à intervenir dans les conventions privées [1]. »

Jusqu'en 1841, l'intervention de l'État s'est donc bornée, vis-à-vis de la population ouvrière naissante, à des mesures relevant essentiellement du contrôle de police : c'est le cas, notamment, du livret ouvrier, sorte de passeport intérieur institué en 1803, et qui subsistera jusqu'en 1890. Celui-ci permettait de surveiller les déplacements des ouvriers (« tout ouvrier qui voyagera sans livret sera réputé vagabond et pourra être arrêté comme tel ») et de s'assurer du respect de leurs engagements vis-à-vis de leur employeur (« comme gage de la fidèle exécution des conventions arrêtées entre eux, l'ouvrier dépose son livret entre les mains de celui qui l'emploie »).

II | LES CONSÉQUENCES DE L'INDUSTRIALISATION

Le modèle libéral hérité de la Révolution française, conçu pour régler des rapports entre des individus libres, indépendants et égaux, va se trouver, du fait de l'industrialisation, confronté à la paupérisation et à l'émergence d'une nouvelle catégorie sociale, la classe ouvrière, qui remettent en question ses fondements mêmes.

A / *La condition ouvrière*

Comme le dit une boutade britannique du XIXe siècle : « Une manufacture est une invention pour fabriquer deux articles : du coton et des pauvres [2]. »

Le paupérisme est le premier constat que sont amenés à faire les observateurs de la condition ouvrière. La précarité de l'emploi, la faiblesse des salaires se traduisent dans des conditions de vie déplorables. La mécanisation mais aussi les débuts de l'exode rural et la mise au tra-

1. Raymond Barthès, débat à la Chambre des députés, 19 mars 1881. Cité dans William Grossin, *La création de l'Inspection du travail,* Paris, L'Harmattan, 1992.
2. Cité par Émile Laurent, *Le paupérisme et les associations de prévoyance,* 1865.

vail des femmes et des enfants exercent une pression à la baisse sur les salaires des ouvriers et créent un rapport de forces qui leur est défavorable dans la négociation des termes du « contrat de louage de service ».

Alors que les siècles précédents avaient eu à traiter du problème de l'indigence, dont l'image sociale était celle du vagabond, le XIXe siècle voit se développer une nouvelle forme de misère : celle de la classe ouvrière, née avec l'industrialisation. La question du paupérisme éclipse celle de l'indigence. Tout au long du siècle se développe une littérature consacrée à la description des conditions de vie des ouvriers. Le *Tableau de l'état physique et moral des ouvriers dans les principales fabriques de France* du docteur Villermé (1840) est l'ouvrage qui a le plus fort retentissement ; mais beaucoup d'autres, à la même époque, mettent en évidence l'état de dégradation physique et morale des populations, hommes, femmes, enfants, attirés par les grandes villes et employés dans les premières grandes manufactures.

L'autre caractéristique de la situation ouvrière, la dépendance vis-à-vis de l'employeur, se traduit par le contrôle croissant qu'exerce le patron sur le travail ouvrier. En effet, au XIXe siècle, à côté des relations « maître-compagnon » de la petite entreprise artisanale commence ce que de nombreux auteurs ont analysé comme une entreprise de *disciplinarisation* avec la mise en place de la grande industrie. En Angleterre, la substitution du système de la fabrique au travail façonnier permet d'accroître le contrôle exercé sur le salarié. En France, la constitution de concentrations ouvrières dans les mines et dans la sidérurgie associe à un contrôle sur le travail lui-même des formes de contrôle social sur l'ensemble de la vie ouvrière, qui se prolongeront d'ailleurs jusqu'au XXe siècle : « Dans les villes comme Hayange, Mayeuvre, Jœuf, tout est à De Wendel. On naît à l'hôpital De Wendel, à la clinique De Wendel, on va à l'école De Wendel, on est apprenti au centre d'apprentissage De Wendel, on devient ouvrier chez De Wendel, et, lorsqu'on meurt, on a encore droit à la couronne De Wendel [1]. »

Le regroupement de la main-d'œuvre en un seul endroit, la manufacture, est bien sûr une conséquence de la mécanisation et constitue un moyen d'améliorer la productivité du travail par la division des tâches, comme l'ont montré aussi bien Adam Smith, avec le célèbre exemple de la manufacture d'épingles [2], que Karl Marx, distinguant l'association de métiers différents et la division des tâches au sein d'un même métier [3]. Mais l'organisation manufacturière permet aussi de mettre en place des contrôles de la production, comme par exemple un contrôle des durées qui se traduit dans la mise en place d'horaires collectifs. Elle s'exprime enfin dans une division sociale du travail, avec le développement d'une hiérarchie, la maîtrise et l'encadrement, chargée, par délégation de l'employeur, d'organiser, de diriger et de contrôler le travail. Cette division des tâches remet en cause les qualifications traditionnelles, le métier

1. Eugène Descamps, *Militer,* Paris, Fayard, 1971.
2. Adam Smith, *Recherche sur la nature et les causes de la richesse des nations,* 1776.
3. « La double origine de la manufacture » (Karl Marx, *Le capital,* 1867).

et, par là même, l'autonomie de l'ouvrier en soumettant le travail à la discipline manufacturière.

Insécurité et dépendance contribuent à remettre en cause les principes de l'organisation libérale du travail :

– d'une part, la liberté du travail ne permet pas à tous d'accéder à un travail ;

– d'autre part, l'égalité contractuelle de principe qui reste le fondement du contrat de travail se trouve remise en cause dans les faits : non seulement celui qui fournit son travail n'est pas réellement l'égal de celui qui l'embauche, puisqu'il dépend de cette embauche pour sa subsistance, mais cette embauche le soumet également à un contrôle étroit de son activité.

À l'épreuve de la réalité, les principes de l'égalité et de la liberté contractuelle apparaissent ainsi largement fictifs. D'autant que le droit lui-même y déroge au profit de l'employeur, par exemple en matière de salaire : « Le maître est cru sur son affirmation pour la quotité des gages, pour le paiement du salaire de l'année échue, et pour les acomptes donnés pour l'année courante. » (Code civil, art. 1781.)

B / *Le mouvement ouvrier*

Précarité et dépendance alimentent les revendications ouvrières au cours du XIXe siècle et conduisent à la naissance d'un mouvement ouvrier qui développe une critique radicale de l'ordre libéral.

Critique radicale, d'abord, par la violence des réactions ouvrières : si les révoltes du début du XIXe siècle s'exercent à l'encontre des machines, les insurrections ouvrières (révolte des canuts de 1831 et insurrection de 1834, journées de juin 1848, Commune de Paris) tournent à la guerre civile. La grève, interdite sur le fondement du délit de coalition, est, elle aussi, souvent associée à des actes de violence.

Critique radicale ensuite, car, en s'organisant, le mouvement ouvrier remet en cause les principes de la loi Le Chapelier [1]. Ainsi, à côté des compagnonnages, attachés aux traditions des métiers, les sociétés ouvrières s'organisent principalement sous la forme de sociétés de secours mutuel et constituent à la fois des lieux de rencontre et de résistance en cas de grève.

Critique radicale enfin, car la revendication ouvrière alimente les différents courants du socialisme [2], se déplaçant ainsi sur le terrain politique. Qu'ils en appellent à l'association des ouvriers, comme Proud'hon, ou à l'intervention de l'État, comme Louis Blanc, les différents courants du socialisme dénoncent l'exploitation de l'homme par l'homme et la primauté de la propriété sur le travail.

1. Isaac Le Chapelier proposa à l'Assemblée nationale constituante une loi qui fut votée le 14 juin 1791, limitant sévèrement les droits d'association.

2. Cf., par exemple, Michel Beaud, *Le socialisme à l'épreuve de l'histoire*, Paris, Le Seuil, 1981.

La pauvreté devenue insupportable du fait de ses conséquences sociales et sanitaires, ainsi que la remise en cause radicale et violente de l'ordre établi dont est porteur le mouvement ouvrier, contraignent les pouvoirs publics à intervenir.

L'intervention régulatrice de l'État emprunte trois voies non exclusives les unes des autres qui apparaissent et se développent à des rythmes différents et constituent les trois supports principaux de la politique du travail aujourd'hui :

– l'observation et l'analyse des relations sociales ;

– la protection des catégories les plus faibles, peu à peu étendue à l'ensemble de la population ouvrière et salariée ;

– l'institutionnalisation des relations sociales. En reconnaissant et en encadrant le syndicalisme, l'État donne à des intérêts particuliers la possibilité de trouver une expression collective et permet ainsi à la négociation de devenir un instrument de recherche de compromis.

I | L'OBSERVATION ET L'ANALYSE DES RELATIONS SOCIALES

Au XIXe siècle, la question sociale suscite une grande inquiétude qui va nourrir de multiples travaux d'observation et de recherche des causes de la misère ouvrière.

Un exemple constitue à lui seul un symbole que l'histoire sociale a d'ailleurs retenu comme tel : le rapport, en 1840, du docteur Villermé [1] pour l'Académie des sciences morales et politiques, qui inspira directement la loi de 1841, inaugurant ainsi un rapport étroit entre l'activité d'observation et l'activité législative et réglementaire.

Objets de débats souvent radicaux, l'observation et l'analyse des relations sociales deviennent ainsi progressivement un enjeu de la question sociale, qui conduit l'État à se doter d'institutions spécifiques à caractère public, chargées spécialement de l'observation [13].

Ce travail d'analyse de la réalité sociale va se développer et s'enrichir au cours des XIXe et XXe siècles.

Il ne correspond pas seulement au souci positiviste d'une connaissance scientifique de la société. La prise en charge de la collecte et du traitement de l'information par l'État permet d'apporter en outre une garantie publique quant à sa qualité et à son objectivité, même si elle ne supprime pas toute polémique, comme l'illustrent aujourd'hui les débats sur les chiffres du chômage.

Il a également pour but, face à la radicalisation et à la politisation des débats, d'échapper à une vision théorique des relations du travail (« Les théories absolues perdent de jour en jour leur crédit. Tous les pays, sou-

1. Louis-René Villermé, *Tableau de l'état physique et moral des ouvriers employés dans les manufactures de soie, coton et laine*, 1840.

[13]

L'ENQUÊTE SOCIALE ET SES PROLONGEMENTS DANS LA DEUXIÈME MOITIÉ DU XIXe SIÈCLE

Le premier témoignage de cette politique publique naissante d'analyse et d'observation des phénomènes sociaux est donné par la Deuxième République qui ouvre « une enquête sur la question du travail agricole et industriel ». Par la suite, la création, en 1891, de l'Office du travail [1] illustre la volonté de l'État de se donner, mais aussi de donner à ceux qu'on n'appelle pas encore les partenaires sociaux une image incontestable de la réalité sociale sur laquelle ils cherchent à agir. L'Office du travail se voit confier, notamment, comme objectifs de « rassembler, coordonner et vulgariser tous les renseignements concernant la statistique du travail ». La loi du 2 novembre 1892 donne également comme mission aux inspecteurs du travail « en dehors de la surveillance qui leur est confiée, d'établir la statistique des conditions de travail dans la région qu'ils sont chargés de surveiller » et prévoit l'élaboration d'un rapport au ministre sur ce sujet.

Cette activité a été nourrie par diverses écoles de pensée et s'est enrichie de leurs expériences, de leurs références et de leurs travaux. La description statistique des phénomènes sociaux, héritière de l'« arithmétique politique » du XVIIIe siècle, va aussi intégrer les préoccupations des hygiénistes et les travaux de certains mathématiciens (Laplace, Gauss), au point d'inspirer au mathématicien belge Adolphe Quételet une tentative de « physique sociale ». Frédéric Le Play et l'école de la réforme sociale insisteront davantage sur l'importance des analyses monographiques. La tradition de l'enquête, initiée par Villermé, permettra de réconcilier ces deux méthodologies d'observation des faits sociaux que sont la statistique et la monographie. Elle acquerra un statut scientifique grâce à la méthode des sondages [2].

Au même moment, les catégories qui sont utilisées pour décrire la réalité sociale reçoivent une définition statistique : la grève en 1890, les salaires et la durée du travail en 1891-1892, le chômage en 1896.

1. Jean Luciani (dir.), *Histoire de l'Office du travail, 1890-1906*, Paris, Syros, 1992.
2. « La partie ou le tout : monographies ou sondages », dans Alain Desrosières, *La politique des grands nombres. Histoire de la raison statistique*, Paris, La Découverte, 1993.

cieux de voir les luttes entre le capital et le travail se dénouer pacifiquement, s'efforcent à l'envi de se procurer des renseignements précis touchant les conditions de travail [1] ») et, dans une matière aussi sensible et complexe, de légiférer en connaissance de cause. C'est ainsi que la loi de 1892 sur la conciliation et l'arbitrage sera précédée d'une enquête de l'Office du travail. De la même façon, l'Office contribuera à l'élaboration des lois sur les accidents du travail (1898), sur le placement municipal (1904), et enfin sur le financement des caisses syndicales de chômage par l'État (1905) [2].

Enfin, ce travail d'analyse vise à apprécier les résultats de la législation, préoccupation plus récente qui s'exprime aujourd'hui dans l'évaluation des politiques publiques. C'est ainsi qu'une novation importante, et

1. Exposé des motifs de la loi de 1891 créant l'Office du travail.
2. Jean Luciani, Robert Salais, « Matériaux pour la naissance d'une institution : l'Office du travail, 1890-1990 », *Genèses*, 2, décembre 1990.

contestée, en droit du travail – sinon dans la réalité de la vie des entreprises – comme le droit d'expression des salariés introduit par la loi du 4 août 1982, a fait l'objet, en 1986, d'une évaluation par le ministère du Travail, avant d'être soumis à un vote de confirmation du Parlement.

Cette activité d'investigation et de description permet encore aujourd'hui de renvoyer aux partenaires sociaux une image des relations sociales et de contribuer ainsi à alimenter le débat sur les politiques conduites, dans le cadre des multiples instances consultatives qui caractérisent les politiques sociales. Un rapport sur la négociation collective est transmis chaque année à la Commission nationale de la négociation collective et un autre sur les risques professionnels au Conseil supérieur de prévention des risques professionnels. L'État assure ainsi une transparence (relative) des relations sociales, qui est également un facteur de paix sociale.

Ce type d'intervention des pouvoirs publics se traduit aujourd'hui par l'existence de nombreuses instances chargées d'enquêtes, d'études, et plus récemment d'évaluations : non seulement l'Institut national de la statistique et des études économiques (INSEE) qui joue un rôle important dans ce domaine comme dans toutes les statistiques et études économiques et sociales ; mais aussi, dans l'orbite du ministère en charge du travail, une direction de l'animation de la recherche et des études et des statistiques (DARES), plusieurs établissements publics de recherche sous la tutelle du ministère du Travail (Centre d'études de l'emploi) ou sous la double tutelle du ministère du Travail et de celui de l'Éducation nationale (Centre d'études et de recherches sur les qualifications).

II | LA PROTECTION DES SALARIÉS : DOMAINES ET CONTRÔLE

La loi du 22 mars 1841 relative au travail des enfants employés dans les manufactures, usines ou ateliers, qui fixe l'âge d'admission dans les usines à 8 ans et limite la durée journalière du travail à huit heures pour les enfants de 8 à 12 ans, constitue l'acte fondateur de l'intervention de l'État dans les relations du travail. Modeste dans ses exigences et finalement peu appliquée, la loi de 1841 n'en constitue pas moins une rupture essentielle, puisque l'État a porté une première atteinte au principe de la liberté contractuelle.

Cette intervention protectrice se dégage encore peu de la fonction traditionnelle, régalienne, de l'État, qui vise à protéger l'ordre public et à garantir l'existence de la nation. Il s'agit de limiter le recours au travail des enfants, pour des raisons humanitaires certes, mais aussi militaires et démographiques. Le rôle protecteur de l'État va se développer et se confirmer dans la deuxième moitié du XIXe siècle et au début du XXe siècle ; il conduira à créer des instruments spécifiques pour veiller à l'application des règles ; ceux-ci sont centenaires ou plus que centenaires, mais toujours bien vivants.

A / *De la protection des plus faibles à la protection de l'ouvrier*

Après une période consacrée à la protection des catégories les plus faibles, ce sont l'hygiène et la sécurité du travail qui vont se développer, puis l'encadrement général de la durée du travail. La reconnaissance, en 1907, du caractère subordonné du salarié dans le contrat qui le lie à l'employeur, permettra au droit du travail protecteur de se développer.

L'intervention protectrice de l'État se développe lentement tout au long du XIXe siècle, avec plusieurs initiatives législatives en vue de protéger les plus faibles – les enfants, les « filles mineures » et enfin les femmes (loi du 2 novembre 1892 sur le travail des femmes).

Malgré les débats et les oppositions qu'elle a suscités à l'époque [1], cette intervention protectrice à l'égard des plus faibles bénéficie d'une légitimité forte, qui finira par être reconnue par les libéraux eux-mêmes :

> « Il ne peut y avoir aucun doute sur la légitimité de l'intervention de l'État pour la réglementation du travail des mineurs et des femmes. L'État a envers ces deux catégories de personnes un droit de protection ; il doit l'exercer assurément avec réserve et circonspection pour ne pas annuler le droit du mari et celui du père, mais il ne saurait non plus renoncer à en faire totalement usage [2]. »

Ce droit du travail protecteur est, en raison de son origine, d'inspiration très hygiéniste ; il s'agit de préserver quantitativement et qualitativement la population ou, dans le langage de l'époque, « de sauvegarder dans leur germe les forces de la patrie, de ménager ce patrimoine national qui doit constituer les générations futures et de préparer au pays de bons serviteurs, en lui donnant des hommes vigoureusement constitués [3] ». Après la réglementation particulière du travail des femmes et des enfants, le droit du travail s'est donc développé principalement dans le domaine de l'hygiène et la sécurité, et dans celui de la durée du travail [14].

L'encadrement général (et non plus limité aux plus faibles) de la durée du travail se met en place avec le XXe siècle (loi du 30 mars 1900 instituant la journée de onze heures). S'il poursuit au départ le même objectif hygiéniste (il s'agit, à cette époque, de limiter les durées excessives et leurs conséquences sur la santé et les risques d'accidents), l'objectif de protection généralisée de la population ouvrière, puis salariée, s'imposera progressivement.

Enfin, la reconnaissance, par la jurisprudence en 1907, de la subordination du salarié à l'égard de l'employeur constituera une étape essentielle dans l'évolution du rôle protecteur exercé par les pouvoirs publics, aboutissant à la définition du contrat de travail : « convention par laquelle une personne s'engage à mettre son activité à la disposition d'une autre, sous la subordination de laquelle elle se place, moyennant rémunéra-

1. Cf. notamment Philippe Sueur, « La loi du 22 mars 1841. Un débat parlementaire : l'enfance protégée ou la liberté offensée », dans *Histoire du droit social. Mélanges en hommage à Jean Imbert,* Paris, PUF, 1989, et William Grossin, *La création de l'Inspection du travail,* Paris, L'Harmattan, 1992.
2. Paul Leroy-Beaulieu, *Essai sur la répartition des richesses,* 1883.
3. Comte Albert de Mun, débat à la Chambre, 5 juillet 1890.

[14]

LES PREMIÈRES INTERVENTIONS EN MATIÈRE D'HYGIÈNE ET DE SÉCURITÉ

Après quelques premières règles parcellaires fixées par voie de décret, l'hygiène et la sécurité ont fait l'objet d'un premier texte d'ensemble avec la loi du 12 juin 1893. Elles ont connu depuis de nombreux développements législatifs et réglementaires qui en font aujourd'hui un des domaines les plus techniques et les plus complexes du droit du travail. En cette matière, la fin du XIXe siècle voit se renverser totalement la logique antérieure, avec l'affirmation progressive de la responsabilité de l'employeur sur la sécurité dans l'entreprise, assortie d'obligations et de poursuites. La reconnaissance, par la loi du 9 avril 1898, de la responsabilité de l'employeur, en cas d'accident du travail, viendra sanctionner ce renversement : en fournissant du travail à l'ouvrier, le patron crée un risque, dont il assume la charge ; en contrepartie, la loi l'exonère de sa responsabilité civile, sauf en cas de faute inexcusable.

tion [1] ». La reconnaissance, d'abord par la jurisprudence, puis par la loi, de l'état de subordination inhérent au statut de salarié permettra au droit du travail de se développer, en cherchant « à compenser l'inégalité économique employeur-salarié en créant une inégalité juridique destinée à éviter à l'homo faber de subir de plein fouet la loi du marché [2] ».

L'orientation protectrice du droit du travail continue d'inspirer largement aujourd'hui l'intervention de l'État dans les relations de travail.

B / *De l'édiction des règles à leur application*

Il ne suffisait pas de définir des règles ; il fallait également s'assurer qu'elles étaient appliquées. Pour remplir ce rôle, deux institutions majeures ont été mises en place, l'une relevant de l'ordre judiciaire apparue progressivement à partir du début du XIXe siècle, l'autre relevant de l'ordre administratif, et créée par la loi en 1874.

S'agissant des différends nés à l'occasion du contrat de louage de services, et plus tard de travail, la compétence relevait théoriquement des tribunaux. Des juridictions spécialisées ont été mises en place dès le Premier Empire, par une loi de 1806, les conseils des prud'hommes, chargés de « terminer par voie de conciliation les petits différends qui s'élèvent journellement soit entre des fabricants et des ouvriers, soit entre des chefs d'atelier et des compagnons ou apprentis » [15].

L'intervention judiciaire supposait que le différend puisse être effectivement porté devant les tribunaux par les salariés. Ce qui était formellement possible, mais s'est révélé difficile dans les faits compte tenu de la dépendance dans laquelle les salariés se trouvent vis-à-vis de leur employeur. Dès lors que le droit du travail se voulait protecteur, en

1. Gérard Lyon-Caen, Jean Pélissier, *Droit du travail, op. cit.*
2. Jean-Emmanuel Ray, *op. cit.*

[15]

LES CONSEILS DES PRUD'HOMMES

L'institution prud'homale ne s'est mise en place que très progressivement : après le conseil des prud'hommes de Lyon créé en 1806, d'autres seront institués progressivement dans les principales villes industrielles, mais ce n'est qu'en 1979 (loi du 18 janvier 1979, dite « loi Boulin ») qu'ils seront généralisés à l'ensemble du territoire national.

Il s'agit de juridictions paritaires et électives : les juges – les conseillers prud'hommes – sont élus tous les cinq ans sur liste syndicale, pour moitié au sein d'un collège des salariés, pour moitié au sein d'un collège des employeurs.

Les conseils des prud'hommes ont une compétence d'ordre public pour tous les litiges individuels nés à l'occasion d'un contrat de travail. La procédure contentieuse elle-même est précédée d'une procédure de conciliation, qui a, elle aussi, un caractère obligatoire.

Au total, 15 000 conseillers siègent dans les 282 conseils de prud'hommes de France. Les prochaines élections prud'homales se dérouleront en décembre 1997.

s'orientant vers les plus faibles, et donnait à cette protection un caractère d'ordre public, la question du contrôle se posait. Après des tentatives pour confier cette fonction de police à des notables bénévoles, puis à l'autorité préfectorale, aux inspecteurs de l'enseignement primaire, et même aux contrôleurs des poids et mesures, le choix s'est porté sur un corps de contrôle spécialisé : l'Inspection du travail [16].

L'Inspection du travail a une compétence et des activités étendues (tableaux 12 et 13).

Tableau 12. *Activité de l'Inspection du travail en 1994*

	Observations	Mises en demeure	Référés	Procès-verbaux
Obligations des employeurs	202 077	3 028		1 903
Réglementation du travail	80 824	38	45	6 325
Salaires, participation et intéressement	45 432			990
Représentation du personnel, droits collectifs	38 843			487
Hygiène et sécurité du travail	390 002	7 508	85	7 021
Emploi	66 554	384		6 160
Incidents de contrôle	2 449			397
Total	826 181	10 958	130	23 283

Source : Ministère du Travail et des Affaires sociales, *L'inspection du travail en France en 1994*, rapport au Bureau international du travail (BIT), Paris, La Documentation française, 1996.

Trois catégories d'interventions sont distinguées : la plus importante est la simple observation aux employeurs lors des visites effectuées par l'inspecteur ; les observations peuvent être très nombreuses pour une seule entreprise ; le nombre des procès-verbaux est, de beaucoup, inférieur à celui des observations ; transmis à la justice, ceux-ci n'ont pas toujours de suites, loin de là en raison de la surcharge des tribunaux. La mise en demeure adressée à l'employeur lui fixe un délai pour se mettre en conformité avec la réglementation ou pour mettre fin à une situation dangereuse.

[16]

L'INSPECTION DU TRAVAIL

L'Inspection du travail voit le jour avec la loi du 19 mai 1874 qui crée un service de 15 inspecteurs divisionnaires, relayés par des inspecteurs départementaux, pris en charge par les conseils généraux à leur initiative. Mais, compte tenu du faible enthousiasme des conseils généraux, ce n'est qu'avec la loi du 2 novembre 1892 qu'est effectivement créé un corps d'inspecteurs fonctionnaires de l'État.

L'Inspection du travail est organisée en France sur une base territoriale, les sections d'inspection, au nombre d'environ 480, dont l'étendue, à l'intérieur d'un département, est définie en fonction du nombre d'entreprises et de salariés (environ 30 000 salariés par section). Une section d'inspection, placée sous la responsabilité d'un inspecteur du travail, comprend en général deux contrôleurs du travail, chargés du contrôle dans les entreprises de moins de cinquante salariés, et un ou plusieurs agents chargés du secrétariat, de l'accueil et du renseignement du public.

Les inspecteurs du travail sont des fonctionnaires, placés sous l'autorité hiérarchique du ministre du Travail, et rattachés à la direction départementale du travail, de l'emploi et de la formation professionnelle (DDTEFP). Les directions régionales du travail, de l'emploi et de la formation professionnelle (DRTEFP) ont également un rôle d'animation et d'encadrement des sections d'inspection.

Les inspecteurs du travail bénéficient de pouvoirs étendus et de garanties d'indépendance [1].

La fonction principale de l'Inspection du travail est le contrôle de l'application du droit du travail. À ce titre, les inspecteurs disposent d'un droit d'entrée et de visite, qui leur permet de pénétrer sans autorisation préalable dans tout lieu de travail des salariés, ainsi qu'un droit de communication des registres que doivent tenir obligatoirement les employeurs. Ils peuvent adresser une mise en demeure à l'employeur ou dresser un procès-verbal qui sera transmis au parquet pour poursuite éventuelle. Ils sont également amenés à prendre des décisions dans différents domaines du droit du travail (dérogations, autorisations de licenciement de salariés protégés, retraits de clauses de règlements intérieurs) qui peuvent, dans ce cas, faire l'objet d'un recours hiérarchique auprès du ministre. L'Inspection du travail a, enfin, un rôle d'assistance et de conseil auprès des salariés, mais aussi, de plus en plus, auprès des employeurs.

Les pouvoirs et l'indépendance nécessaires à la fonction de contrôle sont garantis par la convention n° 81 de l'OIT [2].

1. « L'inspecteur du travail », *Liaisons sociales,* 11345, numéro spécial, décembre 1992.
2. Claude Chetcuti, « À propos de la convention 81 », *Revue française des affaires sociales,* octobre-décembre 1992.

Elle est surtout utilisée en matière d'hygiène et de sécurité, où elle constitue souvent une procédure préalable au procès-verbal.

L'Inspection du travail est caractéristique de l'intervention protectrice de l'État [1]. En donnant à des fonctionnaires publics des moyens exorbitants du droit commun, notamment le droit de visite, pour faire respecter

1. « L'Inspection du travail a cent ans », *Travail et emploi,* 25, 1992.

Tableau 13. *Les effectifs de l'Inspection du travail*

	Directeurs et directeurs adjoints (fonctions d'encadrement)	Inspecteurs du travail	Contrôleurs du travail
1986	347	482	2 439
1994	437	820	2 439

Source : *L'inspection du travail en France en 1994,* rapport cité.

le droit du travail et protéger les salariés, le législateur prend acte du caractère fictif du principe de l'égalité contractuelle.

III | REPRÉSENTATION PROFESSIONNELLE ET MÉDIATIONS SOCIALES : LE SYNDICALISME OUVRIER ET PATRONAL

Très différent du rôle protecteur direct de l'État est celui qui consiste à encourager la représentation des acteurs patronaux et ouvriers et à autoriser la négociation entre eux. Les instances existantes au milieu du XIXe siècle en France ne permettaient ni cette représentation, ni *a fortiori* la négociation.

La reconnaissance progressive du syndicalisme ouvrier, l'encouragement à la constitution d'une représentation patronale constitueront, à partir de la fin du XIXe siècle jusqu'aux années soixante à soixante-dix, un troisième axe de l'intervention des pouvoirs publics.

A / *Du mouvement ouvrier au syndicalisme*

Dès le début du XIXe siècle, la constitution d'un mouvement ouvrier va confronter l'État à la question de la représentation collective d'intérêts particuliers. Celle-ci est-elle souhaitable, possible, et selon quelles modalités ? La possibilité d'une représentation collective n'intervient que tardivement en France, en 1884 avec la loi Waldeck-Rousseau sur le syndicalisme (alors qu'elle avait été reconnue, dès 1825, en Grande-Bretagne). En effet, face au mouvement ouvrier, et au-delà des vicissitudes politiques qui caractérisent le XIXe siècle, l'attitude de l'État évolue progressivement [17].

La reconnaissance du syndicalisme répond, certes, à la pression du mouvement ouvrier, mais aussi à un impératif de « gouvernabilité [1] » : en organisant la représentation d'intérêts collectifs, les pouvoirs publics se donnent les moyens de canaliser leur expression et cherchent à éviter les débordements révolutionnaires du mouvement ouvrier (« Avec les syndicats, composés généralement des hommes les plus sérieux et les plus

1. Pierre Rosanvallon, *La question syndicale,* Paris, Calmann-Lévy, 1986.

[17]

L'ATTITUDE DE L'ÉTAT EN FRANCE FACE AU MOUVEMENT OUVRIER

L'État se fait d'abord répressif, ce dont témoignent la restriction du droit d'association et surtout le renforcement des sanctions pénales le concernant : le Code pénal de 1810 interdit la constitution de toute association de plus de vingt personnes sauf autorisation. Les peines encourues au titre du délit de coalition sont encore aggravées en 1834 pour répondre au développement des sociétés ouvrières.

Ne pouvant totalement interdire les associations, l'État veille à les encadrer et à limiter leur champ d'activité : ainsi, après la reconnaissance accordée en 1848, l'Empire limite étroitement l'action des sociétés de secours mutuel de façon à éloigner celles-ci de leur origine professionnelle. En outre, toute idée de représentation est exclue ; sociétés mutuelles et coopératives doivent se limiter à organiser la prise en charge de fonctions spécialisées (couverture des risques sociaux, production, consommation), de façon à éviter que les organisations ainsi constituées ne deviennent un refuge ou un ferment du mouvement ouvrier. Il y a là une des explications à la coupure durable en France entre les organisations syndicales ouvrières et le mouvement mutualiste et coopératif [1].

Ce n'est qu'à la fin du XIXe siècle, et en deux étapes (1864 et surtout 1884), que sera reconnu le syndicalisme. Le Second Empire, dans sa phase libérale, supprime, avec la loi du 25 mai 1864, le délit de coalition. Mais la coalition n'acquiert pas pour autant un statut légal et il ne s'agit que de coalition et non d'association : « L'association suppose nécessairement une organisation, tandis que la coalition n'exige qu'une entente fortuite et momentanée [2]. » L'organisation reste illicite et c'est la suppression, en 1868, de l'autorisation administrative pour les réunions, qui permet, de fait, la création de chambres syndicales. C'est la Troisième République, avec la loi Waldeck-Rousseau du 21 mars 1884, qui procède à la reconnaissance du syndicalisme.

1. Michel Radelet, *Mutualisme et syndicalisme. Ruptures et convergences de l'Ancien Régime à nos jours,* Paris, PUF, 1991.
2. Cour d'appel de Lyon, 1865.

intelligents des corporations, vous pouvez être certains que tous les moyens de conciliation seront toujours employés jusqu'à la dernière extrémité [1] »). En même temps, ils se donnent des interlocuteurs avec lesquels ils peuvent négocier. Pour ce faire, la loi Waldeck-Rousseau de 1884 institue deux principes qui continuent aujourd'hui à inspirer le droit syndical : la liberté syndicale et le caractère professionnel.

La liberté syndicale est double : il s'agit évidemment d'une liberté collective (celle de créer un syndicat), mais aussi d'une liberté individuelle (celle d'adhérer, mais aussi de ne pas adhérer). Elle a été consacrée depuis comme un principe de caractère constitutionnel. Le préambule de la Constitution de 1946 dispose : « Tout homme peut défendre ses droits et ses intérêts par l'action syndicale et adhérer au syndicat de son choix. »

En même temps, la loi de 1884 vise à circonscrire l'action du syndicalisme au domaine professionnel : « Les syndicats ont exclusivement

1. Brialou (député ouvrier), cité par G. Brunot, « Commentaire de la loi de 1884 » (1884).

pour objet l'étude et la défense des intérêts économiques, industriels, commerciaux et agricoles [1]. » La procédure déclarative – qui est aujourd'hui considérée comme libérale, mais était ressentie à l'époque comme une mesure de police – et le principe de spécialisation professionnelle de l'action syndicale ont motivé en grande partie les réactions au départ négatives du mouvement ouvrier vis-à-vis de la loi Waldeck-Rousseau. Le statut syndical est alors considéré comme une « fabrication opportuniste qui n'est qu'un traquenard tendu aux travailleurs », « une chaîne de plus ajoutée à toutes celles qui entravent le libre exercice du droit imprescriptible de réunion et d'association [2] ».

Le souci d'intégration du mouvement ouvrier s'est heurté à la tradition d'autonomie du mouvement ouvrier français, dans toutes ses tendances : notamment l'action directe de Fernand Pelloutier, le syndicalisme révolutionnaire ou encore l'anarcho-syndicalisme inspirant la charte d'Amiens [3]. Cette distance avec l'État est d'ailleurs renforcée par la tendance au radicalisme et par la forte politisation qui a longtemps marqué les principaux courants du syndicalisme [18].

[18]

LA TRADITION D'AUTONOMIE ET D'INDÉPENDANCE DU SYNDICALISME QUELQUES TEXTES

L'action directe

« Dès la reconnaissance du mouvement ouvrier en France, deux conceptions se partagèrent les esprits, touchant le mode d'organisation et de lutte de la collectivité socialiste. L'une, professée par des hommes ignorants et routiniers (en dépit de leurs connaissances économiques), s'inspirait uniquement des faits visibles et, croyant que l'État, simple instrument de l'organisation sociale, en avait été l'artisan, le considérait comme indispensable au fonctionnement des sociétés et, par suite, tendait à augmenter ses attributions en y ajoutant celles de producteur et de répartiteur de la richesse publique.

L'autre, émanée d'hommes chez qui l'intuition suppléait au défaut de science économique, considérait (avec Proud'hon) que les fonctions sociales peuvent et doivent se limiter à la satisfaction des besoins humains de tout ordre et, constatant que l'État n'a pour raison d'être que la sauvegarde d'intérêts politiques superflus ou nuisibles, concluait à son remplacement par la libre association des producteurs. La première de ces conceptions recommandait la conquête systématique, mais légale, de chaque fonction élective, la substitution du personnel politique socialiste au personnel capitaliste devant entraîner la transformation du système économique : la seconde parlait de mutuellisme, de coopération, de crédit, d'association et professait que le prolétariat possède en lui-même l'instrument de son émancipation [1]. »

1. Loi de 1884, repris dans l'article L.411.1 du Code du travail, qui a été modifié depuis par la loi du 28 octobre 1982 : « Les syndicats professionnels ont pour objet l'étude et la défense des droits ainsi que des intérêts matériels et moraux, tant individuels que collectifs des personnes visées par leurs statuts. »

2. Jean-Baptiste Dumay, cité par H. Lagardelle, *L'évolution des syndicats ouvriers en France*, thèse de droit, 1904.

3. Motion adoptée par la CGT à son congrès de 1906 à Amiens, qui définit l'orientation de la confédération (cf. texte dans [18]).

L'anarcho-syndicalisme

« Le syndicalisme ne vise pas à une simple modification du personnel gouvernemental, mais bien à la réduction de l'État à zéro, en transportant dans les organismes syndicaux les quelques fonctions utiles qui font illusion sur sa valeur, et en supprimant les autres, purement et simplement [2]. »

Le syndicalisme révolutionnaire

« Tout l'avenir du socialisme réside dans le développement autonome des syndicats ouvriers. »

« Les syndicaux se révoltent ; et ce n'est pas sans raison ; ils sentent bien que, si l'ouvrier accepte le commandement de gens étrangers à la corporation productive, il restera toujours incapable de se gouverner, qu'il restera soumis à une discipline externe [3]. »

La charte d'Amiens

« La CGT groupe, en dehors de toute école politique, tous les travailleurs conscients de la lutte à mener pour la disparition du salariat et du patronat.

Le congrès considère que cette déclaration est une reconnaissance de la lutte de classes qui oppose, sur le terrain économique, les travailleurs en révolte contre toutes les formes d'exploitation et d'oppression tant matérielle que morale, mises en œuvre par la classe capitaliste contre la classe ouvrière.

Le congrès précise sur les points suivants cette affirmation théorique :

Dans l'œuvre revendicatrice quotidienne, le syndicalisme poursuit la coordination des efforts ouvriers, l'accroissement du mieux-être des travailleurs par la réalisation d'améliorations immédiates, telles que la diminution des heures de travail, l'augmentation des salaires, etc.

Mais cette besogne n'est qu'un côté de l'œuvre du syndicalisme ; il prépare l'émancipation intégrale, qui ne peut se réaliser que par l'expropriation capitaliste ; il préconise comme moyen d'action la grève générale et il considère que le syndicat, aujourd'hui groupement de résistance, sera, dans l'avenir, le groupement de production et de répartition, base de réorganisation sociale.

[...]

En ce qui concerne les individus, le congrès affirme l'entière liberté, pour le syndiqué, de participer, en dehors du groupement corporatif, à telles formes de lutte correspondant à sa conception philosophique ou politique, se bornant à lui demander, en réciprocité, de ne pas introduire dans le syndicat les opinions qu'il professe au-dehors.

En ce qui concerne les organisations, le congrès décide qu'afin que le syndicalisme atteigne son maximum d'effet, l'action économique doit s'exercer directement contre le patronat, les organisations confédérées n'ayant pas, en tant que groupements syndicaux, à se préoccuper des partis et des sectes qui, en dehors et à côté, peuvent poursuivre en toute liberté la transformation sociale [4]. »

1. Fernand Pelloutier, *Histoire des bourses du travail,* Paris, 1902.
2. Émile Pouget, secrétaire adjoint de la CGT, fin XIXe-début XXe.
3. Georges Sorel, « L'avenir socialiste des syndicats », *L'Humanité nouvelle,* mars-avril-mai 1898.
4. Extraits de la *Charte d'Amiens,* motion adoptée par la CGT en 1906.

Le contexte dans lequel s'est développé le mouvement syndical français explique largement les formes qu'il a prises. Il est resté longtemps un syndicalisme de métier, héritier des traditions de compagnonnage. Encore vivace aujourd'hui dans des secteurs peu concentrés, demeurés des « bastions syndicaux » (dockers...), il y a entretenu un certain radicalisme politique héritier de celui des élites ouvrières du XIXe siècle.

Le syndicalisme d'industrie mettra plus longtemps à se développer. Dans un contexte de développement industriel lent, la main-d'œuvre de la grande industrie se constitue à partir d'éléments largement étrangers à l'élite ouvrière traditionnelle : ruraux, femmes et étrangers qui la composent mettront longtemps à s'organiser. Pays de campagne et de petites entreprises, la France fera comme l'Italie une place plus importante au syndicalisme géographique, organisé en fonction des proximités (bourses du travail). Ce n'est que lentement que se constitueront des fédérations par branche industrielle [1], plus adaptées à une économie moderne.

Le rôle des syndicats a été d'autant plus difficile à affirmer que la défense des intérêts professionnels a été conçue au départ comme externe à l'entreprise, en vertu d'une conception de l'entreprise, « espace privé », qui doit rester à l'écart des débats : « L'exercice de l'action syndicale à l'intérieur de l'entreprise enlèverait manifestement à cette dernière le caractère qu'elle doit conserver d'être exclusivement un lieu de travail, où la neutralité est essentielle [2]. » La représentation syndicale dans l'entreprise ne sera admise qu'en 1968, suite aux accords de Grenelle.

Malgré ces résistances et ces ambiguïtés, le modèle syndical de représentation des intérêts collectifs va s'étendre progressivement, et ce bien au-delà de la seule population ouvrière, pour toucher l'ensemble des salariés, les fonctionnaires – l'État adoptant une attitude tolérante vis-à-vis du syndicalisme dans la fonction publique à partir de 1924, avant de reconnaître le droit syndical avec le statut général des fonctionnaires en 1946 – et certaines professions indépendantes (notamment les agriculteurs) [19].

B / *Le patronat : du groupe de pression au négociateur social*

Si l'État a eu des difficultés pour circonscrire le mouvement ouvrier au cadre professionnel, il en a eu bien plus pour faire émerger une représentation patronale [20].

Ce n'est que très tardivement, sous l'influence d'un patronat moderniste, au cours de la période de croissance d'après-guerre, que ce souci d'une intervention importante du patronat dans le domaine social débouchera sur une organisation plus forte des représentations patronales. En 1969, le CNPF procède à une modification statutaire qui lui permet d'engager ses membres lors de négociations, sous réserve d'avoir obtenu préalablement l'accord de l'assemblée permanente ; la possibilité est cependant laissée aux organisations adhérentes au CNPF de s'exclure de cet engagement si elles refusent finalement les termes de l'accord.

Alors seulement pourra s'instaurer en France, avec le développement

1. La notion de branche se distingue de la notion de métier, car elle se rapporte non à la profession exercée, mais à l'activité principale de l'entreprise dans laquelle travaille le salarié (automobile, bâtiment...).

2. Union des industries métallurgiques et minières, *Livre blanc,* 1950.

[19]

LES ÉTAPES DE LA RECONNAISSANCE DU SYNDICALISME

1. *La répression*

1791 (loi des 14 et 17 juin) : loi Le Chapelier : prohibition des groupements professionnels.
1810 (Code pénal) : délit de coalition et d'association.
1834 (loi du 10 avril) : aggravation des peines encourues pour le délit d'association.

2. *La reconnaissance*

1864 (loi du 25 mai) : suppression du délit de coalition.
1884 (loi du 21 mars) : loi Waldeck-Rousseau.
1920 (loi du 12 mars) : affirmation de la personnalité juridique des syndicats.

3. *La parenthèse*

1940 (loi du 16 août) : dissolution des grandes confédérations syndicales.
1941 (loi du 4 octobre) : charte du travail ; institution de syndicats obligatoires, relais des comités sociaux.

4. *La consécration*

1944 (ordonnance du 27 juillet) : rétablissement de la liberté syndicale.
1946 (Constitution du 27 octobre) : affirmation du principe de la liberté syndicale dans le préambule de la Constitution.
1948 (Déclaration universelle des droits de l'homme du 10 décembre 1948) : affirmation de la liberté syndicale : « Toute personne a le droit de fonder, avec d'autres, des syndicats et de s'affilier à des syndicats pour la défense de ses intérêts. »
1950 (Convention européenne de sauvegarde des droits de l'homme et des libertés fondamentales) : affirmation de la liberté syndicale.

5. *L'organisation*

1950 (loi du 11 février) : définition des critères de la représentativité syndicale (loi sur les conventions collectives).
1956 (loi du 27 avril) : « loi Moisant » réprimant les clauses de sécurité syndicale (*closed shop, union shop,* précompte des cotisations, etc.).
1968 (loi du 27 décembre) : suite aux accords de Grenelle, reconnaissance de la section syndicale d'entreprise et du délégué syndical.
1982 (loi du 28 octobre) : « loi Auroux » ; nouvelle définition de l'objet du syndicat et extension de l'exercice du droit syndical dans l'entreprise.

des accords interprofessionnels (étendus à toutes les branches de l'économie), le développement de la négociation d'entreprise (le syndicat y étant reconnu en 1968) et de branches, une période de réelle « régulation sociale », par le jeu combiné de l'État et des acteurs collectifs.

La constitution et la reconnaissance d'acteurs collectifs ont eu deux conséquences sur la politique du travail :

– d'une part, son champ d'application s'élargit et ne se limite plus à la seule protection du faible ou du salarié subordonné ; en prenant en compte des intérêts et des aspirations contradictoires, elle va se donner comme objectifs de les concilier, de définir des compromis sociaux ;

– d'autre part, elle ne relève plus de la seule initiative de l'État mais

[20]

L'ATTITUDE DE L'ÉTAT FACE À LA REPRÉSENTATION PATRONALE

Au mépris de la loi Le Chapelier, des regroupements patronaux se sont mis en place dès le début du XIXe siècle. En 1846 est créée, sous l'impulsion d'Auguste Mimerel, l'association pour le travail national, lointain ancêtre du CNPF actuel, qui regroupe des associations professionnelles qui s'étaient constituées dans différents secteurs industriels. Il s'agit de groupes de pression destinés à défendre les intérêts économiques de l'industrie française, et notamment à lutter contre le libre-échange.

La structuration des organisations patronales et leur intervention dans les relations du travail ont été, en revanche, beaucoup plus lentes. En effet, contrairement à la classe ouvrière, le monde des employeurs est un monde éclaté, dans sa réalité sociologique, comme dans la représentation qu'il donne de lui-même : quoi de commun, au XIXe siècle, entre le maître artisan qui emploie quelques ouvriers, qui restent pour lui des compagnons, et les représentants des dynasties industrielles (Schneider, de Wendel) fondatrices des villes-usines. Quoi de commun, au XXe siècle, entre le patron de PME qui a créé son entreprise et le P-DG d'un groupe industriel, mandataire des actionnaires de la société mère ? Par ailleurs, les regroupements patronaux ont longtemps hésité à s'immiscer dans les relations de travail, qui, en vertu de la conception patronale, relèvent de l'unique responsabilité du chef d'entreprise. C'est pourquoi « le syndicalisme patronal n'a trouvé que très lentement ses raisons d'être. La loi du " chacun pour soi " fut longtemps celle de l'action patronale, de même que le secret des affaires [1] », et l'impulsion de l'État a joué un grand rôle dans cette évolution.

La première attitude du patronat en matière sociale est défensive. La reconnaissance du syndicalisme ouvrier par l'État le conduit à se doter de structures d'étude dans le domaine des relations professionnelles. Ainsi, c'est le projet de conseils du travail d'Alexandre Millerand qui conduit le comité des Forges (club des maîtres de forges créé en 1864), à constituer, en 1901, l'Union des industries métallurgiques et minières (UIMM), une des organisations patronales les plus importantes aujourd'hui.

Ce sont surtout les expériences d'économie de guerre qui vont conduire l'État à inciter à l'organisation des représentations patronales. Après la première guerre mondiale, il suscite la création de la Confédération générale de la production française (CGPF). Simple structure de coordination, la CGPF s'engagera, à l'instigation de Léon Blum et malgré les réticences de la base patronale, dans la négociation des accords de Matignon en 1936. Après l'institution sous Vichy des comités d'organisation, la pression des pouvoirs publics conduira, après la seconde guerre mondiale, à la création du CNPF, en 1946 [2].

1. François Perroux, cité par Jacques Lautman, *Pouvoirs et buts des organisations patronales,* Paris, CNRS/DGRST, 1986.
2. Henri Weber, *Le parti des patrons. Le CNPF 1946-1990,* Paris, Le Seuil, 1990.

du jeu complexe de trois acteurs – l'État mais aussi les organisations syndicales et les organisations patronales – que la sociologie du travail anglo-saxonne appelle un système de relations professionnelles [1].

La mise en place d'un tel système fut longue en France et son épanouissement d'assez courte durée. La crise est venue, en effet, progres-

1. J.T. Dunlop, *Industrial Relations Systems,* Oxford, Oxford University Press, 1958.

sivement remettre en question les modalités antérieures de diffusion des progrès de la politique du travail.

En matière de politique publique, c'est cette organisation par l'État des relations collectives qui constitue l'intervention la plus importante. C'est elle qui a autorisé le développement ultérieur des règles régissant les relations de travail ainsi qu'une régulation plus ou moins pacifique des mouvements sociaux. Après les premières interventions protectrices, ce n'est plus en effet l'État seul qui « octroie » ; il octroie souvent, certes, plus souvent qu'à l'étranger où beaucoup d'acquis sociaux relèvent de la négociation et non de la loi ; mais il octroie après que l'expression collective des intérêts qu'il a encouragée a porté sur le devant de la scène un certain nombre de revendications, sur lesquelles un compromis lui apparaît acceptable.

C'est ce caractère déterminant du système de relations professionnelles qui conduit à en examiner d'abord les modalités de fonctionnement, classiquement analysées en droit du travail comme les relations collectives de travail (chap. 4). Ce n'est qu'ensuite (chap. 5) que seront décrites ses conséquences sur l'organisation des relations de travail au sein de l'entreprise, où les exigences de flexibilité conduisent à remettre en cause une politique du travail fondée sur un double objectif de protection du salarié et de compromis social.

Chapitre 4

Le système de relations professionnelles à l'épreuve

En organisant les relations collectives de travail, l'État a ouvert la voie à une pacification des relations sociales et à un mode nouveau d'élaboration des règles qui les régissent. Entre la loi et les conventions entre particuliers, vont en effet se développer des contrats collectifs entre patrons et salariés à divers niveaux : celui de l'entreprise, de la branche, ou encore de l'*interprofession* (toutes branches confondues).

Cette organisation des relations collectives n'a pas été de soi. Dans son principe même, car la reconnaissance de la représentation collective d'intérêts particuliers rompait radicalement avec le modèle individualiste hérité de la Révolution française. Dans les faits aussi, car la constitution d'organes de représentation des salariés et du monde patronal était délicate : les réticences initiales du monde ouvrier français étaient fortes à l'endroit de la délégation de pouvoir qu'impliquait la représentation collective, comme à l'endroit des compromis sociaux en général. Les chefs d'entreprise étaient, notamment du fait de leur diversité et de la prédominance des entreprises artisanales, peu enclins à s'organiser.

L'État a donc été conduit, ici comme dans d'autres domaines, à exercer un rôle important pour mettre en place des relations sociales organisées, c'est-à-dire institutionnaliser les représentations syndicales et professionnelles, et, dans la période qui a précédé la crise, généraliser les acquis sociaux de la négociation à l'ensemble du monde salarial.

C'est seulement à partir de 1982, après le vote des lois Auroux, que ce mode de régulation sociale subit des à-coups importants du fait de la crise de la représentation qui touche les organisations syndicales comme beaucoup d'autres institutions, et d'une croissance ralentie qui produit moins de surplus à partager.

I | CONFLITS ET NÉGOCIATIONS

A / *La reconnaissance et l'encadrement des conflits*

Les relations entre patrons et ouvriers se sont d'abord exprimées sur le mode du conflit. On a souvent tendance, aujourd'hui, à assimiler grèves et conflits sociaux. Mais si le recours à la cessation de travail est ancienne (elle était déjà pratiquée par les compagnons sous l'Ancien Régime), les conflits se sont souvent exprimés de façon plus radicale et violente : les deux formes successives du bris de machine (« luddisme ») et de l'insurrection ouvrière en sont les manifestations les plus connues au XIXe siècle. De même, au XXe siècle, les conflits sociaux se sont traduits par des actions qui dépassaient largement le cadre légal de la grève : par exemple, l'occupation prolongée des locaux en 1936, en 1968. Dans les années soixante-dix, le conflit de Lip a été la manifestation emblématique de protestations contre les fermetures d'usines. Aujourd'hui encore, il existe des formes de conflictualité ou de protestation qui ne répondent pas à la définition juridique de la grève (comme la grève perlée ou la grève du zèle), ou qui utilisent des formes variées de pression sur l'employeur d'où la violence n'est pas toujours absente (comme la séquestration des dirigeants).

La reconnaissance de la grève a donc eu pour objet de canaliser les conflits de façon à éviter les débordements et de permettre aux tensions sociales de s'exprimer : pour reprendre la distinction célèbre d'Albert Hirschmann [1], elle relève d'une attitude d'expression, de prise de parole *(voice)* qui est apparue finalement préférable aux attitudes de fuite individuelle, de défection *(exit)*, comme l'absentéisme, dont les conséquences peuvent se révéler beaucoup plus importantes. Entre 1950 et 1984, en moyenne 4,15 millions de journées ont été perdues par an pour fait de grève, contre 50 millions pour des raisons d'absentéisme (au sens strict, c'est-à-dire hors absence normale, comme, par exemple, pour fait de maladie) [2].

Ce n'est toutefois que très progressivement que la grève est devenue la forme « normale » d'expression du conflit social. Elle reste d'ailleurs marquée par une grande incertitude juridique.

1 / *La reconnaissance du droit de grève*

Trois dates importantes marquent les étapes de la reconnaissance du droit de grève : 1864, 1892, 1946.

L'attitude de l'État a d'abord été de refuser les conflits, dès lors du

1. A.O. Hirschmann, *Face au déclin des entreprises et des institutions,* Paris, Éditions ouvrières, 1973.
2. Bernard Gazier, *Économie du travail et de l'emploi,* Paris, Dalloz, 1992.

moins qu'ils avaient une dimension collective, les conflits individuels relevant, eux, du contentieux contractuel. Ce refus de la coalition a longtemps justifié une répression d'autant plus violente que les conflits l'étaient eux-mêmes.

– La loi de 1864, qui supprime le caractère délictuel du droit de coalition, marque une évolution vers la neutralité. Elle ne procède en fait qu'à une « dépénalisation ». La grève reste une rupture unilatérale du contrat de travail, et si l'on reconnaît indirectement un droit de coalition, c'est à condition qu'il ne remette pas en cause la liberté du travail. Surtout, malgré de nombreuses propositions pour mettre en place un monopole syndical de la grève, à l'instar d'autres pays européens où seuls les syndicats peuvent l'organiser et la déclencher, celle-ci demeure une coalition, soit l'agrégation spontanée des mécontentements.

– L'intervention publique se fait ensuite préventive et curative : il s'agit « d'éviter l'irritation de ces dissidences primitivement légères et les calmer quand elles sont exaltées [1] ». L'État est ainsi conduit à reconnaître le conflit collectif comme une réalité, même s'il le considère comme une pathologie sociale. Cette préoccupation se traduit, dès 1892, par la mise en place de procédures de conciliation et d'arbitrage – première reconnaissance juridique de la notion de conflits collectifs – d'abord sous forme facultative, puis avec un caractère obligatoire en 1936. Trois modalités légales de règlement des conflits (l'arbitrage, la conciliation et la médiation introduite en 1954) ont été mises en place. Leur succès sera toutefois si faible que le caractère obligatoire du recours à la conciliation et à l'arbitrage sera abandonné [21].

– La reconnaissance d'un droit positif à l'expression des conflits est beaucoup plus tardive, avec l'affirmation, dans la Constitution de 1946, d'un droit de grève. « Le droit de grève s'exerce dans le cadre des lois qui le réglementent. » Plusieurs textes viendront conforter ce principe constitutionnel. Une loi de 1950 consacre le fait que la grève n'entraîne pas de rupture du contrat de travail, sauf faute lourde du salarié. Une loi de 1978 interdit l'exercice de mesures discriminatoires en matière de rémunération et d'avantages sociaux pour fait de grève.

2 / *Une réglementation incertaine*

La grève n'est pas seulement un droit fondamental protégé ; elle est un droit réglementé. Mais contrairement à ce qu'indique le texte de la Constitution, ce ne sont pas tant des lois qui la réglementent, que la jurisprudence des tribunaux saisis des plaintes de l'une et l'autre partie (chefs d'entreprise, syndicats de salariés). Cette jurisprudence a notamment établi que, comme l'action syndicale, la grève ne doit avoir que des objectifs professionnels. En 1961, la Cour de cassation la définit comme « la cessation concertée du travail, en vue d'appuyer des revendications professionnelles déjà déterminées auxquelles l'employeur refuse de donner satisfaction ».

Les hésitations du législateur à intervenir dans cette matière tiennent

1. Circulaire du ministre du Commerce, 23 janvier 1893.

[21]

CONFLITS SOCIAUX : QUELQUES DÉFINITIONS

La grève est, dans sa définition juridique, « la cessation concertée du travail en vue d'appuyer des revendications professionnelles auquel l'employeur refuse de donner satisfaction ».

Le « lock out » consiste en la fermeture de l'entreprise par l'employeur en réponse à une grève, soit pour réduire les frais d'exploitation, soit pour faire pression sur les grévistes, par l'intermédiaire des non-grévistes ; sauf exceptions (notamment pour des raisons de sécurité ou en cas de force majeure), le lock out est interdit en France, contrairement aux pays où existe l'« égalité des armes » (Allemagne, par exemple).

La conciliation vise à favoriser le dialogue entre les parties en présence. Elle se déroule devant une commission paritaire, qui a pour but d'essayer de rapprocher les points de vue. Les résultats en sont consignés dans un procès-verbal qui précise les points d'accord et de désaccord, mais qui n'a pas de caractère obligatoire.

La médiation est confiée à un médiateur qui procède à une enquête et fait des propositions aux parties en présence. Ces recommandations ne s'imposent pas aux parties, qui ont la faculté de les rejeter, mais, en l'absence de rejet, les recommandations lient les parties.

L'arbitrage aboutit, quant à lui, à une décision : au vu des éléments d'information en sa possession, et sur des critères de droit et d'équité, l'arbitre prononce une sentence, qui s'impose aux parties et n'est susceptible de recours que devant la Cour supérieure d'arbitrage.

à la fois au caractère symbolique de la grève dans la mémoire collective syndicale et à la difficulté à concilier ce droit, qui relève, dans une version certes atténuée, de la guerre sociale, avec les principes qui régissent notre système juridique. La grève reste souvent considérée comme « un droit de nuire », donc un droit dérogatoire, qu'il a fallu concilier avec d'autres droits. Des limites ont été ainsi apportées au droit de grève pour protéger les deux droits fondamentaux que sont le droit de propriété et la liberté du travail. Ce sont les tribunaux qui définissent ces limites en appréciant notamment la légalité de l'occupation des locaux, souvent associée à la grève [22].

Le législateur est essentiellement intervenu pour réglementer la grève dans l'administration et les services publics. Le problème le plus sensible aujourd'hui concerne en effet l'ordre public et la continuité des services publics et, plus généralement, des services collectifs. La plupart des rares réglementations du droit de grève ont été motivées par le souci d'éviter des perturbations excessives du fonctionnement des services publics, soumis au principe de continuité « qui, tout comme le droit de grève, a le caractère d'un principe à valeur constitutionnelle [1] ». C'est ainsi que le droit de grève est refusé à certaines catégories d'agents publics (CRS, personnels de l'administration pénitentiaire, préfets, militaires), et qu'en contradiction avec l'énoncé constitutionnel, la jurisprudence administra-

1. Conseil constitutionnel, décision du 25 juillet 1979, *Droit de grève à la radio et à la télévision.*

[22]

LE DROIT DE GRÈVE [1]

Héritier du droit de coalition, le droit de grève est un droit individuel exercé collectivement : c'est donc un mouvement collectif (on ne peut faire grève seul, mais, dans une entreprise donnée, un salarié peut être seul à faire grève, dès lors qu'il obéit à un mot d'ordre général) ; ce droit n'appartient pas en propre aux organisations syndicales, mais à chacun des salariés qui y participent. Au demeurant, la grève est partie intégrante de la tradition syndicale et a souvent permis aux syndicats de compenser leur faible taux d'adhésion en montrant leur capacité à mobiliser une part importante des salariés.

La grève se définit comme une cessation totale du travail, même brève ou répétée : cela autorise les grèves tournantes mais interdit le ralentissement du travail (grève perlée) qui constitue une exécution défectueuse du contrat de travail.

Comme le syndicalisme, la grève doit avoir un caractère professionnel. Même si les tribunaux donnent une conception large à la notion de revendication professionnelle, cela exclut la grève strictement politique, ainsi que, dans certains cas, la grève de solidarité.

Ces caractéristiques conditionnent le caractère licite de la grève. Si elles ne sont pas remplies, il ne s'agit pas d'une grève, le salarié ne bénéficie pas des protections qui y sont attachées et pourra faire l'objet d'une mesure disciplinaire, voire d'un licenciement. En revanche, si la grève est licite, elle constitue un cas de suspension du contrat de travail : les obligations réciproques de l'employeur et du salarié sont momentanément levées, mais le contrat n'est pas pour autant rompu. En outre, le licenciement pour fait de grève est interdit.

La tradition des luttes ouvrières a parfois associé à la grève d'autres pratiques : occupation des locaux, piquets de grève, voire séquestration des dirigeants de l'entreprise.

L'occupation des locaux est souvent apparue comme contraire au droit de propriété, droit constitutionnel comme le droit de grève. En fait, la licéité de l'occupation des locaux est rarement appréciée sous ce critère, dans la mesure où elle n'exprime pas d'intention de s'approprier les biens en question. Si les juges sont parfois conduits à ordonner l'expulsion, c'est plutôt pour d'autres motifs : l'entrave à la liberté de l'employeur d'exercer son industrie, les atteintes éventuelles à la sécurité et surtout l'atteinte à la liberté du travail, qui peut constituer un délit pénal.

1. Marie-Claire Bonnetête, Marie-Françoise Clavel-Fauquenot, « La grève, le lock out », *Liaisons sociales*, numéro spécial, février 1993.

tive a accepté que l'autorité administrative réglemente le droit de grève [1], que la pénalisation pour le fonctionnaire excède l'application stricte de la suspension du travail [2] (règle du trentième indivisible). De même, une obligation de préavis a été instituée, et des obligations de service minimal peuvent être prévues [23].

L'évolution de la conflictualité sociale montre que les salariés qui disposent d'un pouvoir de gêne important sur le public bénéficient d'un pouvoir de négociation fort : c'est ce qu'illustre une relative concentration

1. Conseil d'État, 7 juillet 1950, arrêt *Dehaene*.
2. Amendement dit « Lamassoure », loi du 28 juillet 1987.

[23]

LE SERVICE MINIMUM EN DROIT FRANÇAIS

Il n'existe actuellement aucun texte de portée générale inscrit dans le droit français fixant les règles d'un service minimum dans l'ensemble des services publics. La question de l'opportunité d'un tel texte a été à plusieurs reprises débattue (proposition de loi du Sénat en 1987, projet de loi envisagé par le gouvernement en 1988, proposition de loi du Sénat à nouveau déposée en mai 1995) mais aucun de ses projets n'a pour l'instant abouti.

Aussi, en l'état actuel du droit, le service minimum dans les services publics est organisé selon deux procédures distinctes :

– dans deux cas particuliers, la loi a fixé les missions qu'un service public doit continuer à assurer en cas de grève (loi du 30 septembre 1986 sur la radiotélévision publique ; loi du 31 décembre 1984 et loi du 18 décembre 1987 sur la sécurité de la navigation aérienne) ;

– dans tous les autres cas, le service minimum est organisé par l'autorité administrative ou la direction de l'entreprise, sous le contrôle du juge ; à titre d'exemple, lors de la grève des internes en médecine de mars-avril 1997, les chefs d'établissement de soins étaient responsables de l'organisation d'un service minimum ; dans l'hypothèse où ils n'auraient pas été en mesure de le faire, les préfets auraient eu la responsabilité de l'organiser. Le système apparaît donc peu réglementé et il est souvent difficile de savoir, au début d'une grève, si les conditions du service minimum fixées par l'autorité hiérarchique sont licites ou non.

POUR EN SAVOIR PLUS : Jean Bernie (dir.), *Grève et services essentiels*, Sainte-Foy, Les Presses de l'Université Laval/Conseil des services essentiels du Québec, 1994.

Cet ouvrage présente une comparaison des réglementations existantes sur les services essentiels dans différents pays, notamment la France.

des grèves sur les entreprises gérant des réseaux (rail, transport aérien, énergie, etc.). Au-delà de la nature publique du service, c'est son caractère collectif ou sa situation de monopole naturel qui est à l'origine du pouvoir de négociation dont bénéficient les salariés, dans la mesure où la pression s'exerce, non seulement sur l'employeur, mais aussi, par l'intermédiaire de la gêne occasionnée pour les usagers, sur les pouvoirs publics.

B / *Le développement organisé de la négociation*

Pour mettre fin à des conflits, il faut trouver et institutionnaliser des formes de compromis. Avant de devenir (de façon beaucoup moins développée que dans d'autres pays) une règle normale de régulation des rapports sociaux, la négociation collective, en France, est directement issue du souci de mettre un terme au caractère conflictuel des rapports sociaux [24].

Progressivement, les pouvoirs publics vont tenter de faire de la négociation collective un mode normal de relations sociales, en insistant davantage sur la définition des procédures de négociation que sur le contenu des accords. Cette volonté atteindra son apogée dans les années soixante-dix, du fait des événements de 1968 qui ont montré où peut

[24]

LES ÉTAPES DE LA RECONNAISSANCE DES CONVENTIONS COLLECTIVES

La notion de contrat collectif a fait l'objet de longues hésitations avant d'être admise. Il s'agissait, notamment, de préciser la place relative du contrat individuel et du contrat collectif, alors que, du point de vue traditionnel du Code civil, la liberté contractuelle des individus ne pouvait être contrainte par des accords collectifs.

Une rupture essentielle est introduite par la loi du 25 mars 1919 qui affirme la supériorité de la convention collective sur le contrat individuel, dont les dispositions contraires sont frappées de nullité. Toutefois, fidèle à la conception contractuelle, elle ne s'applique qu'aux adhérents des organisations signataires : donc aux syndiqués, d'un côté, et aux employeurs membres des organisations patronales, de l'autre, ce qui laisse la possibilité de s'y soustraire en se retirant de l'organisation signataire.

Ce n'est qu'en 1936 que des procédures nouvelles, notamment la procédure d'extension, permettront de faire de la convention collective « la loi " négociée " de la profession ». Ce faisant, elle emprunte à la fois au contrat et au règlement, et devient réellement « une convention-loi [1] ». Comme un contrat, elle est négociée et, si elle n'est pas étendue, elle ne s'impose pas aux employeurs non adhérents des organisations signataires. Mais, en tant que norme juridique, elle s'applique à tous les salariés des entreprises couvertes, qu'ils soient ou non adhérents des syndicats signataires ; si elle est étendue, elle s'impose à l'ensemble des entreprises de son champ d'application, qu'elles adhèrent ou non à l'organisation patronale signataire.

1. Léon Duguit, *Les transformations générales du droit privé,* 1920.

conduire une absence de vrai dialogue social, de l'impulsion donnée par Jacques Chaban-Delmas et Jacques Delors, et d'une évolution des organisations patronales, notamment du CNPF, devenu plus favorable à la politique contractuelle.

Pour ses inspirateurs, l'objectif est à la fois de substituer la négociation aux conflits, de responsabiliser les partenaires sociaux dans la définition des règles applicables aux relations de travail et de réduire d'autant le rôle traditionnellement imparti en France à l'État dans ce domaine : « Dans l'ensemble, le droit conventionnel du travail est loin d'occuper en France la place privilégiée qui lui revient dans certaines législations étrangères. Cette situation est imputable dans une large mesure aux intéressés eux-mêmes chez qui n'a pas toujours existé la volonté de s'engager par contrat et qui souvent ont préféré s'en remettre au Parlement et au gouvernement du soin de prendre les dispositions qui les concernent [1]. »

Même s'il trouve son fondement dans un principe inscrit dans le préambule de la Constitution de 1946 (« Tout travailleur participe, par l'intermédiaire de ses délégués, à la détermination collective des conditions de travail »), c'est dans la loi du 13 juillet 1971 qu'a été réellement

1. Conseil économique et social, « Avis sur l'avant-projet de loi portant modification de la loi relative aux conventions collectives », 4 novembre 1970.

affirmé un droit des salariés « à la négociation collective de l'ensemble de leurs conditions d'emploi et de travail et de leurs garanties sociales ». Mais ce n'est qu'en 1982, par la loi du 13 novembre, que, poursuivant cette inspiration, le législateur ira plus loin dans l'incitation en instituant une obligation de négocier au niveau des entreprises (une fois par an sur les salaires et une fois tous les cinq ans sur les qualifications), comme au niveau des branches (tous les ans sur les salaires effectifs, la durée effective et l'organisation du temps de travail dans les entreprises) [25].

[25]

L'ORGANISATION DE LA NÉGOCIATION COLLECTIVE
LES PRINCIPAUX TEXTES LÉGISLATIFS

Projet de loi de 1906	À l'occasion du projet de création du Code du travail, a lieu un débat politique sur le contrat collectif ; le projet de loi n'est finalement pas adopté.
Loi du 25 mars 1919	La première loi sur les conventions collectives prévoit qu'un syndicat, mais aussi n'importe quel groupement de fait, peut conclure un accord collectif. Cet accord ne s'applique toutefois qu'aux seuls adhérents du syndicat.
Loi du 24 juin 1936	Elle reprend des éléments de la loi de 1919, en y ajoutant : – l'organisation de la procédure autour de commissions mixtes de branche auxquelles seules les organisations syndicales les plus représentatives participent ; – le mécanisme d'extension à l'ensemble des employeurs de la profession des conventions de branche ayant un certain nombre de clauses obligatoires.
Loi du 11 février 1950	Cette loi supprime la branche comme niveau exclusif de conclusion d'une convention collective : la possibilité est désormais ouverte d'accords d'entreprise ou d'établissements.
Ordonnance du 27 septembre 1967	Deux innovations principales sont introduites : – la remise en cause de la nécessité de l'unanimité de signature, pour que l'extension soit possible ; – la possibilité de déroger, au niveau de la branche, aux dispositions des décrets sur la durée du travail.
Loi du 13 juillet 1971	Cette loi consacre le principe du droit des salariés à la négociation collective et étend le champ de la négociation aux garanties sociales. Elle généralise aussi les procédures d'extension des accords interprofessionnels, jusque-là assurées sur des bases ponctuelles.
Loi du 19 janvier 1978	Cette loi limite le droit d'opposition des non-signataires à l'extension d'une convention, en exigeant des conditions de représentativité très strictes.
Ordonnance du 16 janvier 1982	Elle introduit, pour la première fois, des possibilités de dérogations conventionnelles à des dispositions légales sur le temps de travail (possibilités de déroger

	à la loi, et non plus seulement à des décrets comme en 1967, mais le champ de ces dérogations reste très circonscrit). Elle organise aussi, pour ces accords dérogatoires, des procédures spécifiques d'opposition des organisations non signataires.
Loi du 13 novembre 1982	La loi de novembre 1982 introduit une innovation importante avec l'obligation annuelle de négocier dans les entreprises ayant un délégué syndical, ainsi que l'obligation périodique de négocier au niveau de la branche sur les salaires et les classifications.
Loi quinquennale du 20 décembre 1993	La loi met en place, toujours dans le domaine de la durée du travail, des procédures dérogatoires permettant la signature de quasi-accords (accords négociés avec les élus et non les délégués syndicaux). Ces procédures ne s'appliquent que dans les entreprises non couvertes par un accord de branche étendu *et* n'ayant pas de délégué syndical.
Loi du 12 novembre 1996	Cette loi reprend dans son article 6 les dispositions de l'accord national interprofessionnel du 31 octobre 1995 sur la politique contractuelle, qui prévoit deux formules expérimentales de négociation dans les entreprises dépourvues de délégué syndical : soit des textes négociés avec les représentants élus de l'entreprise et ensuite validés par une commission paritaire de branche ; soit des textes signés par un ou plusieurs salariés de l'entreprise mandatés par une organisation syndicale pour une négociation déterminée. Un bilan de cette loi doit être soumis au Parlement avant le 31 décembre 1998.

Source : C. Vincent, « La négociation collective sans syndicats ? L'accord du 31 octobre 1995 », dans *L'état de la France 1997,* Paris, La Découverte, 1997.

L'État dispose ainsi d'un ensemble d'instruments visant à encadrer la négociation collective. Il agit également par des incitations à la négociation (par exemple, en 1990, sur les bas salaires), par une évaluation des résultats [1] et une discussion de ceux-ci avec les partenaires sociaux, dans le cadre de la Commission nationale de la négociation collective.

Au nom de l'impératif de gouvernabilité, les pouvoirs publics ont donc mis en place des procédures d'élaboration des normes spécifiques au droit du travail.

II | L'ORGANISATION DES INTÉRÊTS COLLECTIFS ET L'INSTITUTIONNALISATION DE LA REPRÉSENTATION PROFESSIONNELLE

L'encadrement progressif des conflits et des négociations n'était pas suffisant. Les pouvoirs publics ont dû définir plus précisément ce

1. Rapports annuels sur la négociation collective, publiés par le ministère du Travail. Cf. *La négociation collective en 1995,* Paris, La Documentation française, 1996.

qu'étaient les intérêts collectifs et s'assurer que ceux-ci étaient correctement représentés, en reconnaissant clairement l'existence d'intérêts collectifs et en organisant les modalités de leur représentation [26].

A / *Représentation et représentativité*

Il ne suffit pas de reconnaître l'intérêt collectif. Encore faut-il s'assurer que celui-ci est correctement représenté. L'action syndicale est soumise dans ce domaine à une double difficulté :

– la première est le risque d'éparpillement : toute représentation constitue un processus de « réduction des demandes [1] », car il ne peut y avoir simplement une addition de revendications et de positions dispersées : il faut les hiérarchiser, arbitrer entre certaines d'entre elles et leur donner un sens. Ce processus n'est efficace que s'il couvre des groupes suffisamment importants, si les intérêts représentés sont significatifs ;

– la seconde résulte du paradoxe mis en évidence par Mancur Olson [2] : tous ceux qui sont concernés ont intérêt à ce que l'intérêt collectif existe et soit représenté, mais personne n'a intérêt à y participer ; autrement dit, chacun a intérêt à adopter un comportement de cavalier libre *(free rider)* et à profiter des bénéfices de cette action sans avoir à supporter les coûts (en suspension de salaire, en temps, en conflits avec la hiérarchie) que représente l'action collective.

Plusieurs solutions sont concevables pour résoudre ces deux difficultés :

– la mise en place d'organisations uniques à caractère public permet évidemment de résoudre cette double exigence. Si l'on met à part les chambres consulaires ou les ordres professionnels, elle n'a guère trouvé de traduction en droit français (sauf avec le régime de Vichy, qui avait institué des syndicats uniques participant aux comités d'organisation). Au niveau international, le système des syndicats uniques n'a été mis en œuvre que dans quelques dictatures et dans les régimes de type soviétique. Un tel système serait d'ailleurs en contradiction avec le principe de liberté syndicale repris par les traités internationaux. En revanche, certains pays ont mis en place des structures de représentation publique. C'est le cas en Autriche, où patrons et salariés sont représentés à la fois par des organisations syndicales et par des organes de droit public élus (chambre du travail pour les salariés et chambre économique pour les employeurs) ;

– d'autres pays ont cherché à susciter, ou au moins à encourager, l'émergence d'un monopole de représentation au niveau des entreprises, des branches ou au niveau national. Les pratiques de monopole d'embauche pour les salariés affiliés à un syndicat déterminé *(closed shop)* ou d'adhésion obligatoire au syndicat lorsqu'on entre dans l'entreprise *(union shop)* sont un facteur d'unification de la représentation syndicale dans les entreprises ; elles sont contraires, en droit français, au principe

1. J.W. Lapierre, *Les systèmes politiques,* Paris, PUF, 1976.
2. Mancur Olson, *Logique de l'action collective,* Paris, PUF, 1978.

[26]

LA RECONNAISSANCE PAR L'ÉTAT DE LA REPRÉSENTATION D'INTÉRÊTS COLLECTIFS

La reconnaissance juridique de la notion d'intérêts collectifs, qui conditionne l'exercice de la fonction syndicale, a été très progressive. Les tribunaux, notamment, ont longtemps hésité à voir dans l'action syndicale l'expression d'un intérêt propre. Après bien des hésitations devant les problèmes posés par les actions en justice des organisations syndicales, la jurisprudence finit par reconnaître l'existence d'un intérêt collectif différent de l'intérêt individuel : « L'action syndicale n'a pas pour objet de donner satisfaction aux intérêts individuels d'un ou de plusieurs des membres du syndicat, mais bien d'assurer la protection de l'intérêt collectif de l'ensemble de la profession envisagée dans son ensemble et représentée par le syndicat [1]. »

En 1920, cette évolution est sanctionnée par la loi : « Les syndicats peuvent devant toutes les juridictions exercer les droits réservés à la partie civile, relativement aux faits portant préjudice direct ou indirect à l'intérêt de la profession qu'ils représentent. » Le législateur a renforcé cette possibilité depuis, en donnant la possibilité au syndicat, au nom de la défense de l'intérêt collectif, de se substituer au salarié, dans la défense de son intérêt individuel, sous réserve toutefois de l'accord du salarié.

1. Cour de cassation, 5 avril 1913.

de liberté syndicale, et n'ont d'ailleurs trouvé une application (relative) que dans certaines professions, caractérisées par une tradition de syndicat de métier (dockers). Elles sont d'ailleurs de plus en plus contestées dans les pays où elles existent. Aux États-Unis, des procédures de reconnaissance par référendum d'entreprise permettent de désigner un syndicat investi du monopole de représentation. Dans d'autres pays, c'est l'existence d'un syndicat dominant (les TUC en Grande-Bretagne, le DGB en Allemagne) qui permet d'éviter la dispersion de la représentation. Les défauts de la dispersion syndicale avaient de même conduit les trois confédérations italiennes à reconstituer une fédération unitaire en 1972 ;

– la solution adoptée par le droit français a dû, au contraire, tenir compte du pluralisme qui caractérise la représentation syndicale. Le pluralisme syndical est une conséquence des principes libéraux qui imprègnent le droit syndical français et qui ont conduit à une conception extensive de la liberté syndicale. Il est aussi, et peut-être avant tout, le résultat de l'histoire [27].

La représentation syndicale étant plurielle, c'est la notion de représentativité syndicale qui va contribuer à éviter que celle-ci ne se traduise dans un éparpillement trop important de l'expression des intérêts collectifs, en vérifiant l'« aptitude du syndicat à la représentation d'intérêts collectifs [1] ». Cinq critères de représentativité sont définis par la loi, mais la jurisprudence les regroupe autour de deux notions : l'audience et l'indé-

1. Gérard Couturier, *Droit du travail. Les relations collectives de travail,* Paris, PUF, 1991.

[27]

LE PLURALISME SYNDICAL EN FRANCE [1]

La CGT (Confédération générale du travail) a été créée en 1895, par regroupement des syndicats de métiers et d'industrie. Elle sera rejointe en 1902 par la fédération des bourses du travail. La participation de ses dirigeants à l'Union sacrée en 1914 conduira à la scission de 1921, la minorité animée par les communistes (et par des anarcho-syndicalistes) créant la CGTU. Les deux confédérations seront réunifiées en 1936, pour se séparer à nouveau à la veille de la guerre et se réunifier dans la clandestinité. La grande CGT de 1945 éclatera à nouveau en 1947 en raison de la guerre froide. La CGT est restée animée par une majorité d'obédience communiste. Elle constitue encore aujourd'hui le premier syndicat en importance, développant une doctrine de syndicalisme de classe et de masse : « Permettre l'expression la plus forte des aspirations, des besoins, des intérêts des salariés ; construire avec eux les revendications [...] ; porter l'action au niveau nécessaire pour obtenir des succès [...] ; pour cela, rassembler, unir les salariés et faire grandir l'unité syndicale ; tels sont les objectifs de la CGT [2]. » Son secrétaire général est aujourd'hui Louis Vianet.

La CGT-Force ouvrière (FO) est issue de la scission de 1947. Rassemblant des courants divers, elle est très attachée à l'indépendance (en se référant explicitement à la charte d'Amiens) et à la laïcité, proclamant « son irréductible opposition à toute influence extérieure au monde syndical [3] ». Force ouvrière s'est fait longtemps le champion de la politique contractuelle et a assuré en grande partie, grâce au soutien du CNPF, la gestion des organismes de sécurité sociale. Suite à l'affaiblissement de la CGT, elle a insisté davantage sur son indépendance et a accentué sa fonction de défense du pouvoir d'achat.

La CFDT (Confédération française démocratique des travailleurs) résulte de la déconfessionnalisation, sous l'influence du courant Reconstruction, de l'ancienne CFTC (Confédération française des travailleurs chrétiens), créée en 1919 et qui faisait suite elle-même au Syndicat des employés du commerce et de l'industrie, créé en 1887. Ses statuts affirment « sa volonté d'être une grande centrale démocratique » et le droit de tout homme à « être considéré comme une personne » ; ce souci démocratique s'est exprimé dans les thèmes de la planification démocratique, puis, dans les années soixante-dix, dans celui de l'autogestion ; à partir de 1978, Edmond Maire redéfinit la stratégie de la confédération en prônant le recentrage et la resyndicalisation. Tout en restant attachée à des thèmes comme la démocratie dans l'entreprise, la CFDT, dont le secrétaire général est aujourd'hui Nicole Notat, a cherché à occuper une partie du terrain laissé libre par Force ouvrière en matière de politique contractuelle et de gestion des organismes de sécurité sociale.

Ce positionnement de la CFDT explique en partie le développement de courants contestataires, soit internes, soit externes avec les syndicats SUD (Solidaires, unitaires et démocratiques). Né d'une dissidence chez les postiers et agents des télécommunications CFDT en 1989, le syndicat SUD-PTT est, en 1995, le deuxième syndicat à La Poste et le quatrième à France Télécom (avec respectivement 26 et 14 % des suffrages aux élections professionnelles). Dans d'autres secteurs publics, de telles dissidences émergent également, dans la continuité du conflit de novembre-décembre 1995 (création de Sud-Cheminots, Sud-Éducation nationale, Sud-Douanes... en 1996). Si leur poids numérique, excepté le cas de Sud-PTT, demeure pour l'instant faible (4 % des votes aux élections professionnelles de la SNCF pour Sud-Cheminots en 1996), leur émergence pourrait contribuer à recomposer en partie le paysage syndical français.

La CFTC est issue de la minorité qui a refusé la déconfessionnalisation de 1964 (CFTC maintenue) et se réfère explicitement à « la doctrine sociale de l'Église définie dans l'encyclique *Rerum novarum* [4] ».

La CGC (Confédération générale des cadres), créée en 1944, est devenue, en 1981, la CGC-CFE (Confédération française de l'encadrement), pour tenir compte d'une base où sont représentés aussi les agents de maîtrise.

La Fédération de l'Éducation nationale (FEN) résulte de la deuxième scission de la CGT en 1947, lorsque les enseignants avaient refusé le choix entre la CGT et Force ouvrière, créant ainsi leur fédération autonome. Toutefois, la cohabitation entre les diverses tendances – et notamment les tendances communistes et socialistes – s'est avérée de plus en plus difficile. Ces dissensions internes se sont traduites, en 1992, par l'exclusion du SNES, le syndicat des enseignants du second degré, dont la direction était de tendance communiste.

Cette scission de la FEN a conduit à l'émergence d'un pôle syndical contestataire au sein du monde enseignant : la Fédération syndicale unitaire de l'éducation, de la recherche et de la culture (FSU), créée en 1993, et reconnue représentative au sein de l'Éducation nationale en 1996. Les élections professionnelles de décembre 1996 ont confirmé le succès très important de la FSU – tant dans le premier que dans le second degré : celle-ci a en effet recueilli près de 47 % des votes, contre 20 % seulement à la FEN.

La FEN a tenté de maintenir son audience en favorisant l'émergence d'un pôle syndical réformiste interprofessionnel, rassemblant plusieurs fédérations, principalement dans la fonction publique : l'Union nationale des syndicats autonomes (UNSA), créée en 1993 et reconnue représentative en 1994. La constitution de ce pôle n'a toutefois pas, jusqu'à présent, permis d'enrayer l'érosion des effectifs de la FEN au profit de la FSU.

1. Pour un panorama complet, cf. Bernard Rivier, « Les organisations syndicales », *Liaisons sociales,* numéro spécial, 13 novembre 1992.
2. Statuts de la CGT.
3. Statuts de la CGT-FO, Préambule.
4. Statuts de la CFTC, 1920, art. 1er.

pendance. La première permet d'assurer que les thèmes défendus par le syndicat rencontrent les aspirations d'un nombre significatif de salariés, la seconde que les intérêts défendus ne sont pas « biaisés » par d'autres intérêts collectifs [28].

Le système français se révèle toutefois fragile. D'un côté, le pluralisme, même tempéré par la représentativité, constitue un facteur de surenchère entre les organisations syndicales qui nuit à l'élaboration de l'intérêt collectif. De l'autre, les fondements et les conséquences de la représentativité sont souvent contestés. La présomption de représentativité, notamment, est souvent considérée comme un privilège injustifié permettant une reconnaissance des syndicats confédérés dans des secteurs où ils sont en réalité absents ou marginaux.

Pour les organisations patronales, au niveau interprofessionnel, ce sont aujourd'hui, outre le CNPF, la CGPME et l'UPA (Union professionnelle artisanale) qui sont reconnus représentatifs par les pouvoirs publics. En dehors des organisations patronales reconnues représentatives, on ne doit pas négliger l'action des clubs patronaux, qui, sans avoir la capacité de négocier, jouent un rôle parfois important dans l'élaboration de propositions patronales [29].

[28]

LA REPRÉSENTATIVITÉ SYNDICALE

Cinq critères de représentativité sont définis par la loi : « les effectifs, l'indépendance, les cotisations, l'expérience et l'ancienneté du syndicat, l'attitude patriotique sous l'Occupation [1] ». En réalité, la jurisprudence a dégagé deux critères généraux de cette énumération : l'audience ou influence d'une part, l'indépendance d'autre part.

La représentativité s'apprécie dans un cadre déterminé : entreprise, branche, région, nation. À ce titre, cinq organisations syndicales de salariés sont reconnues représentatives au niveau national interprofessionnel [2] (CFDT, CFTC, CFE-CGC – pour la seule catégorie des cadres –, CGT et CGT-FO). Au niveau de la branche, ou de l'entreprise, la représentativité est appréciée au cas par cas.

Les syndicats adhérant aux organisations représentatives au niveau national bénéficient d'une présomption de représentativité (on parle parfois de représentativité d'emprunt), c'est-à-dire qu'ils sont reconnus représentatifs aux niveaux inférieurs (branche, entreprise), quelle que soit leur influence effective.

La représentativité permet aux organisations syndicales qui en bénéficient de signer des conventions et des accords collectifs et de disposer d'un certain nombre d'avantages supplémentaires : consultation officielle par les pouvoirs publics, présentation de candidats aux élections sociales (institutions représentatives du personnel dans les entreprises, sécurité sociale).

1. Loi du 11 février 1950 sur les conventions collectives, repris à l'article L. 133-2 du Code du travail.
2. Arrêté du 31 mars 1966.

[29]

ORGANISATIONS PATRONALES REPRÉSENTATIVES ET CLUBS PATRONAUX

Organisations représentatives [1]

Trois organisations représentatives assurent, au niveau national, la représentation des employeurs : le CNPF, la CGPME et l'UPA.

Sur la pression du ministre du Commerce de l'époque, en 1919, fut créée la Confédération générale de la production française (CGPF), regroupement de vingt associations professionnelles. Elle est devenue, en 1936, la Confédération générale du patronat français, dissoute comme les confédérations de salariés par le régime de Vichy. Après la seconde guerre mondiale, les différents projets de reconstitution d'une organisation patronale représentative aboutissent à la création du Conseil national du patronat français (CNPF), dont la première assemblée générale se tient en décembre 1945. Le CNPF est une association qui rassemble des fédérations professionnelles, des unions interprofessionnelles et des organisations patronales à caractère territorial, par le biais desquelles passe l'adhésion – facultative – des entreprises. Puissante force de lobby sur les questions qui concernent directement la vie des entreprises, le CNPF est aussi le principal interlocuteur des organisations représentatives syndicales dans le cadre des négociations interprofessionnelles et dans les différentes institutions paritaires créées par voie conventionnelle. En décembre 1994, Jean Gandois a été élu président du CNPF, prenant la suite de François Périgot (1986-1994) et d'Yvon Gattaz (1981-1986).

Instituée en octobre 1944, la Confédération générale des petites et moyennes entreprises (CGPME) avait une double ambition : rassembler les patrons propriétaires et gestionnaires de leur entreprise, mettre fin à la séparation du commerce et de l'industrie. Malgré cette forte cohérence initiale, maintenue par ses présidents successifs, la CGPME n'a pas pu empêcher l'émergence de mouvements contestataires surtout présents dans les petites entreprises, et parfois violents comme l'Union de défense du commerce et de l'artisanat (UDCA) de Pierre Poujade, ou encore plus récemment la Confédération du commerce et de l'artisanat (CDCA) de Christian Poucet. Depuis 1990, la présidence de la CGPME est assurée par Lucien Rebuffel.

L'Union professionnelle artisanale (UPA) est issue du regroupement, en 1975, de trois confédérations du secteur artisanal. Malgré les résistances des deux autres organisations patronales, elle a été reconnue représentative par les pouvoirs publics en 1983. L'objectif de l'UPA fut de faire reconnaître la spécificité de l'artisanat au sein du monde patronal, tout en contestant les organisations violentes et contestataires comme l'UDCA ou la CDCA. L'UPA a, aujourd'hui, une représentation dans chaque département, et 90 % des élus patronaux des chambres de métiers ont été présentés par l'UPA.

Clubs patronaux

Les clubs patronaux, s'ils n'ont pas de rôle officiel de négociation ou de représentation, ont joué un rôle important dans l'élaboration de propositions patronales, souvent inspirées par un souci de modernisation des relations sociales.

La référence au catholicisme social a, dans le prolongement du paternalisme du XIXe siècle, inspiré plusieurs regroupements patronaux. Deux clubs principaux représentent aujourd'hui cette tendance :

– le Centre chrétien des patrons et dirigeants d'entreprise français, créé en 1926, n'a plus à l'heure actuelle qu'un rôle effacé ;

– le CJD (ancien centre des jeunes patrons créé en 1938, devenu Centre des jeunes dirigeants en 1968) est issu de la même inspiration et est à l'origine de nombreuses propositions, souvent considérées comme iconoclastes par les instances officielles du patronat (réflexion sur la baisse de la durée du travail, par exemple).

À côté de cette tradition, il est fréquent de distinguer une élite saint-simonienne [2], notamment les responsables des grandes entreprises formés dans les grandes écoles d'ingénieurs, qui remettent en cause la légitimité patrimoniale au profit d'une légitimité fondée sur la compétence technique et gestionnaire.

Entreprises et progrès a été créé en 1976 par ces différents courants modernistes du patronat. Cette association, qui regroupe des entreprises, plutôt grandes et novatrices dans le secteur social (Danone, L'Oréal...) a été à l'origine, avec le CJD, de la promotion du concept d'« entreprise citoyenne ».

1. J. Bunel, « Représentation patronale et représentativité des organisations patronales », *Travail et emploi,* 70, janvier 1997.
2. J. Bunel, J. Saglio, *L'action patronale,* Paris, PUF, 1979.

B / *L'institutionnalisation des organisations représentatives*

Au-delà de la capacité reconnue aux organisations professionnelles de définir des intérêts collectifs, l'État a été conduit à leur donner un rôle consultatif de plus en plus important. De là résulte l'importance de l'administration consultative dans le secteur social, « une des formes principales sous lesquelles se manifeste aujourd'hui le rôle joué par les intérêts professionnels dans la vie administrative [1] ».

La création du Conseil supérieur du travail, en 1891, témoigne de ce souci d'associer les représentants des groupes sociaux à la définition des politiques du travail. Témoigne également de la volonté de faire participer les représentants d'intérêts professionnels à la définition de l'intérêt général, la création, en 1925, d'un Conseil économique, composé, en grande partie, de représentants des salariés et des employeurs, dont l'existence a été intégrée dans le texte constitutionnel en 1946 et qui est devenu, avec la Constitution de 1958, le Conseil économique et social (CES). Toutefois, le refus du corporatisme a toujours conduit à limiter l'extension de cette participation à la définition de l'intérêt général, comme en témoigne, par exemple, l'échec du projet de réforme constitutionnelle de 1969, qui visait à assurer cette représentation dans le cadre d'un Sénat réformé. Les commissions du Plan, à partir de 1945, ont été non seulement un lieu de rencontre entre les partenaires sociaux, mais aussi un moyen pour eux de participer à la définition des choix collectifs.

De façon générale, les organisations syndicales et patronales participent aujourd'hui à de multiples instances consultatives ou de gestion, dans l'ensemble de la société, ayant pour fonction d'y représenter les employeurs et les salariés. L'ensemble de ces évolutions a conduit à une institutionnalisation de la représentation professionnelle [2].

III | LA DIFFUSION DES ACQUIS SOCIAUX

Les procédures mises en place par le droit du travail ont longtemps favorisé l'amélioration et l'extension progressive du statut salarial, par diffusion des acquis des secteurs les plus favorisés vers l'ensemble des salariés. C'est ce que certains ont appelé la crémaillère sociale, c'est-à-dire un mode de fonctionnement tendant à une constante amélioration, sans qu'il soit aisé de revenir en arrière.

Ont contribué à cette amélioration continue, l'articulation progressive des niveaux de négociation collective (branche, interprofession, entreprise) et la mise en place de la notion d'« ordre public social ».

A / *Négociation de branche et harmonisation des conditions de concurrence*

Le système a d'abord été principalement fondé sur la négociation de branche, qui permettait de lutter contre le dumping social entre les entreprises d'un même secteur.

La couverture des branches par la convention collective s'est faite len-

1. Yves Weber, *L'administration consultative,* thèse, Nancy, 1968.
2. Pierre Rosanvallon, *La question syndicale,* Paris, Calmann-Lévy, 1988.

tement et reste incomplète aujourd'hui : à peine plus d'un tiers des principales branches professionnelles avaient élaboré une convention collective à la fin des années soixante et, en 1981, le nombre de salariés non couverts par une convention de branche était évalué entre 3 et 3,5 millions de salariés [1] ; il était encore d'un million en 1992 [2].

C'est ce qui a d'ailleurs justifié les stimulations de l'État, comme l'obligation de négocier, mais aussi la procédure d'élargissement qui permet au ministre du Travail, sur le modèle de la procédure d'extension, d'appliquer à une branche dépourvue de convention collective celle d'une branche qui lui est proche.

La couverture de branche demeure, aujourd'hui, la source principale de la couverture conventionnelle [3]. Mais, au cours des Trente Glorieuses, le partage entre la loi (couverture minimale interprofessionnelle) et la convention de branche (couverture professionnelle), qui s'était mis en place en 1936, va devenir plus complexe avec deux mouvements : d'abord le développement de la négociation interprofessionnelle, puis le développement difficile, mais constant, de la négociation d'entreprise.

B / *Négociation interprofessionnelle et généralisation des acquis sociaux*

Le développement de la négociation interprofessionnelle a souvent permis une généralisation des acquis des branches les plus dynamiques par voie conventionnelle, ou a constitué un cadre de procédures pour les négociations de branches. Après avoir principalement concerné, jusque dans les années soixante, l'extension de la protection sociale complémentaire (retraites, assurance chômage), ce type de négociation se développe, sur l'incitation des pouvoirs publics, à partir des années soixante-dix, dans des domaines variés : sécurité de l'emploi, formation, nouvelles technologies, travail précaire, mobilité [30].

Ce faisant, elle donne aux partenaires sociaux une fonction quasi législative, la loi reprenant ensuite les résultats de la négociation collective (exemple : loi de 1971 sur la formation professionnelle, loi de 1978 sur la mensualisation). Cela a pu même conduire les partenaires sociaux à tenter de contraindre le législateur. C'est ce qui s'est produit avec l'accord sur le travail temporaire de mars 1990 qui comportait une clause d'autodestruction : l'accord devenait caduc si la loi n'en reprenait pas les dispositions principales.

1. Michèle Tallard, « La généralisation de la couverture conventionnelle », *Travail et emploi,* 46, 1990.
2. Michel Coffineau, « Bilan des lois " Auroux ", dix ans après », rapport au Premier ministre, février 1993.
3. Jean Saglio, « La régulation de branche dans le système français de relations professionnelles », *Travail et emploi,* 47, 1991.

[30]

LES PRINCIPAUX ACCORDS INTERPROFESSIONNELS, PAR DOMAINE

1 / *Retraites complémentaires*

14 mars 1947	: création du régime de retraite et de prévoyance des cadres (AGIRC).
14 mars 1957	: création d'une union chargée de favoriser la mise en place de régimes complémentaires de retraite des ouvriers (UNIRS).
8 décembre 1961	: création de l'association des régimes de retraite complémentaires, fédérant l'ensemble des régimes complémentaires des non-cadres.
15 juin 1983	: régime de retraite et de prévoyance des cadres se substituant à l'ancien texte du 14 mars 1947.
20 novembre 1985	: modification du montant des retraites complémentaires servies par l'ARRCO.
26 avril 1996	: accords sur l'équilibre financier de l'AGIRC et de l'ARRCO ; accord sur la transformation institutionnelle de l'ARRCO (création d'un régime unique pour les non-cadres à compter du 1er janvier 1999).

2 / *Assurance-chômage*

31 décembre 1958	: création de l'UNEDIC.
23 février 1968	: indemnisation du chômage partiel.
27 mars 1972	: institution d'une garantie de ressources pour les salariés de plus de 60 ans privés d'emploi.
31 octobre 1974	: création de l'allocation supplémentaire d'attente (ASA) au profit des salariés licenciés pour motif économique.
16 mars 1979	: instauration d'un nouveau régime unique d'indemnisation du chômage.
24 février 1984	: instauration d'un nouveau régime d'assurance-chômage des salariés privés d'emploi.
24 juillet 1992	: adoption de mesures d'économies sur l'indemnisation du chômage : création de l'allocation unique dégressive.
23 juillet 1993	: nouvel accord d'économies sur l'assurance-chômage.
8 juin 1994	: mises en place des conventions de coopération, financées par l'UNEDIC.
6 septembre 1995	: création de l'allocation de remplacement pour l'emploi (ARPE), permettant le départ anticipé de salariés contre embauche.
19 décembre 1996	: renouvellement de la convention d'assurance-chômage.

3 / *Formation professionnelle*

9 juillet 1970	: formation professionnelle continue et reconnaissance d'un droit à la formation pour tout salarié.
26 octobre 1983	: accord sur la formation professionnelle et l'insertion des jeunes, créant les formations en alternance (contrats de qualification, contrats d'adaptation).
5 mars 1985	: formation professionnelle des salariés employés dans les entreprises artisanales.
3 juillet 1991	: avenant à l'accord de 1971 sur la formation professionnelle.
5 juillet 1994 et 26 juillet 1995	: réforme du réseau des organismes paritaires collecteurs des fonds de la formation professionnelle.

23 juin 1995	: accord sur l'insertion professionnelle des jeunes prévoyant une augmentation des embauches sous contrats en alternance.
4 / *Protection de l'emploi*	
18 novembre 1966	: création de l'Association pour l'emploi des cadres (APEC).
10 février 1969	: accord visant à promouvoir la sécurité de l'emploi.
21 novembre 1974	: avenant à l'accord sur la sécurité de l'emploi.
20 octobre 1986	: réforme des procédures de licenciement économique et création des conventions de conversion.
24 mars 1990	: accord sur l'organisation et la protection du travail précaire (contrats à durée déterminée et intérim).
5 / *Conditions de travail*	
17 mars 1975	: accord sur l'amélioration des conditions de travail.
20 octobre 1989	: accord d'orientation sur l'amélioration des conditions de travail.
6 / *Rémunérations*	
2 juillet 1970	: indemnisation du congé maternité.
10 décembre 1977	: mensualisation.
7 / *Temps de travail*	
20 mai 1965	: généralisation de la quatrième semaine de congés payés.
17 juillet 1981	: durée et aménagement du temps de travail.
21 mars 1989	: accord d'orientation sur l'aménagement du temps de travail.
9 mai 1994	: définition des conditions d'application du capital temps-formation.
31 octobre 1995	: accord encourageant le développement de négociations de branche sur le temps de travail.
8 / *Organisation de la négociation collective*	
23 septembre 1988	: accord de méthode sur les mutations technologiques.
31 octobre 1995	: encadrement des négociations d'entreprises par les négociations de branches, possibilités – sous certaines conditions – de signer des quasi-accords dans les entreprises, en l'absence de délégués syndicaux.

C / *Négociation d'entreprise et vitrine sociale*

La négociation d'entreprise a longtemps pâti de la méfiance syndicale à son égard, motivée par le caractère défavorable pour les syndicats du rapport de force au niveau des entreprises : « la négociation des conventions collectives ne doit pas se faire par des syndicats d'usine, mais régionalement et nationalement par l'organisation ouvrière la plus représentative [1] ». Réticences d'ailleurs partagées, par crainte de diffusion des revendications, par les employeurs :

1. Léon Jouhaux dans *Le Populaire,* 17 juin 1936.

« Une politique irréfléchie d'accords qui serait fondée sur le volume de l'entreprise ou sur le caractère momentanément privilégié d'une position économique perturberait gravement l'équilibre issu de la convention collective et poserait inéluctablement un double problème : un problème économique, par la pression faite sur les entreprises que leurs possibilités n'autoriseraient pas à suivre à prix constants et qui seraient contraintes de s'aligner sous peine de graves difficultés de personnel ; un problème social, dans la mesure où il n'est pas concevable de réserver, sans risque d'explosion, le bénéfice de l'amélioration des conditions de travail et du niveau de vie à quelques groupes apparemment privilégiés [1]. »

La négociation d'entreprise se développe toutefois à partir des années cinquante, soit pour combler les lacunes de la négociation de branche, soit pour mettre en place des accords pilotes : c'est l'exemple de Renault qui aura un rôle d'entraînement pour la mise en place de la troisième puis de la quatrième semaine de congés payés, qui correspondait à l'époque à la fonction de vitrine sociale joué par cette entreprise nationalisée.

À partir de 1968, la place de la négociation d'entreprise devient beaucoup plus importante du fait de la possibilité donnée à cette date aux syndicats de désigner des délégués syndicaux dans les entreprises de plus de cinquante salariés. L'obligation de négocier introduite dans la loi du 13 novembre 1982 constitue l'aboutissement de cette évolution, en tentant de faire de la négociation un mode de relations « normal » dans l'entreprise.

D / *Diversification des règles et ordre public social*

Plus les niveaux de négociation sont diversifiés, plus les modalités de leur articulation deviennent importantes.

C'est la notion d'ordre public social, chère à certains juristes, qui permet une certaine cohérence dans l'articulation entre ces normes juridiques diverses : ordre public relatif, par dérogation avec la notion d'ordre public, à caractère absolu (« On ne peut déroger, par des conventions particulières, aux lois qui intéressent l'ordre public [2] »), l'ordre public social résout les conflits entre les sources. La source inférieure doit ainsi impérativement se révéler plus favorable au salarié que la norme supérieure [31], c'est-à-dire qu'un accord d'entreprise ne peut qu'améliorer un accord de branche qui ne peut lui-même qu'être plus favorable au salarié qu'un accord interprofessionnel ou que la loi. L'ordonnance du 16 janvier 1982 a introduit la première brèche dans cet édifice de l'ordre public social en prévoyant que, dans un domaine certes très étroitement circonscrit – la fixation d'un contingent annuel d'heures supplémentaires –, la convention pouvait fixer, dans certaines limites, des règles moins favorables au salarié que la loi. Les lois de 1986 puis de 1987 relatives à l'aménagement du temps de travail, puis la loi quinquennale du 20 décembre 1993 ont ensuite multiplié les dérogations à l'ordre

1. CNPF, Assemblée générale, 14 février 1956.
2. Code civil, art. 6.

[31]

L'AGENCEMENT DES NORMES EN DROIT DU TRAVAIL [1]

Le Code du travail regroupe les textes législatifs et réglementaires. Il constitue un socle minimal qui s'applique à l'ensemble des salariés. Il doit, évidemment, respecter les règles constitutionnelles et les traités internationaux (notamment les conventions de l'OIT) que la France a ratifiés, comme aussi, de plus en plus, le droit communautaire (notamment le droit communautaire dérivé, essentiellement en matière de droit du travail, sous forme de directives qui doivent donc être transcrites dans le droit national).

Les conventions et accords collectifs peuvent être négociés à divers niveaux : au niveau des branches, dans un cadre régional ou national, au niveau interprofessionnel ou au niveau de l'entreprise. Le système est caractérisé par sa grande souplesse : le champ d'application des accords (la branche) est défini par les partenaires sociaux eux-mêmes ; de même, le cadre territorial (la région) dépend-il aussi des négociateurs eux-mêmes (en général, des modalités d'organisation des organisations patronales signataires). Ces accords et conventions peuvent déroger, mais dans un sens plus favorable au salarié, aux dispositions de droit commun du Code du travail. Ce principe s'applique également entre dispositions négociées : un accord de branche ne pourra s'écarter que dans un sens plus favorable au salarié d'un accord interprofessionnel ; de même, une convention régionale vis-à-vis d'une convention nationale, ou un accord d'entreprise vis-à-vis d'une convention de branche. En cas de conflit entre deux normes négociées de niveau équivalent, on applique la clause de l'avantage le plus favorable pour le salarié. Cette notion d'ordre public social a été récemment modifiée pour des thèmes étroitement circonscrits comme la durée du travail, où les négociations peuvent aboutir à des règles moins favorables.

Les usages constituent également une source de droit du travail. Les usages en vigueur au sein de l'entreprise (jours fériés supplémentaires, horaires de départ plus précoces en certaines circonstances...) demeurent vivaces. Sont en général assimilées à des usages, les décisions unilatérales de l'employeur, ainsi que les recommandations des organisations patronales. Les usages sont considérés en général comme incorporés au contrat de travail, mais ils peuvent, sous certaines conditions, être dénoncés par décision unilatérale de l'employeur.

Le contrat de travail individuel peut également s'écarter, dans les mêmes conditions, des normes de niveau supérieur, c'est-à-dire qu'il peut toujours prévoir des dispositions plus favorables au salarié.

1. Bertrand Mathieu, *Les sources du droit du travail,* Paris, PUF (coll. « Que sais-je ? »), 1992.

public social, mais celles-ci sont demeurées jusqu'à présent limitativement énumérées et restent circonscrites au domaine de l'aménagement et de la durée du travail.

Dans tous les autres domaines régis par le droit du travail, le principe de l'ordre public social, comme l'a rappelé le Conseil constitutionnel, demeure « un principe fondamental du droit du travail [1] ». Il traduit, dans le langage juridique, l'image de la « crémaillère sociale » qui est celle du droit du travail. Il symbolise également la spécificité du mode de régulation français des relations du travail, qui accorde une place première à

1. Conseil constitutionnel, décision du 25 juillet 1989.

la loi, et non à la convention, comme dans d'autres pays (Allemagne notamment).

INTERROGATIONS ET REMISES EN CAUSE

C'est à partir de 1982 que le modèle de diffusion des acquis sociaux qui vient d'être décrit a fait l'objet de remises en cause. De grandes incertitudes demeurent sur les évolutions à venir.

I | UN SYSTÈME DE RELATIONS PROFESSIONNELLES ÉPROUVÉ PAR LES CHANGEMENTS

A / *La diminution de l'ardeur revendicative*

Depuis la fin des années soixante-dix, la baisse régulière de la conflictualité sociale n'alimente plus les revendications des salariés et la négociation sociale. À tel point que la France, malgré une image traditionnelle fausse, est l'un des pays les moins « gréviculteurs » du monde industrialisé (tableaux 14 et 15). Les mouvements sociaux de novembre-décembre 1995 ont toutefois eu un impact très fort sur le nombre de journées perdues pour fait de grève, et placent la France nettement au-dessus de la moyenne des pays de l'OCDE pour l'année 1995.

Cette faiblesse relative de l'ardeur revendicative peut s'analyser comme l'une des conséquences des tensions existant sur l'emploi. Il est probable aussi que, de manière plus profonde, cette évolution commune à la plupart des pays industrialisés (le nombre de jours perdus pour fait de grève passe de 161 pour 1 000 salariés sur la période 1986-1990 à 75 sur la période 1991-1995, en moyenne pour tous les pays de l'OCDE) témoigne d'un désintérêt pour l'action collective, qui contribue à la remise en cause de la représentation collective, au moins dans ses formes traditionnelles.

Toutefois, le caractère inéluctable du déclin de la conflictualité ne doit pas être exagéré. Ainsi, la crise de l'emploi joue-t-elle un rôle ambigu : elle est certes un frein à la grève – notamment par la peur du chômage –, mais elle peut aussi contribuer à nourrir de nouveaux types de conflits. En France en 1993, la question de l'emploi a été responsable d'un arrêt de travail sur deux.

Par ailleurs, la brève reprise économique qu'a connue la France en 1994-1995 a également nourri un certain regain de la conflictualité, notamment dans le secteur privé. Les conflits s'appuient d'abord sur les frustrations accumulées en période de crise, et se manifestent principalement sur le terrain des revendications salariales.

Tableau 14. *Évolution des grèves en France sur longue période (nombre de journées individuelles non travaillées pour fait de grève)*

(en milliers)

	Secteur privé et entreprises publiques	Fonction publique d'État [1]	Ensemble
1947-1950	13 666		
1951-1957	3 573		
1958-1967	2 484		
1968 (estimation)	150 000		
1969-1970	1 989		
1971-1979	3 945		
1980-1984	1 677		
1985-1989	1 008	997	2 005
1990	694	574	1 267
1991	665	239	904
1992	490	218	708
1993	553	388	921
1994	521	227	748
1995	2 120	3 762	5 883

1. Les statistiques sur la fonction publique d'État débutent seulement en 1982. On ne dispose pas des chiffres sur les fonctions publiques territoriale et hospitalière.

Source : Ministère du Travail, *Statistiques sur les conflits du travail.*

Tableau 15. *Comparaison internationale des conflits sociaux (jours de travail perdus par suite de conflits sociaux)*

(nombre de jours perdus pour 1 000 personnes occupées)

	En moyenne sur la période 1985-1994 (a)	En 1994 (a)	En 1995 (b)
Japon	4	2	–
Pays-Bas	13	8	119
Allemagne	13	9	8
France	43	26	302
Belgique	55	145	33
États-Unis	64	46	50
Portugal	64	30	20
Suède	90	16	182
Royaume-Uni	108	13	19
Danemark	136	34	88
Australie	191	78	80
Italie	270	246	65
Espagne	565	760	169
Grèce	3 729	329	219
Moyenne OCDE	122	79	93

Sources : (a) : UIMM Social International-mai 1996, (b) : « Labour Market Trends », avril 1997.

Enfin, les mouvements sociaux des mois de novembre et de décembre 1995 témoignent du fait que des mouvements protestataires de grande ampleur peuvent se développer, y compris en période de crise – peut-être d'ailleurs en partie à cause des évolutions qu'elle engendre.

« L'acceptation implicite, par les couches populaires et une bonne partie des couches moyennes, d'une certaine dureté des temps, en échange de la garantie d'un sort meilleur pour la génération suivante, semble s'être épuisée dans l'extension du chômage des jeunes et la précarité [1]. »

Ces mouvements ont aussi témoigné d'un relatif renouveau dans le mode d'expression de la conflictualité elle-même.

« La fameuse " délégation ", souvent et à juste titre relevée, est en fait de plusieurs ordres : elle a joué du privé vers le public. Mais aussi [...] de la grève vers la manifestation, préférant l'expression du mouvement hors du lieu de travail à son enracinement dans celui-ci. En ce sens, [...] on peut souligner la dominante politique du conflit, exercée dans l'espace public (la rue), par rapport à une dimension sociale, exercée dans l'espace du travail (l'entreprise) [2]. »

Cette analyse montre bien à quel point l'analyse de la conflictualité doit s'intégrer dans un champ plus large que celui des seules relations professionnelles : les mouvements sociaux de 1995 illustrent ce lien très fort entre l'expression collective de revendications et la nature de la représentation, que celle-ci soit syndicale ou politique.

B / *La crise de la représentation*

La crise de la représentation est surtout sensible dans le déclin syndical, régulièrement ausculté [3].

Le déclin syndical peut être analysé à travers diverses manifestations [4].

– La baisse des effectifs sur le long terme a concerné l'ensemble des confédérations syndicales, même si elle est difficile à mesurer, compte tenu de l'incertitude qui pèse sur les effectifs réels des confédérations. Elle a d'abord touché la CGT, puis la CFDT et la CGC, puis, plus tardivement, la CGT-FO et la CFTC.

La France, aujourd'hui, se caractérise par un faible taux de syndicalisation (proportion d'adhérents aux divers syndicats rapportée à l'ensemble des salariés). Celui-ci s'établit vraisemblablement à un niveau inférieur à 10 %, soit le taux le plus faible de tous les pays industrialisés ([32] et tableau 16).

La baisse de l'audience électorale des organisations syndicales est également sensible, et ce pour l'ensemble des consultations auxquelles elles participent.

La diminution des résultats des grandes confédérations est liée à la

1. J.-M. Pernot, « Les syndicats à l'épreuve du mouvement social », *Regard sur l'actualité*, juin 1996.

2. *Ibid.*

3. Cf., par exemple, Pierre Rosanvallon, *La question syndicale*, Paris, Calmann-Lévy, 1988 ; Michel Noblecourt, *Les syndicats en questions*, Paris, Éditions ouvrières, 1990 ; René Mouriaux, Geneviève Bibes (dir.), *Les syndicats européens à l'épreuve*, Presses de Sciences Po, 1990 ; René Mouriaux, *Le syndicalisme face à la crise*, Paris, La Découverte, 1986.

4. Huguette Bouzonnie, « L'audience syndicale », *Liaisons sociales*, numéro spécial, 1991.

[32]

LA DIFFICILE MESURE DES TAUX DE SYNDICALISATION : L'EXEMPLE DE LA CGT ET DE LA CFDT [1]

La mesure des effectifs des syndicats est un exercice difficile, notamment du fait de l'absence de fiabilité et de continuité des données officiellement diffusées par les grandes centrales syndicales. Traditionnellement, la syndicalisation se mesure au nombre des adhérents, et les adhérents sont, dans la tradition française, des cotisants qui paient une carte annuelle et des timbres, mensuels pour les actifs, trimestriels pour les retraités. Toutefois, à la CFDT comme à la CGT, les cartes annuelles sont désormais gratuites.

L'évaluation du taux de syndicalisation implique donc de connaître le nombre de « cotisants réguliers », considérés comme les cotisants ayant acquitté neuf timbres dans l'année. Pour effectuer cette évaluation, une étude récente [2] a rapproché les données disponibles et diffusées : les effectifs revendiqués par les confédérations, les mandats attribués dans les congrès syndicaux et les cotisations. Les rapprochements donnent une estimation sur le long terme de l'évolution des effectifs de la CGT et de la CFDT :

Taux de syndicalisation

(en %)

	CFTC (CFDT à partir de 1963)	CGT	Total
1945	2,6	46	48,7
1950	2,8	22,9	25,7
1960	3,2	9,8	13
1970	3,7	9,8	13,6
1980	3,6	6,4	10
1990	2,1	2,8	4,9

1. Antoine Bevort, « Compter les syndiqués, méthodes et résultats, la CGT et la CFDT : 1945-1990 », *Travail et emploi,* 62, 1995.
2. *Ibid.*

diminution de l'implantation syndicale dans les entreprises, et non à une dégradation de leurs résultats quand elles sont présentes [1]. À l'inverse, la montée des non-syndiqués s'explique par l'extension de l'institution du « comité d'entreprise » aux petits et moyens établissements, où les organisations syndicales sont traditionnellement peu implantées [2] (tableau 17).

– La baisse du militantisme est une des causes de cette diminution de l'implantation syndicale. Elle est plus difficile à caractériser, car il s'agit d'un phénomène qualitatif (le temps et l'énergie que des individus sont prêts à consacrer à une action collective) mais incontestable. Elle est d'autant plus grave que le syndicalisme français fait traditionnellement une place importante au militantisme, corollaire de son caractère radical,

1. Dominique Labbé, « Élections aux comités d'entreprise : le déclin des syndicats », *Travail et emploi,* 53, mars 1992.
2. Jean-Pierre Aujard, Serge Volkoff, « Une analyse chiffrée des audiences syndicales », *Travail et emploi,* 30, décembre 1986.

Tableau 16. *Taux de syndicalisation dans les pays de l'OCDE en 1989*

	Tous secteurs	Secteur privé	Secteur public et para-public
Suède	81	81	81
Danemark	76	–	–
Finlande	72	65	86
Norvège	54	41	75
Belgique	53	–	–
Australie	45	32	68
Autriche	44	41	57
Royaume-Uni	39	28	55
Italie	34	32	54
Allemagne	32	30	45
Portugal	29	–	–
Japon	26	23	56
Pays-Bas	24	20	51
États-Unis	15	13	37
Espagne	11	–	–
France	10	8	26

Source : Bureau international du travail, *Le travail dans le monde*, rapport, Genève, BIT, 1993.

et compensant ainsi (au moins en partie) la faiblesse traditionnelle de ses effectifs.

– Si la dégradation de l'image est probablement moins nette que ne pourrait le faire croire le succès de certaines dénonciations « à l'emporte-pièce » du syndicalisme [1] (les enquêtes d'image semblent indiquer une forte variabilité de l'opinion vis-à-vis du syndicalisme), la crise est cependant profonde. La France est le pays de loin le plus touché parmi l'ensemble des pays industrialisés.

Tableau 17. *Résultats des principaux syndicats aux élections des comités d'entreprise*

(en %)

	1981	1995
CGT	32,0	19,7
CFDT	22,3	20,5
CFTC	2,9	5,1
CGT-FO	9,9	12,3
CFE-CGC	6,1	6,4
Autres	4,1	6,2
Non-syndiqués	22,2	29,9

Source : DARES, « Les élections aux comités d'entreprise en 1994 », *Premières informations* et *Premières Synthèses*, 33.3, août 1997.

1. François de Closets, *Tous ensemble. Pour en finir avec la syndicratie*, Paris, Le Seuil, 1985.

Cette crise de la représentation témoigne d'évolutions sociologiques profondes au sein de la population salariée. Si elle s'étend à l'ensemble des salariés, la représentation syndicale a été portée par la tradition des luttes ouvrières, et, dans le secteur privé, ce sont les grandes entreprises de l'industrie qui constituaient les bastions du syndicalisme. Or ce sont justement ces grandes entreprises industrielles qui ont fait l'objet de restructurations importantes, et ont vu leur poids diminuer au sein de l'économie française, au profit des PME et des services, traditionnellement moins syndiqués.

En outre, la culture ouvrière elle-même, avec sa spécificité (on a pu parler de contre-culture), ses valeurs et sa fonction intégratrice, a perdu de sa prégnance sur le monde salarié, du fait de la diminution de la population ouvrière elle-même, mais aussi d'une adhésion plus grande aux valeurs d'autonomie des individus.

Enfin, la diversification des statuts, notamment le développement de la précarité, diminue les solidarités de fait entre les salariés, qu'il s'agisse des solidarités dans l'entreprise, ou des solidarités de statuts.

Une étude [1] portant sur les seuls élus aux comités d'entreprise a montré que ceux-ci constituaient un groupe à part dans l'entreprise, mieux intégré que la moyenne des salariés. Plus souvent des hommes que des femmes, plus âgés, ils ont une ancienneté plus grande. Leur niveau de formation initiale, leur position professionnelle et, dans une moindre mesure, leur salaire sont également supérieurs à la moyenne. Ce statut ne va pas sans poser de questions dans la mesure où ce sont les salariés les mieux intégrés qui se trouvent investis de la mission de représenter d'autres salariés, aux statuts spécifiques ou précaires, dans l'ensemble plus fragilisés, voire en voie d'exclusion.

Les mouvements sociaux qu'a connus la France en novembre-décembre 1995 ont montré que le déclin du mouvement syndical n'était pas inéluctable : l'absence des coordinations, qui avaient largement fleuri à la fin des années quatre-vingt et au début des années quatre-vingt-dix, l'encadrement syndical visible des manifestations, ou encore l'intérêt porté par les commentateurs et l'opinion publique aux positions des différentes confédérations ont été autant de signes d'un regain d'intérêt pour le syndicalisme, dont l'image apparaît à certains égards moins atteinte que celle des partis politiques.

Toutefois, la situation actuelle du syndicalisme français conduit à s'interroger sur la façon dont le mouvement syndical pourra consolider à plus long terme les fruits de cet élan protestataire. En effet, la balkanisation croissante du syndicalisme dans le secteur public d'un côté (cf. [27]), avec la montée des autonomes, et la faiblesse structurelle de l'implantation syndicale dans le secteur privé de l'autre, rendent difficile la conception de stratégies de reconquête des adhérents. Et chacune des grandes centrales syndicales est aujourd'hui confrontée à des dilemmes particulièrement lourds à résoudre :

– si la CGT conserve un fort pouvoir de mobilisation et d'encadrement

1. Source : DARES-IRES, « Les élus aux comités d'entreprise », *Premières synthèses*, 80, janvier 1995.

dans le cadre des conflits sociaux divers, son affaiblissement en termes d'adhérents soulève des questions quant à sa stratégie à plus long terme : « Le recul considérable qu'elle a connu dans le privé (50 000 adhérents dans la métallurgie, soit un taux de syndicalisation inférieur à 2 %), la grande concentration de ses forces dans quelques secteurs (à elles seules, les cinq fédérations Cheminots, Santé, PTT, EDF et Services publics regroupent plus de 43 % des adhérents), tout cela conduit à des interrogations sur l'identité de la centrale. L'image du syndicat ouvrier, dominé par la grande industrie, la rhétorique sur la centralité de la classe ouvrière dans le combat de classe ressortent mal en point d'une confrontation à la dure réalité des chiffres [1] » ;

– la CFDT, dont la direction a affirmé son soutien au « plan Juppé », malgré les réticences fortes d'une partie de ses adhérents et de ses sympathisants, poursuit une politique de clarification qui a abouti au départ de certains des opposants internes (scissions des syndicats SUD, cf. [27]) ; ce pari de la cohérence et les positions prises à l'automne 1995 pourraient ainsi contribuer à renforcer « une déformation vers le haut de sa composition socioprofessionnelle, accentuant son caractère de " classes moyennes supérieures ", au détriment de ses assises populaires [2] » ;

– la CGT-FO, qui s'est orientée dans une stratégie de « rapports de force » depuis la prise de fonctions de Marc Blondel en 1989, encore renforcée par son éviction – au profit de la CFDT – des deux grandes institutions paritaires que sont la CNAM et l'UNEDIC, se trouve de plus en plus prise dans un étau entre la concurrence de la CFDT d'un côté et celle de la CGT de l'autre ; cette position « s'avère d'autant plus inconfortable que la faiblesse persistante de son implantation dans le secteur privé la prive du rôle de pivot que son premier dirigeant ambitionne [3] ».

La réponse à ces questions difficiles mais aussi le rôle que joueront les nouveaux syndicats émergents comme SUD conditionneront donc l'évolution du syndicalisme français et sa capacité à occuper une nouvelle place dans le dialogue social à tous les niveaux : entreprises, branches, interprofession et débats publics.

C / *Les déplacements de la négociation*

Par ailleurs, la croissance économique n'a plus alimenté la négociation sociale par un surplus à partager : il n'y a « *plus de grain à moudre* » pour les partenaires sociaux, diagnostiquait avec regret un syndicaliste comme André Bergeron, très attaché à la politique contractuelle. Situation d'autant plus difficile qu'une partie essentielle de la négociation collective portait sur l'évolution des salaires (70 à 80 % des textes). La diversification des thèmes des accords, comme celle de la condition salariale et des aspirations des individus, rend difficile la définition de repères simples, susceptibles de rendre compréhensibles pour tous les résultats

1. Jean-Marie Pernot, « Les syndicats à l'épreuve du mouvement social », *Regards sur l'actualité*, juin 1996.
2. *Ibid.*
3. *Ibid.*

de la négociation par rapport aux revendications initiales, comme c'était le cas en matière de salaires.

Ces évolutions se sont traduites dans des modifications sensibles des règles du jeu de la négociation, avec un déplacement de plus en plus affirmé de la négociation vers l'entreprise et la remise en cause, certes encore limitée, de l'image de la « crémaillère sociale ».

Le déplacement de la négociation vers les entreprises est sensible depuis le début des années quatre-vingt. Il s'explique par la conjonction de plusieurs phénomènes. Une évolution juridique d'abord, avec l'instauration d'une obligation de négocier au niveau de l'entreprise par la loi Auroux du 13 novembre 1982. Celle-ci a été un facteur d'impulsion certain : les accords d'entreprise sont passés d'une moyenne de 600 au début des années quatre-vingt à plus de 6 000 au début des années quatre-vingt-dix. La loi n'a toutefois pas été jusqu'à instaurer une obligation d'aboutir, idée qui a pourtant été reprise par certains accords d'entreprise [1].

Cette impulsion juridique a rencontré le souci d'une partie du patronat qui revendiquait, depuis les années soixante-dix, la mise en place de négociations « donnant-donnant ». Or l'instauration progressive de dérogations à l'ordre public social a fourni l'occasion de répondre à cette revendication. Limitée, en 1982 [2], à la définition du contingent annuel d'heures supplémentaires, la possibilité de déroger, par des accords collectifs, aux règles existantes sur la durée du travail a été étendue par les lois de 1986 et de 1987 sur l'aménagement du temps de travail, puis par la loi quinquennale sur l'emploi de décembre 1993.

Ces évolutions juridiques ont eu des conséquences directes sur le poids relatif des thèmes négociés : en 1990, 38 % des textes signés au niveau de l'entreprise étaient relatifs à la durée du travail ; leur part passe à 42 % en 1995, ce qui représente une augmentation de 1 000 accords environ en valeur absolue [3].

Par ailleurs, le dynamisme de la négociation d'entreprise est fortement sensible à la conjoncture. Ainsi, la reprise économique de 1994-1995, bien que très brève, a-t-elle alimenté une forte progression du nombre d'accords salariaux (3 200 accords sur ce thème en 1993, 3 500 en 1994 et 4 200 accords en 1995) [4]. Ce facteur conjoncturel explique donc une grande partie de la progression la plus récente du nombre des accords d'entreprises (tableau 18).

Toutefois, le déplacement de la négociation collective vers l'entreprise apparaît aujourd'hui comme une évolution structurelle ; la supériorité de la négociation d'entreprise est présente dans le discours et affecte indirectement l'ensemble du dialogue social. N'apportant plus systématiquement des améliorations au statut salarié, mais visant prioritairement une adaptation à la conjoncture et à la concurrence, celle-ci ne peut plus

1. Le premier accord d'entreprise à avoir institué cette obligation d'aboutir est l'accord AXA, signé en juillet 1990.
2. Ordonnance du 16 janvier 1982.
3. *La négociation collective en 1995*, Paris, La Documentation française, juin 1996.
4. *Ibid.*

Tableau 18. *Évolution du nombre de textes interprofessionnels, de branches et d'entreprises depuis 1950*

Années (moyennes annuelles par période jusqu'en 1992)	Interprofession et branches	Entreprises
1950-1953	119	31
1954-1961	768	266
1962-1967	1 025	376
1968-1979	1 500	608
1980-1982	1 796	1 718
1983-1986	939	4 650
1987-1992	906	6 163
1992	977	6 370
1993	979	6 122
1994	997	7 450
1995	1 019	8 550

Sources : Ministère du Travail, *Bilans de la négociation collective.*

alimenter comme par le passé la négociation de branche puis la négociation interprofessionnelle, mais tend plutôt à se substituer à elles.

Le principal paradoxe – ou la principale limite – de ces déplacements de la négociation est qu'ils se produisent à un moment où la représentation des salariés dans l'entreprise n'a jamais été aussi faible.

II | VERS DE NOUVELLES POLITIQUES EN MATIÈRE DE RELATIONS DU TRAVAIL ?

Il y a aujourd'hui une grande incertitude sur les évolutions qui affectent le système de relations professionnelles. En l'absence d'un nouveau modèle, les pouvoirs publics continuent à s'appuyer dans le discours sur l'image d'un système ordonné de relations professionnelles et tentent de renvoyer à la négociation collective, et donc aux partenaires sociaux, la solution de nombreux problèmes sociaux ; mais « ça n'embraye plus ».

A / *De nouveaux modes d'intervention publique*

Cette incertitude porte d'abord sur les modalités d'intervention d'une politique dont les instruments sont principalement juridiques et donc normatifs. Le droit – même décentralisé – apparaît souvent trop systématique pour saisir la diversification des situations de travail et des relations sociales qui y sont attachées : autant il est facile de définir des niveaux de salaire minimaux, des durées maximales du travail, autant il est difficile de définir des règles simples en matière d'organisation du travail, pour maîtriser les conséquences des mutations technologiques, ou en matière de conditions de travail. Ce souci de s'adapter à la diversité conduit, au contraire, à une complexité croissante de la réglementation qui devient contre-productive, d'autant que, dans les entreprises, l'évolution des pratiques de gestion de la main-d'œuvre tend à faire une place plus grande à l'expression des salariés [1].

C'est ce qui a conduit l'État à s'orienter vers des politiques plus incitatives que directives – la « modernisation négociée », ou « changer le travail » – qui rencontrent des difficultés ; il est, en effet, difficile à l'État d'intervenir directement dans les entreprises avec une fonction de conseil, alors qu'il ne dispose ni des compétences juridiques, ni d'ailleurs de réelles compétences techniques en la matière.

Mais on assiste à l'inverse, de la part des salariés, à un renouveau de la demande de protection adressée à l'État : en témoigne, par exemple, la croissance des demandes adressées à l'Inspection du travail [2], liée à la fois à la désyndicalisation et à la précarisation de certaines formes d'emploi.

Les problèmes rencontrés par le syndicalisme, qui donnent lieu à de nombreuses réflexions internes aux organisations, ont suscité aussi des initiatives de l'État, destinées à leur donner plus de moyens et de légitimité. Ce souci est aujourd'hui partagé par une partie des employeurs, qui voient dans le syndicat un interlocuteur nécessaire dans l'entreprise, qu'ils ont tenté de renforcer de diverses façons (notamment par des accords sur le droit syndical, « chèque syndical » par exemple).

B / *Le niveau supranational*

Une autre tentative consiste à reprendre et à poursuivre le processus de normalisation, mais en le transposant à un niveau supranational : la définition de normes communes respectées par tous apparaît ainsi comme le moyen d'éviter que la concurrence internationale ne se traduise en un dumping social. Force est de constater que la réglementation internationale, qui existe grâce aux travaux de l'OIT, n'a qu'un faible impact. En effet, elle définit une réglementation *a minima*, dont l'application par les pays signataires est en outre très difficile à garantir. Sur la base du consensus international et de l'adhésion de chaque État, il apparaît difficile d'aller très loin dans cette voie, d'autant qu'un niveau de protection plus faible des salariés est utilisé par certains pays comme un élément de leur stratégie de développement [33].

Sans aller aussi loin, l'idée d'une régulation sociale a été reprise dans le cadre européen, de façon à éviter qu'au sein de l'espace économique consolidé que constitue l'Europe communautaire se développe une concurrence déloyale sur les conditions d'emploi de la main-d'œuvre. Traduite d'abord dans des règles minimales, notamment en matière d'hygiène et de sécurité, l'idée a également nourri les projets de mise en place d'un dialogue social européen [3] qu'autorise désormais le protocole social annexé au traité de Maastricht [34].

1. « Le management participatif à l'épreuve », *Travail*, 24, hiver 1991-1992.
2. IGAS, *Rapport annuel 1991-1992*, Paris, La Documentation française, 1993.
3. Rapport Marin (CCE, 1988) ; Patrick Venturini « La dimension sociale du marché intérieur », *Europe sociale*, 1988 ; Martine Aubry, *Pour une Europe sociale*, Paris, La Documentation française, 1988.

[33]

L'ORGANISATION INTERNATIONALE DU TRAVAIL (OIT) ET LE DROIT INTERNATIONAL DU TRAVAIL

Créée en 1919 par le traité de Versailles, l'OIT a succédé à une association privée, l'Association internationale pour la protection légale des travailleurs, fondée en 1901. Après sa mise en sommeil pendant la seconde guerre mondiale, elle a été intégrée au système des Nations unies qui a relancé son activité dans de nouveaux domaines.

L'OIT édicte des normes internationales, les conventions, qui sont adoptées à la majorité des deux tiers, par la Conférence internationale du travail, dont la composition est tripartite (pour moitié des représentants des États, et pour moitié des représentants des employeurs et des salariés). Depuis sa création, l'OIT est à l'origine de plus de 170 conventions internationales qui constituent ce qu'on appelle parfois le Code international du travail. Ces conventions doivent, évidemment, être ratifiées pour être incorporées dans le droit interne.

L'OIT émet également des vœux, des souhaits, des recommandations, qui ne créent pas d'obligation pour les États membres, mais les incitent à faire évoluer leur droit dans une direction donnée.

Les moyens d'assurer l'effectivité des normes prescrites sont limités et dépendent fortement des dispositions internes, d'autant plus qu'un contrôle extérieur en matière sociale est facilement considéré par les États comme une forme d'ingérence. Toutefois, une incitation existe par l'intermédiaire des rapports que les gouvernements doivent communiquer au Bureau international du travail (BIT, service de l'OIT) dans les domaines faisant l'objet de conventions.

En dépit d'avancées récentes, cette évolution se heurte encore à de nombreuses difficultés.

Les organisations sociales européennes – l'UNICE pour les employeurs privés, la CES pour les syndicats – n'ont pas été conçues à l'origine pour conduire de vraies négociations européennes et ne disposaient ni de la légitimité ni des mandats pour le faire. Aujourd'hui, la CES tente de se rapprocher d'une véritable structure de négociation, ce que refuse toujours l'UNICE. Si les négociations globales européennes ont du mal à démarrer, le dialogue européen connaît quelques progrès au niveau sectoriel et surtout au niveau des entreprises avec les expériences des comités de groupe européens.

Au total, il apparaît aujourd'hui difficile de discerner, parmi les tendances à l'œuvre, celles qui finalement l'emporteront et de définir des règles nouvelles. Un modèle de régulation sociale adapté aux nouvelles conditions de l'économie et de la société ne se mettra probablement en place qu'à la suite d'un processus relativement long d'apprentissage, fait à la fois d'essais et d'erreurs.

[34]

LA NÉGOCIATION COLLECTIVE EUROPÉENNE APRÈS MAASTRICHT [1]

Sur la base de l'expérience des rencontres de Val Duchesse, qui réunissaient, depuis 1985, la Confédération européenne des syndicats (CES), l'Union des confédérations des employeurs et des industries en Europe (UNICE) et la Confédération européenne des entreprises publiques (CEEP), l'Acte unique a créé une incitation au développement du dialogue social européen, « pouvant déboucher sur des relations conventionnelles [2] ».

Le volet social annexé au traité de Maastricht (non signé par la Grande-Bretagne) va plus loin. Suite à une demande commune des partenaires sociaux européens (déclaration commune CES, UNICE, CEEP), il crée une procédure de négociation collective européenne, qui pourrait déboucher sur un véritable droit européen de la négociation collective.

Celle-ci devrait se dérouler de la façon suivante :

– si la Commission souhaite proposer des règles dans le domaine social, elle en informe les partenaires sociaux, qui peuvent lui demander de surseoir à son initiative ;

– pendant cette période, les partenaires sociaux négocient pour aboutir à une solution qui les satisfasse ;

– si les partenaires sociaux aboutissent à un accord, il peut être rendu effectif, soit par utilisation des procédés nationaux, ou par décision du conseil sur proposition de la Commission.

La négociation interprofessionnelle a eu quelque difficulté à démarrer sur la base de cette disposition. Le projet de comité d'entreprise européen n'a pu aboutir par cette voie : c'est une directive de la Commission (94-95/CE du 22 septembre 1994) qui a préconisé l'institution d'un comité d'entreprise européen ou d'une procédure, dans les entreprises et les groupes d'entreprises de dimension communautaire, en vue d'informer et de consulter les salariés. La loi du 12 novembre 1996 a transposé cette directive dans la législation française. Le premier accord-cadre, conclu en vertu du protocole social de Maastricht, a porté sur le congé parental, le 14 décembre 1995. Le texte de cet accord est repris par la directive communautaire du 3 juin 1996.

Indépendamment de la négociation interprofessionnelle, on constate une « avancée discrète » des négociations sectorielles [3] dans certains secteurs comme le secteur de la construction de machines, ou celui de la chimie. L'expérience des comités de groupe européens qui se sont mis en place sous des formes variées depuis une dizaine d'années, bien avant les futurs comités prévus par la directive du 22 septembre 1994, attestent de la mise en place d'un système de représentation et de concertation transnationale.

1. Pierre Héritier (dir.), *Un pacte social pour l'Europe,* Paris, Éditions de l'Atelier, 1996.

2. Janine Goetschy, « Le dialogue social européen de Val Duchesse : un premier bilan », *Travail et emploi,* 47, 1991.

3. Anne-Marie Groselier, Pierre Héritier, Jacques Ion, Udo Rehfeldt, « Les relations sociales en Europe », dans Pierre Héritier (dir.), *Un pacte social pour l'Europe, op. cit.*

Chapitre 5

L'État, le salarié, l'entreprise et la flexibilité

L'intervention de l'État dans le domaine du travail ne se limite pas à la réglementation des relations collectives de travail. Au-delà de ses interventions protectrices initiales, l'État s'est immiscé, en effet, dans les relations individuelles entre patron et ouvrier ou employé. Ce faisant, il contribue à définir ce que l'on a appelé la « relation salariale ». Cette dernière a une double caractéristique :

– la dépendance à l'égard de son employeur étant reconnue et traduite par la notion juridique de subordination, le salarié bénéficie à ce titre de garanties protectrices touchant divers aspects de son contrat de travail (embauche, licenciement, durée, rémunérations et conditions de travail) ;

– l'entreprise devient de son côté unc institution réglementée : outre les garanties apportées aux salariés par les accords collectifs et la loi, le pouvoir disciplinaire et réglementaire en son sein (règlement d'atelier) est encadré, et elle doit satisfaire à certaines règles, fixées par les pouvoirs publics, relatives à la représentation collective de ses salariés.

Le salariat devient ainsi un cadre organisé qui l'apparente à un statut. Les évolutions économiques et sociales vont contribuer à l'étendre à la plus grande partie de la population active, à tel point que l'on a pu qualifier nos sociétés développées de « sociétés salariales [1] ».

Cette politique publique, dont l'outil d'intervention principal est le droit, se trouve aujourd'hui au centre des débats sur la flexibilité.

1. Michel Aglietta, Anton Brender, *Les métamorphoses de la société salariale*, Paris, Calmann-Lévy, 1984.

Dans le cadre du Code civil, la relation de travail a d'abord été pensée selon le modèle contractuel : c'est le contrat de louage de service [1], défini comme « le louage des gens de travail qui s'engagent au service de quelqu'un » (Code civil, art. 1779-1°), une des catégories du louage d'ouvrage « contrat par lequel l'une des parties s'engage à faire quelque chose pour l'autre, moyennant un prix convenu entre elles » (Code civil, art. 1710).

I | CONTRAT DE TRAVAIL ET SALARIAT

A / *Du modèle contractuel à la reconnaissance de la subordination*

L'utilisation du modèle contractuel pour décrire la relation de travail se heurte à une incertitude portant sur l'objet même du contrat.

Le travail n'est pas, à proprement parler, une marchandise qui peut s'échanger. En effet, le contrat ne porte pas sur le travail, ni même, avec la disparition du travail à façon, sur son résultat, mais sur la mise à disposition d'une capacité de travail, longtemps analysée, par référence à une conception mécanique du travail, comme une force de travail. Selon Karl Marx, « ce que l'ouvrier vend, ce n'est pas directement son travail, mais sa force de travail dont il cède au capitaliste la disposition momentanée ». Autrement dit, le salarié ne vend pas la réalisation d'une tâche donnée, il se met à disposition de l'employeur pour une durée indéterminée.

Il en résulte une incertitude sur le résultat : l'employeur a évidemment intérêt à ce que le salarié fournisse pendant cette période le travail maximal, ce qui n'est pas nécessairement le souci du salarié.

Pour résoudre cette incertitude consubstantielle au contrat de travail, l'employeur va être conduit à exercer, vis-à-vis du salarié, une fonction hiérarchique et à soumettre son activité à une direction et à un contrôle de l'exécution [35].

La traduction juridique de la dépendance dans laquelle se trouve le salarié vis-à-vis de son employeur s'opère grâce à la notion de subordination caractéristique du contrat de travail. La reconnaissance de la subordination est elle-même tardive : ce n'est qu'en 1907, pour distinguer des travailleurs indépendants les ouvriers et employés – auxquels était ouvert le bénéfice de la loi de 1898 sur la réparation des accidents du travail –, que la Cour de cassation fera, pour la première fois, usage de ce critère.

On aboutit toutefois au paradoxe, du point de vue libéral, d'un contrat qui transforme un citoyen libre en travailleur soumis, puisque « l'état de subordination [...] se caractérise nécessairement par une renonciation,

1. Thierry Revet, « L'objet du contrat de travail », *Droit social*, 11, novembre 1992.

[35]

ORGANISATION DU TRAVAIL ET SUBORDINATION

Le contrôle étroit de l'exécution des tâches, caractéristique au départ de la condition ouvrière, sera approfondi au XXe siècle avec l'organisation scientifique du travail (OST), qui se donne explicitement comme objectif de « lutter contre la flânerie de l'ouvrier » (Taylor). Le taylorisme conduit, en effet, à une normalisation du travail, en systématisant la séparation entre les tâches de conception et les tâches d'exécution. La mesure des temps et des mouvements conduit à une définition précise des procédures les plus efficaces *(one best way)*. Cette tendance à la parcellisation et à la diminution de l'initiative ouvrière sera accentuée par l'incorporation des rythmes et des contraintes dans la machine comme dans le cas du travail à la chaîne.

Les excès de cette évolution et ses effets contre-productifs (absentéisme, désintérêt pour le travail) conduiront d'ailleurs l'école des relations humaines (Elton Mayo) à la remettre en cause pour proposer des formes plus souples de mobilisation de la main-d'œuvre, et diminuer d'autant la contrainte que fait peser sur le salarié la situation de subordination.

Les évolutions récentes sont caractérisées par une diminution de la production industrielle au profit des services qui se prêtent moins à un contrôle sur les opérations ou sur les résultats physiques. En revanche, les nouvelles technologies de communication et de traitement de l'information fournissent « des moyens de contrôle nouveaux et performants (qui) permettent à l'employeur d'être informé à chaque instant des faits et gestes du salarié et de gérer plus scientifiquement la force de travail [1]. » Ces évolutions rendent la subordination plus subtile, probablement moins pesante pour les individus, mais avec le risque qu'elle se fasse plus insidieuse, notamment pour les libertés individuelles, alors même que sa perception n'est pas immédiate et que son analyse demande des connaissances techniques. « Les nouvelles technologies permettent l'organisation du travail, un contrôle, une surveillance s'exprimant non plus dans un document écrit, mais dans les « équipements » complexes, qui concernent le salarié dans son comportement général, mais aussi dans l'efficacité de son travail (ses résultats) [2]. »

1. Gérard Lyon-Caen, *Les libertés publiques et l'emploi,* rapport au ministre du Travail, de l'Emploi et de la Formation professionnelle, Paris, La Documentation française, 1992.
2. *Ibid.*

au moins partielle, au libre arbitre, qui est spécifique de la liberté [1] ». En fait, on peut considérer que le contrat de travail a une double nature : il est contractuel au moment de l'embauche (et du débauchage) ; il conduit à la subordination une fois le salarié embauché.

B / *Du contrat de travail au salariat*

La reconnaissance de la subordination devait conduire à substituer la notion de contrat de travail à celle de contrat de louage de service. Ce

1. Tribunal civil de la Seine, 25 février 1959. Cité par M. Gendrel et P. Lafarge, « Lien de subordination et lois sociales dans les professions du spectacle », *Gazette du Palais*, 1952, II D.

n'est toutefois qu'en 1973, à l'occasion de sa refonte, que le terme de louage de service disparaîtra définitivement du Code du travail.

Les évolutions économiques, mais aussi juridiques, vont conduire à l'extension du contrat de travail salarié à la très grande majorité de la population active. Les critères de la subordination sont traditionnellement multiples : la jurisprudence recourt dans ce domaine à la méthode du faisceau d'indices, les critères portant notamment sur les conditions d'exécution du travail. Aujourd'hui, les juges font usage de deux critères généraux : la participation à un service organisé ou la participation à l'entreprise d'autrui.

En fait, en même temps que se développaient les situations de travail dépendant, le législateur et le juge ont cherché à étendre le bénéfice des protections liées au contrat de travail. La notion de subordination a été ainsi admise pour des professions qui supposent pourtant une autonomie ou une indépendance, comme les journalistes ou certains médecins. Pour de nombreux salariés, notamment les cadres, la relation de subordination ne se traduit plus dans un contrôle étroit de l'exécution des tâches, mais dans la fixation d'objectifs généraux, dont la réalisation laisse une grande place à l'autonomie.

> « Ce que l'on continue d'appeler la subordination n'est plus, d'une manière générale, qu'un ensemble de circonstances, au demeurant fort diverses, permettant d'affirmer que le travailleur est l'un des éléments humains occupant une place dans une entreprise dont il n'est pas l'organisateur ; il est celui qui appartient à l'entreprise [1]. »

II | SUBORDINATION ET RÉGLEMENTATION DU CONTRAT DE TRAVAIL

Progressivement, la reconnaissance de la subordination a conduit à encadrer les règles du contrat de travail, pour protéger le salarié, faire respecter ses droits et libertés, et parvenir en définitive à un véritable « statut ».

A / *Liberté contractuelle et protection du salarié*

Au moment de l'embauche, c'est la liberté qui est la règle. Des limites ont toutefois été apportées à la liberté de contracter, au nom de la protection du salarié : outre celle tenant à l'ordre public (le contrat de travail ne peut, évidemment, porter sur des activités illégales, comme la prostitution, par exemple), ce sont principalement l'interdiction du marchandage et la réglementation du placement. Ces interdictions témoignent du souci de ne pas considérer le travail humain comme une marchandise,

1. H. Groutel, « Le critère du contrat de travail », *Mélanges Camerlynck*, Paris, Dalloz, 1978.

dont les transactions pourraient être occasion de profit pour les intermédiaires.

Revendication ouvrière ancienne, l'interdiction du marchandage, « l'exploitation des ouvriers par des sous-entrepreneurs [1] », a été rappelée à plusieurs reprises par la loi. Aujourd'hui, « toute opération à but lucratif de fourniture de main-d'œuvre [...] est interdite », à l'exception toutefois de celle pratiquée par les entreprises de travail temporaire.

De la même façon, le placement, c'est-à-dire le rapprochement des offres et des demandes d'emploi, est soumis à un régime particulier, longtemps caractérisé dans les textes par un monopole public de placement. L'interdiction des bureaux de placement privés est, elle aussi, une revendication ancienne, parallèle à celle de l'interdiction du marchandage, qui avait conduit, en 1848, puis en 1904, à confier la responsabilité du placement aux seules municipalités [36].

Aujourd'hui, les principales brèches introduites dans le monopole public de placement sont liées au développement de l'activité de nombreux organismes spécialisés dans le recrutement (conseil en recrutement, chasseurs de têtes), qui concurrencent le service public, notamment pour les cadres. La jurisprudence semble évoluer vers une distinction entre l'activité de placement (requête du demandeur d'emploi), illicite sauf convention avec l'ANPE, et l'assistance au recrutement (requête de l'employeur) licite.

Dans le contexte actuel d'un chômage massif, qui touche plus que par le passé les cadres, les principales critiques portées à l'encontre des procédures de recrutement portent de plus en plus sur leurs modalités, qui sont parfois susceptibles de porter atteinte aux droits fondamentaux des individus [2] (entretiens, tests, graphologie, instrusions dans la vie privée...). Pour remédier à des dérapages, le législateur est intervenu à travers la loi du 31 décembre 1992, relative au recrutement et aux libertés individuelles des salariés. Le texte, qui protège non seulement les salariés présents dans l'entreprise mais également les candidats à l'embauche, précise que les informations demandées à un candidat « ne peuvent avoir comme finalité que sa capacité à occuper l'emploi proposé ou ses aptitudes professionnelles ». Au-delà de cette protection individuelle, le législateur a instauré une publicité relative aux procédures de recrutement, transmise au comité d'entreprise : cette disposition pourrait avoir une efficacité, en limitant au moins les pratiques les plus aberrantes. « Le ridicule tue [3] », concluait J.-E. Ray, dans une analyse relative aux nouvelles dispositions introduites par la loi du 31 décembre 1992.

1. Loi du 25 mars 1919.
2. Cf. notamment Gérard Lyon-Caen, *Les libertés publiques et l'emploi*, *op. cit.*
3. Jean-Emmanuel Ray, « Une loi macédonienne ? Étude critique du titre V de la loi du 31 décembre 1992 », *Droit social*, 2, février 1993.

[36]

LE SERVICE PUBLIC DE PLACEMENT [1]

La réglementation actuelle du monopole public de placement en France tire son origine de l'ordonnance du 24 mai 1945, intervenue dans le contexte dirigiste de gestion de la pénurie de main-d'œuvre qui a suivi la seconde guerre mondiale et l'Occupation. Auparavant, s'il existait déjà des institutions publiques de placement, le placement privé était autorisé et constituait même la règle.

Mais le monopole du service public, d'abord assuré par les directions départementales du travail et de la main-d'œuvre, puis confié à partir de 1967 à l'Agence nationale pour l'emploi (ANPE), n'a jamais présenté un caractère absolu. En premier lieu, l'ordonnance du 24 mai 1945 ne faisait pas obstacle à ce que les bureaux privés antérieurement constitués poursuivent leur activité, sous certaines conditions. En second lieu, le législateur a autorisé les organisations paritaires, les associations reconnues d'utilité publique ou les associations d'anciens élèves à exercer des activités de placement, sous réserve de l'existence d'une convention avec les services de l'ANPE.

L'ordonnance du 20 décembre 1986 a réaménagé le monopole public de placement, mais sans le supprimer dans son principe. Le texte vise en effet essentiellement à associer d'autres intervenants à l'ANPE, qui perd son monopole d'intervention. Trois modalités de ces dérogations au monopole de l'ANPE sont prévues par l'ordonnance de 1986 :

– les collectivités locales, principalement les communes, peuvent intervenir, moyennant la conclusion d'une convention avec l'État et l'ANPE ;

– les établissements publics, les organismes paritaires et les associations peuvent « concourir au service public de placement », soit par convention avec l'ANPE, soit par agrément de l'État ;

– enfin, les employeurs et les groupements peuvent effectuer des opérations de placement dans le cadre d'actions de reclassement au profit de leur personnel, sans qu'il y ait besoin de convention.

En revanche, l'ordonnance de 1986 n'a pas modifié les dispositions relatives à la diffusion et à la publicité des offres et demandes d'emploi. Ainsi, les employeurs doivent notifier à l'Agence pour l'emploi toute place vacante dans leur entreprise, et toute personne à la recherche d'un emploi est tenue de requérir son inscription à l'ANPE. Les règles qui s'appliquent en matière de publicité des offres d'emploi sont le corollaire de ce monopole d'information, notamment l'interdiction de principe de la publicité et la réglementation des annonces par voie de presse. Ces règles sont aujourd'hui peu appliquées.

1. Xavier Prétot, « La réforme du service public du placement des travailleurs privés d'emploi », *Droit sanitaire et social*, 23, 1987.

B / *Subordination et protection du salarié*

Dès lors qu'il est sous contrat de travail, le salarié bénéficie des protections qui y sont attachées.

Aux interventions protectrices, notamment en matière d'hygiène et de sécurité et de durée du travail, se sont ajoutées des règles destinées à assurer un niveau minimal de rémunération et à réglementer le mode de rupture du contrat.

En matière d'hygiène et de sécurité, la protection des salariés s'est d'abord exprimée dans des règles imposant des obligations précises aux employeurs. Depuis 1976, deux évolutions sensibles ont eu lieu :

– d'une part, l'affirmation d'une obligation générale de sécurité pour l'employeur ;

– d'autre part, la possibilité croissante pour les salariés d'intervenir sur les questions de sécurité, avec la mise en place, en 1982, du comité d'hygiène, de sécurité et des conditions de travail (CHSCT) et l'affirmation du droit pour le travailleur de se soustraire à une situation de danger grave et imminent.

La durée et l'organisation du temps de travail font l'objet d'une réglementation de plus en plus complexe, destinée d'abord à diminuer les risques qu'une durée du travail excessive fait peser sur les salariés, puis à répondre à l'aspiration à plus de temps libre. Cette réglementation s'est faite par étapes : le contrôle de la durée journalière (douze heures, puis dix heures, puis huit heures), puis hebdomadaire (repos dominical, quarante heures), puis annuelle (congés payés), enfin l'aménagement de la durée de la vie active (recul de l'âge scolaire, abaissement de l'âge de la retraite, et tentatives plus récentes d'instauration de périodes « sabbatiques ») (tableau 19).

Un second élément essentiel du contrat de travail concerne le salaire et la rémunération. Il existe en la matière peu de contraintes légales, et elles sont essentiellement liées au caractère alimentaire du salaire. La principale contrainte légale concerne la fixation d'une norme minimale, avec le salaire minimum interprofessionnel de croissance (SMIC). Ce salaire minimum, institué seulement en 1950, revient à interdire des rémunérations trop faibles par rapport à un niveau de vie considéré comme minimum [37]. Relèvent également de cette logique alimentaire les protections – relatives – dont bénéficient, pour partie, les salaires par exemple en cas de faillites, ou vis-à-vis des créanciers.

Enfin, la protection porte également sur les modalités de rupture du contrat de travail.

Conclu sans détermination de durée, le contrat de louage de service pouvait toujours être rompu par la volonté de l'une ou l'autre des parties : « Le louage de service fait sans détermination de durée peut toujours cesser par la volonté d'une des parties contractantes [1]. » Ce n'est que très progressivement que le droit a été amené à distinguer le mode de rupture du fait du salarié (la démission) du mode de rupture du fait de l'employeur (le licenciement), de façon à limiter l'arbitraire patronal. En vertu de l'égalité contractuelle, des dispositions protectrices ont d'abord cherché à protéger tant le salarié que l'employeur des risques de rupture abusive. C'est ainsi que le législateur a institué, à la fin du XIXe siècle, la possibilité de dommages-intérêts (« La résiliation du contrat par la volonté d'un seul peut donner lieu à dommages-intérêts [2] »), puis une obligation de motivation et de respect du préavis [3].

1. Code civil, art. 1780.
2. Loi du 27 décembre 1897 sur le contrat de louage et les rapports des agents de chemins de fer avec les compagnies.
3. Loi du 19 juillet 1928.

Tableau 19. *Les grandes étapes de la réglementation du temps de travail*

1841	Limitation à huit heures par jour de l'emploi des enfants de moins de 12 ans.
1848	Fixation à un maximum de douze heures de la journée de travail pour les ouvriers des usines et des ateliers mécanisés.
1900	Fixation à dix heures de la journée de travail dans l'industrie.
1906	Institution d'un jour de repos hebdomadaire obligatoire.
1919	Institution de la journée de huit heures.
1936	Instauration de la semaine de quarante heures et des congés payés (deux semaines).
1938	Institution des heures supplémentaires : les quarante heures ne sont plus un impératif (c'est l'horaire légal).
1956	Instauration de la troisième semaine de congés payés.
1963	Instauration de la quatrième semaine de congés payés.
1968	Accord aboutissant à la semaine de quarante heures.
1982	Semaine de trente-neuf heures et cinquième semaine de congés payés.

[37]

SALAIRE MINIMUM
(du SMIG au SMIC)

Le salaire minimum a été institué en France en 1950 sous la forme du salaire minimum interprofessionnel garanti (SMIG). Son montant avait été déterminé en fonction d'un niveau de vie considéré à l'époque comme minimal et il ne faisait l'objet que d'une indexation sur les prix.

Dans les années soixante, le SMIG n'a pas suivi l'amélioration générale du pouvoir d'achat. C'est ce qui a conduit à son importante revalorisation en 1968 et à la création du salaire minimum interprofessionnel de croissance (SMIC) en 1970. Celui-ci fait l'objet d'une double indexation : d'une part sur les prix, avec un seuil de déclenchement de 2 % (c'est-à-dire que le SMIC doit être revalorisé dès que la progression de l'indice des prix dépasse 2 % depuis sa dernière revalorisation), d'autre part sur les salaires. Chaque 1er juillet, le SMIC doit être augmenté d'au moins la moitié de l'augmentation du taux de salaire horaire ouvrier au cours de l'année écoulée (le gouvernement a la possibilité d'aller au-delà, par une politique dite des « coups de pouce »). Le SMIC est, au 1er juillet 1997, de 39,43 F de l'heure et, sur la base de l'horaire légal de 39 heures par semaine, le SMIC mensuel brut est de 6 663,67 F. Selon l'enquête du ministère du Travail sur les salariés au SMIC au 1er juillet 1995, le nombre de salariés payés au SMIC était de 2 270 000 en 1995 (y compris les contrats emploi-solidarité).

Au sein de l'Union européenne, cinq pays sur les douze ont un mécanisme légal de salaire minimum : l'Espagne, le Portugal, la France, le Luxembourg et les Pays-Bas. Dans les autres pays, des rémunérations minimales sont fixées dans le cadre des négociations et des conventions collectives [1].

1. Cf. « La formation des salaires », *Économie et statistiques,* septembre 1993 ; « Les salaires dans les pays de la communauté européenne », *Documents du CERC,* 101, 2e trimestre 1991.

Mais ce n'est qu'à partir de 1958 que le licenciement a, pour la première fois, fait l'objet de règles spécifiques distinctes de la démission (obligation de notification et obligation d'un préavis minimal). À partir de 1973, un véritable droit du licenciement s'élabore, avec l'affirmation de la nécessité d'une cause réelle et sérieuse, deux critères qui visent à réduire la part de l'arbitraire dans les décisions de licenciement [38].

[38]

LE DROIT DU LICENCIEMENT

Depuis la loi du 13 juillet 1973, le droit du licenciement repose sur deux obligations qui pèsent sur l'employeur : d'une part, la nécessité d'une « cause réelle et sérieuse », d'autre part, le respect d'une procédure. Ces règles s'appliquent à l'ensemble des licenciements, quelle qu'en soit la cause : si le licenciement est lié à la personne du salarié (faute, insuffisance professionnelle), il s'agit d'un licenciement pour motif personnel ; s'il est lié à la situation de l'entreprise (pertes, restructuration, sureffectifs...), il s'agit d'un licenciement économique. En supprimant l'autorisation administrative pour les licenciements économiques ainsi qu'en alignant la procédure de licenciement sur celle des licenciements disciplinaires, la réforme de 1986 a mis en place un droit commun du licenciement, dont ne s'écartent (pour la procédure) que les licenciements collectifs (qui ont nécessairement un caractère économique) et les licenciements de salariés protégés.

La procédure repose sur une double obligation : l'entretien préalable, d'une part, et la notification et la motivation de la décision de licenciement, d'autre part. L'entretien préalable est étroitement encadré : convocation, possibilité de se faire accompagner par une personne de l'entreprise (ou extérieure à l'entreprise, le conseiller du salarié, s'il n'existe pas en son sein de représentant du personnel), contenu de l'entretien. À l'issue de l'entretien, et après un délai minimal d'un jour franc, la décision de licenciement, si elle est maintenue, est notifiée par lettre recommandée où doivent figurer les motifs du licenciement : cette motivation lie l'employeur en cas de contestation.

En effet, et c'est là la deuxième obligation, les motifs invoqués doivent être réels (c'est-à-dire qu'ils doivent exister) et sérieux (c'est-à-dire qu'ils doivent être suffisants pour motiver le licenciement).

Les sanctions des irrégularités de procédures sont limitées : elles ont un caractère subsidiaire, c'est-à-dire qu'elles n'interviennent que si le licenciement est jugé justifié, et ouvrent droit à une indemnité pour le salarié.

Les sanctions pour licenciement injustifié sont plus lourdes, mais ne conduisent pas à la réintégration (bien que la loi en ait prévu la possibilité, elle est exceptionnellement mise en œuvre), sauf dans le cas de licenciement discriminatoire. Toutefois, un arrêt de la Cour de cassation du 13 février 1997 a imposé la réintégration des salariés licenciés pour motif économique, suite à l'annulation du plan social (cf. [43]).

C / *Subordination, droits et libertés fondamentales*

La subordination est également limitée par l'affirmation, notamment dans le préambule de la Constitution de 1946, de droits fondamentaux et de libertés individuelles, inaliénables à l'occasion du travail : « Nul ne peut être lésé, dans son travail ou son emploi, en raison de ses origines, de ses opinions ou de ses croyances. » Cette exigence de non-discrimination s'exprime principalement, là encore, à l'occasion de la rupture du contrat de travail. « Aucun salarié ne peut être sanctionné ou licencié en raison de ses opinions politiques, de ses activités syndicales ou mutua-

[39]

DE L'ORGANISATION DU DROIT D'EXPRESSION DES SALARIÉS À L'AFFIRMATION D'UNE LIBERTÉ

La loi du 4 août 1982 a introduit dans le droit du travail le droit à l'expression directe et collective des salariés sur le contenu, l'organisation et les conditions de travail. Comme pour le droit de grève, il s'agit d'un droit individuel (il ne s'agit pas d'une attribution des syndicats) qui s'exerce collectivement. Il concerne toutes les entreprises (ou établissements) de 50 salariés et plus, il est organisé par accord d'entreprise (ou, à défaut de représentation syndicale, après consultation des représentants du personnel).

La loi a fait l'objet d'une application expérimentale. Après un bilan présenté au Parlement, le droit d'expression a été pérennisé par la loi du 3 janvier 1986.

36 % des établissements et 62 % des salariés concernés étaient, en 1991, couverts par un accord portant sur le droit d'expression [1].

Ce droit a moins modifié les relations sociales dans l'entreprise que ne le pensaient ses promoteurs (et que ne le craignaient ses détracteurs). Les partenaires sociaux ont fait preuve d'un certain désintérêt teinté d'hostilité pour un droit qui apparaissait redondant – voire concurrent – avec d'autres formes d'expression, spontanée ou passant par l'intermédiaire des représentants du personnel.

La jurisprudence récente a donné une signification plus large à ce droit d'expression : elle a affirmé un droit individuel du salarié à l'expression sur ses conditions de travail, quel qu'en soit le cadre en jugeant que « l'exercice du droit d'expression dans l'entreprise étant, en principe, dépourvu de sanction, il ne pouvait en être autrement hors de l'entreprise où il s'exerce, sauf abus, dans toute sa plénitude [2] ».

1. Ministère du Travail, DARES, *Premières informations,* 236, 31 mars 1993.
2. Cour de cassation, Chambre sociale, 28 avril 1988, *SA Dunlop France c/ Clavaud.*

listes, de l'exercice normal du droit de grève ou de ses convictions religieuses. » (Code du travail, art. L. 122-45.)

L'évolution récente a d'ailleurs conduit à renforcer l'affirmation de ces droits. D'une part, depuis une loi de 1985, l'atteinte à ces droits fondamentaux constitue un cas, exceptionnel, de nullité du licenciement : le licenciement n'est pas seulement irrégulier, conduisant à l'attribution de dommages et intérêts, il est nul, c'est-à-dire qu'il est réputé ne pas avoir existé et l'employeur est tenu de réintégrer le salarié.

D'autre part, les dérogations apportées à ce principe par la jurisprudence ont été régulièrement réduites. Ainsi, en matière de liberté d'opinion, la principale exception concerne les institutions, comme les Églises ou les partis politiques, dont l'objectif est de propager des idées et des convictions, convictions qui doivent évidemment être partagées par la personne embauchée pour les diffuser. Elle a vu, en rupture avec une jurisprudence antérieure, son champ d'application réduit aux personnes qui sont réellement comptables des convictions de l'institution, et non à celles qui ont un rôle « périphérique », comme les sacristains pour les églises ou les journalistes pour les partis politiques. De même, l'atteinte à la liberté d'expression est devenue un cas de nullité du licenciement.

Le droit d'expression des salariés, affirmé en 1982, a ainsi permis l'affirmation d'une nouvelle liberté [39]. Le respect de la vie privée est également protégé : les faits relevant de la vie privée ne peuvent être pris en considération par l'employeur.

L'ENTREPRISE : UNE INSTITUTION RÉGLEMENTÉE

Si le salarié dispose d'un statut, dont la loi a défini les conditions minimales, l'institutionnalisation de l'entreprise s'est traduite par deux évolutions fondamentales du droit du travail : l'encadrement des pouvoirs de l'employeur d'une part, et la reconnaissance du collectif de salariés dans l'enceinte même de l'entreprise d'autre part.

I | LA RECONNAISSANCE PROGRESSIVE DE L'ENTREPRISE

L'entreprise a pris une place croissante dans l'économie et dans la société, ce qui a conduit à lui donner un statut juridique.

A / *L'émergence de l'entreprise*

Tandis que l'analyse économique s'intéressait de plus en plus à l'entreprise [1], à sa coordination interne, aux facteurs de l'efficience de son organisation, les analyses sociologiques s'intéressaient à la distinction entre propriété et pouvoir. Celui-ci serait de plus en plus, dans les grandes entreprises, exercé par des technocrates (la technostructure) dirigés par des mandataires dont la dépendance à l'égard des détenteurs du capital est parfois très formelle :

> « Dans le passé, la direction de l'entreprise s'identifiait avec l'entrepreneur, c'est-à-dire l'individu qui joignait au contrôle du capital la capacité d'organiser les autres agents de production [...]. Avec la croissance des grosses sociétés, avec l'apparition de l'organisation qu'exigent la technologie et la planification modernes, et avec le divorce survenu entre la propriété du capital et la direction effective de l'entreprise, l'employeur n'existe plus en tant que personne individuelle dans la firme industrielle évoluée. [...] Il n'y a pas de nom pour l'ensemble de ceux qui participent aux prises de décision de groupe ni pour l'organisation qu'ils constituent. Je propose d'appeler cette organisation la Technostructure [2]. »

1. Alfred Chandler, *La main visible des managers*, Paris, Economica, 1989. Cf. également Jean-Michel Saussois, « L'invention de la grande entreprise », dans Renaud Sainsaulieu (dir.), *L'entreprise. Une affaire de société*, Paris, Presses de Sciences Po, 1990.
2. John Kenneth Galbraith, *Le nouvel État industriel. Essai sur le système économique américain*, Paris, Gallimard, 1989.

Au niveau de l'ensemble de la société, l'entreprise est devenue une institution importante : « L'entreprise est en passe de prendre rang parmi les grandes institutions de notre époque, après l'Église, l'armée, la justice, l'École, la commune, l'université [1]. » Le courant de « réhabilitation de l'entreprise », impulsé par le CNPF, a fortement contribué à cette évolution. Tandis que l'opinion elle-même prenait conscience que l'entreprise est au cœur des solutions au problème de l'emploi.

> « L'opinion publique a découvert l'entreprise, qui a pris dans la pensée économique française la place qui lui est due. D'une conception " individualisée " de l'entreprise, on est passé progressivement à une conception plus institutionnelle. L'entreprise devient une institution [2]. »

Le droit lui-même fait une place croissante à l'entreprise : c'est vrai comme on va le voir du droit du travail, mais aussi d'autres droits [3] (droit commercial, droit pénal maintenant), même s'il n'existe pas, juridiquement, de conception unique de l'entreprise, au point qu'elle a pu être parfois considérée, selon Georges Vedel, comme l'« arlésienne du droit ». La loi de 1984 relative à la prévention des difficultés des entreprises, par exemple, fait explicitement référence à une notion d'entreprise, indépendante de sa forme juridique (société, mais aussi association, etc.). De même, le nouveau Code pénal, rompant avec le principe du caractère individuel de la peine, a prévu la possibilité de sanctions pénales à l'égard de personnes morales, notamment d'entreprises.

En droit du travail, la reconnaissance de l'entreprise comme entité différente du propriétaire s'est manifestée pour la première fois en 1928 avec la reconnaissance de la continuité des contrats de travail en cas de changement de propriétaire : rupture conceptuelle là aussi, puisque reconnaissance d'une relation salariale, non avec l'employeur personne physique, mais avec l'entreprise.

B / *L'entreprise en droit du travail : théorie contractuelle et théorie institutionnelle*

Ces évolutions ont conduit à la distinction entre deux conceptions de l'entreprise, exprimée par l'opposition entre théorie contractuelle et théorie institutionnelle de l'entreprise [4].

La théorie contractuelle est fondée sur la propriété, qui donne sa légitimité de nature patrimoniale au pouvoir patronal, et sur le contrat : « Par contrat, le propriétaire se procure la main-d'œuvre dont il a besoin. Dans les limites fixées par le droit du travail, le chef d'entreprise dirige comme

1. Renaud Sainsaulieu (dir.), *op. cit.*
2. François Ceyrac, « L'entreprise : cellule fondamentale », *Dirigeants*, mars 1974. Cité dans J.-D. Reynaud, *Les syndicats en France. Textes et documents*, tome 2, Paris, Le Seuil, coll. « Points politiques », 1975.
3. Monique Coornaert, « Entreprise, droit et justice », dans Renaud Sainsaulieu (dir.), *op. cit.*
4. Paul Durand, *Traité de droit du travail*, Paris, Dalloz, 1947. Cf. aussi R. Jaussaud et P. Durand, « Travaux de l'association » M. Capitant, 1947.

il l'entend [1]. » L'entreprise n'est que la somme des contrats individuels de travail.

Pour la théorie institutionnelle, l'entreprise est un ensemble humain organisé, la légitimité du pouvoir patronal est fonctionnelle (elle est attachée à la fonction de chef d'entreprise) et le fondement de la relation salariale repose sur la participation à une activité collective qui suppose évidemment des règles communes et donc des contraintes.

Toutefois, la théorie institutionnelle a longtemps été contestée et refusée par les organisations syndicales, comme par une partie des juristes du travail, pour son caractère trop consensuel et sa conception « communautaire » de l'entreprise. À cette conception de l'entreprise comme espace de coopération, était opposée une conception de l'entreprise comme espace de conflit, lieu principal de l'antagonisme entre le capital et le travail. Aujourd'hui, l'évolution semble aller vers une reconnaissance simultanée des deux dimensions.

Sociologiquement, la théorie institutionnelle correspond davantage à la grande entreprise, dans laquelle il y a dissociation entre les propriétaires du capital (les actionnaires) et les dirigeants (qui en sont les mandataires). Pour l'essentiel des petites et moyennes entreprises, la conception patrimoniale s'appuie sur l'identité du propriétaire et du dirigeant (le patron) et sur le maintien de relations individuelles entre celui-ci et les salariés.

En outre, l'entreprise est essentiellement appréhendée, en droit du travail, à partir du collectif de salariés. C'est ainsi qu'au sein d'une entreprise on distinguera des établissements, qui correspondent au regroupement de salariés sur un même site.

Malgré les oppositions qu'elle a suscitées, et ses limites sociologiques, la théorie institutionnelle de l'entreprise a inspiré le courant de la réforme de l'entreprise [2], qui a lui-même fortement marqué les évolutions récentes du droit du travail.

Au-delà de ces vicissitudes, la reconnaissance et l'institutionnalisation de l'entreprise se sont traduites dans deux évolutions fondamentales du droit du travail : l'encadrement des pouvoirs de l'employeur, d'une part, et la reconnaissance et l'institutionnalisation du collectif de salariés dans l'entreprise, d'autre part. Ce faisant, l'entreprise, qui était considérée traditionnellement comme un espace privé, devient, pour partie, un espace public, soumis à des règles d'ordre public.

II | L'ENCADREMENT DES POUVOIRS DE L'EMPLOYEUR

Faisant le parallèle avec la société politique, l'analyse institutionnelle de l'entreprise considère qu'elle « est organisée au moyen d'un certain

1. Pierre Sudreau, *La réforme de l'entreprise*, Paris, La Documentation française/UGE, 1975.

2. François Bloch-Lainé, *Pour une réforme de l'entreprise*, Paris, Le Seuil, 1963 ; Pierre Sudreau, *La réforme de l'entreprise*, Paris, UGE, 1975 ; Antoine Riboud, *Modernisation, mode d'emploi*, Paris, UGE, 1987.

nombre de pouvoirs : un pouvoir législatif, manifesté par le règlement intérieur, un pouvoir exécutif que traduit le droit de direction du chef d'entreprise, un pouvoir disciplinaire qui permet de réprimer (en fonction) des lois internes de l'institution [1] ». Cette conception conduit à ne plus voir l'employeur comme le « seul juge », comme le faisait traditionnellement la jurisprudence. Son pouvoir, comme dans la société politique, doit être soumis à des règles. Celles-ci se sont développées dans les deux domaines que sont le pouvoir réglementaire et le pouvoir disciplinaire.

A / *Un pouvoir réglementaire encadré*

Le pouvoir réglementaire de l'employeur se manifestait depuis longtemps avec les règlements d'atelier : traditionnellement considérés comme partie intégrante du contrat de travail, ils n'en étaient pas moins un acte unilatéral de l'employeur [2] et avaient fait l'objet d'une réglementation minimale, notamment quant à leur publicité (1932). Ce n'est que depuis 1982 que ce pouvoir réglementaire est défini et encadré par un régime légal.

La loi du 4 août 1982 a tranché dans le sens d'un pouvoir réglementaire du chef d'entreprise, rompant ainsi avec la théorie contractuelle ; le règlement intérieur est désormais considéré par la jurisprudence comme « un acte réglementaire de droit privé [3] ». Pour éviter l'arbitraire, le règlement intérieur est obligatoire (pour toute entreprise de plus de vingt salariés) et doit faire l'objet d'une consultation des représentants du personnel, de formalités de dépôt et de publicité.

La loi a également délimité le champ de ce pouvoir réglementaire : ne peuvent figurer au règlement intérieur que « les mesures d'application de la réglementation en matière d'hygiène et de sécurité », « les règles générales et permanentes relatives à la discipline et notamment la nature et l'échelle des sanctions que peut prendre l'employeur » ainsi que les règles de respect des droits de la défense dont bénéficient les salariés dans le cadre de la procédure disciplinaire. Les autres domaines ne relevant pas du règlement intérieur ne peuvent faire l'objet d'une décision unilatérale du chef d'entreprise et relèvent, en conséquence, soit de la négociation individuelle (du contrat de travail), soit de la négociation collective (des conventions et accords collectifs).

Pouvoir unilatéral, le pouvoir réglementaire dans l'entreprise est toutefois soumis à une procédure de consultation des institutions représentatives du personnel (le comité d'entreprise ou, à défaut, les délégués du personnel, et, pour ce qui le concerne, le CHSCT).

Surtout, il est soumis à un contrôle de légalité exercé par l'Inspection du travail sous le contrôle du juge administratif.

1. Paul Durand, *op. cit.*
2. Cour de cassation, chambre sociale, 24 février 1971
3. Cour de cassation, 25 septembre 1991, *Société Unigrains c/ Geffroy.*

B / *Un pouvoir disciplinaire organisé*

Le pouvoir disciplinaire au sein de l'entreprise a connu une évolution similaire. Traditionnellement, il n'était l'objet d'aucune réglementation ni d'aucun contrôle.

Certes, les sanctions pécuniaires, les amendes, particulièrement choquantes, avaient fait l'objet de restrictions dès le début du siècle, avant d'être, mais seulement en 1978, totalement prohibées : « Les amendes ou autres sanctions pécuniaires sont interdites. Toute disposition ou stipulation contraire est réputée non écrite [1]. »

Là encore, c'est la loi du 4 août 1982 qui a donné un régime légal au pouvoir disciplinaire. Le pouvoir disciplinaire s'exprime par des sanctions (« toute mesure prise par l'employeur à la suite d'un agissement du salarié considéré par lui comme fautif »). La sanction est désormais soumise à un principe de proportionnalité à la faute et l'employeur est tenu de respecter une procédure disciplinaire, qui peut s'analyser comme une extension à l'entreprise du principe de respect des droits de la défense.

C / *Un pouvoir de direction étendu*

Si les pouvoirs réglementaire et disciplinaire ont été encadrés, le pouvoir de direction du chef d'entreprise reste entier et, d'une certaine façon, discrétionnaire. L'employeur reste seul juge de l'intérêt de l'entreprise et des moyens de le poursuivre, comme le rappelle régulièrement la jurisprudence : « L'employeur, qui porte la responsabilité de l'entreprise, est seul juge des circonstances qui le déterminent à cesser son exploitation [2]. »

Certes, en vertu du caractère contractuel de la relation de travail, l'employeur ne peut, théoriquement, modifier unilatéralement le contrat de travail. Mais cette restriction ne s'applique en fait qu'aux modifications dites « substantielles » du contrat de travail. D'ailleurs, si le salarié peut les refuser, il y a néanmoins rupture du contrat de travail, sauf qu'elle est imputée dans ce cas à l'employeur et constitue, à ce titre, une forme de licenciement économique.

En fait, la seule restriction à ce pouvoir tient à la représentation collective des salariés, qui, selon les formules, incite ou oblige l'employeur à tenir compte de l'avis des salariés dans sa gestion.

III I L'ENTREPRISE ET LE COLLECTIF DES SALARIÉS

A / *Des traditions concurrentes et opposées*

Trois traditions historiques inspirent les différentes conceptions de la place du collectif de salariés dans l'entreprise.

1. Nouvelle rédaction résultant de la loi du 4 août 1982. Code du travail, art. L. 122-42.
2. Arrêt *Brinon*, 31 mai 1956.

La première est associationniste et a inspiré successivement le mouvement coopératif et, au cours des années soixante-dix notamment, la réflexion sur l'autogestion. Pour elle, le collectif de salariés s'identifie totalement avec l'entreprise : « L'industrie à exercer, l'œuvre à accomplir sont la propriété commune et indivise de ceux qui y participent [1]. »

La seconde est celle de la cogestion, plus présente en Allemagne (*Mitbestimmung*) qu'en France [40]. Deux légitimités coexistent dans l'entreprise : la légitimité patrimoniale, fondée sur la propriété, même si elle agit par l'intermédiaire d'un mandataire, et la légitimité du travail, qui a une forme d'expression propre. Le pouvoir doit donc concilier ces deux légitimités, même si, généralement, la première prime sur la seconde.

La troisième est celle de la représentation des salariés, qui leur donne au moins un droit (indirect) d'expression, notamment sur leurs revendications, et aussi celui d'être consultés, voire de négocier. Les deux autres logiques existent mais sont très peu développées. C'est la troisième orientation qui a été privilégiée par le droit français, comme moyen de réalisation de l'objectif constitutionnel de démocratie économique : « Tout travailleur a le droit de participer, par l'intermédiaire de ses délégués, à la détermination collective des conditions de travail et à la gestion des entreprises [2]. »

Malgré un investissement intellectuel considérable, l'inspiration autogestionnaire n'a, en effet, trouvé de concrétisation que dans les sociétés coopératives ouvrières de production [3] (les SCOP), qui ont connu un certain renouveau dans les années soixante-dix. Les SCOP ne concernent toutefois qu'un nombre limité d'entreprises.

Quant à la cogestion, son développement tardif a d'abord été limité à la démocratisation du secteur public qui, avec la loi du 26 juillet 1983, a prévu une représentation des salariés dans les conseils d'administration ; pour permettre aux entreprises privatisées de maintenir cette formule, l'ordonnance du 21 octobre 1986 sur les privatisations en a introduit la possibilité, de façon facultative, dans les entreprises privées, possibilité qui semble n'avoir été utilisée pour l'instant que par les seules entreprises privatisées.

B / *L'institutionnalisation de la représentation du personnel dans l'entreprise*

La représentation des salariés dans l'entreprise est, en revanche, d'application générale. Elle s'exerce par des instances multiples résultant de la sédimentation progressive d'institutions créées en fonction de besoins divers : les délégués du personnel, les comités d'entreprise, les délégués syndicaux et les sections syndicales d'entreprise, et enfin les comités d'hygiène, de sécurité et des conditions de travail (CHSCT) ([41] et tableau 20).

1. Pierre-Joseph Proudhon, *Idée générale de la révolution au XIXe siècle*, 1851.
2. Préambule de la Constitution de 1946.
3. Danièle Demoustier, *Les coopératives de production*, Paris, La Découverte, 1984.

40

LES INSTITUTIONS REPRÉSENTATIVES DU PERSONNEL EN FRANCE ET EN ALLEMAGNE

La représentation collective en France et en Allemagne est marquée par plusieurs différences juridiques et institutionnelles :

– alors qu'en Allemagne les salariés sont représentés par une institution unique, le Conseil d'entreprise (*Betriebsrat*), entièrement composé d'élus, les institutions françaises sont multiples : institutions élues (délégués du personnel, comité d'entreprise), institutions désignées (délégués syndicaux, section syndicale) et instances plus fonctionnelles (CHSCT) ;

– si, en Allemagne, la présence syndicale dans l'entreprise n'est pas officielle, elle a été consacrée en France par la loi du 27 décembre 1968 et du 28 octobre 1982 ;

– alors que le droit de grève est constitutionnellement reconnu en France depuis 1946, il n'existe théoriquement pas en droit allemand ;

– enfin, le *Betriebsrat* allemand a des droits de cogestion qui sont étrangers au système français.

Mais une enquête menée auprès de trente établissements français et allemands conduit à relativiser l'impact de ces différences juridiques et institutionnelles.

Si le Conseil d'entreprise allemand est unique, il est divisé en plusieurs commissions (négociation, salaires, information économique, cantine...) et le président du *Betriesbrat* joue finalement un rôle de coordination souvent comparable à celui du délégué syndical français. De plus, le cumul des mandats dans le système français tend à atténuer les différences entre les institutions.

Par ailleurs, l'impact juridique de l'absence de reconnaissance officielle du syndicat dans l'entreprise en Allemagne doit être relativisé par le poids réel des syndicats dans le système représentatif : les élus du conseil d'entreprise sont clairement identifiés par leur appartenance syndicale et entretiennent des liens étroits avec les structures syndicales extérieures à l'entreprise.

Autre différence juridique ; le droit de grève. Celle-ci aussi doit être nuancée, d'abord parce que des grèves peuvent être organisées à l'initiative des élus allemands, en infraction avec la loi, ensuite parce que certains instruments comme la convocation de l'assemblée du personnel peuvent être utilisés dans un sens ouvertement conflictuel par les représentants des salariés.

Dernier point : les représentants allemands interviewés dans l'enquête ont fortement relativisé l'impact courant de la cogestion économique, soulignant que les choix en ce domaine relèvent d'abord du patronat. Ils reconnaissent, en revanche, disposer d'un véritable droit de codétermination dans les affaires dites sociales (règlement interne, formation, plans sociaux, évaluation des personnels...) mais qui est étroitement lié à leur reconnaissance dans l'entreprise.

En définitive, c'est la capacité d'assurer la représentation quotidienne des salariés qui semble dessiner la différence la plus importante entre les systèmes français et allemand. La capacité des représentants allemands à régler efficacement les problèmes soulevés par les salariés, leur reconnaissance à ce titre par la direction apparaissent comme les éléments essentiels de leur influence. En France, les débats sur l'intervention dans le domaine économique éclipsent souvent ce rôle de traduction de la demande des salariés par leurs représentants, et les directions considèrent d'ailleurs souvent avec suspicion les liens de proximité entretenus par les représentants avec leurs mandants.

Source : « Les systèmes représentatifs à l'épreuve de leur capacité d'intervention quotidienne », *Travail et emploi*, 61, 1994.

[41]

LES INSTITUTIONS REPRÉSENTATIVES DU PERSONNEL

1 / Elles résultent de la sédimentation d'institutions successives

– *Les délégués du personnel* (DP) ont été institués en 1936 sur la base de l'expérience des délégués d'atelier de 1917, suscitée dans les industries travaillant pour la défense nationale par Albert Thomas. Leur mise en place est obligatoire dans les établissements occupant au moins 11 salariés. Ils sont chargés de présenter à l'employeur des réclamations individuelles ou collectives et de saisir l'inspecteur du travail des plaintes ou des observations relatives à l'application de la réglementation. Ils assurent les fonctions dévolues au comité d'entreprise dans les entreprises où celui-ci n'existe pas.

– *Le comité d'entreprise* (CE), créé en 1946, a vu ses pouvoirs développés en 1982. Sa mise en place est obligatoire dans toute entreprise (ou établissement) de plus de 50 salariés. Il a une double fonction : il est chargé d'« assurer une expression collective des salariés permettant la prise en compte permanente de leurs intérêts dans les décisions relatives à la gestion et à l'évolution économique et financière de l'entreprise, à l'organisation du travail et aux techniques de production » et dispose, à ce titre, de multiples attributions consultatives ; il gère, en outre, les activités sociales et culturelles.

– *Le délégué syndical* et la section syndicale d'entreprise sont le résultat des accords de Grenelle de 1968.

Le délégué syndical représente le syndicat dans l'entreprise. Il peut être désigné par toute organisation représentative dans les entreprises de plus de 50 salariés (dans les entreprises de moins de 50 salariés, un délégué du personnel peut être désigné comme délégué syndical).

La section syndicale d'entreprise regroupe l'ensemble des adhérents du syndicat dans l'entreprise. Elle peut être constituée dans toute entreprise quelle qu'en soit la taille, mais n'a pas de personnalité morale propre. Elle dispose toutefois de moyens d'activité (panneau d'affichage, réunion, local au-delà de 200 salariés).

– *Le comité d'hygiène, de sécurité et des conditions de travail* (CHSCT) est le résultat de la fusion, en 1982, de l'ancien comité d'hygiène et sécurité, créé en 1947, et du comité d'amélioration des conditions de travail, créé en 1973, qui étaient tous deux des commissions spécialisées du comité d'entreprise. Désormais, le CHSCT est une institution représentative à part entière, qui exerce une mission de contrôle et d'étude et qui est consulté obligatoirement dans les domaines relevant de sa compétence.

2 / La loi quinquennale pour l'emploi du 20 décembre 1993 a apporté plusieurs modifications à ces institutions :

– le mandat des délégués du personnel a été ramené d'un à deux ans, afin de permettre l'élection simultanée des délégués du personnel et des membres du comité d'entreprise ;

– la possibilité de mettre en place une délégation unique de représentation du personnel (DP/CE) à l'initiative de l'employeur a été introduite dans les entreprises de 50 à 199 salariés ;

– le crédit d'heures pour les délégués du personnel est déterminé en fonction de l'effectif de l'entreprise, et ramené de quinze à dix heures par mois pour les entreprises de moins de 50 salariés ;

– l'information économique, financière et sociale communiquée par l'employeur au comité d'entreprise a été simplifiée, avec la mise en place d'un rapport unique dans les entreprises de moins de 300 salariés ;

– la périodicité des réunions du comité d'entreprise a été ramenée à deux mois (contre un mois auparavant) dans les entreprises de moins de 150 salariés.

Ces différentes mesures constituent toutefois plus des aménagements techniques qu'une refonde profonde du système de représentation collective. Leur objectif est avant tout de limiter le coût de la représentation collective dans les entreprises petites et moyennes.

Tableau 20. *Les différentes institutions représentatives du personnel*

	Délégués du personnel	Comités d'entreprise	Délégués syndicaux	Section syndicale d'entreprise	Comité d'hygiène-sécurité et conditions de travail
Origine	Délégués à la sécurité dans les usines (1890) Délégués d'atelier institués par Albert Thomas en 1917	Comités sociaux d'établissement mis en place par la Charte du travail (1941) Programme du CNR (1944)	Accords d'entreprises sur le droit syndical *Pour une réforme de l'entreprise* (1963) (F. Bloch-Lainé). Accords de Grenelle (1968)	*Ibid.*	Comité d'hygiène et sécurité (1947). Commission d'amélioration des conditions de travail (1973)
Date d'institution	Loi du 24 juin 1936	Ordonnance du 22 février 1945	Loi du 27 décembre 1968	Loi du 27 décembre 1968	Loi du 23 décembre 1982
Champ d'application	Établissements d'au moins 11 salariés	Établissements de plus de 50 salariés Possibilité d'une délégation unique DP-CE dans les établissements de 50 à 199 salariés	Établissements de plus de 50 salariés	Toutes les entreprises	Établissements de plus de 50 salariés
Mode de désignation	Élus pour deux ans (élections simultanées CE)	Élus pour deux ans	Désignés par l'organisation syndicale	Adhérents du syndicat dans l'entreprise	Élus par le collège des élus CE et DP
Rôle	Présentation des revendications à l'employeur	Information et consultation surde nombreuses décisions concernant l'entreprise (changements technologiques, plan de formation, plans sociaux, temps et organisation du travail) Gestion des activités sociales et culturelles	Représentation du syndicat dans l'entreprise Négociation et conclusion d'accords et de conventions collectives dans l'entreprise	Regroupement des adhérents du syndicat dans l'entreprise	Information et consultation sur les mesures concernant la santé et la sécurité des salariés

Source : Institut de recherches économiques et sociales (IRES).

Pour réaliser leur mission, les représentants du personnel bénéficient d'un statut qui en fait des salariés particuliers dans l'entreprise [42].

[42]

LES MOYENS DES INSTITUTIONS REPRÉSENTATIVES DU PERSONNEL

Les représentants du personnel bénéficient d'un certain nombre de dispositions.

La loi leur a attribué des moyens de fonctionnement, essentiellement sous forme de crédit d'heures utilisées pour accomplir leur mission. Ils peuvent également disposer de moyens matériels dans certains cas (panneau d'affichage, salle de réunions, local, etc.). Le CE est le seul à disposer de par la loi d'un budget de fonctionnement (0,2 % de la masse salariale).

Ils bénéficient également de la liberté de circulation dans l'entreprise, dans le cadre de leur mission.

La loi les fait destinataires d'informations obligatoires. C'est notamment le cas pour le CE auquel l'employeur doit communiquer certains documents obligatoires (rapport annuel, document comptable, bilan social pour les entreprises de plus de 300 salariés, etc.). En outre, le comité d'entreprise (et le CHSCT en cas de situation dangereuse) a la possibilité de faire appel à un expert extérieur, dans certains cas rémunéré par l'entreprise.

Enfin, les institutions représentatives du personnel font l'objet d'une protection spécifique. Tout obstacle de l'employeur à leur fonctionnement constitue un délit : le délit d'entrave, pénalement sanctionné. En outre, les représentants du personnel bénéficient d'une protection contre le licenciement : celui-ci doit avoir été préalablement autorisé par l'inspecteur du travail, qui prend sa décision après enquête contradictoire, de façon à vérifier que le licenciement n'est pas « en rapport avec les fonctions représentatives normalement exercées ou l'appartenance syndicale de l'intéressé [1] ».

1. Conseil d'État, 5 mai 1976, SAFER *d'Auvergne c/Berette.*

Le rôle des institutions représentatives peut être décrit par les diverses fonctions qu'elles exercent.

La fonction de défense des salariés et d'expression des revendications a été initialement prise en charge par les délégués du personnel, mais les délégués syndicaux y contribuent désormais également.

Le rôle consultatif sur la gestion de l'entreprise relève de la responsabilité du comité d'entreprise, qui a reçu, de par la loi, de nombreuses compétences obligatoires dans ce domaine, complétées par une information elle-même obligatoire. Mais, en l'absence de comité d'entreprise, ce sont les délégués du personnel qui reçoivent ces attributions. En outre, en matière d'hygiène, de sécurité et de conditions de travail, c'est le CHSCT qui joue ce rôle consultatif.

La gestion des activités sociales – que l'on peut considérer comme des avantages non salariaux, liés à la participation à l'entreprise – relève, elle aussi, de la responsabilité du comité d'entreprise. Le transfert de cette compétence – une activité aujourd'hui très importante des comités d'entreprise [1] – répondait, en 1945, au souci d'éviter le paternalisme du chef d'entreprise dans leur gestion.

1. Christian Dufour, Marie-Françoise Mouriaux, « Les comités d'entreprise : quarante ans après », *Les dossiers de l'IRES*, octobre 1986.

La négociation collective d'entreprise est, quant à elle, un monopole syndical : seuls les délégués syndicaux sont habilités à signer, au nom de leur organisation, des accords ou conventions d'entreprise.

Cette répartition recouvre en fait une grande complexité : la distinction entre les fonctions est souvent moins claire qu'il n'y paraît. Les limites entre les fonctions de défense, de consultation et de négociation sont, dans la réalité, souvent difficiles à fixer ; il est difficile, par exemple, pour les délégués syndicaux de négocier en connaissance de cause, s'ils ne disposent pas d'une information dont bénéficie surtout le comité d'entreprise.

Ces chevauchements de compétence ont conduit, dans le droit comme dans les faits, à assurer une communication entre les institutions représentatives du personnel. Ainsi, chaque syndicat représentatif présent dans l'entreprise dispose-t-il d'un siège, avec voix consultative, au sein du comité d'entreprise. De même, dans les entreprises de moins de cinquante salariés, un délégué du personnel peut aussi être désigné comme délégué syndical. Surtout, le monopole syndical de présentation, au premier tour des élections, accordé aux organisations syndicales représentatives, assure par l'intermédiaire des organisations syndicales une communication entre divers représentants, tout en faisant bénéficier ceux-ci de l'appui de la structure syndicale. Dans la réalité, les cumuls des diverses fonctions sur une même personne sont fréquents.

L'inadaptation du système est toutefois manifeste aujourd'hui. Ainsi, la montée des listes non syndicales dans les résultats aux élections au comité d'entreprise remet en cause une conception de la représentation fortement liée au syndicalisme. Cette diminution de l'implantation syndicale se traduit surtout dans des difficultés pour la conduite de la négociation d'entreprise, puisqu'il s'agit d'une compétence exclusive des syndicats. C'est ainsi que l'on a vu se développer des accords dits atypiques ou quasi-accords, négociés entre l'employeur et les délégués du personnel ou les représentants au comité d'entreprise, mais qui ne peuvent avoir le statut d'accords collectifs de travail, puisqu'ils ne répondent pas à leur définition légale.

L'accord national interprofessionnel du 31 octobre 1995 a donné un cadre juridique à ces quasi-accords dans les entreprises non pourvues de délégué syndical. Il prévoit en effet deux formes nouvelles de négociation d'entreprise, qui seront expérimentées par voie d'accord de branche :

– soit des textes négociés avec les représentants élus de l'entreprise (comités d'entreprise ou délégué du personnel) et ensuite validés par une commission paritaire de branche ;

– soit des textes signés par un ou plusieurs salariés de l'entreprise mandatés par une organisation syndicale pour une négociation déterminée.

La loi du 12 novembre 1996, qui confirme ces dispositions, prévoit qu'un bilan de l'application de ces nouvelles modalités doit être soumis au Parlement avant le 31 décembre 1998.

Ces difficultés ont mis davantage en évidence le problème, traditionnel, de la complexité du système de représentation du personnel d'autant qu'à cette critique s'est ajoutée la remise en cause du coût qui en résulte notamment pour les PME.

De nombreuses propositions de simplification ont été faites, fondées

Tableau 21. *Répartition des établissements et des effectifs salariés par taille d'entreprise (au 31 décembre 1994)*

(en milliers de salariés et d'établissements)

Taille	de 1 à 9	de 10 à 49	de 50 à 199	200 et plus	Total
Nombre d'établissements	1 181,7	189,6	33,7	6,8	1 411,8
En %	83,7	13,4	2,4	0,5	100
Nombre de salariés	3 522,4	3 907,3	3 076,7	3 078,0	13 584,4
En %	25,9	28,8	22,6	22,7	100

Source : UNEDIC, *Bulletin de liaison*, 4e trimestre 1995.

sur l'idée de regroupement, en une seule instance, des diverses institutions du personnel : le Conseil d'entreprise proposé par le Centre des jeunes dirigeants (CJD) constituerait ainsi une instance unique, aux pouvoirs élargis (y compris à la négociation des accords d'entreprise) et ce, quelle que soit la taille de l'entreprise ; d'autres projets n'envisagent le regroupement que pour les entreprises les plus petites [1].

La loi quinquennale a partiellement repris à son compte ces propositions, en apportant un certain nombre de simplifications au système de représentation, et surtout en ouvrant la possibilité d'une fusion des délégués du personnel et du comité d'entreprise dans les entreprises de 50 à 200 salariés (cf. [41]).

Dans le cadre de la procédure d'évaluation de cette loi, plusieurs enquêtes ont été menées auprès des entreprises afin de mesurer les conséquences de ces modifications.

« L'impression d'ensemble demeure que les chefs d'entreprise ont privilégié une application " minimaliste " des dispositions légales, motivée davantage jusqu'à présent par le souci de simplifier les procédures de représentation et d'en réduire les coûts, que par la volonté de relancer le dialogue et la négociation avec les représentants du personnel [2]. »

Ce constat d'ensemble montre bien que la question essentielle de la représentation collective dans les petits établissements reste aujourd'hui entière. Au-delà même du nombre de salariés présents dans des établissements de moins de dix ou moins de cinquante salariés, qui sont déjà très nombreux (plus de 50 % des salariés ; cf. tableau 21), les règles relatives à la représentation collective sont loin d'être également appliquées dans les établissements de taille moyenne, faute de candidats ou du fait de diverses pressions patronales. Cette question renvoie fondamentalement, d'une part, au manque de vigueur de la présence syndicale sur le terrain, d'autre part, au mode de direction dans les petites et moyennes

1. Gilles Bélier, *Conditions de l'amélioration de la représentation des salariés dans les PME*, rapport, ministère du Travail, 1990.

2. *La loi quinquennale relative au travail, à l'emploi et à la formation professionnelle. Rapport d'évaluation*, janvier 1997, Paris, La Documentation française, chap. V.

entreprises. Deux obstacles qu'une simplification ou une diminution des coûts de représentation collective ne peuvent guère suffire à lever.

LA FLEXIBILITÉ EN DÉBAT

Le thème de la flexibilité a envahi les débats sur l'évolution du droit du travail, remettant en cause les modalités d'intervention publique qui encadrent la relation salariale et la vie de travail dans l'entreprise. Depuis plus de dix ans maintenant [1], il a été affirmé comme la principale revendication patronale (« 1983 sera l'année de la lutte contre les contraintes introduites dans la législation au cours des Trente Glorieuses et aujourd'hui inadaptées, l'année de la lutte pour la flexibilité [2] ») et utilisé à propos des divers aspects du droit du travail. Cela en a parfois fait un « mot-valise », plus utilisable pour alimenter des slogans que pour analyser des évolutions. Au demeurant, son utilisation reflète bien la difficulté, sans doute plus grande aujourd'hui qu'hier, de l'arbitrage entre l'amélioration de la condition salariée et les objectifs de rentabilité des entreprises. Cette évolution affecte l'ensemble des caractéristiques de la relation salariale.

I | RÉGLEMENTATION ET FLEXIBILITÉ : UN DÉBAT PERMANENT QUI A CHANGÉ DE NATURE

Pendant la croissance soutenue d'après-guerre, la garantie d'une généralisation des avantages salariaux, notamment l'amélioration régulière du pouvoir d'achat, profite à l'ensemble des entreprises : il y avait accord sur un processus d'amélioration continue qui limitait les traditionnelles réticences des employeurs à l'accroissement des garantics apportées aux salariés. L'extension progressive de la négociation a permis d'adapter les rythmes du progrès des avantages sociaux aux possibilités économiques et sociales des différents secteurs, en conciliant des capacités économiques différentes liées aux différences de rentabilité entre les secteurs, avec une dispersion limitée des inégalités de façon à ce qu'elles restent soutenables.

Ce consensus a été remis en cause depuis le début des années quatre-vingt, du fait de l'évolution économique. Les entreprises ont dû s'adapter à une concurrence internationale accrue. En dehors du souci de comprimer au maximum leurs coûts, notamment salariaux, les entreprises cherchent aussi à s'adapter à une plus forte variabilité de la demande, en quantité comme en qualité. Pour cela, elles sont conduites à des évolutions importantes de leur gestion : diminution des stocks (gestion en flux

1. Cf. « La bataille de la flexibilité », dans Henri Weber, *Le parti des patrons..., op. cit.*
2. Yvon Chotard, *Rapport à l'assemblée générale du CNPF* (16 janvier 1983).

Tableau 22. *Les formes de flexibilité*

	Flexibilité quantitative	Flexibilité qualitative
Flexibilité externe	– Recours à l'externalisation (sous-traitance) – Assouplissement du droit du licenciement – Recours au travail temporaire	
Flexibilité interne	– Possibilité de faire varier la durée du travail et les rémunérations	– Possibilité de modifier l'organisation du travail et l'affectation des salariés

tendu), amortissement plus rapide des investissements. C'est alors que l'on peut réellement parler de flexibilité : elle consiste, pour les entreprises, en une capacité d'adaptation plus rapide (organisation et personnel) à un contexte qui apparaît moins prévisible.

L'ensemble de ces évolutions a des conséquences sur la gestion de la main-d'œuvre. Les garanties apportées aux salariés ont conduit à faire du travail un facteur quasi fixe : le souci d'adaptation va, au contraire, conduire à remettre en cause certaines de ces garanties, notamment en matière d'emploi et de salaire. La gestion en flux tendu comme le souci d'amortir plus rapidement les investissements va conduire à tenter de repenser entièrement l'organisation du travail, notamment l'organisation du temps de travail.

Ainsi la flexibilité comporte-t-elle nécessairement diverses formes et ne touche pas seulement à l'ajustement des effectifs. L'analyse des formes de la flexibilité s'appuie sur deux distinctions désormais classiques [1] : entre flexibilité externe et flexibilité interne, et, pour cette dernière, entre flexibilité quantitative et flexibilité qualitative. En cas de flexibilité externe, l'ajustement se fait par recours au marché du travail externe (principalement licenciements et appel à la main-d'œuvre temporaire), alors qu'avec la flexibilité interne l'ajustement se fait par des processus de réallocation interne à l'entreprise, en particulier grâce à la formation et à l'organisation du travail. La flexibilité quantitative, qu'elle soit interne ou externe, a essentiellement pour objectif de diminuer la part des coûts fixes au profit des coûts variables, alors que la flexibilité qualitative – qui est, par définition, une flexibilité interne – cherche à adapter les qualifications et l'organisation de la production aux évolutions qualitatives de la demande (tableau 22).

L'exigence de flexibilité a des conséquences sur l'ensemble du droit du travail, comme d'ailleurs sur la politique contractuelle, dans la mesure où elle conduit à modifier les règles du jeu.

1. Bernard Brunhes, « La flexibilité du travail. Réflexions sur les modèles européens », *Droit social*, mars 1989.

II | LA GESTION DES EFFECTIFS ET LA FLEXIBILITÉ EXTERNE

La flexibilité externe consiste à adapter le volume de l'emploi dans l'entreprise aux variations de l'activité, soit en rendant plus facile la rupture du contrat de travail, soit en donnant la possibilité aux entreprises de recourir à l'emploi précaire. En réalité, la flexibilité vise deux formules qui ont toujours existé, le licenciement et le travail temporaire (sous ses diverses formes), mais cherche à les ouvrir plus largement, afin de diminuer les délais d'ajustement. Il faut ajouter, à ces deux formes de flexibilité externe, la possibilité d'externaliser l'activité de l'entreprise, c'est-à-dire de reporter sur le sous-traitant la contrainte d'adaptation.

A / *Flexibilité et droit du licenciement*

En matière de licenciement, la flexibilité s'est traduite essentiellement par une diminution des contraintes administratives pesant sur le licenciement économique, avec la suppression, en 1986, de l'autorisation administrative, de création d'ailleurs très récente (1975). L'autorisation administrative avait pour but de réduire le plus possible le recours des entreprises aux licenciements, face à une récession que l'on pensait, à l'époque, passagère. En réalité, la plupart des autorisations demandées étaient accordées, et le dispositif avait surtout pour conséquence d'allonger les délais d'ajustement. Le régime du licenciement économique s'est donc rapproché du droit commun du licenciement.

En même temps qu'était accentuée la liberté de licencier, on a assisté à un souci croissant de répercuter sur l'entreprise une part du coût du licenciement et, plus récemment, d'instituer une obligation de reclassement. Depuis 1993, l'administration du travail est chargée de vérifier la régularité de la procédure et de contrôler la réalité du plan social.

La répercussion financière du licenciement sur l'entreprise peut avoir deux justifications. La première concerne les individus et elle est de nature indemnitaire : le licenciement crée un préjudice pour le salarié qui appelle réparation. Tel est le fondement, d'ailleurs implicitement reconnu comme tel par la jurisprudence, des indemnités de licenciement, comme des indemnités versées au salarié en cas de non-respect de la procédure ou de licenciement injustifié (absence de cause réelle et sérieuse). En réalité, ces indemnités sont faibles, sauf en cas de licenciement injustifié (minimum de six mois de salaire). Mais le licenciement ne constitue pas seulement un préjudice pour le salarié : il a également un coût social, dont une partie correspond au coût, socialisé, de l'assurance chômage. Au-delà, il faut tenir compte des méfaits sociaux du chômage, comme, par exemple, la perte de qualification qu'il entraîne pour le salarié, qui peuvent être analysés comme autant d'externalités négatives pour l'ensemble de l'économie. Ce type de raisonnement justifie les contributions spéciales pour certains licenciements, par exemple ceux concernant des travailleurs âgés ou le remboursement d'une partie des indemnités de chômage, en cas de licenciement injustifié.

Mais la répercussion – d'ailleurs souvent limitée – du coût n'est qu'une version atténuée de la responsabilité de l'entreprise. L'évolution récente a conduit, depuis la loi du 2 août 1989, à l'affirmation d'un droit à la conversion pour les salariés, que la jurisprudence récente a traduite en obligation de reclassement à la charge de l'employeur qui a le « devoir d'assurer l'adaptation des salariés à l'évolution de leurs emplois [1] ». Les employeurs ont, au minimum, l'obligation de proposer une convention de conversion en cas de licenciement économique et d'élaborer un plan social pour tout licenciement collectif de plus de dix salariés. La Cour de cassation, par un arrêt prononcé en février 1997, a de plus considéré que l'annulation d'un plan social – par exemple pour insuffisance des mesures de reclassement – entraînait la nullité du licenciement et la réintégration des salariés licenciés [43].

Par divers dispositifs, les pouvoirs publics ont également cherché à mettre en place une politique de prévention des licenciements.

Au-delà des appellations (modernisation négociée, gestion prévisionnelle de l'emploi), la philosophie de ces dispositifs est comparable : il s'agit, par des incitations diverses (aides au conseil, prises en charge d'une partie des frais de formation, mise en place de conventions FNE...), de conduire les entreprises à adapter leur main-d'œuvre, de façon prévisionnelle et négociée, aux évolutions technologiques prévisibles. La politique de formation joue, à ce titre, un rôle essentiel.

Une telle orientation se heurte toutefois à plusieurs limites en France. À la traditionnelle préférence des entreprises pour la flexibilité externe, il faut ajouter la difficulté pour les organisations syndicales à conduire des négociations sur les évolutions technologiques et leurs conséquences en termes de qualifications, et pour les employeurs à s'engager réellement dans ce domaine : soumis depuis à une conjoncture défavorable, les quelques accords de gestion prévisionnelle de l'emploi signés à la fin des années quatre-vingt ont perdu de leur crédibilité.

En outre, l'État est peu armé pour intervenir dans les décisions de gestion des entreprises et orienter en conséquence ces aides.

B / *Flexibilité et travail temporaire*

Le recours aux contrats de travail temporaires (contrats à durée déterminée et intérim) a, lui aussi, été aménagé à plusieurs reprises. Les fluctuations législatives de ces dernières années illustrent les difficultés et les hésitations de l'analyse. D'un côté, on considère les contrats de travail temporaires comme des contrats précaires dont il faut chercher à limiter le développement. De l'autre, on considère qu'ils constituent un moyen de favoriser l'emploi [44].

La reconnaissance législative de ces dérogations aux principes du contrat de travail à durée indéterminée a pour but d'en faciliter le recours par les employeurs, mais aussi de définir plus précisément les cas où on peut y recourir, et d'améliorer les droits des titulaires de ces contrats : c'est ainsi qu'ont été instituées les indemnités de précarité, que l'égalité

1. Cour de cassation, Chambre sociale, 25 février 1992, *Société Expovit c/Mme Dehaynin.*

[43]

PLANS SOCIAUX ET DROIT DU LICENCIEMENT ÉCONOMIQUE

Défini pour la première fois en 1974 par les partenaires sociaux dans un accord national interprofessionnel sur la sécurité de l'emploi, le « plan social » est un document que l'employeur doit présenter au comité d'entreprise dans le cas où il envisage un licenciement de plus de 10 salariés dans une entreprise de plus de 50 salariés. Ce plan doit comporter un certain nombre de mesures précises et concrètes de nature à limiter le nombre de licenciements, ou à en atténuer les conséquences sociales pour les salariés concernés (recours aux préretraites pour les salariés âgés, mesures de reconversion...).

Après l'abrogation de l'autorisation administrative de licenciement en 1986 (cette autorisation avait été instituée en 1975), un nouveau droit du licenciement économique s'est constitué. La loi du 2 août 1989, reprenant des textes antérieurs, instaure ainsi des règles générales spécifiques aux droits du licenciement économique dont les principales sont :

– l'obligation, pour l'employeur, de présenter un plan social dans toute entreprise de plus de 50 salariés ;

– des règles de procédures tenant à la consultation des institutions représentatives et à l'intervention de l'Inspection du travail dans le contrôle des plans sociaux ;

– l'obligation de proposer à tout salarié licencié une convention de conversion.

Ce dispositif des conventions de conversion, qui permet au salarié de bénéficier pendant la durée de la convention (six mois) d'une formation et d'une allocation (83 % du salaire antérieur brut pendant deux mois, 70 % ensuite) a connu une progression importante depuis sa création en 1987, tout particulièrement entre 1990 et 1993 du fait de la très forte croissance du nombre de licenciements économiques pendant cette période. Toutefois, la chute du nombre de licenciements économiques en 1994 (– 18 %) et en 1995 (– 16 %) ont provoqué une baisse du nombre d'entrées en conventions de conversion ces deux années.

Évolution du nombre des adhésions en conventions de conversion

1987	1988	1989	1990	1991	1992	1993	1994	1995
11 485	24 626	30 356	40 770	66 968	105 894	173 376	149 420	120 001

Source : DARES, « Bilan de la politique de l'emploi en 1995 », *Premières synthèses*, 1996.

Face à une intensification du nombre des licenciements économiques au début des années quatre-vingt-dix, le Parlement a voté le 27 janvier 1993 une nouvelle loi sur les plans sociaux, dite loi Aubry. Cette loi impose aux employeurs des mesures minimales visant le maintien dans l'emploi ; si celles-ci ne sont pas contenues dans le plan, la procédure de licenciement collectif peut être annulée. La loi de 1993 donne aussi à l'administration la possibilité d'établir un constat de carence si le plan social est jugé insuffisant. Ce constat n'a pas valeur de décision, mais il retarde la procédure.

L'adoption de cette nouvelle législation a conduit à une intensification du contrôle judiciaire sur les plans sociaux. Ainsi, depuis 1995, le contrôle du juge porte sur le sérieux et la réalité des mesures de reclassement proposées dans le cadre du plan social. Surtout, un arrêt de la Cour de cassation, prononcé le 13 février 1997 à l'occasion d'une procédure de licenciement économique à la Samaritaine, a imposé la réintégration des salariés licenciés économiques, à la suite de l'annulation du plan social. Il s'agit donc d'un nouveau cas de nullité du licenciement, qui provoque des contestations très fortes de la part des organisations représentatives d'employeurs.

[44]

LES CONTRATS DE TRAVAIL TEMPORAIRE ET PRÉCAIRE

Il existe deux formes principales de travail temporaire : le contrat de travail à durée déterminée et l'intérim (ou travail temporaire). En fait, il s'agit, dans les deux cas, de contrats de travail à durée déterminée.

Le contrat de travail à durée déterminée (CDD) est une dérogation au principe de l'indétermination de la durée (Code du travail, art. L 121-5), principe à vrai dire affirmé récemment (ordonnance du 5 février 1982). Comme son nom l'indique, il est conclu pour une durée limitée, celle-ci étant fixée en fonction d'un terme certain (c'est-à-dire une date fixée à l'avance) ou incertain (c'est-à-dire en fonction d'un événement, dont on sait qu'il doit intervenir mais sans pouvoir en fixer précisément la date ; par exemple, le retour d'un salarié malade, la fin d'un chantier, etc.).

L'intérim est une dérogation au principe de l'interdiction du marchandage. Il met en jeu une relation tripartite : le salarié, qui effectue une mission d'intérim auprès d'une entreprise, est mis à disposition, dans le cadre d'un contrat d'entreprise, par une entreprise de travail temporaire (ETT) avec laquelle il est lié par un contrat de travail à durée déterminée. Cette dérogation au principe de l'interdiction du prêt de main-d'œuvre à but lucratif est assortie de conditions : cette activité, exclusive de toute autre, est soumise à des contrôles et à des déclarations, et l'entreprise doit justifier de garanties financières permettant le paiement des salaires en cas de défaillance de l'entreprise.

Les contrats spécifiques liés à la politique de l'emploi ont souvent le caractère de contrat à durée déterminée.

des droits avec les salariés sous contrat à durée indéterminée a été mieux garantie.

C'est l'encadrement des cas de recours à ces contrats précaires qui a fait l'objet pour l'essentiel des modifications législatives récentes, qui les ont tantôt élargis, tantôt restreints [45].

Quoi qu'il en soit, on a assisté à un recours croissant au travail temporaire au cours des années quatre-vingt [1] qui constitue une part importante des embauches avec une forte sensibilité conjoncturelle mais une part encore limitée du « stock » de l'emploi salarié.

Les années quatre-vingt-dix n'ont fait que confirmer cette évolution : 80 % des embauches dans les établissements de plus de 50 salariés se font sous CDD, mais cette forme d'emploi continue à ne représenter qu'un vingtième environ du stock des emplois salariés marchands en 1995 [2] (tableau 23).

C / *L'externalisation*

L'externalisation par recours à des entreprises extérieures ne fait pas l'objet de contraintes particulières, si ce n'est le respect du droit des

1. François Michon, Christophe Ramaux, « CDD et intérim : bilan d'une décennie », *Travail et emploi*, 52, 1992.

2. CSERC, *Inégalités d'emploi et de revenu. Les années 90*, Paris, La Documentation française, 1996.

[45]

LES LOIS SUCCESSIVES SUR LE TRAVAIL TEMPORAIRE

Les lois du 3 janvier 1972 sur le travail temporaire et du 3 janvier 1979 sur les contrats à durée déterminée visaient à donner un cadre législatif à des pratiques de recours au travail à durée déterminée ou à l'intérim qui tendaient à se développer en dehors de tout dispositif légal (mise à part la reconnaissance traditionnelle par la jurisprudence de la licéité du contrat à durée déterminée).

Les ordonnances du 5 février 1982 relatives aux contrats à durée déterminée et au travail temporaire visaient à restreindre ces cas de recours.

La loi du 25 juillet 1985 puis l'ordonnance du 11 août 1986 ont successivement élargi les possibilités d'utilisation.

La loi du 12 juillet 1990, qui faisait suite à l'accord national interprofessionnel du 24 mars 1990, revient à une liste plus stricte des cas de recours.

Au-delà de l'instabilité législative, trois tendances marquent cette évolution :

– rapprochement des deux formules ;

– amélioration relative des garanties données aux salariés (indemnité de précarité, protection contre les risques professionnels, droit à l'assurance chômage et à la formation professionnelle) ;

– extension des possibilités de recours (élargissement des cas de recours et assouplissement de l'encadrement de la durée des contrats).

Tableau 23. *Évolution des emplois dits précaires entre 1982 et 1995*

(en milliers)

	1982	1985	1992	1993	1994	1995
Intérimaires	127	113	211	171	210	287
Contrats à durée déterminée	306	315	576	624	614	752
Stagiaires [1]	74	146	321	399	395	442
Apprentis	184	178	181	180	185	194
Total	691	752	1 289	1 374	1 404	1 675

1. Hors emplois aidés des politiques d'emploi.

Source : INSEE, Tableaux de l'économie française 1996-1997.

contrats (contrats de sous-traitance ou de prestations de service). Toutefois, la tentation de remplacer des salariés par des travailleurs indépendants (et d'échapper par là aux contraintes fixées par le droit du travail, comme par celui de la sécurité sociale) a conduit certaines entreprises à recourir de façon abusive à ce type de procédé. De même, sous couvert de sous-traitance, il arrive que des entreprises se livrent en fait à une activité de prêt de main-d'œuvre à but lucratif (assimilable au marchandage), sans respecter le cadre légal de l'entreprise de travail temporaire.

Il s'agit là, évidemment, de formes illégales de flexibilité. Les juges sont ainsi conduits à requalifier en contrat de travail des contrats de fausse sous-traitance. De même, le prêt de main-d'œuvre à but lucratif conduit souvent, outre les poursuites pénales, à rétablir le contrat de travail entre l'utilisateur et les salariés mis à disposition.

La « loi Madelin » du 11 février 1994 a introduit une nouvelle notion dans le Code du travail, celle du « lien de subordination juridique permanente », condition d'une requalification d'un contrat d'entreprise en contrat de travail [46]. Cette innovation juridique ne devrait toutefois que peu affecter la jurisprudence subtile construite par la chambre sociale de la Cour de cassation, dont la principale difficulté est d'établir la frontière entre vraie et fausse sous-traitance. Il apparaît donc, bien qu'il soit encore tôt pour faire le bilan d'une loi dont l'application a été lente du fait des nombreux décrets d'application nécessaires, que le texte voté en février 1994 aura plus d'impact quant au régime de protection sociale des travailleurs indépendants, notamment à travers les diverses incitations fiscales mises en place, que sur le Code du travail lui-même [1].

D / *Des effets incertains*

Le recours à la flexibilité externe est souvent contesté à cause de ses effets sur la structure du marché du travail, dans la mesure où le développement d'emplois précaires accroît le dualisme du marché du travail, avec la distinction entre un noyau dur, d'emploi stable, et un « halo » de main-d'œuvre au statut précaire.

La flexibilité externe est également apparue comme un facteur de recrudescence des risques professionnels, dans la mesure où la précarité de l'emploi se traduit par une moins bonne connaissance des règles de sécurité propres à chaque entreprise.

Il y a, de toute façon, une part d'illusion, une forme de myopie microéconomique, dans l'idée de développer la flexibilité externe ; indépendamment de la réglementation, il y a toujours des coûts de transaction pour les entreprises (embauche, apprentissage, etc.), qui les font hésiter à recourir au marché du travail. Une plus grande souplesse du droit du travail ne peut, au mieux, que limiter ceux qui résultent de la réglementation.

En outre, le développement de la flexibilité externe peut avoir des effets défavorables, notamment sur la demande des ménages. Ainsi dans les années quatre-vingt-dix, la conjonction d'une forte précarité, d'un chômage sans cesse croissant et du développement du temps partiel contraint, accompagné de faibles rémunérations, contribue-t-elle à expliquer, avec le maintien de taux d'intérêt élevés, la faiblesse de la consommation des ménages et un niveau d'épargne plus important que ce que laissaient prévoir ses déterminants économiques.

« Les effets de court terme et de long terme de la flexibilité du marché du travail sont ainsi contradictoires dans une phase de ralentissement de l'activité. Réaction mieux adaptée à des chocs d'offre, la flexibilité du marché du travail a, en revanche, contribué à l'insuffisance de la demande qui caractérise les années

1. Association Villermé, « La loi Madelin et le Code du travail », *Droit social*, 718, juillet-août 1994.

[46]

LA LOI DU 11 FÉVRIER 1994 RELATIVE À L'INITIATIVE ET À L'ENTREPRISE INDIVIDUELLE, DITE « LOI MADELIN »

S'inspirant du rapport présenté en avril 1993 par Jacques Barthélémy au nom du Conseil économique et social, la loi du 11 février 1994 comporte une série d'allégements et de simplifications des contraintes pesant sur l'*ensemble des entreprises* :

– simplification des formalités administratives : la déclaration de création, de modification ou de cession d'activité se fait désormais par un dossier unique, et vaut déclaration auprès de l'ensemble des administrations concernées ;

– simplification des formalités en matière de protection sociale : les données relatives aux effectifs et aux salaires transmises aux différents organismes de protection sociale (URSSAF, ASSEDIC, retraite complémentaire...) font l'objet d'une déclaration unique, adressée à un unique destinataire.

Par ailleurs, la loi du 11 février 1994 comporte des *dispositions spécifiques aux travailleurs indépendants et entrepreneurs individuels* :

– limitation des possibilités de requalification du contrat d'entreprise en contrat de travail : l'article 49 de la loi insère dans le Code du travail un article L. 120-3 nouveau, qui introduit une présomption simple d'activité indépendante :

« Les personnes physiques immatriculées au registre du commerce et des sociétés, au répertoire des métiers, au registre des agents commerciaux ou auprès des URSSAF sont présumées ne pas être liées par un contrat de travail dans l'exécution de l'activité donnant lieu à cette immatriculation.

« Toutefois, l'existence d'un contrat de travail peut être établie lorsque les personnes citées au premier alinéa fournissent directement ou par une personne interposée des prestations à un donneur d'ouvrage dans des conditions qui les placent dans un lieu de subordination juridique permanente à l'égard de celui-ci. »

– simplification et amélioration de la protection sociale des travailleurs indépendants : harmonisation de l'assiette des cotisations, possibilité de rachat des trimestres non validés d'assurance-vieillesse, amélioration du statut du conjoint collaborateur, contrats d'assurance de groupe...

récentes, notamment en France. Ainsi le CSERC estime [...] qu'il convient de promouvoir l'adaptation interne et négociée des modes de gestion des entreprises, plus que le recours accru à une flexibilité externe de l'emploi [1]. »

III | LA FLEXIBILITÉ QUANTITATIVE INTERNE

Cette flexibilité vise non pas à adapter le volume de l'emploi à l'activité mais à adapter aux fluctuations les conditions d'utilisation de la main-d'œuvre employée dans l'entreprise. Elle porte donc sur deux domaines : la durée et l'organisation du temps de travail, d'une part, et la rémunération du travail, d'autre part.

1. CSERC, *Inégalités d'emploi et de revenu. Les années 90, op. cit.*

A / *Temps de travail et flexibilité*

La durée du travail est au cœur du débat sur la flexibilité interne [47]. Le temps de travail n'a cessé de diminuer depuis la révolution industrielle (tableau 24). Toutefois, depuis la baisse de la durée hebdomadaire du travail de 40 à 39 heures en 1982, la durée annuelle du travail s'est stabilisée en France jusqu'au début des années quatre-vingt-dix à un niveau légèrement supérieur à 1 600 heures. En 1993-1995, une légère baisse est intervenue, principalement du fait de la progression du travail à temps partiel.

Tableau 24. *Évolution en France de la durée annuelle du travail* [1]

	Durée annuelle en heures
1851	3 021
1881	3 006
1913	2 676
1938	2 022
1963	2 048
1989	1 680
1995	1 631

1. Cette durée est une moyenne estimée sur tous les actifs occupés : salariés et non salariés, à temps complet ou à temps partiel.
Source : Olivier Marchand, Claude Thélot, *op. cit.*

À côté de cette tendance séculaire à la diminution du temps de travail, s'est développée une aspiration à une gestion plus individualisée du temps, liée notamment – mais pas seulement – à la participation croissante des femmes au monde professionnel.

Dans les années quatre-vingt, cette aspiration a été reprise, dans un sens différent, par les employeurs qui ont vu dans le temps de travail un instrument de la flexibilisation de la production. La flexibilité du temps de travail a ainsi été développée afin de permettre une adaptation de la demande, ce qui permet d'adapter en conséquence la rémunération, mais aussi d'éviter des stocks coûteux, grâce à la mise en place d'une gestion en flux tendus ou à « stock zéro ». L'outil traditionnel de cette flexibilité était le recours aux heures supplémentaires. Les législations successives dans ce domaine ont conduit à multiplier les mécanismes de flexibilité, dans le cadre d'une politique conventionnelle, dérogatoire à l'ordre public social : mise en place de cycles, modulations de types I, II et III, équipes de suppléance en sont autant d'exemples [48].

Mais cet assouplissement des règles s'est réalisé au prix d'une

[47]

DURÉE DU TRAVAIL ET MODES D'ORGANISATION DU TRAVAIL QUELQUES DÉFINITIONS

– La durée offerte ou horaire affiché est l'horaire de référence à l'intérieur d'un établissement.

– La durée effectivement travaillée est la durée du travail effectuée, en tenant compte de l'absentéisme, des congés annuels, des heures supplémentaires...

– La durée rémunérée est le temps de travail qui sert au calcul de la paye.

– L'amplitude ou étendue de la journée de travail mesure le temps passé entre le début et la fin de la journée de travail, c'est-à-dire y compris les pauses et la coupure du déjeuner, mais pas le temps de trajet domicile-travail.

– La durée annuelle du travail est obtenue en multipliant la durée offerte par le nombre de semaines travaillées dans l'année.

– Le travail posté, ou travail en équipes successives, permet de faire alterner sur un même poste de travail plusieurs salariés. On distingue le travail en discontinu (deux équipes successives), en semi-continu (trois équipes successives pendant 8 heures chacune, 3 x 8, avec arrêt en fin de semaine) et le travail en continu (sans arrêt, avec souvent des équipes de fin de semaine dites « équipes de suppléance »).

– Les horaires libres permettent à chaque salarié de choisir (en général dans certaines limites) ses plages horaires. Ils sont en général associés à un contrôle des horaires de type « pointeuse ».

complexité extrême de la législation. Cette complication croissante s'explique par le fait que le législateur a souhaité concilier – au moins partiellement – plusieurs objectifs :

– servir les aspirations des salariés ou, en tout cas, limiter les protestations syndicales les plus vives dans un domaine traditionnel du « progrès social » ;

– satisfaire aux nouvelles conditions de la production, notamment en permettant un allongement de la durée d'utilisation des équipements et une adaptation aux variations de la demande (cf. tableau 25) ;

– participer, enfin, à la politique de l'emploi par des dispositifs mêlant une réduction globale de la durée du travail et des possibilités importantes de variation de cette durée (à travers, par exemple, la modulation de type III introduite par la loi quinquennale du 20 décembre 1993, ou, plus récemment, à travers la loi Robien du 11 juin 1996).

Au-delà de ces limites relatives à la complexité des règles, la négociation sur le temps de travail est sûrement le domaine sur lequel achoppe le système traditionnel de négociation collective en France. Il est difficile de trouver des contreparties aux modifications de l'organisation du travail, et le déplacement de la négociation dans ce domaine des branches vers les entreprises a rendu le rapport de force très défavorable aux salariés.

Il ne faut pas négliger les risques que fait courir une trop grande flexibilité dans le domaine du temps de travail. Les risques pour la santé, qui avaient motivé les premières réglementations, n'ont pas disparu. C'est le

Tableau 25. *Proportion de salariés travaillant en équipes de 1957 à 1990*

	1957	1959	1963	1970	1974	1977	1981	1982	1986	1990
Ensemble des salariés	10,3	14,2	18,7	16,0	21,9	20,4	18,5	17,3	21,0	22,6
Ouvriers dans l'industrie	14,3	20,1	25,0	25,5	31,3	29,9	27,5	25,6	30,4	34,1

Source : « La durée annuelle et l'aménagement du temps de travail en 1990 », *Dossiers statistiques du travail et de l'emploi*, 85-86, décembre 1992.

[48]

LA RÉGLEMENTATION DE LA DURÉE DU TRAVAIL

Après être restée fondée pendant plus d'un siècle sur une base quotidienne et hebdomadaire, et sur un fonctionnement homogène, reposant sur des horaires collectifs et fixes, la législation sur la durée du travail a connu une évolution très sensible, entamée par l'ordonnance du 16 janvier 1982, poursuivie par les lois du 28 février 1986 et du 19 juin 1987, récemment prolongée par la loi quinquennale du 20 décembre 1993.

1 / *La durée légale du travail et les heures supplémentaires*

La durée légale hebdomadaire est fixée par l'article L 212-1 du Code du travail à 39 heures de travail effectif. Toute heure de travail accomplie au-delà de la durée légale (ou d'une durée considérée comme équivalente) est considérée comme une heure supplémentaire. Deux catégories d'heures supplémentaires doivent être distinguées :

– les heures supplémentaires comprises dans le contingent annuel (fixé à 130 heures par la loi, mais qui peut être augmenté par un accord étendu) peuvent être utilisées librement par l'employeur, sans autorisation préalable ;

– les heures supplémentaires effectuées au-delà de ce contingent demeurent soumises à une autorisation préalable de l'inspecteur du travail, après avis du comité d'entreprise ou, à défaut, des délégués du personnel.

La réalisation d'heures supplémentaires donne par ailleurs lieu à une majoration de salaires, de 25 % jusqu'à 47 heures hebdomadaires, de 50 % au-delà. Elle donne également lieu à un repos compensateur, plus important dans les entreprises de plus de dix salariés que dans les autres.

Par ailleurs, la loi fixe des durées maximales du travail :

– la durée maximale quotidienne est de 10 heures, sauf dérogations ;

– la durée maximale hebdomadaire est de 48 heures, et de 46 heures sur 12 semaines consécutives, sauf dérogations administratives.

Mais ces règles relatives à la durée du travail, et tout particulièrement les conditions de recours aux heures supplémentaires, ont été assouplies à travers plusieurs mécanismes d'adaptation du temps de travail aux fluctuations d'activité, régis par des procédures de négociation complexes.

2 / *Le cycle*

Les conditions de recours à une répartition des horaires par cycle ont été définies par la loi du 19 juin 1987. Le cycle est une période brève (comprise entre 8 et 12 semaines en pratique) au sein de laquelle le travail est réparti de façon fixe et répétitive, sans excéder 39 heures par semaine en moyenne.

Cette modalité d'organisation du temps de travail peut être mise en place dans trois cas :
– lorsque l'entreprise fonctionne en continu (vingt-quatre heures sur vingt-quatre, sept jours sur sept) ;
– lorsque la possibilité est prévue par décret (exemple des entreprises de gardiennage) ;
– lorsqu'elle est prévue par une convention ou un accord collectif étendu.

3 / *L'annualisation du temps de travail, ou la modulation*

La possibilité pour les entreprises de répartir la durée du travail sur tout ou partie de l'année a été ouverte pour les activités saisonnières par l'ordonnance du 16 janvier 1982, puis étendue par les lois de 1987 et de 1993.

Trois modalités sont aujourd'hui offertes aux entreprises :
– la modulation dite de type I permet, par un accord d'entreprise, de faire varier la durée hebdomadaire du travail au-delà du contingent d'heures supplémentaires ;
– la modulation dite de type II autorise également une variation de la durée hebdomadaire au-delà du contingent, mais dispense l'employeur du paiement des majorations et du repos compensateur ; elle peut être instaurée par un accord d'entreprise jusqu'à une durée hebdomadaire de 44 heures, et par accord de branche étendu jusqu'à 48 heures ;
– la modulation dite de type III autorise des variations plus importantes d'horaires, mais est subordonnée à une réduction de la durée du travail.

4 / *Le travail en continu*

Deux mécanismes ont été introduits, afin de permettre aux entreprises d'allonger la durée d'utilisation des équipements :
– la mise en place d'« équipes de suppléance » ou « de fin de semaine », qui est subordonnée à l'intervention d'un accord de branche étendu dérogeant au repos dominical et d'un accord d'entreprise, permet de remplacer l'équipe de semaine pendant les jours de congés (repos hebdomadaire, jours fériés, congés annuels) ;
– le recours au travail en continu pour motif économique, possible sur la simple base d'un accord d'entreprise depuis la loi quinquennale du 20 décembre 1993, permet des variations des horaires hebdomadaires sur l'ensemble de l'année dans les établissements fonctionnant sept jours sur sept, vingt-quatre heures sur vingt-quatre ; la moyenne hebdomadaire du travail dans l'année doit être de 35 heures.

5 / *Les horaires individualisés*

La mise en place d'horaires individualisés, qui dérogent au principe du caractère collectif de l'horaire de travail, relève d'une logique différente des mécanismes précédents. Ici, il ne s'agit en principe pas d'une initiative de l'employeur, mais d'une demande préalable du personnel. De même, les variations d'horaires ainsi permises au sein de plages fixes et mobiles, doivent résulter d'un libre choix du salarié, et non d'une décision de l'employeur.

Source : Circulaire de la direction des relations du travail, du 21 avril 1994 relative à l'organisation du travail.

Pour plus de précisions, cf. J. E. Ray, *Droit du travail, droit vivant, op. cit.*, p. 76-87.

cas, par exemple, pour le travail de nuit, dont on connaît les conséquences néfastes, ou pour un excessif allongement de la journée de travail, dans le cas de la semaine de quatre jours.

La diversification croissante des temps de travail [1] pose également des problèmes. Dans l'entreprise, elle est un facteur d'éclatement du collectif salarié ; c'est d'ailleurs une des raisons des réticences syndicales, notamment vis-à-vis des horaires variables. Elle a également des conséquences importantes sur la vie familiale et sur la vie sociale. « Toute réglementation ou déréglementation de l'organisation du temps de travail met en jeu la trame, à la fois individuelle et collective, de la vie humaine [2]. »

B / *Rémunération et flexibilité*

Les contraintes légales se limitent, en matière de rémunération, au SMIC. Le salaire minimum a été mis en cause comme constituant un frein important à l'embauche des jeunes, ou des travailleurs non qualifiés. Ce débat n'a pas pris en France l'ampleur qu'il revêt dans les pays anglo-saxons, bien qu'il revienne de temps à autre sur la place publique. En fait, c'est par le biais du développement des contrats de travail d'un type particulier (contrats en alternance, contrats emploi-solidarité...) et par celui de l'abaissement des charges sociales sur les bas salaires, plutôt que par la remise en cause directe du SMIC, que s'est traduite la préoccupation de flexibilité salariale. Mais la rigidité à la baisse des salaires est un constat général, bien que rien n'interdise, en droit, les baisses de salaire. L'analyse économique a cherché à rendre compte de cette stabilité des salaires.

Si le salaire peut s'analyser comme un prix, il n'est que partiellement déterminé par la confrontation, sur un marché, entre l'offre et la demande de travail. Certes, un tel marché existe, notamment au moment de la détermination du salaire d'embauche, et il influe sur les évolutions salariales, dans la mesure où la liberté de rupture du contrat de travail peut, à tout moment, conduire le salarié, et, dans une moindre mesure, l'employeur, à se reporter sur le marché pour trouver, qui un emploi plus rémunérateur, qui un salarié moins coûteux ou plus productif. Les enquêtes sur les salaires réalisées sur des panels d'entreprises par les cabinets de conseil, qui ont un rôle important dans les politiques salariales de ces entreprises [3], permettent de reconstituer partiellement les prix du marché pour les cadres.

Mais la détermination des salaires obéit également à des règles, qui permettent à la fois d'assurer la légitimité des rémunérations et d'influer, dans le sens souhaité par l'employeur, sur les comportements des salariés [4]. En effet, le jeu salarial « a la structure du dilemme du prisonnier : faute de pouvoir chacun obliger l'autre à une contrepartie, le salarié a

1. Jennifer Bué, F. Dussot, « Les horaires de travail sont moins réguliers et plus diversifiés en 1991 qu'en 1984 », *Premières synthèses*, 28, août 1993.

2. Alain Supiot, « Temps de travail : pour une concordance des temps », *Droit social*, 12, décembre 1995.

3. Vladimir Najman, Bénédicte Reynaud, *Les règles salariales au concret*, Paris, La Documentation française, 1992.

4. Bénédicte Reynaud, *Le salaire, la règle et le marché*, Paris, Christian Bourgois, 1992.

intérêt à produire le moins possible, l'employeur a intérêt à le payer le moins possible [1] ». Les règles visent à sortir de ce dilemme.

En fait, le salaire peut être considéré, soit comme le paiement d'un travail ou de la réalisation d'une tâche, soit comme la contrepartie de la mise à disposition d'une capacité de travail, soit, enfin, comme un revenu, soumis à ce titre à des contraintes macroéconomiques. La première conception conduira à sanctionner la productivité individuelle, en utilisant les formules de salaire aux pièces ou les primes de rendement individuel. La seconde conduit à la généralisation du salaire au temps, la mensualisation ayant par ailleurs fait disparaître la stricte proportionnalité avec le temps passé dans l'entreprise, sauf dans le cas des heures supplémentaires. Enfin, la référence à des règles macroéconomiques permet également de gérer les évolutions salariales, d'une façon qui harmonise les règles de concurrence entre les entreprises et assure une régulation globale de l'économie.

On a pu ainsi caractériser un modèle dit « fordiste » de formation des salaires correspondant à celui des Trente Glorieuses, à partir des trois règles suivantes :

– la détermination du niveau et de la hiérarchie des salaires par référence à des postes de travail, définis eux-mêmes dans des classifications d'emplois négociées dans le cadre des branches ;

– une indexation sur les prix à la consommation, permettant de maintenir le pouvoir d'achat ;

– l'indexation sur les gains de productivité anticipés.

Le souci de flexibilisation des salaires correspond au souci de modifier ces règles applicables aux rémunérations, plutôt que de recourir davantage au marché, ou, jusqu'à présent, de baisser les salaires. Il s'est traduit principalement par deux tendances : d'une part, l'individualisation des salaires, ou, plus précisément, l'individualisation des augmentations de salaires ; d'autre part, la mise en place de mécanismes d'indexation des salaires sur les résulats de l'entreprise, à travers l'intéressement et la participation.

L'individualisation des augmentations de salaires, après s'être fortement développée à la fin des années quatre-vingt et au début des années quatre-vingt-dix, connaît depuis cette date un certain recul, même si l'année 1995 marque un retournement de tendance, probablement lié à la reprise conjoncturelle éphémère de cette année [2]. Cette limitation du nombre des augmentations individuelles s'explique en partie par la difficulté de fonder le salaire sur une évaluation du travail individuel. Malgré le développement des techniques d'évaluation individuelle, ces procédures ne sont réellement mises en place que dans les grandes entreprises et leur légitimité est toujours difficile à établir de façon incontestable. En toute hypothèse, les augmentations individualisées concernent

1. Jean-Daniel Reynaud, *Les règles du jeu. L'action collective et la régulation sociale*, Paris, Armand Colin, 1989.

2. « Des augmentations de salaires plus élevées et plus individualisées en 1995 », *Premières synthèses*, 33-2, août 1996.

Tableau 26. *Répartition des entreprises selon les augmentations accordées*

(en %)

	1988	1990	1992	1994	1995
Augmentations générales	59	55	55	58	51
Augmentations individualisées	31	36	30	22	26
– uniquement individualisées	*12*	*18*	*13*	*10*	*13*
– individualisées et générales	*19*	*18*	*17*	*12*	*13*
Aucune augmentation	10	9	15	20	23
Total	100	100	100	100	100

Source : DARES, *Premières informations*, 352, 23 juillet 1992, et *Premières synthèses*, 96-08-33-2, août 1996.

toujours de façon plus importante les cadres et les techniciens, que les ouvriers (tableau 26).

Dans la mesure où il apparaît difficile de faire varier la rémunération sur la base de critères individuels, la flexibilité salariale (au sens large) s'est également traduite dans le développement de formes de rémunération dépendant des résultats de l'entreprise.

Pour ses défenseurs, cette « économie de la participation [1] » devrait permettre, en effet, de faire varier la rémunération en fonction de la conjoncture (et donc d'éviter les licenciements). En outre, elle constitue une incitation à l'embauche en changeant les bases du calcul économique (non en fonction de la recette marginale du dernier embauché, mais en fonction de la recette moyenne). Sa traduction dans le droit français a pris deux formes : l'intéressement et la participation [49].

La loi du 25 juillet 1994 vise à développer et à améliorer ces dispositifs d'intéressement et de participation dans l'entreprise. Au-delà des aménagements techniques, ou conjoncturels comme le déblocage de la réserve de participation, elle cherche à développer la participation des salariés actionnaires aux organes de gestion des entreprises. Ainsi, une participation obligatoire des salariés aux conseils d'administration et de surveillance des sociétés privatisées a été instituée. Dans les autres entreprises, cette participation demeure facultative, et n'a pas, jusqu'à présent, été appliquée : il s'agit certainement d'un facteur qui limite les résultats de la participation en termes d'implication du personnel dans les décisions d'organisation.

Par ailleurs, la loi de 1994 a créé un Conseil supérieur de la participation, chargé de rassembler les informations sur l'application de ces dispositifs, d'apporter son concours aux initiatives prises par les entreprises et de formuler des recommandations : à cette fin, il doit établir un rapport annuel sur l'intéressement et la participation des salariés aux résultats de l'entreprise, dont le premier a été publié en 1996.

Dernière innovation apportée par la loi de 1994 : la mise en place d'un compte épargne-temps, qui a pour objet de permettre au salarié qui le

1. Martin Weitzman, *L'économie du partage. Vaincre la stagflation*, Paris, L'Expansion, 1986.

[49]

INTÉRESSEMENT ET PARTICIPATION

L'intéressement et la participation constituent deux mécanismes différents de la participation financière des salariés aux résultats de l'entreprise qui ont été institués à partir de l'ordonnance du 7 janvier 1959. Ils sont conditionnés par la conclusion d'un accord collectif (ou, à défaut, d'un référendum d'entreprise).

La participation a été introduite par l'ordonnance du 17 août 1967. Elle est obligatoire pour les entreprises de plus de 100 salariés ainsi que pour les entreprises de 50 à 100 salariés, s'il n'y a pas d'accord d'intéressement. Les sommes dégagées au titre de la participation, selon une formule fixée par la loi, sont bloquées durant trois à cinq ans dans l'entreprise au titre de la réserve spéciale de participation ; celle-ci peut être répartie, soit de façon proportionnelle au salaire perçu par chaque salarié bénéficiaire, soit de façon mixte en tenant compte également de la durée de présence réelle du salarié au cours de l'exercice.

La loi du 24 juillet 1994, relative à l'amélioration de la participation des salariés dans l'entreprise, a apporté deux modifications principales au régime applicable :

- d'une part, une modification structurelle qui vise à renforcer la participation des salariés actionnaires aux organes de gestion de l'entreprise ; dans les sociétés privatisées, la participation des salariés au conseil d'administration ou de surveillance a été rendue obligatoire ; elle reste facultative dans les autres sociétés ;
- d'autre part, une modification conjonctuelle, qui permet le déblocage anticipé de leur réserve de participation pour les salariés qui achètent une automobile ou réalisent des travaux immobiliers.

Le régime d'intéressement, lui, est facultatif, mais ouvre droit à des exonérations. Pour cela, l'accord d'intéressement doit respecter certaines conditions : non-substitution au salaire antérieur et caractère aléatoire et réversible de la formule retenue. La loi du 24 juillet en 1994 relative à la participation a uniformisé le plafond global du montant des primes d'intéressement à un taux de 20 % de la masse des salaires bruts. Le plafond individuel institué a été maintenu à la moitié du plafond annuel moyen de sécurité sociale.

Ces pratiques de participation financière concernent un nombre croissant d'entreprises et de salariés, mais demeurent limitées au regard de l'ensemble de la masse salariale (cf. tableaux 27 et 28).

désire d'accumuler des droits à congé rémunéré. L'objectif de cette mesure est notamment d'avoir un impact sur l'emploi, en incitant les salariés à préférer une « rémunération en temps » à un revenu supplémentaire. Il est encore trop tôt pour évaluer l'impact de ce dispositif, sachant que, jusqu'à présent, les dispositifs d'intéressement et de participation n'ont connu qu'un développement limité au regard de l'ensemble des rémunérations versées : l'intéressement portait ainsi sur moins de 3 % de la masse salariale en 1993 ; la même année, moins de 3 millions de salariés avaient perçu une prime au titre de la participation, pour un montant moyen de 5 900 F (tableaux 27 et 28).

« Au moment où la production se flexibilise pour mieux répondre à une demande individualisée, où la négociation se déploie pour donner plus de possi-

Tableau 27. *Les résultats de l'intéressement*

	1986	1987	1988	1989	1990	1991	1992	1993	1994
Nombre d'accords en vigueur	2 630	3 640	7 276	9 911	9 840	8 840	8 000	8 883	8 612
Effectifs salariés concernés (en millions)		1,1	1,9	2,0	2,0	1,7	1,9	2,5	2,5
Rapport entre l'intéressement et la masse salariale (en %)	3,6	3,0	4,1	3,7	3,6	2,8	2,7	nd.	nd.

Source : Conseil supérieur de la participation, *La participation financière. Rapport annuel pour 1995,* Paris, La Documentation française, 1996.

Tableau 28. *Les résultats de la participation*

	1986	1987	1988	1989	1990	1991	1992	1993	1994
Nombre d'accords en vigueur	10 253	10 018	10 111	10 214	10 355	11 226	13 721	15 401	15 779
Effectifs salariés couverts (en millions)	4,5	4,4	4,5	4,46	4,7	4,8	4,9	5,1	5,2
Pourcentage des bénéficiaires/salariés couverts	60,3	63,3	58,4	61,9	51,3	63,0	63,0	60,0	nd.
Montant moyen de la prime par bénéficiaire (en francs)	3 530	3 670	4 380	4 710	4 700	5 020	5 450	5 914	nd.

Source : *La participation financière,* rapport cité.

bilités d'adaptation conjoncturelle à l'aménagement du temps de travail, et où le développement des statuts d'embauche à durée déterminée vise une plus grande souplesse dans la gestion de la main-d'œuvre, le niveau relatif des salaires au sein de l'entreprise semble être en France un des éléments les plus difficiles à remettre en cause pour accroître la flexibilité de la masse salariale aux évolutions de l'activité économique [1]. »

IV | LA FLEXIBILITÉ FONCTIONNELLE ET LA GESTION DES RESSOURCES HUMAINES

A / *L'organisation des entreprises et la qualification des salariés*

La flexibilité fonctionnelle recouvre en fait deux aspects [2] :

– d'un côté, il s'agit d'obtenir une plus grande adaptabilité de l'organisation productive (c'est le thème de l'atelier flexible), ce que les formes actuelles d'automatisation permettent de plus en plus [3] ;

– d'autre part et dans ce cadre, il s'agit de favoriser l'aptitude des travailleurs à changer de poste de travail (polyvalence, effort de qualification et d'adaptation).

L'évolution de l'organisation de la production remet ainsi en cause les formes tayloriennes d'organisation du travail et met en évidence l'importance d'un effort de formation des salariés. Il n'est plus possible, comme le considérait Gilbreth, un disciple de Taylor, de considérer que, lorsqu'un ouvrier est capable d'exécuter correctement les prescriptions de son bordereau de travail, « sa formation professionnelle est terminée, quel que soit son âge [4] ».

Elle se traduit aussi dans de nouvelles stratégies de gestion des ressources humaines. En effet, dès lors qu'il s'agit de favoriser la polyvalence et en même temps l'initiative, les méthodes hiérarchiques d'organisation du travail ne conviennent plus. Par là s'explique le succès rencontré par les méthodes ditcs de « management participatif ».

Une enquête menée par le ministère du Travail auprès de 3 000 établissements [5] a montré le poids relativement important de ces nouveaux mécanismes de participation : un tiers des établissements enquêtés avaient ainsi mis en place des cercles de qualité ; environ le tiers de ces cercles de qualité avaient été installés depuis le début des années quatre-vingt-dix. Le bilan apparaît satisfaisant aux yeux des directions, et 80 % des employeurs estiment que les suggestions des participants ont permis

1. « Dix ans d'évolution des salaires dans le secteur privé », *Premières synthèses,* 96-07-28-2, juillet 1996.
2. Robert Boyer, *La flexibilité du travail en Europe*, Paris, La Découverte, 1986.
3. Christian Dutertre, Giancado Santilli, *Automatisation et travail,* Paris, PUF, 1992 ; Benjamin Coriat, *L'atelier et le robot*, Paris, Christian Bourgois, 1990.
4. Cité par Georges Friedmann, *Le travail en miettes*, Paris, Gallimard, 1967.
5. « Le développement récent des politiques de motivation des salariés », *Premières synthèses,* 47, avril 1994.

Tableau 29. *La diffusion des innovations organisationnelles*

(en %)

Établissements où l'employeur a déclaré pratiquer	Juste à temps	Cercles de qualité	Groupes pluri-disciplinaires	Suppression de niveaux hiérarchiques	Normes type ISO *	Groupes autonomes
	23,6	34,3	33,9	27,3	10,6	11,4

* International Standard Organization
Source : *Premières synthèses,* 84, 18 avril 1995.

d'apporter des améliorations techniques et organisationnelles. Les représentants du personnel restent plus réservés sur l'efficacité des dispositifs participatifs ; ils considèrent que la crainte de perdre leur emploi et l'espoir d'une promotion demeurent les deux principaux éléments de motivation des salariés.

En toute hypothèse, comme le montrent d'autres enquêtes [1], les effets de la diffusion de ces pratiques innovantes d'organisation restent ambigus. En effet, les entreprises qui ont introduit des changements d'organisation ont généralement développé la polyvalence de leurs salariés – à travers des politiques de formation notamment – et une plus grande autonomie. Dans le même temps, elles ont aussi mis en place des procédures impliquant souvent plus de prescriptions et plus de contrôles, en particulier dans les établissements qui pratiquent des normes de qualité internationales certifiées ou une gestion à flux tendus (tableau 29).

B / *Flexibilité offensive et flexibilité défensive*

On a fréquemment analysé la flexibilité fonctionnelle comme une flexibilité offensive, par opposition à la flexibilité externe, de nature défensive [2] : avec la flexibilité externe, l'entreprise subit la contrainte de flexibilité et la reporte sur les salariés en faisant varier ses effectifs ; avec la flexibilité fonctionnelle, elle intègre cette contrainte dans son fonctionnement externe.

De fait, les analyses font apparaître des contradictions entre les deux formes de flexibilité.

En effet, la flexibilité fonctionnelle demande un investissement dans la qualification, dans la participation, dans la polyvalence, toutes choses qui sont difficiles à demander à un salarié qui vivrait sous la menace permanente d'une rupture de son lien avec l'entreprise.

Si la flexibilité fonctionnelle apparaît aujourd'hui préférable, tant en termes de statut salarial que de diminution des coûts sociaux de la flexibilité, notamment ceux liés aux licenciements, il apparaît en revanche difficile pour l'État de la favoriser. L'instrument du droit se révèle souvent inadapté, dans la mesure où il s'agit non pas de fixer des règles ou des

1. « Gestion de l'emploi et organisation du travail dans les entreprises innovantes : une approche statistique des pratiques d'établissement », *Premières synthèses,* 84, 18 avril 1995.
2. Robert Boyer, *La flexibilité du travail en Europe, op. cit.*

contraintes mais d'influer sur les choix de gestion des entreprises. Or c'est un domaine où l'État peut difficilement intervenir : il n'en a ni la légitimité, ni les compétences.

Aussi, malgré les tentatives pour mettre en place une politique publique dans ce domaine, les réalisations n'ont guère suivi.

> « Il est dans la nature de tout système productif de créer et de maintenir des complémentarités entre l'organisation interne des firmes, les formes de la concurrence, la nature des relations industrielles, le système éducatif, sans oublier la régulation macro-économique. En conséquence, un système qui était viable et cohérent dans un ancien paradigme rencontre par hypothèse des difficultés considérables à évoluer en direction de nouveaux principes [1]. »

***

Ainsi, la politique du travail est soumise aujourd'hui à de sérieuses remises en cause, du fait à la fois de l'extension du chômage, des transformations du travail lui-même et de son organisation, des difficultés que rencontrent les organisations syndicales.

Le droit du travail, qui a structuré durant un siècle et demi l'identité individuelle et collective des salariés, est en effet ébranlé dans ses deux principales composantes : son aspect collectif (droits collectifs, négociations collectives...), et le « statut » du salarié inséré dans le contrat de travail.

Le système de relations professionnelles est mis à mal par l'importante perte d'adhésions des organisations représentatives de salariés depuis vingt ans et par ce que d'aucuns appellent « l'épuisement du modèle du syndicalisme français [2] » : le déséquilibre du rapport de force nuit à l'expression des revendications, à une issue « par le haut » des conflits sociaux, de même qu'à la conclusion d'accords satisfaisants.

Les protections qui ont été progressivement rattachées au contrat de travail salarié sont contestées du fait même qu'elles ne sont accessibles qu'à une partie – certes encore majoritaire mais progressivement déclinante – de la population salariée.

Un double mouvement se manifeste sous nos yeux : d'un côté, les progrès du statut du salariat, l'affirmation toujours plus forte de l'identité professionnelle, « droit des forts », où le statut conventionnel relaie le statut légal sous forme de sécurités anciennes et nouvelles, attachant le salarié à son métier, à sa branche, à son entreprise ; d'un autre côté, une diversification croissante des formes juridiques – « droit des faibles » –, où le statut social se détache du contrat, « le statut n'étant plus fondé sur des prestations contractuelles, mais un statut social minimal [3] ». Le pro-

1. Robert Boyer, « Comment émerge un nouveau système productif ? », dans Jean-Pierre Durant, *Vers un nouveau modèle productif ?*, Paris, Syros, 1993.
2. Jean-Marie Pernot, « Les syndicats à l'épreuve du mouvement social », *Regards sur l'actualité,* juin 1996.
3. Alain Supiot, « L'avenir d'un vieux couple : travail et sécurité sociale », *Droit social,* 9/10, septembre-octobre 1995.

blème est que ces évolutions ne vont pas au hasard : un gouffre se creuse « entre les travailleurs qui jouissent pleinement des droits de la personne garantis par un contrat de travail " typique " et ceux qu'un travail atypique rejette du côté du travail marchandise ». « Cette dualisation du salariat manifeste d'une certaine manière la faillite du droit du travail [1]. »

Plutôt que de « brûler le Code du travail [2] », il s'agit de savoir d'abord si les politiques publiques peuvent et doivent intervenir face aux difficultés actuelles des relations professionnelles. Problème difficile : la « substitution » même provisoire d'interventions publiques aux négociations décentralisées comporte de grands risques ; et même si c'est l'État qui a, en quelque sorte, institutionnalisé les acteurs du système de relations professionnelles, et reste responsable du cadre législatif de leur action, l'avenir dépend au premier chef des organisations professionnellles elles-mêmes. Par ailleurs, concernant la diversification des situations de travail liée aux transformations techniques, économiques et culturelles, il s'agit de trouver les principes d'une recomposition du droit social qui permettent de reconstituer une égalité de protection quel que soit l'état professionnel. Évolutions qui suscitent aujourd'hui un nombre croissant de réflexions de la part des juristes de droit du travail, parmi lesquels Alain Supiot qui a posé de premiers jalons dans un ouvrage remarqué [50].

[50]

CRITIQUE DU DROIT DU TRAVAIL D'ALAIN SUPIOT
Une réflexion sur les principes fondateurs du droit du travail et leur évolution

Par rapport aux débats qui ont entouré les projets de déréglementation des années quatre-vingt et plus généralement à ceux, récurrents, qui mettent « la loi en procès », l'ouvrage publié par Alain Supiot en 1994 apporte un éclairage de long terme à caractère historique et philosophique. Des articles publiés dans la revue *Droit social* précisent certaines des orientations auxquelles mènent ses travaux.

« Critique du droit du travail » comprend un chapitre préliminaire sur « une vue européenne de la relation de travail ». Dans tous les pays d'Europe s'est opérée une synthèse des deux cultures : la culture « romaniste » (la relation de travail est vue comme une relation d'échange entre deux sujets formellement égaux) ; la culture germanique (la relation de travail relève d'une conception communautaire, de l'appartenance de fait à l'entreprise, qui confère au travailleur salarié une position statutaire plutôt que contractuelle). « Il n'est pas de pays d'Europe où la conception de travail n'ait été influencée, à des degrés divers, par chacune de ces deux cultures. » Si dans tous les pays d'Europe occidentale, c'est en définitive le contrat qui a servi de cadre à la définition juridique de la relation de travail, « ceci n'a été possible qu'au prix d'une absorption par le contrat du statut de travailleur salarié, statut qui se trouve défini à des degrés divers par la loi, la

1. Alain Supiot, *Critique du droit du travail,* Paris, PUF, coll. « Les voies du droit », 1994, p. 255-256.
2. *Droit social,* numéro spécial « Faut-il brûler le Code du travail ? », juillet-août 1986.

convention collective ou les usages ». « Mais la combinaison n'a rien de stable. Tout indique, au contraire, qu'elle est aujourd'hui profondément remise en question par les transformations qui ne cessent de parcourir la relation de travail. »

Les deux parties suivantes : « La personne et la chose » et « La subordination et la liberté » montrent comment, depuis un siècle, ces questions « posées ici en forme d'énigme : où situer le travail entre la personne et la chose ? comment assujettir le travailleur libre ? » ont été résolues par la naissance et les évolutions du droit du travail, et comment l'équilibre auquel il était parvenu se trouve menacé.

Sur le premier point (« la personne et la chose »), « l'histoire du droit du travail a été celle d'une redécouverte progressive de la dimension personnelle de ce bien qui conduit à remettre au premier plan non pas le travail comme bien, mais le travailleur comme sujet de droit ».

Concernant « la subordination et la liberté », « la tension entre l'idée de contrat qui postule l'autonomie des parties, et l'idée de subordination, qui exclut cette autonomie », a conduit à construire sur le terrain collectif ce qui ne pouvait être édifié sur le terrain individuel : « l'invention du collectif », la reconnaissance des libertés collectives des salariés, a permis de compenser la privation de liberté inhérente au contrat de travail.

Or, sous ces deux aspects, du fait notamment de la diversification des situations de travail, de la multiplication des formes d'emploi atypiques, d'une représentation syndicale « frappée d'une anémie sans précédent », l'ébranlement du droit du travail est patent. « On peut conjecturer que la fonction d'intégration économique et sociale qu'a toujours remplie le droit du travail tend à ne plus jouer qu'au bénéfice d'une partie des salariés, tandis que, pour l'autre partie, ce droit est devenu un facteur supplémentaire d'exclusion. La figure juridique du travailleur qu'avait modelée le droit du travail laisse donc progressivement la place à une figure de Janus, dont une face est celle du professionnel dont l'identité individuelle trouve à s'exprimer dans le travail, et l'autre celle du salarié isolé ou précarisé, dont le travail tend à nouveau à être traité comme une marchandise. »

La troisième partie de « Critique du droit du travail » (« Le légal et le normal ») examine les conditions nouvelles de définition de la règle de droit dans nos sociétés et le rôle du droit notamment du droit du travail, à partir d'une analyse des thèses de la « délégalisation ».

Les orientations qui découlent de ce travail de réflexion ont été esquissées dans plusieurs articles d'Alain Supiot parus dans la revue *Droit social* [1]. Pour Alain Supiot, il faut cesser de réduire le travail à la prestation fournie dans le cadre du contrat de travail et remettre en cause trois oppositions : l'opposition entre travail (compris comme activité juridiquement et économiquement contrainte) et non-travail (incluant aussi bien l'inactivité que les activités non contraintes) ; l'opposition entre travail dépendant et travail indépendant ; l'opposition entre travail salarié et emploi public, et explorer les moyens de lier juridiquement ces différentes facettes du travail ainsi mis en lumière. Les lier entre les différentes sortes de travailleurs en appliquant le principe d'égalité de traitement ; les lier dans le temps entre les différents moments de la vie du travailleur afin de lui permettre de passer d'un statut à un autre : « Comment concilier la discontinuité de la rémunération du travail sur le marché avec la continuité de la vie humaine [2] ? »

Deux principes devraient le permettre et présider à la recomposition du droit social. « Pas de contrat sans statut » : tout travail accompli sur le marché du travail doit s'inscrire dans un système de solidarité, c'est-à-dire être porteur de droits et de devoirs vis-à-vis de la collectivité ». « Pas de statut sans issue » : permettre la mobilité d'un statut à un autre et éviter tout enfermement dans l'un d'entre eux, en développant un nouveau type de droits sociaux, « droits de tirage » susceptibles d'être exercés volontairement par leurs titulaires, dans la limite d'un approvisionnement antérieur (exemple de compte épargne-temps). Cette généralisation de droits de tirage sociaux, qui existent déjà ici et là, mais de façon très dispersée, alimentés par l'État, la Sécurité sociale, les organismes paritaires de mutualisation, les entreprises, ou le travailleur lui-même, permettraient une libération du temps et le financement d'un travail hors marché.

« Manque encore à cet ensemble hétérogène de dispositions un cadre cohérent, qui tirerait toutes les conséquences des principes de continuité et de mobilité de l'état professionnel des personnes. Mais l'employé, la subordination à temps plein et à durée indéterminée ne sont certainement pas des modèles insurpassables de la vie de travail. À l'horizon du droit se distingue vaguement une autre figure, celle d'un travailleur conciliant sécurité et liberté. Utopie sans doute, mais déjà inscrite çà et là dans les textes. Et le bon usage du droit ne suppose-t-il pas d'y voir aussi un lieu d'utopie [3] ? »

1. « Le travail, liberté partagée », *Droit social,* septembre-octobre 1993 ; « L'avenir d'un vieux couple : travail et Sécurité sociale », *Droit social,* septembre-octobre 1995 ; « Du bon usage des lois en matière d'emploi », *Droit social,* mars 1997.
2. « Du bon usage des lois en matière d'emploi », art. cité.
3. *Ibid.*

Chapitre 6

Chômeurs, emploi, chômage

À partir du premier choc pétrolier, dès l'année 1974, durant laquelle le nombre de demandeurs d'emploi a presque doublé, les interventions de la politique de l'emploi ont connu un essor sans précédent.

La situation de l'emploi et les caractéristiques du chômage durant la vingtaine d'années qui séparent 1974 d'aujourd'hui n'ont, en effet, guère laissé de répit aux gouvernements. Les embellies en matière d'emploi furent de courte durée ; si, de temps à autre, des périodes de croissance un peu plus soutenue ont pu avoir une influence sur les effectifs employés, elles n'en ont guère eu sur le niveau du chômage lui-même.

Des politiques spécifiques se sont donc développées dans de considérables proportions, mais elles ont souffert de l'incapacité des théories macroéconomiques, qu'elles soient keynésiennes ou classiques, à fournir des réponses à la montée du chômage, et de la difficulté à concevoir d'autres explications. D'où des hésitations permanentes et une sédimentation de mesures d'inspirations diverses.

Les dispositifs particuliers mis en place pour traiter ou prévenir les conséquences les plus lourdes du développement du chômage sont ainsi demeurés isolés des politiques macroéconomiques d'ensemble et ont été souvent contestés du point de vue de leur efficacité.

Ce chapitre expose la façon dont le concept même de « chômeur » a émergé et les évolutions plus récentes du chômage depuis le milieu des années soixante-dix.

Les deux chapitres suivants sont consacrés à l'analyse des politiques spécifiques d'emploi (chap. 7) et à leur redéfinition partielle depuis le début des années quatre-vingt-dix (chap. 8), qui a conduit les pouvoirs publics à privilégier des instruments d'action plus généraux.

Le phénomène du chômage n'a été appréhendé dans sa définition statistique que tardivement, à la fin du XIXe siècle, donnant ainsi naissance à une catégorie particulière, celle des chômeurs, distincte du reste de la population active. Intimement liée au départ au contrat de travail salarié, la définition de la catégorie des chômeurs a subi d'importantes évolutions ultérieures tenant notamment à l'affirmation, après 1945, d'un objectif de plein-emploi.

I | LE CHÔMAGE, RUPTURE DU LIEN AVEC L'ÉTABLISSEMENT

Le phénomène du chômage est déjà connu, ressenti et identifié comme un fléau social depuis le début du XIXe siècle : il constitue d'ailleurs un des éléments essentiels de l'insécurité qui caractérise alors la condition ouvrière.

> « Jusqu'à la fin du XIXe siècle, on dénombre un chômage structurel incompressible d'environ 15 %. Ceux qui sont concurrencés par la grande entreprise travaillent bientôt à mi-temps et succombent... Pour les ouvriers des grandes manufactures, le chômage guette à la moindre crise et les livre à l'indigence. En 1839, à Lille, on compte 24 000 assistés réguliers sur 80 000 habitants [1]. »

Mais cette réalité sociale n'est mesurée et définie qu'à la fin du XIXe siècle. Ce décalage s'explique en partie par le caractère tardif et très progressif du processus français d'industrialisation, qui a longtemps laissé subsister des formes de travail traditionnelles, alors qu'apparaissait une nouvelle organisation du travail dans l'industrie, caractérisée par le rassemblement des ouvriers sur un même lieu, l'usine, et par une séparation nette entre travail et non-travail.

C'est seulement lorsque cette organisation du travail s'est développée, au détriment des formes préindustrielles, que le chômage a pu recevoir une définition, limitée d'abord à la population ouvrière. Ainsi, lors de leur apparition dans le vocabulaire politique et social français, à la fin des années 1870, les termes « chômage » et « chômeurs » désignent quasi exclusivement les ouvriers privés de travail à la suite d'une rupture de leur contrat.

Cette représentation du chômage fait écho aux divers courants de pensée de l'époque : dans le vocabulaire marxiste, l'« armée industrielle de réserve » est constituée de ces ouvriers devenus chômeurs, qui exercent une pression à la baisse sur les salaires et contribuent à les maintenir au niveau de reproduction de la force de travail. Quant aux courants d'inspiration hygiéniste, ils mettent en garde les pouvoirs publics sur les effets

1. Jean-Pierre Rioux, *La révolution industrielle*, Paris, Le Seuil, 1971, p. 174.

– nocifs pour la société – de l'absence d'occupation et de la misère d'une partie importante de la population.

La première définition du chômage, élaborée à l'occasion du recensement de 1896, consacre cette conception du chômage. Ainsi, pour la première fois, une distinction est-elle opérée entre les diverses catégories d'inactifs, qui jusqu'alors étaient entièrement confondues. La catégorie des chômeurs, distinguée en 1896 de celle des isolés, est caractérisée par trois critères [1] :

– un arrêt de l'activité habituelle, puisque le chômage se définit comme une suspension provisoire du travail ;

– un lien avec un établissement : le chômeur ne peut être qu'un ancien salarié, employé dans une entreprise avant la rupture de son contrat ;

– une condition d'âge, qui préfigure la notion de disponibilité, puisque le chômeur doit être âgé de moins de 65 ans.

Cette définition du chômage, fondée sur la rupture d'un lien préalable avec un employeur, est la conséquence de la spécificité du lien instauré par le contrat de travail, où l'ouvrier échange sa « force de travail » contre un salaire. Si l'établissement est au cœur de la définition du chômage, c'est parce qu'il est le critère essentiel de l'existence du contrat de travail.

Les résultats du recensement de 1896 révèlent toutefois la difficulté à cerner cette catégorie nouvelle. En effet, la population « en position inconnue » et celle des chômeurs présentent de grandes similitudes, géographiques, professionnelles et sociales. Dans la mesure où le recensement repose sur une base déclarative (ce sont les individus eux-mêmes ou les chefs de ménage qui remplissent les bulletins de recensement), cette similitude peut être interprétée comme une difficulté, pour les salariés eux-mêmes, à se définir comme « chômeurs ». Cette catégorie de la population reste encore mal définie, y compris dans la représentation que se font d'eux-mêmes les intéressés.

La position des travailleurs à domicile, encore très nombreux en France à la fin du XIXe siècle, illustre cette incertitude. En effet, ceux-ci, qui reçoivent la quasi-totalité de leur travail d'un maître d'ouvrage, ont un statut intermédiaire, parfois même indéterminé, entre les salariés, qui travaillent directement dans l'usine et ont un lien clair de subordination avec leur employeur, et les travailleurs indépendants.

Dans tous les cas, l'appartenance à la catégorie des chômeurs est ressentie d'autant plus nettement que le lieu de travail est distinct du lieu du domicile, que le temps de travail est un temps individualisé, différencié par rapport au temps domestique, qu'en un mot la coupure entre deux mondes, celui du travail et celui de la vie privée, est plus clairement marquée.

II | CHÔMAGE ET ÉVOLUTION DE LA POPULATION SALARIÉE ET ACTIVE

Pendant la première moitié du XXe siècle, des représentations sociales plus homogènes de la catégorie des chômeurs apparaissent. L'image

1. Robert Salais, Nicolas Baverez, Bénédicte Reynaud, *L'invention du chômage*, Paris, PUF, 1986.

populaire de la file d'attente devant un guichet se développe avec les premières mesures d'assistance : mise en place du fonds national du chômage, ligne budgétaire, créée en 1914, qui fournit des subventions aux fonds ouverts par les communes et les départements ; bureaux de placement où le chômeur peut s'inscrire comme demandeur d'emploi.

C'est progressivement que se met en place, au cours du XXe siècle, un « statut social » du chômeur, différent de celui des « inactifs » (étudiant, retraité, femme au foyer).

En 1946, l'affirmation d'un droit à l'emploi dans le préambule de la Constitution, la définition d'un objectif de plein-emploi et les besoins en main-d'œuvre d'une économie en reconstruction se conjuguent pour faire évoluer la conception initiale du chômage.

Le critère de la rupture du contrat de travail, utilisé jusqu'au recensement de 1936, n'est en effet plus suffisant pour rendre compte d'un certain nombre d'évolutions.

Le plein-emploi suppose que l'ensemble de la population susceptible et désireuse de travailler puisse accéder à un emploi, et non seulement ceux qui ont déjà occupé un emploi salarié. Cette évolution est d'autant plus nécessaire que le déclin accéléré de l'agriculture se traduit par l'arrivée en grand nombre sur le marché du travail de personnes n'ayant jamais été salariées, auxquelles on ne peut pour autant refuser la qualification de chômeurs.

Après un certain nombre d'hésitations, les définitions officielles entérinent cette nouvelle situation en élargissant les critères du chômage. La recherche d'emploi effectuée dans certaines conditions s'ajoute à la rupture du lien salarié : sont désormais également considérés comme chômeurs les individus qui, n'ayant jamais travaillé (jeunes, femmes...) ou n'ayant pas occupé un emploi salarié (agriculteurs...), sont à la recherche d'un emploi [51].

Sur la base de cette nouvelle définition, le chômage a été conçu par référence à une forme relativement homogène d'emploi salarié et défini par la rupture et/ou la recherche d'un contrat à durée indéterminée et à temps plein.

Dès la fin des années soixante, apparaissent les premiers débats sur la mesure du chômage, notamment lorsqu'en dépit d'une conjoncture économique soutenue celui-ci commence à croître.

Ce qui est en cause, dès cette époque, c'est le caractère effectif de la déclaration de recherche d'emploi (au recensement) ou de l'inscription comme demandeur d'emploi (dans les anciens bureaux de main-d'œuvre ou, à partir de 1967, dans la nouvelle Agence nationale pour l'emploi, ANPE) de la part de personnes qui pourraient différer leur entrée dans la vie active : jeunes pouvant prolonger leur scolarité, femmes désireuses de reprendre un emploi après des années d'interruption, retraités percevant déjà une pension de retraite.

Dans la mesure notamment où, depuis 1962, l'activité des femmes ne cesse de se développer, ces débats réapparaissent régulièrement en période de très forte croissance du chômage.

[51]

LES DÉFINITIONS DU CHÔMAGE : UNE COMPARAISON HISTORIQUE

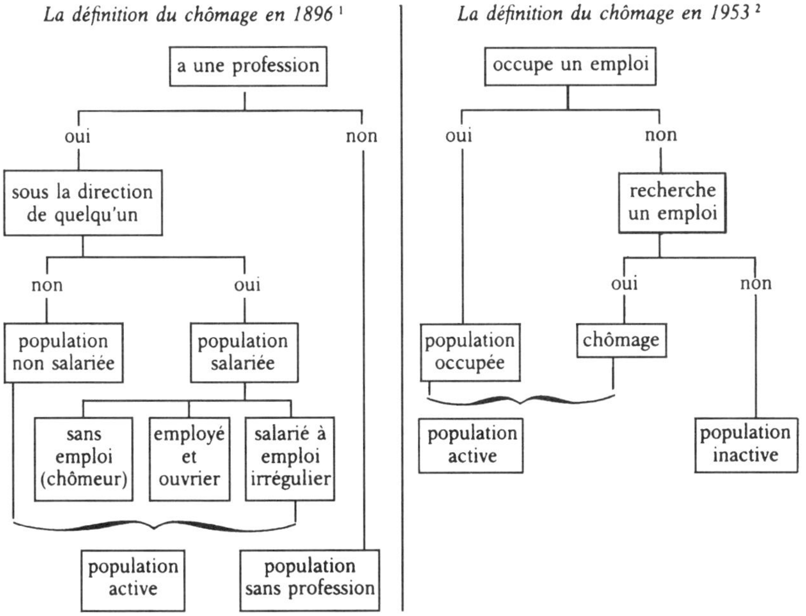

1. Bénédicte Reynaud-Cressent, « L'émergence de la catégorie de chômeur à la fin du XIXe siècle », *Économie et statistique*, 165, avril 1984.
2. Jacques Freyssinet, *Le chômage*, Paris, La Découverte, 1993.

III | LES HÉSITATIONS DES DÉFINITIONS ET MESURES DU CHÔMAGE

A / *Les transformations de l'emploi*

La généralisation du salariat s'était accompagnée d'une clarification et d'une identification de plus en plus précise du temps de la vie active, par rapport au temps de l'éducation et de la formation, et au temps de la retraite. Ainsi, l'arrivée sur le marché du travail des jeunes se traduisait-elle jusqu'au début des années quatre-vingt par le passage direct du statut d'élève, d'apprenti ou d'étudiant au statut de salarié. De la même façon, la période de retraite succédait, sans étapes intermédiaires, à l'âge actif. L'apparition d'un chômage massif à partir du milieu des années soixante-dix a constitué un facteur majeur d'ébranlement, caractérisé par trois transformations.

D'abord, l'existence d'un chômage de masse et les dispositifs mis en place pour tenter de lutter contre sa progression ont remis en cause la distinction claire entre ces cycles de vie, en multipliant les statuts intermédiaires, notamment au cours de deux périodes de transition : le passage de la formation initiale à la vie active (stages, alternances) et le passage de la vie active à la retraite (préretraites, dispenses de recherche d'emploi...). Les politiques de l'emploi elles-mêmes ont ainsi contribué, de façon peut-être paradoxale, à brouiller la frontière entre activité et chômage ou ont, pour utiliser une autre métaphore, entretenu et étendu le « halo [1] » qui a toujours plus ou moins existé entre le travail et le non-travail [52].

[52]

DÉFINITIONS ET ORDRES DE GRANDEUR
DE LA POPULATION ACTIVE EN MARS 1996

La population active est composée de deux catégories principales :

– les personnes d'âge actif (entre 16 et 65 ans) occupant un emploi, ou la *population active occupée.* Cette catégorie regroupe *22 493 000 personnes en mars 1996* (contre 22 022 000 personnes en mars 1993). Elle se partage, selon le statut de l'emploi, en 19 561 000 salariés et 2 932 000 non-salariés. Elle inclut, par ailleurs, les militaires du contingent (environ 220 000 personnes) ;

– les *chômeurs au sens du BIT,* qui sont au nombre de *3 098 000 en mars 1996* (contre 3 115 000 en mars 1993).

Au total, la population active représente ainsi 25 591 000 personnes en mars 1996, contre 25 137 000 personnes en mars 1993.

Le taux d'activité de la population, qui se définit comme le rapport entre la population active et la population totale, demeure stable depuis le début des années quatre-vingt-dix et atteint, en mars 1996, le chiffre de 54,8 %. Cette stabilité globale traduit un double mouvement de progression du taux d'activité des femmes (qui passe de 46,8 % en mars 1993 à 47,6 % en mars 1996) et de recul relatif du taux d'activité des hommes (qui passe de 63,0 % en mars 1993 à 62,7 % en mars 1996).

Source : Premiers résultats de l'enquête Emploi de mars 1996, *INSEE Première,* juin 1996.

En second lieu, alors que le contrat à durée indéterminée était jusqu'alors prédominant, le droit du travail s'est progressivement adapté, développant des formes de flexibilité diverses, et notamment les contrats de travail atypiques : le contrat à durée déterminée, le travail intérimaire, par exemple (tableau 31). Parallèlement, les dispositifs de politiques d'emploi multiplient également ces contrats particuliers : contrats emploi-solidarité, contrats de retour à l'emploi, contrats initiative-emploi... Ainsi, dans le déroulement même de la vie active, les statuts n'apparaissent plus aussi clairement définis que par le passé.

Enfin, le travail à temps partiel, qui était, jusqu'aux années soixante-dix, peu développé en France par rapport à certains pays étrangers, s'est beaucoup accru (tableau 30). Principalement féminin (plus de 80 % des salariés à temps partiel sont des femmes), il a été fortement encouragé par les pouvoirs publics depuis le début des années quatre-vingt-dix à

1. M. Cézard, « Le chômage et son halo », *Économie et statistique,* 193-194, décembre 1986.

Tableau 30. *Part du temps partiel dans l'emploi total*

(en %)

	1973	1983	1993	1995
France	5,9	9,6	13,7	15,6
Allemagne	10,1	12,6	15,1	16,3
Italie	6,4	4,6	5,4	6,4
Suède	nd.	24,8	24,9	24,3
Royaume-Uni	16,0	19,4	23,4	24,1
États-Unis	15,6	18,4	17,6	18,6

Les différences dans les définitions nationales du temps partiel font qu'il n'est pas directement possible de comparer ces chiffres. En revanche, les évolutions sont significatives.

Source : OCDE, *Perspectives de l'emploi,* juillet 1996.

Tableau 31. *Les situations particulières d'emploi en 1995*

	Effectifs
Contrats à durée déterminée	752 000
Intérim	287 000
Apprentis	194 000
Contrats aidés	442 000
Temps partiel	3 463 000
Population active occupée salariée	*19 339 000*

Source : INSEE, enquête Emploi mars 1995, dans DARES, *40 ans de politique de l'emploi,* Paris, ministère du Travail et des Affaires sociales/La Documentation française, 1996.

travers des exonérations de charges introduites en 1992, puis à travers la possibilité d'annualiser le temps partiel depuis la loi quinquennale de décembre 1993.

B / *Une frontière de plus en plus floue entre l'emploi et le chômage*

L'ensemble de ces évolutions – multiplication de statuts intermédiaires entre l'école et l'emploi et entre l'emploi et la retraite, développements de contrats atypiques, progression du temps partiel subi ou contraint – a contribué à nourrir un débat autour de la norme d'emploi : l'emploi salarié s'exerçant dans le cadre d'un contrat à durée indéterminée à temps plein peut-il toujours être considéré comme une référence – ou une norme –, alors que son poids dans l'emploi total a tendance à diminuer, en même temps que progressent les « formes particulières d'emploi » ?

Ce débat n'est toutefois pas simple à aborder en termes quantitatifs dans la mesure où aucune source statistique ne fournit aujourd'hui une vision exhaustive de ces nouvelles formes d'emploi. L'enquête sur l'emploi de l'INSEE, réalisée par sondage, en fournit certainement la meilleure approximation (tableau 31), mais on ne peut additionner les différentes situations, dans la mesure où certaines d'entre elles se chevauchent (par exemple temps partiel et contrats aidés ou CDD). L'enquête sous-estime,

Graphique 1. *Les chevauchements entre emploi, inactivité et chômage*

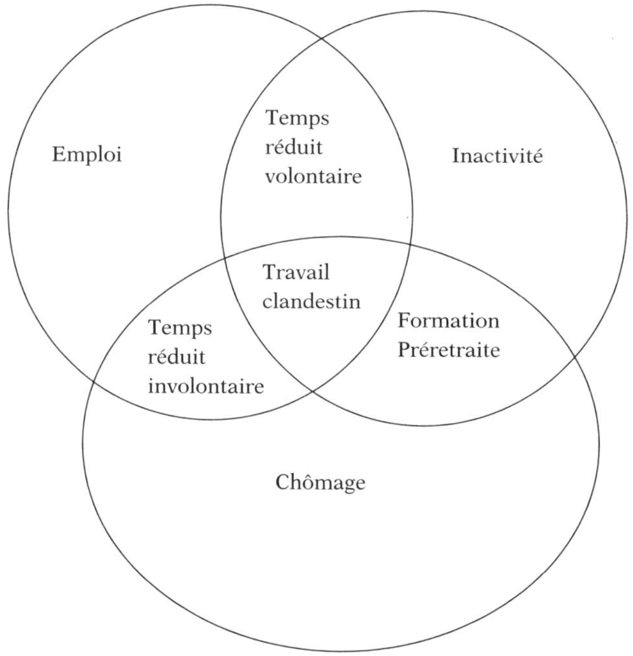

Source : J. Freyssinet, *Le chômage*, Paris, La Découverte, 1993.

par ailleurs, le nombre de contrats aidés au titre de la politique de l'emploi.

En termes de flux d'embauche sur le marché du travail toutefois, les formes particulières d'emploi sont devenues très largement majoritaires, témoignant ainsi en toute hypothèse de la multiplication de statuts transitoires entre l'emploi et l'inactivité (graphique 1).

C / *Des indicateurs de chômage contestés*

Au-delà des débats sur la norme d'emploi qu'alimente la progression des formes particulières d'emploi, « la multiplication des situations intermédiaires entre les modèles traditionnels de l'emploi et l'inactivité explique la crise des indicateurs du chômage, mesure homogène et centralisée, autrefois l'objet d'un consensus, et celle des politiques de plein-emploi [1] ».

L'ambiguïté et la multiplicité des outils statistiques utilisés [53] ont alimenté les incertitudes et les débats sur la mesure du chômage.

Trois questions principales sous-tendent les polémiques récurrentes sur les chiffres du chômage.

1. Robert Salais et al., *op. cit.*

[53]

LES OUTILS DE MESURE DU CHÔMAGE EN FRANCE

Deux outils principaux permettent de mesurer le chômage en France : la statistique administrative reflétant le nombre de demandeurs inscrits à l'ANPE, l'enquête Emploi conduite annuellement par l'INSEE au mois de mars de chaque année, qui prend comme référence les normes établies par le Bureau international du travail (BIT).

1 / *La statistique administrative des demandeurs d'emploi*

La statistique administrative des demandeurs d'emploi recense l'ensemble des demandeurs d'emploi inscrits à l'ANPE, en les classant en différentes catégories, dépendant principalement de la nature de l'emploi qu'ils recherchent et dépendant également, depuis le 1er juillet 1995, de l'exercice ou non d'une activité réduite dans le mois.

Les différentes catégories actuellement suivies sont les suivantes :

– *Catégorie 1 (DEFM)* : Personne sans emploi, immédiatement disponible, à la recherche d'un emploi à durée indéterminée à temps plein, n'ayant pas exercé une activité réduite de plus de 78 heures ;

– *Catégorie 2* : Personne sans emploi, immédiatement disponible, à la recherche d'un emploi à durée indéterminée à temps partiel, n'ayant pas exercé une activité réduite de plus de 78 heures ;

– *Catégorie 3* : Personne sans emploi, immédiatement disponible, à la recherche d'un emploi à durée déterminée, temporaire ou saisonnier (y compris de très courte durée), n'ayant pas exercé une activité réduite de plus de 78 heures ;

– *Catégorie 4* : Personne sans emploi, non immédiatement disponible, à la recherche d'un emploi à durée indéterminée ou non, à temps plein ou partiel ;

– *Catégorie 5* : Personne pourvue d'un emploi, à la recherche d'un autre emploi (à durée déterminée ou non, à temps partiel ou à temps plein) ;

Catégories 6, 7 et 8 : ces catégories correspondent respectivement aux catégories 1, 2 et 3 pour des personnes ayant exercé une activité réduite de plus de 78 heures dans le mois.

La principale donnée, publiée chaque mois et qui nourrit les commentaires de la presse et des hommes politiques sur l'évolution du chômage, est le chiffre correspondant à la catégorie 1, auquel est souvent adjoint celui correspondant à la catégorie 6 (ajoutée depuis le 1er juillet 1995).

Le défaut principal de cette mesure du chômage est qu'elle est directement dépendante de la gestion administrative de la liste des demandeurs d'emploi par l'ANPE. Ainsi, des éléments de pure gestion administrative peuvent-ils venir déformer l'image du chômage. A titre d'exemple, la politique de radiation administrative des demandeurs d'emploi jugés insuffisamment actifs dans leur recherche d'emploi peut être plus ou moins développée selon les périodes. De la même manière, la liste des demandeurs d'emploi peut faire l'objet de traitements largement statistiques, comme par exemple lors de la mise en place des dispenses de recherche d'emploi en 1985 (demandeurs d'emploi de plus de 57,5 ans qui conservent leurs droits sans avoir à mener de recherche d'emploi et sont de ce fait exclus de la liste des demandeurs d'emploi).

Le transfert de l'inscription des demandeurs d'emploi de l'ANPE vers les ASSEDIC, entamé à titre expérimental en 1995, et qui devrait se généraliser en 1997 après le vote en mai 1996, d'une loi autorisant l'inscription en ASSEDIC des demandeurs d'emploi, pourrait également contribuer à perturber la mesure du chômage par cet indicateur. En effet, il est probable que certains demandeurs d'emploi non indemnisés renoncent à leur inscription. Cet effet sur la liste de demandeurs d'emploi risque d'être d'autant plus difficile à repérer que le transfert devrait s'opérer de façon progressive sur le territoire.

2 / *L'enquête Emploi de l'INSEE*

L'enquête Emploi que l'INSEE réalise annuellement au mois de mars par sondage auprès d'un échantillon représentatif de 90 000 ménages est le deuxième outil utilisé en France. L'enquête prend comme référence les normes établies par le BIT : le chômeur est une personne disponible pour travailler et à la recherche d'un emploi (cette mesure exclut donc tous les chômeurs ayant exercé une activité réduite). Cette mesure est évaluée par les statisticiens eux-mêmes, comme très restrictive, d'abord parce qu'elle exclut de son champ les personnes vivant en habitat collectif ou sans domicile (il s'agit d'une enquête auprès des ménages), ensuite parce que la recherche d'emploi est appréciée de façon stricte et conduit à rejeter un nombre important de chômeurs découragés.

Ces deux mesures ne se recoupent que partiellement :

– en mars 1996, sur 3 098 000 chômeurs au sens du BIT, 309 000, soit 10 % de ces chômeurs, se déclarent non inscrits à l'ANPE ;

– inversement, 1 376 000 personnes se déclarent inscrites à l'ANPE, mais ne sont pas chômeurs au sens du BIT, soit parce qu'elles ne sont pas immédiatement disponibles (135 000), soit parce qu'elles ont travaillé au cours de la semaine de référence (793 000), soit parce qu'elles ne recherchent pas activement en emploi (439 000).

Pour en savoir plus :

P. Dubois, M. Lucas, « Rapport sur les statistiques mensuelles du chômage », INSEE/IGAS, 1991.

« Chiffrer le chômage : des enjeux de société », *Les dossiers de CERC-Association*, 1, 1997.

– Un premier débat a trait à la légitimité même que peut avoir telle ou telle catégorie de la population active à prétendre à un emploi dans un contexte de fort chômage et renvoie à l'opportunité de la recherche d'un emploi par des femmes qui pourraient retarder leur entrée dans la vie active ou y renoncer, ou des retraités qui cumulent un emploi et une retraite.

– Le second débat tient à la difficulté d'apprécier la réalité de la recherche d'emploi, voire de l'absence d'emploi, et a donné lieu à des polémiques sur l'existence de « faux chômeurs ».

« La définition du chômage repose sur la combinaison d'un critère de situation, le fait de ne pas occuper un emploi, et d'un critère de comportement, le fait de rechercher un emploi. L'appréciation du premier peut être objective ; celle du second contient nécessairement une part de subjectivité [1]. »

– Enfin, une dernière difficulté provient des méthodes de comptabilisation des catégories de population dont la situation est à la frontière entre l'emploi et le chômage : activités réduites, personnes bénéficiant de stages de formation, personnes dispensées de recherche d'emploi...

Ce dernier débat est essentiel. Dans la mesure où se multiplient les « statuts intermédiaires » entre l'emploi à temps plein et le chômage, il devient de plus en plus difficile de trancher de manière stricte entre les actifs qui ont un emploi, et ceux qui en recherchent un.

On peut observer de ce point de vue que les normes d'emploi auxquelles

1. Jacques Freyssinet, *op. cit.*

correspondent les actuels outils de mesure du chômage sont différentes. La définition du BIT fait plutôt référence à une conception « économique » de l'emploi : n'importe quelle activité, rémunérée ou non, pratiquée ne serait-ce qu'une heure dans la semaine, est considérée comme un emploi. La définition administrative du chômage (DEFM catégorie 1) reste étroitement liée à la notion d'emploi à temps plein et à durée indéterminée au sein d'un établissement [1].

Aussi, comme le montrent de récentes réflexions menées tant au BIT qu'à l'OCDE, l'enjeu du débat autour des chiffres du chômage doit être situé à sa juste mesure : celui de la redéfinition des « normes » d'emploi, par rapport auxquelles on évalue le non-emploi.

Au regard de cet enjeu de société, le débat sur la plus ou moins grande pertinence des mesures réalisées par les statistiques administratives de l'ANPE ou de celles issues des enquêtes Emploi de l'INSEE apparaît finalement secondaire. Tout comme le fait de savoir si une personne ayant exercé une activité réduite doit être ou non comptabilisée dans les demandeurs de telle ou telle catégorie.

En attendant l'aboutissement des réflexions des experts travaillant dans le cadre de l'OCDE ou du BIT, il serait utile de disposer d'un indicateur qui permettrait de suivre les situations d'exclusion de l'emploi, que celles-ci prennent la forme traditionnelle du chômage, ou se traduisent par des retraits anticipés du marché du travail pour les salariés âgés, ou encore par des stages de formation destinés aux chômeurs. Cet indicateur, dont la construction est possible à partir des informations disponibles, viendrait compléter la batterie d'indicateurs existants (tableau 32) ; dépassant l'alternative chômeurs/non-chômeurs, il pourrait ouvrir la voie d'un renouveau du débat, tant il est vrai que les définitions statistiques renvoient à des représentations que la société se fait d'elle-même et peuvent contribuer à éclairer les voies de son changement.

Tableau 32. *Évolution des situations d'exclusion de l'emploi*

	1981	1985	1991	1995
Chômeurs inscrits et dispensés de recherche d'emploi	2 014 392	2 797 793	3 465 821	4 093 411
Chômeurs en formation et conversion	99 369	213 086	326 715	330 000
Personnes en TUC, CES ou assimilés	–	198 523	244 557	400 000
Préretraités	344 718	632 701	244 499	177 400

Sources : ANPE, DARES, tableau extrait des *dossiers de CERC-Association*, déjà cité.

1. « Chiffrer le chômage : des enjeux de société », *Les dossiers de CERC-Association*, 1, 1997.

La progression continue du chômage depuis plus de vingt ans constitue certainement un des faits les plus marquants de l'histoire sociale de cette période : l'économie française, comme celle de la plupart des autres pays industrialisés, n'est plus une économie de plein-emploi (tableau 33).

Tableau 33. *Évolution du chômage depuis 1973, au sens du BIT et des DEFM*

	DEFM (catégorie 1) * (en milliers)	Chômeurs BIT (en milliers)	Taux de chômage BIT (en %)
1973	394	593	2,7
1980	1 451	1 492	6,3
1983	2 068	2 019	8,4
1987	2 622	2 567	10,5
1990	2 505	2 205	8,9
1994	3 329	3 117	12,3
1995	3 249	2 948	11,6
1996 **	3 446	3 248	12,7

* Demandes d'emploi en fin de mois, y compris les activités réduites introduites en 1995 (catégorie 6).
** Pour toutes les années, chiffres en moyenne annuelle. Pour 1996, chiffres au mois de décembre.

Sources : DARES, *40 ans de politique de l'emploi, op. cit.*, pour les données les plus récentes, DARES, *Premières informations.*

Les conséquences sociales de l'apparition d'un chômage de masse sont considérables : les plus immédiates pour les personnes en situation de chômage sont la perte d'indépendance économique, un sentiment d'échec personnel, une fragilité accrue des liens familiaux, un risque d'obsolescence des qualifications et d'exclusion durable de la population active et de la vie sociale.

I | UN PHÉNOMÈNE PROFONDÉMENT INÉGALITAIRE

A / *Une progression constante qui touche inégalement les différentes catégories de la population*

L'analyse des données statistiques fournies par l'OCDE permet d'appréhender la diversité des situations de chômage dans chaque pays et la relative spécificité française. La montée du chômage se traduit par une progression plus rapide que dans les autres pays du taux de chômage parmi certaines catégories de la population active : les jeunes d'abord, mais aussi les femmes, les moins qualifiés et la population étrangère (tableau 34).

Ce tableau fait apparaître une relation entre le niveau du chômage et

Tableau 34. *Structure du chômage dans différents pays en 1995*

(en %)

	Taux de chômage standardisés	Taux de chômage des moins de 25 ans	Part du chômage de longue durée dans le chômage total
France	11,6	25,9	45,6
États-Unis	5,5	12,1	9,7
Suède	9,2	15,4	15,7
Allemagne	8,2	8,5	48,3
Italie	12,2	32,8	62,9
Espagne	22,7	42,5	56,5
Royaume-Uni	8,7	15,5	43,5
Japon	3,1	6,1	18,1

Source : OCDE, *Perspectives de l'emploi,* juillet 1996.

sa sélectivité, c'est-à-dire le fait qu'il frappe de façon différente les diverses catégories de la population active. Autrement dit, plus le niveau du chômage est élevé dans un pays, plus fortes apparaissent les inégalités dans le taux de chômage des différentes catégories de la population active.

Cette relation peut s'expliquer : lorsque le chômage augmente, il touche au départ les catégories les plus fragiles, soit les moins expérimentées, soit les moins formées, soit celles qui sont le moins bien intégrées sur le marché du travail, du fait notamment du renforcement du caractère sélectif de l'embauche.

Mais on peut dire aussi que le fort taux de chômage de certaines catégories de la population active est le révélateur de dysfonctionnements plus larges. Sont ainsi mises en cause les défaillances du système de formation, causes de l'inadaptation de certaines qualifications et d'un taux de chômage des jeunes plus élevé que dans d'autres pays (tableaux 35 et 36).

L'important taux de chômage des catégories peu ou non qualifiées ne doit pas masquer que, dans la période récente, le chômage des cadres s'est fortement accru. Il reste néanmoins nettement inférieur à celui des ouvriers et des employés : d'après l'enquête Emploi de mars 1996, le chômage des cadres s'élevait à cette date à 4,6 %, contre 14,8 % pour les employés et 15,3 % pour les ouvriers.

B / *Employabilité et vulnérabilité*

Les inégalités face au chômage pour les différentes catégories de la population active traduisent des différences entre vulnérabilité et employabilité.

La vulnérabilité est le risque de tomber au chômage ; elle est mesurée par le flux d'entrée au chômage, rapporté au nombre d'actifs occupés d'une catégorie donnée. L'employabilité, c'est la probabilité de sortir du

Tableau 35. *Taux de chômage selon le diplôme en France*

(en %)

	Mars 1991	Mars 1992	Mars 1993	Mars 1994	Mars 1995	Mars 1996
Sans diplômes ou CEP	12,8	14,3	15,3	17,8	16,5	17,2
BEPC, CAP, BEP	8,3	9,7	10,5	11,6	10,7	11,4
Baccalauréat	6,7	7,0	9,5	11,2	10,1	10,4
Bac + 2	4,0	5,0	7,0	7,9	7,4	7,5
Diplôme supérieur	4,0	4,6	5,9	6,4	6,9	7,4
Ensemble	9,4	10,1	11,1	12,4	11,6	12,1

Source : INSEE, enquêtes Emploi.

Tableau 36. *Taux de chômage comparé des hommes et des femmes*

(en %)

	Mars 1992	Mars 1993	Mars 1994	Mars 1995	Mars 1996
Hommes de 15-24 ans	20,8	24,6	27,7	25,9	26,4
Femmes de 15-24 ans	26,1	28,4	31,7	32,2	31,9
Hommes de 25-49 ans	6,9	8,4	9,8	8,9	9,6
Femmes de 25-49 ans	11,6	12,3	13,5	12,9	13,6
Hommes de 50 ans et plus	6,7	6,7	7,5	7,3	7,8
Femmes de 50 ans et plus	8,8	8,1	8,1	8,2	8,4

Source : INSEE, enquêtes Emploi.

chômage, mesurée par la proportion, par rapport au nombre de chômeurs d'une catégorie donnée, de ceux qui sortent rapidement du chômage [1].

En France, la forte progression du chômage a reflété un double mouvement : un accroissement très important de la vulnérabilité pour les moins de 25 ans et, parallèlement, des difficultés de reclassement moins grandes ; inversement, une employabilité de plus en plus faible pour les plus de 50 ans, alors que la vulnérabilité au chômage de cette catégorie reste peu importante.

D'autres pays ont un marché du travail qui fonctionne sur des bases très différentes. Ainsi, aux États-Unis, la vulnérabilité de l'ensemble des catégories de la population est relativement importante, mais l'employabilité reste généralement forte. Le même taux de chômage par rapport à la population active peut donc traduire des situations tout à fait différentes : soit des phases de chômage courtes, mais qui touchent une large partie de la population active, soit une concentration du chômage sur une partie plus limitée de la population active, qui reste alors dans cette situation pendant une durée beaucoup plus longue.

L'importance du chômage de longue durée en France, que l'on retrouve dans un certain nombre de pays européens, ainsi que l'ancien-

1. Olivier Marchand, « Les groupes sociaux face au chômage : des atouts inégaux », *Données sociales*, 1993, p. 158.

neté moyenne du chômage indiquent que le mode de fonctionnement du marché du travail a privilégié une relative concentration du chômage sur une partie de la population active.

C / *Le développement du chômage de longue durée*

Le développement quantitatif du chômage de longue durée est surtout significatif en France à partir du début des années quatre-vingt : il passe de 12 % des chômeurs en 1982 à 30 % au début des années quatre-vingt-dix. La proportion des personnes au chômage depuis plus d'un an dans l'ensemble des chômeurs s'est encore accrue dans la période la plus récente, atteignant près de 40 % en 1995, pour redescendre à 37 % en 1996 [1].

Alors qu'il ne touchait traditionnellement que quelques catégories de la population active particulièrement vulnérables (travailleurs âgés ou handicapés essentiellement), le chômage de longue durée s'est étendu à d'autres catégories dont l'employabilité semble pourtant plus forte. Ainsi, les moins de 25 ans représentent un cinquième des chômeurs de longue durée et les 25-49 ans près de la moitié. L'image type du chômeur de longue durée, qui le confondait largement avec les salariés âgés licenciés, a donc aujourd'hui largement perdu de sa pertinence (tableau 37).

Parallèlement à cette évolution, la durée moyenne du chômage s'est allongée de façon continue. L'ancienneté moyenne du chômage atteint ainsi près de quinze mois en 1996, contre treize mois au début des années quatre-vingt-dix [54].

Trois mécanismes décrivent le cercle vicieux du chômage de longue durée :

– le chômage de longue durée entraîne la perte ou l'obsolescence des qualifications et de l'aptitude au travail ;

– le comportement du demandeur d'emploi se transforme ; le découragement conduit généralement à une recherche d'emploi de moins en moins active ;

– interviennent également les critères d'embauche des employeurs pour qui l'ancienneté au chômage est un signe de faible capacité à occuper un emploi.

Le chômeur de longue durée se trouve ainsi de plus en plus éloigné du marché du travail, la chance de retrouver un emploi diminuant de façon continue avec l'allongement de la durée du chômage ; l'exclusion définitive ou quasi définitive du marché du travail devient alors la conséquence du chômage.

II | VERS UN CHÔMAGE D'EXCLUSION ?

Le chômage d'exclusion ne se définit pas de façon aussi précise que le chômage de longue durée ; il n'est pas non plus mesuré de façon sta-

1. Source : INSEE, enquêtes Emploi.

Tableau 37. *Les caractéristiques du chômage de longue durée*

	1974	1980	1982	1986	1990	1993
Effectifs (en milliers)	64	345	539	783	788	1 036
Part des CLD dans l'ensemble des DEFM (en %)	12,0	22,7	25,6	30,2	30,8	31,4
Répartition par âge (en %)						
– moins de 25 ans	10	25	27	23	13	13
– 25 à 49 ans	35	34	36	52	63	68
– 50 ans et plus	55	41	37	25	24	19
Répartition par motif d'entrée au chômage						
– licenciement économique ..	–	29	29	27	24	22
– autre licenciement	–	15	14	12	12	14
– fin de CDD ou d'intérim	–	17	24	27	34	35
– autres (démission, 1re entrée)	–	39	33	34	30	29

Source : « La politique de lutte contre le chômage de longue durée », *Regards sur l'actualité*, mars 1994.

[54]

MESURER LE CHÔMAGE DE LONGUE DURÉE

Le chômage de longue durée a une définition administrative : est considéré chômeur de longue durée tout chômeur *inscrit de façon continue à l'ANPE depuis plus d'un an,* et chômeur de très longue durée tout chômeur inscrit depuis plus de trois ans.

Un autre indicateur de l'importance du chômage de longue durée est l'ancienneté moyenne du chômage qui se définit comme le nombre moyen de jours d'inscription sur la liste des demandeurs d'emploi.

La principale insuffisance de cette mesure administrative du chômage de longue durée est qu'elle ne permet pas de prendre en compte le chômage récurrent, qui correspond souvent à des formes d'exclusion du marché du travail analogues au chômage de longue durée. Ainsi, lorsqu'un chômeur bénéficie d'une aide à l'emploi mais est ensuite à nouveau au chômage, il ne sera plus considéré comme chômeur de longue durée puisque son inscription sur la liste a été interrompue.

tistique. Cette notion, relativement récente, a reflété une nouvelle prise de conscience des effets à long terme du chômage, qui conduit à écarter durablement, voire définitivement, une partie de la population active de toute intégration, non seulement dans le monde du travail, mais plus généralement dans la société, soit par un chômage continu, soit par un chômage récurrent, entrecoupé d'emplois précaires.

A / *Un chômage qui subsiste lors des reprises de la croissance*

Paradoxalement, c'est à l'occasion de la reprise économique des années 1988-1990 qu'est apparue la notion de chômage d'exclusion. Entre le 1er janvier 1988 et le 1er janvier 1991, l'économie française a créé environ 700 000 emplois. Mais les chômeurs eux-mêmes n'ont que très peu bénéficié de cette reprise. La baisse du chômage global observé est restée très faible : 60 000 emplois seulement, parmi les 700 000 créés, ont été occupés par des demandeurs d'emploi. Pour les chômeurs de longue durée, l'impact de la reprise sur le retour à l'activité a été quasi nul. Le même phénomène a été constaté lors de la brève reprise économique qu'a connue la France en 1994-1995.

Cette incapacité d'une partie des chômeurs à retrouver un emploi malgré une conjoncture économique plus favorable est donc apparue comme le signe de leur exclusion du marché du travail. Certaines analyses attribuent cette anomalie apparente aux modalités de gestion de la main-d'œuvre des entreprises, et tout particulièrement des entreprises françaises [1]. En effet, le recours privilégié à des contrats précaires, comme les exigences de plus en plus élevées à l'embauche, conduisent à aggraver les mécanismes de sélectivité. Le chômage d'exclusion ne concerne pas nécessairement et uniquement les chômeurs de longue durée mais peut aussi toucher les salariés les moins qualifiés ou ceux qui vivent dans une instabilité perpétuelle entre des formes d'emploi intermédiaires.

B / *Les parcours individuels des chômeurs de longue durée : entre insertion et exclusion*

Chômage de longue durée et chômage d'exclusion ne se recoupent pas totalement : si les exclus du marché de l'emploi ne sont pas obligatoirement des chômeurs de longue durée, une partie de ces derniers parvient à retrouver un emploi et à éviter l'exclusion [55].

C / *La réalité du chômage : les exclusions au quotidien*

Le chômage, catégorie statistique relativement homogène, recouvre des situations individuelles très diverses, qui soit renforcent, soit atténuent les risques d'exclusion.

Première évidence, mais qui emporte des conséquences essentielles, le chômage est d'abord l'absence de travail. Or, parce que le travail demeure une valeur essentielle, tant dans l'organisation des modes de vie que dans la reconnaissance sociale, en être privé durablement constitue une mise à l'écart des formes traditionnelles de l'intégration dans la société.

Le temps du chômage devient un temps de plus en plus ralenti, de plus en plus déstructuré :

> « Les chômeurs de longue durée perçoivent presque tous la situation du chômage de manière similaire : leur temps quotidien est marqué par l'ennui, l'an-

1. Simon Wühl, *Les exclus face à l'emploi*, Paris, Syros, 1992.

[55]

ANALYSE DES RÉSULTATS D'UNE ENQUÊTE SUR LES CHÔMEURS DE LONGUE DURÉE

Une enquête du ministère du Travail a permis d'étudier l'évolution de la situation d'une cohorte de chômeurs de longue durée sur une période de deux ans [1]. L'évolution de la situation de ces chômeurs a été examinée à quatre moments différents de façon à analyser le plus précisément possible ce qu'ils étaient devenus.

Le devenir des chômeurs de longue durée

(en %)

Situation	Après six mois	Après un an	Après un an et 6 mois	Après deux ans
Demandeur d'emploi	70	54	45	40
Emploi	20	29	36	38
Formation .	4	6	5	5
Inactivité ...	6	11	14	17

Premier résultat : 38 % des chômeurs de longue durée retenus dans cet échantillon ont retrouvé un emploi au bout de deux ans, et pour la majorité, cet emploi est un contrat à durée indéterminée. Mais 40 % se trouvent toujours au chômage au bout de ces deux années. Au-delà du résultat statique, l'analyse a permis de dégager des processus d'exclusion ou, au contraire, de transition vers l'emploi :

– un des premiers critères déterminants de ces processus est le caractère précoce ou non de la relation à l'emploi : l'obtention d'un contrat aidé ou précaire dans les premiers mois du chômage de longue durée constitue généralement une passerelle vers l'emploi, alors qu'au-delà de deux ans d'inscription au chômage la réinsertion apparaît beaucoup plus difficile ;

– par ailleurs, l'absence d'indemnisation du chômage renforce de façon importante le risque de retrait définitif du marché du travail ; les réinsertions professionnelles réussies concernent généralement des salariés ayant un passé professionnel stable. Cette analyse est renforcée par les résultats d'une étude qui montre les effets de la suppression de l'allocation d'insertion pour les jeunes. L'allocation d'insertion était perçue comme un facteur d'encouragement dans la recherche d'emploi [2] ;

– enfin, les stages de formation (à l'exclusion des formules en alternance pour les jeunes) n'apparaissent pas comme un facteur déterminant d'insertion.

1. D. Gelot, N. Siprès, « Entre réinsertion et exclusion : logiques des itinéraires des chômeurs de longue durée », *Travail et emploi*, 55, janvier/mars 1993.
2. DARES, *Premières informations*, juin 1993.

goisse, le sentiment d'être inutiles. Ils se sentent isolés socialement, ne prenant plus part aux rythmes de la vie sociale qui sont pour eux ceux du travail dont ils sont exclus.

Le travail demeure, au moins au niveau des représentations, " la condition d'une existence sociale valorisée ". Dans le chômage, toute autre activité semble perdre sa valeur et son sens. Le chômage de longue durée est vécu par les adultes comme une perte de statut : ils se sentent rejetés de la société, humiliés. Pour la plupart des jeunes, il est une “ galère ” ponctuée par des stages et des petits boulots [1]. »

Mais le chômage perturbe aussi considérablement les conditions de la vie privée. Trois traits dominants caractérisent ainsi l'installation dans le chômage :

– la dégradation des conditions matérielles, du fait de la baisse du revenu ; celle-ci résulte de la dégressivité de l'indemnisation du chômage et de l'épuisement progressif des droits, surtout pour les salariés n'ayant pas de longue carrière derrière eux ;

– la réduction du cercle relationnel ;

– une précarité croissante, qui conduit souvent à des troubles psychologiques et parfois physiques.

L'impact du chômage demeure toutefois variable selon l'existence et le niveau de l'indemnisation, la situation familiale (les personnes isolées étant les plus durement touchées), la situation locale et enfin la durée du chômage.

Ayant perdu ses repères professionnels et privés, le chômeur se retrouve confronté à un nouveau monde administratif, entièrement coupé de celui des salariés actifs. Agence nationale pour l'emploi, ASSEDIC, permanences d'accueil, d'information et d'orientation, missions locales, services sociaux... constituent autant de passages obligés, pour se voir reconnaître le statut de demandeur d'emploi et être indemnisé [2].

Créateur de droits, cet univers peut être à l'origine d'un sentiment de dépendance, mais aussi d'impuissance face à la complexité et à la multiplicité des guichets. Chaque organisme a une fonction définie, gère des aides différentes, le plus souvent sans coordination et sans que certains services élémentaires soient rendus aux chômeurs.

Cette situation place les chômeurs dans une situation particulière, de « silence » mais aussi de non-représentation :

« Dans notre société, aujourd'hui, les demandeurs d'emploi sont, de fait, réduits au silence. Ils le sont, d'abord, par le simple fait que les possibilités d'expression leur sont soudainement retirées : salariés, ils pouvaient intervenir auprès de leur hiérarchie, actionner leur délégué du personnel ou leur responsable syndical, exprimer leur mécontentement lors des élections professionnelles ; demandeurs d'emploi, ils n'ont plus ces moyens ; ils deviennent dépendants du service public de l'emploi, ou usagers, c'est-à-dire, dans la conception française, sujets plus que partenaires, sujets isolés en tout cas, sans véritable mandataire ou médiateur [3]. »

Quelques tentatives pour favoriser l'organisation et l'expression des chômeurs n'ont pas vraiment abouti. Il faut dire que la situation de chômeur, conçue comme temporaire, ne suscite pas spontanément une soli-

1. DARES, « Le vécu du chômage de longue durée : résultats d'études qualitatives » (études du CREDOC et du SES), *Premières informations*, 272, mars 1992.

2. *Rapport sur l'amélioration de la vie quotidienne des demandeurs d'emploi*, coll. « Rapports officiels », Paris, La Documentation française, mars 1989.

3. Jean-Baptiste de Foucauld, « Une citoyenneté pour les chômeurs », *Droit social*, 7-8, juillet-août 1992.

darité et que la précarité ou l'exclusion sont, *a priori*, peu favorables à l'engagement dans une action collective.

Différentes associations de chômeurs se sont toutefois constituées aux niveaux national et local ; elles organisent des actions de soutien aux chômeurs, des séminaires de réflexion, des manifestations, des « marches »... Les négociations du régime d'indemnisation du chômage qui se sont tenues en décembre 1996 ont été pour elles l'occasion de mener diverses actions, notamment des occupations d'ASSEDIC ou d'agences locales pour l'emploi. Une de leurs revendications est leur représentation au sein des instances qui décident du sort des chômeurs, notamment l'UNEDIC et l'ANPE. Mais l'institutionnalisation de cette représentation des chômeurs soulève pour l'instant de fortes résistances. Ainsi, la plupart des syndicats y sont hostiles, considérant qu'il y aurait là un risque d'opposer salariés et chômeurs, alors qu'ils considèrent que leurs intérêts demeurent fondamentalement communs : l'obtention, ou le maintien d'un emploi salarié, à des conditions de rémunération satisfaisantes.

Chapitre 7

Les politiques spécifiques d'emploi

Les politiques spécifiques d'emploi sont, dans l'ensemble des politiques sociales, parmi les plus récentes. En effet, si les pouvoirs publics se sont intéressés, à certains moments de l'histoire, au fonctionnement du marché du travail, les instruments d'une intervention plus structurée ne sont apparus que tardivement en France, vers le milieu des années soixante.

Aussi ce n'est qu'avec l'apparition, puis la progression continue d'un chômage de masse depuis le milieu des années soixante-dix, que se sont réellement mises en place les politiques d'emploi. Mal assurées dans leurs fondements théoriques, du fait notamment des incertitudes qui pèsent sur les causes du chômage, ces politiques ont toujours eu – et ont encore – du mal à affirmer leur légitimité. Toutefois, l'appréciation que l'on porte sur leur efficacité renvoie à une interrogation sur les objectifs poursuivis par l'action publique : en effet, les politiques spécifiques d'emploi ont plus été pensées sur un mode curatif, d'atténuation des conséquences du chômage, que sur un mode préventif. Une telle orientation explique en partie leur effet limité sur le niveau du chômage et est à l'origine d'une redéfinition partielle de leurs instruments d'action, présentée dans le chapitre 8.

LES FONDEMENTS CONTESTÉS DE LA POLITIQUE DE L'EMPLOI

Qu'il s'agisse des politiques de main-d'œuvre menées jusqu'aux années soixante, des politiques d'accompagnement des années de quasi plein-emploi, des politiques spécifiques et ciblées des vingt dernières années, les fondements des politiques d'emploi sont restés toujours incertains.

I | DU DROIT AU TRAVAIL AUX POLITIQUES DE MAIN-D'ŒUVRE

A / *Le droit au travail, un droit resté théorique*

Selon la conception initiale née au moment de la Révolution française, le travail pour tous doit découler naturellement de la suppression des obstacles à l'emploi : l'instauration d'un marché libre du travail et la suppression des corporations doivent permettre à chacun de trouver un travail, considéré comme le moyen de l'intégration des pauvres valides dans la société.

En 1848 [1], la question du droit au travail resurgit avec force lorsque les ouvriers réclament à la République naissante le droit pour tout individu d'accéder à un emploi offrant un niveau de revenu qui lui permette de vivre. Le débat intervient dans un contexte totalement différent de celui de la Révolution : les premières formes d'une organisation moderne du travail sont apparues avec, pour corollaire, le développement de la misère ouvrière liée notamment au chômage. De plus, les corporations et les systèmes des métiers, présentés par la Révolution comme un obstacle à l'emploi, ont disparu.

Les débats se focalisent alors sur le droit au travail lui-même, les uns souhaitant la reconnaissance d'un droit des individus, entraînant en contrepartie une obligation, pour l'État, d'intervenir, les autres refusant que l'on reconnaisse aux individus un droit jugé exorbitant. Pour ces derniers, reconnaître aux individus un droit au travail, c'est accepter que l'État ait le devoir de fournir à chacun d'eux non seulement du travail, mais aussi le travail qui lui plaît le plus, lui convient le plus, correspond le plus à ses aspirations personnelles... Or non seulement une telle conception est irréaliste à l'époque car l'État ne dispose d'aucun moyen d'intervenir sur l'économie, mais elle est contestée aussi parce qu'elle laisse entrevoir une organisation de la société impliquant une emprise totale de l'État et remettant en cause dans l'immédiat le principe de la liberté du commerce et de l'industrie et le droit à la propriété proclamé en 1789.

La mise en œuvre du droit au travail, en 1848, va se traduire par la création d'ateliers nationaux et aboutit à un échec, du fait de l'impossi-

1. Jacques Donzelot, *L'invention du social,* Paris, Fayard, 1984.

bilité pratique d'organiser rapidement un système permettant de fournir du travail à tous ceux qui en réclament.

Après l'échec de 1848, l'idée de droit au travail est largement abandonnée ; elle n'est en fait reprise qu'en 1946, dans le préambule de la Constitution qui affirme que « chacun a le devoir de travailler et le droit d'obtenir un emploi ». Mais, là encore, il s'agit d'un droit qui, contrairement à d'autres droits sociaux affirmés à la même époque, ne peut concrètement fonder une politique des pouvoirs publics.

Le principe constitutionnel du droit à l'emploi ne se traduit donc pas dans l'affirmation d'un « droit créance » (droit au travail pour tous) créant une obligation de résultat pour les pouvoirs publics, mais dans un objectif macroéconomique de plein-emploi, permettant de donner à chacun une chance suffisante d'accéder à un travail, les pouvoirs publics conservant le choix des moyens.

> « Il appartient au législateur de poser les règles propres à assurer au mieux le droit pour chacun d'obtenir un emploi, en vue de permettre l'exercice de ce droit au plus grand nombre possible d'intéressés [1]. »

B / *Des politiques de main-d'œuvre circonscrites aux périodes de crise*

Ainsi, pendant une longue période qui couvre non seulement le XIXe siècle, mais se prolonge aussi jusqu'au début des années soixante, les interventions de l'État sur l'emploi se limitent quasi exclusivement à des politiques conjoncturelles de la main-d'œuvre, visant à assurer une meilleure adéquation de l'offre et de la demande de travail, dans des circonstances historiques exceptionnelles. Les deux moments forts d'intervention des pouvoirs publics correspondent ainsi à deux moments de crise.

En 1914, la guerre détermine les pouvoirs publics à intervenir :

> « Jusqu'au déclenchement du premier conflit mondial, on peut dire de l'État qu'il avait une politique du travail (durée, hygiène et sécurité, réglementation particulière du travail des femmes et des enfants) et des entreprises qu'elles avaient une politique de la main-d'œuvre (embauche, apprentissage ou formation sur le tas, salaire, productivité, licenciement).
>
> Sauf cas isolés, cette main-d'œuvre est considérée *a priori* comme suffisamment abondante pour ne pas constituer une ressource rare. C'est ce statut qu'elle va brusquement acquérir au lendemain même de la mobilisation militaire d'août 1914 [...]. De ce fait, l'intervention massive de l'appareil d'État en vue d'organiser l'allocation de la ressource humaine va devenir, elle aussi, brusquement indispensable [2]. »

À ce moment, et dans le contexte de la mobilisation générale, l'État se dote de certains instruments d'intervention sur la main-d'œuvre : institution d'un Fonds national de chômage en août 1914 et d'un Office cen-

1. Conseil constitutionnel, décision du 28 mai 1983.
2. André-Clément Découfflé, « Éléments d'introduction à une histoire des politiques du travail et de l'emploi », *Travail et emploi,* 11, janvier-mars 1982.

tral de placement des chômeurs au mois d'octobre de la même année. Parallèlement, l'« Union nationale » justifie que soient employés tous les moyens, de la mise en sommeil des dispositions du droit du travail à la mise en place d'une organisation militarisée de l'entreprise.

En 1936, le Front populaire élabore un ambitieux programme de lutte contre le chômage (réduction du temps de travail, incitation à la retraite des travailleurs âgés, établissement d'un plan de travaux d'utilité collective). Mais l'instabilité de cette période, puis la menace et l'arrivée de la guerre compromettent son application.

Au lendemain de la seconde guerre mondiale, la très forte pénurie de main-d'œuvre justifie l'intervention des pouvoirs publics, dans un contexte d'inspiration dirigiste. Le Ier Plan appelle ainsi, en des termes particulièrement vigoureux, à la mobilisation générale de la main-d'œuvre : « Retour au secteur productif des oisifs et des inutiles » *(sic)*, « travail des femmes », « appel à l'immigration ». « Que chaque Français travaille effectivement pendant la période d'exécution du Plan 48 heures par semaine. »

À ces objectifs correspond une politique active d'accompagnement de l'exode rural et d'encouragement à l'immigration, à travers notamment la création de l'Office national de l'immigration en 1945, chargé d'organiser l'entrée des travailleurs étrangers en France ; celle-ci passe en fait souvent par la régularisation massive de la situation d'étrangers déjà présents sur le sol français et entrés sans autorisation.

C / *Une légitimité incertaine*

Pendant longtemps, la légitimité des interventions de l'État sur l'emploi est donc demeurée très incertaine :

– la politique de l'emploi ne s'est pas fondée sur la reconnaissance d'un droit individuel au travail, même si celui-ci a été évoqué à diverses occasions ;

– les interventions sur la main-d'œuvre ont été circonscrites à des contextes historiques particuliers sans vocation à devenir permanentes.

Contrairement aux politiques du travail, les débuts de la politique de l'emploi ne peuvent donc pas être symbolisés par un acte fondateur analogue à la loi de 1841. Il n'y a pas non plus de fonctions clairement identifiées de l'État, en ce domaine, qui seraient comparables par exemple aux fonctions de protection du salarié et d'organisation du système de relations professionnelles.

II | VERS UNE ÉCONOMIE DU PLEIN-EMPLOI ?

Si le droit au travail, conçu comme un droit individuel, n'a pas trouvé de traduction concrète, le plein-emploi, entendu comme l'utilisation de l'ensemble des facteurs de production, a constitué pendant la période des

Trente Glorieuses un objectif régulièrement réaffirmé des politiques publiques.

Cet objectif, présent dès l'ordonnance de 1945 (il faut assurer « un équilibre permanent des activités » garantissant « à chacun des possibilités de travail [1] »), a été régulièrement repris dans chacun des plans élaborés par le Commissariat général du Plan. Cette conception s'inspirait directement de la théorie économique keynésienne : une politique économique appropriée doit viser à absorber les chocs de la conjoncture et permettre, par ses interventions contracycliques, d'assurer le plein-emploi. La conjonction d'une telle politique, du contexte économique international et de la croissance exceptionnelle des années d'après guerre, a ainsi permis de maintenir des taux de chômage très faibles.

A / *D'une politique du marché du travail à une politique d'accompagnement des restructurations*

Au lendemain de la seconde guerre mondiale, dans la conception des pouvoirs publics, c'est à la politique économique qu'il appartient d'assurer le plein-emploi, la politique de l'emploi se limitant à une politique du marché du travail, destinée à réduire le chômage frictionnel. Elle est associée à une politique active d'immigration, visant à pallier le déficit de main-d'œuvre.

Mais, au début des années soixante, l'économie française doit faire face à d'importantes restructurations, qui se traduisent dans des transferts de main-d'œuvre massifs entre secteurs dont la conséquence est d'accroître le chômage frictionnel. Il s'agit, en fait, d'un chômage de restructuration car le « déversement » des secteurs en déclin (extraction minière, agriculture) vers les secteurs en croissance (automobile, biens de consommation, électronique) ne peut se faire de façon instantanée : il faut accroître la mobilité géographique et sectorielle de la main-d'œuvre.

Dès lors, la politique de l'emploi ne peut plus se limiter à une politique du marché du travail et devient donc une politique d'accompagnement des restructurations, avec plusieurs objectifs :

– renforcer la transparence du marché du travail et la mobilité de la main-d'œuvre ;

– apporter des garanties aux chômeurs, à la fois dans le souci de soutenir la demande et d'améliorer l'adéquation de la main-d'œuvre et les emplois offerts, compte tenu des délais et du coût de la recherche d'emploi. Cette meilleure adéquation entre l'offre et la demande est, à terme, profitable à l'économie ;

– favoriser l'adéquation de la main-d'œuvre aux profondes transformations économiques en cours et gérer les conséquences sociales de ces transformations ; dès cette époque, est évoqué le thème de la prévention des licenciements par la mise en place de politiques de main-d'œuvre internes aux entreprises, favorisant l'évolution des qualifications.

C'est dans le cadre de cette politique d'accompagnement des restruc-

1. Ordonnance du 4 octobre 1945, exposé des motifs.

turations que sont mis en place, au cours des années soixante, les principaux instruments institutionnels de la politique de l'emploi :

– en 1958, le régime d'assurance chômage, destiné à limiter les effets sociaux et économiques du chômage, et à favoriser une recherche plus rationnelle d'emploi *(the right man in the right place)* ;

– en 1963, le Fonds national pour l'emploi (FNE), visant à faciliter les restructurations industrielles ;

– en 1967, l'Agence nationale pour l'emploi (ANPE), chargée de recueillir et de centraliser les informations sur les postes disponibles en vue de placer les demandeurs d'emploi [56].

[56]

L'AGENCE NATIONALE POUR L'EMPLOI

L'Agence nationale pour l'emploi a été créée par une ordonnance de 1967. Elle assure les missions suivantes :

– intervention sur le marché du travail (prospection, recueil et traitement des offres d'emploi, accueil des demandeurs d'emploi et placement) ;

– fourniture des statistiques du marché du travail au ministère à la fin de chaque mois pour publication ;

– gestion de la liste des demandeurs d'emploi (inscription, renouvellement de la demande, transfert de catégories, radiation...). En application d'un texte législatif de mai 1996, l'ANPE a confié aux ASSEDIC la gestion des opérations administratives et techniques relatives à l'inscription des demandeurs d'emploi, tout en conservant la responsabilité juridique. Ce transfert s'effectue progressivement et sera terminé à la fin de 1997.

L'ANPE est un établissement public à caractère administratif dirigé par un directeur général et administré par un conseil d'administration tripartite (représentants des syndicats, du patronat et de l'État). Elle est placée sous la tutelle du ministre en charge du travail et de l'emploi.

La direction générale de l'ANPE est relayée à l'échelon régional par des directions régionales (22) ; 120 directions déléguées assurent, à un niveau intermédiaire entre la direction régionale et le niveau local, la supervision de l'activité des agences et l'animation des initiatives locales.

856 implantations assurent un service de proximité aux usagers : 729 agences locales, 39 services spécialisés (espaces-cadres notamment), 88 unités techniques de reclassement.

Plus de 16 000 personnes travaillent actuellement dans le réseau ANPE. Deux contrats de progrès successifs ont été passés entre l'État et l'ANPE : l'un a couvert la période 1990-1993, l'autre couvre la période 1994-1998. En 1996, la subvention versée sur le budget du ministère du Travail à l'Agence s'élevait à plus de 5 milliards de francs.

La politique de l'emploi mise en œuvre dans les années soixante apparaît donc relativement cohérente : appelée à devenir permanente, elle participe à la politique générale de croissance poursuivie par le gouvernement et, régulièrement, les plans successifs préparés par le Commissariat général du Plan réaffirment l'objectif de plein-emploi des pouvoirs publics.

Pourtant, dès cette époque, et malgré un contexte historique favorable, elle reste une politique d'accompagnement. Trois facteurs l'expliquent.

• D'une part, le chômage ne constitue qu'une variable des politiques économiques parmi d'autres : l'inflation, l'équilibre des échanges extérieurs, le taux de change. La lutte contre le chômage n'est donc qu'un des objectifs, plus ou moins prioritaire, des politiques économiques.

L'articulation des politiques macroéconomiques et des politiques d'emploi apparaît dès lors particulièrement difficile à définir. La politique monétaire ou le maniement des taux de change ne relèvent-ils pas de la politique de l'emploi dès lors qu'un des objectifs affichés est la réduction du chômage à travers, par exemple, l'encouragement à une meilleure compétitivité des entreprises ?

• D'autre part, la politique de l'emploi se sert d'instruments qui étaient jusque-là utilisés par d'autres ministères dans le cadre d'autres politiques :

– une partie des instruments de la politique d'aménagement du territoire, lorsque le Fonds national de l'emploi reprend une part des aides dispensées auparavant par le Fonds de développement économique et social (FDES) ;

– une partie de la politique industrielle, à travers tous les dispositifs d'aide à la reconversion des entreprises ou de soutien aux secteurs les plus en difficulté ;

– plus récemment, une partie importante de la politique de formation professionnelle, dans laquelle la formation des chômeurs occupe une place croissante.

• Enfin, les instruments de la politique de l'emploi se sont mis en place tardivement par rapport à d'autres pays, du fait notamment du caractère limité du chômage en France jusqu'aux années soixante. L'Allemagne disposait, par exemple, d'organismes de conseil aux chômeurs et de placement bien avant la guerre de 1939-1945. Ces organismes regroupent les fonctions d'indemnisation, de placement et de formation.

B / *La remise en cause progressive de l'objectif de plein-emploi*

L'apparition d'un chômage massif à partir du milieu des années soixante-dix a conduit non seulement à remettre progressivement en cause l'objectif de plein-emploi, mais aussi à ébranler la confiance placée dans les politiques macroéconomiques, car celles-ci se sont révélées impuissantes, dans le nouveau contexte international, à influer de façon décisive sur le niveau du chômage.

Les politiques d'inspiration keynésienne notamment, essentiellement fondées sur une relance de la demande, se sont très rapidement heurtées aux contraintes de l'ouverture extérieure – la relance de la demande profitant autant, si ce n'est davantage, aux partenaires commerciaux de la France qu'aux industries nationales – et des équilibres financiers, les mesures mises en place ne pouvant généralement être supportées de façon durable par les finances publiques. L'expérience menée en 1981-

1983, qui pariait sur les effets d'une relance de la demande par la revalorisation des prestations sociales et des bas salaires, comme par la création d'emplois publics, a illustré les limites des thérapeutiques keynésiennes nationales dans des économies ouvertes.

Après cet échec des politiques fondées sur une relance de la demande, les politiques publiques ont tenté de développer des actions du côté de l'offre, à travers l'encouragement à une plus grande flexibilité sur le marché du travail. Ces politiques d'inspiration plutôt néoclassique ont d'abord touché le droit du travail :

– assouplissement des conditions de licenciement avec la suppression de l'autorisation administrative de licenciement en 1986 ;

– assouplissement du recours aux contrats à durée déterminée et à l'intérim, notamment en 1982 et en 1986 ;

– multiplication des possibilités de dérogation aux règles existantes sur le temps de travail (possibilités d'annualisation du temps de travail par accord collectif pour le travail à temps plein par les lois de 1986 et de 1987, possibilité d'annualisation par contrat de travail pour le travail à temps partiel depuis la loi quinquennale sur l'emploi en 1993) ;

– regroupement des instances de représentation des salariés depuis la loi quinquennale sur l'emploi de 1993 afin d'alléger les contraintes pour les PME...

Les études réalisées sur ces mesures mettent en avant leurs effets limités sur l'emploi. Toutefois, l'interprétation de ces résultats demeure sujette à débats, les uns les attribuant au caractère insuffisant des mesures adoptées – et notamment à l'absence de réelle flexibilité des salaires en France –, d'autres mettant en cause leur capacité même à influer sur le chômage.

C'est donc pour pallier les insuffisances des politiques économiques et l'impuissance de « la » politique de l'emploi que se sont développées des politiques spécifiques d'emploi : des politiques au pluriel, conçues pour faire face à une multitude de situations différentes et non plus pour résoudre le problème de l'emploi de façon structurelle.

III / LE DÉVELOPPEMENT DES POLITIQUES SPÉCIFIQUES D'EMPLOI

Dans ce contexte de relatif échec des stratégies tant keynésiennes que classiques, le développement des politiques spécifiques d'emploi à partir du milieu des années soixante-dix s'est heurté à plusieurs difficultés, qui contribuent à expliquer que la légitimité même de ces politiques ait pu être contestée, plus encore que pour d'autres politiques sociales. En effet, les débats récurrents sur les causes économiques du chômage n'ont pas permis d'asseoir de façon solide les fondements d'une intervention de l'État dans un domaine qui relève d'abord des décisions microéconomiques des entreprises. Aussi, c'est plutôt sur une base pragmatique que se sont construites ces politiques, leur élaboration tentant de répondre au plus près à la progression constatée du chômage.

A / *Des fondements théoriques incertains*

Les politiques spécifiques d'emploi peuvent être définies comme l'ensemble des instruments dont se sont dotés les pouvoirs publics pour améliorer la situation de l'emploi ou atténuer certaines des conséquences du sous-emploi depuis le milieu des années soixante-dix. Le développement de cette intervention publique s'est toutefois heurté à la difficulté d'établir de façon certaine les causes de la montée du chômage et au fait que les deux principales théories économiques – la théorie keynésienne et la théorie néoclassique – n'accordent finalement qu'une place très limitée à la politique de l'emploi, le rétablissement des équilibres sur le marché du travail passant par des mécanismes macroéconomiques pour l'une, et par le rétablissement de la libre concurrence pour l'autre.

Si ces deux théories économiques ne fournissent pas, aujourd'hui, d'explication satisfaisante aux causes du chômage, les explications alternatives restent au stade d'ébauche et ne permettent pas plus d'asseoir les fondements théoriques de politiques autonomes de l'emploi. Cette incertitude théorique pèse de façon permanente sur l'élaboration des différents dispositifs qui composent la politique d'emploi, contribuant, au moins en partie, à expliquer leur instabilité chronique et la recherche constante de nouvelles voies d'action [57].

Faute des fondements théoriques qu'aurait pu leur apporter l'économie, les politiques de l'emploi se sont aussi heurtées à des problèmes de principe tenant à la nature de leurs interventions. En effet, des actions visant à modifier le niveau du chômage passent nécessairement par des interventions qui touchent aux décisions d'embauche et de licenciement, et qui relèvent, dans une société libérale, des acteurs privés. Les politiques d'emploi se sont ainsi retrouvées sans cesse tiraillées entre, d'un côté, l'impossibilité de mettre en place des dispositifs coercitifs, au risque d'être très fortement contestées et, de l'autre, des interrogations sur l'efficacité réelle de dispositifs incitatifs dépendant entièrement des réactions des acteurs concernés, demandeurs d'emploi ou entreprises.

[57]

LES FACTEURS EXPLICATIFS DU CHÔMAGE [1]

La montée du chômage depuis 1973 dans tous les pays développés a provoqué « un renouveau des controverses théoriques consacrées aux " causes " du chômage ».

1. Ces controverses se développent tout d'abord autour d'explications simples, qui ne sont guère satisfaisantes. Elles permettent certes « d'identifier des phénomènes d'une réalité indiscutable et dont la relation avec la croissance du chômage peut être concrètement illustrée. Mais la mise en évidence d'interdépendances ne permet d'établir aucune causalité. Surtout, elle ne peut expliquer la cassure observée depuis 1973 dans l'évolution du chômage [2] ».

– Ainsi en est-il de *la situation démographique et du taux élevé de croissance de la population active.* Le chômage serait dû en ce cas à l'afflux de nouveaux arrivants sur le marché du travail. Certains mettent l'accent à ce propos sur l'accroissement de la population active disponible en France qui a représenté, de 1985 à 1995 annuellement, environ 178 000 personnes – l'augmentation devant être encore de 165 000 par an d'ici la fin du siècle –, pour commencer à fléchir sensiblement (124 000 par an de 2001 à 2006) et se retourner à partir de 2006 (– 20 000 personnes actives de 2006 à 2011...). Les conclusions qui sont tirées de ces données (accroissement du chômage jusqu'en 2006, puis réduction sensible ensuite) sont trop simplistes pour être exactes. L'explication du chômage par le rythme d'accroissement de la population active disponible est en effet contredite par les données statistiques sur longue période, par les comparaisons internationales, ainsi que par les analyses modernes du fonctionnement du marché du travail.

– Autre tentative d'explication, qui met aussi l'accent sur l'offre de main-d'œuvre : le chômage serait dû *aux caractéristiques et aux comportements des chômeurs :* inadaptation par rapport aux « besoins de l'économie », « préférences » pour le chômage plutôt que pour l'exercice d'un emploi. Les travaux disponibles montrent que l'existence de facteurs d'inadaptation est évidente et contribue à expliquer l'allongement des durées de chômage pour certaines catégories, mais qu'elle ne saurait constituer un facteur d'accroissement du volume global de chômage. De même, une interprétation hâtive de travaux sur les logiques sociales et les modèles socioculturels [3] peut conduire à attribuer le niveau élevé du chômage en France au « modèle français » ; celui-ci se caractériserait par rapport à d'autres modèles étrangers par le fait que la nature de l'emploi occupé détermine la position sociale dans un système stratifié et hiérarchisé, et qu'un travailleur préférerait, en règle générale, rester au chômage plutôt que d'accepter un déclassement. Or, outre les démentis qui sont apportés à cette explication par les transformations de comportements observés depuis l'accroissement massif du sous-emploi, « les limites d'une telle interprétation sont évidentes : elles conduisent à expliquer des réactions nationales face aux perturbations du marché du travail ; elles ne disent rien sur l'origine de ces perturbations... [4] ».

– Débat « séculaire » : les conséquences du *progrès technique* sur l'emploi, dont les effets doivent être distingués selon qu'il s'agit d'effets transitoires (les monographies nombreuses montrent que les progrès techniques sont source de chômage d'inadaptation) et d'effets durables (l'effet négatif des techniques nouvelles sur l'emploi est-il ou non « compensé » par une croissance indirecte de l'emploi induite par le progrès technique ?). Les conclusions d'une réflexion systématique sur ce point conduisent J. Freyssinet à conclure qu'il existe bien une relation possible entre changement technique et chômage, mais que cette relation n'est en rien automatique. « Le changement technique n'est pas, par nature, créateur ou destructeur d'emplois ; il modifie les conditions de détermination du niveau de l'emploi. En résultera-t-il plus de consommation, plus de temps libre, plus de chômage ? La réponse ne réside pas dans le progrès technique mais dans le mode de régulation du système productif. »

2. *Les explications macroéconomiques. Chômage classique, chômage keynésien, chômage mixte*

– *Chômage « classique »*. Selon les thèses néoclassiques, le chômage est engendré par l'insuffisance de la rentabilité des entreprises : les investissements productifs sont jugés non rentables par les entreprises. Celles-ci offrent donc des quantités inférieures à la demande. Une politique de soutien de la demande accroîtrait un déséquilibre qui tient à l'excès de la demande sur le marché des biens. La priorité doit donc être donnée à la restauration de la rentabilité des entreprises.

– *Chômage « keynésien »*. Selon les thèses keynésiennes et néokeynésiennes, c'est l'insuffisance du niveau d'activité économique qui explique l'existence du chômage, alors que les travailleurs comme les employeurs souhaiteraient atteindre un niveau d'emploi et de production plus élevé. Une politique de soutien de la demande réduirait les déséquilibres, donc le chômage.

Selon le diagnostic posé sur la cause principale de la croissance du chômage, les solutions proposées sont évidemment divergentes. Dans le premier cas (chômage classique), l'objectif est la création d'une dynamique « rentabilité-investissement-emploi » ; dans le second (chômage keynésien), c'est une dynamique « demande-production-emploi » qui est privilégiée. Mais les deux stratégies butent sur les problèmes posés à l'échelle internationale. Dans la stratégie néoclassique, la restauration de la rentabilité des entreprises suppose, dans un contexte de demande nationale comprimée, l'élargissement des parts que le système productif national occupe sur le marché mondial, alors que les économies concurrentes se trouvent toutes dans la même situation. Dans la stratégie keynésienne, maintenir un taux de croissance supérieur à celui des économies nationales concurrentes engendre un déficit de la balance commerciale qui conduit à un retour à l'austérité.

– *Chômage « mixte »*. Beaucoup s'interrogent sur la pertinence d'une opposition tranchée, en économie de marché, entre logique du profit et logique de la demande, et pensent que l'on peut concevoir la coexistence dans une économie donnée de chômage classique et de chômage keynésien (E. Malinvaud).

3. « *Nouvelles théories du marché du travail* [5] »

En dehors des grandes explications macroéconomiques, un certain nombre de développements ou d'approfondissements doivent être signalés, car, sans remettre en cause les explications d'ensemble, ils alimentent des débats actuels. On citera notamment :

a) *des travaux menés dans le cadre général des théories néoclassiques*

On rappellera qu'en dehors de l'explication macroéconomique globale du « chômage classique » la théorie néoclassique est fondée sur une analyse du fonctionnement de marché du travail qui suppose la recherche de la plus grande flexibilité possible, afin que l'offre de travail puisse rencontrer la demande dans des conditions qui autorisent le plein-emploi : en ce sens, le salaire minimum est considéré comme une barrière à l'embauche. Des travaux récents ont enrichi l'analyse sur divers points :

– le « chômage de recherche » : le statut de chômeur conduit à une activité spécifique qui ne va pas de soi (la recherche d'information, la découverte d'entreprises offrant un emploi...). Ce processus conduit une partie de la population au chômage. Certains auteurs radicalisent cette théorie en voyant dans une grande partie du chômage contemporain un chômage volontaire de recherche, lié à la protection sociale accordée aux chômeurs ;

– le rôle des syndicats et des négociations salariales. L'absence de coordination des négociations entre les syndicats et les firmes conduisent à des dérèglements dans les modes de fixation du salaire « optimal » et serait en partie à l'origine du chômage ;

– la non-prise en compte de la mutation profonde du système de rémunération. Celle-ci expliquerait, beaucoup plus que les bouleversements du système du marché du travail, le maintien d'un système élevé de chômage dans les pays industrialisés. La rémunération des travailleurs ne devrait plus être déterminée par des éléments macroéconomiques globaux, mais par l'efficacité locale révélée par les résultats de l'entreprise. Il conviendrait alors de transformer l'économie salariale en une « économie de profit », où une part de la rémunération serait fonction des résultats de l'entreprise.

b) *L'école de la « régulation »*

La théorie de la régulation conçoit l'évolution économique comme « la succession de modes globaux de régulation auxquels correspondent des rapports salariaux dominants [6] ». « Le chômage contemporain s'explique par la crise du modèle de production fordiste fondé sur l'organisation scientifique du travail dont l'extension a autorisé la production de masse et par le passage à un nouveau modèle de régulation... Selon les économistes de l'école de régulation, les interprétations traditionnelles du chômage... ne prennent pas suffisamment en compte les transformations économiques et sociales. Le chômage actuel s'expliquerait donc par une mutation de l'appareil productif caractérisée par la rupture du lien traditionnel entre la production et l'emploi [7]. »

1. Cet encadré est construit à partir de l'ouvrage de Jacques Freyssinet, *Le chômage*, Paris, La Découverte 1997 (deuxième partie « L'affrontement des théories », p. 55 et suiv.) pour les paragraphes 1 et 2, et, pour le paragraphe 3, à partir de l'ouvrage de Robert Holcmann, *Le chômage. Mécanismes économiques, conséquences sociales et humaines*, Paris, La Documentation française, 1997, coll. « Études » (chap. 1, « Comment explique-t-on le chômage ? », p. 15-20).
2. Jacques Freyssinet, *op. cit.*
3. Philippe d'Iribarne, *La logique de l'honneur*, Paris, Le Seuil, 1989, et *Le chômage paradoxal*, Paris, PUF, 1990.
4. Jacques Freyssinet, *op. cit.*
5. Titre d'un ouvrage de Anne Perrot, *Les nouvelles théories du marché du travail*, Paris, La Découverte, coll. « Repères », 1992.
6. Citation de Robert Salais reprise par Robert Holcman, *op. cit.*
7. Robert Holcman, *op. cit.*, p. 20.

B / *Des leviers d'action multiples*

À cette incertitude théorique a répondu la mise en place de dispositifs fondés sur des leviers d'action multiples.

Trois inspirations principales sont ainsi à l'origine des politiques d'emploi :

– la première s'appuie sur l'idée que le stock d'emplois dans une économie dépend principalement de la croissance, sur laquelle les politiques d'emploi ne peuvent guère influer ; leur objectif essentiel consiste alors à ajuster la population active à ce stock d'emplois. Deux voies relativement différentes peuvent être utilisées : soit diminuer la population active, en pesant sur l'activité des travailleurs âgés, des femmes, des étrangers, ou en retardant l'entrée des jeunes sur le marché du travail, voire en favorisant les retraits temporaires (congé parental, année sabbatique) ; soit répartir différemment le travail entre les salariés, par le biais d'une politique d'aménagement et de réduction du temps de travail ;

– la seconde approche vise à influer sur l'offre d'emploi, soit pour éviter une diminution trop forte des emplois existants, soit pour favoriser la création d'emplois, par le biais de diverses incitations, qui passent notamment par des réductions, plus ou moins fortes, du coût du travail (secteur marchand) ou par l'incitation à la création d'activités nouvelles, qui répondent à un besoin de la société mais pour lesquelles n'existe pas encore de demande solvable (secteur non marchand) ;

– la troisième approche, enfin, se fonde sur les inadéquations entre l'offre et la demande de travail ; coexistent des pénuries de main-d'œuvre dans certains métiers et des demandes d'emploi de personnes considérées comme difficilement employables compte tenu de l'inadaptation, de l'absence ou de l'obsolescence de leur qualification. Ces analyses insistent sur l'importance du bon fonctionnement du marché du travail et sur le rôle d'institutions chargées de faciliter la rencontre de l'offre et de la demande ; elles accordent de ce fait une place essentielle à la politique de formation professionnelle, considérée comme un facteur dynamique d'adéquation (tableau 38).

Tableau 38. *Leviers d'action et dispositifs des politiques d'emploi*

Leviers d'action	Dispositifs
Actions sur l'offre de travail	– Préretraites – Allongement de la durée des études – Stages – Aides au retour des travailleurs étrangers – Baisse du temps de travail
Actions sur la demande de travail – défense de l'emploi (maintien des emplois existants) – promotion de l'emploi (favoriser la création de nouveaux emplois)	– Indemnisation du chômage partiel – Développement de l'emploi dans le secteur non marchand – Aides à la création d'emplois – Aides à la création d'entreprises
Actions visant à une meilleure adéquation entre l'offre et la demande de travail	– Actions visant à favoriser la transparence du marché du travail et la mobilité de la main-d'œuvre (aides à la mobilité, ANPE) – Formation professionnelle

Dans les faits, les dispositifs mis en œuvre relèvent rarement d'une seule logique d'intervention. Par exemple, les stages contribuent à diminuer momentanément l'offre de travail, mais sont aussi un moyen d'améliorer la qualification des salariés et donc d'obtenir une meilleure adéquation entre l'offre et la demande de travail.

De même, les contrats aidés visent, en diminuant le coût du travail, à favoriser la création d'emplois ; mais ils sont généralement associés à une obligation de formation pour les entreprises, qui relève, là encore, de l'idée d'une amélioration de la qualification des salariés.

C / *Une typologie des politiques d'emploi reconstruite à partir de l'histoire*

Ainsi, si la mobilisation de la typologie actions sur l'offre/actions sur la demande/actions visant à favoriser une meilleure adéquation offre-demande est utile pour comprendre les leviers d'action qui fondent l'intervention publique, elle ne permet pas de rendre une intelligibilité à la construction des politiques spécifiques d'emploi. En effet, dès l'origine, ces différents leviers d'action ont été utilisés de façon concurrente dans un même dispositif et ne permettent donc pas de construire une typologie claire des instruments des politiques d'emploi.

En revanche, l'étude des dispositifs successifs montre que l'analyse par publics a progressivement, depuis la fin des années soixante-dix, structuré la mise en place des mesures. C'est ainsi principalement le constat statistique des inégalités face au chômage des différentes catégories de la population active qui a été l'origine d'une intervention correctrice des politiques publiques, visant à compenser des handicaps sur le marché du travail des personnes jugées les plus fragiles. Trois catégories ont ainsi fait l'objet d'une attention particulière : les salariés âgés, dès le début des années soixante-dix, pour lesquels ont été mis en place des dispositifs de préretraite, les jeunes, dès les premiers pactes pour l'emploi adoptés en 1977, et enfin les chômeurs de longue durée à partir du milieu des années quatre-vingt.

Construits par sédimentation successive, les dispositifs « ciblés » en faveur de certains publics ont ainsi représenté la très grande majorité des interventions publiques en faveur de l'emploi jusqu'au début des années quatre-vingt-dix, tant en termes de bénéficiaires qu'en termes de moyens budgétaires, même si d'autres mesures, plus générales, ont été adoptées à la même période (mesures d'accompagnement des restructurations économiques par exemple). Cette construction a conduit à rendre relativement bien identifiable le bloc des politiques spécifiques d'emploi, largement autonomes tant par rapport aux autres politiques sociales (politiques du travail et protection sociale) que par rapport aux politiques économiques générales.

Depuis le début des années quatre-vingt-dix, un changement assez profond des politiques d'emploi, amorcé dès la deuxième moitié des années quatre-vingt, s'est toutefois dessiné. En effet, le développement des mesures ciblées a suscité des critiques nombreuses, de plusieurs ordres, tenant à la fois à leur faible impact sur le niveau du chômage, à leurs effets parfois peu concluants pour les bénéficiaires, ou encore à leur caractère conjoncturel.

Aussi, à côté de ces politiques ciblées, se sont développés des instruments plus généraux d'action, visant à agir sur les conditions générales de la demande de travail, par un abaissement du coût du travail, sur l'organisation du travail, à travers des actions sur le temps de travail, et sur la nature même du travail salarié, à travers des tentatives de développement d'un tiers secteur d'activités nouvelles, essentiellement pour des activités de service (tableau 39).

Cette redéfinition des politiques d'emploi depuis le début des années quatre-vingt-dix, qui est présentée dans le chapitre 8, conduit à mettre partiellement en cause le concept même de politiques spécifiques d'emploi. En effet, les instruments mobilisés relèvent de moins en moins d'un champ autonome de l'action publique et empruntent tant au droit du travail – à travers, principalement, l'action sur la durée du travail –, qu'à la politique de protection sociale – à travers les modifications en cours de son mode de financement –, ou encore à des politiques économiques plus générales, à travers la recherche d'un abaissement du coût du travail, pour les entreprises, mais aussi pour les ménages.

Ainsi, la typologie proposée dans le tableau 39 conduit-elle à présenter en deux temps les politiques d'emploi :

Tableau 39. *La construction des politiques d'emploi en France : des dispositifs ciblés à la promotion de leviers d'action plus généraux*

Les mesures ciblées	Les préretraites	– Mise en place des préretraites dès 1963 avec la création du Fonds national pour l'emploi – Développement massif dans les années 1970 et au début des années 1980
	Les actions en faveur des jeunes	– Aides à l'emploi marchand dès le milieu des années 1970 – Création d'emplois dans le secteur non marchand en 1984 – Actions de formation depuis la fin des années 1980
	Les actions en faveur des chômeurs de longue durée	– Actions de formation en 1985 – Emplois dans le secteur non marchand en 1989 – Aides à l'emploi marchand en 1989
Les instruments plus généraux	Les abaissements de charges sur les bas salaires	– Premier dispositif en juin 1993 et développement massif après la loi quinquennale de décembre 1993
	Le développement d'un tiers-secteur	– Développement d'emplois non marchands en 1984 dans le cadre des politiques ciblées – Développement des « emplois familiaux » à partir de 1991
	Les actions sur le temps de travail	– Tentative avortée d'une politique de réduction de la durée collective du travail en 1981-1982 – Mesures législatives et réglementaires (lois de 1986 et 1987, puis loi quinquennale du 20 décembre 1993) – Encouragement au travail à temps partiel (loi de décembre 1992) – Loi Robien (juin 1996)

– le développement des politiques spécifiques, principalement analysées à travers leurs bénéficiaires, la dépense pour l'emploi et le bilan que l'on peut dresser de ces politiques ;

– la redéfinition des politiques d'emploi à l'œuvre depuis le début des années quatre-vingt-dix, qui implique des changements profonds des instruments utilisés par les pouvoirs publics et qui conduit à un renouvellement des débats (chap. 8).

LES BÉNÉFICIAIRES DES POLITIQUES D'EMPLOI

L'essor, puis le développement des politiques spécifiques d'emploi, se mesure d'abord à travers la mise en place de dispositifs particuliers destinés à enrayer la progression du chômage et à encourager la réinsertion professionnelle – ou l'insertion sur le marché du travail – des personnes jugées les plus en difficulté au regard de leurs perspectives d'emploi.

Le tableau 40 montre l'importance croissante qu'ont prise les politiques d'emploi : peu développées en 1973 (elles touchaient alors un peu plus de 100 000 personnes), elles ont bénéficié en 1994 à près de 2,5 millions de personnes, soit environ 10 % de la population potentiellement active [1].

Ce tableau met d'abord en lumière l'importance quantitative, mesurée à partir du nombre de bénéficiaires [58], de l'ensemble formé par les mesures en faveur des salariés âgés, des jeunes et des chômeurs de longue durée jusqu'à la fin des années quatre-vingt : en 1987, ces trois types d'interventions regroupent un peu plus de 90 % de l'ensemble des bénéficiaires des politiques d'emploi. En revanche, à partir de la fin des années quatre-vingt, la montée en charge des dispositifs d'accompagnement des restructurations industrielles, de dispositions en faveur des toutes petites entreprises (exonération en faveur des premiers salariés surtout), puis la création d'une exonération en faveur du temps partiel conduisent à une réduction de ce pourcentage, qui s'élève toutefois encore à 70 % en 1994.

Au-delà de ce constat général, ce tableau met aussi en lumière la succession des objectifs prioritaires des politiques spécifiques d'emploi, notamment depuis le début des années quatre-vingt, moment où elle commence réellement à acquérir une importance numérique considérable :

– les préretraites, un des outils les plus anciens des politiques spécifiques d'emploi (celles-ci existent en effet depuis le milieu des années soixante), ont été très fortement mobilisées pendant la première moitié des années quatre-vingt et représentent jusqu'à 60 % des bénéficiaires des politiques d'emploi en 1983 et en 1984 ; par la suite, le recours aux pré-

1. La population potentiellement active se définit comme les individus en emploi, au chômage ou bénéficiaires d'une disposition de retrait d'activité de la politique d'emploi. Source : DARES.

[58]

LA MESURE DES BÉNÉFICIAIRES DES POLITIQUES D'EMPLOI : FLUX ET STOCKS

Trois indicateurs différents sont utilisés pour mesurer le nombre de bénéficiaires des politiques d'emploi : les entrées dans un dispositif au cours d'une année, les stocks moyens annuels et les effectifs présents en fin d'année. Chacun de ces indicateurs fournit une image complémentaire des politiques menées.

Les *flux annuels d'entrées* dans un dispositif sont le meilleur indicateur conjoncturel. Ils permettent de bien saisir les inflexions à court terme de la politique d'emploi, notamment lorsqu'on s'intéresse aux variations d'une année sur l'autre. C'est l'indicateur le plus utilisé dans le cadre des bilans annuels de la politique de l'emploi présentés chaque année par la DARES. Il est mobilisé dans le tableau 41 pour présenter la politique de l'emploi en 1995, avec les principales mesures en vigueur cette année-là.

Les *stocks moyens annuels* constituent, eux, le meilleur indicateur structurel des politiques d'emploi, notamment parce qu'il est beaucoup plus stable que le précédent. Il permet donc de suivre sur une longue période les évolutions des politiques d'emploi : cet indicateur a donc été retenu pour présenter les grandes évolutions de la politique d'emploi depuis le milieu des années soixante-dix (tableau 40). Le seul problème est que cet indicateur est disponible avec un plus grand décalage que le précédent.

Enfin, les *effectifs présents en fin d'année* sont un troisième indicateur, qui permet de mesurer l'importance de la politique d'emploi au regard de l'ensemble de la population active occupée. Ainsi, au 31 décembre 1995, 2 152 000 personnes, soit environ 10 % de la population active occupée, bénéficient, à un titre ou un autre, de mesures pour l'emploi.

Il convient donc, à chaque fois que l'on regarde un tableau présentant les bénéficiaires des politiques d'emploi, de bien vérifier quel indicateur est utilisé. En effet, les durées des dispositifs étant très différents, l'image renvoyée par chaque indicateur peut être très différente. À titre d'exemple, le nombre d'entrées en préretraite est aujourd'hui faible, mais le nombre de bénéficiaires, mesurés à partir des stocks, est beaucoup plus important puisqu'il intègre les personnes parties en préretraites au cours des années précédentes. À l'inverse, un stage d'une durée courte peut avoir un nombre d'entrées très important au cours d'une année, mais finalement ne concerner qu'un effectif beaucoup plus limité, mesuré à partir des stocks moyens annuels.

retraites a été limité ; il faut toutefois noter que le mécanisme des dispenses de recherche d'emploi, qui permet également le retrait du marché des salariés les plus âgés, a en partie succédé aux préretraites ;

– les mesures en faveur des jeunes, ensuite, connaissent une progression continue tout au long de la période, marquée par quelques à-coups : on peut considérer qu'à partir de 1980 l'effort particulier consenti en faveur des jeunes constitue une constante des politiques d'emploi, même si elle ne revêt pas la même importance à chaque période ;

– enfin, à partir du milieu des années quatre-vingt, se développe une politique de lutte contre le chômage de longue durée, qui a connu un développement quantitatif très important dans les années quatre-vingt-dix.

On peut considérer que ces trois types de mesures relèvent de poli-

Tableau 40. *Les bénéficiaires des politiques d'emploi : une approche sur vingt ans*

(stocks annuels moyens de bénéficiaires, chiffres arrondis)

	1973	1977	1980	1983	1987	1990	1994
Retraits d'activités des salariés âgés	44 000	101 000	190 000	661 000	637 000	548 000	496 000
dont :							
– préretraite totale	*44 000*	*101 000*	*190 000*	*661 000*	*502 000*	*318 000*	*212 000*
– dispense de recherche d'emploi	*0*	*0*	*0*	*0*	*135 000*	*230 000*	*284 000*
Mesures jeunes	0	77 000	329 000	342 000	1 033 000	665 000	713 000
Mesures en faveur des chômeurs de longue durée	0	1 000	3 000	3 000	43 000	157 000	474 000
Autres (*)	59 000	102 000	102 000	131 000	188 000	461 000	745 000
dont :							
– soutien au développement des petites entreprises (**)	*0*	*24 000*	*16 000*	*24 000*	*35 000*	*122 000*	*182 000*
– aide au temps partiel	*0*	*0*	*0*	*0*	*0*	*0*	*243 000*
Total	103 000	281 000	624 000	1 337 000	1 901 000	1 709 000	2 428 000

(*) Outre les rubriques explicitement indiquées, la catégorie « autres » regroupe l'insertion par l'économique, les actions de réinsertion des demandeurs d'emploi qui ne sont ni jeunes, ni chômeurs de longue durée et les mesures de reconversion en cas de licenciements économiques.
(**) Le soutien aux petites entreprises comprend principalement l'aide aux chômeurs créateurs d'entreprise, créée en 1977 (20 000 à 40 000 bénéficiaires par an) et l'exonération de charges sociales en faveur du premier salarié créée en 1989, étendue aux deuxième et troisième salariés en 1994.

Source : DARES, *40 ans de politique de l'emploi,* Paris, ministère du Travail et des Affaires sociales/La Documentation française, 1996.

Tableau 41. *Les bénéficiaires des politiques d'emploi en 1995 (principales mesures)*

(en nombre d'entrées cumulées sur l'année dans un dispositif

Emploi aidé non marchand	1 054 000
dont :	
– abattement temps partiel	*216 000*
– exonération 1e, 2e et 3e salariés	*73 000*
– contrats de retour à l'emploi et contrats iniative-emploi (pour les chômeurs de longue durée)	*270 000*
– aide au premier emploi des jeunes	*44 000*
– formations en alternance pour les jeunes	*331 000*
Emploi aidé non marchand	699 000
dont :	
– contrats emploi solidarité	*651 000*
– contrats emploi-consolidé	*48 000*
Actions de formation	351 000
dont :	
– stages d'insertion et de formation à l'emploi (pour les chômeurs de longue durée)	*229 000*
– crédit-formation individualisé pour les jeunes	*74 000*
Accompagnement des restructurations industrielles	204 000
dont :	
– conventions de conversion	*120 000*
– préretraites totales du FNE	*24 000*
– préretraites progressives du FNE	*27 000*
Total entrées	2 308 000

Source : DARES, « Bilan de la politique de l'emploi en 1995 », 1996.

tiques « ciblées » au sens où elles s'adressent à des publics spécifiques : les salariés âgés, les jeunes, les chômeurs de longue durée [1]. Nous les examinerons successivement dans les parties qui suivent.

I | LE CHOIX FRANÇAIS DES PRÉRETRAITES

Les dispositifs de préretraite se situent à la croisée de plusieurs politiques sociales : politique de la vieillesse, politique d'indemnisation du chômage et politique d'emploi. Réservée aux salariés les plus âgés, la préretraite, comme son nom l'indique clairement, précède la retraite et y est même parfois assimilée par les salariés. Ainsi, la généralisation de dispositifs de préretraite pour les salariés de plus de 60 ans dans les années soixante-dix et au début des années quatre-vingt avait largement préparé la voie – au moins dans les esprits – à un abaissement général de l'âge de la retraite. Destinée à assurer un revenu de remplacement à

1. Toutefois, il faut préciser que ce terme de dispositifs « ciblés » est habituellement réservé aux mesures en faveur des jeunes et des chômeurs de longue durée, à l'exclusion des dispositifs de retrait d'activité des salariés âgés.

des salariés ayant perdu leur emploi à la suite d'un licenciement économique (ou, dans certains cas, démissionnaires), la préretraite relève aussi d'une forme d'indemnisation du chômage. Visant enfin à promouvoir de nouvelles embauches par le départ anticipé des salariés les plus âgés, la préretraite s'intègre de ce fait totalement dans les politiques actives d'emploi, certains dispositifs de préretraite ayant d'ailleurs explicitement prévu cette contrepartie d'embauche (les contrats de solidarité en 1982, ou l'allocation de remplacement pour l'emploi – ARPE – mise en place en septembre 1995).

A / *Les dispositifs mis en œuvre : une alternance de dispositifs conventionnels et étatiques*

Les dispositifs de préretraite ont été créés en France en 1963, lors de la mise en place du Fonds national pour l'emploi. L'allocation spéciale du FNE (AS-FNE), destinée aux salariés licenciés âgés de 60 à 65 ans, s'inscrivait alors principalement dans le cadre de la politique d'accompagnement des restructurations industrielles. Il s'agissait d'une prestation financée conjointement par le budget de l'État et par l'UNEDIC, qui garantissait le versement de 80 à 90 % de sa rémunération au salarié.

Au début des années soixante-dix, le processus de restructurations industrielles s'accélérant, et un chômage plus important commençant à se développer, les pouvoirs publics incitèrent fortement l'UNEDIC à développer ses propres mécanismes de préretraite. C'est ainsi que furent mises en place, par un accord national du 27 mars 1972, les garanties de ressources en faveur des salariés âgés licenciés de plus de 60 ans, qui leur permettait de percevoir 70 % de leur rémunération antérieure. La garantie de ressources a été ensuite étendue aux salariés âgés de 57 à 60 ans en 1973, puis aux salariés démissionnaires en 1977. Le développement très rapide des garanties de ressources fut en partie à l'origine des difficultés du régime d'indemnisation du chômage, en 1979, comme en 1982. Aussi, c'est avec une réticence croissante que les partenaires sociaux assurent la prise en charge des préretraites des salariés âgés dans le cadre du régime d'indemnisation du chômage. De plus en plus, est défendue la thèse que cet effort particulier en faveur des salariés âgés relève de la « solidarité nationale ». Ceci explique en partie, avec l'abaissement de l'âge de la retraite à 60 ans en 1982, l'abandon du dispositif de la garantie de ressource dans l'accord du 10 janvier 1984.

Ainsi, à partir de la fin des années soixante-dix, et surtout dans les années quatre-vingt, c'est principalement par le biais de l'allocation spéciale du FNE que se développent les cessations anticipées d'activité. Toutefois, a été introduit en 1985 le mécanisme de la dispense de recherche d'emploi [1], qui permet aux demandeurs d'emploi âgés de plus de 57 ans et 6 mois – ou, exceptionnellement, de plus de 55 ans – de continuer à bénéficier des prestations de chômage auxquelles ils ont droit (allocation unique dégressive ou allocation de solidarité spécifique) en l'absence de

1. Décret du 29 juillet 1985.

recherche d'emploi. Ce mécanisme conduit de fait à un retrait du marché du travail de ces salariés, qui, étant dispensés de rechercher un emploi, ne sont plus demandeurs d'emploi ni chômeurs au sens du BIT et sortent de la population active. Il faut toutefois noter que le montant des prestations qu'ils touchent dans le cadre du régime d'indemnisation du chômage est très inférieur à celui accordé dans le cadre des préretraites du FNE et n'a cessé de diminuer avec le durcissement des conditions d'indemnisation du chômage. Le transfert partiellement opéré entre dispense de recherche d'emploi et préretraite est donc loin d'être neutre financièrement.

Enfin, l'accord du 6 septembre 1995 signé entre le patronat et les organisations syndicales a instauré une nouvelle allocation de remplacement pour l'emploi (ARPE), qui permet de financer le départ anticipé de salariés ayant cotisé pendant 160 trimestres, en contrepartie de l'embauche par l'entreprise d'un jeune. Cette allocation, financée par le régime d'indemnisation du chômage, assure au salarié le versement d'une prestation équivalente à 65 % de son salaire brut jusqu'à ce qu'il accède au régime de retraite. Au mois de mai 1996, soit huit mois après l'entrée en vigueur du dispositif, 25 000 personnes bénéficiaient de l'ARPE, et il est prévu que le nombre de bénéficiaires atteignent 100 000 à la fin de l'année 1996.

Ce rapide historique met en lumière deux traits marquants des dispositifs de retrait d'activité :

– d'une part, d'un point de vue institutionnel, dispositifs étatiques financés par le FNE et dispositifs conventionnels financés par le régime d'indemnisation du chômage se succèdent et se chevauchent, traduisant bien le caractère hybride des politiques de retrait d'activité, aux frontières de la politique de l'emploi, de la politique de la vieillesse et de la politique passive d'indemnisation du chômage ;

– d'autre part, du point de vue des prestations versées, la succession des dispositifs fait apparaître une dégradation des conditions financières de prise en charge des salariés âgés retirés du marché du travail, dont le mécanisme de la dispense de recherche d'emploi constitue un aboutissement.

B / *Les raisons du succès : une mesure consensuelle*

Cette succession de dispositifs étatiques puis conventionnels a constitué un encouragement quasi constant au retrait anticipé d'activité des salariés âgés, d'abord dirigé vers les salariés âgés de plus de 60 ans et aujourd'hui destiné aux salariés de plus de 55 ans. Le graphique 2 permet de mesurer l'importance quantitative de ces dispositifs, évaluée au regard du nombre de leurs bénéficiaires. Elle montre aussi que, si les dispositifs de préretraite totale sont en net recul après 1984, leur décroissance est partiellement compensée par la montée en charge du mécanisme de la dispense de recherche d'emploi, et il est probable que la mise en œuvre de l'ARPE à partir de 1995 et surtout en 1996 et en 1997 aura également un impact significatif sur le nombre total de salariés âgés retirés du marché du travail.

Graphique 2. *Évolution des cessations anticipées d'activités de 1973 à 1994*

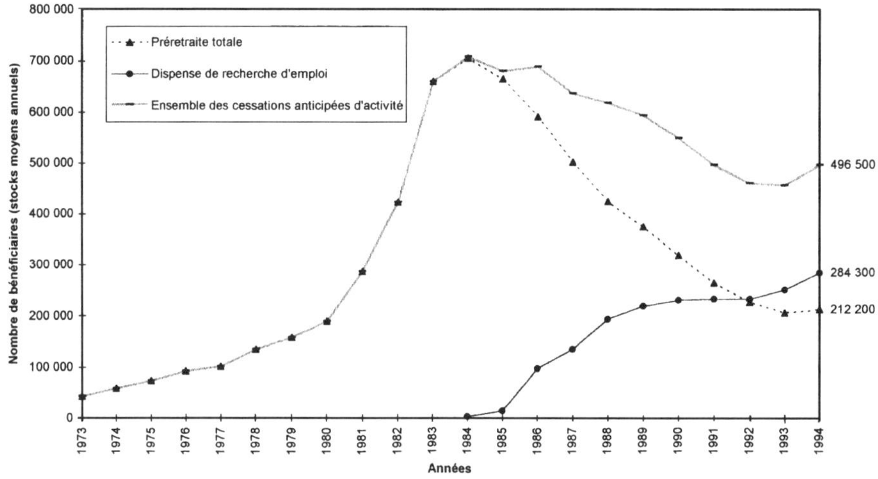

Chiffres en stocks moyens annuels
Source : DARES, *40 ans de politique de l'emploi, op. cit.*

Les raisons du succès des retraits d'activité tiennent avant tout au caractère consensuel de cette mesure, défendue tant par les employeurs que par les salariés, en même temps qu'elle était encouragée par les pouvoirs publics.

Du côté des employeurs, les retraites anticipées répondaient à une réticence ancienne concernant l'emploi des salariés âgés, qui s'était déjà manifestée, même au moment le plus fort de la pénurie de main-d'œuvre, après la guerre.

S'y sont ajoutés les effets des mutations technologiques, auxquelles les travailleurs âgés étaient considérés comme pouvant difficilement s'adapter. Cela traduisait en fait souvent une réticence des entreprises à consentir un effort de formation en leur faveur.

Le développement du chômage à partir du milieu des années soixante-dix a contribué à renforcer cette réticence : les préretraites sont alors apparues, pour les employeurs, comme un moyen relativement indolore de réduire les sureffectifs. Elles conduisaient aussi à modifier la pyramide des âges au sein de l'entreprise en faveur des plus jeunes, et donc à réduire la masse salariale.

Quant aux syndicats, dès la fin de la guerre, ils défendaient activement le « droit au repos » et tentaient de l'étendre en revendiquant un abaissement de l'âge de la retraite. Aussi, lorsque apparaissent les premiers dispositifs de préretraite dans les années soixante, ils y sont très favorables car ils y voient le premier pas vers un abaissement généralisé de l'âge de la retraite. Cela explique aussi leur soutien à l'accord relatif aux garanties de ressources, négocié en 1972, d'autant que le droit au repos des travailleurs âgés est aussi un moyen de favoriser l'insertion sur le marché du travail des classes d'âge plus jeunes, issues du *baby-boom*.

Cette défense des préretraites par les partenaires sociaux rejoint de plus l'intérêt du salarié âgé menacé de licenciement. Ces dispositifs lui garantissent un revenu, plus sûr et généralement plus avantageux que les prestations de chômage, lui permettant d'attendre l'âge de la retraite. Ainsi, dans le cadre de la garantie de ressources instaurée par l'accord de 1972, le revenu assuré au salarié correspondait-il à 70 % de son salaire brut.

La position de l'État sur cette question a été plus ambiguë. Dans un premier temps, la mise en place des allocations spéciales du FNE dans les années soixante est utilisée comme une réponse aux crises sectorielles que connaît l'économie française ; ce dispositif ne doit être utilisé que de façon relativement exceptionnelle, dans les secteurs en mutation (textile, construction navale, houillères) et dans certaines régions seulement.

Dans les années soixante-dix, toutefois, la place des préretraites dans la politique de l'État est profondément modifiée dans une perspective de retrait massif d'activité. En effet, le dispositif des garanties de ressources, placé sous la responsabilité des partenaires sociaux, conduit de fait à la mise à la retraite d'une partie des salariés âgés de 60 à 65 ans. À partir de 1979, les préretraites deviennent encore plus explicitement un outil déterminant des politiques d'emploi, d'abord avec l'extension de l'AS-FNE, puis avec les contrats de solidarité, mis en place en 1982, par lesquels l'employeur s'engage à maintenir le niveau global des effectifs pendant au moins un an et à remplacer les départs par des embauches (jeunes, chômeurs...).

Ainsi, au milieu des années quatre-vingt, les préretraites ont permis de retirer du marché du travail près de 700 000 personnes.

Complétées, à partir de 1985, par le dispositif de dispense de la recherche d'emploi, les préretraites ont eu un effet massif sur la population active, en particulier au milieu des années quatre-vingt.

Les divers mécanismes de préretraites ont un autre intérêt pour l'État : c'est un des seuls instruments des politiques d'emploi qui lui permet d'intervenir de façon aussi massive, en termes d'impact financier, dans le fonctionnement des entreprises. En cela, la négociation des conventions d'AS-FNE entre l'État et les entreprises a été un outil déterminant dans l'orientation des politiques d'emploi mais aussi des politiques industrielles. Dans les années quatre-vingt, ont ainsi été privilégiées des interventions dans les secteurs les plus en difficulté de l'économie française pour faciliter leur reconversion. Aujourd'hui, la négociation des conventions de préretraite – et surtout du montant de la participation financière de l'entreprise – est un moyen pour l'État de demander que soient mis en œuvre de véritables plans sociaux au moment des licenciements, ou encore que l'emploi des salariés âgés de 50 à 55 ans, particulièrement touchés par le chômage d'exclusion, soit préservé.

Depuis la suppression de l'autorisation administrative de licenciement en 1986, et jusqu'à l'adoption de la « loi Robien » sur le temps de travail en juin 1996, le dispositif des préretraites est ainsi resté le seul mécanisme qui a placé l'État en position de négociateur direct avec les entreprises auxquelles est accordée une aide.

Cette convergence des intérêts des différents partenaires explique le succès rencontré par les préretraites.

C / *Des dispositifs aujourd'hui remis en cause ?*

Ces mesures de retraits anticipés du marché du travail, ajoutées à l'abaissement de l'âge de la retraite, ont abouti à une baisse considérable des taux d'activité, particulièrement visibles lorsqu'on s'intéresse à la situation des hommes âgés de 55 à 64 ans (tableau 42) [1].

Tableau 42. *Évolution comparée des taux d'activité des hommes de 55 à 64 ans dans quelques pays*

	1979	1983	1990	1995
France	*69,9*	*53,6*	*45,8*	*41,5*
Allemagne	66,9	63,1	57,7	54,5
Japon	85,2	84,7	83,3	84,8
Espagne	77,6	71,5	62,4	54,9
Suède	79,2	77,0	75,3	70,4
Royaume-Uni	–	71,5	68,1	62,5
États-Unis	72,8	69,4	67,8	66,0

Source : OCDE, *Perspectives de l'emploi,* juillet 1996.

Ce tableau met en lumière l'importance particulière du phénomène de baisse des taux d'activité en France, la plupart des pays enregistrant des évolutions comparables, mais d'une ampleur moindre.

Le caractère massif des retraits anticipés du marché du travail des salariés âgés a d'ailleurs suscité des critiques d'ordre divers qui ont conduit à une remise en cause partielle de cette politique.

Critiques financières d'abord, les préretraites ayant un coût financier considérable, d'autant plus important qu'il ne se mesure pas sur une seule année, mais présente au contraire une forte inertie liée à la durée des préretraites accordées, qui peuvent aller jusqu'à cinq ans, voire plus dans certains cas dérogatoires où elles sont proposées à des salariés de moins de 55 ans. L'importance de ces coûts financiers explique la suppression de la garantie de ressources en 1984, puis le ralentissement des entrées en allocations spéciales du FNE à partir du milieu des années quatre-vingt. Cette préoccupation financière contribue aussi partiellement à expliquer le développement d'un mécanisme comme la dispense de recherche d'emploi, par nature moins coûteux pour les finances publiques.

Les préretraites ont également été critiquées quant à leur efficacité

1. Pour les femmes âgées de 55 à 64 ans, la baisse des taux d'activité apparaît moins spectaculaire dans la mesure où la progression tendancielle de l'activité féminine a partiellement compensé ce mouvement.

sur le chômage. En effet, si ces mesures sont efficaces à court terme, et permettent de ce fait de résorber des crises conjoncturelles sur le marché du travail, les modèles macroéconomiques tendent à montrer qu'elles sont nettement moins efficaces à long terme. En effet, leur coût pèserait défavorablement sur la compétitivité de l'économie et aurait donc un impact négatif à long terme sur l'emploi.

Enfin, les conséquences sociales néfastes de ces dispositifs, qui contribuent en partie à consacrer l'exclusion des salariés âgés du marché du travail, ont été soulignées par de nombreuses études [1]. La généralisation des retraits anticipés d'activité a ainsi profondément modifié l'emploi des salariés âgés. Les traditionnelles méthodes de gestion du personnel, favorisant la fidélité et l'ancienneté, ont été remises en cause. L'organisation du cycle de travail, qui prenait fin traditionnellement par une retraite à âge fixe, a été considérablement perturbée. La transmission du savoir s'est perdue, l'image des salariés âgés s'est dégradée, en particulier en termes d'employabilité. Ce processus est d'autant plus préoccupant que, par des effets de contagion, il touche des salariés en dessous de l'âge de 55 ans, pour lesquels n'existent d'ailleurs pas les mêmes conditions de prise en charge.

L'ensemble de ces critiques a abouti à une remise en cause de ces dispositifs dans les discours des pouvoirs publics. Mais cette remise en cause demeure ambivalente.

> « Pour l'État, la limitation du recours aux mesures d'âge et la diversification des dispositifs publics d'aide au maintien et au développement de l'emploi dans les entreprises répondent à un triple objectif. Il s'agit, dans une logique de maintien dans l'emploi, de soutenir des mesures hors plans sociaux visant notamment à la formation et à la requalification du personnel ou à l'aménagement et à la réduction collective du temps de travail. Il s'agit également, dans une logique d'emploi et d'équilibre des retraites, d'intervenir sur la gestion de la main-d'œuvre en tentant d'inverser la tendance à la sortie précoce des travailleurs vieillissants. [...] Il s'agit enfin et surtout de réduire le coût public des mesures d'âge en incitant les entreprises à recourir à la préretraite progressive plutôt qu'à la préretraite totale. Ce sont ainsi surtout des limites financières qui semblent expliquer les nouvelles orientations [...] et le soutien de l'État à des mesures prises par les partenaires sociaux comme l'ARPE, financée exclusivement par l'UNEDIC, tend également à relativiser l'engagement des pouvoirs publics envers une politique active et systématique de maintien dans l'emploi des travailleurs vieillissants [2]. »

Ainsi, la pesanteur des habitudes acquises, la solution de facilité que représente souvent le recours à des formes diverses de retrait anticipé d'activité ont souvent contredit les discours sur le maintien en activité des salariés âgés. Un des exemples significatifs de ces difficultés peut être donné avec les préretraites progressives, dont le recours, malgré une progression récente en 1994 et en 1995, est demeuré jusqu'à aujourd'hui limité. Ces formes de cessation progressive d'activité suscitent en effet

1. Cf., par exemple, A.-M. Guillemard, « Travailleurs vieillissants et marché du travail en Europe », *Travail et emploi,* 57, 1993.
2. A.-M. Guillemard, « Emploi et protection sociale dans la seconde partie de la vie active », rapport de recherche remis à la MIRE, décembre 1996.

des réticences tant du côté des salariés, pour qui la préretraite est souvent vécue comme un droit au repos au même titre que la retraite, que du côté des entreprises, qui y voient une mesure complexe à appliquer. Ainsi, la préretraite progressive se découpe parfois en deux temps bien distincts, contrairement à ce que prévoient les textes : une période d'activité à temps plein, à laquelle succède une période d'inactivité totale.

De même, confrontés à des plans sociaux et à des projets de licenciements massifs, les services locaux de l'emploi se retrouvent souvent face à des dilemmes lourds à porter entre, d'une part, la volonté affichée d'encourager l'emploi des salariés les plus âgés et, d'autre part, l'atténuation des conséquences sociales les plus lourdes de ces licenciements, à travers les traditionnels mécanismes du FNE. Ou, encore, peuvent-ils être amenés à encourager le recours à l'allocation de remplacement pour l'emploi afin de promouvoir l'emploi des jeunes.

II | LA LUTTE CONTRE LE CHÔMAGE DES JEUNES

La politique de l'emploi en direction des jeunes est également relativement ancienne, du moins à l'aune de l'histoire, encore très récente, des politiques spécifiques d'emploi : dès 1975, ont été mis en place des stages de préformation pour les jeunes. Toutefois, cette politique a surtout pris son essor quantitatif à partir de 1978, avec les trois pactes successifs pour l'emploi des jeunes.

Une première lecture, institutionnelle, de la succession des différents dispositifs fait d'abord apparaître leur extrême variabilité. Citons, sans prétendre à l'exhaustivité, quelques-unes des étapes qui ont marqué ce foisonnement de dispositifs en faveur des jeunes :

– trois pactes pour l'emploi des jeunes en 1977, 1978 et 1979 ;

– mise en place des contrats de formation en alternance en 1984 (contrats de qualification, contrats d'adaptation et stages d'initiation à la vie professionnelle) ; mise en place, la même année, des travaux d'utilité collective (TUC) ;

– trois plans successifs pour l'emploi en 1989, 1990, et 1991 ; mise en place du crédit-formation individualisé pour les jeunes ; remplacement des TUC par les contrats emploi-solidarité (CES) ;

– plan d'urgence pour l'emploi de l'été 1993, suivi de la loi quinquennale pour l'emploi de décembre 1993 ; décentralisation de la formation des jeunes ;

– « sommets sociaux » pour l'emploi des jeunes (décembre 1995, juin 1996, février 1997).

Face à des courbes du chômage qui ne cessent de progresser, et au maintien d'un taux de chômage des jeunes élevé, tant au regard de celui des autres pays européens que de celui des autres catégories de la population active, les pouvoirs publics montrent, par ces annonces successives, que la lutte contre le chômage est leur priorité.

Ce souci d'affichage de mesures nouvelles, commun à l'ensemble des politiques d'emploi, mais particulièrement marqué pour les politiques en faveur des jeunes, explique en partie l'évolution et l'architecture des dispositifs adoptés : ceux-ci sont en effet caractérisés par d'incessants changements, tant dans les appellations successives qu'ils reçoivent que dans leur fonctionnement administratif proprement dit (par exemple sur le montant des aides accordées, sur leur durée, sur les organismes gestionnaires...).

Toutefois, s'arrêter à ce constat de complexité et d'opacité, qui conduit certains à qualifier la politique d'emploi de « nébuleuse aux contours indéfinissables », ou encore de « bricolage technocratique », ne saurait suffire à rendre compte des logiques et des objectifs poursuivis par les politiques menées en faveur de l'emploi des jeunes. En effet, si l'on abandonne une approche institutionnelle d'énumération des dispositifs successifs, pour se centrer sur des grandes catégories de mesures, il devient possible de définir les instruments successivement privilégiés par les politiques d'emploi, qui, aujourd'hui, sont tous utilisés à des degrés divers [1].

Trois catégories principales de mesures peuvent ainsi être distinguées :

– des mesures qui visent à encourager l'embauche de jeunes par des entreprises, principalement en abaissant le coût du travail, cette incitation financière se doublant parfois d'un effort de formation en faveur du jeune embauché (emploi aidé dans le secteur marchand) ;

– des mesures qui visent à embaucher des jeunes dans le secteur non marchand, dans un double souci : répondre à des besoins collectifs non satisfaits, entamer un processus d'insertion professionnelle du jeune et prévenir ainsi les mécanismes d'exclusion qui peuvent résulter d'une absence prolongée de toute occupation ;

– des actions de formation pure, destinées prioritairement aux jeunes les moins qualifiés, qui visent à leur fournir une qualification répondant aux besoins de main-d'œuvre des entreprises.

Si l'on tente de situer dans le temps l'action des pouvoirs publics (tableau 43 et [59]), on constate que les mesures visant à promouvoir l'emploi des jeunes dans le secteur marchand sont les plus anciennes (elles datent des premiers pactes pour l'emploi des jeunes et n'ont jamais été abandonnées depuis). Les mesures visant à embaucher des jeunes dans le secteur non marchand datent du milieu des années quatre-vingt, avec la mise en place des travaux d'utilité collective remplacés en 1990 par les contrats emploi-solidarité. Enfin, les actions de formation (hors alternance) ont surtout été développées à partir de la fin des années quatre-vingt et du début des années quatre-vingt-dix, notamment à travers l'adoption du crédit-formation individualisé en 1989.

1. Pour une analyse détaillée de l'interprétation de ces diverses mesures, et du rôle qu'elles jouent dans le fonctionnement du marché du travail, cf. Florence Lefresne, « Les dispositifs d'insertion professionnelle des jeunes en France », *La Revue de l'IRES*, 17, hiver 1995.

Tableau 43. *Les différents dispositifs jeunes depuis 1975*

(stocks annuels moyens, chiffres arrondis)

	1975	1978	1981	1985	1987	1989	1994
Emploi marchand aidé ... (y compris alternance)	1 000	310 000	424 000	268 000	799 000	455 000	486 000
Emploi non marchand	0	0	0	115 000	195 000	158 000	131 000
Actions de formation ...... (hors alternance)	5 000	33 000	16 000	55 000	39 000	46 000	96 000
Total	6 000	343 000	440 000	438 000	1 033 000	658 000	713 000

Source : DARES, *40 ans de politique de l'emploi, op. cit.*

[59]

LES PRINCIPAUX DISPOSITIFS EN FAVEUR DE L'EMPLOI DES JEUNES EN 1995

1 / *L'emploi marchand aidé*

Nom de la mesure	Fonctionnement du dispositif	Entrées en 1995
Aide au premier emploi des jeunes	Contrat à durée indéterminée de dix-huit mois à temps plein, en faveur des jeunes de moins de 26 ans au chômage. Aide de 1 000 à 2 000 F par mois selon les cas, versée pendant neuf mois à l'entreprise.	44 000
Contrat d'apprentissage	Contrat spécifique de un à trois ans prévoyant l'alternance de périodes de travail en entreprise et de formation dans un centre de formation pour apprentis. Contrat ouvrant droit à une exonération des charges sociales patronales et à une aide forfaitaire à l'embauche (10 000 F en juin 1995, ramenée à 6 000 F depuis le 1er janvier 1996). Rémunération entre 25 et 53 % du SMIC.	173 000
Contrat de qualification	Contrat à durée déterminée de six à vingt-quatre mois, prévoyant une alternance de temps de travail en entreprise et de temps de formation. Contrat ouvrant droit à exonération des charges sociales patronales et à une prime forfaitaire à l'embauche de 5 000 à 7 000 F selon les cas. Rémunération entre 30 et 65 % du SMIC.	99 000

Contrat d'adaptation	Contrat à durée déterminée ou indéterminée, prévoyant une période de 200 heures de formation, prise en charge. Rémunération au moins égale au SMIC.	55 000
Contrat d'orientation	Contrat à durée déterminée de six mois maximum, pour les jeunes de moins de 22 ans, sans qualification professionnelle. Rémunération de 30 à 65 % du SMIC.	3 000

NB : Les contrats d'apprentissage, les contrats de qualification, les contrats d'adaptation et les contrats d'orientation sont appelés contrats en alternance.

2 / *L'emploi non marchand*

Nom de la mesure	Fonctionnement du dispositif	Entrées en 1995 *
Contrat emploi-solidarité	Contrat à durée déterminée, d'une durée de trois mois à douze mois (exceptionnellement plus), signé par un employeur public (collectivités territoriales, établissements publics, associations) au titre d'activités répondant à des besoins collectifs non satisfaits. Contrat à mi-temps, rémunéré au SMIC. L'État prend en charge 65 % de la rémunération et le contrat est exonéré des charges sociales patronales.	233 000

* Jeunes seulement.

3 / *Les actions de formation*

Nom de la mesure	Fonctionnement du dispositif	Entrées en 1995
Crédit formation individualisé (hors programme région)	Formations alternées pré-qualifiantes dans les régions n'ayant pas encore pris en charge ces actions.	79 000
Actions de formation des régions	Formations alternées qualifiantes dans toutes les régions et formations alternées pré-qualifiantes pour les régions ayant également pris en charge ces actions (sept en 1994-1995).	110 000

4 / *Les principales modifications apportées aux politiques de l'emploi en faveur des jeunes en 1996*

Trois modifications principales ont été apportées à la politique d'emploi en faveur des jeunes pendant l'année 1996 :

– *l'aide au premier emploi des jeunes*, mesure pure d'aide financière à l'embauche sans action de formation, *a été supprimée* ;

– en revanche, *le contrat initiative-emploi*, initialement réservé aux chômeurs de longue durée, a été *étendu en août 1996 aux jeunes* et prend donc en partie le relais de l'aide au premier emploi des jeunes, dans la mesure où il s'agit principalement d'une mesure d'aide financière à l'embauche (exonération des charges sociales patronales et prime forfaitaire à l'embauche) ; toutefois, le contrat initiative-emploi est réservé aux jeunes sans aucune qualification, alors que l'aide au premier emploi des jeunes concernait potentiellement un public de jeunes plus large ;

– enfin, la loi du 6 mai 1996 a créé un nouveau type de mesure dans le secteur non marchand : *les emplois de ville*. Ces emplois, qui prennent la forme d'un contrat à durée déterminée ou indéterminée, conclus pour une durée maximale de cinq ans, permettent l'embauche de jeunes de moins de 26 ans en difficulté, issus de zones urbaines sensibles ; les employeurs concernés sont les mêmes que pour les contrats emploi-solidarité ; les avantages financiers sont, d'une part, une participation de l'État à la rémunération (de 75 % la première année jusqu'à 35 % la dernière année) et, d'autre part, une exonération des charges sociales patronales.

5 / Le gouvernement issu des élections anticipées de mai-juin 1997 a annoncé un programme de création d'emplois pour 700 000 jeunes – 350 000 dans le secteur marchand, 350 000 dans le secteur non marchand – qui devrait s'appuyer sur une démarche décentralisée de recensement des besoins et d'aide conditionnelle de l'État. Une loi définissant les modalités de ce programme sera proposée au Parlement avant la fin 1997.

A / *Les aides dans l'emploi marchand aidé : abaissement des coûts ou effort de formation ?*

Comme le montre le tableau 43, les mesures qui visent à favoriser l'embauche des jeunes dans le secteur marchand occupent la première place de façon continue depuis près de vingt ans.

Ces mesures ont toutefois pris, selon des périodes, des formes relativement différentes, qui conduisent à opposer :

– d'une part, des mesures qui accompagnent l'aide financière consentie par l'État aux entreprises d'une contrepartie en termes de formation pour le jeune, cette période de formation pouvant être plus ou moins réglementée ; le contrat d'apprentissage constitue ainsi la mesure pour laquelle la contrepartie en formation est la plus réglementée, notamment parce que cette formation doit nécessairement se dérouler dans un centre de formation pour apprentis et aboutir à l'acquisition d'un diplôme de l'enseignement professionnel ;

– d'autre part, des mesures de pure aide financière, qu'elles fassent appel à une aide sous forme d'exonération des charges sociales ou sous forme de prime forfaitaire, voire aux deux.

C'est l'analyse des causes du chômage des jeunes qui commande le choix opéré entre ces deux types de mesures. « Dans le premier cas, il s'agit d'accroître le capital humain d'un jeune, tout en privilégiant son insertion dans l'entreprise à travers des mécanismes incitatifs à l'embauche. Dans l'autre, seule la dimension du coût salarial est considérée comme explicative de la faible employabilité du jeune [1]. »

Ces divergences d'analyses expliquent le calendrier des mesures, qui

1. Florence Lefresne, « Les dispositifs d'insertion professionnelle... », art. cité.

s'est en partie aligné sur celui des changements de majorité politique jusqu'en 1988 :

– mise en place de mesures d'exonérations par les premiers pactes pour l'emploi des jeunes entre 1978 et 1981 ;

– suppression des exonérations pures en 1982 et développement des contrats en alternance à partir de 1984 ;

– rétablissement des exonérations à l'embauche en faveur des jeunes en 1986.

Mais l'opposition n'est pas si tranchée. Certaines mesures d'exonération totale de charges patronales ont été prises en 1991, sans contrepartie de formation (les « exo-jeunes »). Par ailleurs, la formation inscrite dans certains dispositifs n'a pas été réellement effectuée : par exemple, les stages d'initiative à la vie professionnelle, créés en 1983-1984, puis supprimés par la suite du fait des abus qu'ils avaient suscités, se sont, dans la pratique, révélés être une mesure d'allégement du coût et des contraintes d'embauche pour l'employeur, sans réelle contrepartie de formation.

Aujourd'hui, cette absence de ligne de partage clair entre les objectifs des mesures se retrouve à travers non plus la succession, mais la coexistence, quasi continue depuis 1991, de mesures privilégiant la dimension d'abaissement du coût salarial et de mesures prévoyant des actions de formation parallèles. La nécessité de contrats de formation en alternance fait ainsi l'objet d'un large consensus, se traduisant régulièrement par l'adoption de mesures financières incitatives en faveur de l'apprentissage et du contrat de qualification. Les mesures pures d'aide financière se renouvellent également régulièrement, mais ont désormais une importance quantitative moindre que les contrats en alternance : exo-jeunes en 1991, aide au premier emploi des jeunes en 1994, extension du bénéfice du contrat initiative-emploi aux jeunes en 1996.

B / *L'emploi non marchand : une logique d'insertion sociale et professionnelle*

La création d'emplois aidés dans le secteur non marchand s'est développée à partir du milieu des années quatre-vingt. Deux mesures principales ont été successivement adoptées. En septembre 1984 d'abord, ont été créés les travaux d'utilité collective, exclusivement réservés aux jeunes de moins de 25 ans. Cette mesure a connu un développement quantitatif très rapide, mais elle a fait l'objet de critiques nombreuses, liées notamment à l'image de « petit boulot ». Plus largement, les TUC furent accusés d'être utilisés principalement pour faire baisser les statistiques du chômage, sans que les pouvoirs publics se préoccupent réellement de la nature des activités ainsi effectuées par les jeunes.

Ces critiques, qui reçurent un écho important dans l'opinion publique, conduisirent à leur remplacement progressif par les contrats emploi-solidarité à partir de 1990. Les contrats emploi-solidarité, qui ne sont plus réservés aux jeunes comme les TUC mais peuvent aussi bénéficier aux chômeurs de longue durée, ont adopté une forme juridique différente, qui est celle d'un contrat de travail. Toutefois, tant les employeurs concernés – collectivités publiques, hors État, et associations – que les objectifs affichés de la mesure restent assez proches : il s'agit avant tout d'engager un processus d'insertion professionnelle – ou de réinsertion pour les chômeurs de longue durée ; cette insertion passe par la réalisation d'activités d'« intérêt général » répondant à des « besoins collectifs non satisfaits ». Par ailleurs, pour les jeunes issus des banlieues en difficulté, a été créée en 1996 une nouvelle mesure : les emplois de ville, qui s'intègrent plus largement dans la politique de la ville. Mais, là encore, les objectifs et le fonctionnement de cette mesure demeurent assez proches de ceux des contrats emploi-solidarité.

Ainsi, depuis leur création au milieu des années quatre-vingt, les mesures d'aide à l'emploi dans le secteur non marchand destinées aux jeunes sont marquées par une grande continuité. Cette continuité explique aussi la récurrence des critiques adressées à l'encontre de ces mesures, si l'on compare, par exemple, les évaluations faites sur les travaux d'utilité collective à la fin des années quatre-vingt et au début des années quatre-vingt-dix [1] et le rapport d'évaluation de la loi quinquennale pour l'emploi paru en 1997 [2] :

– le remplacement des TUC par les CES n'a pas permis d'éviter les phénomènes de « stigmatisation [3] », et le CES demeure peu attractif aux yeux du grand public ;

– cette mauvaise image renvoie souvent à la faible rémunération associée aux contrats du secteur non marchand (salaires compris entre 3 000 et 3 350 F mensuels bruts pour les CES) ;

– les risques de substitution avec des emplois publics stables, surtout lorsque les contrats se succèdent sur des activités comparables dans les mêmes institutions sont également soulignés par le rapport d'évaluation de la loi quinquennale.

Ces critiques renvoient pour partie aux contradictions internes de ces mesures, largement contraintes par leur importance quantitative. « L'objectif de court terme de diminution du nombre des demandeurs d'emploi particulièrement important pour les CES [...] peut être contradictoire avec les résultats recherchés à plus long terme : l'insertion professionnelle et la création d'activités [4]. » Ainsi, la gestion conjoncturelle des mesures prime-t-elle le plus souvent sur l'individualisation du suivi des personnes ou sur la recherche de solutions stables de reclassement professionnel.

1. B. Gomel, N. Schmidt, B. Simonin, « Bilan de l'évaluation des TUC », rapport du Centre d'études de l'emploi, 1992.

2. *La loi quinquennale relative au travail, à l'emploi et la formation professionnelle. Rapport d'évaluation*, Paris, La Documentation française, 1997.

3. Par « effet de stigmatisation » d'une mesure, on entend le fait que, pour une personne, le passage dans cette mesure la désigne *a priori* comme étant dans une situation difficile (du fait de sa faible qualification, d'un éloignement prolongé du marché du travail...) et constitue ainsi un signal négatif à l'encontre des employeurs potentiels.

4. *La loi quinquennale..., op. cit.*

C / *La formation des moins qualifiés : des dispositifs récents qui restent peu développés*

Au regard des deux précédentes formes d'intervention, qui privilégient la dimension « mise au travail » du jeune, les dispositifs spécifiques de formation en direction des jeunes les moins qualifiés apparaissent à la fois plus récents et moins importants quantitativement. Cette faiblesse s'explique par deux raisons principales :

– le système de formation français a toujours privilégié, et continue à le faire, les formations initiales dispensées par l'Éducation nationale ; ceci ne signifie pas que le cas des jeunes les moins qualifiés n'ait pas été pris en compte de façon spécifique, mais il l'a d'abord été dans le cadre de dispositifs institutionnels qui relèvent de l'Éducation nationale et non des politiques d'emploi ;

– dans les critiques adressées à ce système de formation initiale, c'est souvent l'éloignement entre le système de formation et le monde professionnel qui est mis en avant ; ceci explique que les politiques d'emploi aient en priorité cherché à développer des formations en alternance sous contrat de travail, se traduisant concrètement par des aides à des contrats de travail passés dans le secteur marchand, accompagnés d'une formation.

Ainsi, le développement de formations spécifiques, relevant du champ des politiques d'emploi et non plus de l'Éducation nationale, ne s'est-il réalisé que tardivement. Dans un premier temps, divers stages de formation en faveur des jeunes ont été instaurés en 1981-1982 (stages 16-18 ans, stages 18-25 ans) qui ont répondu à la suppression, au même moment, des subventions à l'embauche dans le secteur marchand. Toutefois, ces stages de durée courte n'ont eu qu'une importance quantitative limitée dans l'ensemble des dispositifs des politiques d'emploi.

Ce n'est qu'à la fin des années quatre-vingt, avec la mise en place du crédit-formation individualisé pour les jeunes, que les actions de pure formation ont pris une importance plus grande. La mise en place de ce nouveau dispositif en 1989 a en partie répondu à l'incapacité dans laquelle se sont trouvées les formations en alternance à assurer la prise en charge de l'ensemble des jeunes les moins qualifiés. Cette insuffisance renvoie d'ailleurs à des causes différentes selon les contrats :

– d'un côté, pendant très longtemps, l'apprentissage est demeuré majoritairement orienté vers le secteur artisanal et les petites entreprises et ne pouvait accueillir l'ensemble du public des jeunes les moins qualifiés ;

– de l'autre, les contrats de qualification et d'adaptation se sont avérés relativement plus sélectifs, et ce sont généralement des jeunes ayant un minimum de formation qui en bénéficient.

Ces doubles carences – de l'Éducation nationale d'un côté, des formations en alternance sous contrats de travail de l'autre – sont largement à l'origine de la création du crédit-formation individualisé en faveur des jeunes. Instaurée à l'automne 1989, confirmée par la loi du 4 juillet 1990, cette mesure se fondait sur la reconnaissance d'un « droit à la qualification » pour toute personne sortie sans qualification du système scolaire. Le CFI-jeunes organise ainsi un itinéraire qui distingue différentes étapes : l'accueil, l'orientation, le bilan de compétences, le suivi des formations et l'acquisition d'une formation professionnelle reconnue.

Par la suite, la loi quinquennale pour l'emploi du 20 décembre 1993 a profondément modifié les conditions de gestion des actions de formation en direction des jeunes en instaurant une décentralisation progressive de ces actions au niveau régional. Ce processus de décentralisation, qui devrait être totalement achevé en 1999, se déroule en deux phases :

– depuis le 1er juillet 1994, l'ensemble des actions de formation dites qualifiantes, c'est-à-dire aboutissant à l'obtention d'un diplôme reconnu, ont été transférées intégralement aux régions ;

– pour les actions dites préqualifiantes, qui consistent souvent en des actions de remises à niveau ou de remobilisation nécessaires avant l'entrée dans des filières qualifiantes, la décentralisation est plus progressive ; les régions peuvent en effet conclure avec l'État des conventions leur permettant de prendre en charge également ce volet, mais le transfert définitif n'entrera en vigueur qu'en 1999 ; il s'agit donc au départ d'une décentralisation « facultative », pour les régions qui le souhaitent, que met en place la loi quinquennale ; deux régions ont utilisé cette possibilité dès 1994, cinq l'ont appliquée en 1995 et onze au cours de l'année 1996.

Le calendrier de cette importante réforme ne permet pas, à l'heure actuelle, de dresser une évaluation complète de ses effets sur les dispositifs de formation en faveur des jeunes. Les premiers bilans font toutefois apparaître une tendance à la baisse du nombre des stages préqualifiants pour les jeunes les plus en difficulté à l'occasion du transfert aux régions. Ainsi, dans les années 1994-1995, on constate une stabilité des entrées en formations préqualifiantes dans les régions où celles-ci sont toujours prises en charge par l'État, alors qu'une décroissance globale de 5 % des effectifs a été constatée dans les sept régions qui ont choisi la décentralisation totale des actions de formations alternées [1].

Outre ce problème de la prise en charge des jeunes les plus en difficulté, la décentralisation pose la question de l'égalité de traitement dans les différentes régions, question sur laquelle on ne dispose pour l'instant que de très peu d'éléments d'appréciation.

III | LA LUTTE CONTRE LE CHÔMAGE DE LONGUE DURÉE

L'instauration d'une politique spécifique de lutte contre le chômage de longue durée date du milieu des années quatre-vingt. Jusqu'à cette date, la prise en charge des chômeurs de longue durée s'était principalement faite à travers la prolongation des droits à indemnisation. La

1. DARES, « Bilan de la politique de l'emploi en 1995 », *Premières synthèses*, novembre 1996.

mise en place par l'ANPE en 1982 d'un entretien systématique au treizième mois de chômage a constitué le point de départ de la prise de conscience des problèmes engendrés par la cessation prolongée d'activité. Pour y répondre, l'ANPE crée, en 1985, les stages modulaires réservés aux chômeurs de longue durée, destinés en particulier à favoriser un traitement personnalisé du besoin de formation de ces chômeurs. Cette date marque le début d'une intervention publique spécifique, ciblée sur ce public (tableau 44 et [60]).

Le développement après 1985 des différentes mesures en faveur des chômeurs de longue durée s'est effectué sur un mode assez proche de celui des mesures destinées aux jeunes, les instruments de ces deux politiques ciblées ayant de plus en plus tendance à se confondre. Ainsi, les contrats emploi-solidarité créés en 1990 sont-ils destinés aussi bien aux jeunes ayant des difficultés d'insertion professionnelle qu'aux chômeurs de longue durée. De même, le contrat initiative-emploi créé en 1995, initialement réservé aux chômeurs de longue durée, a-t-il été ouvert aux jeunes en 1996 (décret du 22 mai 1996).

Le parallélisme s'explique largement par le caractère comparable des analyses qui fondent l'intervention publique. Dans l'un comme dans l'autre cas, c'est la constatation, à partir des statistiques existantes, d'une discrimination résultant du fonctionnement du marché du travail qui est à l'origine de l'adoption d'aides particulières, destinées à compenser un handicap particulier sur le marché du travail.

Si le développement de mesures en faveur des chômeurs de longue durée s'est effectué autour d'instruments proches, voire identiques, à ceux utilisés dans la lutte contre le chômage des jeunes, l'analyse chronologique de l'ordre d'apparition des mesures fait en revanche apparaître des divergences, liées aux spécificités de ces publics. Pour les chômeurs de longue durée, ce sont d'abord des mesures de formation qui ont été envisagées au milieu des années quatre-vingt. Puis, à partir de la fin de cette décennie, des contrats aidés dans le secteur marchand et non marchand ont été créés en leur faveur ([60] et tableau 44).

Tableau 44. *Les différents dispositifs en faveur des chômeurs de longue durée*

(stocks annuels moyens, chiffres arrondis)

	1975	1978	1981	1985	1987	1989	1994
Emploi marchand aidé	0	0	2 500	0	1 500	50 000	148 000
Emploi non marchand	0	3 000	0	0	6 000	12 000	268 000
Actions de formation	0	0	0	17 000	35 500	70 000	57 000
Total	0	3 000	2 500	17 000	43 000	132 000	473 000

Source : DARES, *40 ans de politique de l'emploi, op. cit.*

[60]

LES INSTRUMENTS DE LUTTE CONTRE LE CHÔMAGE DE LONGUE DURÉE EN 1995

1 / *Les actions de formation*

Nom de la mesure	Fonctionnement du dispositif	Entrées en 1995
Stages d'insertion et de formation à l'emploi (SIFE)	Stages de formation destinés à des demandeurs d'emploi inscrits plus de douze mois à l'ANPE dans les dix-huit derniers mois. Stages gérés par l'ANPE	238 000

2 / *L'emploi non marchand*

Nom de la mesure	Fonctionnement du dispositif	Entrées en 1995 *
Contrat emploi-solidarité (CES)	Cf. encadré consacré aux instruments de lutte contre le chômage des jeunes [59]	466 000
Contrat emploi consolidé (CEC) **	Contrat réservé aux publics les plus en difficulté (chômeurs de longue durée de plus de 50 ans, allocataires du RMI depuis plus d'un an au chômage, etc.) d'une durée maximale de cinq ans, destiné à fournir une possibilité d'insertion durable aux titulaires de CES dépourvus de toute autre solution à l'issue de leur contrat Mêmes employeurs que les CES Prise en charge partielle de la rémunération par l'État selon un taux dégressif (de 70 % la première année à 30 % la cinquième année) Exonération des charges sociales patronales	42 000

* Tous les bénéficiaires adultes, hors jeunes de moins de 26 ans.

** Les contrats emplois consolidés peuvent aussi bénéficier à certains jeunes de moins de 26 ans en difficulté. Toutefois, étant donné leur caractère très minoritaire dans ce dispositif (7 000 entrées en 1995), ce dispositif n'est pas évoqué dans la partie consacrée à la lutte contre le chômage des jeunes.

3 / *L'emploi marchand aidé*

Nom de la mesure	Fonctionnement du dispositif	Entrées en 1995 *
Contrat initiative-emploi (CIE), ayant remplacé le contrat de retour à l'emploi (CRE) depuis la loi du 4 août 1995	Contrat à durée indéterminée, ou déterminée de douze à vingt-quatre mois, à temps plein ou partiel, conclu par des employeurs du secteur privé Contrat réservé aux chômeurs de longue durée, ainsi qu'à d'autres publics au chômage en grande difficulté (allocataires de l'allocation de solidarité spécifique, du RMI, handicapés...) Contrat ouvrant droit à une aide forfaitaire mensuelle de 2 000 F et à une exonération des charges sociales patronales (ces deux aides sont versées pendant la durée du contrat, au maximum pendant vingt-quatre mois) **	270 000

* Entrées cumulées en CRE (1er semestre 1995) et en CIE (2e semestre 1995).

** Le bénéfice de l'aide forfaitaire mensuelle a été réservé, depuis le décret du 7 août 1996, à certains publics prioritaires (chômeurs de très longue durée, inscrits depuis plus de trente-six mois à l'ANPE, chômeurs allocataires du RMI...). En revanche, l'exonération de charges sociales continue à s'appliquer à l'ensemble des chômeurs de longue durée entrant en CIE.

A / *Les actions de formation*

Soumis à la sélectivité du marché du travail, qui conduit souvent les employeurs à embaucher prioritairement des personnes désireuses de changer d'emploi ou au chômage depuis peu, les chômeurs de longue durée sont également victimes d'une sélectivité du marché de la formation, qui aboutit souvent à les écarter du bénéfice de stages organisés pour les chômeurs. De plus, la relation à la formation ne peut être envisagée de la même façon pour des personnes durablement écartées du marché du travail mais ayant des expériences professionnelles antérieures ou pour des jeunes encore proches de leur formation initiale. Ces diverses préoccupations ont abouti à la mise en place de stages spécifiques, réservés aux chômeurs de longue durée.

Le souci de s'adapter à des situations particulières et d'individualiser les possibilités offertes, mais aussi – de façon moins positive – la concurrence qui s'est jouée entre les multiples institutions intervenant dans le cadre du service public de l'emploi, expliquent la multiplication des formules de stages à partir du milieu des années quatre-vingt : stages modulaires de l'ANPE en 1985, stages de reclassement professionnel en 1987, stages financés par le fonds national pour l'emploi (stages FNE-chômeurs de longue durée et stages FNE-femmes isolées).

Cette simple énumération, non exhaustive, suffit à illustrer l'extrême complexité du dispositif qui s'est progressivement construit, d'autant que chaque formule s'appuie sur des financements, des opérateurs et des procédures distincts. Les dénonciations de cette complexité, et de ses conséquences particulièrement préjudiciables pour un public en difficulté, ont finalement abouti à une simplification en trois temps :

– un premier regroupement de diverses formules en 1989, autour des actions d'insertion et de formation ;

– un second regroupement opéré par la loi quinquennale du 20 décembre 1993, qui crée les stages d'insertion et de formation à l'emploi (SIFE) ;

– une centralisation de la gestion des SIFE par l'ANPE en 1995.

Les stages d'insertion et de formation à l'emploi regroupent donc aujourd'hui la quasi-totalité des actions de formation en direction des chômeurs de longue durée. Toutefois, cette simplification n'a pas résolu les difficultés inhérentes à ce type de mesure :

– d'un côté, le fait de réserver des stages aux chômeurs de longue durée peut s'avérer un obstacle à une entrée plus précoce des chômeurs en formation, qui pourrait faciliter leur reclassement dans des délais plus brefs ; de l'autre, l'ouverture de ces stages à tous les publics aboutirait quasi automatiquement à en exclure, par des effets de sélection, les publics les plus en difficulté, notamment les chômeurs de très longue durée ; cette contradiction, qui révèle les limites de politiques intervenant de façon curative et non préventive, ne peut guère trouver de réponse simple dans un contexte de dégradation continue du marché du travail ;

– une autre contradiction ou difficulté vient des objectifs assignés à ces stages, sur lesquels règne souvent une grande ambiguïté : s'agit-il de dispenser des formations ouvrant directement sur des besoins identifiés des entreprises ou s'agit-il d'entamer des processus de resocialisation pour les chômeurs fortement déstructurés par plusieurs mois ou plusieurs années de chômage ? Le contenu des formations dispensées, mais aussi l'évaluation de leurs résultats dépendent assez largement des réponses que l'on apporte à cette question.

B / *Les aides à l'embauche dans le secteur marchand*

Les aides à l'embauche dans le secteur marchand, mises en place assez tardivement en faveur des chômeurs de longue durée, ont un objectif clairement affirmé de reclassement professionnel. Les incitations financières destinées à encourager les employeurs à embaucher en priorité des chômeurs de longue durée visent ainsi principalement à lutter contre les effets sélectifs du marché du travail. Si les dispositifs ont varié au cours du temps, ceux-ci sont restés moins complexes que pour les stages des formation.

Les premières mesures d'exonération d'une partie des cotisations patronales de sécurité sociale pour l'embauche d'un chômeur de longue durée ont été adoptées en 1987. Toutefois, ces formules, alors appelées contrats de réinsertion en alternance, mêlaient abaissement du coût du travail et actions de formation, reprenant en cela partiellement les objectifs de requalification des actions de formation. Par la suite, cette dimension a été abandonnée, la priorité ayant été accordée à la réinsertion dans l'entreprise.

De 1989 à 1995, l'aide a pris la forme des contrats de retour à l'emploi, bénéficiant d'exonérations de cotisations sociales, voire de primes supplémentaires pendant certaines périodes. À l'été 1995, à la suite de l'élection présidentielle, les contrats initiative-emploi ont pris la suite des contrats de retour à l'emploi, sans grande modification de fond si ce n'est une augmentation importante du montant de l'aide accordée (prime forfaitaire mensuelle de 2 000 F en plus de l'exonération des cotisations patronales de sécurité sociale). En 1996, le coût jugé trop lourd de cette mesure a conduit à restreindre le bénéfice de la prime forfaitaire aux publics les plus en difficulté (décret du 7 août 1996).

Ces contrats aidés, de par leur forte proximité avec un contrat de travail normal dans le secteur marchand, sont, parmi les mesures pour l'emploi, celles qui obtiennent les meilleurs résultats en termes de reclassement professionnel. Tout se passe un peu comme si l'incitation financière conduisait certains employeurs à passer outre leur préjugé défavorable à l'encontre des chômeurs de longue durée ; par la suite, si le chômeur embauché fait ses preuves dans l'entreprise, l'employeur aura tendance à le conserver si la situation économique le permet. Toutefois, dès lors que c'est l'employeur qui embauche, il y a évidemment une sélection qui s'opère et ce sont souvent les personnes moins profondément affectées par les ruptures du chômage qui bénéficient du dispositif.

C / *L'ouverture des emplois du secteur non marchand aux chômeurs de longue durée*

À la fin des années quatre-vingt, la transformation des travaux d'utilité collective en contrats emploi-solidarité s'est accompagnée de l'ouverture aux chômeurs de longue durée de ces dispositifs jusque-là réservés aux jeunes. Dans le but d'offrir un emploi plus durable aux « personnes particulièrement menacées d'exclusion » (chômeurs de plus de trois ans, chômeurs de longue durée âgés...), les pouvoirs publics ont en outre mis en place, en octobre 1992, le contrat emploi consolidé (CEC). Ce contrat permet de prolonger l'emploi des bénéficiaires les plus en difficulté pour une période de cinq ans, qui s'ajoute à la durée légale maximale d'un CES (vingt-quatre mois).

Cette formule, qui demeure quantitativement beaucoup moins développée que les contrats emploi-solidarité, permet en partie de répondre aux critiques adressées aux contrats emploi-solidarité, souvent accusés de favoriser le développement d'emplois précaires sans débouchés réels. D'un autre côté, comme le montre le rapport d'évaluation de la loi quinquennale, ces contrats consolidés entrent – encore plus que les CES – en concurrence avec des emplois publics stables, par rapport auxquels ils n'offrent bien sûr pas les mêmes garanties de stabilité et de rémunération.

Si le développement de politiques spécifiques d'emploi se mesure d'abord au nombre de bénéficiaires, l'approche financière, à partir du coût des différents dispositifs, permet aussi de mesurer l'importance qu'a prise, depuis le début des années soixante-dix, ce volet de l'action publique. Toutefois, cet indicateur doit être manié avec précaution, d'autant que les évolutions actuelles, qui privilégient des mesures générales d'abaissement du coût du travail (non intégrées dans les comptes de l'emploi), mettent partiellement en cause sa pertinence pour évaluer l'effort public consenti en faveur des demandeurs d'emploi.

I | DÉFINITION ET ÉVOLUTIONS DE LA DÉPENSE POUR L'EMPLOI

A / *Les évolutions globales*

L'évolution de la dépense pour l'emploi depuis le début des années soixante-dix fait d'abord apparaître la progression des sommes consacrées aux politiques d'emploi, qui absorbent 3,8 % du PIB en 1995, contre moins de 1 % en 1973. Cette progression s'est faite par étapes, largement en fonction des poussées conjoncturelles les plus fortes du chômage. Ainsi, la dépense pour l'emploi a-t-elle progressé à un rythme particulièrement rapide après chacun des deux chocs pétroliers, de même que lors de la récession du début des années quatre-vingt-dix (tableau 45).

Tableau 45. *Évolution de la dépense pour l'emploi (DPE) depuis le début des années soixante-dix*

	DPE (en milliards de francs courants)	DPE (en % du PIB)	DEFM en moyenne annuelle (en milliers)
1973	10,2	0,90	394
1980	64,8	2,31	1 451
1983	140,7	3,51	2 068
1987	192,2	3,60	2 622
1990	219,3	3,37	2 505
1993	293,5	4,15	3 171
1994	295,1	3,99	3 329
1995	291,0	3,79	3 250

Source : DARES, *40 ans de politique de l'emploi, op. cit.*

Ce relatif parallélisme de l'évolution de la dépense pour l'emploi et du taux de chômage se traduit par le fait que l'effort public en faveur de l'emploi, rapporté au nombre de chômeurs, est relativement stable. Deux périodes doivent toutefois être distinguées. De 1973 à 1983, la dépense pour l'emploi, rapportée au taux de chômage, croît régulièrement pour atteindre son point culminant en 1983 (année de plein effet des mesures de retrait d'activité, particulièrement coûteuses). Après 1983 et jusqu'en 1995, la dépense pour l'emploi rapportée au taux de chômage a plutôt tendance à diminuer, pour finalement retrouver son niveau de 1973. Ainsi, peut-on dire qu'en 1995 l'effort financier consenti par la collectivité en faveur d'un chômeur est comparable à l'effort financier consenti pour un chômeur en 1973, si l'on admet que la dépense pour l'emploi constitue un indicateur satisfaisant de cet effort [61].

[61]

DÉFINITION DE LA DÉPENSE POUR L'EMPLOI

La dépense pour l'emploi, calculée chaque année par la DARES, est la mesure financière de l'ensemble des actions de politique d'emploi conduites par le ministère chargé de l'emploi et de la formation professionnelle, par l'UNEDIC, ainsi que par d'autres administrations intervenant en faveur de l'emploi (agriculture, aménagement du territoire, commerce et artisanat). Seules les actions qui reposent sur un critère explicite de création ou de maintien de l'emploi, de sortie anticipée du marché du travail ou de prise en charge financière des chômeurs par des mesures d'indemnisation sont prises en compte.

La dépense pour l'emploi regroupe donc des mesures financées par l'État (ensemble des contrats aidés en faveur des jeunes ou des chômeurs de longue durée, préretraites du FNE...), des mesures financées par cotisations sociales, salariales et patronales (indemnisation du chômage et mesures complémentaires financées par l'UNEDIC), des mesures financées par les entreprises dans le cadre de leur obligation générale en faveur de la formation professionnelle continue.

Deux difficultés méthodologiques principales affectent le calcul de cet indicateur. Elles tiennent aux problèmes posés par la prise en compte de dépenses ayant explicitement un objectif en termes de maintien de l'emploi, mais s'intégrant dans des politiques plus générales.

Il s'agit d'abord de la prise en compte des dépenses de formation professionnelle financées par les entreprises en faveur de leurs salariés. Ces dépenses sont intégrées dans le concept de dépense pour l'emploi tel qu'il est calculé par le ministère du Travail. Cette intégration de la formation professionnelle contribue ainsi à gonfler, en partie artificiellement, la part des dépenses actives dans l'ensemble de la dépense pour l'emploi. On peut ainsi noter que l'OCDE ne retient pas cette catégorie de dépense dans l'indicateur qu'elle calcule pour effectuer des comparaisons internationales.

Sur la période récente, s'est aussi posée la question de l'intégration des mesures générales d'abaissement du coût du travail dans la dépense pour l'emploi. Le choix a été fait de ne pas intégrer ces mesures dans la dépense pour l'emploi, à la fois dans un souci de cohérence avec les indicateurs utilisés par l'OCDE, et parce que ces mesures sont considérées comme relevant de mesures macroéconomiques générales.

Par rapport aux autres pays de l'OCDE, la France occupe, au regard de l'effort financier engagé au titre des politiques d'emploi, une position médiane. Cette position, illustrée par le tableau 46, conduit à opposer des configurations nationales typées, entre des pays « activistes » sur le terrain des politiques d'emploi (Allemagne, Suède) et des pays peu actifs, soit que les politiques d'emploi y soient très récentes (cas de la Grèce) soit que celles-ci demeurent volontairement limitées (cas des États-Unis). L'élargissement de la comparaison à d'autres pays confirme ce classement de la France, dont les interventions en faveur de l'emploi demeurent largement inférieures à celles des pays germano-nordiques.

On constate également, malgré des variations conjoncturelles des indicateurs, une grande stabilité des classements des différents pays dans le temps. Celle-ci peut s'expliquer par l'importance des choix nationaux en matière de politiques d'emploi, d'autant plus stables que ceux-ci sont « relayés et consolidés par des institutions et des routines [1] ».

Tableau 46. *Dépense pour l'emploi et effort pour l'emploi dans six pays de l'OCDE*

	Dépense pour l'emploi (en % PIB)		Effort pour l'emploi *	
	1985	1993	1985	1993
France	3,07	3,31	0,30	0,28
Allemagne	2,24	4,17	0,31	0,68
Suède	2,95	5,71	1,23	0,70
Royaume-Uni	2,83	1,75	0,25	0,16
États-Unis	0,72	0,69	0,10	0,10
Grèce	0,64	1,20	0,09	0,13

* Rapport de la dépense pour l'emploi (mesurée en % du PIB) au taux de chômage du pays considéré.
Source : OCDE.
Tableau repris dans DARES, *40 ans de politique de l'emploi, op. cit.*

B / *La structure de la dépense pour l'emploi*

Au sein de la dépense pour l'emploi, on distingue habituellement deux catégories de dépenses : les dépenses dites passives (indemnisation du chômage et retraits d'activité), qui agissent sur l'offre de travail, et les dépenses dites actives, qui visent à agir sur la demande de travail des entreprises (contrats aidés dans le secteur marchand) ou des administrations (contrats aidés dans le secteur non marchand) ou à assurer une meilleure adéquation entre l'offre et la demande de travail (dépenses de formation professionnelle).

L'évolution sur longue période de la dépense pour l'emploi conduit à distinguer deux temps. Jusqu'en 1983, le poids des dépenses passives dans l'ensemble de la dépense pour l'emploi croît continûment. Cette croissance résulte notamment de la progression très forte des dépenses de retraits d'activité, en particulier au début des années quatre-vingt, pen-

1. Pour une description plus détaillée des différents modèles nationaux, cf. A. Eydoux, J.-P. Faugère, J. Gautié, B. Gazier, « Les politiques de l'emploi dans les pays de l'OCDE. Une perspective de long terme », dans DARES, *40 ans de politique de l'emploi, op. cit.*

dant « l'âge d'or des préretraites ». La durée des préretraites explique la forte inertie de ce type de dépenses et le caractère progressif de la décroissance des dépenses de retrait d'activité (tableau 47).

À partir de 1983, le mouvement s'inverse par rapport à la période précédente et les dépenses actives augmentent régulièrement dans l'ensemble de la dépense pour l'emploi. Ce mouvement aboutit à ce qu'en 1995 les dépenses actives dépassent significativement le montant des dépenses passives. Les différentes composantes des dépenses actives sont plus difficiles à analyser, étant donné le caractère relativement conventionnel des distinctions habituellement proposées. En particulier, le poste correspondant aux dépenses de formation professionnelle est composite : il inclut, outre des actions de formation en faveur des chômeurs, les dépenses engagées par les entreprises au titre de la formation de leurs salariés. Le poste « autres dépenses actives » regroupe des interventions d'ordre divers :

– la prise en charge du chômage partiel (entre 1,5 et 2 % de la dépense pour l'emploi) ;

– les dépenses liées à l'amélioration du fonctionnement du marché du travail, qui représentent, pour l'essentiel, le budget de fonctionnement de l'ANPE (un peu moins de 2 % de la DPE) ;

– les aides en faveur de l'insertion par l'économique et les aides à la création d'entreprise (également un peu moins de 2 % de la dépense pour l'emploi) ;

– enfin, les dépenses d'aide à l'emploi, correspondant, pour l'essentiel, aux contrats aidés en faveur des jeunes et des chômeurs de longue durée et aux contrats aidés du secteur non marchand ; c'est ce dernier poste qui connaît la croissance la plus forte, en particulier au cours de la première moitié des années quatre-vingt-dix ; ce poste (intitulé, dans les nomenclatures traditionnelles « promotion de l'emploi et création d'emplois ») passe ainsi de 6,7 % du total de la dépense pour l'emploi en 1990 à près de 14 % en 1994, et même à 17,5 % de la DPE, si on lui ajoute les exonérations de charges sociales non compensées par le budget de l'État, qui concernent le même type d'aides.

Les comparaisons internationales du partage entre dépenses actives et dépenses passives (tableau 48) montrent d'abord que ce sont les mêmes pays qui consacrent une part relativement plus importante de leur PIB aux dépenses actives et une part également plus importante aux dépenses passives. Ce constat rejoint donc le précédent, quant à l'existence de modèles nationaux types, renvoyant à des choix politiques forts dans le domaine de la lutte contre le chômage.

Les évolutions de la structure de la dépense pour l'emploi font apparaître un relatif alignement de la situation française sur celle des autres pays. En effet, au début des années quatre-vingt, la France se caractérisait par un poids relatif plus important qu'ailleurs des dépenses passives, lié principalement à la politique de retraits d'activité. La révision à la baisse de cette politique – au moins en termes budgétaires – mais aussi le durcissement relatif des conditions d'indemnisation des chômeurs, ont abouti à un rééquilibrage important entre dépenses actives et dépenses

Tableau 47. *Structure de la dépense pour l'emploi en France*

(en % du total de la DPE)

	1973	1977	1980	1983	1987	1990	1994	1995
Indemnisation du chômage	18,6	37,9	40,4	30,8	37,1	39,8	40,1	38,7
Retraits d'activité	15,5	12,1	17,3	37,2	25,7	16,9	9,8	9,7
Total des dépenses dites passives	34,1	50,0	57,7	68,0	62,8	56,7	49,9	48,4
Formation professionnelle	56,2	38,4	30,6	21,8	24,8	30,8	29,7	28,7
Autres dépenses actives	9,7	11,6	11,7	10,2	12,4	12,5	20,4	22,9
Total des dépenses dites actives	65,9	50,0	42,3	32,0	37,2	43,3	50,1	51,6

Source : DARES, *40 ans de politique de l'emploi, op. cit.*

passives. Parmi les six pays retenus dans le tableau 48, la France est le seul, avec le Royaume-Uni, dont les dépenses passives en pourcentage du PIB baissent très significativement entre 1985 et 1993, alors qu'ailleurs celles-ci progressent ou restent stables sur cette même période.

Tableau 48. *Structure de la dépense pour l'emploi dans six pays de l'OCDE en 1993*

(en % du PIB)

	Dépenses actives 1985	Dépenses actives 1993	Dépenses passives 1985	Dépenses passives 1993
France	0,67	1,21	2,41	2,10
Allemagne	0,82	1,59	1,42	2,52
Suède	2,11	2,95	0,84	2,82
États-Unis	0,28	0,24	0,44	0,45
Royaume-Uni	0,74	0,52	2,09	1,23
Grèce	0,21	0,40	0,43	0,80

Source : OCDE.
Tableau repris dans DARES, *40 ans de politique de l'emploi, op. cit.*

II | QUELLE UTILISATION DU CONCEPT DE DÉPENSE POUR L'EMPLOI ?

Le concept de dépense pour l'emploi, même s'il reçoit des définitions parfois différentes entre les indicateurs nationaux et ceux utilisés en comparaisons internationales ([61]) demeure donc un outil d'analyse essentiel, tant pour le ministère du Travail français que pour l'OCDE. De même, la séparation entre dépenses actives et passives structure un certain nombre d'analyses des politiques d'emploi.

A / *La dépense pour l'emploi : un concept statistique, qui doit être manié avec précaution*

Ces catégories d'analyse justifient des propositions, récurrentes dans le débat public, « d'activation des dépenses passives [1] ». Ces propositions visent principalement à mobiliser des sommes consacrées à l'indemnisation des chômeurs au profit de leur réinsertion plus active sur le marché du travail. Dans le cas français, elles ont notamment trouvé une traduction récente dans l'adoption de deux dispositifs gérés par l'UNEDIC :

– les conventions de coopération, instaurées en 1994, permettent de verser à une entreprise qui embauche un demandeur d'emploi inscrit depuis au moins huit mois à l'ANPE, une subvention dont le montant est égal aux droits à allocations restant dus à ce demandeur d'emploi ; ce dispositif, principalement utilisé pour les chômeurs les plus qualifiés et les plus employables, n'a connu jusqu'à présent qu'un développement quantitatif limité ;

– l'allocation de remplacement pour l'emploi, créée en octobre 1995, est une forme de préretraite qui bénéficie à des salariés ayant quarante années de cotisations et doit s'accompagner d'une contrepartie en termes d'embauches de jeunes.

Ces deux exemples montrent bien les ambiguïtés de telles réorientations des politiques d'emploi. Dans le cas de l'ARPE, il s'agit principalement de la mise en place d'une nouvelle forme de retrait d'activité financée par les partenaires sociaux, qui vient compléter les dispositifs financés par le FNE. Cette mesure consiste donc principalement à financer par l'indemnisation du chômage une nouvelle mesure de retrait anticipé du marché du travail pour les salariés âgés : on reste donc dans la logique de « dépenses passives », au sens où elles sont habituellement définies.

Les conventions de coopération se rapprochent plus des contrats aidés du secteur marchand financés par l'État, avec une différence notable : le public concerné n'est pas du tout comparable à celui visé par les mesures ciblées, qui s'adressent largement à des personnes n'ayant pas de droit à indemnisation (les jeunes) ou ayant perdu, totalement ou partiellement, leurs droits à indemnisation (les chômeurs de longue durée). Cette différence souligne les limites des mesures d'activation des dépenses passives. En effet, dès lors que 45 % des demandeurs d'emploi sont exclus de toute indemnisation, ils ne peuvent pas par définition bénéficier, en tout cas individuellement, de mesures d'« activation » de leurs droits à indemnisation.

Ainsi, les raisonnements sur les transferts de charges financières entre dépenses passives et dépenses actives, s'ils peuvent sembler cohérents au niveau macroéconomique, se heurtent-ils rapidement à la réalité du chômage et de sa répartition dans la population active. *A contrario*, ils

1. Pour une présentation de ce débat, cf. M. Elbaum, « Coût du chômage, dépenses passives, traitement social : quelles significations pour un redéploiement ? », *Droit social*, 5, mai 1996.

illustrent que les politiques d'emploi doivent d'abord être conçues à partir d'une analyse de leurs bénéficiaires et non en termes de catégories de dépenses. Si les concepts de dépenses actives et passives ont un intérêt en tant qu'outil statistique et financier, rendant compte de la répartition des financements, ils ne peuvent servir à guider des réorientations des politiques d'emploi, sauf à en exclure les chômeurs les plus en difficulté.

B / *Le développement de mesures générales d'abaissement du coût du travail : vers une remise en cause du concept de dépense pour l'emploi ?*

Une autre question que pose l'utilisation du concept de dépense pour l'emploi renvoie au champ des politiques d'emploi. En effet, par sa définition, ce concept ne couvre qu'une partie des politiques d'emploi. La DPE n'inclut pas le coût de mesures économiques générales pouvant avoir un effet sur l'emploi, ou encore de mesures réglementaires, comme celles relatives à la durée du travail, au salaire minimum ou au contrat de travail, dont les incidences financières ne sont pas directement quantifiables et qui ne se traduisent pas par des dépenses collectives mais par des augmentations ou des diminutions de coûts pour les entreprises.

Cette limite théorique ne soulevait, jusqu'à une date récente, que des questions pratiques limitées. En effet, depuis le milieu des années soixante-dix, le champ des politiques spécifiques d'emploi apparaissait relativement bien défini et surtout stable dans le temps et peu d'interrogations de principe se posaient quant à l'intégration – ou la non-intégration – de telle ou telle nouvelle mesure.

Depuis l'adoption de la loi quinquennale pour l'emploi du 20 décembre 1993, la remise en cause partielle de la logique de ciblage des interventions publiques et le développement de mesures générales d'abaissement du coût du travail placent au contraire sur le devant de la scène ces interrogations relatives au champ des politiques d'emploi. L'ambiguïté de l'argumentaire utilisé pour justifier la non-intégration des mesures générales d'abaissement du coût du travail dans la DPE traduit bien les hésitations des pouvoirs publics dans ce domaine : « Les mesures générales d'abaissement du coût du travail sont considérées comme des mesures de nature macroéconomique affectant le mode de calcul des cotisations sociales ou de l'impôt, même si leur objectif principal est bien d'encourager l'emploi. À ce titre, elles ne sont pas prises en compte dans la dépense pour l'emploi, mais seulement mentionnées pour mémoire tant il est vrai qu'elles constituent un volet important des politiques publiques en faveur de l'emploi et qu'elles donnent lieu à compensation par le budget de l'État [1]. »

D'autres types de mesures, non expérimentées à grande échelle jusqu'à une date récente, posent des difficultés méthodologiques comparables : comment prendre en compte, à titre d'exemple, des mesures d'incitations financières en faveur d'une réduction collective du temps de travail destinée à favoriser l'emploi ? Si les mécanismes à l'œuvre dans le cadre de

1. DARES, *40 ans de politique de l'emploi, op. cit.*

la loi Robien devaient s'étendre largement, une telle question ne serait pas que théorique.

Ces interrogations ne doivent pas conduire à remettre en cause l'existence d'estimations de la dépense pour l'emploi, mais doivent nourrir la réflexion sur la construction d'indicateurs complémentaires, qui permettraient de rendre compte des évolutions structurelles des politiques d'emploi. Les distinctions aujourd'hui opérées au sein de la catégorie des dépenses actives deviennent en effet de plus en plus décalées par rapport à la réalité des politiques conduites, qui cumulent des interventions ciblées en faveur de certains publics de chômeurs et d'autres types d'interventions, relevant de logiques différentes.

QUELLE ÉVALUATION POSSIBLE DES POLITIQUES D'EMPLOI ?

Pendant longtemps, les évaluations sont restées peu développées en France et n'étaient que faiblement intégrées au processus de décision. D'importantes évolutions dans ce domaine sont toutefois intervenues : à la fin des années quatre-vingt, ont été instaurées des procédures d'évaluation des politiques publiques, intégrant les politiques d'emploi ; la loi quinquennale votée en décembre 1993 prévoyait, à l'instar de ce qui se passe souvent dans les pays anglo-saxons, un dispositif spécifique d'évaluation. En partie sous ces impulsions, en partie de façon plus autonome, des travaux de chercheurs sur ce terrain se sont développés [1]. La création d'une direction chargée de la recherche et de l'évaluation au sein du ministère du Travail a également eu un impact certain dans le développement de travaux consacrés à ce champ de l'action publique.

I | LES APPROCHES MACROÉCONOMIQUES : UN IMPACT ESSENTIELLEMENT CONJONCTUREL DES POLITIQUES D'EMPLOI SUR LE CHÔMAGE

La publication d'un ouvrage rétrospectif sur les politiques d'emploi conduites depuis le début des années soixante-dix [2] permet de disposer de plusieurs évaluations macroéconomiques longues des effets sur l'emploi et le chômage des politiques d'emploi (tableau 49). Le champ couvert par ces évaluations est celui de l'ensemble des politiques spécifiques d'emploi (hors indemnisation) : sont ainsi pris en compte les préretraites,

1. Cf., par exemple, Jérôme Gautié, « L'évaluation de la politique de l'emploi en faveur des jeunes en France », Dossier n° 8, Centre d'études de l'emploi, 1996.
2. DARES, *40 ans de politique de l'emploi, op. cit.*

les dispositifs en faveur des jeunes et des chômeurs de longue durée, qu'il s'agisse d'actions de formation, d'emplois aidés dans le secteur marchand ou d'emplois du secteur non marchand [1].

Deux méthodes principales d'évaluation ont été mobilisées :

– une première méthode analyse les effets conjoncturels des politiques d'emploi d'une année sur la situation de l'emploi et du chômage cette même année ;

– une seconde méthode se situe dans une perspective plus dynamique et prend en compte, à travers le recours à des modèles macroéconomiques, les effets induits des politiques d'une année sur l'autre et l'impact de leur financement ; ces méthodes permettent donc d'aboutir à un nombre de chômeurs évités cumulés sur près de vingt ans ; toutefois, les résultats demeurent fortement dépendants des hypothèses, notamment sur le financement, comme le montre le tableau 49.

Tableau 49. *Les différentes évaluations possibles du nombre de chômeurs évités grâce aux politiques d'emploi*

	Effets de court terme des politiques d'emploi Impact direct des politiques d'une année sur le nombre de chômeurs cette même année	*Évaluation macroéconomique des effets cumulés des politiques d'emploi sur le chômage depuis vingt ans* La politique de l'emploi est supposée financée par le déficit	*Évaluation macroéconomique des effets cumulés des politiques d'emploi sur le chômage depuis vingt ans* La politique de l'emploi est supposée financée par une hausse des cotisations employeurs et salariés
1976	– 27 000	– 29 000	– 30 000
1977	– 86 000	– 34 000	– 34 000
1978	– 9 000	– 50 000	– 47 000
1979	– 23 000	– 57 000	– 52 000
1980	– 79 000	– 52 000	– 47 000
1981	– 125 000	– 50 000	– 46 000
1982	– 183 000	– 114 000	– 109 000
1983	– 215 000	– 312 000	– 305 000
1984	– 8 000	– 353 000	– 348 000
1985	– 195 000	– 442 000	– 438 000
1986	– 10 000	– 485 000	– 473 000
1987	– 75 000	– 473 000	– 438 000
1988	+ 34 000	– 472 000	– 400 000
1989	+ 43 000	– 420 000	– 311 000
1990	– 13 000	– 394 000	– 248 000
1991	+ 21 000	– 408 000	– 224 000
1992	– 151 000	– 410 000	– 181 000
1993	– 102 000	– 502 000	– 221 000
1994	– 46 000	– 476 000	– 136 000

Source : DARES, *40 ans de politique de l'emploi, op. cit.*
(Synthèse de plusieurs tableaux issus du chapitre 3, qui présente de façon décomposée par mesures les différentes évaluations possibles de leurs effets sur l'emploi et le chômage.)

1. Le caractère récent des dispositifs généraux d'abaissement des charges, mais aussi le fait qu'il ne s'agisse plus d'un dispositif spécifique explique que ces mesures ne soient pas intégrées ici. La question de leur évaluation et de leurs effets attendus fait toutefois l'objet d'une présentation et d'une discussion dans le chapitre suivant.

Dans tous les cas, il est important de noter que ces évaluations macroéconomiques se limitent aux effets globaux des programmes sur les principales grandeurs économiques (effets sur le PIB, l'emploi, le chômage...), à l'exclusion de tout autre effet. Ceci constitue donc une limite inhérente à une telle méthode, qui ne rend pas compte par définition – à seul titre d'exemple – des effets des politiques d'emploi sur la structure du chômage, même lorsqu'il s'agit de mesures principalement axées vers la recherche de tels effets, à travers le ciblage sur des publics en difficulté.

La comparaison de ces résultats globaux est d'abord porteuse d'un premier message de prudence : il est très difficile de dire, y compris à partir de modèles macroéconomiques, le nombre de chômeurs que les politiques spécifiques d'emploi ont effectivement permis d'éviter depuis leur création. La première approche, conjoncturelle, ne donne que des résultats annuels qu'il serait peu significatif de cumuler. La seconde méthode fait apparaître que les politiques d'emploi auraient permis de réduire le nombre de chômeurs d'environ 500 000 en près de vingt ans si on les suppose financées par un déficit ; ce chiffre est ramené à un peu moins de 140 000 chômeurs évités sur la même période si l'on suppose les politiques d'emploi financées par une augmentation de cotisations.

Ainsi, les évaluations macroéconomiques permettent-elles de montrer que les politiques spécifiques d'emploi ont eu un effet global non négligeable – même s'il peut sembler faible au regard des sommes financières engagées – sur le niveau du chômage. Cet effet a été particulièrement important pendant les périodes où le chômage s'est accru le plus rapidement, notamment dans les années quatre-vingt.

Par ailleurs, ces études fournissent des éléments d'appréciation quant à l'efficacité comparée des dispositifs, tant sur le court terme que sur le long terme.

A / *L'évaluation conjoncturelle : une action contra-cyclique forte, surtout liée aux retraits d'activité et à l'emploi non marchand*

Le premier constat issu des évaluations conjoncturelles des politiques d'emploi (colonne 1 du tableau 49) est le caractère fortement contra-cyclique des politiques spécifiques d'emploi, qui a permis d'atténuer les poussées conjoncturelles du chômage. Ce caractère contra-cyclique de l'action publique a été encore renforcé à partir de 1981-1982 du fait de l'importance quantitative croissante des mesures adoptées.

Deux types de dispositifs ont eu un impact conjoncturel particulièrement fort sur le chômage :

– les préretraites et, plus largement, les retraits anticipés d'activité, y compris les dispenses de recherche d'emploi, ont contribué à fortement atténuer la poussée du chômage dans la première moitié des années quatre-vingt ; l'effet particulièrement marqué de ces dispositifs s'explique notamment par le fait qu'ils ne sont pas affectés par les effets de déperdition propres aux mesures d'aide à la création d'emplois [62] ;

– par la suite, ce sont les programmes de création d'emplois dans le

[62]

LES EFFETS DES AIDES À LA CRÉATION D'EMPLOIS DANS LE SECTEUR MARCHAND

Les aides à la création d'emplois peuvent avoir – *au niveau microéconomique* – plusieurs effets qui conditionnent en grande partie l'efficacité finale de l'aide sur le volume d'emploi et sur le chômage. Trois types principaux d'effets peuvent être recensés.

Les *effets d'aubaine purs* se traduisent par le fait qu'un employeur utilise un contrat aidé pour réaliser une embauche qu'il aurait effectuée de toute façon, y compris en l'absence d'une aide financière. L'effet d'aubaine pur implique de plus que cette embauche ne s'est pas non plus portée sur une personne différente de celle que l'employeur aurait choisie en l'absence d'une aide.

Les *effets de substitution* impliquent que l'aide financière a conduit à privilégier l'embauche d'une catégorie particulière de demandeur d'emploi par rapport à une autre, mais que celle-ci n'a pas eu d'effet sur la décision d'embauche elle-même. Dans ce cas, l'aide publique a donc un effet sur la structure du chômage – par la discrimination positive qu'elle opère en faveur d'une catégorie de chômeurs (les jeunes, les chômeurs de longue durée) – mais elle n'a pas d'effet sur le niveau du chômage.

Les *effets de création nette d'emploi* impliquent que l'aide de l'État a eu un impact décisif sur la décision d'embauche de l'employeur, qui ne se serait pas faite en l'absence d'une aide financière. Cette effet de création nette peut s'accompagner d'un effet de substitution lorsque, de plus, cette embauche se porte sur une catégorie de personnes qui n'est pas celle vers laquelle l'employeur se serait naturellement tourné.

Outre ces principales catégories d'effets, il existe des effets intermédiaires des aides à l'emploi. Par exemple, une aide financière peut conduire un employeur à réaliser plus tôt une embauche qu'il avait planifiée pour plus tard : on parle alors d'*effet d'anticipation.*

Ces effets des politiques d'emploi sont observés à un niveau microéconomique, dans le cadre des comportements individuels des entreprises.

Toutefois, ils sont pris en compte dans le cadre des *modèles macro-économiques*, afin d'évaluer les impacts des contrats aidés dans le secteur marchand. Dans ce cadre, les effets sur l'emploi des différents dispositifs sont évalués à partir d'une estimation de l'élasticité de la demande de travail au coût du travail, c'est-à-dire de la sensibilité des entreprises au critère du coût du travail dans leurs décisions d'embauche. Dans le cadre des études conduites par la DARES, a été retenue une élasticité de la demande de travail de 0,5. Cette estimation aboutit à évaluer les effets de création nette d'emplois dans une fourchette comprise entre 5 et 30 % selon les dispositifs. Il faut de plus noter que, dans le cadre de l'analyse macroéconomique, il n'existe pas d'effet d'aubaine pur, au sens où une aide publique aux entreprises consentie sous la forme d'un abaissement du coût du travail se traduit par une amélioration de la rentabilité des entreprises, en elle-même favorable à l'investissement et à la croissance, donc à l'emploi (effet à moyen terme).

Enfin, il est important de bien distinguer les effets sur l'emploi des effets sur le chômage. En effet, même dans l'hypothèse où l'aide a un effet de création nette d'emplois, cet effet ne se traduit pas par un chômeur en moins. Chaque emploi créé produit des phénomènes d'attraction sur le marché du travail, notamment sur les jeunes et les femmes. Les estimations les plus récentes effectuées par la DARES estiment que *ces effets d'appel ou effets de flexion des taux d'activité* sont proches de 20 % (la création de 100 000 emplois aidés suscite la venue sur le marché du travail de 20 000 actifs supplémentaires).

secteur non marchand qui ont eu l'impact le plus décisif sur le chômage ; deux périodes sont particulièrement significatives : les années 1985-1986, avec la montée en charge des travaux d'utilité collective, et le début des années quatre-vingt-dix, avec le développement des contrats emploi-solidarité.

Malgré l'évolution très nette de la structure des bénéficiaires des politiques d'emploi au profit des emplois marchands aidés, l'impact des politiques d'emploi sur le chômage est resté largement imputable, à court terme, aux dispositifs de retraits d'activité et de créations d'emplois dans le secteur non marchand. Ceci s'explique principalement par le faible impact à court terme des dispositifs d'aide dans le secteur marchand ([62]). Selon les dispositifs, les effets de création nette d'emplois des contrats aidés du secteur marchand sont estimés entre 5 et 30 %, soit un effet encore plus réduit sur le chômage du fait des effets d'appel. Toutefois, ce constat n'est valable que dans une approche de court terme, et les évaluations macroéconomiques sur le long terme conduisent à des constats très différents.

B / *Les évaluations macroéconomiques sur vingt ans : des effets plus durables des aides dans le secteur marchand*

Les évaluations de l'effet macroéconomique des politiques mises en œuvre depuis le premier choc pétrolier conduisent leurs auteurs à opposer les mesures qualifiées de « gestion sociale » du chômage (préretraites, stages, emplois du secteur non marchand) aux politiques de « gestion économique » visant à favoriser la création d'emplois dans le secteur marchand par un abaissement du coût du travail. Ces résultats reposent sur la formalisation, dans des modèles macroéconomiques, de quelques relations économiques centrales [63].

Si les effets de la « gestion sociale » sont favorables à court terme sur le chômage, cet impact positif se réduit à plus long terme, essentiellement du fait des effets défavorables de ces dispositifs sur l'emploi. Deux mécanismes principaux sont à l'origine de cet impact défavorable décrit par les modèles macroéconomiques :

– d'une part, un effet de compétitivité : les mesures de « gestion sociale » sont à l'origine d'un surcroît d'inflation et de pertes de compétitivité, qui ont, à terme, des effets défavorables sur la croissance, et donc sur l'emploi ;

– d'autre part, un effet demande : le surcroît d'inflation engendré conduit également à un accroissement de l'épargne des ménages (effet d'encaisses réelles) et a ainsi un effet en retour défavorable sur la consommation, donc sur la demande et la production.

De plus, des effets de cliquet (ou de stocks) affectent également l'efficacité à terme de ces mesures : « Comme la gestion sociale influence le niveau du chômage, et non son évolution, il faut sans cesse augmenter son ampleur pour obtenir un résultat positif sur la variation du chô-

[63]

« GESTION SOCIALE » ET « GESTION ÉCONOMIQUE » DU CHÔMAGE UNE TYPOLOGIE CONSTRUITE À PARTIR DES MODÈLES MACROÉCONOMIQUES

Dans les évaluations macroéconomiques, les dispositifs de préretraites, les stages et les emplois aidés dans le secteur non marchand sont classés dans la rubrique « gestion sociale » du chômage, alors que les mesures visant à abaisser le coût du travail dans le secteur marchand, que ce soit de façon générale ou ciblée, sont classés dans la rubrique « gestion économique ». Le recours à cette typologie renvoie à une différenciation des mesures à partir de leurs effets sur différentes grandeurs économiques, principalement la croissance, l'emploi et le chômage.

Ainsi, les mesures dites de « gestion économique » se caractérisent par le fait que leur impact positif sur le chômage s'évalue sur le long terme et découle de leur effet positif sur la croissance et sur l'emploi. Les simulations réalisées montrent ainsi que 10 milliards de francs dépensés par les politiques d'emploi sous forme d'exonérations de cotisations sociales dans le secteur marchand conduisent au bout de dix ans à un impact positif sur le PIB compris entre 0,1 et 0,2 % selon les hypothèses, soit une création d'emplois supplémentaires comprise entre 40 000 et 50 000. Du fait de la prise en compte des effets d'appel, l'impact final sur le chômage est évalué à 30 000 chômeurs évités.

Dans le cas des mesures dites de « gestion sociale » (retraits d'activités, stages, emplois dans le secteur non marchand), les effets sur le chômage découlent principalement d'un « retrait » des personnes de la catégorie des demandeurs d'emploi – soit définitif (préretraite), soit provisoire (autres mesures) – et s'accompagnent d'effets défavorables à long terme sur la croissance et l'emploi. Ainsi, les mêmes simulations montrent que 10 milliards de francs dépensés en préretraites permettent, au bout de dix ans, de diminuer le chômage de 60 000 personnes, mais que, dans le même temps, les préretraites ont un impact récessif sur le PIB de 0,5 %, qui se traduit par une baisse de l'emploi total (67 000 emplois en moins).

On arrive donc au résultat suivant : les mesures dites de « gestion sociale » (préretraite dans l'exemple retenu) ont un impact sur le chômage au bout de dix ans plus élevé que les mesures dites de « gestion économique » (60 000 chômeurs évités par les préretraites, contre 30 000 chômeurs évités par les baisses de charges sociales). Mais cet avantage relatif des préretraites, mesuré à partir de leur effet en nombre de chômeurs évités, s'accompagne d'effets contraires des deux types de dispositifs sur le PIB et donc sur l'emploi : les mesures de « gestion économique » permettent d'augmenter l'emploi de 50 000 personnes environ, alors que les préretraites conduisent à une baisse de 67 000 emplois.

mage [1]. » Une telle nécessité se heurte ainsi rapidement à des contraintes relatives aux finances publiques.

Les effets de la « gestion économique » du chômage sont largement opposés à ceux décrits pour la gestion sociale du chômage :

– à court terme, les baisses de coût du travail ont un effet faible sur

1. DARES, *40 ans de politique de l'emploi,* chap. 3, *op. cit.*

le niveau du chômage [1] et ont donc un coût budgétaire initial élevé au regard de leur efficacité ;

– à plus long terme, la baisse du coût du travail engendre une augmentation des profits des entreprises, qui relance l'investissement ; elle permet également une amélioration de la compétitivité des entreprises qui engendre des gains de parts de marché à l'exportation et à l'importation ; ce sont ces effets qui ont des conséquences positives à moyen et à long terme sur la croissance, et donc sur l'emploi et le chômage ; contrairement aux mesures de « gestion sociale », l'impact positif sur le chômage découle donc d'une augmentation du volume des emplois.

Toutefois, comme le montrent les résultats présentés dans le tableau 50, les évaluations finales dépendent fortement des hypothèses formulées sur le financement des politiques d'emploi. Ces hypothèses conduisent également à distinguer les effets des politiques d'emploi sur l'emploi de leurs effets sur le chômage. Le raisonnement sur lequel se fondent les évaluations macroéconomiques est complexe, car il suppose la construction d'une situation de référence, où aucune politique d'emploi n'aurait été conduite. Par rapport à cette situation, on mesure l'écart à la réalité, qui donne une estimation du nombre de chômeurs évités par la politique d'emploi, mais aussi l'impact du financement de ces politiques d'emploi sur la croissance et donc sur l'emploi. « Si, à la place de la politique de l'emploi, on avait diminué les cotisations sociales, le niveau du PIB serait supérieur de 7,2 % à son niveau effectif en 1994, et 900 000 emplois environ auraient été créés. Mais, en même temps, le niveau du chômage serait supérieur de près de 140 000. Ainsi, il n'y avait pas de véritable alternative à la politique mise en œuvre si l'objectif fixé était bien de limiter la hausse du chômage dans un contexte macroéconomique donné [2]. »

En conclusion de cette partie sur les évaluations macroéconomiques des politiques d'emploi, on peut esquisser une interrogation sur l'interprétation possible des résultats ainsi obtenus. Les difficultés méthodologiques propres à ce genre d'exercices de « reconstruction de l'histoire » sont en effet grandes, et le sont d'autant plus que la période modélisée est longue et marquée par des phénomènes de transition entre des modes de croissance différents [3].

Surtout, l'opposition entre « gestion économique » et « gestion sociale » du chômage à laquelle ils aboutissent doit être relativisée. Elle repose en effet sur des hypothèses fortes, liées notamment au fait que les modèles macroéconomiques ne sont pas, en tout cas à l'heure actuelle,

1. Le calcul de l'effet sur le chômage des mesures d'abaissement du coût du travail renvoie en partie à la question de l'évaluation de l'élasticité de la demande de travail au coût du travail, question particulièrement controversée en économie. Les évaluations faites par la DARES ont testé différentes hypothèses d'élasticités et les variantes testées font apparaître des résultats relativement comparables sur le moyen terme, mais significativement différents à court terme, évidemment meilleurs lorsque l'élasticité de la demande de travail au coût du travail est proche de 1.

2. DARES, *40 ans de politique de l'emploi*, *op. cit.*

3. Pour une discussion approfondie de la pertinence des modèles économiques pour rendre compte des évolutions de l'emploi, cf. M. Husson, « L'emploi dans les modèles économiques », *La Revue de l'IRES*, 23, hiver 1997.

Tableau 50. *Présentation synthétique des effets des politiques d'emploi sur l'emploi et le chômage, sous deux hypothèses de financement*

(effets cumulés sur la période 1976-1994)

	Effet différentiel de la politique d'emploi sur l'emploi	Effet différentiel de la politique d'emploi sur le chômage
Situation réelle (avec politique d'emploi)	–	–
Variante 1 (pas de politique d'emploi) ; on suppose que les sommes correspondantes ont été réinjectées dans le budget de l'État	– 365 000	– 476 000
Variante 2 (pas de politique d'emploi) ; on suppose que les sommes correspondantes ont été utilisées pour baisser les cotisations sociales	– 898 000	– 136 000

Source : Résultats des évaluations macroéconomiques présentés dans DARES, *40 ans de politique de l'emploi, op. cit.*

en mesure de formaliser un certain nombre d'effets, pourtant essentiels, des mesures pour l'emploi. Nous donnerons quelques exemples des limites actuelles de ces études.

Un premier exemple peut être pris dans la façon dont sont traitées les préretraites dans ce modèle, à savoir principalement à travers leurs effets de retrait de la population active, qui conduit à les placer dans la catégorie « gestion sociale ». Cette présentation ne prend pas en compte deux effets au moins de ces dispositifs : tout d'abord, leur effet sur la pyramide des salaires au sein des entreprises, les préretraites ayant permis de rajeunir les effectifs salariés employés, ce qui diminue d'autant le poids des salaires ; ensuite, leur effet sur la recomposition sectorielle de l'économie, le recours aux préretraites ayant été fortement concentré dans certains secteurs en restructuration. Ces deux exemples montrent bien que, si les préretraites relèvent effectivement de la « gestion sociale » et ont été mobilisées par les pouvoirs publics pour faire face aux poussées conjoncturelles du chômage, leur utilisation par les entreprises renvoie bien à un mode d'utilisation « économique », qui a notamment permis des ajustements importants de la masse salariale. C'est d'ailleurs là l'une des raisons de leur succès.

De la même façon, on pourrait considérer que limiter l'impact des stages de formation à un effet de retrait de la population active conduit de fait à ne pas prendre en compte les effets économiques d'une amélioration de la qualification des salariés. Même si l'on peut mettre en doute l'idée que cet objectif ait été prioritaire, il peut sembler tout aussi contestable de ne pas l'intégrer du tout, que ce soit pour les stages ou pour les contrats aidés du secteur marchand associant une exigence de formation à l'abaissement du coût salarial. Mais ce choix s'explique largement par la très grande difficulté qu'il y a à quantifier un tel effet.

À l'inverse, l'intégration des contrats aidés du secteur marchand dans une pure logique de « gestion économique » – ce qui revient à s'intéresser à leur effet en termes de création d'emplois par l'abaissement du coût du travail, et non à leur effet sur la structure du chômage (effet de substitution) – constitue aussi une limite importante de l'exercice macroéconomique, d'ailleurs soulignée par ses auteurs eux-mêmes. Cette limite est d'autant plus importante que tant les contrats aidés en faveur des jeunes que les contrats en faveur des chômeurs de longue durée ont toujours eu un objectif explicite – « social » pourrait-on dire – de compensation des handicaps sur le marché du travail, bien plus qu'un objectif en termes de création d'emplois.

Ainsi, comme souvent dans le cas des évaluations des politiques d'emploi, la difficulté de l'exercice renvoie à une interrogation sur la nature des objectifs poursuivis par les pouvoirs publics, d'autant plus délicate que ces objectifs sont souvent multiples.

II | DES ÉVALUATIONS MULTIPLES DES MESURES, SOUVENT DIFFICILES À INTERPRÉTER

Dès lors que les politiques d'emploi se sont principalement développées autour d'une logique de ciblage des interventions sur certains publics, à partir d'une logique de discrimination positive en leur faveur, une évaluation pertinente ne peut se limiter à une évaluation quantitative de leurs effets sur le niveau de l'emploi et du chômage. C'est pourquoi, surtout depuis le milieu des années quatre-vingt, se sont développés plusieurs types d'évaluation, menés parallèlement aux approches macroéconomiques. Deux questions fondamentales guident ces évaluations :

– les mesures ont-elles bien touché les bénéficiaires qu'elles visaient ?

– ont-elles eu un impact positif sur le reclassement de leurs bénéficiaires ?

Mais ces questions communes ne doivent pas masquer la diversité des études conduites, faisant appel à des supports méthodologiques très différents. « Il n'y a pas eu réellement émergence d'un consensus autour d'une procédure générale d'évaluation de la politique de l'emploi qui s'applique à l'ensemble des mesures à évaluer, avec des modes de questionnement, des techniques d'observation et des procédés communs pour récapituler l'ensemble des informations [...] afin de proposer un jugement synthétique de l'action évaluée. On a plutôt eu tendance à reconstruire, pour chaque mesure, un dispositif d'évaluation spécifique, qui cherchait à s'adapter aux caractéristiques de la mesure, à éclairer les aspects qui en faisaient l'originalité [1]. » Malgré cette diversité, les évaluations microé-

1. D. Gélot, B. Simonin, « L'évaluation de la politique de l'emploi. Un bilan partiel des pratiques depuis la fin des années soixante-dix », dans DARES, *40 ans de politique de l'emploi, op. cit.*

conomiques ont largement privilégié le taux de reclassement des bénéficiaires comme mesure de l'efficacité des mesures. Les insuffisances de cet indicateur conduisent à développer d'autres approches, qui mettent en cause les définitions traditionnelles de l'employabilité.

A / *Le taux de reclassement des bénéficiaires d'une mesure : un indicateur pratique, mais peu pertinent*

Le taux de reclassement des bénéficiaires d'une mesure – ou le taux d'accès à l'emploi – est un indicateur largement utilisé, car il fournit une évaluation chiffrée de l'efficacité des dispositifs et permet de les comparer entre eux. Les nombreuses études réalisées en ce sens dégagent une hiérarchie relativement stable des différents types de mesures, quelle que soit leur traduction institutionnelle :

– les mesures relevant de contrats aidés dans le secteur marchand sont celles qui engendrent les meilleurs résultats, que l'on prenne en compte la situation des bénéficiaires quelques mois après la fin du contrat ou plus longtemps après ;

– les mesures de formation en entreprise se traduisent par des parcours plus heurtés des bénéficiaires, qui peuvent retrouver un emploi, mais repassent fréquemment par le chômage ;

– enfin, les emplois aidés du secteur non marchand (TUC et CES pour l'essentiel) sont rarement suivis d'un accès direct à l'entreprise.

Ce résultat général doit toutefois être interprété avec une grande prudence. En effet, le taux de reclassement à la sortie d'une mesure est très fortement dépendant des caractéristiques du public bénéficiaire. Ainsi, plus le public accueilli dans une mesure présente *a priori* de forts handicaps au regard des mécanismes habituels de fonctionnement du marché du travail – par exemple du fait d'une qualification très faible, ou d'une absence prolongée d'activité – plus les chances de retrouver une emploi sont faibles. Un dispositif qui accueille des publics particulièrement en difficulté aura donc un taux de reclassement plus faible, sans que cela préjuge nécessairement d'une efficacité moindre de la mesure.

Cette précaution renvoie *in fine* au caractère plus ou moins sélectif des différentes mesures pour l'emploi. En effet, et ceci se vérifie tout particulièrement pour les publics jeunes, tout se passe largement comme si les mesures pour l'emploi reflétaient en partie la sélectivité existante sur le marché du travail. La plupart des études sur les jeunes font ainsi apparaître des taux de reclassement très fortement liés au niveau de formation initiale des bénéficiaires.

B / *La recherche d'autres critères d'évaluation*

Afin de répondre aux critiques que l'on peut formuler à l'encontre du taux de reclassement comme critère d'évaluation, plusieurs études se sont développées afin de comparer des panels de personnes ayant des caractéristiques socio-économiques communes, les unes étant passées en mesure et les autres n'ayant pas bénéficié de ces mesures [1]. L'objectif de ces études est d'éliminer les biais décrits plus haut, afin de mesurer l'efficacité réelle des dispositifs pour leurs bénéficiaires.

Ces études conduisent à affiner les résultats décrits plus haut, en introduisant des analyses différentes en fonction du type d'emploi retrouvé et des distinctions au sein des publics bénéficiaires d'une mesure :

– pour les chômeurs de longue durée, les études font généralement apparaître que les bénéficiaires de mesures ont un meilleur taux d'accès à l'emploi (y compris en contrat aidé), mais cette différence s'explique en partie par le bénéfice plus fréquent d'un autre contrat aidé ;

– pour les jeunes, la distinction entre emploi marchand aidé et emploi non marchand est confirmée par les études de panels : ainsi, sur la période 1990-1991, les jeunes passés en CES ont un taux d'emploi inférieur à ceux qui n'ont pas bénéficié de mesures ; à l'inverse, les jeunes passés en contrat de qualification ont un taux d'accès à l'emploi supérieur à ceux qui n'ont pas bénéficié de mesures. Toutefois, des distinctions doivent être établies en fonction du niveau de formation initiale. Par exemple, les jeunes ayant un niveau de qualification faible qui arrivent à bénéficier d'une mesure sélective comme les contrats de qualification ont un taux d'accès à l'emploi très supérieur à celui des jeunes d'un niveau de formation comparable ne bénéficiant d'aucune aide. À l'inverse, les effets de stigmatisation semblent intervenir fortement pour des jeunes relativement bien formés qui passent en CES et ont un taux d'accès à l'emploi inférieur à ceux qui n'ont pas été aidés.

Il faut là aussi interpréter ces résultats avec prudence, même s'ils apparaissent plus satisfaisants qu'une simple évaluation à partir du taux de reclassement. En effet, les comparaisons entre panels ne sont pas à l'abri des biais méthodologiques, liés notamment aux caractéristiques individuelles des personnes qui « passent » ou « ne passent pas » en mesures.

En toute hypothèse, ces études comparées de panels conduisent à des interrogations sur les critères habituellement retenus pour définir l'employabilité d'une personne. En effet, dès lors que des différences significatives sont observées sur des panels de personnes *a priori* comparables au regard des critères habituels d'employabilité (âge, qualification, sexe...), ce résultat laisse entendre que d'autres facteurs – par définition moins facilement observables et mal identifiés – définissent la capacité d'une personne à retrouver un emploi. Ces facteurs ne se résument pas aux distinctions administratives qui fondent le ciblage des politiques d'emploi (jeunes peu qualifiés, chômeurs de longue durée, etc.) : ils renvoient aussi à l'« image sociale » dont les différentes

1. Pour une présentation plus détaillée de ces études, cf. D. Gélot, B. Simonin, « L'évaluation de la politique de l'emploi... », art. cité.

mesures pour l'emploi sont porteuses et aux réseaux de relation mobilisés pour y accéder.

L'évaluation des politiques d'emploi ne peut ainsi faire l'économie d'une réflexion sur la façon dont les différents acteurs en charge de ces politiques orientent les publics vers telle ou telle mesure.

L'évaluation des politiques d'emploi s'est aujourd'hui fortement développée, dans des voies multiples. Évaluations macroéconomiques des effets sur l'emploi et le chômage, évaluations microéconomiques de l'impact des mesures pour leurs bénéficiaires et évaluations du rôle des institutions et des acteurs constituent ainsi quelques-unes des facettes du kaléidoscope par lequel peuvent être appréhendés les effets de ces politiques.

Reste un domaine dans lequel les évaluations, notamment quantitatives, restent très peu développées : c'est celui de l'impact des politiques d'emploi sur la structure du chômage. Il est en effet paradoxal de constater qu'alors qu'un consensus semble émerger autour de l'idée que les politiques d'emploi ont un objectif premier de changement dans l'ordre de la file des demandeurs d'emploi – plus que de baisse du taux de chômage –, aucune étude quantitative ne permet, à notre connaissance, de savoir si elles remplissent effectivement une telle fonction.

III | DES PROCÉDURES D'ÉVALUATION QUI BUTENT SUR L'EXPLICITATION DES OBJECTIFS DES POLITIQUES D'EMPLOI

Quel que soit le mode d'évaluation retenu, l'appréciation de l'efficacité des politiques d'emploi renvoie à la question de l'adéquation des moyens et des instruments, aux objectifs poursuivis. Or, ces objectifs évoluent largement avec la perception que l'on peut avoir, à différents moments, de la nature du chômage.

> « Avec la montée du chômage de longue durée, et la place que tient aujourd'hui " la lutte contre l'exclusion " dans le discours politique, les objectifs d'une partie des mesures de politiques d'emploi sont de plus en plus orientés vers le social. [...] La justification de l'existence de ces programmes se fait alors beaucoup plus sur le terrain de l'innovation économique et sociale : tester la viabilité économique de nouvelles activités, préfigurer ce que pourrait être un tiers secteur beaucoup plus ouvert aux personnes en difficulté, anticiper de nouvelles formes de rapport au travail. Cette justification prend aussi des formes plus modestes : permettre aux personnes de sortir de leur isolement, de conserver ou de retrouver une identité sociale par le travail, de progresser dans la résolution de leurs difficultés personnelles (santé, logement, etc.) [1]. »

Cette évolution des politiques d'emploi montre bien à quel point l'évaluation de l'efficacité des politiques d'emploi est dépendante de l'énoncé des objectifs qui lui sont assignés : aussi, les discours univoques sur l'efficacité ou l'inefficacité de telle ou telle mesure doivent-ils être en

1. D. Gélot, B. Simonin, « L'évaluation de la politique de l'emploi... », art. cité.

quelque sorte « décodés » et passés au filtre d'une réflexion sur les objectifs poursuivis par l'action publique.

En effet, au-delà des objectifs de baisse du taux de chômage, ou même de substitution entre différentes catégories d'actifs, de multiples leviers d'action, répondant à des objectifs différents, ont été mobilisés [1] :

– certaines mesures des politiques d'emploi visent avant tout à peser sur l'offre de travail, en diminuant les taux d'activité (préretraite, allongement de la scolarité) ; elles recherchent d'abord un effet quantitatif sur le chômage, mais ont également d'autres visées plus générales, liées notamment aux effets positifs de l'élévation générale du niveau de formation initiale ;

– d'autres types de mesures cherchent à accroître le volume d'emplois disponibles, tant par des incitations à la création d'emplois marchands que par la création d'emplois dans le secteur non marchand ; mais « on ne peut envisager la question de ces politiques d'emploi sans poser celle des finalités et des modalités de la politique économique, tant il est manifeste que l'impact de la seconde sur le volume de travail demandé dépasse largement tout ce qu'il est possible d'attendre d'une politique spécifique en la matière [2] » ;

– les actions qui visent à améliorer la qualification de la population active, soit par des mesures de formation pures, soit par des mesures associant formation et remise au travail, se sont fortement développées ; certaines de ces actions, axées sur l'orientation ou sur la remobilisation, ont essentiellement des effets attendus en termes de réinsertion sociale de leurs bénéficiaires, alors que d'autres sont très directement tournées vers l'obtention de qualifications et de diplômes reconnus et sont parallèlement envisagées comme un investissement à long terme dans la formation, porteur d'externalités positives pour l'ensemble de l'économie ;

– plusieurs des dispositifs des politiques d'emploi, même s'ils sont restés quantitativement limités, ont cherché à peser sur les modes de gestion interne des entreprises, tant à travers la formation, la diversification des formes d'emploi, qu'à travers des mesures visant à influencer l'organisation du travail et la durée du travail ; ces dispositifs, qui passent autant par des incitations financières que par des voies plus réglementaires, sont particulièrement difficiles à évaluer, notamment parce qu'ils supposent de pouvoir repérer un éventuel infléchissement des comportements des employeurs.

Cette énumération illustre toute la difficulté d'un exercice d'évaluation des politiques d'emploi, d'autant qu'une même mesure poursuit souvent simultanément plusieurs de ces objectifs, certains pouvant donner lieu à des résultats quantifiables, d'autres relevant d'effets beaucoup plus diffus, ou difficilement quantifiables.

Ainsi, par rapport à l'objectif de réduction du chômage lui-même, les politiques d'emploi se sont souvent construites autour d'objectifs de

1. Pour une présentation détaillée, cf. J.-L. Dayan, « Que faut-il attendre des politiques d'emploi ? », *La Revue de l'IRES*, 18, printemps-été 1995.

2. J.-L. Dayan, « Que faut-il attendre des politiques d'emploi ? », art. cité.

second rang, de mesures visant plus à pallier les effets économiques et sociaux du chômage et à absorber des chocs conjoncturels qu'à enrayer durablement sa croissance.

Ce modèle principalement curatif sur lequel ont été conçues les politiques spécifiques d'emploi contribue largement à expliquer leur faible efficacité finale sur le chômage.

Mais si l'évaluation des politiques publiques d'emploi doit être passée au filtre d'une réflexion sur leurs objectifs, une analyse de l'adéquation des moyens mis en œuvre pour atteindre ces objectifs est tout aussi nécessaire, ce qui conduit à examiner le rôle des institutions en charge de la politique de l'emploi en France, les moyens qui leur ont été affectés et l'efficacité de leur fonctionnement. Or, l'insertion des politiques d'emploi dans les calendriers politiques a conduit à ce que la majorité des moyens humains et financiers du service public de l'emploi soit absorbée par la gestion de mesures quantitativement importantes, aux effets les plus immédiats sur le chômage. Ce mode d'affectation des ressources, dans un contexte institutionnel marqué par une complexité croissante, a conduit à accorder une place *in fine* peu importante à l'accompagnement individuel des mesures. De même, des politiques plus préventives, qui auraient privilégié le développement de stratégies alternatives aux licenciements massifs, ou l'encouragement à des pratiques de flexibilité interne dans la gestion des effectifs sont toujours demeurées marginales, faute de moyens adéquats.

LES INSTITUTIONS CHARGÉES DE METTRE EN ŒUVRE LES POLITIQUES D'EMPLOI

Face à la progression considérable des interventions publiques dans le domaine de l'emploi, l'« intendance » demeure le parent pauvre, comme souvent dans la gestion des politiques sociales [1].

Ce constat se vérifie notamment à travers les retards pris dans la mise à niveau des moyens humains et financiers des administrations et institutions en charge de mener ces politiques, au regard de la progression de leurs tâches. Or les recherches conduites dans ce domaine montrent combien la réussite d'une mesure dépend non seulement de sa conception initiale, mais aussi « de la façon dont les acteurs locaux s'en saisissent et la négocient sur le terrain [2] ».

Si l'efficacité des administrations repose bien sûr, et de façon première, sur l'adéquation de leurs moyens aux objectifs poursuivis, les questions relatives à l'organisation des différentes structures, et à leur légitimité, sont toutes aussi importantes. De ce point de vue, on peut

1. M.-T. Join-Lambert, « Politiques sociales : la mémoire et l'intendance », *Droit social,* 4, avril 1994.

2. C. Bessy, F. Eymard-Duvernay, B. Gomel et B. Simonin, « Les politiques publiques d'emploi : le rôle des agents locaux », *La Lettre du CEE,* juin 1994.

considérer que les institutions en charge des politiques d'emploi ont souffert d'une grande dispersion, d'une insuffisance de moyens, mais aussi d'une inscription très forte dans les calendriers politiques de la lutte contre le chômage, le plus souvent marqués par une grande instabilité et une priorité accordée à la gestion conjoncturelle. Cette situation, qui s'accompagne depuis le début des années quatre-vingt-dix d'une décentralisation renforcée des politiques d'emploi et d'une multiplication des acteurs locaux, pose la question de la légitimité et du sens des interventions de ces institutions aux territoires mouvants.

I | DES MOYENS D'INTERVENTION RELATIVEMENT FAIBLES ET DISPERSÉS

Les études de l'OCDE semblent démontrer la faiblesse relative des moyens des institutions du service public de l'emploi, rapportés à la charge de travail, au regard de la situation qui prévaut dans d'autres pays. Ces comparaisons internationales sont délicates à conduire et nécessitent, dans le cas français, la reconstitution d'un chiffre global incluant l'ensemble des administrations et des organismes intervenant en faveur de l'indemnisation, du placement et de l'orientation des demandeurs d'emploi [64].

Prenant en compte cette diversité institutionnelle, un récent rapport de l'OCDE [1] a estimé à 36 600 personnes les effectifs totaux des services de l'emploi en France en 1995, répartis en 19 000 agents à l'ANPE, 13 000 personnes employées à l'UNEDIC, les autres étant des personnes affectées à la gestion du service public de l'emploi au sein de l'AFPA et des services déconcentrés de l'État (DDTEFP et DRETFP).

À partir de ces données, les comparaisons établies entre six pays de l'OCDE (tableau 51) font apparaître que la France est, avec le Japon, le pays où la proportion de chômeurs inscrits par agent du SPE est la plus forte. Cette situation de la France, qui la place en position plutôt défavorable par rapport aux autres pays, en termes d'effectifs, est encore renforcée si l'on exclut du calcul les personnels qui se consacrent à des fonctions d'indemnisation.

Dans un avenir proche, cette situation pourrait connaître des évolutions significatives. En effet, le transfert de l'inscription des demandeurs d'emploi de l'ANPE vers les ASSEDIC (il devrait être achevé à la fin de l'année 1997) pourrait contribuer à alléger les tâches administratives des agents de l'ANPE, qui pourraient ainsi consacrer une part plus importante de leur temps à l'orientation et au placement des demandeurs d'emploi. Encore faut-il, pour que cette évolution ait un impact positif pour les chômeurs, que le transfert ne se traduise pas par des restrictions du budget de l'ANPE, que l'Agence consacre effectivement les moyens dégagés aux demandeurs d'emploi, notamment de longue durée, et mène les actions de formation nécessaires de ses agents en ce sens.

1. OCDE, *Rapport sur les services publics de l'emploi belges et français*, 1997.

Tableau 51. *Indicateurs de la charge de travail des agents gérant les politiques d'emploi en 1995*

	France	Belgique	Autriche	Allemagne	Suède	Japon
Effectifs totaux	36 600	12 300	4 230	89 300	10 740	15 294
Nombre de salariés par agent	540	244	763	364	325	3 401
Nombre de chômeurs par agent	92	49	51	41	34	137
Nombre de chômeurs par agent, indemnisation du chômage exclue	140	117	70	66	42	–

Source : OCDE, *Rapport sur les services publics de l'emploi français et belges,* 1997.

II | LES INSTITUTIONS EN CHARGE DE L'EMPLOI AU CŒUR DE LA « GESTION POLITIQUE » DU CHÔMAGE

Le service public de l'emploi, organisé par une simple circulaire de 1984, a connu des réorganisations administratives successives, qui ont notamment conduit à fusionner les services chargés de l'emploi et ceux chargés de la formation professionnelle, organisant ainsi une répartition plus rationnelle des tâches entre les différents niveaux de l'administration déconcentrée du ministère du Travail [64]. Mais ces réorganisations, si elles ont pu engendrer un certain nombre de simplifications administratives, n'ont que peu modifié les difficultés de fonds auxquelles sont confrontés les différents services chargés de mettre en œuvre les politiques d'emploi [1].

En effet, les gestionnaires du service public de l'emploi sont les premiers à devoir assumer la complexité de la « marqueterie de mesures particulières et de financements croisés [2] » qui caractérise les politiques d'emploi françaises. La gestion de cette complexité administrative, qui résulte de l'architecture même des dispositifs, est d'autant plus lourde à assumer qu'elle doit s'effectuer dans un cadre associant plusieurs partenaires.

Surtout, les effets d'annonce successifs sur les changements des mesures et la volonté des pouvoirs publics de privilégier celles d'entre elles ayant l'impact le plus immédiat sur le niveau du chômage, se sont directement répercutés sur les modes d'affectation des moyens au sein des institutions en charge de la politique de l'emploi. Le rapport d'évaluation de la loi quinquennale souligne bien les mécanismes qui conduisent les directions départementales du travail et de l'emploi (DDTEFP) ou les agences locales pour l'emploi, à accorder la priorité à la gestion de mesures qualifiées de mesures de « guichet » :

1. Pour une évaluation détaillée des difficultés et des enjeux actuels du service public de l'emploi, cf. Comité interministériel dévaluation des politiques publiques/Commissariat général du Plan, *La loi quinquennale relative au travail, à l'emploi et à la formation professionnelle. Rapport d'évaluation,* Paris, La Documentation française, 1997, chap. v.

2. M. Elbaum, « Coût du chômage, dépenses passives, traitement social... », art. cité.

[64]

LE SERVICE PUBLIC DE L'EMPLOI EN FRANCE

Le Service public de l'emploi (SPE), dans son acception actuelle, a été organisé par une circulaire du 7 mars 1984. Sa mission est de mettre en œuvre la politique de l'emploi aux différents échelons territoriaux.

Au niveau national, le Service public de l'emploi est composé :

– de deux directions du ministère en charge du travail et de l'emploi : la délégation à l'emploi et la délégation à la formation professionnelle, fusionnées en une seule direction en 1997 ;

– de la direction générale de l'ANPE ;

– de la direction générale de l'AFPA.

Toutefois, c'est surtout à l'échelon local que le Service public de l'emploi est actif. Il regroupe, sous l'autorité du préfet, les administrations suivantes :

– pour le niveau régional, les directions régionales du travail, de l'emploi et de la formation professionnelle (DRTEFP), les directions régionales de l'ANPE et les délégations régionales de l'AFPA ;

– pour le niveau départemental et infra-départemental, les directions départementales du travail, de l'emploi et de la formation professionnelle (DDTEFP), les directions déléguées de l'ANPE (120 directions déléguées sur le territoire, se situant à un échelon intermédiaire entre le niveau local des agences locales pour l'emploi et le niveau régional) et les délégations départementales de l'AFPA.

L'UNEDIC et les ASSEDIC, du fait de leur structure paritaire et privée, ne participent pas directement au Service public de l'emploi, mais peuvent y être associées. Une circulaire du 17 janvier 1995 du ministère du Travail prévoit également que les chargés de mission aux droits des femmes, au même titre que les ASSEDIC, peuvent être associés en tant « qu'acteurs et partenaires » au Service public de l'emploi.

Concrètement, le SPE fonctionne généralement à travers des réunions mensuelles, rassemblant l'ensemble des partenaires et présidées par le préfet. Ces réunions sont l'occasion de faire le point sur l'état du chômage dans les départements (ou la région), d'effectuer un suivi de la gestion des différentes mesures de politiques de l'emploi, ou encore d'impulser des actions locales plus spécifiques de lutte contre le chômage.

Pour ce qui est des structures déconcentrées de l'État, les directions départementales du travail, de l'emploi et de la formation professionnelle (DDTEFP) sont l'échelon opérationnel de mise en œuvre des politiques d'emploi et assistent le préfet dans sa mission d'animation du service public de l'emploi. Les directions régionales du travail, de l'emploi et de la formation professionnelle (DRTEFP) ont essentiellement une mission de coordination et de programmation de l'action publique.

« La pression de la demande émanant des destinataires des mesures, employeurs ou demandeurs d'emploi, a fortement influencé l'affectation des moyens : ainsi, des mesures très médiatisées comme le CIE ont-elles justifié la réorientation prioritaire des moyens des agences locales pour l'emploi sur ce dispositif.

« L'administration centrale et la direction générale de l'ANPE ont parfois précédé la demande du public en fixant à leurs services et structures déconcentrés des objectifs quantitatifs, visant à assurer un volume minimal de mesures placées : les CES, les chéquiers-conseils, et, plus récemment, les CIE ont fait l'objet de telles consignes. L'atteinte de ces objectifs chiffrés constituant le critère prépondérant pour l'évaluation de l'efficacité des agents et des services, les mesures concernées sont prioritaires dans l'affectation des moyens. »

Au-delà du caractère plus ou moins anecdotique des changements d'appellations, des réformes de procédures, ou de la mise en place de financements conjoints, cette « gestion du chiffre » est porteuse de multiples effets pervers quant à l'efficacité finale des dispositifs :

– elle conduit largement à mettre de côté les préoccupations de suivi individualisé des demandeurs d'emploi, objectif pourtant proclamé, de façon rituelle, comme prioritaire dans les réorientations nécessaires des politiques d'emploi ;

– elle relègue au second plan des mesures plus incitatives, nécessitant une évaluation plus approfondie de la situation des entreprises ; on peut ainsi y voir une des raisons des échecs répétés des politiques visant à influencer la gestion des effectifs au sein des entreprises [1], ou encore, plus récemment, de mesures visant à encourager le parrainage (loi quinquennale, art. 20) ou le développement de groupements d'employeurs (loi quinquennale, art. 13) ;

– elle peut enfin conduire à multiplier les effets d'aubaine pour les entreprises, les agents cherchant à tout prix à assurer le « placement » de leurs mesures, ou à écarter les publics les plus difficilement employables.

Ces effets pervers potentiels, dont certains sont décrits dans le rapport d'évaluation de la loi quinquennale, montrent à quel point le mode d'intervention des institutions peut déterminer les résultats de politiques publiques.

Ce poids de la gestion conjoncturelle dans les institutions en charge du service public de l'emploi est dû à un mode de fonctionnement des politiques d'emploi qui conduit, le plus souvent, à privilégier des mesures à l'efficacité immédiate – en tout cas en termes statistiques – sur des mesures de plus long terme, de fait reléguées au second plan, en tout cas dans l'affectation des moyens des services.

III | DES INSTITUTIONS AUX TERRITOIRES MOUVANTS

Si la gestion conjoncturelle des mesures est une dimension constante pour les institutions en charge du service public de l'emploi depuis 1975, la multiplication d'acteurs nationaux et locaux et d'instances diverses de coordination est une évolution qui s'est beaucoup accentuée à partir de la fin des années quatre-vingt. Ces évolutions institutionnelles ont pris une dimension nouvelle avec la loi quinquennale pour l'emploi : en effet, la décentralisation de la formation des jeunes qu'elle impulse est porteuse

1. À la fin des années quatre-vingt et au début des années quatre-vingt-dix, deux projets successifs portés par les ministres du Travail de l'époque, respectivement intitulés « Modernisation négociée » et « Changer le travail » visaient ainsi à encourager des pratiques de flexibilité interne au sein des entreprises plutôt que le recours à la flexibilité externe, à travers des licenciements ou le recours au travail précaire. L'un comme l'autre de ces projets n'ont eu que des résultats limités, dont on peut penser qu'ils s'expliquent au moins en partie par la difficulté de mobiliser des moyens en leur faveur, face à la pression de la gestion des mesures de « guichet ».

d'une intervention plus active des régions dans le domaine de l'emploi, susceptible d'entraîner d'importants changements.

A / *Décentralisation et territorialisation de l'action publique : des contradictions fortes entre les objectifs affichés et les réalisations*

Plusieurs transformations affectent, au niveau local, l'ancrage administratif des institutions en charge de la politique de l'emploi :

– la déconcentration des services territoriaux du ministère du Travail (DDTEFP et DRTEFP) vise principalement à transférer au niveau local une partie des responsabilités de gestion traditionnellement assumées par l'administration centrale parisienne ; les objectifs recherchés sont une plus grande souplesse et une plus grande autonomie de gestion, destinées à favoriser l'adaptation des politiques décidées nationalement aux spécificités locales ; ce mouvement de déconcentration est entamé depuis le début des années quatre-vingt-dix ;

– la décentralisation, qui vise à transférer des responsabilités assumées par l'État au niveau des collectivités locales, conduit à modifier le niveau même des prises de décision ; elle est restée peu développée jusqu'au début des années quatre-vingt-dix dans le champ des politiques d'emploi ; la loi quinquennale du 20 décembre 1993 a apporté une modification importante, en décentralisant la formation professionnelle des jeunes qui était restée – comme les stages de formation des chômeurs de longue durée – de la compétence de l'État lors des transferts aux régions de la formation professionnelle et de l'apprentissage ;

– enfin, la multiplicité des intervenants locaux a conduit au développement de structures de coordination et d'actions de partenariat, dans un paysage institutionnel de plus en plus enchevêtré, croisant les compétences et les financements des différents acteurs [65].

Tous ces changements vont donc dans le sens d'une plus grande autonomie du niveau local dans la mise en œuvre des politiques d'emploi. Toutefois, le maintien d'objectifs chiffrés par mesures, définis au niveau national pour tous les dispositifs quantitativement les plus lourds, entre profondément en contradiction avec les objectifs poursuivis par la territorialisation de l'action publique. Cette contradiction introduit un décalage entre les discours sur l'adaptation des politiques publiques aux réalités locales et les pratiques de gestion. Dès lors, la construction institutionnelle qui a accompagné ce mouvement de territorialisation se révèle souvent comme un facteur supplémentaire de complexité, s'ajoutant à la complexité des mesures elles-mêmes. Le partenariat, qui tend ainsi à devenir un objectif institutionnel en lui-même, est vécu par les agents plus comme une contrainte que comme un moyen au service de la définition d'une réelle politique locale de l'emploi.

La multiplication des acteurs et des structures de coordination, dans un contexte de réformes institutionnelles successives, aboutit finalement à rendre de plus en plus mouvantes les frontières entre les compétences de chacun, brouillant la spécificité des fonctions des différentes institutions. Ces confusions rejaillissent sur la légitimité de l'action de l'État, de

[65]

LES ACTEURS LOCAUX DE LA POLITIQUE DE L'EMPLOI

Outre les acteurs traditionnels du service public de l'emploi (services déconcentrés correspondant aux découpages administratifs traditionnels des départements et des régions, ANPE avec un réseau de plus de 700 agences locales sur le territoire, UNEDIC avec un réseau d'environ 70 ASSEDIC, qui sera porté à près de 300 points d'accueil à la fin 1997 dans le cadre du transfert de l'inscription des demandeurs d'emploi de l'ANPE vers l'UNEDIC), d'autres institutions ont vu le jour :

– au début des années quatre-vingt, a été mis en place un réseau spécifique d'accueil et d'orientation en direction des jeunes les plus en difficulté : *les missions locales et les permanences d'accueil, d'information et d'orientation* (PAIO) ; environ 300 missions locales et PAIO, cofinancées par l'État, les régions et les municipalités, maillent le territoire ;

– à l'échelon local, sur des territoires correspondant généralement à des bassins d'emploi, ont été mis en place à la fin des années quatre-vingt dans le cadre du crédit-formation individualisé des *comités locaux emploi-formation* (CLEF) rassemblant, autour d'élus et du *coordonnateur emploi-formation*, les représentants de l'ANPE, des services de l'État et des structures d'accueil des jeunes ; ces comités ont une mission d'animation et de coordination des initiatives ;

– la loi quinquennale du 20 décembre 1993 a engagé une restructuration du réseau d'accueil des jeunes par la mise en place d'*espaces-jeunes*, destinés à rassembler « dans un même lieu l'ensemble des services adaptés à leurs besoins ». Ce principe du guichet unique a été étendu aux entreprises par la création de *guichets initiative-emploi* instaurés à la suite d'une instruction du Premier ministre de juillet 1995. Leur mise en place exige un engagement contractuel des différents partenaires précisant les moyens affectés par chaque structure et la nature des services offerts.

Par ailleurs, existent diverses instances de coordination à l'échelon local et régional :

– le *comité régional de la formation professionnelle, de la promotion sociale et de l'emploi* (COREF) réunit les représentants de l'État, du conseil régional, des partenaires sociaux et d'autres acteurs locaux ; ce comité joue un rôle consultatif auprès des conseils régionaux ;

– la *commission paritaire interprofessionnelle régionale de l'emploi* (COPIRE), où siègent les représentants des partenaires sociaux, a une fonction de promotion de la formation professionnelle et peut prendre des initiatives en matière de formation des jeunes.

plus en plus concurrencée par d'autres intervenants, sans que les implications d'un tel mouvement soient réellement maîtrisées.

B / *Une crise de légitimité de l'action publique*

Le rapport d'évaluation de la loi quinquennale, s'appuyant sur plusieurs enquêtes de terrain réalisées dans ce sens, traduit ainsi les dilemmes auxquels sont confrontés les acteurs locaux du service public de l'emploi :

« Fondamentalement, les agents se déclarent en effet partagés entre le souci d'offrir aux entreprises un service efficace et de favoriser ainsi l'emploi, et leur volonté de préserver les intérêts des salariés et des demandeurs d'emploi, dont ils s'estiment les principaux garants :

– chez les inspecteurs du travail, le sentiment d'une dilution progressive de leur fonction de protection des salariés suscite un malaise [...] ; en même temps, cette frustration renforce le sens du service public des agents, qui se considèrent " en première ligne " sur le front de l'emploi et encouragent le recours aux mesures [...] ;

– pour les agents de l'ANPE, [...] la contradiction entre la logique de l'agent " civique " et la logique de l'agent " vendeur de contrats " se manifeste particulièrement dans le cas du CIE [...] : dans certains cas, le choix de privilégier l'augmentation du taux de pénétration de l'offre d'emploi grâce à la mesure, mais au prix d'une moindre vigilance sur les critères d'éligibilité des publics, a été clairement assumé ; à l'opposé, certaines agences locales se refusent à informer d'emblée l'employeur sur la totalité des aides auxquelles un candidat ouvre droit. »

L'évaluation de la loi quinquennale, à partir de l'expérience des agents directement confrontés à la pression des chômeurs et des entreprises, manifeste ainsi les contradictions assumées à l'échelon local, en fonction, à la limite, des convictions de chacun sur ce que doit être le service public de l'emploi. D'un côté, l'obsession du chiffre et de la mesure, comme réponse immédiate à la progression du chômage. De l'autre, un rôle de garde-fous, face aux abus que peut susciter une utilisation opportuniste des mesures pour l'emploi. Entre les deux, la recherche tâtonnante d'un équilibre d'autant plus difficile à atteindre que chaque acteur n'a qu'une vision très partielle de l'entreprise et, plus largement, de l'environnement sur lequel il intervient.

Les institutions en charge des politiques d'emploi apparaissent donc aujourd'hui confrontées à des choix décisifs. En effet, le renforcement des moyens, leur recentrage autour de quelques institutions, mais peut-être aussi surtout la réaffirmation claire des missions centrales de l'État, que ce soit pour ce qui relève du contrôle du droit du travail ou de l'impulsion des politiques d'emploi, apparaissent aujourd'hui particulièrement nécessaires.

À défaut, c'est une voie porteuse de nombreux risques qui semble aujourd'hui se dessiner. La balkanisation croissante des intervenants locaux en charge des politiques d'emploi et la tentation de reporter les choix essentiels à un niveau local chargé d'assumer les contradictions entre protection du travail et promotion de l'emploi, ne sont pas pure préoccupation de gestionnaires : elles renvoient, fondamentalement, à une perte de légitimité progressive de l'intervention publique, dont les conséquences en termes d'égalité de traitement pourraient s'avérer graves pour les chômeurs comme pour les salariés.

Chapitre 8

Vers une redéfinition des politiques d'emploi

Comme l'ont montré les parties précédentes, les politiques publiques d'emploi ont été construites à partir d'une approche qui se fondait largement sur une analyse des publics les plus touchés par le chômage, donnant ainsi naissance à une succession de mesures ciblées.

Les évolutions qui se confirment depuis le début des années quatre-vingt-dix tendent à remettre partiellement en cause cette approche en termes de ciblage de l'action publique et de délimitation de publics prioritaires. Il ne s'agit jusqu'à présent que d'une remise en cause partielle, dans la mesure où l'objectif de correction des mécanismes sélectifs du marché du travail reste très présent, comme le montre le renouvellement régulier des mesures ciblées. Toutefois, les pouvoirs publics ont nettement privilégié, depuis le début des années quatre-vingt-dix, une autre approche visant à peser sur les comportements des entreprises et les mécanismes de création d'emplois.

D'une certaine façon, la « cible » principale des politiques d'emploi tend à se déplacer des chômeurs eux-mêmes vers les entreprises – voire les ménages comme dans le cas des dispositifs visant à encourager la création d'emplois familiaux. Cette évolution entraîne un changement dans les instruments mobilisés par les politiques d'emploi. Ce ne sont plus en effet des contrats spécifiques, ou des stages, qui constituent l'outillage de ces politiques d'emploi, mais des instruments généraux incitatifs : soit financiers, dans le cas des abaissements généraux de charges, ou des mesures fiscales en faveur des ménages employeurs ; soit réglementaires, dans le cas des dispositifs successifs visant à faciliter l'aménagement du temps de travail ; soit financiers et réglementaires, comme par exemple dans l'encouragement au développement du temps partiel.

Cette évolution, qui esquisse une réorientation assez profonde des politiques d'emploi, est pourtant loin d'être homogène et dessine des chemins possibles pour l'avenir très différents. Trois types de voies alternatives donnent lieu aujourd'hui à des réalisations qui ont dépassé le stade des expérimentations, et structurent les principaux débats sur l'avenir des politiques d'emploi :

– l'orientation massive des moyens publics en direction d'un abaissement du coût du travail visant à encourager l'emploi des moins qualifiés est la voie qui a été privilégiée depuis 1993 ; les effets de cette nouvelle priorité des politiques d'emploi demeurent toutefois débattus ;

– l'encouragement au développement de nouvelles activités, dans le cadre d'un tiers secteur porteur de nouvelles logiques de travail ou d'activité, n'a donné jusqu'à aujourd'hui que des résultats décevants ;

– une politique de réduction collective de la durée du travail n'a jusqu'à présent pas été expérimentée à grande échelle, bien que les modèles macroéconomiques montrent son efficacité, sous certaines conditions. Le nouveau gouvernement issu des élections législatives de mai-juin 1997 envisage sur ce point une inflexion importante.

Ces trois orientations sont examinées ici en elles-mêmes. Il est certain qu'à un niveau plus général leur mise en œuvre ne peut être dissociée des politiques économiques d'ensemble, de la croissance de l'économie, et des coordinations qui peuvent s'établir à l'échelle européenne.

L'ABAISSEMENT DU COÛT DU TRAVAIL

Si la question des coûts de la main-d'œuvre apparaît comme l'une des préoccupations constantes des employeurs, la façon dont cette question est posée dans le débat économique et public a évolué assez profondément entre le début des années quatre-vingt et le début des années quatre-vingt-dix. D'une part, on est passé d'une interrogation sur le partage de la valeur ajoutée et le coût moyen de la main-d'œuvre à la question du coût relatif des différentes catégories de salariés. Dans le même temps, passait au second plan la question du lien entre le coût de la main-d'œuvre et la compétitivité, au bénéfice d'un débat sur le lien entre coût de main-d'œuvre et emploi [1].

Ce déplacement du débat a largement fondé la réorientation des politiques d'emploi. En effet, a été préconisé non pas un abaissement général des coûts de main-d'œuvre, mais une réduction du coût des plus bas salaires. Ces réorientations ne recueillent cependant pas l'unanimité. En effet, si certains points font aujourd'hui l'objet d'un assez large consensus parmi les économistes, d'autres demeurent débattus.

1. P. Concialdi, C. Daniel, C. Tuchszirer, « Coût de main-d'œuvre, compétitivité et emploi : les enseignements d'une comparaison internationale », *La Revue de l'IRES,* 22, automne 1996.

I | LE DÉVELOPPEMENT DE MESURES GÉNÉRALES D'ABAISSEMENT DU COÛT DES BAS SALAIRES : UN TOURNANT MAJEUR DES POLITIQUES D'EMPLOI

En 1993, dans le cadre du plan d'urgence pour l'emploi décidé au mois de juin, l'adoption des premières mesures d'abaissement des cotisations dues au titre de la branche « famille » pour les salariés rémunérés aux alentours du SMIC marque le début d'un changement structurel des politiques d'emploi.

Toutefois, c'est avec l'adoption de la loi quinquennale pour l'emploi en décembre 1993 que s'affiche plus clairement la nouvelle priorité des politiques d'emploi, avec le développement d'exonérations générales de cotisations sociales pour les salariés ayant des rémunérations proches du SMIC. Ce type de dispositif, massif puisqu'il touche l'ensemble des salariés en poste au moment où s'applique la mesure – et non les salariés nouvellement embauchés par exemple –, a connu une montée en charge financière très rapide. Dès 1994, le montant des mesures générales d'abaissement du coût du travail dépasse l'ensemble des aides ciblées à l'emploi en faveur des jeunes et des chômeurs de longue durée. En 1995, le montant de ces mesures générales d'abaissement pour les salariés rémunérés aux alentours du SMIC est équivalent à l'ensemble des autres mesures d'abaissement du coût du travail, qu'il s'agisse des aides ciblées ou des autres exonérations du secteur marchand (abattement temps partiel et exonérations premier, deuxième et troisième salariés) (tableau 52).

Tableau 52. *Montant financier des mesures d'allégement du coût du travail (secteur marchand)*

(en milliards de francs)

	1990	1991	1992	1993	1994	1995 (prov.)
Exonérations générales [1]	0	0	0	4,2	11,3	19,1
Aides ciblées jeunes et chômeurs de longue durée [2]	5,5	7,2	8,4	10,3	13,2	14,5
Exonérations spécifiques	1	1,3	1,8	3,2	4,2	4,8
– exonération 1er, 2e et 3e salariés	*1*	*1,3*	*1,8*	*2,5*	*2,8*	*3,1*
– temps partiel	–	–	–	*0,7*	*1,5*	*1,7*
Total des mesures d'allégement du coût du travail	6,5	8,5	10,2	17,7	28,8	38,4
Part des aides ciblées dans l'ensemble	85 %	85 %	82 %	58 %	46 %	37 %

1. Ensemble des dispositifs adoptés depuis le plan d'urgence pour l'emploi de 1993. Cf. [66].
2. Contrat de qualification, apprentissage, exo-jeunes, aide à l'emploi des jeunes, contrat de retour à l'emploi, contrat initiative-emploi.

Les montants ici indiqués pour ces aides ciblées comprennent à la fois les exonérations de charges sociales (très majoritaires) et les primes forfaitaires pouvant s'y ajouter.

Source : MTAS-DARES, tableau repris dans DARES, « Bilan de la politique de l'emploi en 1995 », *Premières synthèses*, novembre 1996.

La définition de cette nouvelle priorité des politiques d'emploi en direction d'abaissements généraux du coût du travail a constitué une inflexion majeure des politiques d'emploi à partir de 1993. Cette évolution a des effets en retour importants sur les mesures ciblées, de deux façons principales :

– d'une part, l'avantage relatif des contrats aidés réservés aux publics jeunes et aux chômeurs de longue durée devient moins important dès lors que la rémunération se situe aux alentours du SMIC ; en effet, puisque les exonérations de charges patronales sont généralement intégrales pour les contrats ciblés, il n'y a pas, par définition, cumul avec les abaissements généraux de charges ; ainsi, l'aide différentielle accordée aux publics ciblés dans le cadre des différents contrats spécifiques (contrats de qualification, contrats initiative-emploi notamment) apparaît fortement croissante avec le salaire [1] ; cette évolution pourrait donc conduire les employeurs à recruter, à travers les dispositifs ciblés, des personnes ayant des salaires relativement plus élevés, ce qui entrerait en contradiction avec la volonté de réserver le bénéfice de ces mesures aux publics les plus en difficulté ;

– d'autre part, la fusion des différents dispositifs d'allégement sur les bas salaires en une ristourne unique dégressive calculée sur une base mensuelle depuis octobre 1996 [66], ajoutée au mécanisme de l'abattement de 30 % en faveur du temps partiel, contribue à accroître considérablement les avantages financiers accordés en faveur de cette forme d'emploi ; mais, là aussi, les conséquences de ces mesures dépendront largement des réactions des employeurs face à ces incitations financières en faveur du temps partiel.

II | UN DIAGNOSTIC CONTROVERSÉ SUR LE COÛT DU TRAVAIL PEU QUALIFIÉ

Cette réorientation de la politique d'emploi est aujourd'hui controversée : elle renvoie en effet à une analyse des causes du chômage qui est loin d'être partagée par l'ensemble des économistes. Trois points principaux font aujourd'hui l'objet d'un large accord, tant dans les travaux des économistes que dans les rapports officiels qui traitent de ces questions [2] :

– la part des salaires dans la valeur ajoutée, après avoir fortement crû en France jusqu'en 1983 – et ce, de façon plus importante que chez la plupart de ses partenaires – a connu depuis 1984 une baisse continue ; aujourd'hui, la part des salaires dans la valeur ajoutée a ainsi retrouvé

1. Pour une analyse détaillée de ces effets, cf. Alain Gubian, « La baisse du coût du travail dans la politique de l'emploi : allégements généraux et allégements ciblés », dans DARES, « Bilan de la politique de l'emploi en 1995 », art. cité.

2. Cf. notamment deux rapports consacrés, totalement ou partiellement, à ce sujet : CSERC, *L'allégement des charges sociales sur les bas salaires,* rapport au Premier ministre, mai 1996, et *La loi quinquennale relative au travail, à l'emploi et à la formation professionnelle. Rapport d'évaluation, op. cit.*, chap. 2.

[66]

LES DISPOSITIFS D'ALLÉGEMENT DES CHARGES SOCIALES SUR LES BAS SALAIRES

Depuis 1993, quatre textes successifs ont mis en place des dispositifs visant à alléger les charges sociales patronales pour les bas salaires :

– la loi du 27 juillet 1993 (plan d'urgence pour l'emploi de l'été 1993) prévoyait une exonération totale des charges sociales dues au titre de la branche famille entre 1 et 1,1 SMIC et une exonération de 50 % de ces mêmes charges pour les salaires compris entre 1,1 et 1,2 SMIC ;

– la loi quinquennale du 20 décembre 1993 prévoit l'extension de ce dispositif selon un calendrier progressif : au 1er janvier 1998, tous les salaires inférieurs à 1,5 SMIC devraient ainsi être exonérés à 100 % des cotisations dues au titre de la branche famille ; les salaires compris entre 1,5 et 1,6 SMIC devraient être exonérés à 50 % ;

– la loi du 4 août 1995 a ajouté à ce dispositif une nouvelle mesure de réduction dégressive des cotisations sociales pour les salaires entre 1 et 1,2 SMIC ; les deux principales différences avec le dispositif prévu par la loi quinquennale sont, d'une part, le champ des cotisations visées (toutes les cotisations dues au titre des assurances sociales, des accidents du travail et des allocations familiales, et non les seules cotisations de la branche famille), et, d'autre part, la dégressivité de l'abattement (le montant maximal de la ristourne a été fixé à 800 F pour 1 SMIC et baisse progressivement par tranche jusqu'à 1,2 SMIC) ;

– la loi de finances pour 1996, dans un double but de simplification des dispositifs et de leur concentration sur les plus bas salaires, a fusionné les deux mesures antérieures, instaurant une ristourne unique dégressive sur les bas salaires applicable à compter du 1er octobre 1996. Cette ristourne dégressive est appliquée entre 1 et 1,33 SMIC et son montant maximal est de 1 166 F pour un salaire équivalent au SMIC (valeur au 1er juillet 1996). Il faut noter que cette ristourne n'est plus proratisée, ce qui signifie qu'un salarié employé à mi-temps, payé deux fois le SMIC horaire (soit un SMIC mensuel), bénéficie à plein de la ristourne. Dans ce cas-là, la ristourne s'ajoute de plus à l'abattement de 30 % des charges sociales instauré en 1992 afin d'encourager le développement du temps partiel. Ces mécanismes constituent donc une incitation forte au recours au temps partiel pour les employeurs.

En 1995, les mesures d'allégement des charges sociales sur les bas salaires ont coûté 20 milliards de francs et concerné près de 4,5 millions de salariés. En 1996, ces mesures devraient coûter entre 36 et 42 milliards de francs.

un niveau comparable à celui du début des années soixante-dix, témoignant du rétablissement des taux de profit des entreprises ;

– la France ne souffre pas d'un désavantage particulier par rapport à ses principaux partenaires en ce qui concerne le coût moyen de sa main-d'œuvre, toutes catégories de salariés confondues ;

– la compétitivité, notamment entre industries, se joue au moins autant sur des facteurs « hors prix » (efficacité de l'organisation productive, qualité des infrastructures, formation initiale, qualification et motivation du personnel...) que sur des facteurs de prix ; ainsi, non seulement la mesure des écarts de compétitivité entre pays ne peut se réduire à des écarts de coûts et doit intégrer la productivité, mais, de plus, des coûts plus élevés peuvent être, dans certains cas, la condition d'un meilleur positionnement sur le marché international, par exemple s'ils s'accompagnent d'une qualification plus élevée des salariés.

Si ces constats globaux sont largement admis, en revanche des divergences existent dans le diagnostic porté sur la situation relative du coût de la main-d'œuvre peu qualifiée et sur l'importance à attribuer à ce facteur en tant que cause structurelle du chômage. En toute hypothèse, les simulations macroéconomiques montrent que les abaissements généraux de charges sur les bas salaires ont des effets qui demeurent limités au regard d'un objectif de baisse importante du niveau du chômage.

A / *Le coût de la main-d'œuvre peu qualifiée en France*

Les comparaisons internationales des coûts de main-d'œuvre posent de nombreuses difficultés méthodologiques, qui contribuent en partie à expliquer les divergences qui existent aujourd'hui dans le diagnostic porté sur le coût de la main-d'œuvre peu qualifiée en France, comparé à celui des autres pays industriels, principaux partenaires commerciaux de la France [67].

Sous réserve de ces difficultés méthodologiques, deux constats viennent mettre en cause le discours habituellement tenu sur l'existence d'un coût du travail non qualifié plus élevé en France que chez ses principaux partenaires, du fait notamment de l'existence d'un mode de financement de la protection sociale par cotisations défavorable aux plus bas salaires :

– en premier lieu, les comparaisons internationales montrent qu'il n'y a pas de lien entre le mode de financement de la protection sociale et le niveau des coûts payés par l'employeur ; par exemple, le Danemark et la France ont des coûts de main-d'œuvre très proches (charges sociales incluses), alors même que le poids des cotisations sociales est très fort en France (parmi les plus élevés d'Europe) et très faible au Danemark, où la protection sociale est majoritairement financée par l'impôt ; réciproquement, le Portugal et l'Allemagne ont des taux de charges sociales très comparables, alors que leurs coûts de main-d'œuvre sont aux deux extrêmes des pays européens – respectivement parmi les plus faibles pour le Portugal et le plus élevé pour l'Allemagne ;

– en second lieu, les statistiques internationales élaborées pour le secteur des industries manufacturières convergent pour indiquer que, relativement à la moyenne des salariés, le coût relatif de la main-d'œuvre ouvrière (y compris les charges sociales) est plus faible en France que dans les autres pays ; ce constat se vérifie quel que soit le sens des comparaisons (tableau 53) ; ainsi, en 1995, le coût français de la main-d'œuvre dans l'industrie était inférieur au coût allemand de 27 % pour l'ensemble des salariés, mais inférieur de 60 % si l'on prend en compte les seuls ouvriers ; de la même façon, le coût français était supérieur de 23 % au coût américain pour l'ensemble des salariés de l'industrie, mais l'écart se

[67]

DIFFICULTÉS MÉTHODOLOGIQUES LIÉES À LA COMPARAISON INTERNATIONALE DES SALAIRES ET COÛTS DE MAIN-D'ŒUVRE

Le calcul d'un indicateur pertinent, permettant de comparer les coûts de main-d'œuvre entre pays, n'est pas immédiat, même à un niveau global. Deux difficultés majeures affectent une telle mesure :

– la première tient à l'unité de référence temporelle choisie ; en effet, les durées du travail et les réglementations sur ce sujet (congés payés, durée hebdomadaire...) sont très différentes d'un pays à l'autre ; pour obtenir des données cohérentes entre elles, il faut donc effectuer des comparaisons sur la base du coût horaire, qui nécessitent de disposer d'informations sur le volume annuel d'heures travaillées – et non sur les seuls effectifs ;

– la seconde tient à la nécessité de retenir, en comparaison internationale, le concept le plus large possible de coût, c'est-à-dire une mesure intégrant les principaux compléments aux salaires payés par l'employeur en plus du salaire direct : ces compléments sont principalement ceux afférant au financement de la protection sociale (cotisations salariales et patronales). Dans un pays comme la France, où la majeure partie de la protection sociale est financée par des prélèvements obligatoires, il est assez aisé de reconstituer ce coût. En revanche, dans des pays où une partie importante de la protection sociale est facultative, cette question est particulièrement délicate. C'est par exemple le cas aux États-Unis, où les compléments facultatifs à la protection sociale payés par les employeurs sont plus importants que la protection légale obligatoire ; il faut, dans ce cas, recourir à des données d'enquêtes.

Une difficulté d'un autre ordre tient au champ des statistiques internationales existantes pour comparer les coûts de main-d'œuvre. Les principales données existantes (Eurostat pour les pays européens, les données du département du Travail américain – BLS – pour l'ensemble des pays de l'OCDE) couvrent en effet l'industrie manufacturière, mais non les secteurs des services. Il s'agit donc d'une limite de taille sur les statistiques homogènes existantes, étant donné l'importance croissante de ce secteur dans l'économie.

Enfin, s'il est déjà difficile d'établir des statistiques homogènes sur le coût moyen, la décomposition par type de qualification pose encore plus de problèmes. Le concept même de qualification de la main-d'œuvre – ou de faible qualification – reçoit en effet des acceptions différentes dans chaque pays, en fonction non seulement des nomenclatures de diplômes et qualifications existantes, mais aussi en fonction des processus de reconnaissance et de construction des qualifications [1].

réduit à 10 % pour les seuls ouvriers ; ce constat, établi pour l'année 1995, avait déjà été vérifié dans des travaux antérieurs [2].

Ainsi, sur la base des statistiques internationales aujourd'hui disponibles, la France n'est pas, parmi les pays industrialisés, celui où le coût de la main-d'œuvre ouvrière est le plus élevé. Au contraire, le coût de la

1. Pour une illustration de cette question dans le cas de la comparaison France-Allemagne, cf. l'ouvrage de référence de Maurice, Sellier et Silvestre, *Politique d'éducation et organisation industrielle en France et en Allemagne*, Paris, PUF, 1982.

2. Cf. notamment à ce sujet, « Salaires et coûts de main-d'œuvre dans les principaux pays industriels », *Documents du CERC*, n° 106, 1993. Cf. aussi les estimations proposées dans CSERC, *L'allégement des charges sociales sur les bas salaires*, rapport cité, p. 58-59.

Tableau 53. *Coût horaire de la main-d'œuvre dans l'industrie manufacturière en 1995*

(en indices, France = 100)

	Coût horaire, tous salariés confondus	Coût horaire, ouvriers seuls
Allemagne (anciens *Länder*)	127	161
Belgique	106	134
Norvège	102	–
Pays-Bas	101	123
Danemark	100	121
France	*100*	*100*
Finlande	93	123
Japon	91	121
Suède	91	115
États-Unis	77	90
Italie	68	85
Espagne	67	67
Royaume-Uni	59	73
Irlande	58	76
Grèce	34	44
Portugal	26	28

Source : Eurostat, BLS, actualisations IRES (*op. cit.*).

main-d'œuvre ouvrière est *relativement* plus faible que celui de la moyenne des salariés de l'industrie, toutes qualifications confondues. Ce constat remet donc en cause, en tout cas pour le secteur manufacturier, l'idée d'une structure des coûts français défavorable aux salariés les moins qualifiés.

Si l'on raisonne non plus en comparaisons internationales mais de façon plus spécifique au cas français, on constate que le coût relatif des salariés ayant les plus faibles niveaux de rémunération a fortement baissé depuis le milieu des années quatre-vingt. Ce résultat ressort en particulier de l'évolution des indicateurs de dispersion des salaires et des coûts sur longue période.

Ce tableau met en lumière deux constats :

– le premier, relativement classique, renvoie à un mouvement de réouverture de la hiérarchie des salaires en France depuis 1984 ;

– le second, moins habituel, permet de mesurer l'évolution de la hiérarchie des coûts, c'est-à-dire des salaires auxquels on ajoute les charges sociales ; on constate ainsi que la hiérarchie des coûts s'est ouverte de façon plus marquée que la hiérarchie des salaires après 1984. Ce résultat s'explique par deux évolutions principales : les déplafonnements successifs des cotisations sociales, adoptés notamment dans les années quatre-vingt, ont conduit à augmenter le coût, pour l'employeur, des salariés payés au-dessus du plafond ; pour la période la plus récente (1992-1994), les effets des abaissements de charges pour les salariés payés aux alentours du SMIC ont diminué le coût, pour l'employeur, des salariés ayant de faibles rémunérations. La montée en charge de ces dispositifs après 1994 devrait encore renforcer la tendance observée.

Tableau 54. *Évolution de la dispersion des salaires et des coûts de main-d'œuvre en France*

	1976	1984	1992	1994
Indicateur de dispersion des salaires : D9/D1	3,33	3,04	3,13	3,23
Indicateur de dispersion des coûts : D9/D1	3,06	2,89	3,07	3,29

Lecture du tableau : l'indicateur D9/D1 rapporte le salaire (ou le coût) des 10 % des salariés les mieux payés à celui du salaire (ou du coût) des 10 % des salariés les moins payés. Ainsi, si D9/D1 est égal à 3,33, cela signifie que les 10 % de salariés les mieux payés touchent une rémunération 3,33 fois plus élevée que les 10 % de salariés les moins payés. Une baisse de l'indicateur témoigne donc d'un resserrement de la hiérarchie des salaires (respectivement des coûts), alors qu'une hausse témoigne d'une ouverture de la hiérarchie.

Source : DADS – Calculs IRES.

Ainsi, peut-on dire que, depuis 1984, le coût des salariés les moins payés a eu tendance à diminuer de façon marquée par rapport au coût des salariés les plus payés. Or ce mouvement ne semble que faiblement – en tout cas jusqu'à aujourd'hui – avoir influencé les recompositions de l'emploi : la part des cadres dans l'emploi a continûment crû tout au long de cette période, alors que la baisse relative du coût des salariés les moins rémunérés ne semble pas avoir enrayé la baisse régulière de l'emploi des catégories les moins qualifiées.

Ce constat renvoie donc à un questionnement sur les causes du chômage des catégories les plus faiblement rémunérées, question qui se pose dans des termes largement comparables dans la plupart des pays européens.

B / *Le chômage des non-qualifiés : un problème de salaire, de qualification ou de volume d'emplois ?*

L'analyse qui précède a principalement porté sur des analyses de salaires et de coûts, et conduit à mettre en cause l'idée d'une structure des coûts française qui serait particulièrement défavorable aux salariés les moins rémunérés.

Toutefois, cette approche statistique ne permet pas de répondre aux questions relatives à l'existence d'un taux de chômage plus élevé pour les salariés les moins qualifiés, qui s'observe, par exemple, à partir des taux de chômage comparés des différentes catégories socioprofessionnelles. Il existe d'abord un problème de définition des salariés les moins qualifiés. En effet, des distorsions croissantes sont observées entre les qualifications détenues par les salariés et les emplois qu'ils occupent effectivement. De même, la qualification ne peut qu'être approchée à partir du niveau de diplôme obtenu, qui laisse de côté les qualifications acquises à partir d'une expérience professionnelle. Enfin, faible niveau de qualification et faible niveau de salaire ne se confondent pas nécessairement. Toutes ces précisions doivent donc conduire à une grande prudence dans le maniement du terme « non-qualifiés », surtout en comparaison internationale, où les procédures de validation des qualifications peuvent être profondément différentes d'un pays à l'autre.

Malgré ces réserves, dans la totalité des pays industriels, on constate que le taux de chômage des salariés les moins qualifiés est plus élevé que celui de la moyenne des salariés. Les statistiques européennes, à partir du concept des salariés « peu diplômés », tentent de donner une image de ces écarts, avec toute la difficulté, déjà signalée, d'établir des comparaisons internationales de niveaux d'éducation.

Tableau 55. *Taux de chômage moyen et taux de chômage des peu diplômés en Europe en 1994* *

	Taux de chômage (1)	Taux de chômage des peu diplômés (2)	Rapport (2/1)
Allemagne	8,8	14,8	1,7
Danemark	7,7	11,1	1,4
Pays-Bas	6,4	11,7	1,8
Grèce	6,7	6,2	0,9
France	*10,9*	*14,8*	*1,4*
Belgique	8,2	12,5	1,5
Royaume-Uni	8,4	11,2	1,3
Italie	8,3	9,3	1,1
Irlande	13,0	19,4	1,5
Espagne	20,6	22,4	1,1
Ensemble	10,0	13,6	1,4

* *Champ* : population âgée de 25 à 60 ans, les travailleurs peu diplômés représentent ici les travailleurs qui n'ont pas obtenu le niveau du baccalauréat (ou équivalent)

Source : Eurostat ; tableau repris dans CSERC, *L'allégement des charges sociales sur les bas salaires,* rapport cité.

Au regard de ces statistiques, la France n'apparaît pas, par rapport aux autres pays européens, dans une situation particulière s'agissant du chômage des « peu diplômés » : leur taux de chômage est supérieur, dans notre pays, à la moyenne européenne, mais le rapport au taux de chômage moyen ne se différencie pas nettement de celui des autres pays.

Ainsi, la question de l'existence d'un taux de chômage des moins diplômés plus élevé que la moyenne se pose-t-elle, dans la plupart des pays européens, avec une acuité plus ou moins grande. Face à cette question, les interprétations avancées par les économistes ne sont pas univoques. « Si un relatif consensus peut être trouvé sur les faits évoqués ci-dessus [...], il n'y a pas d'accord sur les causes principales du chômage. Ce manque de consensus face à la multiplicité des causes envisageables n'aide pas à l'élaboration d'une stratégie collective [1]. » Schématiquement, trois types principaux d'explications sont mobilisés pour expliquer la position relativement défavorable des moins qualifiés sur les marchés du travail européens en général, et en France plus particulièrement :

– la première se réfère à l'existence d'un coût relatif de la main-

1. P. Joly, « Progrès technique, commerce international, qualifications : les liens avec le coût du travail et l'emploi », *Économie et statistique,* 301-302, 1997.

d'œuvre peu qualifiée qui serait trop élevé au regard de celle des autres catégories de la population active ; cette interprétation suscite aujourd'hui des débats qui sont loin d'être tranchés entre économistes [1] ;

– la seconde explication avancée considère qu'il s'agit d'une conséquence « d'un progrès technologique biaisé [2] » : la révolution informatique aurait ainsi contribué à rendre moins employables les travailleurs les moins qualifiés et serait donc à l'origine d'un accroissement de leur taux de chômage ; cette analyse – qu'il est difficile de traduire en termes quantifiés dans la mesure où le progrès technologique n'est guère mesurable – présente l'inconvénient de ne pas rendre compte des différences observées entre pays dans les taux de chômage, en tout cas si l'on suppose que le progrès technique est relativement homogène d'un pays à l'autre ;

– une troisième explication met en avant les phénomènes de file d'attente créés par l'existence d'un chômage de masse ; dans une telle situation en effet, les travailleurs les plus qualifiés sont embauchés sur des postes auparavant occupés par des salariés moins qualifiés, qui sont ainsi relégués plus loin dans la file d'attente des chômeurs [3] ; cette explication trouve un certain nombre de confirmations empiriques à travers le constat d'un déclassement des diplômes et d'un décalage croissant entre la qualification des actifs et celle de leur emploi [4].

Ce détour par les explications théoriques est nécessaire pour illustrer à quel point, selon l'explication privilégiée, les priorités des politiques vont diverger. Dans le premier cas, les politiques d'abaissement du coût salarial des salariés les moins qualifiés trouvent leur sens. La seconde explication conduit à privilégier des stratégies mettant en avant la formation et un effort de qualification généralisé en faveur de tous les salariés. Les comparaisons statistiques établies entre les pays du Nord de l'Europe et la France semblent donner quelque crédit à une telle orientation [5]. En toute hypothèse, il faut souligner que ces deux orientations sont en partie contradictoires, dans la mesure où un accroissement général de la qualification s'accompagne généralement de niveaux de rémunération plus élevés.

Enfin, si la dernière explication est dominante, elle conduit à invalider largement le succès des autres types de stratégies sur le niveau du chômage des moins qualifiés. En effet, celui-ci serait fondamentalement dépendant du volume d'emplois disponibles dans l'ensemble de l'économie, et seules des stratégies visant à accroître ce volume d'emplois – que

1. Pour une défense de cette thèse, cf. J.-M. Germain, « Allégements de charges sociales, coût du travail et emploi dans les modèles d'équilibre : enjeux et débats ». Pour une contradiction de cette thèse, cf. D. Fougère et F. Kramarz, « Le marché du travail en France : quelques pistes d'analyse ». Ces deux articles sont présentés dans *Économie et statistique*, 301-302, 1997.

2. Pour une présentation des débats autour de cette question, cf. J.-P. Cotis, J.-M. Germain et A. Quinet, « Les effets du progrès technique sur le travail peu qualifié sont indirects et limités », *Économie et statistique*, 301-302, 1997.

3. D. Fougère et F. Kramarz, « Le marché du travail en France... », art. cité.

4. S. Dumartin, « Formation-emploi : quelle adéquation ? », *Économie et statistique*, 303, 1997.

5. Cf., à ce sujet, CSERC, *L'allégement des charges sociales sur les bas salaires*, rapport cité.

ce soit par le soutien à la croissance économique ou par des politiques massives de partage du travail – pourraient avoir un impact significatif sur le taux de chômage des moins qualifiés.

Ainsi, la question du chômage des moins qualifiés et des stratégies visant à abaisser le coût d'emploi de ces catégories demeure-t-elle sujette à discussion.

C / *Le « modèle américain » : des interprétations controversées*

Pour clore la présentation de ces débats, il est important de faire un détour par le « cas » ou le « modèle » américain. En effet, la situation nettement plus favorable de l'emploi dans ce pays est souvent présentée comme le résultat d'une stratégie de flexibilité salariale, ayant permis le développement d'emplois peu qualifiés, à la fois à travers l'existence d'un salaire minimum très faible et l'accroissement des inégalités de salaires entre les différentes catégories d'actifs. La France, par des choix inverses, aurait ainsi exprimé, implicitement, une « préférence pour le chômage [1] ».

Plusieurs éléments de fait doivent cependant être rappelés qui soulignent le caractère à la fois simpliste et hâtif d'une telle analyse et de la construction d'une telle causalité :

– en premier lieu, la croissance de l'emploi américain est loin de se résumer à l'augmentation du nombre d'emplois non qualifiés peu rémunérés, dont le « petit boulot Mac Do » est souvent présenté comme l'image type ; en effet, les dernières estimations disponibles du département du Travail américain montrent que, sur plus de 11 millions d'emplois nets créés entre janvier 1993 et février 1997, 68 % sont rémunérés au-dessus du salaire moyen et concernent des professions techniques qualifiées ou des cadres ;

– en second lieu, les explications les plus récentes sur le fort développement des inégalités salariales aux États-Unis montrent que celui-ci est en partie un résultat de la pénurie d'offre de travail qualifié [2] ; les faiblesses du système éducatif américain seraient ainsi à l'origine d'un manque de personnels qualifiés, tout particulièrement parmi les jeunes hommes et auraient abouti à tirer vers le haut les salaires d'une main-d'œuvre qualifiée très recherchée par les entreprises, car peu abondante ; dans ces conditions, il semble difficile de soutenir l'idée d'un dilemme entre inégalités de salaires et chômage, d'autant que les administrations américaines s'efforcent aujourd'hui de modifier cette situation par divers programmes de formation ;

– en troisième lieu, l'évolution comparée des inégalités de coûts entre la France et les États-Unis montre que, sur la période récente, des mouvements relativement comparables ont été observés dans les deux pays ;

1. Rapport au Premier ministre de la commission présidée par Alain Minc, *La France de l'an 2000*, Commissariat général du Plan, Paris, Odile Jacob/La Documentation française, 1994, p. 95.

2. R. B. Freeman, F. L. Katz, *Differences and Changes in Wage Structures*, Chicago, The University of Chicago Press, 1995.

si l'ouverture de la hiérarchie des salaires est beaucoup plus précoce aux États-Unis et remonte aux années soixante-dix, les évolutions enregistrées depuis 1987 sur les hiérarchies de coûts – intégrant, dans le cas français, les évolutions liées aux changements de la réglementation sur les cotisations sociales – sont assez proches dans les deux pays [1] ;

– enfin, le rapprochement des performances en termes d'emploi des marchés du travail américain et britannique sur le long terme conduit à souligner les divergences entre ces deux pays (tableau 56).

Tableau 56. *Quelques données sur les marchés du travail britannique et américain*

(en %)

	Évolution de l'emploi total tous secteurs entre 1979 et 1995	Part du temps partiel dans l'emploi salarié en 1995	Taux d'activité en 1995	Taux de salarisation en 1994
Royaume-Uni	+ 1,7	24,1	73,8	82
États-Unis	+ 26,4	18,6	77,8	90

Source : OCDE, Comptes nationaux détaillés et perspectives de l'emploi 1996.

Le rappel de ces quelques données montre que l'existence d'une forte flexibilité sur le marché du travail, qui conduit souvent à rapprocher la situation de ces deux pays dans les années quatre-vingt, peut se traduire par des résultats différents en termes d'emplois. Ainsi, le cas britannique fait apparaître qu'une grande partie de la baisse des taux de chômage, en tout cas jusqu'au milieu des années quatre-vingt-dix, doit s'analyser au regard d'une stabilité globale du niveau de l'emploi, d'une baisse des taux d'activité et d'un accroissement du temps partiel. Dans le cas des États-Unis, c'est avant tout l'accroissement du volume d'emplois qui explique les résultats en termes de chômage. Ces quelques éléments de comparaison mettent donc en cause l'idée d'un arbitrage automatique entre l'emploi d'un côté, les salaires et la flexibilité sur le marché du travail de l'autre.

Ces différents éléments ne prétendent ni fournir une vision complète du fonctionnement du marché du travail américain ni, *a fortiori*, en proposer une grille de lecture explicative. Ils visent simplement, par quelques exemples, à illustrer les dangers d'une approche mécaniste des relations économiques pouvant expliquer les plus ou moins bonnes performances d'emploi d'un pays ou d'un autre, et les dangers d'une transposition hâtive de références à travers la comparaison internationale.

III | LES ÉVALUATIONS *EX ANTE* DES MODÈLES MACROÉCONOMIQUES : DES EFFETS SUR L'EMPLOI LIMITÉS

Au-delà de cette présentation des débats en cours sur la question des liens entre coût du travail et chômage – et plus particulièrement entre

1. P. Concialdi, C. Daniel, C. Tuchszirer, « Coût de main-d'œuvre, compétitivité et emploi : les enseignements d'une comparaison internationale », art. cité, p. 33.

coût du travail non-qualifié et emploi –, les modèles macroéconomiques ont été mobilisés pour fournir des évaluations, *ex ante*, des effets des politiques d'abaissement de charges sur les bas salaires.

Les évaluations de l'efficacité des mesures d'abaissement du coût du travail non ciblées sont particulièrement délicates, plus encore que pour les dispositifs spécifiques de politiques d'emploi. En effet, ces mesures s'appliquent à l'ensemble des salariés en poste rémunérés aux alentours du SMIC et n'impliquent donc pas, de façon immédiate, des embauches spécifiquement identifiées comme dans le cas des contrats aidés ciblés.

Toute l'évaluation repose alors sur la représentation que l'on a des réactions des entreprises, formalisées à travers des modèles macroéconomiques. Donnons quelques exemples des enchaînements économiques qui peuvent se produire :

– une baisse du coût du travail peut être répercutée sur les prix de vente, ce qui induira une croissance de la demande et donc, à terme, de l'emploi dans l'entreprise concernée ;

– une baisse du coût du travail peut être utilisée pour augmenter la rémunération des salariés en place ou celle des actionnaires ; dans ce cas, la subvention de l'État sert d'abord à l'augmentation des revenus ;

– une baisse du coût du travail peut aussi conduire à rentabiliser des activités qui ne l'étaient pas et engendrer ainsi la création de nouvelles activités...

La multiplicité de ces arbitrages sur l'utilisation faite par les entreprises des économies produites par un abaissement du coût du travail est formalisée, dans les modèles macroéconomiques, à travers l'élasticité de la demande de travail au coût du travail. Si cette élasticité est nulle, cela signifie qu'une baisse du coût du travail n'a pas d'effet sur l'emploi ; au contraire, si elle est proche de 1, cela signifie que les entreprises traduisent la baisse du coût du travail par un supplément d'embauches. Plusieurs éléments influencent l'estimation de cette élasticité de la demande de travail : tout d'abord, plus la contrainte de débouchés est forte (ou la contrainte sur la demande), plus l'élasticité sera faible et donc plus l'impact d'une baisse du coût du travail sur l'emploi sera faible. Un autre élément déterminant est la substitution entre facteurs de production : plus la substitution capital/travail est forte, plus la demande de travail sera sensible à une baisse du coût du travail (ceci signifie, pour schématiser, que les entreprises peuvent effectivement arbitrer entre des embauches supplémentaires ou des achats de machines).

Par ailleurs, des études plus récentes se sont attachées à évaluer cette élasticité de la demande de travail en tentant de désagréger le facteur travail en différentes qualifications. Dès lors, l'élasticité dépend non seulement de la substitution travail/capital, mais aussi de la substitution possible entre différentes catégories de main-d'œuvre.

Les difficultés inhérentes à ce type d'évaluation de l'élasticité de la demande de travail, à l'origine de très nombreuses controverses, expliquent que la plupart des évaluations macroéconomiques retiennent des fourchettes dans l'estimation des effets possibles d'une baisse du coût

Tableau 57. *Effet attendu sur l'emploi d'une baisse des charges patronales de 10 milliards de francs*

	Principales hypothèses	Effet sur l'emploi au bout de cinq ans (effet cumulé)
Calcul du CSERC	Calcul hors bouclage macroéconomique et sans prise en compte des modalités de financement	50 000 à 70 000 emplois
Direction de la Prévision, modèle METRIC	Financement par déficit public	55 000 emplois
Maquette d'équilibre général (Laffargue)	Financement par déficit public	60 000 à 80 000 emplois
Calcul du CSERC	Calcul avec bouclage macroéconomique, intégrant diverses hypothèses de financement (IRPP, impôts sur les sociétés, TVA...)	10 000 à 50 000 emplois

Source : CSERC, *L'allégement des charges sociales sur les bas salaires,* rapport cité.

du travail sur l'emploi, fourchettes qui traduisent les incertitudes existant sur la mesure de cet indicateur central.

Enfin, ces mécanismes mettant principalement en jeu le comportement des entreprises, ne suffisent pas à rendre compte de l'ensemble des effets de telles politiques d'allégement des charges sociales. Une des questions essentielles est notamment celle du financement de ces exonérations, qui permet d'assurer le bouclage macroéconomique des simulations effectuées. Quelle que soit l'hypothèse retenue, la prise en compte du financement minore les effets attendus sur l'emploi. On relèvera par ailleurs que, par construction, les modèles macroéconomiques ne peuvent tenir compte de certains effets possibles sur l'offre (maintien de certaines spécialisations industrielles peu porteuses à terme) et sur la demande (les exonérations de charge peuvent favoriser le maintien de niveaux de salaires peu élevés, ce qui a un effet dépressif sur la demande).

Ces différentes incertitudes expliquent que les estimations du nombre d'emplois créés soient données à travers des fourchettes. Pour les mesures telles qu'elles existent aujourd'hui, qui se traduiront par une baisse de cotisations chiffrée à environ 40 milliards de francs par an, la fourchette de création d'emplois au bout de cinq ans est de 40 000 à 200 000. « Les travaux du laboratoire Érasme pour l'instance d'évaluation estiment à 145 000 le nombre d'emplois créés par la mesure à moyen terme. Cette estimation est compatible avec les travaux du CSERC qui indiquent comme probables des créations d'emplois comprises entre 40 000 et 200 000. Compte tenu des marges d'incertitude, c'est cet ordre de grandeur qu'il convient de retenir [1]. »

1. *La loi quinquennale relative au travail, à l'emploi et à la formation professionnelle..., op. cit.*

Cette fourchette retenue, de 40 000 à 200 000 emplois créés au bout de cinq ans, outre les marges d'incertitude qu'elle comporte, montre bien qu'en toute hypothèse les effets sur le chômage d'une telle mesure sont d'ampleur restreinte, d'autant que, par les effets d'appel, il n'y a pas d'équivalence entre emplois créés et nombre de chômeurs évités.

TRAVAIL, EMPLOI, ACTIVITÉ

Beaucoup d'espoirs avaient été placés, dès le début des années quatre-vingt, dans le développement de nouvelles activités, souvent dites d'« utilité collective », qui devaient contribuer à la lutte contre le chômage grâce à l'augmentation du nombre d'emplois disponibles. L'idée maîtresse de tous les dispositifs mis en place depuis 1984 était en effet à la fois simple et séduisante : de très nombreux besoins restant insatisfaits, le développement d'activités destinées à les satisfaire permettra d'utiliser la main-d'œuvre rendue disponible par les difficultés d'accès sur le marché du travail classique, tout en ayant un impact positif sur le bien-être de tous.

De bon sens, cette réflexion n'a pourtant pas donné jusqu'à présent de résultats à la hauteur des ambitions qui la portaient. Malgré cela – ou pour cette raison – les discours sur la nécessité de développer de « nouvelles activités » pour lutter contre le chômage se sont multipliés, recouvrant des réflexions de nature très différente.

I | LA RECHERCHE D'UNE SATISFACTION COLLECTIVE DES NOUVEAUX BESOINS DES POLITIQUES PERVERTIES PAR LE PRIMAT DU COURT TERME

L'organisation collective de la satisfaction de nouveaux besoins s'est heurtée à une redoutable contradiction : d'un côté, le caractère massif du chômage a justifié l'adoption de dispositifs importants quantitativement, mais qui ont largement échoué dans leur recherche d'une voie alternative aux activités traditionnelles ; de l'autre, des dispositifs ont été conçus avec des objectifs plus affirmés d'innovation sociale, mais sont demeurés quantitativement marginaux.

A / *Les emplois aidés du secteur non marchand : succès quantitatif, échec qualitatif*

Comme l'ont montré les parties précédentes, tant les travaux d'utilité collective, créés en 1985, que les contrats emploi-solidarité, qui leur ont succédé à partir de 1989, ont connu un succès quantitatif considérable, qui leur a permis d'avoir un impact significatif à court terme sur le chômage.

Toutefois, au regard d'une des ambitions de cette politique, qui était de développer des activités socialement utiles et trop peu nombreuses (aide pour les enfants, les personnes âgées, les relations sociales, la préservation de l'environnement...), le bilan de l'usage de ces mesures est assez décevant. Celles-ci ont en effet plutôt permis à des personnes d'accéder à – ou de prolonger leur présence dans – des activités déjà existantes, donnant ainsi lieu à d'importants effets de « substitution ». Ainsi, l'enquête réalisée à l'occasion de l'évaluation de la loi quinquennale pour l'emploi sur les CES et les CEC a-t-elle fait ressortir que la grande majorité des fonctions exercées par les personnes en contrat tournait autour de quelques « professions » bien identifiées, et peu différentes de celles confiées aux autres personnels : secrétariat, agent d'entretien, agent de service divers (conducteur...), agent de surveillance, etc. [1].

Outre qu'il contribuait ainsi à pallier le manque d'effectifs de certains secteurs du service public et donc à repousser la nécessaire réforme de celui-ci, le développement de ces mesures a ainsi mis en évidence la contradiction majeure que le projet recelait.

Pour répondre véritablement à des besoins non satisfaits, et ce de façon collective, il aurait en effet fallu investir d'importants moyens publics, permettant de donner une réelle qualification aux personnes à qui incombait la charge de cette innovation sociale. Or c'est dans un contexte de raréfaction des ressources budgétaires et de remise en cause du montant des prélèvements publics que s'est développée cette politique. C'est sur les personnes ayant été tenues éloignées de l'emploi le plus longtemps ou éprouvant le plus de difficultés à rentrer sur le marché du travail – auxquelles ne s'adressait de surcroît aucun programme massif de formation ou de qualification – que l'on faisait reposer l'ambition d'inventer de nouvelles manières de répondre aux besoins sociaux. Sans d'ailleurs que ceux-ci aient été recensés, analysés de façon suffisamment précise pour permettre une affectation des contrats sur d'autres bases que celles de la « vente » de contrats par le service public de l'emploi, en fonction des possibilités de chaque organisme potentiellement intéressé par le dispositif.

B / *L'émergence d'un secteur intermédiaire : des dispositifs confidentiels*

L'ambition portée par le secteur intermédiaire était d'autant plus forte qu'elle supposait non seulement le développement d'activités nouvelles, mais aussi la formalisation d'un nouveau secteur, intermédiaire entre les secteurs marchands et non marchands, et porteur de nouvelles logiques.

1. *La loi quinquennale relative au travail, à l'emploi et à la formation professionnelle, op. cit.*, p. 284

À l'aune de ce projet, les quelques réalisations encouragées par les politiques d'emploi apparaissent limitées [68].

[68]

LE SECTEUR INTERMÉDIAIRE :
ENTREPRISES D'INSERTION ET ASSOCIATIONS INTERMÉDIAIRES

Les entreprises d'insertion embauchent des personnes qui, en raison des difficultés de tous ordres qu'elles rencontrent, ne sont pas susceptibles d'être recrutées par les autres entreprises, y compris par le biais de contrats aidés. Les personnes en difficulté peuvent être embauchées sur contrat à durée déterminée renouvelable deux fois dans la limite maximale de vingt-quatre mois. Les postes de travail pourvus dans le cadre de ces contrats peuvent donner lieu au versement d'une subvention forfaitaire d'aide à l'insertion de 38 000 F par an et par poste de travail. Cette subvention a pour objet de prendre en compte l'effort spécifique d'insertion consenti par ces entreprises en faveur des publics en difficulté, en compensant leur moindre productivité. Les entreprises d'insertion peuvent aussi embaucher des salariés en insertion sur contrat d'orientation, d'adaptation, de qualification. Certaines entreprises peuvent embaucher sur CES mais uniquement sur les postes non productifs. En 1994, 674 entreprises d'insertion employaient 6 500 personnes.

Les associations intermédiaires (créées en 1987) ont pour objectif de mettre à la disposition des particuliers, associations et entreprises, des personnes sans emploi pour effectuer des activités qui ne sont pas déjà assurées, dans les conditions économiques locales, par l'initiative privée ou par l'action des collectivités publiques. La loi de décembre 1989 a réorienté l'action de ces associations en direction des publics en grande difficulté de réinsertion, notamment les chômeurs de longue durée et les allocataires du RMI. Elles élargissent leur mission à l'accueil, à l'accompagnement et au suivi des personnes dans leur démarche de réinsertion. Dans cette perspective, elles bénéficient d'une exonération totale de cotisations patronales de sécurité sociale pour l'emploi de salariés travaillant moins de 750 heures par trimestre. En fin d'année 1995, 1 109 associations intermédiaires étaient en activité. Durant l'année 1995, le volume d'heures travaillées équivalait environ à 19 000 emplois à temps plein.

Source : DARES, « Bilan de la politique de l'emploi en 1995 », art. cité.

Comme les emplois en TUC ou CES, les activités intermédiaires exercées dans les entreprises d'insertion et les associations intermédiaires ouvrent difficilement la voie à une insertion professionnelle en dehors de leur propre sphère, et leur contenu économique se distingue en fin de compte assez peu de celui des emplois classiques. Ces activités comportent de plus un risque parallèle à celui des emplois aidés non marchands (la substitution à des emplois publics) : celui de l'exercice d'une concurrence déloyale vis-à-vis des entreprises travaillant sur les mêmes créneaux dans le secteur marchand, mais sans subvention ni exonération.

La marge de manœuvre de ces structures est donc étroite : il faut réaliser, avec une main-d'œuvre en très grande difficulté, des activités nouvelles, originales, n'étant pas susceptibles d'être développées par le secteur privé, avec un double écueil : si le coût de ces activités est peu élevé, le créneau est ou sera occupé par le privé, sinon le coût risque d'être trop élevé pour les finances publiques qui doivent subventionner les postes de travail.

Les critères à l'aune desquels juger de la réussite de cette politique, qui concerne un très petit nombre de personnes (au moins pour les entreprises d'insertion, le cas des associations intermédiaires étant plus complexe, puisque 344 000 personnes étaient inscrites en 1995 dans les fichiers des associations, dont 65 000 seulement avaient été mises à disposition au moins une fois dans l'année et pour une durée moyenne de trois mois et demi), sont délicats à fixer. Comme plusieurs études l'ont montré, ce n'est pas en termes d'insertion professionnelle qu'il faut le faire (les résultats, considérés de ce point de vue, sont mauvais), mais bien plutôt en termes d'insertion sociale et de maintien du lien social.

Mais en l'absence de décisions structurantes sur le devenir de ce secteur (le transformer en véritable secteur avec des activités spécifiques, ou le laisser subsister à la marge des emplois classiques), l'expérience reste peu concluante et ne semble pas pouvoir être généralisée à une partie importante des chômeurs actuels.

La voie collective s'est donc révélée, jusqu'à aujourd'hui, dans l'incapacité de répondre à son ambition : développer de manière pérenne un vaste secteur de nouvelles activités d'utilité collective. Les activités intermédiaires (CES, entreprises d'insertion, associations intermédiaires) se sont constituées en « sphère d'insertion autonome [1] ». Ni tremplin vers l'emploi classique, ni lieu d'expérimentation de nouvelles modalités de réponse aux besoins sociaux, ni spécifiques dans leur contenu, ces activités restent certes aujourd'hui indispensables, car elles permettent à ceux qui les exercent de bénéficier d'une insertion dans un collectif et d'un minimum de revenu, mais elles n'ont pas été ce lieu de création massive de nouveaux emplois que l'on attendait.

II | LES LIMITES D'UNE RÉPONSE PRIVÉE ET INDIVIDUELLE À LA PRISE EN CHARGE DES BESOINS NON SATISFAITS

Une autre voie, qui a privilégié le subventionnement d'emplois individuels dans un cadre privé, a été développée, surtout à partir du début des années quatre-vingt-dix. Le tout début de la décennie est en effet marqué par un retour de la réflexion sur les emplois de services, qui deviendront bientôt « emplois de proximité ». On passe d'emplois à consonance publique ou collective (crèches, environnement...) – c'est-à-dire d'une action sur l'offre – à une réflexion plus microéconomique sur les obstacles au développement de ces emplois et sur les moyens d'aider les ménages à acquérir des services trop chers. La prise en charge des personnes âgées et les enfants en bas âge est au centre de ces réflexions,

1. M. Elbaum, « Les activités intermédiaires : une sphère d'insertion " autonome " et un mode partage du travail " par défaut " », dans DARES, « Bilan de la politique de l'emploi en 1993 », *Premières synthèses,* 1994.

qui se construisent sur la décomposition de la sphère domestique et se cristallisent autour des notions de solvabilisation et de service. Comment rendre le coût du service accessible au plus grand nombre ? Quelle politique de prix développer ? Comment transformer en relations de service marchande, donc en emplois, l'ensemble des tâches auparavant exercées par la famille ?

A / *La mise en place progressive d'incitations financières à la création d'« emplois familiaux » par les ménages*

La réponse à ces questions se traduit, au début des années quatre-vingt-dix, par l'instauration d'allocations ou d'aides à la consommation, alors que les années précédentes avaient plutôt privilégié une réponse en termes de « structure » ou d'équipement collectif. Dans la suite des deux premières mesures intervenues en ce sens en 1986-1987 (la création de l'allocation pour garde d'enfant à domicile – AGED – en décembre 1986 et l'exonération des charges patronales de sécurité sociale pour les particuliers directement employeurs d'une aide à domicile s'ils sont âgés de 70 ans ou ont à charge un enfant handicapé en 1987), une politique de solvabilisation de la demande plus globale est mise en œuvre en 1991 sous le nom d'« emplois familiaux ». Une allocation de garde à domicile destinée aux personnes âgées est créée par la CNAVTS au même moment.

Alors que ces premières mesures se mettent en place, plusieurs études se succèdent, qui tentent d'évaluer le nombre d'emplois susceptibles d'être créés dans ces secteurs. En 1992, une étude commanditée par le ministère du Travail, réalisée par le BIPE et intitulée « Nouveaux emplois de service, les dix services de solidarité », donne des fondements économiques à l'idée qu'il existe des gisements d'emplois du côté des services à la condition d'organiser un marché permettant de révéler cette demande latente [1].

La notion de service est centrale dans l'argumentaire développé : une forte demande des ménages existe, elle est déjà partiellement solvabilisée ; il s'agit d'activités non exposées à la concurrence internationale et dont le contenu en emplois est élevé ; enfin, la « révélation » doit être simplement aidée par les finances publiques et non entièrement prise en charge par elles.

Entre 1993 et 1996, plusieurs nouvelles mesures qui visent à donner corps à ce projet sont ainsi adoptées dans la continuité du programme sur les emplois familiaux décidé en décembre 1991 :

– la loi quinquennale pour l'emploi du 20 décembre 1993 institue le

1. Cette étude recense ainsi dix services de solidarité destinés aux ménages (aide aux personnes âgées, garde d'enfants, assistance aux jeunes en difficulté, aide à la scolarité, mesures de sécurité pour les biens ou les personnes, aide à l'amélioration de l'habitat, développement des transports collectifs et des communications, sauvegarde de l'environnement et développement local, aide à la culture, aux loisirs, aux vacances, sauvegarde des commerces de proximité) et propose de développer les chèques emploi-service. Elle chiffre à 330 000 les emplois que l'on pourrait créer en cinq ans. Pour un résumé, cf. *Premières synthèses*, 24, mars 1993.

chèque emploi-service, principalement destiné à faciliter les formalités administrations et sociales liées à l'embauche de salariés par les particuliers ;

– les déductions fiscales consenties aux particuliers qui emploient des personnes à leur domicile sont très fortement revalorisées en 1995 ;

– le montant de l'allocation de garde d'enfant est fortement revalorisé la même année ;

– une loi de janvier 1996 permet l'intervention d'entreprises du secteur privé marchand dans la fourniture de services aux particuliers [69].

B / *Des dispositifs porteurs d'une remise en cause des relations salariales traditionnelles et d'inégalités entre ménages*

Par rapport aux objectifs de développement de nouvelles activités, une première dérive, liée à la conception même des dispositifs, réside dans la réduction d'un éventuel secteur d'activités nouvelles, relationnelles ou sociales, aux seuls services à la personne, effectués au domicile des ménages.

Par ailleurs, le développement des « emplois familiaux », tel qu'il s'est opéré dans le cadre des mesures successives adoptées depuis 1991, est porteur d'une remise en cause du statut salarié classique, qui prend de multiples facettes.

– La déstabilisation des anciennes professions et des anciennes structurations existantes (d'un côté des employées de maison, de l'autre des professions spécialisées et diplômées pour effectuer des tâches qualifiées) en est un premier signe :

> « Dans le passé, les activités de service aux personnes à domicile avaient donné lieu à deux figures bien identifiées de salariés : la plus ancienne est celle du “ domestique ” à temps plein placé chez un seul particulier employeur ; l'autre, plus récente, est celle de l'aide ménagère salariée d'une association agréée ou d'une mairie, intervenant auprès de bénéficiaires d'un service social. Mais, aujourd'hui, deux nouvelles figures s'imposent : la femme de ménage multi-employeurs et l'aide à domicile mixte qui passe constamment du statut de salarié d'une association de maintien à domicile à celui d'employé de particulier [1]. »

– Une dégradation des conditions de travail a accompagné, dans certains cas, ce mouvement, liée notamment au fait que le chèque emploi-service encourage le développement d'une myriade de relations individuelles de travail, où le salarié se retrouve confronté à « une multitude d'employeurs ponctuels pour des relations non durables, sans garantie et sans possibilité de processus qualifiant [2] ».

– Finalement, le recours au chèque emploi-service peut être lu comme une évolution du lien avec les employeurs, qui s'apparente à « des relations de nature plus commerciale que salariale, en particulier avec ceux

1. C. Labruyère, « Professionnaliser les emplois familiaux », *Bref Cereq,* 125, novembre 1996.

2. A. Fouquet, « Le concept d'emploi de proximité », Rapport pour l'ISERES, 141, 1996.

[69]

LE CHÈQUE EMPLOI-SERVICE ET LES EMPLOIS FAMILIAUX

Le dispositif, institué en décembre 1991, concerne les activités effectuées au domicile de l'employeur (ménage, garde d'enfant, soutien scolaire à domicile, aide à une personne âgée ou handicapée...). Il est articulé autour de trois pôles :

– le développement de la demande par une augmentation de sa solvabilité et une simplification des procédures de déclaration d'embauche. L'augmentation de la solvabilité est permise par la réduction d'impôt à laquelle l'utilisation de ce dispositif ouvre droit : elle s'élève à 50 % de la dépense totale annuelle (salaires et charges sociales) plafonnée. Fixé initialement à 25 000 F, puis à 26 000 F en 1993, le plafond a été porté à 90 000 F en 1995. Une loi de janvier 1996 a ajouté un nouvel instrument de solvabilisation en permettant aux comités d'entreprise ou aux entreprises de verser aux salariés souhaitant créer un emploi familial une aide de 12 000 F ;

– une amélioration et un développement de l'offre de services, qui reposent sur l'implication du réseau associatif : le statut d'organisme agréé de services aux personnes a été institué à cette occasion ; il est attribué aux associations à but non lucratif qui comptent parmi leurs activités soit la garde des enfants au domicile de leurs parents, soit l'assistance aux personnes âgées ou handicapées. Ces associations peuvent intervenir de deux façons : soit par la prestation de services, que l'association fournit avec son personnel et ses moyens propres, soit dans le cadre du mandat, en mettant en rapport employeurs et salariés et en assurant la charge des formalités administratives. Depuis 1993, ce dernier type d'intervention a crû fortement, le nombre d'heures gérées au titre de l'activité mandataire étant passé de 15 millions en 1992 à 45 millions en 1995. En 1996, une modification très substantielle du dispositif est intervenue, puisqu'il a été permis aux entreprises privées agréées d'intervenir dans ce champ jusqu'alors réservé aux associations ;

– une revalorisation de ces emplois par un effort de formation permettant d'accroître le professionnalisme des salariés. En 1996, une obligation de financement légale de la formation professionnelle a été instituée (0,15 %).

Le chèque emploi-service a été institué par la loi quinquennale. D'abord limité aux emplois dont la durée n'excédait pas huit heures hebdomadaires, il ne l'est plus depuis janvier 1996. Il fait bénéficier les employeurs qui l'utilisent de la réduction d'impôt « Emplois familiaux ». Chaque chéquier est composé de chèques classiques et de volets sociaux comportant des informations sur le salaire horaire net et la durée de la période de travail pour laquelle le chèque est établi.

La mise en place du dispositif d'incitation à la création d'emplois familiaux s'est traduite par un accroissement du nombre de nouveaux employeurs. Celui-ci est passé de 515 000 en 1991 à 605 000 en 1992, 670 000 en 1993, 740 000 en 1994 et 925 000 en 1995. L'année 1992 avait été marquée par l'accès au statut d'employeur de catégories sociales moins privilégiées et par une augmentation conséquente de la part des activités de garde, notamment des jeunes enfants au domicile de leurs parents. En 1994, la durée de chaque emploi occupé par les salariés à domicile s'établissait en moyenne à sept heures trois quart, la durée totale de travail étant bien supérieure si l'on considère le phénomène d'emplois multiples courant dans ce secteur. Une étude de la DARES, datée de 1995, et ne prenant donc pas en compte les effets du relèvement du plafond de la réduction d'impôt, évaluait à 200 000 le nombre d'emplois supplémentaires créés et, du fait de la courte durée de chaque emploi, à 40 000 le nombre d'équivalents temps plein imputable au dispositif [1].

1. « L'évolution des emplois familiaux de 1992 à 1994 », *Premières synthèses*, 95-69, 109, 17 août 1995.

qui utilisent le chèque emploi-service comme mode de rémunération. Ce nouvel outil destiné à faciliter la vie des employeurs tire en effet l'usager vers le modèle du consommateur opérant un achat de service qu'il peut ou non renouveler après chaque prestation [1] ».

– Ces éléments, centrés sur une approche en termes de statut, sont confirmés par les données statistiques disponibles, notamment sur l'usage du chèque emploi-service : en 1995, la durée hebdomadaire du travail rémunéré par le chèque emploi-service s'établissait à un peu plus de quatre heures, alors qu'elle était de huit heures pour l'emploi familial classique [2] ; les conditions de rémunération jouent également un rôle déterminant dans l'organisation des statuts multi-employeurs : « Au titre des heures réalisées sous le seul régime des employées de maison, les trois quart des salariés gagnent en effet moins de 3 000 F par mois. C'est donc en jonglant avec toutes les propositions que peuvent leur faire les prestataires de services que ces salariées, souvent seules ou chefs de famille monoparentale, complètent leur planning de travail de manière à obtenir un revenu proche du SMIC [3]. »

Dès lors, on semble bien proche, pour une partie du moins de ces emplois, de ce que A. Gorz appelait le retour de la « néo-domesticité [4] » ou encore du « travail au jour la journée [5] » décrit par R. Castel.

Par ailleurs, les mécanismes financiers utilisés pour encourager la création d'emplois familiaux, qui reposent largement sur des déductions fiscales, entraînent des inégalités entre les ménages qui peuvent recourir à ces services et les autres. Le choix d'une solvabilisation de la demande par le biais d'une exonération de charges sociales et d'une déduction fiscale importante présente en effet évidemment le défaut d'être réservé à ceux qui payent suffisamment d'impôt pour trouver de l'intérêt à de telles déductions. Le dispositif est certes utile parce qu'il pallie les manques évidents en matière d'équipements collectifs (en particulier pour la garde d'enfants), mais il ne rend de fait le dispositif accessible qu'à une partie des ménages, et non à l'ensemble de la population.

Enfin, concernant la création d'emplois, objectif prioritaire du dispositif, le bilan est mitigé : on peut certes penser que la création de 70 000 emplois équivalents temps plein (dans le secteur des services domestiques, entre 1987 et 1995) [6] est un résultat important – en particulier au regard des chiffres recensant les emplois créés par les politiques d'emploi –, et qu'il est également certain qu'une partie du travail à domicile auparavant effectué au noir a pu ainsi être « blanchi », ce qui contribue, malgré tout, à asseoir une plus grande reconnaissance de leur travail pour les salariés. Néanmoins, il faudrait connaître le rapport coût/emploi créé, engendré par ces dispositifs.

Surtout, la nature des instruments mobilisés par l'action publique – à

1. C. Labruyère, art. cité.
2. DARES, « Bilan de la politique de l'emploi en 1995 », art. cité.
3. *Ibid.*
4. André Gorz, par exemple dans *Métamorphoses du travail, quête du sens,* Paris, Galilée, 1988.
5. Robert Castel, *Les métamorphoses de la question sociale,* Paris, Fayard, 1994.
6. DARES, « Bilan de la politique de l'emploi 1995 », art. cité.

savoir principalement des subventions aux ménages, quelle que soit leur forme – a fortement pesé sur les projets dont étaient potentiellement porteurs les « emplois de solidarité » tels qu'ils étaient par exemple décrits dans le rapport du BIPE de 1992. Ainsi, est-il aujourd'hui patent que le développement d'un véritable secteur, structuré, professionnalisé, rationnellement organisé tant du point de vue de l'offre que de l'intermédiation entre l'offre et la demande – ce qu'espéraient un certain nombre de réformateurs sociaux comme les actuels tenants de l'économie solidaire par exemple – ne s'est pas opéré.

Il faudrait, en effet, pour développer un véritable secteur d'emplois dits de proximité, considéré par certains comme un véritable secteur de relations sociales où s'exerceraient de nouvelles activités d'abord relationnelles, – recenser l'ensemble des besoins, analyser les réponses – publiques, associatives et privées – qui existent déjà, former et qualifier, et surtout organiser une véritable intermédiation entre une offre de services, de prestations, d'équipement et la demande des ménages. Or, jusqu'à présent, comme souvent en matière de politique d'emploi, il a fallu aller au plus vite et au moins cher, ce qui explique en partie les limites actuelles des dispositifs adoptés.

Ainsi, l'espoir que ces mesures auraient pu favoriser la constitution d'associations qui auraient réalisé le travail de formation et de distribution de services et/ou de mise à disposition d'équipements a-t-il été déçu, non seulement parce qu'il est permis, depuis 1996, aux entreprises privées de concurrencer les associations, mais également parce qu'une politique privilégiant les abaissements de coût du travail était difficilement compatible avec une politique d'agrément et de qualification forte.

La recherche de modes collectifs de prise en charge des besoins non satisfaits, comme la promotion d'une politique centrée sur des aides aux ménages, ont donc finalement buté en partie sur des contraintes identiques. Dans les deux cas, l'impératif de création immédiate d'emplois a pris le pas sur les autres, empêchant ainsi que soient réunies les conditions de réussite d'une politique globale. Qu'il s'agisse du recensement des besoins, de l'analyse de l'offre existante, du calibrage des actions de qualification à engager, des modalités juridiques d'organisation de ce secteur (structures privées, publiques, associatives ; tarification ; service direct ou accès à des structures ; salariés sous véritables contrats de travail...), aucune démarche n'a pu être engagée en profondeur en raison de l'urgence toujours plus grande que le chômage faisait peser sur la confection des politiques d'emploi.

III | DES DISCOURS NOMBREUX, PROMETTEURS, MAIS SOUVENT AMBIGUS

Paradoxalement, au moment où les limites de la voie collective utilisée étaient clairement mises en évidence et où se mettaient en place des dispositifs dont il était évident qu'ils ne déboucheraient pas sur une création massive d'emplois, se développaient, sous des formes diverses et avec des objectifs différents, des discours nourris et récurrents sur les avantages à attendre non seulement d'un champ de nouvelles activités, mais également d'une révision, voire d'un « nettoyage » du concept d'emploi, auquel pourrait se substituer, selon ces discours, celui d'activité. Restées au stade de l'ébauche théorique, les analyses développées dans ce contexte peuvent néanmoins être utilement rappelées.

Elles peuvent être distinguées en deux grands courants : l'un considère l'emploi salarié comme une forme désormais trop étroite pour contenir ou recouvrir toutes les manières de travailler. Il vise à substituer le terme d'activité à celui d'emploi, mettant ainsi l'accent à la fois sur les nouvelles formes de travail qui apparaissent ou devraient se développer, et plus particulièrement sur les nouvelles modalités de leur exercice (travail indépendant, mission...) dont l'emploi salarié ne parvient plus à rendre compte. L'autre ne vise pas à substituer l'activité à l'emploi mais bien plutôt à reconnaître, à côté de l'emploi classique, des formes d'activité nouvelles à la fois dans leur contenu (soin de l'environnement, soins aux autres...) mais également dans leur exercice (bénévolat, associations...).

A / *L'emploi salarié : une forme désuète ?*

En 1993, paraissait un livre intitulé *Le grand mensonge : l'emploi est mort, vive l'activité* [1]. L'idée est ancienne : si l'emploi est si peu développé, si le chômage est tellement massif, si de nouvelles activités ne se développent pas malgré les besoins, c'est que leurs conditions d'exercice ne sont pas idoines. Il faut donc revoir profondément les règles qui régissent l'embauche et la gestion de la main-d'œuvre, autrement dit le Code du travail, pour introduire de la souplesse, de la flexibilité dans les mouvements de la main-d'œuvre. C'est à ce prix seulement que tous les besoins qui cherchent à être satisfaits, donc toutes les activités qui ne demandent qu'à être développées, se multiplieront.

Ce raisonnement classique se déploiera, dans les années suivantes, dans trois grandes directions, aucune n'ayant véritablement eu de conséquences concrètes.

1 / *Une critique de l'emploi salarié*

À l'extrême, on trouve une tendance majoritairement anglo-saxonne, plutôt managériale, relayée en France par exemple par les auteurs d'un ouvrage intitulé *Le travail au XXIe siècle* [2]. Comme l'explique le manager américain William Bridges [3], c'en est fini de l'emploi salarié, ou de l'entreprise organisée comme une ruche, avec ses alvéoles bien délimitées, ses tâches bien répertoriées... Il faut passer, si nos sociétés veulent survivre, de l'emploi – salarié, déterminé, garanti et correspondant à une place dans une organisation – à la mission, ponctuelle, changeante, et

1. M. Godet, *Le grand mensonge : l'emploi est mort, vive l'activité,* Paris, Fixot, 1994.
2. Eurotechnopolis Institut, *Le travail au XXIe siècle,* Paris, Dunod, 1995.
3. W. Bridges, *La conquête du travail,* Éditions Village mondial, 1995.

donc apprendre à la main-d'œuvre potentielle à changer sans cesse de fonction, de projet, de lieu... C'est la forme salariée de l'emploi qui est en train de mourir, mieux, qu'il nous faut aider à mourir, c'est à elle que nos sociétés doivent renoncer.

2 / *Une apologie de la flexibilité*

Le thème est en ce cas que les activités nouvelles – ou classiques d'ailleurs – ne se développeront que si les conditions de travail et d'emploi sont considérablement assouplies, qu'il s'agisse du temps de travail, des salaires, ou des protections, et surtout des conditions d'embauche et de licenciement. L'idée maîtresse est que les salariés doivent renoncer à l'emploi à vie et s'apprêter à changer de poste plusieurs fois dans leur vie. Le rapport Boissonnat [1], rendu public en 1995, tentera une synthèse audacieuse entre besoin de flexibilité des entreprises et besoin de sécurité ou de stabilité des salariés. Ce sera le « contrat d'activité ».

Il s'agit d'un contrat d'un nouveau type, qui serait passé entre un salarié et une entité qui pourrait être une entreprise, un groupe d'entreprises, un collectif mêlant des entreprises, des collectivités locales, des syndicats.... Il vise à lisser les inégalités de revenus issues de la succession de périodes de travail, de formation, de chômage.

Le contrat d'activité ne devait pas, dans l'esprit de ses promoteurs, se substituer au contrat de travail, mais l'englober. Il s'agissait surtout, en fait, de nommer et donc de reconnaître, de rémunérer et d'organiser les périodes de formation et d'inactivité par lesquelles l'exercice du travail lui-même, au sens strict, est interrompu.

Cette idée n'a pas encore donné lieu à des applications ou même à des propositions concrètes. Il faut observer qu'elle demeure ambiguë et peut donner lieu à des pratiques diversifiées. À un extrême, le contrat d'activité pourrait en effet consister à intégrer des congés de tous ordres (bénévolat, formation...) dans le contrat de travail et donner à ce titre une sécurité dans la gestion du temps. À l'autre, le contrat d'activité pourrait autoriser le marchandage de main-d'œuvre, en donnant aux entreprises une latitude dans l'embauche et la gestion de la main-d'œuvre qui remettrait en cause des protections élémentaires mises en place par le droit du travail.

3 / *Une réforme du droit du travail*

L'autre originalité du rapport Boissonnat consistait dans la large place faite à une réflexion ambitieuse, et nourrie aux meilleures sources, sur le droit du travail. Démonstration était faite que le droit du travail devait être profondément simplifié. Ce faisant, le rapport combinait les apports de deux courants théoriques très différents. L'un, illustré par le juriste A. Supiot, auteur d'un ouvrage remarqué sur le droit du travail [2], visait à une simplification du droit du travail dont l'objectif serait de rompre avec

1. *Le travail dans vingt ans. Rapport de la commission présidée par J. Boissonnat,* Paris, Odile Jacob/La Documentation française, 1995.
2. Alain Supiot, *Critique du droit du travail,* Paris, PUF, 1994.

un empilement réglementaire en fin de compte défavorable aux salariés et surtout avec une conception simpliste du travail.

L'auteur militait en effet pour que le droit du travail cesse de n'être qu'un sous-produit des contraintes économiques et, plus profondément, pour que le travail retrouve sa véritable figure : l'activité la plus noble de l'homme. Supprimer cette défiguration, rendre au travail sa nature et au travailleur sa liberté, supposerait pour A. Supiot une profonde refonte du droit du travail, dont l'un des axes consisterait à rapprocher considérablement travail salarié et travail indépendant, de manière à ôter au premier son caractère de travail marchandise (en ouvrant le salarié à la responsabilité) et à lester le second des garanties statutaires conférées au travail salarié.

L'autre courant, d'inspiration radicalement différente, remet en cause la complexité du droit du travail pour les entreprises et vise, sinon à « brûler le Code du travail », au moins à ramener celui-ci à quelques grandes dispositions très simples. Il n'est nul besoin d'insister sur les risques liés à une telle entreprise si elle n'est pas entourée de toutes les précautions nécessaires.

B / *L'activité, supplément d'âme de l'emploi ?*

C'est dans une autre optique qu'un certain nombre de théoriciens ou de praticiens du social ont recouru ces dernières années au terme d'activité et de tiers secteur, en présentant celui-ci non seulement comme une des solutions au chômage actuel, mais également comme le point de départ d'une profonde transformation de la société.

La plupart des analystes qui prônent le développement d'un secteur de nouvelles activités, à côté de l'emploi classique, visent à faire reconnaître comme utiles et nécessaires une série d'activités pour l'instant peu développées et novatrices tant par leur contenu que par leurs modalités d'exercice (qui les différencient à la fois de la prise en charge par l'État et de la prise en charge par le secteur privé), activités qui viendraient ainsi s'ajouter à l'emploi classique pour augmenter, en définitive, le nombre total d'emplois. Ils cherchent aussi à faire prendre en compte – et reconnaître comme utiles – d'autres activités que les seules activités productives, comme par exemple les activités de formation, de loisir, de soins consacrés à la famille ou encore de participation à la vie associative ou à la vie démocratique.

Parmi les différents courants, celui dit de l'« économie solidaire » s'est assuré une diffusion croissante ces dernières années. Au risque de réduire la richesse et la diversité de leurs analyses, on dira que les tenants de cette position prônent le développement d'activités relationnelles et sociales, dont la société aura de plus en plus besoin (non seulement garde de personnes âgées ou de jeunes enfants, mais toutes les relations de proximité qui peuvent se tisser entre des individus de plus en plus atomisés et de plus en plus en recherche de sociabilité), selon des modalités ni publiques ni privées, mais bien plutôt associatives, et reposant sur une hybridation des différentes logiques marchandes et non marchandes. Il s'agit dès lors de développer un vaste secteur autour des relations sociales, de la sauvegarde de l'environnement, du social de façon très locale et au plus près de la demande, en mêlant les logiques et les financements et en utilisant les leçons issues du développement des entreprises d'insertion ou des associations intermédiaires [1].

Un certain nombre d'analystes voient dans le développement d'un véritable tiers secteur un moyen radical de changer de société. On citera ainsi A. Caillé, J. Robin, A. Lipietz, J. Rifkin [2]. Selon ce dernier, le tiers secteur sera un secteur très particulier, où ne régneront plus les lois de l'économie marchande mais qui sera au contraire le lieu du développement des activités dont la société de demain aura le plus besoin : activités communautaires, conviviales, relationnelles, sociales... Pour Jean-Marc Ferry [3], qui qualifie ce secteur de « quaternaire », il s'agira d'activités relationnelles, non mécanisables. Pour tous les auteurs cités, il s'agit d'un secteur où se noueront et se maintiendront des liens sociaux actuellement disloqués par la vie moderne et le chômage massif, où s'effaceront l'économie marchande et sa logique purement capitaliste, où se développera un type d'emploi véritablement utile, qui sera le ferment de la société future.

Selon les auteurs, l'exercice des activités du tiers secteur est lié ou non à la distribution d'une allocation universelle, c'est-à-dire d'une allocation, d'un montant d'environ 1 500 F, distribuée à tous.

Le critère fondamental qui permet de classer ces différents courants réside dans la façon dont on considère ce secteur et plus précisément les modalités selon lesquelles les individus exercent ces activités. La question essentielle est en effet de savoir si l'exercice de ces activités spécifiques dans un secteur particulier est réservé ou non à une partie déterminée de la population.

Dans le premier cas, on risque non seulement les effets classiques de stigmatisation d'une population, mais également une dualisation de la société, qui ne pourra aller que s'aggravant, dans la mesure où un secteur prévu à cet effet permettra de recueillir à tout instant et en quantité croissante les exclus du système productif classique. On peut dès lors penser que ce dernier deviendra de plus en plus sélectif et que le marché du travail d'abord, l'ensemble des rapports sociaux ensuite, seront structurés en deux parties distinctes : d'une part, le segment où évolueront les individus performants qui parviendront à se maintenir dans un système productif toujours plus efficace et toujours plus exigeant ; de l'autre, un vaste secteur qui sera réservé aux « handicapés sociaux » qui n'auront pas su faire face à ces exigences, et qui sera de toute évidence moins bien payé et moins bien protégé. Il constituerait une sorte de secteur subventionné.

On peut craindre que les propositions de Rifkin, dont le succès en France a été réel sans qu'elles aient été analysées dans toutes leurs conséquences, n'aillent dans ce sens. On retombe dès lors dans la même contra-

1. J.-L. Laville et B. Eme, *L'économie solidaire,* Paris, Desclée de Brower, 1994.

2. A. Caillé, dans la *Revue du MAUSS*, ou « Temps choisi et revenu de citoyenneté », Démosthène-Mauss, 1994 ; J. Robin dans la revue *Transversale Science-Culture* ; A. Lipietz, *La société en sablier,* Paris, La Découverte, 1996 ; J. Rifkin, *La fin du travail,* Paris, La Découverte, 1996.

3. J.-M. Ferry, *L'allocation universelle,* Paris, Le Cerf, 1995.

diction que nous avons vue à l'œuvre depuis le début : comment espérer faire éclore un secteur radicalement nouveau et innovant si, dès le début, on le considère comme réservé aux mauvais élèves du système productif classique ? À moins d'accepter une telle évolution, de la tenir pour seule raisonnable, de préférer un secteur « spécifique » à des chômeurs révoltés et donc de stabiliser un vaste secteur protégé. Qui ne manquera d'ailleurs pas de poser des problèmes : qui décidera des critères d'assignation d'une partie de la population active à ce secteur ? Les performants accepteront-ils longtemps de le subventionner ? Etc.

On voit combien une telle solution, apparemment généreuse, est ambiguë et combien elle réclame, pour ne pas l'être, de trésors d'inventivité et de réformes en profondeur. Pour éviter des conséquences fâcheuses, c'est-à-dire pour éviter qu'une partie de la population soit subventionnée à vie pour exercer des petits boulots, il faudrait, d'une part, organiser la promotion d'un tel secteur, c'est-à-dire y consacrer des moyens très importants et, d'autre part, organiser la mobilité entre ce secteur et les autres, c'est-à-dire faire en sorte que les individus exercent, soit en même temps soit successivement, leurs talents dans ce secteur particulier et dans le secteur classique.

LA RÉDUCTION DU TEMPS DE TRAVAIL : UN PARTAGE POUR L'INSTANT PEU CRÉATEUR D'EMPLOIS

L'idée de recourir à la réduction du temps de travail pour diminuer le chômage répond à un constat simple : il est préférable que tous aient un emploi quitte à travailler un peu moins, plutôt que de laisser 10 % de la population active à l'écart. De ce point de vue, la réduction du temps de travail relève de ce « partage du travail » qui peut être compris comme l'une des formes nécessaires de la solidarité de ceux qui ont un emploi à l'égard de ceux qui n'en ont pas. Plus fondamentalement, dès lors que, les gains de productivité aidant, il faut moins de travail pour produire la même quantité de biens, il paraît tout aussi légitime de transformer ces gains de productivité en temps libre qu'en revenus supplémentaires, destinés à nourrir un besoin de consommation qui ne trouve parfois plus d'exutoire.

Ce raisonnement n'est pas nouveau : l'idée de partager le volume de travail existant à un moment donné a régulièrement accompagné les crises depuis la seconde moitié du XIXe siècle. Dans ces périodes de crise, la formule « travailler moins » portée par une logique de progrès social et de répartition des gains de productivité s'associe à celle de « travailler tous ». Les revendications des syndicats américains dans les années 1870 ou 1913, et surtout lors de la crise des années trente, s'appuyaient sur cette double analyse. C'est elle également qui inspira les mesures prises en 1936 en France, avec l'arrivée au pouvoir du Front populaire (création des congés payés, semaine de 40 heures).

Mais si la durée du travail n'a cessé de diminuer dans le milieu du XIXe siècle, sous l'effet de mouvements sociaux, des négociations et de l'action des pouvoirs publics, l'utilisation de la durée du travail pour diminuer le chômage en période de difficultés économiques est beaucoup plus difficile que sa réduction en fonction des gains de productivité dégagés dans un contexte de croissance soutenue.

Après l'arrivée de la gauche en France en 1981-1982, des mesures d'une inspiration comparable furent envisagées. Toutefois, les décisions prises dans ce domaine sont restées limitées (généralisation des 39 heures et cinquième semaine de congés payés), et les effets attendus de la réduction du temps de travail sur le chômage furent peu importants, pour des raisons aujourd'hui connues : la non-prise en compte des réactions des acteurs, le caractère trop faible et donc immédiatement absorbé de la réduction, l'absence de mesures d'accompagnement, le mauvais contexte international, la compensation salariale totale... Le nombre d'emplois créés en 1982, par la réduction de la durée légale du travail intervenue en 1982, est estimé autour de 140 000.

Depuis cette date, et malgré la progression continue du chômage, le recours à la réduction du temps de travail comme instrument d'adaptation de la population active au volume de travail existant et comme outil de partage du travail a été interrompu. Tout s'est passé comme si les 39 heures constituaient, depuis 1982, un verrou impossible à faire sauter, au moins collectivement et légalement, et comme si l'expérience malheureuse de ces deux années avait ancré l'idée que la réduction collective de la durée du travail est une voie inefficace en termes de créations d'emplois et dangereuse pour la compétitivité des entreprises. Les résultats des études économiques conduites sur cette question, qui ont connu un certain renouveau en France après 1993, ne semblent que peu avoir affecté ces analyses pessimistes sur les effets potentiels d'une baisse de la durée du travail sur le chômage.

Ainsi, en 1994, le rapport rédigé par la mission d'information commune de l'Assemblée nationale sur l'aménagement du temps de travail indique qu'il faut écarter toute action sur la durée légale du travail et toute mesure générale et obligatoire. Plusieurs rapports réalisés dans le cadre du Commissariat général du Plan, jusqu'au récent rapport Boissonnat [1], s'accordent sur ce point : il faut éviter les mesures uniformes, générales, centralisées, non négociées et qui contraignent les entreprises, – donc les actions sur la durée légale – car elles sont, en définitive, nécessairement mauvaises pour l'emploi.

Un rapport commandé en 1995 par le ministère du Travail au cabinet B. Brunhes [2] confirmait également que la majeure partie des employeurs – en accord en cela avec les positions officielles du CNPF – considérait la réduction collective de la durée du travail comme la mesure à éviter absolument.

1. Cf. notamment *La France de l'an 2000,* Rapport au Premier ministre de la commission présidée par Alain Minc, Commissariat général du Plan, Paris, Odile Jacob/La Documentation française, 1994, et *Le travail dans vingt ans, op. cit.*

2. Bernard Brunhes Consultant, « Réduction et aménagement du temps de travail dans les grandes entreprises », janvier 1996.

Ainsi, les politiques du temps de travail ont-elles emprunté, depuis le milieu des années quatre-vingt et jusqu'à présent, deux voies principales : favoriser le recours au temps de travail comme instrument d'une plus grande flexibilité des entreprises dans la gestion de leur main-d'œuvre et, plus récemment, comme un outil permettant de passer des caps difficiles ; encourager le développement du temps partiel, cette dernière voie s'étant surtout développée depuis le début des années quatre-vingt-dix.

I | LA GESTION DU TEMPS DE TRAVAIL : UN OUTIL AU SERVICE DES ENTREPRISES

A / *Le temps de travail comme instrument d'une gestion plus flexible des entreprises*

C'est en 1982 que la voie de l'aménagement du temps du travail a été ouverte : l'ordonnance du 16 janvier 1982 a en effet introduit les premières possibilités de dérogations négociées par voie d'accord aux règles législatives, ces dérogations restant alors limitées aux règles relatives à la fixation du contingent annuel d'heures supplémentaires. La loi du 26 février 1986, puis la loi du 19 juin 1987 sur le temps de travail ont étendu le champ des dérogations possibles, notamment aux règles relatives à la durée hebdomadaire, en prévoyant des possibilités d'organiser le travail par cycles. La menace de licenciements nombreux en 1992-1993, la loi sur le temps partiel de décembre 1992 et surtout la loi quinquennale sur l'emploi ont poursuivi cette évolution et conduit à un très fort développement des mesures d'aménagement du temps de travail [70].

Les dispositions juridiques successivement adoptées ont des objectifs largement communs : faciliter la mise en œuvre d'organisations du temps de travail susceptibles de s'adapter aux fluctuations de l'activité, celles-ci pouvant être prévisibles, saisonnières ou liées à des aléas conjoncturels. L'assouplissement des conditions requises pour annualiser le temps de travail dans l'entreprise constitue, dans ce domaine, la principale orientation de la loi quinquennale, qui institue une modulation dite de type III [70]. De même, la loi quinquennale pour l'emploi prévoit que la mise en place du temps partiel annualisé sur toute l'année peut s'effectuer sur la seule base du contrat de travail, indépendamment des procédures de négociation collective généralement requises pour les autres formes d'annualisation du temps de travail. Cette mesure laisse donc de très fortes marges de manœuvre aux employeurs pour organiser le temps de travail de leurs salariés.

Il est extrêmement difficile aujourd'hui de mesurer précisément l'étendue prise par ces différentes formes flexibles d'organisation du temps de travail. Pour certaines d'entre elles, on ne dispose encore d'aucune étude, et, le fait même que des dérogations puissent être gérées directement au niveau de l'entreprise, ou même au niveau individuel du contrat de travail

[70]

TRAVAIL EN CYCLE, MODULATION, ANNUALISATION

Les principes de la législation relative au temps de travail ont été fixés en 1936 : durée légale du travail définie sur la base de la semaine, fixée alors à 40 heures ; cadre de répartition et d'aménagement du temps hebdomadaire, l'employeur fixant l'horaire pour l'ensemble des salariés, lequel est affiché dans l'entreprise et figure dans le règlement intérieur ; caractère collectif de l'horaire de travail, la durée du travail étant régie par des normes collectives telles que la loi ou la convention de branche et non par le contrat de travail. L'instrument central de toute la législation sur le temps de travail est *la durée légale*, qui s'apprécie dans le cadre de la semaine civile ; elle ne constitue pas une norme impérative, mais le seuil au-delà duquel se déclenchent les heures supplémentaires, qui ouvrent droit à une majoration de rémunération et à des repos compensateurs. La rémunération majorée est de 25 % pour les huit premières heures et de 50 % pour les heures suivantes.

Les dérogations successives apportées à ce principe d'une durée légale calculée sur une base strictement hebdomadaire ont pris plusieurs formes. Tout d'abord, elles permettent d'organiser le travail sous forme de cycle. *Le cycle* permet ainsi l'organisation de la durée du travail sur plusieurs semaines en prévoyant une répartition quantitative inégalitaire du temps de travail entre ces dernières, de façon à prendre en compte les variations régulières d'activité inhérentes à l'entreprise. Cette répartition est organisée de manière répétitive, de telle sorte que les semaines comportant des heures au-delà de 39 heures doivent être compensées au sein d'un même cycle par des semaines comportant une durée hebdomadaire inférieure à la durée légale.

Étendant le principe du cycle sur l'année, la *modulation* consiste à faire varier la durée hebdomadaire du travail sur tout ou partie de l'année à condition que cette durée n'excède pas, en moyenne, 39 heures par semaine travaillée. Trois formes de modulation existent :

– *la modulation dite de « type I »* permet à l'entreprise de ne pas imputer les heures effectuées au-delà de la durée légale sur le contingent d'heures supplémentaires, mais ne la dispense ni du paiement majoré des heures supplémentaires, ni de l'application du repos compensateur ;

– *la modulation dite de « type II »* permet de n'attribuer ni les majorations de salaire ni le repos compensateur pour les heures effectuées au-delà de la durée légale. La limite en deçà de laquelle il est permis de moduler de cette façon les horaires de travail est fixée à 44 heures, lorsque la modulation résulte d'un accord d'entreprise ou d'établissement ; elle peut être portée par accord de branche étendu jusqu'à 48 heures ;

– *la modulation (de « type III »),* issue de l'article 38 de la loi quinquennale du 20 décembre 1993, dite *annualisation du temps de travail*, permet comme la modulation de type II de n'attribuer ni les majorations, ni les repos compensateurs. Les limites de la durée du travail dans ce cadre sont celles qui sont définies par la durée maximale journalière de 10 heures (qui peut être portée à 12 heures par voie conventionnelle) et les durées maximales hebdomadaires de 46 heures en moyenne sur 12 semaines consécutives et de 48 heures pour une semaine. Cette modulation est subordonnée à une réduction de la durée du travail dans le cadre d'une nouvelle organisation du travail.

comme pour le temps partiel annualisé, rend difficile une approche quantitative exhaustive.

On dispose toutefois de quelques données sur la modulation dite de « type III », introduite par l'article 38 de la loi quinquennale pour l'emploi du 20 décembre 1993 [1] :

– le nombre d'accords signés reste limité : 5 accords de branche (sur 126 branches) au 31 décembre 1995 et 68 accords d'entreprise ;

– sur les 68 accords d'entreprise transmis au ministère du Travail, on constate que la réduction de la durée hebdomadaire moyenne est de faible amplitude (une heure dans la moitié des cas) ; l'amplitude de la modulation est très élevée (quarante-huit heures dans la moitié des cas) et la programmation indicative de la modulation n'est pas toujours précise.

On dispose également des premiers éléments d'évaluation sur les effets de l'aménagement du temps de travail sur les salariés eux-mêmes. De ce point de vue, comme l'a mis en évidence l'instance d'évaluation de la loi quinquennale, le développement des politiques d'aménagement du temps de travail a souvent eu des conséquences négatives en termes de statut, de salaires, de conciliation vie privée-vie professionnelle et donc en termes de contreparties pour les salariés :

« Les salariés se plaignent souvent du caractère aléatoire des programmes prévisionnels qui perturbent un bon équilibre entre vie au travail et vie personnelle. Cette perte de maîtrise du temps des salariés dans la gestion de leurs rythmes de vie est très variée d'une situation et d'une entreprise à l'autre. Ainsi, et même s'il s'inscrit dans une durée indéterminée, le travail à temps partiel annualisé est considéré comme plus pénalisant qu'un contrat à durée déterminée parce qu'il ne permet pas une organisation personnelle des durées et des moments de travail. On note dans certains cas une contestation par les salariés des organisations du travail flexibles, reposant, d'une part, sur la pénibilité liée autant aux changements d'horaires que de travaux et de postes de travail et, d'autre part, sur l'absence de visibilité sur les objectifs sociaux et les contraintes économiques des entreprises [2]. »

Les résultats des négociations engagées à la suite de l'accord du 31 octobre 1995, qui met en place une obligation périodique de négocier sur le temps de travail au niveau des branches [71], montrent aussi que les accords privilégient largement la dimension « flexibilité du temps de travail », sur la recherche de solutions mettant en œuvre des réductions fortes de la durée du travail.

« Malgré cette relance qui s'est voulue forte et résolue, les négociations de branche ont encore et toujours du mal à aller dans le sens de la réduction du temps de travail et de l'accroissement de l'emploi [...]. L'annualisation, négociée sur la base d'une amplitude assez forte et d'une compensation salariale le plus souvent intégrale, est rarement assortie de réductions d'horaires supérieures à 2 ou 3 %, et très peu d'accords comportent des dispositions réellement limitatives en matière d'heures supplémentaires. L'exemple le plus flagrant est bien sûr celui de l'accord signé dans la métallurgie, qui se contente d'accompagner la modula-

1. *La loi quinquennale relative au travail, à l'emploi et à la formation professionnelle...*, *op. cit.*, p. 160-163.
2. *Ibid.*

[71]

L'ACCORD DU 31 OCTOBRE 1995

En février 1995, l'ensemble des organisations syndicales et patronales se rencontrent et signent un relevé de décisions qui fixe un calendrier de rencontres et retient un objectif prioritaire : l'emploi, et notamment celui des jeunes. Un premier accord est signé en juin sur l'insertion professionnelle des jeunes. Un second l'est en septembre sur le thème « Préretraites contre embauches ». Le même jour que l'accord sur l'emploi, le 31 octobre, est signé un accord relatif à la politique contractuelle qui vise, d'une part, à préciser l'articulation des différents niveaux de négociation et, d'autre part, à rendre possible la négociation dans les entreprises dépourvues de délégué syndical. L'accord sur l'emploi est le résultat de plusieurs mois de négociations. Il met en œuvre le dispositif créé par la loi quinquennale, donne des précisions sur les heures supplémentaires et le compte épargne-temps et propose que les négociations soient poursuivies sur le temps partiel. Si le contenu est peu novateur, c'est la méthode qui est porteuse de possibles changements. En effet, une obligation périodique de négocier est créée (les branches professionnelles engageront tous les trois ans des négociations sur l'ensemble des questions liées au temps de travail). Ensuite, est créé un dispositif permanent de suivi de la négociation sous forme d'un observatoire paritaire. Enfin, il prévoit un mécanisme interprofessionnel pour faire face à l'échec éventuel des négociations décentralisées.

Les résultats des négociations sont jusqu'à présent peu probants. Le nombre d'accords est resté limité. Traditionnellement branche pilote de la négociation collective, la métallurgie a abouti à un accord le 3 mai 1996. L'annualisation du temps de travail s'applique à l'ensemble de la branche. L'horaire pourra varier de 0 à 46 heures par semaine sous réserve du respect de certains maxima. En contrepartie, les salariés bénéficieront, avec maintien de salaire, de 1 à 6 jours de congés dans l'année en fonction du nombre de semaines où l'horaire s'est écarté de la moyenne.

tion des horaires d'un à cinq jours de congés supplémentaires en fonction du nombre de semaines où elle est appliquée [...] [1]... »

Enfin, le développement de cette politique d'aménagement du temps de travail a contribué à rendre extrêmement complexe la réglementation en vigueur. La technique juridique utilisée, qui consiste à maintenir, dans son ensemble, la réglementation issue des lois de 1936 [2], tout en organisant des possibilités croissantes de dérogation par la voie conventionnelle, explique largement cette complication croissante du droit du temps de travail.

Le développement des dérogations à l'ordre public social s'est produit en une période d'affaiblissement des organisations syndicales, alors que

1. M. Elbaum, « La réduction du temps de travail : à quelles conditions ? », *Esprit*, novembre 1996.

2. Toutefois, un décret a été adopté le 9 avril 1997, remettant en cause le décret de 1937 organisant le temps de travail dans le secteur des banques. Ainsi, dans ce secteur, les dispositions résultant de 1936 ont été directement assouplies par voie réglementaire. L'enjeu principal de la modification introduite par le décret du 9 avril 1997 est d'autoriser la mise en place d'organisations différentes du temps de travail (notamment pour permettre l'ouverture des banques le samedi), sans nécessairement recourir à des négociations collectives.

la conjoncture économique faisait planer des menaces de plus en plus lourdes sur l'emploi. On comprend dès lors que la capacité des représentants des salariés à peser dans les négociations collectives, notamment au niveau de l'entreprise, ait été moins grande. Ce sont en effet des pratiques liées aux rapports de force locaux qui s'imposent, transformant la décentralisation de la négociation collective (réputée plus souple et plus adaptée à chaque situation) en une procédure peu favorable aux salariés.

B / *Les accords de « partage du travail » dans les entreprises : un outil de gestion des crises*

Dans le même temps où se sont développées diverses formes d'aménagement du temps de travail, des accords dits de « partage du travail » ont été signés dans plusieurs entreprises, en particulier dans les années 1992-1993. Ces accords avaient pour objet un aménagement du temps de travail des salariés, la plupart du temps provoqué ou demandé par les entreprises et destiné à aider celles-ci à passer un cap difficile ou à renforcer leur compétitivité.

Comme l'ont montré un certain nombre d'analyses de ces accords [1], beaucoup ont été signés « dos au mur » et visaient avant tout à réduire la masse salariale ou à augmenter la rapidité d'adaptation de l'entreprise.

Ainsi, ces accords ont-ils finalement répondu à des logiques assez comparables au processus d'aménagement du temps de travail engagé depuis les lois de 1986 et de 1987, confirmant, sur la période récente :

> « l'inversion de la relation entre réduction et aménagement du temps de travail : à une logique sociale s'est ainsi progressivement substituée une logique économique d'élaboration des politiques du temps de travail. Cette évolution peut être caractérisée par un triple basculement :
>
> – alors que, dans le domaine du temps de travail, l'initiative était habituellement d'origine syndicale, ce sont désormais les thèses patronales qui jouent un rôle moteur dans la dynamique d'évolution du temps de travail ;
>
> – la logique d'aménagement-réorganisation du temps de travail a pris le pas sur celle de la réduction, constituant celle-ci en contrepartie de celle-là ;
>
> – enfin, à une démarche principalement centralisée, fondée sur l'adoption, essentiellement par voie législative de règles globales et uniformes, ont succédé des discussions décentralisées ainsi que des pratiques diversifiées et éclatées [2] ».

1. DARES, « Les expériences d'ajustement des salaires et de « partage du travail », *Premières synthèses* 43, février 1994 ; J.-P. Dufour, « La CFDT face à l'emploi : la négociation d'entreprise », Paris, Observatoire des relations professionnelles et de l'innovation sociale, Paris, juin 1995.
2. J.-Y. Boulin, « Les politiques du temps de travail en France : la perte du sens », *Futuribles*, 165-166, mai-juin 1992.

II | LE DÉVELOPPEMENT DU TEMPS PARTIEL : TEMPS CHOISI OU FLEXIBILITÉ IMPOSÉE ?

A / *Le temps partiel, une forme d'emploi fortement encouragée par les pouvoirs publics*

Parallèlement à la remise en cause de la réduction collective du temps de travail, le temps partiel s'est considérablement développé en France depuis quelques années. Instrument de flexibilité pour les entreprises, semblant répondre aux aspirations d'une partie de la population active, outil d'une politique de partage du travail, le temps partiel a été présenté depuis 1992 comme l'instrument à privilégier dans l'utilisation du temps de travail pour lutter contre le chômage. Plusieurs rapports officiels ont repris cette analyse. « Un profond scepticisme a animé notre Commission à propos d'une réduction légale, collective et homogène du temps de travail... L'utopie du temps choisi constitue pour la Commission le meilleur moyen de relancer les négociations sociales... Les avantages du travail à temps partiel ont fait la quasi-unanimité de la Commission [1]. » La promotion du temps partiel est d'autant plus importante qu'elle s'appuie sur une forte critique de la réduction de la durée légale : elle apparaît plus souple, plus décentralisée, résultat d'un choix et non d'une contrainte, permettant un compromis établi au plus près entre le salarié et l'entreprise.

Le mouvement d'incitation des pouvoirs publics au développement du temps partiel a commencé dès 1992 : la loi de décembre 1992 instaure en effet un abattement de 30 % des cotisations patronales de sécurité sociale sur les emplois à temps partiel, qui sera porté à 50 % en janvier 1993, puis ramené à 30 % par la loi quinquennale du 20 décembre 1993 (mais la plage de durée du travail permettant de bénéficier de cet abattement sera allongée, concernant désormais les emplois de 16 à 32 heures hebdomadaires).

Cet abattement constitue un puissant levier d'action qui a certainement contribué à la multiplication des emplois à temps partiel. De 9 % en 1982, le pourcentage d'actifs travaillant à temps partiel est passé à 12,7 % en 1993 et à 16,5 % en 1996, la France se rapprochant ainsi des pays étrangers en comparaison desquels elle semblait très en retard quelques années auparavant. Le cumul de l'abattement en faveur du temps partiel et des mesures d'allégement des charges sociales, calculées sur une base mensuelle et non plus horaire depuis octobre 1996, contribuera probablement à accroître encore ce mouvement, d'autant qu'avec le temps partiel annualisé ce faible coût du travail à temps partiel pour les entreprises s'accompagne de possibilités d'une gestion très flexible du temps de travail.

On peut bien évidemment considérer ces mesures comme l'un des éléments d'une véritable politique de partage du travail et donc de lutte contre l'extension du chômage. Les limites d'un recours intensif à ce genre de dispositif ont néanmoins été soulignées.

1. *La France de l'an 2000, op. cit.*

B / *Le temps partiel, une nouvelle forme de gestion de la main-d'œuvre, qui peut être lourde de conséquences pour les salariés*

Les caractéristiques traditionnelles de l'emploi à temps partiel sont relativement bien connues :

– les emplois à temps partiel touchent massivement les femmes, même si un nombre croissant de jeunes hommes en insertion et d'hommes plus âgés sont aussi concernés par cette forme d'emploi. Sur les 3 455 000 personnes travaillant à temps partiel en 1995, 2 833 000 étaient des femmes, soit 80 %. À cette même date, 29 % des actives travaillaient à temps partiel. Cette politique a donc pu être interprétée comme contribuant à un blocage de l'évolution vers un meilleur partage des tâches domestiques ou vers une plus grande égalité professionnelle, en concentrant sur les femmes l'essentiel des postes de travail à faible durée ;

– la part du temps partiel subi a augmenté : en 1995, quatre personnes sur dix souhaitaient travailler plus, en particulier les jeunes de moins de 25 ans [1].

– le temps partiel reste également l'apanage des emplois peu qualifiés.

Tableau 58. *Les cinq métiers où le temps partiel est le plus développé en 1995*

Métiers	Effectifs	Pourcentage de femmes
Secrétaires	736 000	97
Agents de service, ambulanciers	721 000	78
Employés administratifs dans l'entreprise	655 000	78
Employés de la fonction publique	613 000	81
Vendeurs	555 000	76

Source : « Le développement du travail à temps partiel », *Données sociales*, INSEE, 1996.

Dès lors, « il faut s'interroger sur les conséquences, et la réversibilité, d'un développement du temps partiel qui se présente comme une alternative, individuelle et sexuée, à la diminution collective des horaires. Que deviennent la place et l'enjeu de la réduction du temps de travail, si toute une partie des emplois est gérée selon un mode " féminin singulier ", qui renforce les processus de segmentation, pousse certains salariés à vouloir travailler davantage et ne peut que modifier profondément la problématique sociale du temps de travail [2] ? »

Toutefois, au-delà de ces constats globaux, deux points importants restent aujourd'hui encore mal cernés par les statistiques :

– d'une part, la répartition exacte des emplois à temps partiel selon les secteurs ; en effet, le temps partiel choisi tel qu'il existe dans la fonction publique ou des secteurs fortement protégés comme les banques et les assurances n'est en rien comparable à celui qui existe dans d'autres

1. L. Bisault, C. Bloch-London, S. Lagarde, V. Le Corre, « Le développement du travail à temps partiel », *Données sociales INSEE,* 1996, p. 225-233.

2. M. Elbaum, « La réduction du temps de travail », Les dossiers thématiques, INSEE-DARES-*Liaisons sociales*, 6, mars 1997.

secteurs de l'économie, notamment parce que, dans les secteurs les plus protégés, le salarié a toujours la possibilité de retourner travailler à temps plein ; en revanche, dans d'autres secteurs de l'économie, le travail à temps partiel devient, pour les entreprises, une nouvelle forme de gestion de leur main-d'œuvre :

> « C'est le cas des services domestiques et du secteur non marchand qui y a largement recours à travers les contrats emploi-solidarité. C'est *a fortiori* le cas de secteurs comme les hôtels-cafés-restaurants, le nettoyage, le commerce et la distribution, où la pratique du temps partiel, déjà très implantée, s'est encore étendue : elle concerne par exemple aujourd'hui plus de la moitié des caissières ! Et, dans ces secteurs, cette forme de travail est avant tout utilisée comme un instrument de flexibilité, grâce à la possibilité de recourir sans majoration de coût à des heures complémentaires facilement mobilisables (jusqu'au tiers de l'horaire prévu par le contrat) et à une gestion parfois fractionnée des plages de travail, qui peut rendre difficiles les conditions de vie des salarié(e)s [...] [1]. »

Ainsi, serait-il aujourd'hui nécessaire de pouvoir mesurer la progression du temps partiel subi dans un ensemble de secteurs excluant ceux où les garanties statutaires sont fortes, pour mieux prendre la mesure quantitative du développement de ce nouveau type de gestion de la main-d'œuvre par les entreprises ;

– d'autre part, les statistiques relatives aux salaires des personnes à temps partiel demeurent insuffisantes et ne sont pas non plus distinguées selon les secteurs d'activité ; or cette question est essentielle, notamment pour savoir dans quelle mesure le développement des emplois à temps partiel ouvre la voie au phénomène, jusqu'alors spécifiquement américain, des « travailleurs pauvres », c'est-à-dire des travailleurs qui, bien que disposant d'un emploi, ne tirent néanmoins pas de l'exercice de celui-ci des ressources suffisantes pour vivre ; s'il est certain que ce phénomène existe aujourd'hui, il reste très difficile là aussi à évaluer dans son importance quantitative.

Ainsi, le bilan des mesures intervenues depuis le début des années quatre-vingt-dix en matière de temps de travail est-il assez mitigé, comme le met bien en évidence l'évaluation de la loi quinquennale. C'est une logique d'aménagement, individuelle et décentralisée qui s'est mise en place. Ses effets en termes d'emploi n'ont pas été massifs. Les différents accords intervenus et le développement des emplois à temps partiel ont certes permis de sauvegarder, voire de créer de nouveaux emplois (sans qu'à ce jour un chiffre global puisse être donné), mais ces dispositifs visaient plutôt à donner aux entreprises des outils leur permettant de réagir plus vite aux fluctuations de leur activité.

Cette individualisation des règles a de surcroît contribué au renforcement de la différenciation des salariés selon les statuts, au point que l'on peut aujourd'hui parler d'un « temps de travail en miettes [2] ». Comme le montrent les statistiques disponibles, les disparités des durées travail-

1. M. Elbaum, « La réduction du temps de travail », art. cité.
2. J. Freyssinet, *Le temps de travail en miettes : 20 ans de politique de l'emploi et de négociation collective*, Paris, Les Éditions de l'Atelier, 1997.

lées par les individus se sont accentuées d'une catégorie de travailleur à l'autre, tandis que, en dix ans, la proportion d'actifs déclarant ne pas avoir d'horaires habituels s'accroissait de 11,5 à 13,3 %. Si cette évolution se poursuivait, il y aurait un risque de voir véritablement éclater les collectifs de travail et surtout les rythmes sociaux eux-mêmes, un risque de désynchronisation des temps qu'ils soient libres ou travaillés.

III | VERS UNE RÉDUCTION COLLECTIVE DE LA DURÉE DU TRAVAIL ?

Bien que les travaux économiques convergent pour montrer qu'une réduction collective de la durée du travail pourrait – sous un certain nombre de conditions – être fortement créatrice d'emplois, différents facteurs bloquent aujourd'hui un engagement déterminé dans cette voie. Le succès que semble rencontrer une disposition législative récente (la « loi Robien ») pourrait annoncer un changement de cap. Celui-ci paraît confirmé par les engagements du gouvernement issu des élections législatives de mai-juin 1997.

A / *La réduction de la durée du travail : des effets potentiels forts sur le chômage*

Les analyses macroéconomiques visant à mettre en évidence les effets d'une baisse de la durée du travail sur le chômage se sont poursuivies après 1982, qu'il s'agisse de comprendre les raisons de la faible ampleur des ordonnances en matière d'emploi ou de parfaire les modèles théoriques. Depuis le milieu des années soixante-dix, ces analyses s'accordent sur les mécanismes économiques à l'œuvre dans le cadre d'une politique de réduction du temps de travail et donc sur la capacité créatrice d'emplois de celle-ci, sous certaines conditions.

Une étude de l'OFCE, publiée en 1993 et intitulée « 1993-1998 : veut-on réduire le chômage [1] ? », avait proposé un chiffrage. Il s'agissait de mettre en évidence les effets d'une réduction de la durée du travail de 10 % (4 heures) avec une compensation salariale partielle (totale au niveau du SMIC, nulle au-delà de 1,5 SMIC, partielle entre les deux). Sous des hypothèses fortement contraignantes, l'effet emploi avait été chiffré à 2 500 000 emplois.

En 1996, la DARES a actualisé ces travaux avec des hypothèses moins favorables. Une réduction de 39 à 37 heures (et non plus à 35), ne concernant pas le secteur non marchand et prenant en compte le temps partiel, amenait à un nombre de créations d'emplois compris entre 270 000 et 660 000 [2].

1. *La lettre de l'OFCE*, 112, 3 mars 1993.
2. Annexe n° 4 au rapport de P. Cabanes remis au ministre du Travail et des Affaires sociales le 5 juillet 1996 en vue du sommet social du 8 juillet 1996 sur l'aménagement et la réduction du temps de travail. Résumé paru dans *Liaisons sociales*, 67/96, le 16 juillet 1996.

[72]

LES EFFETS ÉCONOMIQUES D'UNE RÉDUCTION DU TEMPS DE TRAVAIL

L'effet mécanique attendu d'une baisse de la durée du travail est l'augmentation de l'emploi issu du partage des heures de travail. L'ampleur de cet effet dépend des modalités de recours aux trois variables clés que sont les gains de productivité horaire du travail, les réorganisations du mode de production et la compensation salariale.

– l'effet est maximal lorsque la masse salariale n'augmente pas, qu'il n'y a pas de gains de productivité du travail et que le système est réorganisé pour augmenter l'utilisation du capital, donc la production ;

– le maintien de la rémunération des salariés (hausse du salaire horaire pour maintenir inchangé le salaire mensuel) favorise la demande interne de consommation mais a un effet défavorable sur la compétitivité, les profits des entreprises, le commerce et l'investissement ;

– l'absence de réorganisation du système productif (qui peut être obtenue en maintenant ou en allongeant la durée d'utilisation du capital – donc en augmentant le travail en équipes et en allongeant les plages de temps de travail) limite la capacité de production des entreprises, rend son coût plus élevé et entraîne une dégradation du commerce extérieur ;

– la possibilité d'opérer des gains de productivité peut à la fois limiter les créations d'emplois mais aussi freiner l'évolution des coûts.

Doivent également être pris en compte le champ de la mesure (le secteur public est-il concerné ou non ?) et le rôle du temps partiel. Les simulations retiennent en effet souvent une baisse de la durée du travail pour tous les salariés, y compris ceux qui travaillent à temps partiel, alors qu'une partie de ces derniers peut ne pas vouloir réduire encore son temps de travail ou même souhaiter travailler plus.

Enfin, un rapport administratif commandé par le Premier ministre et faisant le point sur les diverses études existantes avait mis en évidence, en juin 1996, la convergence des modèles économiques, et surtout l'importance des conditions d'application d'une telle politique : les coûts unitaires de production ne doivent pas augmenter ; la capacité productive de l'économie ne doit pas décroître ; l'équilibre des finances publiques dans leur ensemble ne doit pas être dégradé : « Les effets sur l'emploi seront d'autant plus importants quand la baisse de la durée du travail sera importante, quand les gains de productivité du travail ne le sont pas trop, si les entreprises se réorganisent en augmentant la durée d'utilisation de leurs équipements, quand la compensation salariale n'est pas trop élevée, quand le secteur public est concerné et quand les finances publiques subventionnent la mesure par des allégements de charges sociales [1]. » Ainsi, peut-on conclure :

« La confrontation de multiples travaux fournit des résultats globalement convergents : la réduction de la durée du travail a des effets potentiellement importants sur l'emploi ; parmi les instruments classiques de la politique de l'emploi, elle est celui qui a l'impact quantitatif le plus fort [...]. Dans le même temps, ces travaux fournissent d'autres enseignements, moins porteurs d'opti-

1. P. Cabanes, rapport cité.

misme : la réussite de la politique suppose un ajustement complexe de diverses variables dont la cohérence doit être assurée sur des enchaînements pluriannuels ; des zones d'ombre importantes subsistent sur les mécanismes et les modes de mise en œuvre qui permettraient d'atteindre les résultats espérés ; il n'existe pas, même en comparaison internationale, de bases expérimentales suffisantes pour dégager des conclusions indiscutées [1]. »

L'opinion évolue par ailleurs sur la question de la réduction du temps de travail. L'examen des principales études disponibles montre que les Français sont de plus en plus sensibles aux effets que pourrait avoir une forte réduction du temps de travail. En 1996, 60 % d'entre eux considéraient qu'une réduction générale à 35 ou à 32 heures créerait des emplois [2]. Il est intéressant de constater que l'acceptation de telles mesures par les personnes interrogées se ferait à deux conditions : d'abord, que la réduction se fasse sans réduction proportionnelle des salaires (entre 30 et 40 % se prononcent pour une réduction sans baisse de salaires, 40 à 45 % pour une baisse de salaire partielle ou modulée en fonction du revenu) ; ensuite, que cette réduction ait un effet immédiat et visible en termes d'emplois, à la fois en général et dans leur environnement immédiat. Préserver les bas salaires et créer de l'emploi, voilà les conditions posées dans l'opinion à une réduction massive de la durée du travail, revendication principalement portée par les cadres, les hauts revenus et les chômeurs, mais qui suscite beaucoup plus de réserves chez les titulaires de bas revenus et d'emplois à temps partiel.

B / *Les facteurs de blocage*

Les explications avancées mettent largement en avant le poids des facteurs institutionnels et les transformations du rapport de forces patronat/syndicats, du fait de la conjoncture et de l'effritement continu de l'audience des organisations syndicales. Des raisons plus profondes peuvent aussi être invoquées comme facteur explicatif de ce « blocage paradoxal ».

1 / *Les positions des acteurs patronaux et syndicaux*

Les organisations patronales, en premier lieu, ont toujours été opposées au principe d'une réduction massive du temps de travail. De l'opposition aux ordonnances de 1982 à l'inlassable critique de tout dispositif « imposé, homogène, uniforme », la majorité du patronat s'est toujours retrouvée dans la préférence donnée à des aménagements souples. L'UIMM, composante très active du CNPF, a joué un rôle dans cette opposition. En 1994, le vice-président de l'UIMM, ancien président de la commission sociale du CNPF, produit une contribution personnelle au

1. P. Cabanes, rapport cité. Pour une discussion plus détaillée de ces apports des modèles macroéconomiques, cf. J. Freyssinet, *Le temps de travail en miettes...*, *op. cit.*

2. C. Duflos, « Les Français, le chômage et les mesures pour l'emploi au début 1996 », dans DARES, *Premières synthèses*, 134, mai 1996.

rapport Minc [1] intitulée « Le travail différencié », dans laquelle il propose de supprimer la durée légale du travail et de remplacer l'ensemble de la législation du travail par une clause dans le contrat de travail : « Il n'y a plus de durée hebdomadaire légale de référence [...]. L'horaire demandé au salarié, et dont l'employeur a besoin, est précisé dans le contrat de travail. Il n'est plus nécessairement apprécié en termes hebdomadaires. [...] Le volume horaire étant contractuel, il est comme tout élément contractuel révisable à tout moment, à la hausse comme à la baisse, sans passer par une réduction collective du temps de travail. »

En décembre 1996, Jean Gandois, président du CNPF, sans reprendre à son compte ces propositions, réaffirme l'opposition de son organisation à toute idée d'une réduction générale de la durée du travail :

> « Si elle est généralisée, la réduction du temps de travail non seulement ne crée pas d'emplois, mais en détruit... À qui fera-t-on croire que, dans les périodes difficiles, c'est en travaillant moins que l'on remportera la victoire ? Allons-nous également dans ce domaine, comme dans quelques autres, continuer à être persuadés que, si nous sommes seuls à aller dans une direction, c'est parce que nous sommes plus intelligents que les autres [2] ? »

Face aux réticences patronales [3], les syndicats se retrouvent divisés.

> « D'une part, les syndicats restent fidèles à une revendication de réduction de la durée comme modalité d'amélioration des conditions de travail et de vie hors travail. Cette logique d'avantages sociaux ou de conquêtes sociales exclut toute diminution simultanée du revenu salarial. D'autre part, tous les syndicats, avec plus ou moins de force, demandent face à la montée du chômage une réduction de la durée du travail comme instrument de la politique de l'emploi. Ici naissent les divergences. La majorité des organisations, qui voient dans l'insuffisance de la demande solvable un facteur de la crise, exclue toute solution autre que la compensation salariale totale ; certaines organisations [...] sont prêtes à négocier une compensation partielle [...]. Le combat se livrera en ordre dispersé et sera même, en certains cas, un affrontement entre organisations [4]. »

Ainsi, tant du fait des résistances patronales sans cesse réaffirmées, que du fait des divisions syndicales, les acteurs du système de relations professionnelles n'ont pas été en mesure, à la différence de ce qu'a longtemps permis le système allemand, de passer des accords promouvant une politique de réduction de la durée du travail.

2 / *Le rôle des pouvoirs publics*

L'intervention des pouvoirs publics soulève de son côté beaucoup de réticences. À la décentralisation des modalités de mise en œuvre d'une politique du temps de travail, reconnue par tous comme nécessaire et qui

1. *La France de l'an 2000*, *op. cit.*
2. Cité dans *Le Monde*, 19 décembre 1996.
3. Parmi les organisations patronales, seul le Centre des jeunes dirigeants, qui n'est pas une organisation à proprement parler mais un centre de réflexion, propose des analyses divergentes. Cf. *L'entreprise du XXIe siècle*, Paris, Flammarion, 1995.
4. J. Freyssinet, *Le temps de travail en miettes...*, *op. cit.*

consiste à ce que les entreprises négocient, au plus près du terrain, les modalités d'une réduction du temps de travail dont seules les grandes lignes auraient été fixées centralement, s'est peu à peu substituée la décentralisation de la négociation elle-même, ce processus rendant dès lors impossible l'obtention d'un optimum social sous la forme d'un surcroît d'emploi.

« La fragmentation et la complexité des systèmes actuels d'organisation des temps de travail requièrent un niveau de négociation au plus près des collectifs de travail concrets, l'établissement, mais aussi l'atelier ou le service. À ce niveau, sauf le cas particulier des accords visant à empêcher ou à limiter des licenciements, il y a peu de chances que l'objectif emploi constitue une priorité des acteurs sociaux. La prise en compte de cet objectif [...] repose donc sur une impulsion fortement stimulante ou contraignante donnée par des niveaux supérieurs capables de porter des exigences de solidarité à l'égard des " outsiders " et de raisonner sur un bouclage macroéconomique et macrosocial des normes et des dispositifs [1]. »

Il existe d'ailleurs deux manières pour la puissance publique d'intervenir : soit une action normative générale, qui s'adresse donc à toutes les entités économiques, soit une action financière plus ciblée, qui ne s'adresse qu'à certaines entreprises ou à certains secteurs de l'économie. Dans le premier cas, « la collectivité modifie les bases du calcul microéconomique pour l'ensemble des unités ; elle cherche ainsi à infléchir durablement leur comportement [2] ». Tant les propositions élaborées par M. Rocard [3] qu'une réduction de la durée légale relèvent de cette logique. « Une seconde technique d'intervention repose sur le contrat : les pouvoirs publics offrent une incitation financière aux entreprises qui réalisent une réduction forte de la durée du travail dans des conditions déterminées. La collectivité ristourne à l'unité microéconomique une contrepartie forfaitaire des externalités positives que celle-ci engendre [4]. »

La première voie n'a pas été utilisée depuis 1982 pour les raisons exposées ci-dessus : toute modification générale de la norme aurait été interprétée comme l'imposition arbitraire d'une décision. La seconde a, en revanche, été utilisée récemment, non pas tant comme élément d'une politique déterminée de réduction du temps de travail, décidée par une majorité politique ou syndicale en toute connaissance de cause, mais « par surprise » et sans que l'on sache encore si la pérennité de cette mesure est acquise. En effet, la loi Robien [73] a d'abord rencontré l'indifférence des députés avant de susciter des critiques de tous bords dès lors que les entreprises ont commencé à y recourir massivement.

Cette loi apporte de fait deux grandes modifications à la gestion traditionnelle de l'emploi par les firmes : elle permet d'internaliser des effets externes positifs engendrés par l'entreprise (en particulier diminution des dépenses d'indemnisation du chômage, ou dépenses liées aux politiques

1. J. Freyssinet, *Le temps de travail en miettes, op. cit.*
2. *Ibid.*
3. Il s'agit d'une modulation des cotisations sociales, plus fortes au-delà de la trente-deuxième heure. Cf. Michel Rocard, *Les moyens d'en sortir,* Paris, Le Seuil, 1996.
4. J. Freyssinet, *op. cit.*

[73]

ARTICLE 39 DE LA LOI QUINQUENNALE DU 20 DÉCEMBRE 1993 ET « LOI ROBIEN » DU 11 JUIN 1996

En septembre 1993, le député J.-Y. Chamard dépose un amendement approuvé en Commission des affaires sociales de l'Assemblée nationale. Les entreprises créant de l'emploi en échange d'une réduction à trente-deux heures de la durée du travail bénéficieraient d'une exonération de charges sociales supérieure à celle prévue par la loi pour les emplois à temps partiel. Le gouvernement s'oppose à l'amendement, rejeté par l'Assemblée, mais propose une formule expérimentale. Les discussions se poursuivent au Sénat et en commission mixte. Le compromis finalement approuvé fait disparaître toute référence à la semaine de trente-deux heures ou de quatre jours et inclut la réduction expérimentale forte de la durée du travail dans une logique d'annualisation. L'article 39 de la loi quinquennale instaure un nouveau type de dispositif : une compensation partielle des charges sociales de l'employeur peut être accordée par l'État pendant trois ans dans le cadre d'un accord d'annualisation s'il respecte les conditions suivantes : réduction d'au moins 15 % de l'horaire annualisé initial ; réduction du salaire ; embauches dans les six mois correspondant à au moins 10 % des effectifs et maintien de leur niveau pendant au moins trois ans. Comme tous les observateurs le feront remarquer, la barre était placée beaucoup trop haut : en mai 1996, treize accords avaient été signés dont neuf concernaient une seule entreprise (Brioches Pasquier).

En 1996, une proposition de loi d'origine parlementaire se propose de relancer l'utilisation de l'article 39 en assouplissant les conditions de sa mise en œuvre et en renforçant la stimulation financière. La loi du 11 juin 1996, dite « loi Robien », crée un dispositif à double volet, offensif et défensif. Deux contraintes, qui existaient dans la version précédente, sont supprimées : il n'y a plus d'obligation de se situer dans un accord d'annualisation ni d'inclure une réduction des salaires. Le dispositif est désormais accessible non seulement sur la base d'un accord d'entreprise ou d'établissement mais aussi sur la base d'un accord de branche étendu. La réduction de la durée du travail peut être d'au moins 10 ou 15 % et doit entraîner des embauches dans la même proportion. Le délai pour la réalisation des embauches n'est plus de six mois mais fixé par la convention avec l'État, sans pouvoir excéder un an. L'engagement de maintien des nouveaux effectifs est de deux ans. Enfin, la loi prévoit une nette augmentation des avantages financiers (si la réduction de la durée est de 10 %, le montant de l'allégement des cotisations sociales est de 40 % la première année, 30 % les années suivantes. Il est porté respectivement à 50 % et à 40 % dans le cas d'une réduction de 15 % de la durée du travail). Les mêmes possibilités sont offertes, pour éviter les licenciements, aux entreprises qui mettent en œuvre un plan social. C'est le volet défensif de la loi Robien.

d'emploi, rentrées supplémentaires de cotisations sociales) grâce à l'intervention du financement public ; elle pourrait introduire dans la logique de gestion des entreprises le principe selon lequel aucune suppression d'emplois ne peut être décidée avant d'avoir examiné de manière sérieuse la possibilité d'une réduction de la durée du travail. Elle constituerait dès lors une vraie incitation au recours à la flexibilité interne.

Au-delà de ses dispositions, la loi a suscité des réactions contradictoires, à la fois à l'intérieur des administrations publiques (Budget et ministère du Travail), et chez les partenaires sociaux. L'UIMM, puis le

CNPF – dans la continuité de leurs prises de position sur la question – se déclarent opposés à cette loi, alors que, dans le même temps, plusieurs entreprises négocient et signent des accords, marquant ainsi leur intérêt pour ce nouveau dispositif. La CGT dénonce l'usage que font les entreprises de la loi, FO également. Mais leurs représentants locaux signent des accords. La CFDT est l'organisation qui la soutient le plus activement.

Par ailleurs, les premières évaluations montrent que le coût net par emploi créé ou préservé par la loi Robien « se situe dans une fourchette de 20 000 à 50 000 F par an [1] » selon certaines études, de 52 000 à 65 000 F selon d'autres études [2]. Ce coût peut être comparé avec celui des préretraites (100 000 F par an). De surcroît, le coût d'une réduction moyenne de 10 % de la durée du travail obtenue par un accord Robien (réduction de l'horaire collectif) est analogue à celui qui résulterait du passage à temps partiel d'une fraction des salariés. « Les fourchettes d'évaluation sont très ouvertes en fonction des hypothèses retenues. Elles permettent cependant de conclure que, dans le cadre d'hypothèses vraisemblables, le dispositif a des effets potentiels significatifs sur l'emploi pour un coût économique net relativement faible [3]. »

Mais la mise en œuvre de la loi Robien confirme ce que les économistes avaient déjà mis en évidence : les politiques simplement fondées sur des incitations, non générales de surcroît, sont insuffisantes et se distinguent d'une action générale de réduction collective de la durée du travail. Elles dépendent en effet non seulement de la situation objective des entreprises (certaines étant éligibles au dispositif et d'autres non) mais également du bon vouloir de celles-ci (alors même que les entreprises ne redoutent rien moins que de prendre des engagements à long terme sur l'emploi) ainsi que des décisions administratives (signature de la convention avec l'État). Le succès actuel de la loi Robien s'explique, d'une part, par le recours massif de certaines entreprises en difficulté au volet défensif de la loi, et, d'autre part, par l'ampleur des incitations financières accordées.

3 / *Des raisons plus profondes*

Des raisons plus profondes expliquent sans doute les réticences en matière de réduction collective du temps de travail.

L'une d'elles vient du caractère délicat de la question de la compensation salariale. Les travaux économiques mettent en effet en évidence que la création d'emplois liée à une réduction collective de la durée du travail ne peut être durable et réussie que si elle ne s'accompagne pas d'une aggravation des charges des entreprises, et notamment de leurs coûts salariaux, compte tenu de l'évolution de la productivité qu'elle permet de dégager. La question de la compensation salariale vient ainsi au premier plan des discussions. Or, le calcul de l'équilibre entre accroissement de la productivité et augmentation des salaires est particulière-

1. J. Freyssinet, « La loi Robien », *La Revue de l'IRES*, 23, hiver 1997.
2. Étude macroéconomique réalisée par BIPE Conseil, remis à l'Assemblée nationale en avril 1997.
3. J. Freyssinet, « La loi Robien », art. cité.

ment difficile, alors que les divisions syndicales se cristallisent autour de ce débat.

Une autre raison tient à l'image malthusienne de la réduction du temps de travail dans une partie de l'opinion publique. Les partisans de la réduction du temps de travail sont en effet accusés de vouloir partager la pénurie, et de fait le chômage, et donc de choisir une voie alternative à la croissance, voire contraire à celle-ci.

Enfin, la mise en place d'une véritable politique de réduction du temps de travail se heurte sans doute à des questions essentielles sur la place et l'avenir du travail dans notre société, alors même que certaines analyses annoncent qu'il n'y aura plus de travail pour tous et qu'il faut donc dès maintenant partager l'existant, d'autres assimilant encore réduction du temps de travail et décadence des sociétés occidentales [1].

C / *Une solution avantageuse sous conditions*

Alors que la réduction de la durée du travail est de nouveau au centre des débats sociaux, avec le programme du nouveau gouvernement issu des élections législatives de mai-juin 1997, on rappellera ici les principaux enseignements tirés des travaux et des confrontations des quinze dernières années.

– Il est difficile de mener une politique de réduction du temps de travail dans un contexte de crise.

– Réduction du travail et politique de croissance ne sont pas exclusives l'une de l'autre, bien au contraire. La réduction du temps de travail devrait être mise en œuvre avec une croissance soutenue « tant en raison des gains de pouvoir d'achat spontanés que celle-ci génère que de la reprise des investissements au moment où se font les réorganisations du système productif [2] ». « La réduction de la durée exige la croissance de la productivité et doit y contribuer [3]. »

– La question de la compensation salariale est centrale et nécessite « une négociation pluri-dimensionnelle qui articule de manière cohérente évolution de la durée et aménagement du temps de travail, réorganisation de la production et de la division du travail, formation et qualification, politique salariale. Une telle négociation prend du temps ; elle requiert un horizon pluriannuel ; elle suppose des mécanismes de suivi et d'adaptation [4] ». Il n'est pas certain que le système de relations professionnelles français permette de concevoir de tels accords, à la différence de ce qui s'est passé en Allemagne [5].

– L'intervention de l'État est nécessaire, non pas pour imposer à tous une norme uniforme mais pour dessiner un cadre stable et indiquer un

1. Pour une analyse de ces différentes positions, cf. D. Méda, *Le partage du travail,* Paris, La Documentation française, 1997.
2. M. Elbaum, « La réduction du temps de travail », art. cité.
3. J. Freyssinet, *Le temps de travail en miettes, op. cit.*
4. *Ibid.*
5. Voir, à ce propos, Steffen Lehndorff, « La redistribution de l'emploi en Allemagne », *Futuribles*, 195, février 1995.

objectif à atteindre, que les entreprises auront le temps de mettre progressivement en œuvre.

Plus profondément, il semble bien qu'une telle politique ne pourra se développer, d'abord, que si une volonté politique et une très grande force de conviction existent, ensuite, si cette politique est radicalement centrée sur l'emploi, enfin, si ces différentes transformations s'inscrivent dans un véritable projet de société. Il serait en effet dangereux de laisser se développer l'idée que la réduction du temps travaillé n'est qu'un instrument visant à lutter contre le chômage et qui, de surcroît, ne concernerait qu'une partie de la population. À l'évidence, une des conditions majeures pour qu'une telle politique porte ses fruits est que la réduction du temps travaillé concerne l'ensemble de la population active (y compris les cadres), qu'elle s'accompagne (nécessairement) d'une certaine redistribution des revenus, et qu'elle s'inscrive dans un projet plus global d'articulation différente des temps individuels et sociaux, où le temps social consacré à des activités collectives et le temps individuel consacré à la famille, la formation, le loisir... se verraient augmentés parallèlement à la diminution du temps travaillé. Autrement dit, c'est sans doute seulement l'inscription dans un projet politique et social plus vaste qui donnera à la réduction du temps de travail sa chair et sa véritable légitimité [1].

*
**

Les réorientations en cours ou envisageables des politiques d'emploi, dont on voit bien qu'elles s'éloignent des traditionnelles logiques de ciblage sur les chômeurs les plus en difficulté, peuvent donc prendre de multiples chemins. Leur risque est souvent, comme pour les politiques ciblées, à travers la multiplication de statuts dérogatoires au droit commun, de développer les tendances déjà à l'œuvre de fragmentation au sein du monde salarié.

La multiplication des clivages – entre salariés à temps plein et à temps partiel, entre salariés qualifiés et non qualifiés, entre emplois du secteur moderne et emplois protégés d'un tiers secteur à définir – est porteuse, à terme, d'une remise en cause du rôle unificateur et protecteur tant du droit du travail que de la protection sociale. Si ces tendances devaient se poursuivre, on pourrait craindre que les effets pervers de stigmatisation, dénoncés pour les contrats aidés des politiques ciblées, ne se généralisent à l'ensemble du monde salarié. De ce point de vue, la reprise d'une réduction collective de la durée du travail apparaît sans doute comme la mieux en mesure de maintenir la cohésion sociale en évitant les clivages de statuts et de protections. Encore faut-il que sa mise en œuvre soit menée de façon appropriée, et qu'elle soit articulée avec des politiques économiques et sociales d'ensemble mieux coordonnées à l'échelle européenne.

1. Pour une synthèse des projets de sortie de crise par une réduction du temps de travail, cf. Dominique Méda, *Le partage du travail, op. cit.*

Chapitre 9

La formation professionnelle continue

Comme on l'a vu dans les précédents chapitres, la formation professionnelle continue est devenue, avec le développement du chômage, un des éléments importants de la politique de l'emploi. Mais elle est loin de se résumer à cela. Selon une idée déjà ancienne, elle devait chercher à donner à tous les moyens d'une éducation permanente, d'une « seconde chance ». Elle vise surtout aujourd'hui, au sein de l'entreprise, à développer les qualifications des salariés et à prévenir leur inadaptation aux changements. Il est donc nécessaire d'examiner dans un chapitre particulier les politiques de formation professionnelle, leur naissance et leur évolution, l'inflexion de leurs objectifs et la complexité grandissante de leurs instruments en raison du développement du chômage. Seront étudiées ici les politiques de formation professionnelle continue, à l'exclusion des politiques de formation initiale, professionnelle ou non, conduites par le ministère de l'Éducation nationale ; ces dernières ne seront intégrées qu'à travers l'étude ponctuelle des dispositifs d'apprentissage.

UN INSTRUMENT AU SERVICE DE PLUSIEURS AMBITIONS

Trois objectifs principaux ont marqué l'histoire de la formation professionnelle continue en France et continuent d'inspirer les politiques actuelles.

Le premier objectif est celui de l'éducation permanente, conçue comme un instrument de promotion sociale, permettant d'offrir à chacun, et notamment à ceux qui n'ont pas pu bénéficier d'une formation initiale complète, une « seconde chance ».

Avec la mise en place du système français de formation professionnelle continue, c'est la volonté de faire de la formation un outil d'adaptation des qualifications à l'évolution de plus en plus rapide des techniques qui prédomine ; la formation professionnelle continue devient progressivement une condition majeure de compétitivité pour les entreprises, plus qu'un simple instrument de promotion sociale pour les salariés.

L'important développement du chômage, enfin, conduit à faire de la formation professionnelle un instrument des politiques d'emploi, dans le but de favoriser l'insertion professionnelle des jeunes sans emploi et des chômeurs.

I | L'ÉDUCATION PERMANENTE

Les espoirs placés par le XVIIIᵉ siècle dans les vertus de la formation n'ont pas réellement donné lieu à la reconnaissance d'un droit individuel à l'éducation permanente. Ce n'est que tardivement qu'a été affirmé le droit au congé individuel de formation.

A / *La formation, éducation de l'âge adulte*

L'*Esquisse d'un tableau historique des progrès de l'esprit humain* [1] traduit la croyance du XVIIIᵉ siècle dans la possibilité d'un progrès infini des connaissances et la confiance placée dans les vertus de l'éducation. Celle-ci, loin d'être réservée au temps réduit de l'enfance, doit continuer toute la vie, l'esprit humain étant perpétuellement perfectible.

> « Nous avons observé que l'instruction ne devait pas abandonner les individus au moment où ils sortent des écoles, qu'elle devait embrasser tous les âges, qu'il n'y en avait aucun où il ne fut utile et possible d'apprendre, et que cette seconde instruction est d'autant plus nécessaire que celle de l'enfance a été resserrée dans des bornes plus étroites. »

C'est ainsi que s'exprime Condorcet, le 20 avril 1792, en présentant son projet d'ensemble d'éducation nationale devant l'Assemblée législative. La formation est l'éducation continuée, l'éducation tout au long de la vie.

Loin d'être réservée à l'élite intellectuelle, cette formation a une dimension politique et sociale. Le projet de Condorcet préconise ainsi l'égalité devant l'instruction, une formation poursuivie pendant toute la durée de la vie, qui doit être aussi une formation civique, destinée à ce que chaque citoyen « se rende capable des fonctions sociales auxquelles il a droit d'être appelé ».

1. Condorcet, 1795.

S'il n'a eu, à l'époque, qu'une traduction concrète assez limitée (création du Conservatoire national des arts et métiers), ce projet a néanmoins légué aux siècles suivants l'ambition de permettre à chaque individu d'accéder à une éducation permanente.

B / *De l'instruction ouvrière à l'éducation populaire*

Le XIXe siècle voit se rencontrer deux problèmes différents : celui des illettrés – donc du manque de formation « générale » – et celui de la faiblesse de la formation professionnelle de base des ouvriers. Les deux questions ne sont pas encore distinctes : formation professionnelle et instruction du peuple constituent un seul et même problème, alors que 45,6 % des hommes et 65,3 % des femmes sont « illettrés » en 1820.

Les syndicats résument ce problème dans la formule de l'« instruction ouvrière », qui doit, selon eux, être obtenue grâce à un enseignement liant étroitement formation théorique et formation pratique, et qui doit permettre de produire un ouvrier qui soit à la fois un « travailleur des bras et un travailleur de la tête ». C'est cet idéal que tentent de réaliser les bourses du travail à la fin du XIXe siècle, en organisant des cours professionnels pour les ouvriers.

En 1919, la loi Astier institue des cours professionnels obligatoires pour les apprentis et des cours de perfectionnement destinés aux salariés adultes qui souhaitent bénéficier d'un complément de qualification. Sanctionnés par un diplôme, ces derniers ne peuvent être suivis qu'en dehors du temps de travail. Il en va de même, dans les années cinquante, des cours de perfectionnement, dispensés sous la forme de cours du soir. Les personnes qui travaillent ne peuvent les suivre que difficilement.

Après la seconde guerre mondiale, les mouvements d'éducation populaire, héritiers de projets mûris durant la Résistance, vont contribuer à renouveler profondément la réflexion, notamment en développant les pédagogies actives, où la formation n'est pas séparée de la vie.

Le point commun de ces initiatives, qui visent à offrir aux travailleurs la chance d'une autre formation, est de ne pas distinguer formation professionnelle et formation générale. Toutefois, malgré les ambitions des promoteurs de l'éducation populaire, son impact reste limité. De même, ni les syndicats ni les patrons ne parviennent alors à prendre en charge et à développer de façon significative la formation professionnelle ouvrière.

C / *L'éducation permanente, une réponse aux insuffisances du système scolaire*

Pendant les années soixante, face aux dysfonctionnements du système de formation initiale, le projet d'éducation permanente réapparaît dans le débat public. L'enseignement ne parvient pas à atteindre l'objectif de démocratisation ni à neutraliser, de l'école maternelle à l'université,

Tableau 59. *Origine socioprofessionnelle des étudiants dans les universités (par cycle)*

(en %)

	Cycle			Ensemble	Rappel 1991
	1	2	3		
Agriculteurs	2,7	3,0	2,8	2,8	3,5
Artisans, commerçants, chefs d'entreprise	9,1	9,0	9,1	9,1	9,2
Professeurs, cadres supérieurs, professions libérales	31,9	35,8	45,4	34,8	35,6
Employés	13,9	11,8	8,6	12,6	11,1
Ouvriers	14,9	11,9	6,7	13,0	12,9
Professions intermédiaires, instituteurs	19,6	19,3	15,4	19,0	23,1
Retraités, inactifs	7,8	9,3	12,0	8,8	4,6
Total	100,0	100,0	100,0	100,0	100,0

Source : Note d'information de la DEP, ministère de l'Éducation nationale, de l'enseignement supérieur et de la recherche, n° 97-15, mars 1997, « Les étudiants inscrits à l'université en 1996-1997 ».

l'action des facteurs sociaux d'inégalité culturelle, et ce, malgré l'extension de la scolarité [1].

Encore aujourd'hui, d'après les enquêtes du ministère de l'Éducation nationale, les enfants de professeurs ou de cadres supérieurs ont environ six fois plus de chances d'être à l'université que les enfants d'ouvriers (tableau 59).

L'inégalité des chances scolaires apparaît au surplus d'autant plus forte qu'elle varie non seulement en fonction du statut social, mais aussi en fonction du diplôme des parents.

Une recherche récente [2] sur les inégalités devant l'enseignement a confirmé ces constats : l'ouverture du système scolaire a en effet conduit à une démocratisation rapide, mais uniforme : les classements scolaires sont à peu près aussi étroitement dépendants de l'origine sociale des enfants aujourd'hui qu'il y a vingt ans. La tendance qui se dégage serait un renforcement des inégalités d'origine culturelle et un affaiblissement des inégalités d'origine plutôt économique.

Par ailleurs, les comparaisons internationales font apparaître une position médiocre de la France quant au niveau global de formation (tableau 60).

L'incapacité du système scolaire à neutraliser les inégalités sociales et culturelles conduit à mettre en cause certaines spécificités du système éducatif français comme son mode de pédagogie et l'utilisation d'une catégorie limitée de savoirs – les savoirs abstraits – qui deviennent les seuls critères de réussite :

« En l'absence d'une pédagogie rationnelle mettant tout en œuvre pour neutraliser méthodiquement et continûment l'action des facteurs sociaux d'inégalité

1. Pierre Bourdieu, Jean-Claude Passeron, *Les héritiers*, Paris, Minuit, 1964 ; *La reproduction*, Paris, Minuit, 1970.

2. D. Goux et E. Maurin, « Origine sociale et destinée scolaire », *Document d'études de la DARES*, n° 5, décembre 1994.

Tableau 60. *Niveau de formation dans quelques pays industrialisés en 1991 : part des individus ayant achevé le second cycle de l'enseignement secondaire*

(en %)

	25 à 34 ans	35 à 44 ans	45 à 54 ans	55 à 64 ans	Ensemble
France	66	56	45	27	50
Allemagne	88	86	79	67	82
Royaume-Uni	79	69	58	48	65
États-Unis	86	88	81	72	83

Source : OCDE, *Regards sur l'Éducation*, 1993.

culturelle, la volonté politique de donner à tous des chances égales devant l'enseignement ne peut venir à bout des inégalités réelles, lors même qu'elle s'arme de tous les moyens institutionnels et économiques [1]. »

Face aux dysfonctionnements du système éducatif, l'éducation permanente apparaît comme un espoir de répondre à l'échec scolaire en offrant une « deuxième chance ». Sont expérimentées des méthodes pédagogiques nouvelles, faisant appel à d'autres formes d'intelligence, visant à « apprendre autrement », en commençant par s'appuyer sur ce que les gens savent par leur expérience, quelle qu'elle soit, pour développer leurs capacités d'abstraction. Les promoteurs de l'éducation permanente et des pédagogies nouvelles espéraient en retour que ces expériences pourraient conduire à une certaine évolution des méthodes pédagogiques utilisées dans le cadre de la formation initiale.

Les préoccupations de l'éducation permanente ne sont, en fait, que très partiellement intégrées dans la première loi générale sur la formation professionnelle adoptée en 1959.

La loi cadre sur la promotion sociale vise à la fois à répondre aux besoins éducatifs des travailleurs et à intégrer la classe ouvrière à la nation, en rendant son accès à la formation plus facile. Le rapporteur de cette loi justifie en ces termes le projet de texte : « Nul ne saurait contester la nécessité d'un effort de promotion. Nécessité sociale [...] pour qu'à la notion de lutte des classes, chaque jour plus anachronique, puisse succéder demain l'unité sociale de la nation. »

Les ambitions constitutives de l'éducation permanente sont partiellement prises en compte dans la notion de promotion sociale, mais celle-ci doit permettre d'assurer en même temps la justice sociale et le développement économique. En effet, l'ouverture sur l'extérieur de la France du fait de la signature du traité de Rome laisse déjà présager la nécessité de renforcer les éléments de compétitivité des entreprises françaises, dont fait partie la qualification de leur personnel.

D / *Le congé individuel de formation, forme limitée du droit à la formation*

L'objectif d'éducation permanente trouve une traduction limitée dans la loi du 16 juillet 1971 qui reconnaît un droit à la formation pour tous

1. Pierre Bourdieu, Jean-Claude Passeron, *Les héritiers*, *op. cit.*

les salariés concernés. Le congé individuel de formation permet au salarié qui en fait la demande de suivre, sur son temps de travail, une formation de son choix ([74], tableau 61).

[74]

LE CONGÉ INDIVIDUEL DE FORMATION
UNE APPLICATION DES PRINCIPES DE L'ÉDUCATION PERMANENTE

La loi de 1966 parle pour la première fois du congé de formation : « liberté donnée à tout salarié de s'absenter de sa propre initiative pendant les heures normales de travail afin de suivre un stage de son choix ». Les modalités de financement de cette mesure n'ont néanmoins pas été fixées dans la loi.

La loi de juillet 1971 dispose, en son article 7 : « Tout au long de leur vie active, les travailleurs salariés qui désirent effectuer des stages de formation ayant reçu l'agrément de l'État... ont droit, sur demande adressée à leur employeur, à un congé. [...] Les travailleurs bénéficiant de ce congé peuvent être rémunérés par leurs employeurs ; l'État peut également participer à leur rémunération. » Un certain nombre de conditions sont précisées : taux d'absences simultanées qui ne peut pas être dépassé, types de formations suivies...

En 1984, les problèmes financiers qui rendaient l'accès au congé individuel difficile sont partiellement réglés : les entreprises sont obligées de consacrer une fraction de leur masse salariale au financement de ce congé. Cette fraction est néanmoins faible : 0,1 % en 1984, 0,2 % depuis 1993.

Il est précisé que les actions rentrant dans le cadre du congé individuel de formation « doivent permettre aux travailleurs d'accéder à un niveau supérieur de qualification, de changer d'activité ou de profession et de s'ouvrir plus largement à la culture et à la vie sociale ».

Le dispositif du congé individuel de formation permet à un salarié d'obtenir une autorisation d'absence pour suivre une formation, à son initiative et à titre individuel, pour un projet personnel, c'est-à-dire indépendamment du plan de formation élaboré dans l'entreprise.

Les dépenses du congé individuel de formation se sont élevés à 4,5 milliards de francs en 1995.

43 organismes (les OPACIF) collectent la contribution de 0,2 % des entreprises de 10 salariés et plus destinée au financement du congé individuel de formation et du congé de bilan de compétences.

Ces OPACIF ont enregistré 48 300 demandes de congé de formation en 1995 et en ont accepté 62 %.

En 1995, la durée moyenne d'un congé individuel était de 965 heures, et plus de 70 % d'entre eux conduisaient à un diplôme ou à un titre homologué.

En 1995, 32 000 personnes ont bénéficié de ce dispositif. Les CIF sont surtout le fait des entreprises les plus grosses ainsi que celles de la taille intermédiaire (50 à 500 salariés). Ils sont concentrés sur trois catégories : ouvriers qualifiés, employés, techniciens et agents de maîtrise (près de 80 % du total).

Source : annexe (jaune) au projet de loi de finances pour 1997 et « Bilan statistique de la formation professionnelle en 1995-1996 », *Document d'études de la DARES*, n° 14, mai 1997.

Néanmoins, le dispositif du congé individuel n'est pas assez massivement développé pour permettre l'inscription dans les faits de cet idéal tel « qu'à côté de l'entreprise se structure un autre pôle [...] celui de la

Tableau 61. *Répartition des congés individuels de formation selon la CSP et la taille de l'entreprise, hors formations en alternance (1995 provisoire)*

Catérogies socioprofessionnelles	10 à 19 salariés	20 à 49 salariés	50 à 499 salariés	500 à 1 999 salariés	Plus 2 000 salariés	Ensemble des entreprises	
						Effectifs	%
Manœuvres, ouvriers spécialisés	25	114	697	441	959	2 236	6,9
Ouvriers qualifiés	170	1 011	1 935	1 595	3 117	7 828	24,2
Employés	419	803	3 571	2 126	2 844	9 763	30,2
Agents de maîtrise, techniciens	159	701	1 851	1 915	3 457	8 083	25,0
Ingénieurs et cadres	176	525	1 571	1 330	832	4 434	13,7
Effectif total	949	3 154	9 625	7 407	11 209	32 344	100,0
%	2,9	9,8	29,8	22,9	34,7	100,0	

Source : CEREQ, *Exploitation des déclarations fiscales des employeurs.*

collectivité de vie, qui pourrait permettre aux individus de comprendre la société actuelle » (Jacques Delors).

Ce dispositif sera assez peu utilisé : le salarié doit demander une autorisation d'absence à son employeur et la prise en charge de son congé individuel par un organisme paritaire. Le financement de la rémunération dépend des ressources de cet organisme, il n'est donc pas automatique et demeure dans tous les cas plafonné.

Bien que ses règles de fonctionnement aient été à plusieurs reprises améliorées, le congé individuel de formation, héritier de l'éducation permanente et des conceptions qui voyaient dans la formation continue au premier chef un instrument de promotion individuelle, ne représente encore qu'une proportion très réduite des actions de formation tant en masse financière qu'en nombre de salariés concernés.

II | LA FORMATION PROFESSIONNELLE DES SALARIÉS À L'INTÉRIEUR DES ENTREPRISES

Ainsi, dès le début des années soixante, l'ambition d'éducation permanente se heurte à d'autres préoccupations, qui vont devenir prioritaires. Le renouveau technologique et économique est tel que les pouvoirs publics ne peuvent plus se désintéresser de l'adaptation de la main-d'œuvre française à ces évolutions.

A / *L'évolution des objectifs*

Les instruments de la politique structurelle de l'emploi et de la formation professionnelle se développent à peu près en même temps : la formation apparaît comme la condition nécessaire de l'ajustement des qualifications aux mutations techniques et économiques. Elle doit permettre aux salariés de s'adapter, à l'intérieur de l'entreprise, aux transformations de l'organisation du travail et de se reconvertir plus facilement s'ils sont licenciés lors de restructurations. Elle devient une des conditions de la modernisation des entreprises françaises : tant le progrès technique que l'ouverture internationale font très rapidement évoluer les emplois, rendant nécessaire l'adaptation de la main-d'œuvre présente dans les entreprises et la formation de celle qui quitte les autres secteurs, en particulier agricoles et artisanaux.

Bien qu'elle continue à se référer à la notion d'éducation permanente et à assigner à la formation professionnelle continue un objectif de promotion sociale, la loi de 1971 « portant organisation de la formation professionnelle continue dans le cadre de l'éducation permanente [1] » porte la marque de ces transformations.

> « La formation professionnelle continue fait partie de l'éducation permanente. Elle a pour objet de permettre l'adaptation des travailleurs au changement des techniques et des conditions de travail, de favoriser leur promotion sociale par l'accès aux différents niveaux de la culture et de la qualification professionnelle et leur contribution au développement culturel, économique et social. »

Les accès à la culture et à la qualification professionnelle sont désormais mis sur le même plan : la lutte contre l'inégalité des chances reproduite par le système scolaire passe par la qualification professionnelle et par la possibilité de s'adapter en permanence aux changements techniques et sociaux.

La formation apparaît non seulement comme un facteur d'adaptation des qualifications, mais aussi comme un élément de compromis possible entre employeurs et salariés. La loi de 1971 est révélatrice de cette conception : la formation est l'instrument susceptible de faire converger les intérêts des salariés et des employeurs au sein de l'entreprise, qui devient son lieu d'élection.

La conception de la formation professionnelle continue comme facteur d'adaptation des qualifications à l'appareil productif se développe tout au long des années soixante-dix et quatre-vingt [2]. Considérée comme un élément de gestion des ressources humaines, elle deviendra, dans certains secteurs et dans certaines entreprises, un véritable investissement, comme la recherche (investissements immatériels).

L'idée d'un droit de chacun à approfondir sa formation professionnelle et personnelle n'a pas complètement disparu, mais elle est subordonnée à un objectif prioritaire d'adaptation des qualifications aux besoins de l'économie.

1. La loi du 16 juillet 1971 a marqué une étape très importante dans le développement de la formation professionnelle, notamment en instaurant une participation financière des employeurs (cf. tableau 62).
2. Cf. C. Dubar, *La formation professionnelle continue*, Paris, La Découverte, 1996.

B / *Un nouvel équilibre entre les acteurs*

La loi de 1971 marque un moment important dans l'histoire de la formation professionnelle continue et des relations professionnelles. Elle met en effet fin à la situation d'ignorance mutuelle qui prévalait jusque-là entre l'État et les entreprises en matière de formation et dessine un nouvel équilibre entre formation initiale et formation continue.

1 / *Un nouveau partage entre État et entreprises*

Ni les syndicats ni les patrons n'étaient parvenus, au XIXe siècle, à organiser, chacun de son côté ou ensemble, un système de formation professionnelle, laissant à l'État le soin d'assurer des enseignements techniques, longtemps parents pauvres du système éducatif.

À la fin des années soixante, s'ébauche un nouveau partage. Si l'État assume l'organisation d'une partie des formations, il incite les entreprises à en prendre une part à leur charge. La loi du 3 décembre 1966 prévoit la possibilité de compléter les actions traditionnelles menées au sein de l'appareil public de formation par la mise en place d'activités de formation professionnelle organisées par des centres créés par des établissements publics, les entreprises, les organisations professionnelles ou syndicales. La loi de 1971 confie aux entreprises les formations d'adaptation à l'emploi et de gestion des qualifications techniques de leurs salariés, laissant à l'État les actions de reconversion de la main-d'œuvre.

Ce n'est pas seulement un nouvel équilibre entre entreprise et État qui s'instaure. La formation professionnelle permanente s'édifie de façon inverse de l'éducation dispensée dans le cadre de l'éducation nationale. Afin de se rapprocher au maximum du monde du travail – dans un climat alors marqué par la « guerre civile froide » entre l'école et l'entreprise – c'est un système négocié pluraliste avec une régulation souple de l'offre de formation que cherchent à mettre en œuvre les auteurs de la loi de 1970.

> « À long terme, la formation professionnelle continue à la française est le résultat d'une longue et vieille coupure entre l'école et le monde du travail, entre l'éducation et la formation professionnelle, entre la culture scolaire légitime et les cultures socio-professionnelles de l'atelier, de l'usine ou de l'entreprise. S'il a fallu attendre la Libération pour que s'édifie, à côté de l'apprentissage, un enseignement technique public, composante à part entière – mais toujours dévalorisée – de l'Éducation nationale, il n'est pas très surprenant que la forme prise en France par la formation permanente n'ait pas été d'abord celle d'une composante du service public mais, comme l'apprentissage, d'un ensemble d'institutions pluralistes, éclatées, diversifiées au sein desquelles les entreprises et les branches professionnelles jouent un rôle nettement plus stratégique que les écoles ou les universités [1]. »

2 / *Un système géré par les partenaires sociaux et les entreprises*

La régulation du dispositif a été confiée aux entreprises et aux partenaires sociaux, par trois moyens principaux :

1. Claude Dubar, *op. cit.*

– le cadre de mise en œuvre, notamment par des accords interprofessionnels : la loi de 1971 est la traduction législative d'un accord national interprofessionnel (signé le 9 juillet 1970) et de négociations qui se sont déroulées en 1969, à la demande du CNPF et des syndicats salariés. Les dispositions concernant la formation professionnelle continueront à être déterminées de cette façon : l'article 2 de la loi de 1971 indique que « la formation professionnelle et la promotion sociale font l'objet d'une politique coordonnée et concertée, notamment avec les organisations représentatives des employeurs et des salariés ainsi que des travailleurs indépendants ». Les lois de 1984 et de 1991 reprendront une large partie, si ce n'est la totalité, des clauses d'accords interprofessionnels préalablement négociés ;

– la mise en œuvre de la politique de formation professionnelle est, elle aussi, concertée, comme en témoigne la création, dès 1966, d'un Conseil national de la formation professionnelle, de la promotion sociale et de l'emploi, réunissant les pouvoirs publics et les organisations professionnelles et syndicales intéressées. Actuellement, existent au niveau national, outre le Conseil national, une commission permanente de la formation professionnelle et un conseil de gestion tripartite du fonds de la formation professionnelle. Dans l'élaboration de la politique de formation au sein de l'entreprise, chacune des lois a renforcé les obligations de consultation des institutions représentatives des salariés (consultation des comités d'entreprise sur les orientations de la formation professionnelle dans l'entreprise, avis sur le plan de formation, consultation sur l'utilisation de la participation obligatoire...) ; au niveau de la branche, doit intervenir une négociation quinquennale sur la formation professionnelle, depuis la loi de 1984 ;

– l'instrument essentiel du dispositif mis en place, l'obligation pour l'employeur de consacrer un pourcentage de la masse salariale à la formation professionnelle, et les modalités de mise en œuvre concrète du système placent les entreprises et les partenaires sociaux au centre de l'ensemble : le financement du dispositif est assuré par les entreprises. De nombreux organismes patronaux et surtout paritaires ont été créés pour collecter et gérer les sommes qui ne sont pas directement dépensées dans le cadre de formations organisées par l'entreprise elle-même.

Si l'on excepte la participation – qui est loin d'être négligeable – des établissements d'enseignement de l'Éducation nationale et de l'Association pour la formation professionnelle des adultes (AFPA), placée sous la tutelle du ministère du Travail, l'État ne conserve en règle générale qu'un rôle d'orientation et d'animation de la politique de formation continue.

C / *L'obligation de participation des employeurs*

Une des principales innovations de la loi du 16 juillet 1971 est d'introduire un seuil minimal de participation obligatoire des entreprises de plus de dix salariés à l'effort de formation, fixé en pourcentage de la masse salariale.

D'abord fixé à 0,8 % de la masse salariale brute pour les seules entre-

Tableau 62. *Participation obligatoire des employeurs à l'effort de formation*

Entreprises de 10 salariés et plus

en %

Plan de formation	Alternance	Congé individuel de formation	Total
0,9	0,4	0,2	1,5

Entreprises de moins de 10 salariés

en %

Plan de formation	Alternance	Total
0,15	0,10	0,25

prises de plus de dix salariés, ce taux sera par la suite augmenté et étendu, à un taux plus faible, aux entreprises de plus de dix salariés. Alors que la loi de 1971 avait prévu que le taux serait porté à 2 % dès 1976, il ne s'élève encore aujourd'hui qu'à 1,5 % pour les entreprises de plus de dix salariés (tableau 62).

En instaurant pour l'ensemble des entreprises de dix salariés et plus une obligation de dépenses de formation continue assise sur les salaires, la loi de juillet 1971 a eu des effets différenciés selon le type d'entreprises :

– pour beaucoup d'entre elles, souvent parmi les plus grandes, qui se préoccupaient déjà de la formation de leurs salariés, la loi a signifié officialisation et reconnaissance des pratiques anciennes. Dans les grandes entreprises, où les efforts de formation étaient les plus importants, plus de quatre entreprises sur cinq n'ont pas été concernées par l'élévation du taux légal à 1,5 % en 1993 ;

– en revanche, pour la majorité des autres entreprises, principalement les PME, l'obligation de dépenses a été ressentie comme une contrainte fiscale supplémentaire, les pratiques de formation – notamment l'intégration de plans de formation dans la stratégie de développement économique – n'évoluant que lentement. Le pourcentage des PME concernées par l'élévation du taux légal en 1993 a été de 86 % pour les 10 à 19 salariés, 78 % pour les 20 à 49 salariés, 55 % pour les 50 à 499 salariés.

Il n'en demeure pas moins que le taux de participation financière réel est très supérieur, dans l'ensemble, au taux légal : il est, en 1995, de 3,3 % pour les entreprises de plus de dix salariés. L'effort financier des entreprises de toutes tailles (hors apprentissage) représentait, en 1995, 47 milliards de francs. Les entreprises sont aujourd'hui le deuxième financeur de la formation professionnelle après l'État et avant les régions.

Concernant le plan formation, les entreprises peuvent utiliser plusieurs voies :

– utiliser les sommes correspondantes à la formation de leurs propres salariés ;

– passer une convention avec un organisme de formation ou un organisme collecteur, qui mutualise les sommes entre les entreprises adhérentes et qui organise des formations pour leurs salariés ;

– reverser purement et simplement leur participation au Trésor.

D / *L'État à la recherche de nouvelles formes d'intervention*

Le développement du chômage a été à l'origine de la mise en place de nouveaux instruments d'intervention publique, en matière de formation continue des salariés. En effet, dès lors que l'inadaptation de la qualification apparaît à l'origine d'un certain nombre de plans de licenciements collectifs dans les entreprises, l'État a cherché à influencer les comportements des entreprises, en les incitant plus directement à adapter les compétences de leurs salariés. L'instrument traditionnel d'une augmentation progressive du taux de participation des employeurs à la formation continue est en effet apparu trop uniforme et insuffisamment incitatif pour répondre à l'objectif de prévention des licenciements.

Des tentatives de mise en cohérence des interventions incitatives de l'État ont été développées, en 1989, autour des thèmes de la « modernisation négociée », encouragé par le ministre du Travail J.-P. Soisson, puis, en 1992, autour du thème « changer le travail », mis en avant par le ministre M. Aubry. Ces projets visaient essentiellement à inciter à une gestion prévisionnelle de l'emploi dans les entreprises, en anticipant l'effet de l'évolution des techniques sur les qualifications et l'emploi. Plusieurs instruments ont été mis au service de ces politiques, ayant en commun de développer une approche différente du rôle de l'État, fondé sur l'incitation (financière ou juridique) et la négociation, plutôt que sur des mesures uniformes.

Toutefois, le bilan de ces deux expériences, aujourd'hui abandonnées, est relativement mitigé, notamment au regard des instruments mis en place dans le domaine de la formation professionnelle.

Deux principaux outils sont aujourd'hui à la disposition de l'État pour mener une politique contractuelle avec les entreprises : un outil d'études, le contrat d'études prospectives (CEP) qui permet de définir, en partenariat avec les branches, l'évolution des métiers, et l'engagement de développement de la formation (EDDF).

Ces deux outils doivent permettre d'anticiper les besoins de compétence des salariés confrontés à des mutations économiques, organisationnelles ou technologiques fortes, et à développer la formation continue des entreprises en lien avec leur stratégie de développement économique. Les EDDF bénéficient aux employeurs qui s'engagent dans l'amélioration quantitative et qualitative de leurs plans de formation, au-delà de l'obligation légale. Un domaine reste à développer : la prospective des qualifications [1].

1. Commissariat général du Plan, *Outils pour une projective des qualifications*, Paris, La Documentation française, 1996.

E / *Les résultats : le maintien d'inégalités fortes entre salariés*

Certes, l'effort de formation continue a fortement crû depuis la mise en œuvre de la loi de 1971 : en 1995, plus d'une entreprise de plus de dix salariés sur deux a fait bénéficier au moins un de ses salariés d'une action de formation, contre une sur trois en 1977. Avec 4,1 millions de stagiaires en 1995, le taux de stagiaires (nombre de personnes accédant à une formation) a plus que triplé entre 1974 et 1995 : il atteint aujourd'hui 36 %. Le taux le plus élevé s'observe dans les très grandes entreprises (55 % en 1995) et pèse fortement sur le taux global. Mais, précisément, les disparités et les inégalités restent fortes, en particulier au regard de la taille.

Le nombre de stagiaires ou de personnes formées croît avec la taille de l'entreprise. Les hommes et les salariés qualifiés restent privilégiés.

Les chances d'accès à la formation sont en moyenne trois fois plus élevées chez les cadres que chez les ouvriers non qualifiés. Les stages les plus longs sont, d'une part, ceux organisés en faveur des ouvriers non qualifiés des plus petites entreprises qui ne concernent toutefois que des effectifs limités (10 000 salariés) et ceux des cadres des plus grosses entreprises qui portent sur des effectifs de 70 000 stagiaires.

Enfin, l'accès à la formation dépend également du secteur : la branche des intermédiaires financiers est la première en taux de stagiaires (81,8 %) suivie par l'administration, les assurances, les transports, l'électricité et l'industrie chimique, alors que certains secteurs présentent des taux de stagiaires inférieurs à 25 % (habillement, construction, édition-imprimerie, santé et action sociale).

III / LA FORMATION AU SERVICE DES JEUNES EN PREMIÈRE INSERTION

La formation doit, certes, permettre l'adaptation permanente des salariés aux évolutions technologiques et aux nouveaux modes d'organisation du travail. Mais elle doit également préparer les jeunes à répondre aux demandes des entreprises. Telle est la mission supplémentaire qui va progressivement être assignée à la formation professionnelle continue.

L'importance du chômage des jeunes non qualifiés va, en effet, conduire à mettre en place, à côté des formes classiques qui existaient avec le système d'enseignement secondaire professionnel et l'apprentissage, des dispositifs nouveaux de formation en alternance.

A / *Le chômage des jeunes, un révélateur*

L'approfondissement de la crise et sa traduction sous la forme d'un taux de chômage élevé des jeunes ont été un révélateur des insuffisances du système éducatif français, notamment en matière d'enseignement professionnel. Cette situation s'explique à la fois par la prédominance de l'enseignement général et par la coupure entre l'école et l'industrie, constatées depuis très longtemps en France.

Tableau 63. *Taux de stagiaires selon la catégorie socioprofessionnelle et la taille de l'entreprise (hors formations en alternance) en 1994*

	10 à 19 sal.	20 à 49	50 à 499	500 à 1 999	+ 2 000	Ensemble
Manœuvres, ouvriers spécialisés	2,6	4,6	13	20,2	29,4	16
Ouvriers qualifiés	4,2	6,9	20,5	34,6	51,6	25,9
Employés	7,2	10,6	26,5	43,6	45,4	29,5
Agents de maîtrise, techniciens	14,7	19,6	40,8	59,6	71,8	53,2
Ingénieurs et cadres	11,8	20,8	44,96	66,7	68,6	49,7
Taux global	7,1	11	27,7	45,6	55,1	33,9

Source : *CEREQ*, Exploitation des 24-83, annexe jaune au PLF, 1997.

Il y a là, en effet, une différence essentielle entre le système français et le système allemand, qui explique en partie l'insertion plus facile des jeunes dans la vie professionnelle en Allemagne [75].

Jusqu'à la crise, les jeunes peu qualifiés trouvaient malgré tout du travail. Le renforcement de la sélectivité du marché du travail, et plus précisément le renforcement des mécanismes de sélection à l'embauche, ont conduit à mettre l'accent sur les jeunes qui sortent chaque année du système éducatif sans diplôme ni formation. Ce sont ceux-là qui ont le plus de mal à trouver un emploi et, d'une manière générale, à répondre aux demandes des entreprises. Le débat sur la responsabilité du système de formation initiale dans l'absence de qualification va alors prendre une grande ampleur [76].

Dans le contexte de l'époque, deux idées apparaissent comme particulièrement importantes, à la suite notamment du rapport remis par Bertrand Schwartz en 1981 [1] : celle d'alternance, type de formation plus proche de l'entreprise, plus concrète et visant à l'acquisition de compétences professionnelles, celle d'un réseau d'accueil qui permettent de répondre aux problèmes des jeunes notamment ceux qui sortent sans qualification particulière. Dès 1982 étaient créées les permanences d'accueil, d'information et d'orientation, et les missions locales, qui sont aujourd'hui au nombre de 350 pour les PAIO et de 300 pour les missions locales. En mars 1996, un accord cadre a été passé par les ministères concernés en vue de créer un réseau public coordonné d'insertion des jeunes.

B / *Les dispositifs mis en place*

Quatre grands types de dispositifs ont été mis en place pour permettre aux jeunes de compléter leur formation initiale.

1 / *L'enseignement professionnel*

L'éducation nationale a mis en place, au sein du système même de formation initiale, certaines filières préparant à l'acquisition de compé-

1. Bertrand Schwartz, *L'insertion professionnelle des jeunes*, Paris, La Documentation française, 1981.

[75]

COMPARAISON FRANCE-ALLEMAGNE

« La comparaison France-Allemagne met en lumière une opposition remarquable des systèmes éducatifs. La caractéristique essentielle des différences entre les deux systèmes réside dans l'importance relative du secteur par rapport à la formation générale de type secondaire : la formation professionnelle est principale et massive dans le cas allemand, résiduelle dans le cas français... Son trait principal est sa généralisation à toutes les classes moyennes. En conséquence, l'orientation vers les filières de formation professionnelle constitue la norme pour la majorité de la population, comme débouché tant de la formation scolaire primaire que de la formation scolaire secondaire. Les filières professionnelles accueillent 65 % d'une classe d'âge dans laquelle se retrouvent des élèves de toutes origines sociales, même si les enfants d'ouvriers et d'employés en forment la plus grande partie [1]. »

La quasi-totalité de la formation professionnelle en Allemagne se déroule dans le cadre de l'alternance entreprise-école professionnelle publique. Ce mode de formation accueille encore aujourd'hui la majorité des jeunes issus d'une classe d'âge.

Les contenus de la formation délivrée par l'entreprise sont élaborés au niveau fédéral dans des commissions réunissant les représentants de l'État, des experts et les partenaires sociaux. Les programmes des écoles professionnelles, eux, sont définis par chaque *land* puis harmonisés au niveau fédéral. Les apprentis sont liés par un contrat à l'entreprise qui les forme pour une durée moyenne de trois ans et demi. Ils perçoivent une indemnité fixée par les conventions collectives de branche.

Le titre délivré à l'issue de la formation, reconnu au niveau national, donne accès aux emplois d'ouvrier qualifié et d'employé qualifié, selon la spécialité apprise. Il existe 374 spécialités de formation correspondant à toute une palette d'activités, de l'agriculture au tertiaire marchand et non marchand.

Le système dual admet tous les sortants du système éducatif général, quel que soit leur niveau. Celui-ci constitue cependant un critère de sélection dont le caractère décisif varie en fonction du métier appris, du secteur d'activité et de la taille de l'entreprise formatrice (par exemple, dans la banque, 60 % des apprentis sont bacheliers contre 3,7 dans la métallurgie).

1. F. Sellier, *La confrontation sociale,* Paris, PUF, 1984.

Source : « Allemagne : la formation professionnelle en question », *CEREQ BREF*, 88, juin 1993.

tences professionnelles. C'est à partir de 1945 que l'enseignement technique et professionnel public s'est véritablement mis en place, autour des centres publics d'apprentissage (1949) qui deviennent collèges d'enseignement technique (CET), puis lycées d'enseignement professionnel (LEP) et enfin lycées professionnels (LP). En 1985 est créé le baccalauréat professionnel, qui va susciter une forte croissance du nombre de diplômés techniques et professionnels.

Globalement, le nombre de diplômés de l'enseignement technique et professionnel a été multiplié par 2,5 en vingt ans, alors que, sur la même période, le nombre de bacheliers ayant un bac général a été multiplié par 1,7.

[76]

NIVEAU DE FORMATION ET EMPLOI

Évolution des taux de chômage des jeunes

Jeunes de 16 à 25 ans	1993	1994	1995
Niveau I ou II	14,5	14,3	16,8
Niveau III	11,6	15,1	14,6
Niveau IV	19,2	22,1	19,4
Niveau V	21,9	24,3	23,2
Niveau V bis	29,2	36,3	33,7
Niveau VI	41,1	40,9	40,7
Ensemble	21,7	24,3	22,7

Source : Annexe à la loi de finances pour 1997.

Répartition de sortants de l'appareil éducatif (1994)

Niveau VI et V bis	60 000
Niveau V	154 000
Niveau IV	124 000
Niveau III	205 000
Niveau I-II	128 000
Total	657 000

Niveaux I et II : Sorties avec un diplôme de niveau égal ou supérieur à celui de la licence et des écoles d'ingénieurs.

Niveau III : Sorties avec un diplôme de niveau bac + 2 ans (DUT, BTS, DEUG, écoles de formations sanitaires ou sociales, etc.).

Niveau IV : Sorties des classes terminales du second cycle long et abandons des scolarisations post-baccalauréat avant d'atteindre le niveau III.

Niveau V : Sorties de l'année terminale des cycles courts professionnels et abandons de la scolarité du second cycle long avant la classe terminale.

Niveau V bis : Sorties de troisième et des classes du second cycle court avant l'année terminale.

Niveau VI : Sorties du premier cycle du second degré (sixième, cinquième, quatrième) et des formations pré-professionnelles en un an (CEP, CPPN et CPA).

2 / *Les stages de formation pour les jeunes de 16 à 25 ans*

Depuis la fin des années soixante-dix, les plans d'urgence et les dispositifs spécifiques réservés aux jeunes ont toujours fait une large place aux actions de formation. Les années quatre-vingt ont vu se développer des programmes massifs pour la formation et l'insertion professionnelle des jeunes dont le bilan était pour le moins mitigé. Peu à peu a été mise en évidence l'idée que les difficultés d'accès à l'emploi des jeunes ne pourraient pas être résolues par la mise en œuvre d'actions ponctuelles et uniformes, mais appelaient un accompagnement continu, de la part d'opérateurs publics capables d'enchaîner une série d'interventions successives au profit du même individu. La notion de « parcours » d'insertion ou de réinsertion fait son chemin à mesure que l'observation des résultats passés montre que l'accès ou le retour à l'emploi sont des processus longs et rarement linéaires. Le crédit formation individualisé (CFI) a été mis en place en 1989-1990 : il s'inspire fortement de ce principe avec la possibilité d'enchaîner une série de mesures différentes, la constitution d'un réseau de correspondants locaux chargés de suivre individuellement les jeunes, la désignation de coordonnateurs de zone responsables de la définition des actions de formation et de leur cohérence. En 1992, pour lutter contre le caractère encore trop sélectif du CFI, le programme PAQUE (préparation active à la qualification et à l'emploi) est mis en place et réservé aux publics les plus en difficulté. Son coût étant jugé trop élevé, il sera supprimé en 1994.

Les actions de formation jeune, auparavant prises en charge par l'État, ont été décentralisées pour partie vers la région. Elles sont essentiellement constituées d'actions de formation alternée (AFA), le reste étant des mesures d'accompagnement (« ateliers pédagogiques personnalisés »). Il s'agit de stages mêlant la formation en centre ou organisme de formation et en entreprise. Le jeune est alors un stagiaire de la formation professionnelle et est rémunéré comme tel. En 1995, 217 000 jeunes étaient en formation dans des actions de formation alternées.

3 / *Les contrats d'alternance hors apprentissage*

La nécessité des formations « en alternance », permettant au jeune de s'insérer dans la vie de l'entreprise, tout en bénéficiant d'une formation par ailleurs, a été reconnue et inscrite dans les faits au début des années quatre-vingt, dans le prolongement du rapport Schwartz et de l'accord national interprofessionnel de 1983. Un grand nombre d'actions de formation ou de stages réservés aux jeunes s'appuient sur l'alternance. Mais les jeunes ne sont alors que des stagiaires. L'autre partie de l'ensemble « formation professionnelle des jeunes » est constituée de véritables contrats de travail avec l'entreprise. Ceux-ci ont été mis en place dès 1984. La loi du 24 février 1984 définit ainsi les principes de ces formations :

> « Tout jeune de 18 à 25 ans peut compléter sa formation initiale dans le cadre de formations alternées. Celles-ci ont pour objectifs de permettre aux jeunes d'acquérir une qualification professionnelle ou de s'adapter à un emploi. Elles associent des enseignements généraux, professionnels et technologiques dispensés pendant le temps de travail, dans des organismes publics et privés de formation, et l'acquisition d'un savoir-faire par l'exercice en entreprise d'une activité professionnelle en relation avec les enseignements reçus. »

Trois contrats de travail spécifiques organisent le système de l'alternance (tableau 64) :

– le contrat de qualification, qui ouvre sur des formations de niveaux IV ou V ;

– le contrat d'adaptation, qui vise à adapter la qualification du jeune au poste de travail ;

– le contrat d'orientation, qui permet au jeune de s'insérer dans la vie professionnelle.

En 1996, environ 143 000 nouveaux contrats ont été signés. Si l'on met à part le contrat d'orientation, qui concerne un effectif très faible,

Tableau 64. *Les principales formes d'alternance en 1996*

	Contrat de qualification	Contrat d'adaptation	Contrat d'orientation	Contrat d'apprentissage
Objectif du contrat	Permettre l'acquisition d'une qualification professionnelle reconnue par un titre ou un diplôme	Adapter la qualification d'un jeune à la pratique professionnelle	Favoriser l'orientation professionnelle par une première expérience en entreprise	Acquisition d'un diplôme ou titre homologué (CAP, qualifications de niveau III ou IV).
Nature du contrat	Contrat à durée déterminée, habilité par le préfet (DDTE)	Contrat de travail à durée déterminée ou indéterminée, en fonction de l'emploi.	Contrat de travail à durée déterminée.	Contrat à durée déterminée.
Public visé	Jeune de 16 à 25 ans sans qualification.	Jeune de 16 à 25 ans ayant déjà une qualification.	Jeune de 16 à 23 ans sans diplôme professionnel ou technologique	Jeune de 16 à 25 ans, et exceptionnellement âgé de 15 ans.
Durée du contrat	De 6 mois à 2 ans au plus.	12 mois maximum.	De 6 mois non renouvelable.	Durée comprise entre 1 et 3 ans.
Formation prévue	25 % au minimum de la durée du contrat.	Temps de formation de 200 heures au plus.	32 heures par mois au maximum.	Formation en CFA au minimum de 400 heures par an.
Tuteur	oui	oui		
Rémunération	De 30 à 75 % du SMIC en fonction de l'âge du jeune et de l'ancienneté du contrat.	80 % du salaire minimum conventionnel (et au minimum égal au SMIC).	De 30 à 65 % du SMIC en fonction de l'âge du bénéficiaire.	De 25 à 78 % du SMIC, en fonction de l'âge et de la durée du contrat.
Flux d'entrées en 1996	95 828	44 884	2 111	193 767

on constate que les bénéficiaires du contrat de qualification et d'adaptation sont plus âgés et plus qualifiés que dans le milieu des années quatre-vingt. Ce phénomène structurel résulte de l'augmentation régulière de la durée de la scolarité initiale et de l'évolution concomitante des niveaux de formation.

4 / *L'apprentissage*

Le contrat d'apprentissage est également un contrat d'alternance. Mais il est organisé et financé d'une manière différente des trois autres contrats [77]. Il a longtemps souffert d'une mauvaise image de marque et a fait l'objet de la sollicitude renouvelée des pouvoirs publics. Le système d'incitations financières a été amélioré : sont versées actuellement une indemnité au titre de l'aide à l'embauche de 6 000 F, et une indemnité de soutien à l'effort de formation de 10 000 à 12 000 F. La procédure d'agrément préalable des entreprises a, par ailleurs, été supprimée par la loi quinquennale de 1993 relative au travail, à l'emploi et la formation professionnelle. Enfin, une réforme de la taxe d'apprentissage est prévue : le quota de cette taxe strictement réservée à

[77]

L'APPRENTISSAGE EN FRANCE

L'histoire de l'apprentissage explique en partie la déficience de main-d'œuvre d'exécution qualifiée dont souffre la France qui n'a jamais eu de problèmes dans le domaine des formations techniques supérieures. L'École des ponts et chaussées (1747), l'École des ingénieurs militaires (1748), l'École des mines (1783), l'École des arts et métiers, l'École polytechnique (1794) forment des ingénieurs de premier plan. Mais il n'en va pas de même pour les formations de base.

La suppression des corporations par la Révolution française et la forte centralisation décidée par Napoléon ont en effet convergé pour supprimer l'apprentissage au profit d'institutions plus directement rattachées à l'État, donc au système de formation initiale.

En 1880, sont créées des écoles manuelles d'apprentissage que se disputent le ministère de l'Instruction publique et celui du Commerce. La loi Astier de 1919 tente de résoudre le conflit en organisant une formation professionnelle où se combineraient obligatoirement formation scolaire et formation en atelier. Les questions relatives à l'enseignement professionnel sont désormais du ressort de l'Instruction publique, tandis que celles relatives au contrat d'apprentissage relèvent du ministère du Travail. Mais l'apprentissage est conçu comme une institution de l'artisanat et non comme une formation aux métiers de la grande industrie.

C'est dire que le problème n'est pas résolu : tiraillé entre le système éducatif classique, qui souhaite en faire un enseignement certes technique, mais également général, et la formation professionnelle, l'apprentissage n'est pas devenu l'équivalent du système dual allemand, en particulier parce qu'il est largement resté limité à la petite entreprise. Aujourd'hui, plus de 60 % des apprentis sont employés dans des entreprises de moins de cinq salariés.

Aujourd'hui, l'apprentissage occupe une place à part dans le système éducatif français : il est tantôt assimilé à un dispositif de formation initiale, tantôt intégré à la formation professionnelle.

Comme les autres contrats d'alternance, le contrat d'apprentissage allie une formation à un contrat de travail, passé entre l'entreprise et l'apprenti. La formation entre dans la définition même de l'apprentissage et repose sur deux supports principaux :

– les centres de formation d'apprentis, notamment chargés de dispenser les enseignements généraux ; le temps de formation au centre ne peut, en principe, être inférieur à 400 heures par an. Dans certaines conditions, les centres de formation peuvent sous-traiter la formation à d'autres organismes de formation ou à des entreprises ;

– l'employeur, chargé d'assurer la formation pratique de l'apprenti, là aussi avec des possibilités de recours à d'autres entreprises de formation.

L'entrée dans les classes préparatoires d'apprentissage se fait généralement après la cinquième ou la quatrième. Une formation alternée est ensuite dispensée en deux ou trois ans en centre de formation d'apprentissage (CFA). Le diplôme sanctionnant cet enseignement est le certificat d'aptitude professionnelle. Depuis 1987, les titulaires d'un CAP obtenu dans le cadre d'une formation en apprentissage peuvent préparer un baccalauréat professionnel, alors qu'avant 1987 la préparation de ce diplôme était réservée aux titulaires de CAP « classiques » obtenus dans le cadre de l'enseignement technologique du second degré.

l'apprentissage passe de 20 à 40 %, et l'entreprise aura l'obligation de verser ce quota directement au centre de formation d'apprentis ou à la section d'apprentissage où le jeune est inscrit. Alors que, depuis plusieurs années, les effectifs de jeunes en apprentissage plafonnaient à environ 220 000 jeunes, la série de réformes intervenues entre 1992 et 1995 semble avoir changé le contrat d'apprentissage. À la fin de 1995, près de 300 000 jeunes préparaient un diplôme dans le cadre de l'apprentissage. En l'espace de trois ans, les flux annuels d'entrée en apprentissage se sont accrus de 40 %.

Comme pour le contrat d'adaptation et de qualification, on observe une élévation du niveau de formation des jeunes recrutés, qui provient de l'ouverture progressive de l'apprentissage à tous les niveaux de diplômes de l'enseignement technologique, en particulier ceux de niveau supérieur au baccalauréat. Cette ouverture, possible depuis 1987, s'est accélérée depuis 1993. Les formations conduisant à un diplôme de niveau II à IV intéressent maintenant 17 % des nouveaux apprentis (9 % en 1992) [1]. Le rapport Goasguen (remis en 1994) [2] avait proposé qu'un contrat unique de formation en alternance se substitue aux contrats de qualification et d'alternance. Cette proposition n'a jusqu'alors pas été mise en œuvre.

IV | LA FORMATION, INSTRUMENT DE LUTTE CONTRE LE CHÔMAGE ET L'EXCLUSION

Utilisée comme moyen de lutte contre le chômage des jeunes, la formation professionnelle continue l'a également été en faveur des adultes demandeurs d'emploi pour aider à leur insertion ou pour accompagner les restructurations. Diverses formules de stages (équivalents aux stages réservés aux jeunes) se sont succédées. Coexistent aujourd'hui des stages d'insertion et de formation à l'emploi (SIFE) [78], destinés aux adultes demandeurs d'emploi et principalement aux chômeurs de très longue durée, des stages en faveur des cadres privés d'emploi, financés par la FNE, des stages d'accès à l'entreprise gérés par l'ANPE, des stages de l'Association nationale pour la formation professionnelle des adultes (AFPA), des stages en faveur des publics spécifiques, des dispositifs de conversion et d'accompagnement des restructurations [79].

En 1995, près de 700 000 personnes bénéficiaient d'une formation financée par l'État dans le cadre de ses interventions en faveur des chômeurs adultes.

1. Cf. « Bilan statistique de la formation professionnelle en 1995-1996 », déjà cité ; « L'apprentissage en 1996 », *BREF CEREQ*, 122, juillet 1996.
2. « L'utilisation des fonds affectés à la formation professionnelle », n° 1241, rapport de la commission d'enquête de l'Assemblée nationale rendu public le 25 mai 1994.

Tableau 65. *Chronologie des textes adoptés dans le domaine de la formation professionnelle continue*

Accord du 9 juillet 1970	Loi du 16 juillet 1971	Définition des principes de la « formation professionnelle permanente » Mise en place d'une participation obligatoire des employeurs à l'effort de formation
Accord du 9 juillet 1976	Loi du 17 juillet 1978	Révision de la typologie des actions de formation et aménagement des modalités de rémunération des stagiaires
Accord du 21 septembre 1982 Accord du 30 juin 1983	Loi du 30 décembre 1982	Relance du congé individuel de formation (mise en place d'une contribution obligatoire)
Accord du 26 octobre 1983	Loi du 24 février 1984 Loi du 9 juillet 1984 Loi du 29 décembre 1984	Développement des formations en alternance (mise en place d'une contribution obligatoire, création des contrats de qualification, d'adaptation et des SIVP)
Accord du 3 juillet 1991	Loi du 31 décembre 1991	Remplacement des SIVP par les contrats d'orientation Mise en place d'une contribution obligatoire pour les entreprises de moins de 10 salariés Mise en place du droit « au bilan de compétences » pour tous les salariés
Loi quinquennale du 20 décembre 1993 (art. 74)	Accord du 5 juillet 1994 Décret du 28 octobre 1994 Accord du 26 juillet 1995	Restructuration du réseau des organismes collecteurs paritaires
Loi quinquennale du 20 décembre 1993 (art. 62)		Mise en place du CIP devant remplacer les contrats d'adaptation et d'orientation Projet abandonné
Loi quinquennale du 20 décembre 1993 (art. 64)	Accord du 5 juillet 1994 Projet de loi alternance (non voté pour l'instant)	Rapprochement des dispositifs des contrats de qualification et de l'apprentissage ; réforme du financement
Loi quinquennale du 20 décembre 1993 (art. 49, 50, 51)		Décentralisation de la formation professionnelle dans les régions : pour les actions qualifiantes, au 1er juillet 1994 ; pour les actions pré-qualifiantes, au 31 décembre 1998
Loi du 6 mai 1996		Réforme du financement de l'apprentissage

[78]

LES SIFE (STAGES D'INSERTION ET DE FORMATION À L'EMPLOI)

Les stages d'insertion et de formation à l'emploi sont destinés à des demandeurs d'emploi âgés de plus de 25 ans, inscrits depuis plus de douze mois à l'ANPE dans les dix-huit derniers mois. Ils visent en priorité les chômeurs de très longue durée (trois ans d'inscription), les chômeurs de plus de 50 ans et les bénéficiaires du RMI. Les publics prioritaires sont les « adultes ayant de réelles difficultés d'insertion ». Le nombre de personnes entrées en SIFE individuels et collectifs s'élevait, en 1995, à 238 000. La proportion de RMIstes atteignait 24,2 % de la totalité des SIFE collectifs ; celle des chômeurs de plus de vingt-quatre mois, 23,4 %.

[79]

LES DISPOSITIFS DE CONVERSION ET D'ADAPTATION

Les dispositifs de conversion (congés de conversion et conventions de conversion) visent à aider les entreprises à mettre en œuvre des actions de reclassement externe et notamment des actions de formation en vue d'une réinsertion professionnelle. Les conventions de conversion consistent en la prise en charge individualisée des salariés licenciés pour motif économique. L'accès est réservé aux personnes de moins de 57 ans ayant au moins deux ans d'ancienneté dans l'entreprise. En 1995, deux tiers des bénéficiaires des conventions de conversion provenaient d'établissements de moins de 50 salariés. Les conventions de formation et d'adaptation ont également pour objet de favoriser le reclassement interne ou externe des salariés licenciés.

Nombre d'adhésion ou d'entrées

Congés de conversion	Conventions de conversion	Conventions de formation et d'adaptation
1 855	121 500	29 371

UNE POLITIQUE COMPLEXE, À L'EFFICACITÉ ENCORE LIMITÉE

La politique de formation professionnelle met en œuvre des financements importants. Malgré les réformes récentes (resserrement du dispositif de collecte des fonds, décentralisation d'une partie des actions) son efficacité est encore limitée du fait notamment de la complexité des dispositifs.

I | DES MASSES FINANCIÈRES IMPORTANTES DONT LE « RENDEMENT » EST LIMITÉ

1 / *Les masses financières*

Le compte économique de la formation professionnelle permet de mettre en évidence le champ couvert par la formation professionnelle, le poids des différents financements, les catégories de bénéficiaires. En 1995, la dépense totale pour la formation professionnelle s'élevait à 133 milliards de francs, soit 1,7 % du PIB. Cette dépense s'est accrue régulièrement, d'environ dix milliards par an (elle est passée de 70 à 135 milliards entre 1987 et 1993). La progression des dépenses, plus forte que celle du PIB jusqu'en 1993, s'est ralentie depuis. Il convient de noter que le compte de la formation professionnelle – élaboré depuis 1987 seulement – recoupe en partie le champ de la « dépense pour l'emploi [1] ».

Avec près de 57 milliards de francs, l'État est le premier financeur (43 %), devant les entreprises (53 milliards, 40 %) et les régions (10 milliards, 8 %). Vient ensuite l'UNEDIC (7 milliards).

2 / *L'enchevêtrement des responsabilités*

Les trois grands types de bénéficiaires de la politique de formation professionnelle sont les actifs occupés (80 milliards et 61 % du total en 1995) ; les demandeurs d'emploi (près de 28 milliards et 21 %) et les jeunes en première insertion (23 milliards et 18 % du total). Or tous les acteurs-financeurs interviennent sur chacun de ces grands types de bénéficiaires : l'État assure 60 % de la formation en faveur des demandeurs d'emploi, avec l'UNEDIC et les régions, mais aussi la formation des jeunes en première insertion, concurremment avec la région et les entreprises, et également la formation des actifs occupés par le biais notamment des EDDF. Pour les jeunes, les institutions publiques assurent 56 % du financement, les entreprises 42 %. Les actifs occupés voient leur formation prise en charge par les entreprises (55 %) et les institutions publiques. Il n'y a donc pas d'affectation précise d'un public ou d'une fonction à un acteur. Les interventions « à plusieurs » État-région, État-entreprise, entreprise-UNEDIC se traduisent par des dispositifs qui se révèlent souvent lourds. L'État ne parvient pas, en particulier, à fixer quelques grands objectifs et à en déléguer la mise en œuvre.

3 / *Le renforcement de l'intervention de la région : une clarification reste nécessaire*

L'intervention plus importante des régions depuis 1994 [80] n'a pas, pour l'instant, clarifié la situation. Détentrice d'une compétence de droit commun depuis 1983, la région n'occupait pourtant, jusqu'en 1994, qu'une place réduite dans l'organisation et la mise en œuvre de la politique de formation professionnelle, l'État ayant conservé, en droit et surtout en fait, de nombreux domaines d'action propres. La loi quinquennale

1. DARES, dans *Premières informations* et *Premières synthèses*, 97.04, n° 14.2, Paris.

[80]

LA DÉCENTRALISATION DE LA FORMATION PROFESSIONNELLE

1. L'article 82 de la loi du 7 janvier 1983 prévoyait : « La région assure la mise en œuvre des actions d'apprentissage et de formation professionnelle continue, dans le respect des règles figurant au titre premier du livre I et du livre IX... Toutefois, l'État est compétent, sur le choix et la localisation des actions, pour financer et organiser des actions de portée générale intéressant l'apprentissage et la formation professionnelle continue, et relatives soit à des stages organisés par un même organisme dans plusieurs régions, soit à des formations destinées à des apprentis ou à des stagiaires sans considération d'origine régionale, soit encore à des stages créés en application de programmes établis au titre des orientations prioritaires de l'article L-910-2 du Code du travail.

2. La loi du 20 décembre 1993, dite loi quinquennale, fixe dans ses articles 49, 50 et 51 les conditions de la décentralisation de la formation professionnelle continue des jeunes de moins de 26 ans. Elle stipule que les régions reçoivent compétence pour organiser les formations permettant d'acquérir une qualification (dites formations qualifiantes), et ce, à partir du 1er juillet 1994. Elle laisse également aux régions la possibilité de conclure avec l'État une convention de délégation de compétences avant le 31 décembre 1998, leur confiant la responsabilité des autres actions de formation (actions de mobilisation et de préqualification) ainsi que des mesures d'accompagnement. Au 1er janvier 1996, 19 régions sur 26 se trouvaient dans ce cas. Au 31 décembre 1998, l'ensemble des actions préqualifiantes et des mesures d'accompagnement sera transféré aux régions.

1. Cf. « Bilan statistique de la formation professionnelle », art. cité, et « Politiques régionales de formation professionnelle. Les premiers effets de la loi quinquennale », *BREF CEREQ*, 128, février 1997.

relative au travail, à l'emploi et à la formation professionnelle a prévu que l'ensemble de la responsabilité des programmes de formation de l'État destinés aux jeunes de 16 à 25 ans serait transféré en totalité aux régions au 31 décembre 1998. Elle fait des conseils régionaux « les grands coordonnateurs » de l'action publique en matière de formation professionnelle des jeunes : chargées d'élaborer un plan régional de développement de la formation professionnelle des jeunes, en y intégrant l'ensemble des dispositifs de formation, les régions ont désormais la charge de promouvoir la cohérence des interventions de l'ensemble des acteurs au niveau territorial. Mais, comme le souligne une étude du CEREQ [1], « la loi n'est pas prescriptive et ne fixe pas les modalités de construction effective de ce nouveau pouvoir ». Tout va donc dépendre de la manière dont le conseil régional parviendra à coordonner les différents acteurs, de la volonté de coopération des DRTEFP et des rectorats, ainsi que des organisations professionnelles.

Les branches professionnelles en particulier sont peu organisées régionalement, ce qui constitue un obstacle à la rationalisation de l'ensemble des interventions dans un cadre territorial.

1. « Politiques régionales de formation professionnelle. Les premiers effets de la loi quinquennale de 1993 », *BREF CEREQ*, 128, février 1997.

II | DES MOYENS D'ACTION ENCORE TROP COMPLEXES

À l'enchevêtrement des acteurs et des financements s'ajoute une grande complexité des moyens d'action.

1 / *Les interventions de l'État*

En dehors de l'AFPA [81], les interventions de l'État sont encore partagées entre deux fonds dont les compétences se chevauchent partiellement : le Fonds de la formation professionnelle et de la promotion sociale (FFPPS) et le FNE.

S'y ajoutent les remboursements à l'UNEDIC, les financements directement pris en charge par l'ANPE, les incitations diverses. Il faut rappeler que la formation professionnelle ayant un caractère interministériel, le ministère chargé de l'emploi et de la formation professionnelle n'assure qu'environ 40 % du financement de l'ensemble des interventions de l'État.

2 / *Les interventions des entreprises*

Un des principaux problèmes mis en évidence par plusieurs enquêtes et rapports d'étude est le faible « effet de levier » des sommes consacrées par les entreprises à la formation de leurs salariés, en particulier parce que les branches interviennent peu pour définir des objectifs communs à une ou plusieurs branches, pour réunir les fonds nécessaires, puis offrir à leurs « adhérents » une formation sur mesure.

3 / *Les circuits de collecte et de financement*

La taxe d'apprentissage n'est pas collectée par les mêmes organismes que ceux qui sont responsables de la collecte du 1,5 %. Ces derniers n'étaient encadrés jusqu'à l'accord national interprofessionnel du 5 juillet 1994 que d'une manière extrêmement lâche. L'accord de 1994 a mis de l'ordre dans l'ensemble des organismes collecteurs : leur nombre passe de 255 à 99 et les activités de collecteur de fonds et de dispensateur de formation sont séparées.

Il existe aujourd'hui 99 organismes agréés au titre du plan de formation, du CIF ou des formations en alternance, et qui sont soit de branche, soit interprofessionnels. Ayant pour spécificité d'être paritaires (représentation égale des employés et des salariés), ces organismes collectent les fonds et prennent en charge les dépenses liées à l'organisation des actions de formation. Là aussi, coexiste une double logique ; il existe des organismes collecteurs de branche et des organismes collecteurs à caractère régional.

III | DES ORGANISMES DE FORMATION PEU CONTRÔLÉS, AU SERVICE D'OBJECTIFS MULTIPLES

Le développement de la politique de formation professionnelle a provoqué l'apparition d'une offre de formation particulière. Confrontée à des

[81]

L'ASSOCIATION NATIONALE
POUR LA FORMATION PROFESSIONNELLE DES ADULTES

L'AFPA a été créée en 1946. C'est une association de droit privé (loi 1901), sous tutelle financière et technique du ministère en charge du travail, de l'emploi et de la formation professionnelle. Elle a à sa tête un président et un directeur, et est administrée par une assemblée générale tripartite (État, représentants des organisations professionnelles et syndicales). Ses activités comportent des actions d'orientation et d'évaluation, des actions diversifiées de formation, des actions d'intervention à la demande des services de l'emploi, des collectivités locales et des entreprises, le contrôle technique de certaines formations.

L'AFPA dispose de 22 directions régionales, 7 centres pédagogiques et techniques d'appui, 22 centres psychotechniques régionaux et 157 sites d'accueil répartis sur l'ensemble du territoire. Pour la formation, l'AFPA dispose de surcroît de 178 centres ou de sites de formation professionnelle.

C'est le plus grand organisme français de formation d'adultes : sa mission est notamment d'assurer la formation professionnelle qualifiante aux niveaux V et IV, plus récemment aux niveaux III et II des demandeurs d'emploi, et des salariés occupés ou en situation de reconversion. L'AFPA emploie, en 1997, près de 11 500 personnes. Son budget est de 4,3 milliards de francs. En 1995, 151 434 stagiaires sont entrés dans des formations qu'elle dispense. L'AFPA a effectué, en outre, des prestations d'orientation (140 000 « analyses initiales de la demande », et 170 000 « bilans d'évaluation »).

demandes très diverses, assez mal contrôlée, celle-ci souffre de son éclatement et d'une insuffisante qualité.

1 / *Des organismes de formation peu contrôlés*

L'offre de formation professionnelle continue est, dans l'ensemble, de création récente. Elle est constituée de quelques gros intervenants institutionnels : l'AFPA, les GRETA, et de nombreux organismes privés.

L'AFPA est très représentative de l'évolution qu'a subie la formation professionnelle. Créée en 1946 pour répondre aux besoins du marché du travail, l'Association pour la formation professionnelle des adultes a joué un rôle essentiel dans la transformation des qualifications, permettant à une main-d'œuvre rurale d'accéder aux emplois qualifiés du niveau V du bâtiment et de l'industrie. L'association a, la première, utilisé des moyens pédagogiques nouveaux (quinze stagiaires entourés par un moniteur issu du milieu professionnel).

Devenue l'AFPA en 1963, elle a élargi les niveaux de qualification auxquels elle prépare, allant maintenant jusqu'à des niveaux III et II. Elle tente de terminer une difficile reconversion de ses formations, axées sur certains métiers industriels du bâtiment, vers des formations tertiaires ou des métiers industriels nouveaux. Elle a dû également s'adapter à la montée du chômage et à l'accueil d'un public différent.

Les GRETA assurent une partie non négligeable de la formation professionnelle continue. Ce sont des groupes d'établissements de l'ensei-

[82]

LES ORGANISMES DE FORMATION EN 1995

En 1995, 36 600 organismes de formation étaient actifs pour un chiffre d'affaires global de 35 millards de francs. Près de 85 % de ces organismes réalisaient un chiffre d'affaires inférieur à un million de francs. En 1995, on comptait :

– 24 100 organismes privés à but lucratif, qui réalisaient 42 % du chiffre d'affaires ;

– 9 900 organismes à but non lucratif, 37 % du CA ;

– 430 de statut parapublic (125 centres de formation de l'AFPA, 176 centres des chambres de commerce et d'industrie, 77 des chambres de métiers, 53 des CA), 7,5 % du CA ;

– 800 organismes sur statut public dont 300 GRETA.

Le marché de la formation est mouvant : en 1995, 9 800 organismes ont cessé leur activité et 12 600 l'ont commencé. Il s'agit surtout de petits organismes, faisant moins d'un million de chiffre d'affaires.

gnement secondaire, regroupés spécialement pour la formation continue sous la conduite d'un lycée. Les GRETA sont regroupés géographiquement ou verticalement par profession.

À côté de 300 GRETA, environ 500 autres organismes ont un statut public et dépendent surtout du ministère de l'Éducation nationale. On recense ensuite des organismes de statut parapublic, peu nombreux et de très nombreux organismes de statut privé à but lucratif ou non lucratif. Il existe donc un grand éparpillement des organismes dispensateurs de formation, même si une petite partie seulement assure la majorité des actions de formation et du chiffre d'affaires.

La manière dont ce marché est régulé et contrôlé a fait depuis longtemps l'objet de très nombreuses critiques. Le marché de la formation professionnelle est considéré en général comme peu transparent et générateur d'abus : contenu imprécis, pédagogie incertaine, formateurs sans compétences et absence d'évaluation.

Cette situation s'explique d'abord par l'extrême faiblesse de l'encadrement juridique des professionnels de la formation. Le Code du travail précise seulement que « nul ne peut exercer une fonction de direction dans un organisme de formation s'il a fait l'objet d'une condamnation pénale en raison de faits constituant des manquements à la probité, aux bonnes mœurs et à l'honneur ». Mise à part cette exigence, aucune autre condition n'est requise, ni en termes de diplômes de formateur, ni en termes de critères pédagogiques : il suffit d'adresser une déclaration préalable au service compétent de l'État, c'est-à-dire la DRTEFP, pour recevoir l'appellation d'organisme de formation. Aucune procédure générale d'agrément n'a été, pour l'instant, mise en place.

Une deuxième raison de l'inorganisation du secteur de la formation professionnelle est l'absence générale d'évaluation des formations et de contrôle des actions engagées. Ni l'État, ni les entreprises, qui sont les deux principaux acheteurs de formation, ne se sont en effet dotés des instruments nécessaires.

[83]

LE CONTRÔLE DES FONDS DE LA FORMATION PROFESSIONNELLE

Le contrôle des fonds de la formation professionnelle relève des inspecteurs et contrôleurs de la formation professionnelle, rassemblés dans les services régionaux du ministère en charge du travail, de l'emploi et de la formation professsionnelle, les directions régionales du travail, de l'emploi et de la formation professionnelle (DRTEFP). Au niveau national, ces services sont coordonnés par un groupe national de contrôle (GNC), placé auprès de la Délégation à l'emploi et à la formation professionnelle.

Le contrôle de la formation professionnelle est défini aux articles L. 991-1 et L. 991-2 du Code du travail. Il comporte deux aspects : le contrôle administratif et financier (moyens financiers, techniques et pédagogiques, à l'exclusion des qualités pédagogiques) ; le contrôle de conformité aux stipulations des conventions (même champ que le précédent). Le champ couvert par le contrôle est considérable : les employeurs au titre de l'obligation de participer au développement de la formation professionnelle ; les dispensateurs de formation professionnelle ; les organismes paritaires agréés pour la gestion des financements ; les structures chargées des activités d'accueil, d'information, d'orientation et d'évaluation ; les organismes chargés de réaliser les bilans de compétence. Dans la réalité, ces contrôles ont été dans le passé fort peu exercés, du fait notamment de la faiblesse des effectifs affectés au contrôle et de leur utilisation à d'autres tâches comme les activités de conventionnement.

À la suite de divers rapports mettant en cause l'opacité et le manque de contrôle des fonds affectés à la formation professionnelle (rapports IGF/IGAS, rapports de commissions d'enquête parlementaire), une relance du contrôle a été tentée à partir de 1993. Des orientations précises ont été fixées à l'activité de contrôle ; le nombre de personnes affectées aux tâches de contrôle a plus que doublé entre 1993 et 1995.

Les effectifs demeurent cependant très faibles : environ 150 agents dans les services régionaux, moins de 15 au groupe national de contrôle. Le nombre de contrôles réalisés en 1995 était de moins de 3 000 et le montant des redressements correspondants, de 872 millions de francs. Le contrôle assurait un « taux de couverture » de 7,65 % des emplois de fonds de la formation professionnelle.

Source : Ministère du Travail et des Affaires sociales, *Le contrôle de la formation professionnelle en 1995*, Paris, La Documentation française, 1996.

1. L'État exerce théoriquement un suivi grâce à l'AFPA et aux services de contrôle des DRTEFP, mais les moyens de contrôle sont très faibles.

La loi du 4 juillet 1990 relative au crédit-formation individualisé avait apporté quelques améliorations :

– instauration d'un contrat de formation entre les organismes de formation et les stagiaires ;

– habilitation des actions de formation financées sur fonds publics ;

– la déclaration d'existence est conditionnée par la réalisation d'actions de formation. Ceux qui n'en ont fait aucune pendant deux ans ne peuvent conserver le label ;

– renforcement du contrôle administratif et financier de la formation professionnelle.

Ces modifications n'ont eu jusqu'à présent que peu d'effet.

2. En ce qui concerne les entreprises, l'autre grand acheteur de formation professionnelle, les contrôles ne sont pas plus développés. Celles-ci délèguent souvent l'achat de formations aux organismes collecteurs, qui n'exercent pas réellement de contrôle sur les coûts ou la qualité de la formation dispensée.

Le rapport Goasguen (déjà cité) avait fait d'importantes propositions : la nécessité de soumettre la création des organismes de formation à un agrément, accordé en fonction de critères stricts ; la nécessité d'une définition rigoureuse d'un statut juridique uniforme et de règles fiscales précises ; la nécessité de garantir la qualité de la formation (le rapport regrettait que la procédure de la labellisation mise en place en 1990 n'ait jamais été appliquée).

Le rapport estimait également que l'État n'était pas « suffisamment exigeant en ce qui concerne ses propres organismes de formation ou les organismes qui travaillent pour lui », faisant ainsi allusion à la nécessaire réforme des GRETA et de l'AFPA.

Le rapport insistait enfin sur la nécessité de donner à l'État les moyens d'assurer un contrôle minimal de la formation professionnelle : « Force est de reconnaître que l'État a complètement démissionné de ses responsabilités dans ce domaine, sans aucune justification. Il apparaît aujourd'hui clairement que les abus que l'on a recensés dans la collecte et dans la formation elle-même n'ont pu être commis que faute d'une volonté politique. Ces carences se sont traduites par le délaissement de la fonction de contrôle de l'État » [83].

2 / *Une offre de formation dont la qualité est difficile à évaluer*

De même que les politiques de l'emploi, la politique de formation est difficile à évaluer parce que les objectifs poursuivis pour chaque sous-ensemble de la formation professionnelle ne sont pas identiques (dans certains cas, il faut accompagner des réorganisations internes aux entreprises ; dans d'autres, assurer une acquisition ou une réappropriation des savoirs de base). Ces objectifs ne sont pas toujours clairement affichés, ce qui nuit au suivi de leur réalisation.

Il paraît indispensable d'afficher les objectifs poursuivis et de garantir pour chaque public l'atteinte de ceux-ci, notamment par la définition d'un véritable contenu en formation. Il serait de même indispensable de définir des indicateurs de qualité des formations.

La loi quinquennale du 20 décembre 1993 a confié par son article 53 au Comité de coordination des programmes régionaux d'apprentissage et de formation professionnelle continue la mission d'évaluation des politiques régionales de formation professionnelle et d'apprentissage. Ce comité doit remettre tous les trois ans un rapport au Parlement. De premiers travaux ont été menés sur les conditions d'élaboration et de mise en œuvre des actions régionales de formation professionnelle des jeunes, et sur l'impact de la loi quinquennale sur cette coordination [1]. Mais il s'agit d'évaluations très globales et non d'évaluations de la qualité de l'offre de formation.

*
**

En définitive, la formation professionnelle continue a connu, depuis les années 1974, une déformation de ses objectifs et une complexité croissante de ses dispositifs. Certes, bien des aspects positifs résultent des grands textes de 1970-1971 : la formation s'est implantée dans les entreprises françaises ; elle constitue un terrain de négociation important et privilégié ; des formes d'enseignement très différentes de celles employées dans la formation initiale ont pu se développer et être relativement valorisées. Mais, en dépit des réformes surtout techniques (en exceptant la décentralisation accrue des actions de formation) qui sont intervenues depuis 1993, le domaine de la formation reste marqué par les errements passés et l'impact des développements du chômage : une certaine anarchie, les conséquences des erreurs du « tout formation » pour les chômeurs, l'absence de retombées suffisantes sur la formation initiale (ses méthodes pédagogiques, la hiérarchie des diplômes sur le marché du travail...). Une nouvelle impulsion est à l'évidence nécessaire. Des projets ont été élaborés en ce sens. Un rapport demandé par le ministre du Travail et des Affaires sociales [2] en relevait certains éléments : développement de l'alternance sous contrat de travail, validation des qualifications acquises en formation continue, développement du « capital temps formation ».

Certes, les politiques menées depuis une vingtaine d'années ont conduit nombre de responsables à remettre la formation à sa juste place : certainement pas le « tout formation » ou la « formation panacée », mais un investissement majeur pour les entreprises et l'économie française et pour les travailleurs actuels ou futurs. Sous condition d'une étroite articulation avec le travail professionnel et d'une insertion dans la vie active, notamment pour des jeunes que le système scolaire a prématurément exclus.

Restent à retrouver les moyens de l'ambition initiale : celle d'une réelle seconde chance, du « droit à recommencer » après l'échec d'une formation initiale ou d'une orientation vers un métier dépassé par la rapidité des évolutions économiques et techniques. Sur ce dernier point, il reste beaucoup à faire.

1. Comité de coordination des programmes régionaux d'apprentissage et de formation professionnelle continue, *Rapport d'activité 1993-1996*, 1re partie : Évaluation des politiques régionales de formation professionnelle, 1996, multigr., 392 pages.

2. Michel de Virville, *Donner un nouvel élan à la formation professionnelle*, rapport au ministre du Travail et des Affaires sociales, Paris, La Documentation française, 1996.

La progression continue du chômage en France est bien le principal échec des politiques sociales depuis vingt ans.

Cette situation est loin d'être spécifique à la France. Mais le niveau et l'aggravation du chômage sont plus forts en France que dans d'autres pays de l'Union européenne.

L'accroissement du chômage a considérablement transformé les instruments antérieurs de la politique de l'emploi et l'équilibre entre celle-ci et la politique de formation professionnelle ; depuis 1982, la politique du travail évolue, elle aussi, sous l'impact des débats sur la flexibilité, vers une diversification croissante des statuts, un éclatement des temps de travail.

Les politiques du travail, de l'emploi, de la formation professionnelle portent chacune les traces profondes de plus de vingt années de chômage et de transformations profondes des marchés du travail. Depuis la décennie quatre-vingt-dix, certaines réorientations sont en cours, dans le domaine des politiques d'emploi, par le transfert sur des leviers plus généraux d'instruments auparavant ciblés sur des catégories de chômeurs. Mais cette évolution est restée incertaine et soumise à des débats entre les partisans de l'action sur le coût du travail et ceux d'une réduction collective de la durée du travail.

Une réorientation significative des politiques de travail, de l'emploi et de la formation professionnelle ne pourra intervenir en réalité qu'à deux conditions.

La première est qu'une articulation satisfaisante soit instaurée entre les politiques d'emploi et les politiques macroéconomiques, notamment celles qui pourraient être menées dans un cadre européen.

Une partie des difficultés rencontrées par les politiques françaises tient certes à leur excessive complexité, à la stratification des mesures ou à leurs incessants changements, et plus encore à l'éclatement et à la faiblesse du dispositif de base qui est en charge de l'accueil, de l'information, de la formation et de l'orientation des demandeurs d'emploi vers les différentes formules existantes. Mais les politiques sociales ne sont pas évidemment les seules responsables. Demeurées isolées, circonscrites aux dispositifs destinés à prévenir les conséquences les plus lourdes du chômage, elles n'ont pu réellement infléchir les autres politiques d'ensemble et notamment la politique économique. Si la lutte contre le chômage est présentée comme la priorité des politiques, elle n'a pas été dans les faits conçue comme une politique prioritaire.

La seconde condition est une articulation avec les formes de travail qui se « dévoilent » actuellement et avec les solutions que l'on entend mettre en place pour combattre la concentration de l'insécurité sur une partie croissante de la population active ou cherchant un emploi. La réduction collective du temps de travail dans des conditions satisfaisantes, la réalisation d'un capital temps formation, plus généralement la généralisation de « droits de tirages » sociaux permettant de mieux concilier liberté et mobilité du travail, constituent des voies prometteuses. Dans ce cadre, la relance de la formation continue tout au long de la vie représenterait sans aucun doute une impérieuse nécessité dans le contexte de développement rapide des nouvelles technologies et d'une concurrence internationale exigeant la spécialisation des pays européens sur des créneaux valorisant qualification et savoir-faire. L'utopie de la « seconde chance », du droit à l'erreur, correspondrait au surplus aux aspirations profondes de la population à une société moins inégalitaire, où la valeur du diplôme acquis en formation initiale ne conditionne plus comme c'est aujourd'hui le cas en France, beaucoup plus que dans d'autres pays, toute la vie professionnelle future.

Troisième partie

LA PROTECTION SOCIALE ENTRE ASSURANCE ET SOLIDARITÉ

La protection sociale a des origines moins anciennes que la politique du travail ; mais elle est largement antérieure aux politiques modernes d'emploi et de formation professionnelle.

Son véritable acte de naissance remonte en effet, pour la France, à 1945, date où les principes définis pour la sécurité sociale marquèrent une orientation totalement nouvelle, du fait de leur ambition de couvrir toute la population contre tous les risques.

La sécurité sociale n'est pourtant pas née de rien. À une très ancienne fonction d'assistance qui s'est développée et transformée durant le XIXe siècle, se sont ajoutées, à partir du début du XXe siècle, les assurances sociales – selon une technique tardivement reconnue en France par rapport à d'autres pays – qui ne couvraient, avant la seconde guerre mondiale, qu'une proportion assez faible de la population.

Les institutions et les logiques d'assistance et d'assurance, antérieures à 1945, ont cependant eu une influence marquée sur les modalités de mise en œuvre des principes généraux de 1945. L'extension et la généralisation de la sécurité sociale se sont faites en conservant les particularismes d'alors, ce qui explique notamment la complexité des régimes et la façon très particulière dont la Sécurité sociale française combine aujourd'hui le principe de solidarité et les techniques assurantielles.

La protection sociale représente aujourd'hui des masses financières considérables : environ 2 500 milliards de francs. Son champ, beaucoup plus large que celui des politiques du travail, de l'emploi et de la formation professionnelle, est censé couvrir l'ensemble de la population, qu'elle soit ou non active. Par ailleurs, ses instruments sont beaucoup plus diversifiés : versement de prestations monétaires très importantes et perception des recettes correspondantes, par le biais d'organismes de sécurité sociale où travaillent actuellement 180 000 personnes, fourniture de services collectifs dans d'immenses secteurs comme celui de la santé, qui emploie à l'heure présente environ 1 150 000 personnes.

Marquée, comme on le verra, par une logique professionnelle et, à cet égard, assez proche de celle de l'Allemagne, la Sécurité sociale française a cherché à couvrir l'ensemble de la population à partir de l'activité professionnelle : cette activité est demeurée longtemps la condition d'ouverture de droits au bénéficiaire et à ses ayants droit, les autres personnes relevant de l'assistance.

C'est dire combien les difficultés de la situation de l'emploi et l'extension du chômage ont mis à l'épreuve la conception d'assurance qui a coexisté jusqu'à présent avec la notion de solidarité. À l'exception de la branche famille, dont la couverture est désormais généralisée sans critère d'activité professionnelle, la couverture des risques a posé, à partir de 1974, des problèmes grandissants pour les chômeurs, les personnes entrant et sortant constamment du marché du travail, les marginaux, les exclus.

En outre, le ralentissement de la croissance et des rémunérations, joint à la stabilisation ou à la diminution, certaines années, du nombre des actifs, a accentué, par rapport à d'autres pays, les difficultés de la protection sociale française financée en grande majorité par des cotisations portant sur les salaires.

La politique de protection sociale, partagée entre assurance et solidarité, est présentée ici en sept chapitres. Les trois premiers donneront une vue d'ensemble du système en décrivant sa naissance (chap. 10), sa généralisation (chap. 11), la nature et l'ampleur des remises en cause dont il est l'objet aujourd'hui (chap. 12). Le chapitre 13 présentera les politiques de la vieillesse. Le chapitre 14, la politique de santé. Le chapitre 15, la politique de la famille. Le chapitre 16, l'indemnisation du chômage.

Chapitre 10

La reconnaissance d'un droit à la sécurité

L'idée d'assurer la population vivant des revenus de son travail contre le risque d'une disparition ou d'une réduction de ceux-ci est apparue à la faveur d'un certain nombre de circonstances, parmi lesquelles :

– le développement de l'industrialisation et la constitution d'une classe vivant exclusivement des revenus de son travail ;

– la diminution corrélative de la part de la population vivant de la propriété, c'est-à-dire bénéficiant par là même d'une certaine forme de sécurité ;

– la confirmation du salariat non comme une étape transitoire vers la propriété individuelle, mais comme une situation permanente.

Ainsi l'industrialisation a-t-elle eu pour conséquence, en modifiant profondément le mode d'acquisition des revenus, de conduire à la promotion d'une conception entièrement nouvelle de la sécurité. Celle-ci sera bientôt assurée par, dans et grâce au travail [1].

Mais si c'est sur le travail salarié qu'est fondée la nouvelle conception de la sécurité, c'est parce que celui-ci est avant tout, historiquement, au moins pour les ouvriers, lié à la misère.

1. Henri Hatzfeld, *Du paupérisme à la Sécurité sociale,* Nancy, Presses universitaires de Nancy, 1989.

L'idée que l'acte de se protéger contre les aléas de la vie peut ne pas être volontaire mais doit, au contraire, pour être efficace, être imposé et garanti par la collectivité tout entière, a mis plusieurs décennies à être acceptée. La notion de protection obligatoire ne sera véritablement reconnue qu'à la suite de la seconde guerre mondiale.

I | LA PROTECTION DES TRAVAILLEURS : UN BOULEVERSEMENT

A / *Le travail salarié, nouvelle forme d'insécurité*

Dans le courant du XIXe siècle, avec l'industrialisation, se développe une population qui détient les moyens de gagner sa vie – sa force de travail – mais est à la merci de l'interruption de celui-ci. La catégorie qui travaille va devoir être protégée, alors que l'assistance concernait jusqu'à présent ceux qui ne travaillaient pas.

Le droit du travail, qui s'est développé pour répondre à l'inégalité de fait de la relation salariale, ne peut à lui seul répondre à l'insécurité qui est le propre de la classe ouvrière.

Toute interruption du travail ouvrier pour cause de maladie, d'accident, de vieillissement, ou de chômage fait en effet sombrer l'ouvrier et sa famille dans la pauvreté, sa seule source de revenu disparaissant en même temps. La caractéristique principale des conditions de vie de cette population, durant le XIXe siècle, peut être résumée en un terme, largement utilisé à l'époque : l'insécurité.

> « Nous avons été frappés de la misère du pauvre, de l'accroissement effrayant d'une classe autrefois inaperçue, celle des prolétaires, qui menace l'existence de la civilisation [...]. Nous avons vu que plus un pays faisait de progrès vers l'activité commerciale et vers l'accumulation de la richesse, plus on voyait se multiplier le nombre des hommes qui n'ont aucune part à cette richesse, aucune garantie de leur existence, aucun passé, aucun avenir ; qui, vivant du travail de leurs bras, obtiennent quelquefois une ample rémunération de leurs efforts, mais qui, dès le lendemain, sans qu'il y ait de leur faute, sans qu'aucune prudence de leur part puisse les en préserver, peuvent se voir privés de leur subsistance [1]. »

Face à l'insécurité croissante, qui résulte notamment du nouvel environnement du travail industriel, la seule réponse envisagée reste longtemps le recours à la prévoyance individuelle, conformément à la conception des relations sociales du XIXe siècle, héritée de la Révolution française.

1. Jean-Charles Léonard Simonde de Sismondi, *Études sur l'économie politique,* 1837.

B / *Une protection fondée sur la prévoyance individuelle*

En léguant au XIXe siècle sa conception individualiste des relations sociales, la Révolution française a fait de la prévoyance individuelle le principal moyen de se préserver de l'insécurité. Les ressources de son travail doivent pouvoir être utilisées par l'ouvrier pour assurer sa propre protection, dont l'instrument privilégié ne saurait être que l'épargne, « le moyen de se préserver à jamais de la misère et d'en préserver ses enfants pour le malheureux qui peut faire quelque économie, et qui, dans quelque instant de sa vie, jouit d'un moment d'aisance [1] ».

Cette exaltation de l'épargne est un des thèmes privilégiés de la pensée libérale du XIXe siècle, pour laquelle la prévoyance apparaît comme une vertu de l'ouvrier. Cet objectif de prévoyance individuelle répond, en outre, à un idéal proposé à la classe ouvrière : épargner, se constituer un capital, c'est garder l'espoir de sortir un jour de la condition ouvrière et d'accéder ainsi à la propriété qui, elle, continue à constituer une forme de protection supérieure.

Plus généralement, l'idée d'une protection dont la source ne serait pas la volonté individuelle est, à l'époque, étrangère à la pensée libérale, qui place le libre choix au cœur de sa conception philosophique. Le transfert sur autrui ou sur la société de la charge de prévoir, d'épargner, de se protéger, assimilé à un transfert de responsabilité, est ainsi analysé comme un péril pour la société tout entière. Cette vision extrême du rôle de l'individu a trouvé, en particulier en France, des défenseurs jusqu'au début du XXe siècle, alors qu'étaient discutés les premiers projets d'assurance obligatoire.

> « Fût-il préférable, avec de beaucoup moindres sacrifices, un système d'assurances obligatoires contre la vieillesse et l'invalidité nous paraîtrait devoir être repoussé au nom des véritables intérêts sociaux. La civilisation occidentale a dû tout son essor à la vigueur de l'individu, à l'esprit d'initiative, de hardiesse, en même temps que de prévoyance et de capitalisation. Ces qualités, tout le système d'État tend à les comprimer d'abord. L'individu n'aura plus à prendre souci de lui-même, ni la famille d'elle-même. Nous considérons ce système comme détestable, propre à transformer en perpétuels enfants, en êtres engourdis et somnolents les membres des nations civilisées [2]. »

C / *Prévoyance et responsabilité individuelles : les remises en cause*

La conception individualiste de la prévoyance va entrer néanmoins rapidement en contradiction avec les nouvelles conditions de travail : la prévoyance individuelle ne permet pas d'assurer convenablement la protection du salarié, et la responsabilité individuelle ne rend pas compte du caractère collectif du travail.

La quasi-impossibilité d'épargner, pour la majeure partie de la classe

1. Procès-verbaux du comité de mendicité de la Constituante, 1790-1791.
2. Paul Leroy-Beaulieu, « Le prochain gouffre : le projet de loi sur les retraites », *L'économiste français,* 11 mai 1901.

ouvrière, rend illusoires les espoirs placés dans la prévoyance individuelle, d'autant que l'exode rural, qui conduit à un afflux de main-d'œuvre vers les sites industriels et urbains, se traduit par une pression continue à la baisse sur des salaires déjà très faibles.

L'échec de la Caisse nationale des retraites pour la vieillesse, instituée en 1850 après trois années de débats à la Chambre des députés, illustre ces insuffisances. N'instaurant aucune obligation d'affiliation, la loi créant cette caisse prévoyait une garantie de l'État sur les fonds déposés par les épargnants. Mais celle-ci ne pouvait constituer une incitation suffisante dès lors que les ressources des ouvriers ne permettaient aucune épargne volontaire. La caisse ne rencontra donc qu'un succès très limité, comme la plupart des dispositifs mis en place à cette époque, qui reposaient sur le principe de la « liberté subsidiée », c'est-à-dire l'encouragement apporté à la prévoyance volontaire par le moyen de subventions.

L'incapacité de la prévoyance individuelle à régler le problème de la misère ouvrière pose désormais problème : d'une part, l'absence de protection des travailleurs âgés apparaît de plus en plus choquante, y compris pour la pensée libérale. Comment admettre que celui qui a consacré la plus grande partie de sa vie au travail se retrouve dans sa vieillesse dans la même situation de misère que celui qui n'a jamais travaillé et qui est toujours resté aux marges de la société ? Si le travail ne peut pas suffire à assurer une existence décente à ceux qui l'ont servi, les principes mêmes de la société industrielle se trouvent ébranlés.

D'autre part, la perpétuation de l'insécurité dans les conditions de vie de la classe ouvrière est vécue comme un danger par les milieux aisés et dirigeants, car elle porte en germe la transformation des « classes laborieuses » en « classes dangereuses [1] ».

Parallèlement, alors que l'industrialisation accroît les risques d'accidents du travail, la conception de la responsabilité telle qu'elle est définie par le Code civil ne permet pas d'assurer l'indemnisation des ouvriers qui en sont victimes. Dès lors que pour être indemnisé l'ouvrier doit prouver l'existence d'une faute de l'employeur, la réparation est en effet largement aléatoire. Car la majeure partie des accidents n'est pas imputable à quelqu'un en particulier, ouvrier ou patron, mais découle des conditions de travail, rassemblant des centaines d'ouvriers au milieu de machines, dans des situations dangereuses.

Ces inadéquations font peu à peu évoluer les débats sur la protection de l'ouvrier. La nécessité de recourir à d'autres techniques est progressivement reconnue : se pose alors la question des modalités de cette protection. Les libéraux vont chercher à privilégier les modalités les moins contraignantes pour l'individu : assistance limitée aux plus pauvres, et pour les autres, mise en place de systèmes facultatifs d'assurance. À ces résistances libérales s'ajoutent les réticences ouvrières à l'instauration de dispositifs qu'ils craignent de ne pas maîtriser entièrement et qui sont considérés comme l'instrument d'un pouvoir supplémentaire conféré au

1. Louis Chevalier, *Classes laborieuses et classes dangereuses à Paris pendant la première moitié du XIXe siècle,* Paris, Plon, 1958.

patronat et comme contraires à la tradition d'affrontement du mouvement ouvrier français.

II | L'ASSISTANCE, UNE PROTECTION RÉSERVÉE AUX EXCLUS DU TRAVAIL SALARIÉ

Les débats portant sur les moyens de remédier à la misère de la classe ouvrière n'ont pas éclipsé ceux qui concernent la résolution de l'indigence classique, au contraire. Dans la seconde moitié du XIXe siècle et au début du XXe, les deux questions du sort des indigents incapables de travailler et des travailleurs misérables sont traitées de la même manière. Ce n'est que progressivement que les systèmes d'assistance laisseront place, pour partie, aux systèmes d'assurances.

A / *De la charité à l'assistance*

En matière d'assistance, la Révolution française a légué au XIXe siècle un héritage ambigu, dans lequel plusieurs dimensions sont à distinguer.

D'une part, reconnaissant l'origine sociale des maux supportés par les individus, la Révolution substitue à la charité exercée par l'Église la bienfaisance publique, comme moyen de traiter la pauvreté : « Il est de l'intérêt public de corriger par une bienfaisance réfléchie les maux résultant des mauvaises institutions qui ont maintenu et propagé la pauvreté [1]. »

La légitimité de l'État à intervenir est fondée dans la nécessaire protection des droits de l'homme, violés lorsqu'il n'est pas porté secours aux pauvres : « On a toujours pensé à faire la charité aux pauvres et jamais à faire valoir les droits de l'homme pauvre sur la société et ceux de la société sur lui. Voilà le grand devoir qu'il appartenait à la Constitution française de remplir, puisque aucune n'a encore autant reconnu et respecté les Droits de l'homme [2]. »

Dans cette perspective, l'obtention de secours est fondée non plus sur l'aumône, toujours facultative, mais sur un droit absolu et objectif dont dispose l'individu, véritable « droit créance » auquel correspond une dette de la société. Néanmoins, le droit à l'obtention de secours publics est entouré d'un certain nombre de conditions, en particulier celle d'être un vrai pauvre : dans le contrat qui lie la société et l'individu, la société donne aux véritables pauvres des secours ou un travail et punit les mauvais pauvres.

Certes, « les secours publics sont une dette sacrée [3] », mais « si celui

1. Comité de mendicité de la Constituante, 4e rapport, 1790.
2. Comité de mendicité de la Constituante, 1er rapport, 1790.
3. Article 21 de la Constitution du 24 juin 1793, qui fait écho à la Constitution du 3 septembre 1791 : « Il sera créé et organisé un établissement général de secours publics, pour élever les enfants abandonnés, soulager les pauvres infirmes et fournir du travail aux pauvres valides qui n'auraient pu s'en procurer. »

qui existe a le droit de dire à la société : faites-moi vivre, la société a également le droit de lui répondre : donne-moi ton travail [1] ». Le travail demeure donc non seulement le moyen principal d'intégration dans la société, mais aussi un devoir social. Seule l'incapacité de travailler justifie donc l'assistance, réservée aux enfants, aux vieillards et aux infirmes.

Tout autant que des réponses, la Révolution transmet donc au XIXe siècle deux questions, qui traverseront les débats sur l'assistance : s'agit-il d'un droit ? Pour quelles catégories de la population ce droit entraîne-t-il des conséquences concrètes ?

B / *La bienfaisance publique, obligation morale de l'État*

Les circonstances historiques ne vont pas permettre la mise en œuvre immédiate des principes prônés par les révolutionnaires. Si les privilèges et les ressources dont disposaient alors les établissements caritatifs leur sont retirés, les lois qui organisaient un service national d'assistance ne seront pas appliquées. Dès 1796, les ambitions mêmes du comité de mendicité sont critiquées : « Il est sorti de ce chaos d'idées une série effrayante de dépenses illimitées, des lois stériles et impossibles à exécuter [2]. » À la place du dispositif imaginé par les conventionnels, sont mis en place des bureaux de bienfaisance, placés sous la responsabilité des collectivités territoriales : ils constitueront, jusqu'à la fin du XIXe siècle, avec les hôpitaux et les associations charitables, les seules formes d'assistance. Leur installation effective dépendra d'ailleurs largement de la plus ou moins bonne volonté des collectivités locales.

À cette politique très limitée de prise en charge des besoins s'ajoutera une dimension répressive : les personnes sans subsistance, assimilées à des vagabonds, sont à ce titre passibles d'emprisonnement (Code pénal, art. 269).

Ce n'est qu'en 1850, date du rapport de la Commission de l'assistance et de la prévoyance publique, rédigé par Thiers, qu'est à nouveau discutée la nécessité de l'assistance publique. Mais au terme d'un débat où s'expriment les très fortes résistances des libéraux, hantés par le souvenir de la Révolution, à toute obligation imposée à l'État, celle-ci n'est affirmée que comme un devoir moral et non comme une obligation légale. Comme dans le débat sur la question du droit au travail, c'est l'idée même de reconnaître aux individus une créance sur l'État que refuse A. Thiers.

> « Il importe que cette vertu (la bienfaisance), quand elle devient, de particulière, collective, de vertu privée, vertu publique, conserve son caractère de vertu, c'est-à-dire reste volontaire, spontanée, libre enfin de faire ou de ne pas faire, car, autrement, elle cesserait d'être une vertu pour devenir une contrainte, et une contrainte désastreuse ; si, en effet, une classe entière, au lieu de recevoir, pouvait exiger, elle prendrait le rôle du mendiant qui demande le fusil à la main [3]. »

1. Comité de mendicité de la Constituante, 1er rapport, 1790.
2. J.-B. Delecroy, *L'organisation générale des secours publics,* 12 vendémiaire an V.
3. *Rapport de la commission sur la prévoyance et l'assistance publique,* 1850.

Cette conception de la bienfaisance publique va conduire à une inaction de fait de l'État, l'absence d'obligation légale impliquant l'absence de contrainte juridique. La prise en charge des démunis continue à relever de la seule initiative privée et du bon vouloir des collectivités locales, avec des disparités considérables dans les efforts.

C / *L'assistance publique : les origines de l'aide sociale*

C'est lors du congrès international de l'assistance publique, réuni à Paris en 1889, que les trois principes fondamentaux de l'assistance sont arrêtés :

– l'obligation d'assistance relève des collectivités publiques ;

– l'assistance est accordée dans le cadre territorial le plus proche de l'intéressé et l'État n'accorde qu'une participation financière limitée ;

– l'assistance, destinée uniquement aux individus sans ressources qui ne peuvent travailler, est subsidiaire par rapport à toute autre forme d'aide, et notamment à la prise en charge par la famille, c'est-à-dire qu'elle n'intervient qu'en dernier ressort.

Si ce texte ne contient pas d'innovation majeure en ce qui concerne les modalités de l'assistance, il affirme, comme le comité de mendicité, que l'assistance est une obligation publique, dont la charge échoit aux collectivités locales. L'État reste un acteur secondaire, qui n'intervient qu'à titre complémentaire. Cette inspiration conduit au vote d'un ensemble de lois d'assistance entre 1889 et 1913 [84].

Parmi ces textes, le projet de loi relatif à l'assistance obligatoire des vieillards au-dessus de 70 ans, lorsqu'ils se trouvent sans ressources et incapables de subvenir à leurs besoins par le travail, donne lieu aux débats les plus vifs. Deux questions de principe sont posées :

– La première concerne la possibilité et l'opportunité d'imputer à l'État une obligation légale d'intervention en matière d'assistance. Une telle évolution conduit, en effet, à une remise en cause fondamentale d'une conception de l'intervention de l'État, limitée à sa fonction régalienne, telle que l'avait définie Adolphe Thiers en 1850.

> « Dans un pays véritablement libre, le rôle de l'État devrait se borner, à très peu de choses près, aux fonctions pour lesquelles il a été créé, c'est-à-dire à assurer la paix extérieure et intérieure, le reste n'est pas de son domaine, et j'estime en particulier que tous les problèmes concernant l'assistance publique seraient résolus d'une manière beaucoup plus satisfaisante, et en même temps beaucoup moins onéreuse, si leur résolution était abandonnée aux petites collectivités, c'est-à-dire aux communes et aux départements et surtout à l'initiative des associations et des particuliers [1]. »

En imposant, au terme des débats, une obligation légale d'assistance à l'État, la loi de 1905 institue donc une rupture essentielle.

– La seconde concerne le choix de la technique à utiliser pour la prise

1. Discours du comte de Languinais à la Chambre des députés, séance du 15 juin 1903. Cité dans H. Hatzfeld, *Du paupérisme à la Sécurité sociale, op. cit.*

[84]

LES PREMIÈRES LOIS D'ASSISTANCE

Loi du 24 juillet 1889 sur les enfants maltraités et moralement abandonnés.
Loi du 15 juillet 1893 sur l'assistance médicale gratuite.
Loi des 27 et 30 juin 1904 sur les enfants assistés.
Loi du 14 juillet 1905 sur les vieillards, les infirmes et les incurables.
Loi du 17 juin 1913 sur les femmes en couches.
Loi du 14 juillet 1913 sur les familles nombreuses et nécessiteuses.

en charge des vieillards : assurance ou assistance. Les socialistes privilégient le recours à l'assurance, moins dégradant selon eux, mais ils acceptent l'utilisation de l'assistance dans un souci de compromis.

> « Nous sommes sûrs qu'un jour c'est l'organisation générale et systématique de l'assurance étendue à tous les risques qui se substituera à l'assistance mais si nous prétendions d'emblée procéder non pas par voie de dualité législative, loi d'assistance d'un côté, loi d'assurance de l'autre, si nous prétendions faire une législation unique [...] on ne débuterait pas par une législation unique d'assurance, mais par une législation unique d'assistance [1]. »

C'est à la même époque qu'est discuté le projet d'institution d'un système de retraite pour les ouvriers et les paysans, appuyé sur la technique de l'assurance. Ainsi, alors que le critère classique permettant de distinguer les vrais des faux pauvres vacille – les vieillards sans ressources sont une des manifestations de cet effacement des frontières –, le choix des techniques à privilégier n'est pas encore déterminé. C'est d'abord l'assistance qui va s'étendre aux populations incapables de subvenir à leurs besoins par le travail.

III | LA RENCONTRE DE L'ASSURANCE ET DE LA LOGIQUE PROFESSIONNELLE

A / *L'apparition de la technique assurantielle*

Dès la Révolution, le comité de mendicité avait imaginé les avantages de l'utilisation des techniques de calcul des probabilités et des cumulations d'intérêt en vue d'assurer la protection contre la pauvreté. À l'époque, ces techniques actuarielles étaient déjà utilisées par les classes aisées en matière d'assurance contre l'incendie et d'assurance sur la vie [2].

L'apparition des premières tables de mortalité, conjuguée à l'utilisation du calcul actuariel, avait ainsi conduit le comité présidé par La

1. Jean Jaurès, Chambre des députés, séance du 12 juillet 1905 ; *JO* du 13 juillet 1905.
2. M.-A. Barthe, « Pauvretés et État providence », *Revue française des affaires sociales*, 3, juillet 1991.

Rochefoucauld-Liancourt à concevoir un système de caisses d'épargne pour les plus pauvres. Mais le recours à cette technique assurantielle s'était fait dans le cadre d'une épargne individuelle et facultative, qui ne permettait pas une couverture des plus pauvres.

Après l'échec d'une protection fondée sur l'épargne et la prévoyance individuelle appliquée au monde ouvrier, la rencontre de la technique assurantielle et de l'intérêt collectif de certaines catégories sociales va être à l'origine du développement effectif des premières formes d'assurances sociales. La mise en commun de l'épargne permet, en effet, d'apporter une garantie collective au groupe des épargnants. La mutualisation des sommes épargnées et des risques rend l'effort individuel moins grand pour une protection plus sûre.

B / *La mutualisation des risques dans le cadre de solidarités restreintes*

La technique assurantielle est utilisée au même moment par des ouvriers regroupés dans les sociétés de secours mutuel et par certains employeurs, qui instituent spontanément la prise en charge de certains risques au sein de l'entreprise.

1 / *Le mouvement mutualiste*

Le développement du mouvement mutualiste se heurte d'abord à une très grande méfiance des pouvoirs publics. Dans la continuité de la loi Le Chapelier, les associations et les sociétés de secours créées spontanément par les ouvriers sont soumises à une législation très restrictive au début du XIXe siècle. Visant essentiellement à une mutualisation des risques, grâce à l'étalement de la charge des prestations de secours sur l'ensemble des adhérents, elles sont considérées comme de possibles lieux de résistance et de coalition ouvrière, notamment en cas de grève. C'est pourquoi, dans un premier temps, les regroupements sur une base professionnelle sont interdits. Le Second Empire contribue ainsi à asseoir la mutualité sur une base territoriale [85].

À cette réticence initiale, se substitue progressivement une certaine bienveillance des pouvoirs publics envers un mouvement mutualiste fondé sur l'adhésion facultative, qui correspond mieux aux idéaux libéraux qu'un système fondé sur l'obligation. D'abord autorisée mais dans le cadre d'un strict contrôle social, la mutualité acquiert son indépendance en 1898. Son institutionnalisation l'a progressivement éloignée d'un mouvement ouvrier qui y voit de plus en plus une forme de « collaboration de classe [1] ».

2 / *Les institutions patronales*

Deux considérations ont présidé à la mise en place d'institutions patronales, contemporaines du développement du mouvement mutualiste : un souci d'humanisme, issu des courants hygiénistes et du catho-

1. Bernard Gibaud, *De la mutualité à la Sécurité sociale*, Paris, Éditions ouvrières, 1986.

[85]

LA RECONNAISSANCE PROGRESSIVE DU MOUVEMENT MUTUALISTE

14 juin 1791 : Loi Le Chapelier. Article 1er : « L'anéantissement de toutes espèces de corporations de citoyens du même état et profession étant l'une des bases fondamentales de la Constitution française, il est défendu de les rétablir dans les faits, sous quelque prétexte et sous quelque forme que ce soit. »

1806 : Interdiction du recrutement professionnel des sociétés de secours mutuel par la police.

12 février 1810 : Code pénal (art. 291) : Interdiction de tout groupement de plus de vingt personnes sauf autorisation gouvernementale.

1848 : Abrogation de l'article 291 du Code pénal. L'article 8 de la Constitution reconnaît aux citoyens le droit de s'associer. Suppression de toute formalité administrative pour la constitution de société de secours mutuel.

15 juillet 1850 : Loi sur les sociétés de secours, qui, tout en maintenant la liberté d'association, rend possible une forme de contrôle par l'État grâce à la « reconnaissance d'utilité publique ».

26 mars 1852 : Décret sur l'organisation des sociétés de secours mutuel, créées par le maire et le curé, sous le contrôle du préfet. Leur président est nommé par le président de la République et leurs statuts soumis à l'approbation du ministère de l'Intérieur.

27 octobre 1870 : Décret qui permet l'élection du président par les sociétaires.

1er avril 1898 : Loi qui donne à la mutualité son indépendance, appelée Charte de la mutualité.

licisme social, d'une part, et une volonté d'utiliser la prévoyance comme instrument de fidélisation de la main-d'œuvre, d'autre part.

Le courant humaniste s'est exprimé très tôt, dès le milieu du XIXe siècle, dans le droit fil du constat de la misère ouvrière.

> « Il serait temps qu'à l'abandon complet dans lequel la plupart des maîtres laissent l'ouvrier, qu'à la pensée exclusive d'exploiter leur position, succédât de leur part une pensée plus généreuse, plus humaine, un patronage, qui leur serait au moins aussi profitable que leur égoïsme. C'est ce patronage bien compris, bien exercé, qui peut le plus efficacement contribuer à l'amélioration du sort et de la morale des ouvriers [1]. »

Quant au souci de fidélisation de la main-d'œuvre, il a d'abord constitué une réponse aux difficultés de recrutement et à l'instabilité de la main-d'œuvre dont se plaignent les employeurs.

Des caisses patronales de retraite et de prévoyance sont ainsi d'abord instituées dans les mines ou les chemins de fer (1868 : caisse de retraite de la compagnie des chemins de fer du Nord), puis dans la métallurgie, c'est-à-dire dans des secteurs à la fois dangereux et utilisateurs d'une main-d'œuvre stable, pour lesquels l'État incite directement à la mise en place d'assurances sociales. À la fin du XIXe siècle, la protection de l'ou-

1. L.-R. Villermé, *Tableau de l'état physique et moral des ouvriers dans les fabriques de coton, de laine et de soie*, 1840.

vrier dans ce cadre est assurée soit par une institution patronale propre à l'entreprise et financée conjointement par les employeurs et les salariés, ou par les employeurs seuls, soit par des caisses autonomes ou des caisses interentreprises qui concernent essentiellement les grandes entreprises.

C / *L'extension de la mutualisation des risques à des solidarités plus larges*

1 / *Les limites des solidarités restreintes*

Le développement de la mutualité se heurte rapidement au caractère facultatif de l'adhésion : les faibles ressources de la classe ouvrière constituaient un obstacle à la généralisation d'un tel système. De plus, la scission entre le mouvement ouvrier et le mouvement mutualiste contribue encore à éloigner les ouvriers d'un système qui devient de plus en plus celui des classes moyennes, qui peuvent, elles, affecter une partie de leurs ressources à une assurance volontaire.

Quant à la protection instituée par les employeurs, elle est génératrice d'inégalités au sein du monde ouvrier entre la population des grandes entreprises, dans l'ensemble mieux protégée, et celle des autres établissements : à la fin du XIXe siècle, 200 établissements, soit 100 000 personnes seulement, sont couverts par des caisses patronales de retraite et de prévoyance. Elle renforce également la dépendance des ouvriers vis-à-vis des employeurs.

Enfin, la protection instaurée par les institutions patronales reste étroitement dépendante des aléas économiques qui affectent la vie des entreprises : certaines font faillite, entraînant avec elles l'épargne des salariés ; d'autres caisses n'arrivent pas à financer les risques qu'elles assurent, essentiellement à cause de l'étroitesse de la population ouverte.

2 / *La nécessaire intervention de l'État*

Dans deux domaines, l'État se voit contraint d'intervenir : les accidents du travail et la vieillesse.

La rupture est introduite par la loi du 9 avril 1898 sur « la responsabilité des accidents dont les ouvriers sont les victimes ». En instituant la notion de responsabilité « pour risques », sans qu'il y ait nécessairement une faute, le législateur crée une obligation de prise en charge par l'employeur qui s'éloigne tant de la prévoyance individuelle que de la responsabilité civile. Il va dès lors inciter les employeurs à s'assurer contre ce risque, de façon à garantir leur solvabilité en cas d'accident, assurance qui sera rendue obligatoire par la loi de 1905.

Ce faisant, la loi de 1898 a un caractère fondateur [1] puisqu'elle organise la prise en charge automatique d'un risque, sur une base qui n'est ni la responsabilité ni la prévoyance : elle institue la notion de risque social qui sera ensuite étendu à d'autres événements (vieillesse, maladie, etc.).

1. François Ewald, *L'État providence*, Paris, Grasset, 1986.

La loi du 31 mars 1905 qui la complète résout le problème du financement, en substituant l'assureur à l'employeur légalement responsable.

En matière de retraite, l'exiguïté de la population ouvrière protégée, l'instabilité des institutions gestionnaires et l'arbitraire des prestations versées par celles-ci déterminent les députés à se saisir ensuite, en 1901, du problème des retraites ouvrières. Ce n'est qu'en 1910 que la loi sur les retraites ouvrières et paysannes sera votée.

Elle établit une assurance obligatoire en faveur des salariés de l'industrie et du commerce, des professions libérales et de l'agriculture, des serviteurs à gages et des salariés de l'État non couverts par les assurances antérieurement mises en place. Les salariés dont la rémunération annuelle dépasse 3 000 F ne sont pas soumis aux obligations de la loi. Le système repose sur le principe de la double cotisation ouvrière et patronale et de la capitalisation [1].

L'État s'est ainsi trouvé contraint d'intervenir, à la fois parce que le libre jeu des forces sociales s'opposait à une extension du champ de la mutualisation des risques et parce que les protections mises en place n'apportaient pas de garantie suffisante. Compte tenu de la pression politique des libéraux, il a cependant limité au minimum son intervention, notamment en excluant du champ de la loi les salariés dont il estimait qu'ils avaient des ressources financières suffisantes pour recourir à l'assurance individuelle et volontaire.

Pour autant, la loi sur les retraites ouvrières et paysannes a été largement imposée aux acteurs sociaux par l'État. Les syndicats ouvriers étaient en effet fortement opposés au projet, considérant que le mécanisme mis en place conduisait à une ponction sur des salaires déjà jugés trop faibles. La contrainte ainsi imposée par l'État a été en partie assimilée à une contrainte imposée par les milieux patronaux. Les guesdistes, en particulier, se sont fait l'écho de la très forte opposition des syndicats ouvriers, qui critiquaient l'âge trop tardif d'ouverture des droits et surtout le principe même de l'existence d'une cotisation ouvrière.

> « Après l'employeur qui prélève sur le produit du travail ouvrier le plus qu'il peut, un maximum de bénéfices, de dividendes et de profits, vous voudriez, vous, pouvoirs publics, vous élus du suffrage universel, ajouter une nouvelle prise à la prise déjà opérée [...]. Vous ne pouvez pas doubler le vol patronal d'un vol législatif [2]. »

Les employeurs étaient également réticents à ce projet, dont ils craignaient qu'il ne marque la fin des caisses d'origine patronale. S'ils étaient d'accord pour consacrer des ressources à la protection des ouvriers, les employeurs souhaitaient en conserver l'initiative, la modulation et la gestion à travers leurs propres institutions. Une gestion patronale des assurances sociales apparaissait, en effet, comme une condition nécessaire pour que celle-ci demeure un outil de fidélisation de la main-d'œuvre. Ce projet a donc été compris par les employeurs comme le transfert vers

1. Pour une définition de la capitalisation, se reporter au chapitre 13.
2. Jules Guesde, débats parlementaires, séance du 30 mars 1910 ; *JO* du 31 mars 1910.

l'État d'une responsabilité qui aurait dû, selon eux, rester de leur domaine.

Ces résistances sociales ont contribué à vider quasiment la loi de 1910 de sa substance.

Une série d'arrêts de la Cour de cassation [1] lui porte un premier coup en reconnaissant que, si l'ouvrier ne présente pas sa carte de cotisations (formalité mal supportée par les ouvriers), l'employeur n'a pas le droit de prélever la cotisation sur le salaire, ce qui rend caduc le principe même de l'obligation. La faiblesse des taux de cotisations et l'érosion monétaire vont finalement avoir raison d'une loi qui n'avait satisfait personne. On ne compte que 2 560 000 assurés obligatoires en 1912. Sans obligation, la protection demeure un leurre, au moins pour les catégories les plus pauvres.

IV | LA CONSÉCRATION DE L'OBLIGATION : LES ASSURANCES SOCIALES DE 1930

Après cette première tentative, et ce premier échec, le débat reprend après la première guerre mondiale.

Le premier conflit mondial et sa conséquence directe pour la France (le retour de l'Alsace-Lorraine) constituent, en effet, le catalyseur des débats ultérieurs. En 1919, se pose la question du choix du système de protection, en raison de la nécessité d'homogénéiser les législations sociales en vigueur : sous l'empire de la législation allemande, un système d'assurances obligatoires a, en effet, été mis en place dans ces départements.

A / *Le modèle bismarckien*

La mise en place des assurances sociales obligatoires en Allemagne a été un des éléments de la *Realpolitik* bismarckienne. « Le seul moyen de contenir les égarements de la classe ouvrière, c'est de réaliser celles des exigences des socialistes qui apparaissent légitimes et réalisables en l'état de l'ordre étatique et social [2]. »

Dans le droit fil de cette conception, et malgré les oppositions rencontrées au Reichstag, le chancelier Bismarck a ainsi imposé, en moins de dix ans, la mise en place d'un système complet d'assurances ouvrières : loi sur l'assurance maladie en 1883, loi sur l'assurance accidents du travail en 1884, loi sur l'assurance vieillesse et l'invalidité en 1889 [3].

Ces assurances sociales restaient fortement liées à une logique tout à

1. Arrêts des 11 décembre 1911, 22 juin 1912, 6 février 1913.
2. Lettre de Bismarck à son ministre du Commerce, 1871.
3. Pour étudier le modèle bismarckien, cf. le chapitre consacré à l'Allemagne dans Peter A. Köhler, Hans F. Zacher, *Un siècle de sécurité sociale, 1881-1981,* 1982.

[86]

LA DÉFINITION DU SYSTÈME BISMARCKIEN D'ASSURANCE

Quatre principes fondamentaux définissent le système bismarckien :
– une protection exclusivement fondée sur le travail et, de ce fait, limitée à ceux qui ont pu s'ouvrir des droits à protection par leur travail ;
– une protection obligatoire pour les seuls salariés dont le salaire est inférieur à un certain montant, donc pour ceux qui ne peuvent recourir à la prévoyance individuelle ;
– une protection fondée sur la technique de l'assurance, qui instaure une proportionnalité des cotisations par rapport aux salaires, et une proportionnalité des prestations aux cotisations ;
– une protection gérée par les employeurs et les salariés eux-mêmes.

[87]

LA LOI DU 1er JUILLET 1930

La loi de 1930, premier grand texte sur les assurances sociales obligatoires en France, couvre cinq risques : la vieillesse, la maladie, la maternité, le décès et l'invalidité. Restent en dehors de son champ d'application le risque accident du travail et le système d'allocations familiales, rendu obligatoire en 1932.

Cette protection ne s'étend de façon obligatoire qu'aux salariés de l'industrie et du commerce dont les salaires sont inférieurs à un taux déterminé (plafond d'affiliation). Son financement est assuré par une cotisation égale à 8 % des salaires, partagée également entre les salariés et les employeurs.

Les salariés conservent le libre choix de l'organisme assureur mais une caisse départementale est mise en place par les pouvoirs publics pour ceux qui la choisissent ou ne sont affiliés à aucune autre. Environ 730 caisses d'assurances sociales ont ainsi été recensées, dont 180 gérées par la mutualité.

la fois professionnelle et assurantielle, mais leur caractère obligatoire constituait l'innovation fondamentale du système bismarckien [86].

B / *La loi sur les assurances sociales de 1930*

Repris en France à la Chambre des députés dès la sortie de la guerre, le débat sur les assurances sociales, fortement marqué par ce modèle bismarckien, n'aboutira qu'en 1930, après des débats, des remises en chantier incessantes et une première tentative avortée en 1928.

Trois nouveautés relatives apparaissent dans ces débats : tout d'abord, la nécessité de l'obligation est affirmée, y compris dans ses modalités, puisque pour la première fois des possibilités de prélèvements contraignantes des cotisations (par exemple, prélèvement à la source par les employeurs) sont envisagées.

Par ailleurs, l'idée d'obligation suscite des oppositions au projet qui dépassent désormais la traditionnelle dichotomie entre employeurs et ouvriers et expriment les divers corporatismes de la société française : opposition des milieux agricoles, qui arguent de leur spécificité pour obtenir des taux de cotisation et une administration gestionnaire particulière, opposition des employeurs comme des mutuelles qui veulent conserver la gestion de leurs caisses, opposition des représentants de la classe ouvrière qui considèrent que les assurances sociales vont permettre une consolidation des positions patronales, opposition des milieux économiques enfin, qui prédisent – déjà – que l'économie ne pourra supporter les prélèvements opérés sur les ressources.

Les débats se cristallisent autour de la définition du cadre institutionnel. Chaque partie du corps social reste attachée aux dispositifs déjà existants – mutualité, institutions patronales – et souhaite en conserver la maîtrise. Malgré ces réticences, la loi de 1930 instaure, pour la première fois, en France une caisse départementale unique, mise en place par les pouvoirs publics [87].

Avec la loi de 1930, le monde du travail, ou plutôt ceux de ses membres qui étaient le plus exposés aux risques sociaux, est désormais protégé par un système obligatoire et relativement cohérent.

LA SÉCURITE SOCIALE INSTRUMENT D'UNE POLITIQUE DE PROTECTION GLOBALE

La seconde guerre mondiale va contribuer à bouleverser considérablement les idées, mais également les rapports de forces en présence. 1945 est le moment où la France peut choisir entre plusieurs options. Deux modèles se présentent alors : le modèle allemand, qui a servi de référence pour l'institution des assurances sociales françaises par la loi de 1930, et le modèle proposé par le rapport Beveridge.

I | LE PLAN BEVERIDGE

À la demande du gouvernement britannique, une commission interministérielle se réunit, en 1942, pour examiner les mesures destinées à établir la sécurité sociale en Grande-Bretagne. Cette commission est présidée par Lord Beveridge, connu pour les nombreux travaux qu'il a publiés sur les questions sociales et par la part décisive qu'il a prise dans l'élaboration de l'assurance chômage en Angleterre en 1908 et en 1915.

Le rapport, signé du seul président de la commission et non par les fonctionnaires qui la composent, ne se veut pas un ouvrage théorique, mais un ensemble de recommandations pragmatiques, fondées sur le constat des réalités sociales et dont l'objectif est clair : « abolir la misère après la guerre ».

[88]

LES PRINCIPES DU PLAN BEVERIDGE

1. Premier principe : *l'universalité*

Le principe d'universalité de la protection a représenté la contribution essentielle de Beveridge à la conception moderne de la sécurité sociale. Il ne s'agissait de rien d'autre que de rompre avec la logique traditionnelle des assurances sociales (protection des seuls travailleurs) pour assurer la protection de tous les risques sociaux et de toute la population. Était proposé un système complet de protection à l'égard de toute situation de nature à porter atteinte soit à la santé, soit au revenu individuel ou familial et en faveur de toutes les personnes affectées par une telle situation.

2. Second principe : *l'unité*

L'unité recevait plusieurs acceptions : d'une part, l'uniformité, c'est-à-dire le caractère uniforme des cotisations et des prestations. Beveridge connaissait très bien le système bismarckien, liant les cotisations et les prestations aux salaires mais le refusa en toute connaissance de cause. En effet, l'efficacité de la sécurité sociale devait se mesurer à sa capacité à réduire la pauvreté, et non pas à sa capacité de maintenir le niveau de vie des travailleurs. Il s'agissait de proportionner les prestations non à un salaire ou à une perte de capacité de travail, mais uniquement aux besoins normaux auxquels l'individu se trouvait confronté. Cela signifiait aussi que les prestations devaient être suffisantes en montant et en qualité. C'est seulement un effort volontaire d'assurance qui devait ensuite permettre de proportionner les revenus de remplacement aux gains antérieurs.

Enfin, l'unité se traduisait dans le caractère unique de l'organisation du système : une cotisation unique devait être versée à un système unifié d'assurance nationale, sauf pour les allocations familiales, financées sur fonds publics, et les accidents du travail. La gestion de cet ensemble devait être confiée à l'administration publique, sous la responsabilité d'un ministère de la Sécurité sociale.

3. Troisième principe : *l'intégration*

Beveridge se prononçait pour une intégration des différentes formes de protection (épargne, assistance) dans l'assurance. Seule cette technique lui apparaissait en effet de nature à supprimer le contrôle social et l'arbitraire qui allaient le plus souvent de pair avec l'assistance. Le système de Beveridge rapprochait ainsi assurance et assistance, en fondant la protection sur de véritables droits objectifs que l'individu pouvait faire valoir à tout moment.

Enfin, le principe d'intégration s'entendait de la coordination des trois grandes politiques : politique sociale, fondée sur la garantie d'un revenu, politique de santé et politique du plein-emploi, mises en œuvre par le service national de santé et le service public de l'emploi. Ces trois piliers d'une véritable politique de protection, totalement intégrée, devaient permettre de maîtriser les principaux facteurs d'insécurité sociale.

Selon son auteur, trois principes directeurs doivent présider à la mise en place de la sécurité sociale en Grande-Bretagne : faire l'œuvre que commande une époque révolutionnaire, c'est-à-dire ne pas tenir compte des groupes d'intérêts qui verront leurs avantages remis en cause ; situer l'organisation des assurances sociales dans un plan général de progrès social (« la Misère n'est qu'un des cinq grands maux à surmonter dans une œuvre de reconstruction... Les autres sont : la Maladie, l'Ignorance, la Sordidité et l'Oisiveté ») ; enfin, organiser la collaboration des individus et de l'État.

Ainsi Lord Beveridge justifie-t-il une intervention plus étendue de l'État dans la vie sociale, dans la mesure où celle-ci ne porte pas atteinte à l'initiative individuelle : « En organisant la sécurité, l'État ne devrait pas porter atteinte au jeu stimulant de l'action, à l'esprit d'initiative, au sens des responsabilités personnelles ; en établissant un minimum national, il devrait permettre et encourager l'effort volontaire de chaque individu pour se procurer, pour lui et pour sa famille, plus que ce minimum [1]. »

Concernant l'ensemble des réformes sociales, le rapport Beveridge considère qu'on ne peut assurer une véritable sécurité à la population en ne versant une allocation qu'aux seuls individus dans le besoin. La sécurité suppose une redistribution du revenu et l'amélioration des conditions de travail. Surtout, le maintien du plein-emploi est, selon Beveridge, le point fondamental : la véritable sécurité découle du droit au travail. C'est en cela que Beveridge est vraiment un précurseur.

Concrètement, le plan Beveridge définit trois principes essentiels qui conditionnent la mise en place d'un système de sécurité sociale : l'universalité, l'unité et l'intégration [88].

Assise sur la solidarité nationale, garantissant un revenu minimal à tous, c'est une politique de protection globale qui est donc proposée, débouchant sur l'affirmation de droits : droit au travail, droit à la santé, droit au revenu.

II / LE PLAN FRANÇAIS DE SÉCURITÉ SOCIALE : UNE VOLONTÉ DE RUPTURE CONFRONTÉE AU POIDS DU PASSÉ

À la fin de la seconde guerre mondiale, les réflexions françaises ne partent donc pas de rien, bien au contraire : il existe un ensemble de dispositifs de protection qui se sont mis en place sans plan d'ensemble tout au long de la période 1850-1930, complétés par des mesures nouvelles jusqu'en 1943. Par ailleurs, les systèmes étrangers et leurs fondements théoriques sont connus des responsables français.

Le gouvernement provisoire arrive avec une forte volonté de changement. Le Conseil national de la résistance avait en effet lancé, dans son programme social et économique, l'idée d'« un plan complet de sécurité sociale visant à assurer à tous les citoyens des moyens d'existence, dans tous les cas où ils sont incapables de se les procurer par le travail, avec gestion appartenant aux représentants des intéressés et de l'État ». Dès octobre 1944, le gouvernement provisoire, issu du Comité français de la libération nationale, confie à Pierre Laroque le soin de préparer la réalisation de ce plan.

1. Rapport Beveridge ; cf. également Daniel Pépy, « Un projet anglais, le plan Beveridge », *Droit social*, 1945.

Pour celui-ci, la politique de sécurité sociale doit résulter de la conjonction de trois politiques différentes : une politique économique commandée par le souci du plein-emploi ; une politique d'équipement sanitaire et d'organisation médicale permettant de lutter contre la maladie ; enfin, une politique de redistribution des revenus tendant à modifier la répartition qui résulte du jeu aveugle des mécanismes du marché. Les thèmes beveridgiens sont donc très présents : il s'agit bien de garantir l'ensemble de la population contre les risques sociaux de l'existence et d'assurer de ce fait à chaque individu un minimum vital par le biais de la solidarité nationale ; il s'agit aussi d'unifier, au sein d'une institution générale de sécurité sociale, la pluralité des caisses et des régimes professionnels d'assurances sociales.

Cette ambition se heurte néanmoins à trois obstacles. D'une part, l'idée d'instituer un système de protection unique pour toute la population rencontre l'opposition d'un certain nombre de catégories sociales, celles-là mêmes qui s'étaient montrées hostiles aux assurances sociales dans les années vingt. Les travailleurs indépendants sont réticents à entrer dans un régime général, les milieux agricoles souhaitent garder une organisation spécifique, les cadres craignent de ne plus pouvoir épargner suffisamment pour obtenir une retraite correspondant à leur niveau de vie, toutes les professions couvertes par des régimes spéciaux (mines, SNCF, EDF...) souhaitent conserver leurs avantages acquis. Le patronat est hostile, dans sa grande majorité, à des assurances sociales obligatoires unifiées, à l'initiative et sous la tutelle de l'État. Il leur préfère des institutions autonomes gérées par les employeurs ou éventuellement paritairement, où il garde la maîtrise de la définition du niveau de protection. Mais son attitude durant l'Occupation ne lui permet pas, à l'époque, de peser réellement dans le débat.

Les modalités d'unification des institutions assurant le service des assurances sociales posent également problème : certains courants politiques et syndicaux (PCF, SFIO, CGT) souhaitent la centralisation des futures caisses de sécurité sociale, d'autres (MRP, CFTC, mutualistes) veulent que soit préservée l'autonomie des organismes.

D'autre part, les promoteurs de la sécurité sociale semblent vouloir concilier deux objectifs qui peuvent se révéler contradictoires : assurer une protection en rapport avec les gains perdus et garantir à toute la population un minimum vital. C'est vouloir combiner les principes des deux systèmes : allemand et anglais. Enfin, la situation économique ne permet d'atteindre l'objectif final – couvrir toute la population – que par étape.

Pour ces différentes raisons, le plan français de sécurité sociale est le résultat d'un compromis : compromis entre les revendications des différentes forces politiques et sociales du pays, mais aussi entre les deux grands modèles de protection sociale que sont, à l'époque, les systèmes bismarckien et beveridgien. Pierre Laroque reconnaît ce caractère de compromis lorsqu'il écrit en 1946 : « La formule que nous entendons appliquer en France est intermédiaire entre ces deux formules. » Il n'en va pas moins inspirer la politique de sécurité sociale jusqu'à nos jours.

III | LES COMPROMIS DE 1945

A / *Un texte ambigu et novateur*

L'ordonnance du 4 octobre 1945, texte fondateur de la Sécurité sociale française, en décrit à la fois les principes fondateurs et les modalités de mise en place. Composée d'un long exposé des motifs et de nombreux articles, elle porte la trace des différentes ambitions qui l'inspirent. D'une part, l'exposé des motifs exprime la volonté de rupture avec le système antérieur et affiche l'ambition d'une sécurité sociale unifiée et généralisée ; d'autre part, il indique que la réalisation de cet objectif sera progressive [89].

Dans le même temps, le texte même de l'ordonnance met en place une solidarité limitée aux travailleurs et à leurs familles.

> « Il est institué une organisation de la sécurité sociale destinée à garantir les travailleurs et leurs familles contre les risques de toute nature susceptibles de réduire ou de supprimer leur capacité de gain, à couvrir les charges de maternité et les charges de famille qu'ils supportent [...]. Des ordonnances ultérieures procéderont à l'harmonisation desdites législations et pourront étendre le champ d'application de l'organisation de la sécurité sociale à des catégories nouvelles de bénéficiaires et à des risques ou prestations non prévus par les textes en vigueur. » (Ordonnance du 4 octobre 1945, art. 1er.)

La coexistence de ces deux inspirations est à l'origine de l'ambiguïté qui entoure la nature des droits offerts par la sécurité sociale : dans un cas, des « droits créance » que chaque individu détient sur la société ; dans l'autre, des droits que l'individu s'ouvre par son travail et par ses cotisations. Cette ambiguïté ne prendra d'ailleurs tout son sens que dans les années soixante-dix, lorsque le mouvement trentenaire d'extension de la sécurité sociale se heurtera aux difficultés croissantes de certaines catégories de la population à s'ouvrir des droits à la sécurité sociale.

Cette ambiguïté n'altère cependant pas le caractère profondément novateur de la sécurité sociale :

– D'abord parce que dans le contexte économique de l'après-guerre, marqué à la fois par la pénurie de main-d'œuvre et par la croyance qu'une société de plein-emploi est possible, la distinction entre « l'ensemble de la population » et « les travailleurs et leurs familles » n'a pas grand sens. Dans l'esprit des rédacteurs de l'ordonnance, couvrir toute la population équivaut à protéger, en sus des salariés, les non-salariés :

> « Jusqu'à présent, la plupart des législations de sécurité sociale ont été limitées aux travailleurs salariés. Ceux-ci appelaient les mesures les plus urgentes et c'est pour eux qu'ont été faites les lois des assurances sociales, celles des accidents du travail et celles des allocations familiales. Nous entendons aujourd'hui généraliser ces législations à l'ensemble de la population [1]. »

1. Pierre Laroque, « Le plan français de sécurité sociale », *Revue française du travail*, 1, 1946.

[89]

L'EXPOSÉ DES MOTIFS DE L'ORDONNANCE DU 4 OCTOBRE 1945 (extraits)

Tous les pays du monde, dans l'élan de fraternité et de rapprochement des classes qui marque la fin de la guerre, s'efforcent d'instituer, au profit des travailleurs et même parfois de l'ensemble de leur population, un système de sécurité sociale. La France, dans la mesure de ses possibilités et compte tenu des conditions économiques et psychologiques qui lui sont propres, doit, elle aussi, élaborer un tel système [...].

La sécurité sociale est la garantie donnée à chacun qu'en toutes circonstances il disposera des moyens nécessaires pour assurer sa subsistance et celle de sa famille dans des conditions décentes. Trouvant sa justification dans un souci élémentaire de justice sociale, elle répond à la préoccupation de débarrasser les travailleurs de l'incertitude du lendemain, de cette incertitude constante qui crée chez eux un sentiment d'infériorité et qui est la base réelle et profonde de la distinction des classes entre les possédants sûrs d'eux-mêmes et de leur avenir et les travailleurs sur qui pèse, à tout moment, la menace de la misère.

La réalisation d'un tel but est subordonnée à un ensemble complexe de mesures qui engagent toute la politique économique et sociale du pays : mesures économiques tendant à éviter les crises en assurant un équilibre permanent des activités, organisation de l'emploi assurant à chacun des possibilités de travail, garantie des salariés contre l'arbitraire des embauchages et des congédiements, politique des salaires fournissant à chaque travailleur des moyens suffisants d'existence, politique de lutte contre la maladie et de prévention des accidents du travail. Mais [...] il demeure toujours des circonstances dans lesquelles un travailleur se trouve privé de ses moyens d'existence, ou tout du moins dans lesquelles ses ressources sont insuffisantes pour pourvoir aux besoins de sa famille. Il en va ainsi, d'une part, lorsque le travailleur se trouve obligé d'interrompre son activité par suite notamment de maladie, de maternité, de vieillesse ou d'accident, d'autre part, lorsqu'il supporte des charges de famille particulières. Le problème qui se pose alors est celui d'une redistribution du revenu national destinée à prélever sur le revenu des individus favorisés les sommes nécessaires pour compléter les ressources des travailleurs ou familles défavorisées.

Envisagée sous cet angle, la sécurité sociale appelle l'aménagement d'une vaste organisation nationale d'entraide obligatoire qui ne peut atteindre sa pleine efficacité que si elle présente un caractère de très grande généralité à la fois quant aux personnes qu'elle englobe et quant aux risques qu'elle couvre. Le but final à atteindre est la réalisation d'un plan qui couvre l'ensemble de la population du pays contre l'ensemble des facteurs d'insécurité ; un tel résultat ne s'obtiendra qu'au prix de longues années d'efforts persévérants, mais ce qu'il est possible de faire aujourd'hui, c'est d'organiser le cadre dans lequel se réalisera progressivement ce plan.

– Ensuite, parce que, dans ses principes et dans ses ambitions affichées, la sécurité sociale se veut radicalement différente de tous les systèmes partiels de protection qui l'ont précédée. À un système multiforme, associant une obligation d'assurance limitée à une partie seulement de la population à une prévoyance volontaire, se substitue un système à vocation universelle dont le but final est d'aboutir à la protection de la nation tout entière. Intégrée dans un vaste projet de société [1], la sécurité sociale consacre l'idée d'une protection obligatoire qui s'impose à tous indépendamment de tout consentement individuel.

B / *Un texte partiellement appliqué*

Mais l'ambition générale de protéger toute la population grâce à la sécurité sociale va être remise en cause dès l'année 1946. Les deux instruments de cette ambition : la mise en place d'une caisse unique et la généralisation d'un système unique à l'ensemble de la population, restent en effet lettre morte.

> « Aussi apparaît-il indispensable de regrouper les institutions ou services répondant déjà à ces préoccupations dans l'organisation existante [...]. Ce regroupement s'accompagne d'une simplification administrative considérable à la fois par la fusion et la coordination d'organismes complexes et enchevêtrés et par le recouvrement simultané sur une même base de cotisations aujourd'hui multiples et obéissant chacune à des règles propres. Organisation unique, cotisation unique, telles sont les lignes essentielles du texte nouveau.
>
> Cette unité de la sécurité sociale s'entend en un double sens : d'une part, elle signifie que tous les facteurs d'insécurité doivent être couverts par des institutions communes ; d'autre part, elle signifie que, dans un même cadre géographique, il ne peut et doit exister qu'une seule institution couvrant l'ensemble des bénéficiaires [2]. »

1 / *L'éclatement de l'organisation administrative de la Sécurité sociale*

L'unité de l'organisation administrative de la Sécurité sociale devait être atteinte grâce à la création de caisses de sécurité sociale à compétence générale : des caisses primaires de sécurité sociale assurant la gestion des risques maladie, maternité, décès, accidents du travail et maladie professionnelle, et des allocations familiales ; des caisses régionales et une caisse nationale.

Ce principe de la caisse unique et d'une gestion unique des différents risques, à l'aide d'une unique cotisation, marquera très rapidement le pas. Subsisteront des caisses d'allocations familiales à côté des caisses primaires, et des caisses régionales de sécurité sociale.

2 / *L'abandon d'un système unique de sécurité sociale*

Les diverses catégories de la population, salariées et non salariées, qui devaient peu à peu êtres couvertes par le régime général s'opposèrent les unes après les autres à cette intégration. Une première entorse au principe d'unité avait déjà été réalisée par l'ordonnance du 4 octobre 1945 qui indiquait que les professions agricoles et forestières restaient soumises au régime de leur ancien statut, et qu'étaient provisoirement main-

1. Xavier Prétot, « La tutelle de l'État sur les organismes de sécurité sociale : aspects juridiques », *Droit social*, 7, juillet-août 1985, et « L'État et la sécurité sociale », *Droit social*, 12, décembre 1981.

2. Exposé des motifs de l'ordonnance du 4 octobre 1945.

tenus les régimes spéciaux dont disposaient certaines branches d'activité ou entreprises.

Un décret de juin 1946 énuméra les régimes dont l'autonomie était maintenue : dès cette date, le régime agricole et la majorité des régimes spéciaux virent donc leur autonomie garantie.

Le consensus politique qui existait, en 1945, sur la nécessité d'intégrer le plus rapidement possible les non-salariés dans le régime général, fit également place, au milieu de 1946, au retournement de certains partis politiques comme le MRP, puis à une campagne contre cette intégration. La loi du 17 janvier 1948 prit acte de cet échec en créant des régimes d'assurance vieillesse propres aux différentes catégories de travailleurs non salariés.

Enfin, les cadres, arguant de leur spécificité en matière de retraite, refusèrent d'être assimilés aux autres catégories de la population. En 1947, ils obtinrent la création, en dehors du régime général, d'institutions de retraite complémentaire.

Il devint alors évident à ce moment que la généralisation ne s'obtiendrait pas par le rattachement de toute la population à un régime unique. Ce projet fut abandonné. On aboutit alors, avec la création d'autres régimes réservés à des populations spécifiques, à ce que l'on appelle la « mosaïque des régimes » que l'on connaît aujourd'hui et qui constitue la réalité de la sécurité sociale.

Le poids de la logique professionnelle mais également les limites de la protection instaurées dans les faits par la sécurité sociale ont conduit au maintien et au développement d'autres formes de protection, aux logiques diverses. Traditions d'assistance, d'assurance et de solidarité se retrouvent ainsi dans un système de protection sociale qui se caractérise par sa grande complexité.

Chapitre 11

La généralisation de protections aux logiques multiples

UNE ARCHITECTURE COMPLEXE L'IMPOSSIBLE UNITÉ DE LA PROTECTION SOCIALE

I | LES AMBITIONS INITIALES : LA GÉNÉRALISATION DE LA SÉCURITÉ SOCIALE

L'ambition des fondateurs de la sécurité sociale était de mettre en place un système unique de protection s'appliquant à l'ensemble de la population. Cette volonté s'est heurtée au souhait exprimé par certaines catégories sociales de choisir librement le niveau et les caractéristiques de leur protection.

Il était par ailleurs difficile au législateur d'adopter des dispositions restrictives limitant, voire interdisant le développement d'autres formes de protection. De telles dispositions ont l'avantage de maintenir la cohésion du système, garantissant ainsi la solidarité nationale, mais elles peuvent conduire à l'immobilisme, en faisant obstacle à l'innovation sociale et à la mise en place de solidarités collectives internes à la société, dont les bénéfices peuvent ensuite être étendus à l'ensemble de la population. C'est ainsi que l'ordonnance du 4 octobre 1945 avait confirmé l'existence des régimes complémentaires de prévoyance et de protection sociale, disposition qui sera utilisée dès 1947 pour étendre aux cadres un régime de retraite complémentaire de l'assurance vieillesse avant d'être utilisée au profit d'autres catégories de la population.

Mais à l'inverse, s'il est admis que chaque catégorie peut recourir sans limites à des formes de protection concurrentes, aussi développées que possible, le risque est grand de voir se développer une protection duale. En effet, puisque des formes complémentaires de protection, individuelles ou collectives, sont mises en place pour la partie de la population susceptible de les financer, la protection de base risque de n'être pas revalorisée : elle peut rester limitée et n'offrir qu'un niveau minimal de garanties, puisqu'elle n'est pas tirée vers le haut.

En 1945, la sécurité sociale était appelée à assurer une protection à la majeure partie de la population : dans cette perspective, l'aide sociale devait progressivement prendre un caractère résiduel, puisque tous auraient droit à une protection sur la base de la sécurité sociale ; par ailleurs, la sécurité sociale avait vocation à absorber une part importante de la protection complémentaire.

Cette vocation à la généralisation et à l'extension de la sécurité sociale, c'est-à-dire la reconnaissance de droits objectifs à toute la population, avait pour corollaire de rendre à terme inutiles les formes de protection fondées sur l'assistance. Par ailleurs, si les concepteurs du système admettaient l'existence d'un champ propre à la prévoyance facultative, ils considéraient aussi que la sécurité sociale devait apporter un niveau de protection toujours plus élevé, qui réduirait en fait peu à peu l'espace occupé par la protection complémentaire.

> « Il fallait tout reconstruire et par conséquent nous ne disposions que de moyens limités... Bien entendu, nous envisagions tous que la place des institutions donnant la sécurité de base devait s'accroître au fur et à mesure de l'amélioration de la situation économique. Tout le monde était persuadé que cette période de pénurie relative connaîtrait un terme et que la place de la protection obligatoire devrait certainement s'étendre. Tout particulièrement dans le secteur de la vieillesse qui a été, à l'époque, le secteur sacrifié [1]. »

II | L'ÉCHEC DE L'EXTENSION DANS LE CADRE DE LA SÉCURITÉ SOCIALE

L'analyse du système de protection sociale aujourd'hui fait apparaître une architecture certes totalement différente, dans ses modalités, de celle imaginée en 1945, mais qui réalise aussi partiellement les objectifs alors poursuivis. En effet, la quasi-totalité de la population est couverte par une forme de protection sociale, mais cette généralisation de la couverture s'est faite dans la diversité et la complexité, par la stratification de protections aux logiques différentes (tableaux 66 et 67).

L'absence d'un régime réellement universel couvrant toute la population a entraîné des répercussions en chaîne sur tout le système de protection sociale.

D'un côté, le fondement professionnel de la sécurité sociale a

1. Pierre Laroque, interview, dans Jean-Noël Chopart, B. Gibaud, « Concurrences, solidarités, la protection sociale complémentaire depuis 1945 », Laboratoire d'étude et de recherche sociales, novembre 1989.

Tableau 66. *Les ambitions de 1945*

L'aide sociale	La sécurité sociale	La prévoyance
Une protection appelée à devenir résiduelle	← Une vocation → à la généralisation	Une forme de protection appelée à voir son champ réduit

Tableau 67. *L'architecture du système de protection sociale en 1993*

Le RMI	L'aide sociale	Les prestations non contributives	La Sécurité sociale	La protection complémentaire obligatoire	La protection complémentaire facultative
Dernier filet de protection	Un palliatif à l'absence de généralisation	Entre aide sociale et sécurité sociale (souvent des minima sociaux d'inspiration beveridgienne)	Un système qui reste éclaté	Une amélioration généralisée des prestations	Le retour de la prévoyance individuelle et collective

empêché une généralisation de la couverture sociale à toutes les catégories de la population : se sont trouvées exclues de celles-ci les personnes dont le lien au travail était distendu ou inexistant, soit du fait de leur handicap, soit du fait d'une durée de travail insuffisante (jeunes, femmes isolées), soit en raison de la conjoncture économique (chômage). Une telle insuffisance a conduit non seulement au maintien de l'aide sociale mais également à l'effacement et au dépassement de la logique professionnelle au sein même de la Sécurité sociale par le rattachement de diverses catégories (étudiants, par exemple) et par la mise en place de prestations non contributives.

D'un autre côté, la limitation du montant des prestations versées par la Sécurité sociale a conduit les catégories les plus aisées de la population à rechercher des protections complémentaires, mieux adaptées au maintien de leur niveau de vie : cette préoccupation a, par ailleurs, rejoint le souci d'individualisation de ces catégories par rapport à l'ensemble des salariés.

Ces évolutions ont conduit à une interpénétration des logiques inspirant les différents types de protection : application de l'idée d'obligation à des régimes au départ complémentaires et facultatifs, utilisation des techniques de la Sécurité sociale, fondée sur l'assurance pour des populations qui reçoivent en fait une aide plus proche de l'assistance notamment les titulaires de minima sociaux. Elles expliquent également l'éclatement de la Sécurité sociale elle-même en de multiples régimes et protections fondées sur des solidarités professionnelles.

L'ambition de 1945 était de mettre en place rapidement une couverture de toute la population. Mais sa réalisation a été très progressive et s'est décomposée en deux mouvements, qui se sont développés parallèlement : d'une part, une généralisation de la protection assurée par la sécurité sociale à l'ensemble de la population active sur la base de solidarités professionnelles ; d'autre part, la mise en place de mécanismes permettant d'intégrer dans la sécurité sociale des populations n'ayant pas des durées suffisantes de travail pour s'ouvrir des droits. Ainsi, le choix a-t-il été de « colmater » progressivement les trous plutôt que d'appliquer immédiatement les principes universalistes de 1945. Ce choix explique la complexité de la sécurité sociale.

I | LA PROTECTION PROGRESSIVE DE LA POPULATION ACTIVE

L'éclatement de la sécurité sociale elle-même en de multiples régimes distincts a directement résulté des revendications des diverses composantes de la société française, les unes pour conserver des avantages particuliers en matière de prestations versées ou de régimes de protection, les autres pour maintenir leur spécificité sociale et professionnelle.

En effet, les catégories qui étaient déjà protégées depuis longtemps refusèrent de perdre leurs avantages ou leur spécificité pour entrer dans le régime général. Les régimes spéciaux existant pour couvrir certaines catégories de la population servaient en général des prestations nettement plus avantageuses que celles offertes dans le nouveau régime, particulièrement en matière de retraite (départs à la retraite plus précoces, taux de remplacement plus élevés). La plupart d'entre eux furent maintenus. Beaucoup de ces régimes (EDF, SNCF, mines, RATP, fonctionnaires) connaissent aujourd'hui des difficultés, à la fois du fait du rétrécissement de leur base démographique et en raison du niveau des prestations offertes.

Il en alla de même avec la population agricole qui souhaitait, compte tenu de sa spécificité, conserver des structures propres, les salariés agricoles bénéficiant des assurances sociales et des prestations familiales gérées par leurs propres organisations : les caisses mutuelles d'assurances sociales.

Par ailleurs, les travailleurs non salariés ont refusé leur assimilation à des catégories sociales dont ils se sentaient profondément étrangers.

« La lutte que mènent les travailleurs indépendants contre leur inclusion dans l'assurance vieillesse de la Sécurité sociale a pour fondement la défense de l'autonomie professionnelle de ces groupes, qui refusent de se voir confondus, avec les salariés, dans un régime unique. Le salarié représente encore, pour ces catégories, un demi-esclave, qui n'a pas su ou voulu faire l'effort de se libérer de sa condition aliénée. Aux yeux des travailleurs indépendants, l'assurance vieillesse est valable pour ces gens imprévoyants et irresponsables, qui ne se sont pas constitué de rentes pour leurs vieux jours [1]. »

Mais ils ne parvinrent pas non plus à s'entendre sur l'organisation d'un régime qui leur serait commun.

Les trois lois de 1946, celle du 22 mai 1946 « portant généralisation de la sécurité sociale » et prévoyant l'assujettissement de tout Français aux assurances sociales, sous réserve du rétablissement de la situation économique, celle du 22 avril accordant le bénéfice des prestations familiales à la quasi-totalité de la population et celle du 13 septembre fixant au 1er janvier 1947 la généralisation de l'assurance vieillesse, restèrent lettre morte, la loi du 8 juillet 1948 affirmant même clairement l'abrogation de la loi portant généralisation de l'assurance vieillesse.

Dans ce contexte, deux objectifs furent poursuivis :

– la généralisation, c'est-à-dire l'extension de la sécurité sociale à des catégories de la population active autres que les salariés de l'industrie et du commerce ; cette généralisation a donc constitué la première étape de la généralisation telle qu'elle était entendue en 1945, c'est-à-dire une extension de la protection à la totalité de la population ;

– l'harmonisation, c'est-à-dire la distribution de prestations équivalentes à ces différentes catégories de la population active et la recherche de l'égalisation des efforts contributifs de chacun.

A / *La généralisation progressive à la population active*

La généralisation progressive de la sécurité sociale à l'ensemble de la population active s'est essentiellement réalisée entre 1945 et 1975. Elle s'est majoritairement opérée grâce au rattachement de diverses catégories de la population au régime général et à la création de régimes spécifiques en faveur des populations non couvertes, cette technique permettant de prendre en compte la volonté de maintien des particularismes des différentes catégories, tout en leur assurant une couverture sociale [90].

La Sécurité sociale est donc constituée aujourd'hui d'une mosaïque de régimes, chacun géré selon des méthodes différentes – même si le décret du 12 mai 1960 relatif à l'organisation de la Sécurité sociale impose des dispositions de principe communes à l'ensemble des régimes –, supportant des taux de cotisation différents et servant des prestations différentes, même si l'évolution est au rapprochement. Chaque régime possède ses propres méthodes comptables. Au-delà du problème de consolidation des comptes, il faut souligner qu'aucune instance ne symbolise aujourd'hui l'unité de la Sécurité sociale, en dehors des organismes de tutelle, de contrôle, de l'école de formation des cadres et de la Commission des comptes [2] ([91] et tableau 68).

1. Anne-Marie Guillemard, *Le déclin du social*, Paris, PUF, 1986.

2. Sur ces différents problèmes, cf. *Rapport d'information fait au nom de la commission des Finances, du contrôle budgétaire et des comptes économiques de la nation sur les aspects financiers de la protection sociale*, présenté par Jacques Oudin (*JO*, Sénat), octobre 1992.

[90]

LA GÉNÉRALISATION DE LA SÉCURITÉ SOCIALE À L'ENSEMBLE DE LA POPULATION ACTIVE

– Ordonnance du 4 octobre 1945 : création du régime général, destiné dans un premier temps aux salariés de l'industrie et du commerce.

– Décret du 8 juin 1946 : énumération des régimes spéciaux dont l'indépendance est maintenue.

– Convention collective interprofessionnelle du 14 mars 1947 instituant le régime de retraite complémentaire des cadres.

– Loi du 9 avril 1947 étendant la sécurité sociale aux fonctionnaires.

– Loi du 17 janvier 1948 instaurant trois régimes d'assurance vieillesse des professions non salariées non agricoles (artisans, professions industrielles et commerciales, professions libérales).

– Loi du 10 juillet 1952 : création d'un régime d'assurance vieillesse obligatoire des exploitants agricoles, géré par la MSA.

– Loi du 25 janvier 1961 : création d'un régime d'assurance maladie obligatoire des exploitants agricoles, avec libre choix de l'assureur.

– Loi du 12 juillet 1966 : création du régime autonome d'assurance maladie-maternité pour les non-salariés non agricoles, géré par la CANAM.

– Loi du 22 décembre 1966 : création d'un régime complémentaire obligatoire des exploitants agricoles contre les accidents du travail, maladies professionnelles et accidents de la vie privée, avec libre choix de l'assureur.

– Loi du 25 octobre 1972 : institutionnalisation de la protection des salariés agricoles contre les accidents du travail.

– Loi du 4 juillet 1975 : généralisation à l'ensemble de la population active de l'assurance vieillesse obligatoire.

– Loi du 2 janvier 1978 : institution d'un régime particulier pour les ministres du culte et les membres des congrégations religieuses, et de l'assurance personnelle pour la population « résiduelle ».

Les difficultés rencontrées par certains régimes du fait de la structure démographique de leurs ayants droit ainsi que le souhait de ceux-ci de bénéficier de prestations proches de celles des salariés ont suscité un double mouvement dans le sens de l'alignement de ces régimes sur le régime général (harmonisation) et dans le sens d'un renforcement de la solidarité financière (compensation). La loi du 24 décembre 1974 annonce ces réformes de fond.

L'article premier de cette loi affirme en effet, d'une part, qu'« un système de protection sociale commun à tous les Français sera institué au plus tard le 1er janvier 1978, dans les trois branches : assurance maladie-maternité, vieillesse, prestations familiales » et que, « pour réaliser cet objectif, les régimes de base obligatoires légaux de sécurité sociale seront progressivement harmonisés [...] ». L'harmonisation est, en effet, le moyen de se rapprocher d'un système unique de protection, malgré la multiplicité des régimes.

Mais le même article indiquait : « Ces mesures d'harmonisation ne pourront mettre en cause les avantages acquis par les différents régimes, ni porter atteinte à l'existence d'institutions de protection sociale propres aux différents groupes socioprofessionnels qui en sont actuellement dotés. »

[91]

L'ORGANISATION DE LA SÉCURITÉ SOCIALE EN RÉGIMES

La sécurité sociale est organisée en régimes. Ce dernier terme a deux acceptions :

– un régime est un ensemble de dispositions réglementaires s'appliquant à un groupe donné d'affiliés et définissant les prestations auxquelles ils ont droit. C'est la conception statutaire, fondée sur un ensemble de règles homogènes applicables à un groupe social défini ;

– au sens organique, le régime peut être considéré comme l'ensemble des prestations gérées par une organisation autonome ; « Les organismes de sécurité sociale chargés de la gestion d'un régime obligatoire » (art. L 115-1 du Code de la Sécurité sociale) sont, à l'exception des caisses nationales du régime général qui ont le statut d'établissements publics, des organismes de nature mutualiste (art. L 216-1 pour les caisses du régime général, L 611-2 pour les travailleurs non salariés, L 217-6 pour les fonctionnaires par exemple) ; mais il peut également s'agir de l'employeur lui-même, comme c'est le cas pour certaines entreprises publiques (régime des retraites de la SNCF) ou pour l'État (régime des retraites des fonctionnaires).

Quelle qu'en soit la forme juridique, ces régimes (au sens organique du terme) portent souvent le nom de « caisse » ou « institution » (plus rarement de « caisse mutuelle » ou de « société de secours »).

Au sein du régime général, on distingue souvent les branches, correspondant aux risques couverts dans le cadre de la coordination et de la compensation d'une caisse nationale (pour ce qui concerne la caisse nationale d'assurance maladie, on distingue la branche « maladie » et la branche « accidents du travail et maladies professionnelles »).

Le secrétaire général de la Commission des comptes de la Sécurité sociale écrivait, dans le rapport de juin 1993 : « On n'insistera pas ici sur l'impossibilité de donner une définition précise et incontestable de concepts pourtant usuels comme ceux de " régime ", de " caisse de sécurité sociale " ».

On distingue parmi les régimes de la Sécurité sociale les régimes de base et les régimes complémentaires d'une part – les seconds servant des prestations qui viennent s'ajouter à celles qui sont versées par les premiers – et les régimes obligatoires et non obligatoires, d'autre part. Le champ de la Commission des comptes de la Sécurité sociale regroupe tous les régimes obligatoires de sécurité sociale, de base ou complémentaires. Le régime général est, de loin, le plus important de tous les régimes obligatoires : il verse 57,1 % de toutes les prestations versées par les régimes obligatoires.

Qu'il s'agisse de l'unification des régimes ou de l'égalisation des efforts contributifs, l'effort d'harmonisation a été très limité.

B / *La faible harmonisation des régimes*

L'effort d'harmonisation des prestations a, en effet, été très variable dans les différents régimes de la Sécurité sociale :

– malgré les principes posés par la loi du 24 décembre 1974, il a été pratiquement nul pour les régimes spéciaux de salariés ;

– des progrès ont été réalisés pour l'harmonisation des régimes de base des professions non salariées non agricoles avec le régime général,

Tableau 68. *La multiplicité des régimes de la Sécurité sociale*

	Population salariée (hors salariés agricoles)	Population agricole	Population non salariée non agricole
Régimes de base	– 1 régime général pour les salariés de l'industrie et du commerce, chapeautés par cinq organismes nationaux : la CNAMTS, la CNAVTS, la CNAF, l'ACOSS, l'UCANSS	– 1 régime des exploitants agricoles – 1 régime des salariés agricoles	– 1 régime maladie des « non-non », géré par la CANAM – 1 régime maladie des cultes
	– 122 régimes spéciaux dont 81 régimes particuliers des collectivités locales d'Alsace et de Moselle et 41 autres dont RATP, Mines, fonctionnaires...	gérés par la MSA	– 17 régimes d'assurance vieillesse à la fois de base et complémentaire facultatif : 1 pour les commerçants et industriels, géré par l'ORGANIC 1 pour les artisans, géré par la CANCAVA 1 pour les professions libérales, géré par la CNAVPL, qui comporte treize sections : notaires, officiers ministériels, médecins, chirurgiens-dentistes, pharmaciens, sages-femmes, auxiliaires médicaux, vétérinaires, professions libres et artistes, agents généraux d'assurance, architectes ingénieurs techniciens, experts et conseils, experts-comptables, géomètres 1 pour les avocats, géré par la CNBF 1 régime pour les cultes
Régimes complémentaires obligatoires	68 régimes obligatoires de retraite complémentaire dont 1 géré par l'AGIRC et 47 fédérés par l'ARRCO		
Régimes complémentaires non obligatoires [1]	59 institutions de prévoyance gérant des régimes de branche ou d'entreprise 185 institutions de retraite supplémentaires		

1. Les régimes de base vieillesse gèrent également des régimes complémentaires facultatifs.

Source : Commission des comptes de la Sécurité sociale, juin 1996. CANAM : Caisse nationale d'assurance maladie et maternité des non salariés non agricoles ; ORGANIC : Organisation autonome nationale de l'industrie et du commerce ; CANCAVA : Caisse autonome nationale de compensation de l'assurance vieillesse artisanale ; CNAVPL : Caisse nationale d'assurance vieillesse des professions libérales ; CNBF : Caisse nationale des barreaux français ; MSA : Mutualité sociale agricole.

essentiellement sous l'impulsion de la loi du 3 juillet 1972 (pour les professions industrielles et commerciales) et de la loi Royer du 27 décembre 1973, qui concernait l'ensemble des risques. Mais, pour les professions libérales, les différences avec le régime général restent encore marquées ;

– enfin, dans le régime agricole, la protection des salariés agricoles est alignée sur le régime général depuis 1972 (l'abaissement à 60 ans de l'âge de la retraite ayant été accordé aux salariés agricoles à compter du 1er avril 1983). En revanche, il subsiste d'importantes différences pour les exploitants agricoles.

Malgré les tentatives d'harmonisation, l'hétérogénéité des régimes de la Sécurité sociale reste, à l'exception de la branche famille, à l'origine d'une grande disparité des couvertures sociales, disparité variable selon les risques.

Tableau 69. *Les bénéficiaires de quelques régimes en 1993*

	Bénéficiaires Maladie	Bénéficiaires Vieillesse
Total	55 040 000	18 900 000
Total salariés	49 540 000	15 100 000
dont :		
– régime général et assimilé	*46 000 000*	*8 600 000*
– régime des salariés agricoles	*1 840 000*	*2 100 000*
– régimes spéciaux	*1 700 000*	*4 400 000*
dont :		
– RATP	*112 000*	*43 000*
– Banque de France	*50 000*	*14 000*
Total non-salariés	5 500 000	3 800 000
dont :		
– régime des exploitants agricoles	*2 600 000*	*2 100 000*
– régime des « non-non »	*2 900 000*	*1 700 000*

Source : Commission des comptes de la Sécurité sociale, 1996.

1 / *La vieillesse*

C'est en matière d'assurance vieillesse que les différences sont les plus importantes : de façon générale, les prestations octroyées par les régimes spéciaux sont plus favorables que celles du régime général, qu'il s'agisse de l'âge du droit à la retraite (tableau 70) ou du montant de la pension. Ainsi, pour le régime des fonctionnaires et les régimes spéciaux, la pension est, en règle générale, égale à 75 % du salaire de référence pour 37,5 annuités d'activité (50 % et 40 annuités dans le régime général) et l'évaluation de ce salaire de référence est dans l'ensemble effectuée sur des bases différentes.

Pour les professions non salariées non agricoles, les différences essentielles avec le régime général en matière d'assurance vieillesse de base concernent les professions libérales : l'âge normal d'attribution de la pension est de 65 ans, les prestations variant ensuite selon les sections professionnelles. C'est surtout pour l'assurance vieillesse complémentaire que les différences sont importantes, car celle-ci n'est obligatoire ni pour les non-salariés non agricoles, ni pour les exploitants agricoles : elle ne dépend donc que des efforts volontaires des individus.

2 / *La maladie*

Les différences sont moindres dans le cas de l'assurance maladie-maternité. Ainsi dans les régimes spéciaux, la plupart des prestations (remboursement de soins) sont les mêmes que dans le régime général, hormis le cas de certains régimes spéciaux où la gratuité des soins est accordée en contrepartie d'une limitation du libre choix du praticien, lequel doit être agréé par le régime, ou encore les cas où existe une médecine de caisse (régime des mines). Les différences concernent également les indemnités journalières, mais elles ne représentent financièrement qu'une faible masse de dépenses.

De même, il existe des différences entre le régime général et l'assu-

Tableau 70. *Comparaison des âges d'ouverture des droits à pension selon les régimes*

Âge d'ouverture des droits	Catégories concernées
65 ans	Professions libérales, ministres du culte, inactifs, bénéficiaires du fonds national de solidarité.
60 ans	Salariés du secteur privé, salariés du secteur public non visés par des âges inférieurs, artisans, industriels et commerçants, exploitants agricoles.
55 ans	Fonctionnaires ou agents du secteur para-public (EDF, Banque de France, collectivités locales, RATP) ayant 15 ans de service, marins, mineurs, certains artistes de l'Opéra et de la Comédie-Française.
50 ans	Marins ou personnel SNCF ou RATP ayant 25 ans de service, officiers ayant entre 15 et 25 ans de service, mineurs ayant 20 années de fond et 30 années de service, agents des collectivités locales ayant 30 ans d'activité dont 10 en réseau souterrain.
40 ans	Artistes de la danse de l'opéra.
Pas d'âge minimal	Femmes mères d'au moins 3 enfants et ayant accompli 15 années de service (fonction publique, EDF, Banque de France...), officiers ayant 15 ans de service, mineurs dans certains cas particuliers.

Source : *Livre blanc sur les retraites,* coll. « Rapports officiels », Paris, La Documentation française, 1991.

rance maladie-maternité des travailleurs indépendants : si la couverture du « gros risque » (hospitalisation) est très voisine de celle du régime général, les disparités tiennent à la couverture du « petit risque » car le ticket modérateur supporté par l'assuré pour les soins courants est supérieur dans le cas des professions non salariées non agricoles (50 % contre 25 % pour les salariés en ce qui concerne les soins).

3 / *Les accidents du travail*

Hormis le cas particulier de quelques régimes spéciaux qui assurent le maintien du traitement pendant toute la période d'incapacité temporaire en cas d'accident du travail (fonctionnaires, SNCF, RATP, EDF...), les disparités de couverture sociale en matière d'accidents du travail concernent essentiellement les non-salariés non agricoles et les exploitants agricoles. Il n'y a pas d'assurance obligatoire contre le risque accidents du travail pour les professions non salariées non agricoles. La faculté d'une assurance volontaire contre ce risque est cependant ouverte soit auprès du régime général, soit auprès de mutuelles ou de sociétés d'assurances. Pour les exploitants agricoles, l'originalité du système tient au fait que les accidents du travail et de la vie privée sont couverts par la même assurance obligatoire, ce qui est lié à la difficulté de départager l'activité professionnelle et la vie quotidienne dans une exploitation agricole.

C / *Une harmonisation des efforts contributifs sans cesse repoussée*

1 / *La disparité des efforts contributifs*

La notion d'effort contributif correspond à la part du revenu réel que les assurés actifs d'un régime consacrent à son financement. Certes, il est légitime que les assurés d'un régime consentent un effort de cotisation supérieur si ce régime propose une protection plus large que les autres. Pour pouvoir comparer les régimes entre eux, il faut donc mesurer l'ampleur des prestations offertes pour pouvoir ensuite calculer les efforts contributifs qui devraient y correspondre si on appliquait le principe « à droits égaux, efforts contributifs égaux ».

Quoi qu'il en soit, il est intéressant de remarquer que les cotisations acquittées en moyenne par un salarié représentaient, en 1992, un peu plus de 60 000 F, pour un « non-non », 35 000 F, et pour les exploitants agricoles environ 20 000 F, ces deux dernières catégories ayant vu leurs cotisations très fortement augmentées ces dernières années.

Pour la maladie et les prestations familiales, il est révélateur que la dernière étude complète effectuée sur la comparaison des efforts contributifs entre les régimes date de 1982. La difficulté de l'exercice tient à la fois à la sensibilité du problème et à la complexité technique d'une comparaison entre des régimes qui offrent des prestations parfois très différentes [1]. Mais, sans doute, peut-on aussi y voir une réticence à assurer une totale transparence en la matière ([92] et tableau 71).

L'étude concluait à l'insuffisance nette d'efforts contributifs de la part de certaines catégories socioprofessionnelles et principalement des professions indépendantes, pour l'ensemble des branches maladie et prestations familiales.

En matière de vieillesse, les comparaisons sont plus compliquées encore. En effet, le « bénéfice relatif » de chaque catégorie dépend non seulement de l'effort contributif, de la durée de récupération ou du niveau moyen des retraites versées mais aussi de l'espérance de vie à l'âge de la retraite. Or, en ce domaine, les disparités sont grandes, la durée moyenne de vie après 60 ans augmentant sensiblement avec la hiérarchie sociale.

En l'absence d'études récentes, il n'est possible aujourd'hui que de rappeler les taux d'effort contributif par régime estimés dans un rapport parlementaire [2], qui font apparaître des disparités considérables :

– le taux d'effort du régime général, qui se situe à 20 %, constitue un taux intermédiaire par rapport à celui des autres catégories ;

– les taux d'effort des régimes spéciaux, essentiellement ceux des fonctionnaires et des salariés du secteur public, sont nettement plus élevés (entre 35 et 56 %) mais correspondent à des conditions de liquidation de la retraite généralement plus favorables ;

– les taux des non-salariés, enfin, sont les plus faibles, compris entre

1. Jacques Oudin, rapport cité.
2. Les taux d'effort sont calculés en rapportant les cotisations salariales et patronales affectées aux seules dépenses de retraite à une assiette constituée des revenus bruts déplafonnés totaux.

[92]

UNE COMPARAISON DES EFFORTS CONTRIBUTIFS L'ÉTUDE DU CENTRE D'ÉTUDES DES REVENUS ET DES COÛTS DE 1982

Le CERC a effectué une comparaison, pour la maladie et les prestations familiales, en s'appuyant sur la construction d'un « régime national fictif » offrant les mêmes droits que le régime général. Cela permettait de calculer un taux théorique d'équilibre, puis de moduler ce taux de référence par régime, en fonction des disparités de droits à prestations. La comparaison des efforts contributifs, effectuée en fonction des revenus réels et non en termes de taux, consistait à mesurer le rapport : masse de cotisations théoriques/masse de cotisations observées, et à estimer l'écart séparant pour chaque régime l'effort contributif du niveau de référence.

Tableau 71. *Les résultats de la comparaison des efforts contributifs (maladie et prestations familiales)*

Régimes	Cotisations observées/ Cotisations théoriques	
	1980	1981
Régime général	1,09	0,96
Fonctionnaires, collectivités locales, EDF.	0,93	0,83
SNCF	0,71	0,67
Mines	1,00	0,93
Salariés agricoles	1,10	1,04
Exploitants agricoles	1,08 du revenu du travail taxé	1,15
« Non-non »	0,53 du revenu du travail taxé	0,52

Source : CERC, « Comparaison des régimes de Sécurité sociale », *Documents du CERC*, 63, 1982.

9 et 13 % [1], mais ils correspondent également à des conditions moins favorables, en particulier en matière d'âge.

Ainsi, à l'hétérogénéité des prestations versées par les différents régimes de la Sécurité sociale répond la disparité des efforts contributifs, ces deux particularités entretenant le manque de cohérence et de lisibilité du système : en matière de couverture sociale, l'absence d'homogénéité constitue donc la règle et non pas l'exception.

D / *La conséquence de l'absence d'harmonisation : les transferts financiers*

L'absence d'unité des régimes de la Sécurité sociale est également source d'un autre type de disparité, d'ordre technique, qui aurait normalement dû conduire à la disparition de plusieurs régimes spéciaux et autonomes si d'ingénieux mécanismes de transferts financiers n'avaient

1. *Livre blanc sur les retraites*, coll. « Rapports officiels », Paris, La Documentation française, 1991.

pas été mis en place. En effet, les évolutions sociologiques et démographiques ont été particulièrement défavorables à certaines catégories professionnelles comme les non-salariés considérés globalement, les professions agricoles (salariés et exploitants) ou encore des populations spécifiques couvertes par des régimes spéciaux. Le rapport démographique, c'est-à-dire le rapport entre le nombre de cotisants et le nombre de bénéficiaires, est ainsi, pour le risque vieillesse, de 0,43 pour le régime des exploitants agricoles, de 0,85 pour le régime de la SNCF, de 3,62 pour celui des agents des collectivités locales, de 1,75 pour le régime général [1].

Ces évolutions démographiques mettent en évidence la difficulté technique qui consiste à organiser une mutualisation des risques sociaux sur une base démographique réduite à un groupe professionnel. L'évolution des formes d'activité conduit à la diminution de certains secteurs, dont les régimes connaissent alors de graves difficultés financières, alors que d'autres bénéficient de rapports démographiques particulièrement favorables. Ainsi, la simple évolution de l'équilibre financier des régimes dans le temps met en évidence les limites de l'organisation d'une protection contre les risques sociaux sur une base professionnelle.

Les déséquilibres financiers structurels pour certains régimes auraient dû normalement conduire à leur disparition. Mais les catégories professionnelles concernées, dès lors qu'on envisage une remise en cause de la spécificité de leur couverture sociale, se révèlent profondément attachées à leurs particularismes, et la remise en cause tant de régimes spéciaux que de régimes de non-salariés s'est avérée politiquement pratiquement impossible. De ce fait, de nombreux mécanismes financiers ont été mis en place pour permettre la survie de certains régimes et pour élargir la base de mutualisation des risques. Ces aménagements constituent ainsi le pendant de la « mosaïque » des régimes de la Sécurité sociale.

Les mécanismes de transferts financiers au sein de la Sécurité sociale, qui visent à répondre aux incohérences précédemment décrites, se font selon deux modalités principales : les intégrations financières et les compensations entre régimes.

Les intégrations financières instituent une solidarité financière totale entre les groupes concernés : dans ce cas, les déficits structurels de certains régimes sont entièrement repris au sein d'un groupe plus large. L'intégration financière permet le maintien d'une autonomie de gestion plus ou moins importante. Cette situation est celle :

– des fonctionnaires qui sont intégrés au régime général pour les prestations en nature d'assurance maladie, maternité et invalidité, le service des prestations étant assuré par les mutuelles de la fonction publique ;

– des salariés agricoles, intégrés également au régime général, mais gérés par les caisses de la Mutualité sociale agricole.

Contrairement aux intégrations, qui conduisent à une solidarité financière complète, les compensations organisent une solidarité restreinte entre les régimes : l'objectif consiste à neutraliser des disparités démographiques défavorables à certains régimes, voire des capacités contri-

1. Commissariat général du Plan, *Perspectives à long terme des retraites*, groupe de travail présidé par Raoul Briet, Paris, La Documentation française, 1995.

butives faibles, tout en évitant de faire financer par d'autres les avantages particuliers qu'un groupe professionnel s'est donnés à travers ses propres choix de couverture sociale.

Avant 1974, il existait des compensations bilatérales entre le régime général et certains régimes de salariés. La loi du 24 décembre 1974 a généralisé cette compensation à l'ensemble des régimes (salariés et non-salariés), visant en cela à compenser des disparités démographiques et de capacités contributives, mais l'unification n'a pas été totale dans la mesure où les compensations bilatérales entre régimes d'assurance maladie n'ont pas été supprimées. Il existe donc plusieurs types de compensation [93].

[93]

LES COMPENSATIONS
UNE SOLIDARITÉ RESTREINTE ENTRE RÉGIMES

1. *La compensation maladie*

La compensation maladie se divise en deux types de compensations :

– les compensations bilatérales entre le régime général et sept régimes spéciaux de salariés ; les principaux bénéficiaires sont les régimes de la SNCF, des militaires, et des mines. Le solde supporté par le régime général s'élève à 9,5 milliards pour la maladie et à 3,3 milliards pour les accidents du travail en 1995 ;

– la compensation généralisée (démographique) entre l'ensemble des régimes salariés et les deux régimes non salariés (exploitants agricoles et « non-non »). Le principal bénéficiaire est le régime des exploitants agricoles, qui reçoit 7,5 milliards. Le régime général et la CANAM supportent l'essentiel des transferts.

2. *La compensation vieillesse*

Il existe deux types de compensation vieillesse :

– la compensation démographique vieillesse, qui s'effectue en deux étapes : une compensation interne aux régimes de salariés, puis une compensation entre les régimes salariés et les régimes non salariés. Environ 23 milliards sont reçus à ce titre par le régime des exploitants agricoles, environ 14 milliards par les salariés agricoles, 6 milliards reçus par les régimes « non-non » et 3 milliards reçus par les trois régimes spéciaux des mines, de la SNCF et des marins. Ces transferts sont principalement supportés par le régime général, la caisse de retraite des agents des collectivités locales et les institutions de retraite gérées par l'État ;

– la compensation spécifique vieillesse, mise en place depuis 1986, prévoit que la charge de certains régimes déficitaires (SNCF, Mines) n'est plus assurée par l'État seulement, mais partagée par des régimes spéciaux réputés riches, car bénéficiant d'une démographie favorable (régime des agents des collectivités locales). 9,6 milliards sont ainsi reçus par le régime des Mines, 4,6 milliards par la SNCF, et 1,9 milliard par les marins, la charge étant supportée par les institutions de retraites gérées par l'État, le régime des agents des collectivités locales et celui de l'électricité de France (EDF).

Source : Commission des comptes de la Sécurité sociale, 1996.

La justification de ces transferts financiers, particulièrement massifs, réside dans l'analyse de l'évolution des diverses catégories de la popula-

[94]

ANALYSE CRITIQUE DES COMPENSATIONS

1. *Les difficultés techniques*

Très concrètement, les compensations présentent de multiples insuffisances techniques [1]. Ainsi, les compensations démographiques sont particulièrement sensibles aux modifications des rapports démographiques en cause. Il est donc important d'apprécier correctement les effectifs protégés (et cotisants) dans les différents régimes. Or la connaissance des bénéficiaires est très imparfaite, notamment dans le cas de la maladie.

De même, l'utilisation des masses salariales plafonnées dans les calculs de compensation (sauf compensations bilatérales maladie) entre les salariés, qui vise à intégrer la notion économique de capacité contributive est critiquable. En effet, dans le cas du risque maladie, quelle est la signification de la masse salariale sous plafond quand les cotisations de l'assurance maladie sont entièrement déplafonnées ?

2. *Les difficultés de principe*

Les inconvénients majeurs des compensations sont plutôt d'ordre conceptuel. Il ressort de la loi du 24 décembre 1974 que la compensation devait répondre à deux objectifs : d'une part, prendre en compte les disparités de charges démographiques, et elles seulement ; d'autre part, intégrer la capacité contributive des affiliés. Or ces objectifs ne sont pas réellement atteints :

– ainsi, en premier lieu, le caractère minimal des prestations de référence utilisées dans les compensations démographiques ne permet pas de compenser totalement la charge démographique de chaque régime. D'autre part, les compensations ne peuvent totalement éviter le défaut qui consiste à faire supporter à certains régimes la charge de prestations plus favorables que celles qu'ils versent à leurs propres assurés ;

– en second lieu, les calculs de compensations prennent en compte les capacités contributives des seuls salariés (et pas celle des non-salariés) ; c'est la raison pour laquelle les mécanismes de compensation entre salariés et non-salariés reposent sur le seul facteur démographique, ce qui est lié à l'incapacité, apparue dès l'origine, d'appréhender les revenus réels des catégories non salariées. De ce fait, la compensation avec les non-salariés demeure contestée par les partenaires sociaux et les régimes de salariés.

3. *Les difficultés financières*

Les charges de compensation sont fortement sensibles à l'équilibre démographique des régimes ; elles évoluent donc rapidement et avec des variations importantes. De plus, ces charges ne tiennent pas compte de l'équilibre financier des régimes qui les supportent. Et, de plus en plus, compte tenu de la dégradation tendancielle globale des rapports démographiques, elles devront être financées par des hausses de cotisations, ce qui, à terme, pose le problème de leur acceptation par les régimes débiteurs.

1. *Évaluation des mécanismes de la compensation entre régimes de Sécurité sociale*, rapport du groupe de travail présidé par Pierre Bougon, Paris, La Documentation française, 1987.

tion active. En effet, si la charge est principalement supportée par les salariés du régime général et les fonctionnaires, c'est parce qu'on considère que ces catégories ont bénéficié de l'apport de secteurs professionnels déclinants (mineurs, cheminots...). Les transferts financiers sont la conséquence des évolutions internes à la population active et la contribution importante du régime général est justifiée par la généralisation du salariat.

Ainsi, le comité des Sages, dans son rapport d'octobre 1987, estimait-il « normal, sur le plan des principes, que les dépenses imputables aux mécanismes de compensation démographique soient supportées par les régimes sociaux eux-mêmes, car, compte tenu de la pluralité de ces derniers, elles sont la conséquence inéluctable de changements intervenant dans la composition de la population active. S'il n'y avait qu'un seul régime de sécurité sociale, les compensations s'effectueraient exclusivement en son sein » [1].

Mais ces compensations font l'objet de multiples critiques et, en premier lieu celle d'une faible transparence du fait de leur grande complexité car le législateur, en dépit de l'ambition initiale du texte de 1974, n'est pas parvenu à unifier le dispositif [94].

II | L'EXTENSION À DES POPULATIONS QUI N'ONT PAS CONTRIBUÉ

A / *L'échec de la généralisation à l'ensemble de la population*

Si l'on avait suivi une logique purement professionnelle, la généralisation n'aurait concerné que la population active et ses ayants droit, puisque, par nature, le champ d'application de la protection était circonscrit par l'activité professionnelle des assujettis [2]. Mais, en fait, l'ambiguïté originelle du système français de sécurité sociale n'a fait que s'accentuer car celle-ci s'est progressivement étendue hors des champs professionnels, visant ainsi une population « interstitielle » non prise en charge par les différents régimes mis en place.

À l'époque, cette fraction de la population demeurée à l'écart de la sécurité sociale regroupait en majorité des catégories au statut professionnel incertain : étudiants, artistes, ministres du culte, femmes seules sans travail, handicapés non couverts par la législation sur les accidents du travail, inadaptés sociaux...

Ce processus d'extension à d'autres catégories de la population a été relancé en 1974, pour aboutir aux lois de 1978, qui posent le principe d'une extension généralisée de la sécurité sociale à l'ensemble de la population, en reconnaissant pour la première fois que la sécurité sociale est fondée sur la solidarité nationale [95].

Le processus de généralisation hors du champ professionnel a néanmoins manqué son principal objectif : celui d'universaliser la couverture de l'assurance maladie. En effet, le véritable enjeu de la loi de 1978 était d'instaurer une obligation d'affiliation pour toutes les populations non

1. États généraux de la Sécurité sociale, *Rapport du comité des Sages remis au Premier ministre le 20 octobre 1987,* Paris, La Documentation française.

2. Guy Perrin, « La sécurité sociale au passé et au présent », communication présentée à l'occasion du dixième anniversaire de l'Institut européen de sécurité sociale à Louvain, le 10 novembre 1978.

[95]

LES DEUX PHASES DE L'EXTENSION DE LA SÉCURITÉ SOCIALE

1 / *L'extension à de nouvelles catégories de la population entre 1945 et 1974*

L'extension à de nouvelles catégories de la population s'est faite à la fois par la loi et par la jurisprudence :

– extension du régime général aux étudiants (loi du 20 septembre 1948), aux écrivains non salariés (loi du 21 juillet 1949), aux militaires de carrière (décret du 3 octobre 1949) puis aux veuves et aux orphelins de guerre (loi du 26 août 1954) ;

– extension également par la jurisprudence à travers, par exemple, la création de constructions juridiques reposant sur l'existence de l'activité (assimilation des chômeurs ou des stagiaires de la formation professionnelle à des actifs).

2 / *Une extension généralisée à l'ensemble de la population (1974-1978)*

Trois lois ont tenté d'étendre la sécurité sociale à l'ensemble de la population active, sans distinction professionnelle, entre 1974 et 1978.

– *La loi du 24 décembre 1974 :* « Un système de protection sociale commun à tous les Français sera institué au plus tard le 1er janvier 1978 dans les trois branches : assurance maladie-maternité, vieillesse, prestations familiales » (art. 1er).

– *La loi du 4 juillet 1975 :* « Un projet de loi prévoyant les conditions d'assujettissement à un régime obligatoire de toutes les personnes n'en bénéficiant pas devra être déposé au plus tard le 1er janvier 1977. »

Cet engagement, répondant à celui de la loi de 1974, n'a pas été rempli. Cependant, la loi de 1975 a prévu l'universalisation de la branche famille à compter du 1er janvier 1978, c'est-à-dire la suppression de la condition d'activité professionnelle pour l'octroi des prestations et la généralisation de l'assurance vieillesse obligatoire à toutes les personnes exerçant une activité professionnelle.

D'autre part, elle a réalisé, dans l'immédiat, un élargissement du champ de la sécurité sociale en matière d'assurance maladie-maternité par une extension du champ des régimes obligatoires existants (élargissement aux jeunes gens à la recherche d'un premier emploi, famille des appelés, et à certaines catégories d'ayants droit, soit au total 1,2 million de personnes supplémentaires couvertes).

– *La loi du 2 janvier 1978 :* « L'organisation de la sécurité sociale est fondée sur le principe de la solidarité nationale. Elle garantit les travailleurs et leurs familles contre les risques [...]. Elle assure pour toute autre personne et les membres de sa famille résidant sur le territoire français la couverture des charges de maladie et de maternité ainsi que des charges de famille. » (Nouvelle rédaction de l'article 1er du Code de la Sécurité sociale.)

De plus, le champ d'application des régimes légaux a été de nouveau élargi, permettant ainsi de nombreux rattachements aux régimes existants : par exemple, la qualité d'ayant droit fut octroyée à la personne vivant maritalement avec un assuré, ou, encore la période pendant laquelle un régime peut continuer à verser des prestations à la personne qui cesse de remplir les conditions pour relever de ce régime a été allongée de un à trois mois. Enfin, la loi prévoit un système d'assurance personnelle pour couvrir les cas non encore pris en compte.

encore couvertes. Or le mécanisme retenu, l'assurance personnelle, a rendu l'affiliation facultative et non obligatoire. Si la loi du 29 juillet 1992 revient partiellement sur ces dispositions en rendant cette affiliation obligatoire pour les personnes admises au bénéfice de l'aide médicale, l'accès à la couverture de l'assurance maladie n'en reste pas moins encore soumise à certaines conditions [96] [97].

[96]

LES CONDITIONS D'OUVERTURE DU DROIT AUX PRESTATIONS DE LA SÉCURITÉ SOCIALE

La conception originellement professionnelle de la sécurité sociale a pour corollaire que l'accès aux prestations n'est pas automatique, mais soumis à un critère d'activité. Concrètement, cette situation se traduit par la procédure administrative d'immatriculation, opération par laquelle la personne est inscrite sur la liste des assurés sociaux et qui conditionne l'octroi des prestations. C'est à l'employeur de déclarer son salarié et de demander son immatriculation. Les travailleurs indépendants doivent faire spontanément leur déclaration.

Depuis 1978, le critère de résidence s'est substitué au critère d'activité pour la branche famille. Il n'est plus nécessaire d'exercer une activité professionnelle pour avoir droit aux prestations familiales. En revanche, l'octroi des prestations des assurances maladie, maternité, décès et invalidité est soumis non seulement à un critère d'activité, mais aussi, dans certains cas, à une durée préalable d'immatriculation ou d'activité, ou encore au versement d'un certain montant de cotisations. Par exemple, une certaine durée d'immatriculation préalable est nécessaire pour bénéficier de l'assurance invalidité et des prestations en espèces de l'assurance maternité et de l'assurance maladie. Avant la loi du 29 juillet 1992, certaines durées d'activité étaient également requises pour bénéficier des prestations en nature des différentes assurances.

Originellement, les conditions concernaient la durée d'activité. La loi de 1978 a introduit l'alternative d'un montant minimal de cotisations, ce qui permettait de garantir un droit aux prestations à des assurés qui, en raison de la spécificité de leur activité professionnelle, ne parvenaient pas à justifier de ces durées minimales de travail.

La loi du 29 juillet 1992 a fixé, d'une part, que la justification d'un montant minimal de cotisations serait désormais prioritaire par rapport à l'exécution d'une durée minimale d'activité salariée, et a, d'autre part, abaissé les conditions de cotisations ou d'activité requises pour bénéficier des prestations en nature, de manière à faciliter l'accès à l'assurance maladie de certaines catégories, en particulier des salariés occupant un emploi précaire ou à temps réduit. Cette loi a donc rendu plus lâche le lien entre durée de travail nécessaire et obtention de prestations, mais ne l'a pas supprimé.

Désormais, les cotisations perçues pendant trente jours consécutifs au moins égales à celles dues à 60 fois le SMIC horaire (ou 120 heures pendant 120 jours) ou 60 heures de travail salarié ou assimilé au cours de trente jours consécutifs (ou 120 heures au cours de 120 jours) ouvrent des droits aux prestations en nature de l'assurance maladie pendant un an. Les cotisations perçues pendant l'année qui sont au moins égales à 2 030 fois le SMIC horaire ouvrent des droits pendant deux années.

Il faut, de toute façon, avoir exercé une activité pour avoir droit à une pension vieillesse : celle-ci est, dans le régime général, proportionnelle au nombre de trimestres de cotisations.

[97]

L'ASSURANCE PERSONNELLE

La loi du 4 juillet 1975 avait prévu l'affiliation de toute la population à un régime d'assurance maladie-maternité obligatoire. La loi du 2 janvier 1978 a renoncé à cet objectif et a créé une assurance personnelle pour les prestations en nature des risques maladie et maternité : elle s'est substituée à l'ancienne assurance volontaire, qui était totalement facultative et volontaire, en mettant en place des dispositifs d'affiliation automatiques. L'adhésion est possible à tout instant, l'affiliation est définitive sauf cas d'entrée dans un régime obligatoire. Les cotisations sont en principe à la charge de l'assuré et sont proportionnelles aux revenus. Sont automatiquement affiliées, sauf refus exprimé par l'assuré, les personnes qui cessent de relever d'un régime obligatoire après l'expiration des douze mois pendant lesquels leurs droits sont maintenus.

Des lois successives ont prévu la prise en charge des cotisations d'assurance personnelle pour certaines catégories de population qui, sinon, seraient exclues de l'assurance maladie, notamment :
– les titulaires du RMI ;
– les personnes bénéficiant de l'aide médicale.

La loi du 25 juillet 1994 a institué un dispositif d'affiliation provisoire à l'assurance personnelle pour « toute personne pour laquelle il ne peut être immédiatement établi qu'elle relève à un titre quelconque d'un régime obligatoire d'assurance maladie et maternité », les dépenses correspondantes étant ultérieurement récupérées auprès du régime d'affiliation. Cette disposition vise à protéger les personnes encore non couvertes ou ayant des difficultés à faire valoir leurs droits.

L'assurance volontaire subsiste, quant à elle, pour les régimes vieillesse, invalidité et accidents du travail.

B / *Le développement des prestations non contributives au sein de la Sécurité sociale*

Le fait qu'elle doit couvrir toute la population sans renoncer à faire valoir un critère d'activité a conduit à une confusion certaine des techniques d'intervention de la Sécurité sociale.

La généralisation a eu, en particulier, pour conséquence de rendre plus floue la distinction entre assurance et assistance. En effet, la technique originelle utilisée par la Sécurité sociale est d'inspiration assurantielle, c'est-à-dire qu'elle lie le niveau des prestations au montant des cotisations versées. Cela est particulièrement vrai des prestations dites en espèces, qui visent à assurer un revenu de remplacement (retraites, indemnités journalières).

Lorsque l'objectif se transforme et vise à accorder des prestations sociales à des populations qui ne disposent pas du minimum de durée de travail ou du montant de cotisations nécessaires pour s'ouvrir des droits et qui ne sont pas par ailleurs ayants droit d'assurés sociaux, le lien qu'implique la technique assurantielle entre cotisations et prestations perd son sens. La généralisation hors des champs professionnels se traduit donc nécessairement par la mise en place de prestations dites non contributives,

[98]

LE DÉVELOPPEMENT DES PRESTATIONS NON CONTRIBUTIVES

La notion de contributivité indique qu'une personne doit avoir contribué, donc payé des cotisations, pour avoir droit à des prestations. Le problème est de savoir quelle doit être la nature exacte du rapport entre prestations et cotisations, c'est-à-dire à partir de quel moment le lien est tellement distendu que les prestations sont dites non contributives. En général, les prestations sont dites non contributives lorsqu'elles sont versées à des personnes qui n'ont pas suffisamment ou pas du tout cotisé. Il en va ainsi des diverses allocations dont l'objet est de garantir un minimum vieillesse aux personnes âgées de 65 ans et plus. Mais on peut également considérer que toutes les mesures qui éloignent les cotisations et les prestations d'un strict rapport d'assurance ou de proportionnalité sont non contributives, comme les mesures qui accordent des majorations de pension pour divers événements (par exemple le fait d'avoir élevé des enfants).

Aujourd'hui, les prestations non contributives soit appartiennent à la Sécurité sociale (c'est-à-dire sont financées et versées par elle), soit sont versées par la Sécurité sociale mais financées par l'État.

qui ont pour caractéristique, soit de distendre le lien existant entre cotisations et prestations, soit même de le supprimer entièrement.

De ce fait, la technique de l'assistance est utilisée au sein même de la Sécurité sociale. Trois types de prestations peuvent être distingués : des prestations relevant d'une logique assurantielle, d'autres relevant d'une logique d'assistance, et les dernières faisant appel aux deux techniques à la fois.

Il est souvent bien difficile de les distinguer dans la réalité. Dès qu'une branche est généralisée, ce qui est le cas de la branche famille depuis 1978, le même type de prestations peut être versé à des populations ayant contribué et à des populations n'ayant pas contribué. Par ailleurs, pour les prestations en nature de l'assurance maladie, qui représentent 94 % des dépenses de la branche, la notion de proportionnalité des cotisations et des prestations n'a pas de signification : en effet, les prestations sont déterminées par la nature des besoins de santé et par les modalités de recours au système de soins (séjour à l'hôpital par exemple ou examens diagnostiques coûteux) et non par le montant des cotisations versées.

C'est dans la branche vieillesse, qui n'est pas généralisée, que la distinction entre prestations contributives et non contributives reste la plus évidente [98].

Au terme de ce mouvement d'extension, le système de sécurité sociale apparaît donc aujourd'hui comme le résultat d'un compromis entre les pressions en faveur de l'universalisation du droit à la sécurité sociale et les vestiges de son fondement professionnel. Utilisant désormais les deux techniques de protection, contributive et non contributive, il est devenu un système mixte. Le poids de l'histoire a été déterminant dans la formation de cette situation : ni le mode de financement de la sécurité sociale, ni son mode de gestion n'ont été pour autant fondamentalement remis en cause.

Ce compromis présente des inconvénients : celui de la complexité organisationnelle du système – peu favorable *a priori* à la transparence –, du fait de l'éclatement et de la diversité des régimes, et celui d'une certaine incohérence conceptuelle d'ensemble. Il alimente également des débats permanents, notamment sur le financement de la protection sociale, puisque ce sont toujours des cotisations professionnelles qui constituent l'essentiel des ressources d'un système pourtant fondé sur la solidarité nationale. La contestation des charges indues dans les années soixante-dix et la volonté d'opérer une distinction dans la sécurité sociale entre ce qui relève de l'assurance et ce qui relève de la solidarité illustrent l'ambiguïté des principes qui ont fondé la généralisation de la sécurité sociale.

Seule l'évolution future permettra de déterminer si cette solution de compromis peut être considérée comme durable ou s'il s'agit d'une phase transitoire.

LE DÉVELOPPEMENT DE LA PROTECTION SOCIALE COMPLÉMENTAIRE

La mise en place d'un système de protection complémentaire à celui de la sécurité sociale s'est fondée sur deux principes en partie contradictoires : d'un côté, l'ordonnance de 1945 laissait subsister un champ pour « la prévoyance libre » ; d'un autre côté, il était souhaité que la place des institutions de la Sécurité sociale s'accroisse [1].

> « Au-dessus d'un certain revenu, c'est le devoir des intéressés eux-mêmes de faire un effort volontaire de prévoyance libre. C'est pourquoi notre système repose sur l'idée de cotisations et de prestations proportionnelles aux revenus dans la limite d'un plafond. Cette solution laisse un large champ aux institutions de prévoyance libre, spécialement aux organismes mutualistes [2]. »

Mais ce choix, on l'a vu, était largement déterminé par les conditions économiques de l'époque. L'idée était celle d'une protection de base d'abord limitée du fait des circonstances économiques mais qui devait s'étendre et restreindre le champ des institutions chargées d'un autre type de protection sociale.

Mais l'histoire en a décidé autrement, et la protection complémentaire a non seulement subsisté mais s'est également considérablement développée sous l'effet de plusieurs facteurs, en particulier, au cours de la période récente, l'érosion de la couverture assurée par la sécurité sociale due aux contraintes économiques et financières et l'intervention croissante des différents intervenants proposant des protections complémentaires.

1. Michel Lucas, « Les enjeux de la protection sociale complémentaire », *Droit social,* avril 1986.
2. Pierre Laroque, « Le plan français de sécurité sociale », *Revue française du travail,* 1, 1946.

I | LES CAUSES DU DÉVELOPPEMENT DE LA PROTECTION COMPLÉMENTAIRE

A / *Les limites de la protection mise en place par la Sécurité sociale*

La protection complémentaire s'est développée là où la sécurité sociale n'assurait pas une protection suffisante.

1 / *La mise en place de régimes de retraite complémentaire*

La protection complémentaire vieillesse s'explique par la faiblesse des pensions accordées au départ par la Sécurité sociale.

L'ordonnance du 4 octobre 1945 avait prévu l'affiliation au régime général de tous les salariés sans distinction de niveaux de rémunération. Cela provoqua l'opposition des cadres qui souhaitaient conserver les avantages acquis précédemment par voie conventionnelle : les assurances de groupes confirmées par des conventions collectives à la suite des accords Matignon de 1936 leur offraient, en effet, des niveaux de retraite supérieurs à ceux de la Sécurité sociale. L'instauration d'un plafond limitait non seulement les cotisations, mais également le montant des pensions versées. Il pouvait de ce fait apparaître un décalage assez fort entre le niveau de vie du cadre pendant la vie active et lors de la retraite [99].

Ainsi, les cadres ne refusaient pas leur intégration dans le régime général, contrairement aux travailleurs indépendants, mais voulaient obtenir un dispositif complémentaire, permettant de proportionner les pensions de vieillesse aux revenus antérieurs. À la suite d'une grève d'une très grande ampleur, ils obtinrent la signature d'un accord collectif national, le 14 mars 1947, et l'institution, en sus du régime général de la Sécurité sociale, d'un régime de retraite complémentaire géré par des institutions de retraite complémentaire, groupées au sein de l'Association générale des institutions de retraite des cadres (AGIRC).

Les motivations des cadres étaient à l'époque très directement liées aux promesses qui avaient été faites de revaloriser le plafond, fixé en 1945 à un niveau très bas à cause des difficultés économiques. L'évolution défavorable du plafond, ainsi que le précédent créé pour les cadres, expliquent que les agents de maîtrise, puis les employés et enfin les ouvriers aient réclamé, pour eux aussi, un dispositif de protection complémentaire.

Dès 1948, les premières caisses de retraite complémentaires pour non-cadres se mirent en place. En 1957, fut créée l'Union nationale des institutions de retraite de salariés (UNIRS), qui avait pour vocation de faciliter la conclusion de conventions collectives et d'accords d'entreprise en matière de retraite complémentaire. Conçue sur le modèle de l'AGIRC, l'UNIRS présentait néanmoins une différence de taille avec celle-ci, puisque l'adhésion des caisses de retraite à l'UNIRS restait facultative.

Les pouvoirs publics, prenant appui sur les revendications des syndicats, ont ensuite cherché à rendre obligatoire cette protection complémentaire : les différents régimes ont d'abord été généralisés par voie de conventions collectives. En 1961, un accord interprofessionnel, visant à

[99]

LE PLAFOND

Le plafond de cotisation a été mis en place en 1945 : c'est une limite artificiellement fixée dans le salaire, en deçà de laquelle le taux de cotisation s'applique, et au-delà de laquelle il ne s'applique pas, au moins pour le financement des régimes de base. En 1945, l'idée était de ne garantir – en particulier en matière de revenus de remplacement, qu'il s'agisse des indemnités journalières ou des pensions vieillesse – qu'une fraction des revenus. Les bas revenus pouvaient être mieux garantis que les revenus plus élevés. Ce plafond, très bas en 1945, devait être peu à peu revalorisé et donc garantir progressivement des revenus de remplacement de plus en plus proches des revenus réels.

Le plafond est de 13 720 F par mois (1er janvier 1997). Il ne concerne plus que la seule cotisation vieillesse des régimes de base. Au-delà du plafond de la Sécurité sociale, il existe d'autres plafonds, spécifiques aux régimes de retraites complémentaires. Ces plafonds sont différents selon les régimes.

généraliser les retraites complémentaires à l'ensemble des salariés non cadres, a créé l'Association des régimes de retraites complémentaires (ARRCO), ayant pour mission de réaliser la coordination et la compensation financière entre les diverses institutions. En 1972, la loi a simplement confirmé ces dispositions et a rendu obligatoire l'affiliation de tous les salariés et anciens salariés à une institution de retraite complémentaire.

2 / *Le maintien d'une protection complémentaire contre les risques maladie, invalidité et décès*

En ce qui concerne le risque maladie, un vaste champ a été ouvert à la protection sociale complémentaire, notamment aux mutuelles, par l'institution, dès 1945, d'un ticket modérateur (part des dépenses restant à la charge de l'assuré), la relative faiblesse du montant des indemnités journalières, puis la possibilité ouverte plus tard aux médecins de dépasser les tarifs conventionnels, la création du forfait hospitalier et les diverses mesures de déremboursement prises dans le cadre des plans d'économie de l'assurance maladie.

Le risque invalidité est également apparu mal couvert par la Sécurité sociale : la pension d'invalidité était égale, au mieux, à 50 % des gains correspondant aux dix meilleures années de la vie salariée, compte tenu du plafond.

Enfin, l'assurance décès mise en place par la Sécurité sociale ne garantit à certains ayants droit qu'un capital décès égal au maximum à 90 fois le salaire journalier de base.

Dès lors, une place importante restait à la prévoyance complémentaire, pour tous ces domaines où la protection assurée par la Sécurité sociale apparaissait insuffisante.

3 / *La mise en place d'une protection contre le risque chômage*

À deux reprises, en 1925 et en 1950, il fut envisagé d'instituer une assurance chômage, qui aurait été intégrée dans les assurances sociales puis dans la sécurité sociale. Le projet fut vivement combattu, avec des arguments très semblables, au moins en 1925, à ceux qui étaient employés pour s'opposer à la reconnaissance d'un droit au travail.

Les libéraux étaient en effet opposés encore bien plus profondément à la mise en place d'un régime d'assurance chômage qu'à celle d'autres formes de protection.

> « Aujourd'hui, même en Angleterre, sinon officiellement, du moins dans les conversations privées, tout le monde reconnaît que la véritable cause de la crise, de la réduction considérable des exportations et de la difficulté de défendre le marché intérieur est l'assurance contre le chômage [...]. Il est essentiel, dans l'intérêt des ouvriers eux-mêmes, comme dans celui des industries et des finances publiques, que cette assistance ne constitue jamais un droit susceptible d'encourager la paresse, soit le refus de subir les conditions économiques auxquelles tous les hommes doivent s'adapter : c'est pour cela qu'il faut absolument se refuser à lui donner le nom d'assurance [1]. »

Ces analyses, qui consistaient à refuser toute forme d'aide aux chômeurs qui soit susceptible de créer des droits, et à ne l'admettre que sous la forme de l'assistance, eurent une grande influence en France. Ainsi, alors que l'Angleterre avait mis en place, dès les premières années du XXe siècle, un système d'indemnisation du chômage, d'ailleurs en partie élaboré par Lord Beveridge, la France ne s'y est résolue qu'en 1958.

C'est pour ces raisons qu'en 1945 le système de sécurité sociale n'intégra pas le risque chômage, d'autant que la nécessité d'une protection se faisait moins ressentir que pour d'autres risques du fait de la pénurie de main-d'œuvre.

En 1958, le système en vigueur apparaît inadapté. De plus, l'évolution des théories économiques a nuancé les arguments de ceux qui ne voyaient que des inconvénients à la mise en place d'un régime d'assurance chômage. La mobilité géographique et professionnelle est apparue, notamment à cette époque, comme un élément essentiel de la compétitivité de l'économie ; dans cette perspective, l'assurance chômage a été en partie considérée comme un instrument de cette mobilité, et, au bout du compte, comme l'outil d'une meilleure adéquation entre les besoins de main-d'œuvre des entreprises et les qualifications des salariés. Cette orientation a conduit les pouvoirs publics à encourager un système directement négocié par les partenaires sociaux, afin qu'il réponde bien à ce souci d'une gestion plus efficace de la main-d'œuvre par les entreprises.

Après de longues discussions et la menace d'une intervention directe des pouvoirs publics en cas d'échec des négociations, les partenaires sociaux signèrent, le 31 décembre 1958, l'accord national interprofessionnel créant le régime d'assurance chômage. Lors des négociations,

1. C. Colson, « L'assurance contre le chômage », *Revue politique et parlementaire*, avril 1926.

l'idée d'une intégration du risque chômage à la sécurité sociale avait été à nouveau évoquée ; elle fut écartée par les partenaires sociaux, qui considéraient que le régime général était soumis à une tutelle étatique trop pesante. Un régime complémentaire, géré de façon totalement paritaire et distinct de la sécurité sociale, fut alors mis en place et progressivement généralisé.

B / *La protection complémentaire, outil de gestion de la main-d'œuvre*

Le développement soutenu de la protection complémentaire s'explique également par l'intérêt des employeurs pour cet instrument, qui a été utilisé comme un outil de gestion des ressources humaines.

Les régimes de retraite complémentaires ont constitué ce premier instrument. Traditionnellement considéré comme un moyen de fidéliser la main-d'œuvre, l'octroi d'avantages particuliers dans le cadre d'une entreprise ou d'une branche est aussi devenu un élément des négociations conventionnelles.

À partir des années soixante-dix, après la mise en place progressive de la mensualisation des salaires, des thèmes de plus en plus variés font l'objet de négociations : le salaire n'apparaît plus comme la seule contrepartie du travail, et des avantages divers sont consentis en faveur des salariés, dont la protection complémentaire fait partie.

Ce faisant, la distinction entre les différentes catégories de protection est apparue de plus en plus floue. Lorsque les partenaires sociaux ont mis en place des dispositifs de protection complémentaire, les pouvoirs publics ont souvent cherché à les généraliser, améliorant par ce biais les prestations versées par la Sécurité sociale. S'est ainsi développée une protection sociale complémentaire obligatoire, très proche dans sa nature de la protection accordée par la Sécurité sociale, mais gérée et organisée dans un cadre institutionnel distinct. À côté, subsiste une protection complémentaire facultative, qui, elle, diffère très profondément de la sécurité sociale, puisqu'elle dépend d'une décision individuelle d'affiliation de la part du salarié (tableau 72).

C / *Vers un désengagement de la Sécurité sociale ?*

Cette reconnaissance du rôle de la protection complémentaire a rejoint, à la fin des années soixante-dix, un discours critique à l'égard de la Sécurité sociale visant à limiter le domaine réservé à la prise en charge obligatoire et à faire assumer à la protection sociale complémentaire un rôle de substitution au moins partielle de certaines prestations de la Sécurité sociale.

Certains rapports ont ainsi proposé, pour le domaine de la santé, d'instaurer une stricte séparation entre le petit risque, qui pourrait être remis sur le marché, et le gros risque, dont le financement devrait continuer d'être socialisé [1]. Un certain nombre d'analystes ont également

1. Rapport Nora-Naouri, 1979 (non publié).

Tableau 72. *Les trois types de protection complémentaires*

La protection complémentaire obligatoire	La protection collective	La protection individuelle
Institutions créées et gérées paritairement par les partenaires sociaux	Protection mise en place par accord de branche ou d'entreprise	Protection relevant du choix individuel : adhésion à une mutuelle, contrat d'assurance, contrat de groupe ouvert dans le cadre d'une entreprise
Affiliation rendue obligatoire par la loi	L'affiliation du salarié est obligatoire dès lors qu'il entre dans le champ d'application de l'accord	

prôné que le développement des retraites ne s'effectue plus désormais que par la voie individuelle.

Mais le développement de la protection complémentaire supposait que ce secteur soit suffisamment structuré et organisé, afin notamment de garantir les prestations ainsi offertes aux personnes protégées. Il a ainsi été proposé de définir un code de bonne conduite, c'est-à-dire des règles de concurrence entre les diverses institutions intervenant en matière de prévoyance [1].

Enfin, certains ont suggéré que la protection complémentaire constitue désormais la seule modalité d'augmentation de la couverture des risques.

« Le niveau actuel des prélèvements obligatoires affectés au financement de la protection sociale, apprécié en pourcentage de la richesse nationale, doit suffire pour assurer durablement les solidarités essentielles... Dans cette hypothèse, le surcroît éventuel de dépenses, lié à la persistance d'arbitrages individuels favorables à la croissance desdites dépenses, devrait alors relever de la responsabilité individuelle... Cet élargissement du champ ouvert à la responsabilité individuelle pourrait notamment se traduire, dans le domaine de la santé, par le recours accru au secteur mutualiste et, en ce qui concerne l'assurance vieillesse, par l'encouragement à la création de fonds de pensions [2]. »

Cette volonté d'un renforcement de la protection complémentaire, permettant de pallier un plafonnement, voire un désengagement de la Sécurité sociale, relève d'une logique inverse de celle de 1945, où la sécurité sociale avait pour vocation de devenir une protection généralisée, unique et étendue à l'ensemble de la population et lui assurant un niveau croissant de protection.

1. « La protection sociale complémentaire », rapport du groupe de travail interministériel présidé par Pierre Gisserot (rapporteurs : D. Bucheton, P. Claustres, S. Silland), janvier 1985.
2. Jacques Oudin, rapport cité.

II | LES MODALITÉS DU DÉVELOPPEMENT DE LA PROTECTION SOCIALE COMPLÉMENTAIRE

Seuls trois intervenants ont le droit de participer à la protection sociale complémentaire hors chômage : les mutuelles, les institutions de prévoyance et les entreprises d'assurances. Cette protection complémentaire inclut, d'une part, les retraites complémentaires et surcomplémentaires, d'autre part, les opérations de prévoyance, qui couvrent le risque décès, le risque maladie, les risques portant atteinte à l'intégrité physique de la personne ou liés à la maternité, les risques d'incapacité de travail ou d'invalidité et les indemnités de fin de carrière (tableau 73).

Plusieurs mouvements ont marqué l'évolution des interventions de ces trois institutions du secteur de la protection complémentaire :

– la mutualité, qui s'était vu confier une place importante par la loi sur les assurances sociales de 1930, a vu, en 1945, sa place considérablement réduite. Toutefois, dès 1947, l'accord entre la Fédération nationale de la mutualité française (FNMF) et la Fédération nationale des organismes de sécurité sociale a consacré la possibilité d'une intervention complémentaire de la mutualité par rapport à la sécurité sociale. La réforme du Code de la mutualité en 1985 [1] l'a également autorisée à pratiquer, comme les institutions de prévoyance, des opérations collectives. Par ailleurs, les limitations des remboursements dans le domaine de l'assurance maladie ont maintenu à la mutualité un domaine d'intervention privilégié ;

– les institutions de prévoyance, à la différence des mutuelles, ne concernent que des personnes intégrées dans le monde de l'entreprise. Elles ont longtemps bénéficié d'un monopole sur les opérations collectives [2]. Jusqu'aux années soixante-dix, les institutions paritaires se sont consacrées presque exclusivement à la couverture du risque vieillesse. Mais, au fur et à mesure que les régimes de retraite parvenaient à maturité, ces institutions se sont orientées vers des opérations de prévoyance. Aujourd'hui, ces risques doivent être couverts par des institutions spécialisées (L 931-1) distinctes des institutions de retraite complémentaire (L 922-1) ou supplémentaire (L 941-1) ;

– les compagnies d'assurances ont toujours revendiqué une possibilité d'intervention en matière de protection sociale, depuis qu'elles s'étaient vu confier la gestion du risque accident du travail pendant toute la première moitié du XXe siècle. En 1945, cette gestion leur a été retirée « parce que l'assurance du risque professionnel, en raison même de son caractère social, ne doit pas poursuivre de fins lucratives [3] ». Au demeurant, elles interviennent toujours pour la gestion du risque maladie des « non-non », et des exploitants agricoles.

Une ambiguïté plus grande a présidé à la reconnaissance de l'inter-

1. Éric Aubry, Michel Laroque, « La réforme du Code de la mutualité », *Droit social,* avril 1986.
2. Suzanne Silland, Daniel Bucheton, « La prévoyance collective des salariés : les incertitudes du droit », *Droit social,* avril 1986.
3. Exposé des motifs de l'ordonnance du 4 octobre 1945.

Tableau 73. *Les institutions chargées de gérer la protection sociale complémentaire aujourd'hui*

	Mutuelles	Institutions de prévoyance	Compagnies d'assurances
Statut	Groupements à but non lucratif qui mènent dans l'intérêt de leurs membres et de leurs familles des actions de prévoyance collective et de solidarité, régies par le code de la Mutualité	Institutions à but non lucratif effectuant des opérations de retraite complémentaire, supplémentaire ou de prévoyance (de façon séparée) régies par les articles L 921-1, L 931-1 et L 941-1 et suiv. du Code de la S.S.	Entreprises publiques, privées ou à forme mutualiste régies par le Code des assurances
Mode d'adhésion	Adhésion en principe facultative (ou obligatoire dans le cadre d'un accord collectif)	Obligatoire dans le cadre d'un accord collectif (ou facultatif dans le cas du maintien d'une garantie)	Obligatoire (contrats de groupe) ou facultative
Champ de la solidarité	Solidarité de groupe librement choisie (professionnelle ou non)	Le niveau national, la branche ou l'entreprise	La branche, l'entreprise ou l'individu
Mode de gestion	Gestion par les intéressés : élection du conseil d'administration par l'ensemble des adhérents	Gestion paritaire : le conseil d'administration est partagé entre les employeurs et les organisations de salariés	Gestion par les actionnaires (ou les sociétaires dans le cas d'une mutuelle d'assurance)
Mode de financement	Cotisations uniformes ou proportionnelles aux revenus	Cotisations proportionnelles aux salaires	Cotisations proportionnelles aux risques (individuels ou collectifs)
Principaux risques couverts	Maladie et prestations complémentaires de prévoyance (frais d'obsèques, chambres...)	Retraite complémentaire, surcomplémentaire et prévoyance	Retraite par capitalisation (individuelle) et prévoyance
Données sur l'activité	65 milliards (cotisations 1994)	215 milliards (cotisations 1996)	521 milliards (assurances de personnes) dont 86 milliards pour la prévoyance
Nombre de personnes couvertes	30 millions	27 millions de personnes pour les seuls obligatoires	

vention des compagnies d'assurances en matière de prévoyance. En effet, si celles-ci ont pu se réclamer de l'ancienneté de leurs interventions, qui remontaient à la mise en place, en 1930, puis au développement, à partir de 1936, des assurances de groupes, elles n'ont vu leur place officiellement reconnue que par la loi du 31 décembre 1989, dite loi Evin.

La coexistence de ces trois intervenants s'est opérée dans des conditions de concurrence peu satisfaisantes : « Les manifestations anormales de la concurrence sont en effet loin de profiter aux assurés et peuvent conduire à un amenuisement des garanties ou à la mise en place de procédures de sélection de plus en plus sévères qui porteraient atteinte à une nécessaire solidarité [1]. »

La loi du 31 décembre 1989, renforçant les garanties aux personnes protégées contre certains risques, a eu justement pour objectif de répondre à cette critique par deux voies :

– d'une part, elle donne des garanties aux assurés en imposant plusieurs obligations techniques aux organismes habilités à gérer les opérations de prévoyance (maintien du niveau des rentes, prise en charge des suites des états pathologiques survenus antérieurement à la souscription du contrat...) ;

– d'autre part, elle harmonise les conditions d'exercice de la concurrence en instaurant des règles communes aux différents intervenants, mutuelles, institutions de prévoyance et compagnies d'assurances, dont l'intervention officielle dans la prévoyance est alors consacrée.

Cette loi renforce donc la concurrence entre les différents protagonistes qui, de plus en plus, acquiert une dimension européenne. En effet, deux directives de 1992 (dites troisièmes directives « vie » et « non vie »), organisant la protection des consommateurs dans le cadre du marché unique de l'assurance, ajoutent les institutions de prévoyance et les mutuelles à la liste des formes juridiques que peut prendre, en France, une entreprise d'assurances. La transposition de ce texte en droit français – effective pour les institutions de prévoyance, mais repoussée pour l'instant pour les mutuelles – conduit à rapprocher encore les règles de fonctionnement des trois institutions.

III | L'EFFACEMENT DES FRONTIÈRES ENTRE PROTECTION OBLIGATOIRE ET PROTECTION FACULTATIVE

Le développement de la protection sociale complémentaire a ainsi conduit à une distillation de l'idée d'obligation : au système obligatoire, et progressivement généralisé, de la sécurité sociale s'ajoutent trois autres niveaux de protection :

– une protection complémentaire, d'abord facultative, puis progressivement rendue obligatoire et étendue à l'ensemble des salariés par l'État : c'est le cas du système de retraites complémentaires et du régime chômage ;

– une protection complémentaire obligatoire pour le salarié dans le cadre collectif de l'entreprise ;

– une protection entièrement facultative et individuelle, qui relève du libre choix de chacun, et peut d'ailleurs être gérée par les mêmes institutions que celles assurant la protection complémentaire obligatoire.

La mise en place d'une protection complémentaire entièrement obligatoire, pour l'employeur comme pour le salarié, s'assimile largement, dans les faits, à la protection classique assurée par la Sécurité sociale,

1. Pierre Gisserot, rapport cité.

alors que la souscription individuelle semble relever davantage d'une logique d'assurance.

A / *Le développement de la protection d'entreprise*

Les régimes obligatoires de prévoyance collective au sein de l'entreprise peuvent être mis en place selon trois modalités : un accord collectif d'entreprise ou de branche, un référendum, ou une décision unilatérale de l'employeur. Ils sont donc, sauf accord de branche, facultatifs pour l'employeur ; ils deviennent obligatoires pour le salarié dès lors qu'ils sont instaurés.

Le développement de cette forme de protection répond d'abord à une préférence des milieux patronaux pour les systèmes gérés au sein de l'entreprise. Alors que les charges servant à financer la sécurité sociale constituent pour l'employeur un montant non négociable qui réduit d'autant sa marge de manœuvre, la protection complémentaire permet un arbitrage entre salaire direct et indirect, ouvrant ainsi un vaste champ à la négociation.

Élément du dialogue social, elle donne également une latitude aux partenaires sociaux dans le choix des risques sociaux à couvrir prioritairement et permet donc, de ce fait, d'aller plus loin que la prévoyance individuelle, pour laquelle les gens donnent souvent la préférence aux risques courts, alors que les risques longs sont souvent les plus difficiles à supporter.

Ce désir d'individualisation et de flexibilité semble d'ailleurs rejoindre les souhaits d'une partie des salariés de se voir offrir une protection sur mesure : « 52 % des cadres et des non-cadres interrogés par BVA pour le compte de l'assureur CARDIF en juillet 1991 estiment que la prévoyance est un élément de la rémunération globale, et 59 % ajoutent qu'elle contribue à rendre une entreprise plus attractive qu'une autre [1]. »

Néanmoins, la poursuite de la tendance actuelle comporte des risques qui peuvent, à terme, se révéler graves. En effet, le développement de la protection complémentaire au sein de l'entreprise a pour conséquence, non seulement le renforcement des disparités de protection entre ceux qui ont un emploi et ceux qui n'en ont momentanément ou durablement pas, mais également l'accentuation des différences dans les protections assurées par les diverses catégories d'entreprises, selon la taille de l'entreprise ou le secteur professionnel concerné. La protection sociale accroît alors des inégalités qui se cumulent avec celles existant déjà en matière de salaire direct.

Ces risques ne sont pas seulement théoriques, comme le montrent deux rapports du CERC [2] consacrés aux compléments de rémunération.

1. Olivier Rioux, « Prévoyance : vers une couverture sur mesure », *Liaisons sociales,* 63, novembre 1991.
2. « Les compléments du salaire », *Documents du CERC,* 83, 4e trimestre 1986, et « Salaires et compléments de rémunération. Analyse des pratiques d'entreprises », *Documents du CERC,* 87, 4e trimestre 1987.

[100]

QUELQUES DONNÉES CHIFFRÉES
SUR LA PROTECTION SOCIALE COMPLÉMENTAIRE

La proportion de la population couverte par des mécanismes complémentaires s'élève aujourd'hui à 83 % contre 69 % en 1980. Parmi celle-ci, 60 % bénéficient de la protection complémentaire grâce à une mutuelle, 27 % grâce à une assurance et 13 % grâce à une caisse de prévoyance. Le taux de couverture varie avec les catégories sociales : étrangers (58 %) ; personnes de faible niveau de scolarisation (78 %) ; ouvriers (78 %) ; cadres (90 %)[1].

« Cette situation s'est encore renforcée de disparités intersectorielles puisque l'étude des bilans sociaux d'un échantillon de 360 entreprises montre que la protection complémentaire a crû de 60 % dans les secteurs les plus performants, contre seulement 28 % en dix ans dans les entreprises des secteurs les moins performants [2]. »

1. P. Boisselot, M.-C. Rémond, « La protection complémentaire des assurés sociaux », *Informations sociales*, 53, avril 1994.
2. Commissariat général au Plan, *Santé 2 000*, rapport du groupe « Prospective du système de santé », présidé par R. Soubie ; rapport de l'atelier 2, *Les inégalités sociales de santé.*

Après avoir rappelé que « le salaire en espèces que perçoit régulièrement tout salarié à la fin de chaque mois ne constitue plus depuis longtemps la totalité de la rémunération salariale », il donne quelques exemples d'inégalités en matière de protection complémentaire d'entreprise. Ainsi, le maintien intégral du salaire en cas de maladie concerne davantage les cadres ou les salariés des grands établissements que les autres salariés. De même, les couvertures facultatives en matière de prévoyance ou de compléments de retraites bénéficient nettement plus souvent aux cadres qu'aux autres salariés.

Ces inégalités dans la protection sociale constituent une des caractéristiques de la protection aux États-Unis, majoritairement prise en charge par les entreprises, et faisant l'objet d'une négociation au moment de la rédaction du contrat de travail. Ainsi, 33 % des entreprises de moins de dix employés offrent une assurance santé à leurs salariés contre 99 % des entreprises de 100 à 500 employés. La protection varie donc avec la taille de l'entreprise et avec la santé économique du secteur : protection souvent élevée dans les grandes entreprises, protection faible dans les petites, avec toutes les solutions intermédiaires [100].

B / *Les risques de la protection facultative*

Le développement de la protection facultative présente des risques probablement bien plus importants que la protection complémentaire d'entreprise. Dépendante de la capacité contributive des individus, elle risque d'avoir, plus encore, un caractère inégalitaire. Ainsi, les mêmes critiques que celles qui étaient adressées au XIXe siècle à la prévoyance individuelle, qui se heurtait à l'insuffisance de l'épargne de ceux qui en auraient eu le plus besoin, peuvent être faites aujourd'hui à l'encontre de la protection facultative. « Le développement de la protection complémentaire réintroduit dans la population des disparités que la généralisation de la sécurité sociale tendait à faire disparaître, disparités de couverture, mais aussi de consommations [1]. »

Ce risque du développement d'inégalités nouvelles par la protection sociale dépend toutefois en partie des modalités d'une telle prévoyance facultative. Gommé en partie dans le cadre de la mutualité, qui met en place des solidarités plus ou moins importantes fondées sur des collectivités, il prend tout son essor dans le cadre d'une prévoyance individuelle organisée par des assurances privées, où le montant des cotisations dépend quasi uniquement du risque encouru, et fait donc pleinement intervenir les disparités contributives. Dès lors, la sélection des assurés, entre ceux qui peuvent contribuer et ceux qui ne le peuvent pas, devient maximale et fragilise les organismes pratiquant la solidarité, appelés à couvrir les « mauvais risques » [2].

LE MAINTIEN DE L'ASSISTANCE

La mise en place de la sécurité sociale en 1945 devait conduire à revoir l'ensemble du système d'assistance publique mis en place à la fin du XIXe siècle et au début du XXe siècle. Dans le cadre initial, celui-ci avait vocation à devenir résiduel, intervenant à titre supplétif ou complémentaire de la sécurité sociale, soit pour prendre en charge des personnes non couvertes, par définition de moins en moins nombreuses, soit pour des besoins indispensables également non couverts.

Cette évolution est sanctionnée par le décret du 29 novembre 1953, qui substitue la notion d'aide sociale à celle d'assistance publique et celle d'insuffisance de ressources à celle d'indigence. Au-delà de la modernisation du vocabulaire et de l'harmonisation des textes, les principes de l'aide sociale s'inspirent très directement des principes définis pour l'assistance obligatoire.

À côté de cette obligation des collectivités, se développe, à la même époque, ce que l'on appelle aujourd'hui l'action sociale, assistance facultative qui n'est plus seulement motivée par le sentiment de charité et de solidarité. C'est ainsi qu'à côté du développement d'associations qui reprenaient cette inspiration initiale [3], se sont développées tant les inter-

1. J. Devouassoux, « La protection complémentaire du risque maladie », *Solidarité-santé,* 3, 1989.

2. Daniel Lenoir, « Protection complémentaire : les dangers du développement concurrentiels, *Droit social,* 9/10, septembre-octobre 1995.

3. IGAS, *La politique sociale et les associations,* rapport annuel, 1984.

ventions des collectivités publiques (l'aide sociale facultative du décret de 1953) que celles des caisses de sécurité sociale. Aux premières, elle permettait de compléter les obligations légales et d'expérimenter des réponses à des besoins qui n'étaient pas prévus par les textes. Aux secondes, elle permettait également de sortir du cadre rigide des prestations légalement définies pour proposer aux assurés des services plus diversifiés (par exemple, de participer au financement des crèches pour les caisses d'allocations familiales).

I | LES PRINCIPES DE L'AIDE SOCIALE

L'aide sociale est l'héritière des dispositifs visant à porter aide et assistance aux plus défavorisés. Sa philosophie est inverse de la logique d'assurance : en effet, l'aide sociale « recouvre toutes les formes d'aide que les collectivités publiques attribuent aux personnes qui se trouvent dans une situation de besoin », alors que la sécurité sociale, en principe, « repose sur l'idée qu'une certaine garantie doit être accordée à celui qui aura fait un effort de prévoyance pour se couvrir de risques déterminés [1] ».

En raison de l'évolution de la sécurité sociale, qui a notamment donné une place croissante aux prestations non contributives et a étendu son champ à des catégories de la population de plus en plus larges, cette distinction, entre une protection fondée sur une logique d'assistance et une autre fondée sur une logique d'assurance, apparaît aujourd'hui en partie théorique.

Néanmoins, en droit, les principes qui inspirent l'aide sociale restent très différents de ceux qui sous-tendent aujourd'hui la sécurité sociale : l'aide sociale est un droit, comme la sécurité sociale, mais un droit subjectif, c'est-à-dire qui est apprécié en fonction de la situation individuelle et non défini de façon universelle. C'est donc une aide subsidiaire spécialisée et rapportée à la notion de besoin, autant de caractéristiques qui la distinguent des autres dispositifs.

A / *Un droit pour les individus, une obligation pour les collectivités*

Le bénéfice de l'aide sociale est un droit pour les individus qui remplissent les conditions fixées par la loi et une obligation pour les collectivités locales chargées d'organiser celle-ci : les prestations et les conditions d'attribution sont définies par la loi.

« Toute personne résidant en France bénéficie, si elle remplit les conditions légales d'attribution, des formes de l'aide sociale », indique l'article 124 du Code de la famille et de l'aide sociale. L'aide sociale étant

1. Élie Alfandari, *Aide et action sociale,* Paris, Dalloz, 1989.

[101]

L'ORGANISATION DE L'AIDE SOCIALE DEPUIS LA DÉCENTRALISATION

La décentralisation de l'Aide sociale a consisté à répartir les prestations, et, d'une manière générale, les compétences, entre les départements et l'État, chacun finançant ce qui relève de son champ d'intervention. La logique de cette répartition était sous-tendue par trois principes : compétence de droit commun donnée au département, l'État ne disposant que d'une compétence d'attribution, exercice d'une solidarité de proximité par le département, et d'une solidarité nationale par l'État, suppression des financements croisés.

Conformément à ces textes, le département a reçu compétence pour toute l'aide sociale à l'enfance, toute l'aide sociale aux personnes âgées, l'essentiel de l'aide sociale aux handicapés, une partie de l'aide médicale, l'État disposant dès lors d'une compétence d'attribution pour l'aide de secours aux personnes sans domicile, les frais de fonctionnement des centres d'aide par le travail et des établissements médico-éducatifs et les frais d'IVG non couverts par l'assurance maladie.

À la suite de ces textes, il revenait au département de prendre deux types de décisions : d'une part, réaliser un règlement départemental d'aide sociale, qui fixe les règles d'octroi des prestations, leurs montants, les prestations nouvelles et supplémentaires, et, d'autre part, établir un schéma départemental des établissements sociaux et médico-sociaux.

un système légal, les dépenses d'aide sociale ont donc un caractère de dépenses obligatoires.

Ce droit a été confirmé par le préambule de la Constitution de 1946, qui affirme que « tout être humain qui, en raison de son âge, de son état physique ou mental, de la situation économique, se trouve dans l'incapacité de travailler a le droit d'obtenir de la collectivité des moyens convenables d'existence ». C'est donc la Constitution qui désigne le créancier (l'assisté), le débiteur (la société), et le « droit créance » dont dispose tout individu sur la société. Que l'on considère que ces textes mettent l'accent sur l'obligation qui incombe à la société ou sur le droit de l'individu a peu d'importance, car c'est le lien entre les deux, le droit créance, qui est justement mis en évidence.

L'Aide sociale est un service public entièrement financé par l'impôt, c'est-à-dire fondé sur la solidarité nationale.

Concrètement, ce financement est assuré, d'une part, par des recettes fiscales dont la fixation du taux revient au département (vignette automobile, droits de mutation, taxe foncière) et par la dotation globale de décentralisation. Les communes participent également au financement des dépenses d'aide sociale dans le cadre d'une contribution annuelle fixée par le conseil général.

L'aide sociale est aujourd'hui majoritairement gérée par les départements, depuis les lois de décentralisation, fidèle en cela au principe de solidarité de proximité [101].

[102]

LA PROCÉDURE D'ADMISSION À L'AIDE SOCIALE

Il est nécessaire, pour obtenir les prestations d'aide sociale, de faire un acte volontaire de demande, c'est-à-dire de remplir un dossier, qui sera ultérieurement instruit et aboutira à une décision.

Ce dossier, généralement déposé dans les mairies, est instruit, selon les cas, par les services de la préfecture ou du conseil général et donne lieu à une proposition à l'intention de la commission d'admission, qui examine les dossiers et prend une décision. Il existe également une procédure spéciale destinée à prononcer l'admission d'urgence.

La commission d'admission à l'aide sociale doit vérifier les conditions de résidence et d'insuffisance des ressources et les conditions particulières relatives à chaque type d'aide demandée ; elle a un pouvoir d'appréciation total, soumis au seul contrôle des juridictions d'aide sociale en cas de recours. Elle peut prononcer une admission totale, partielle, ou encore un rejet total.

Les commissions d'admission tiennent compte des créances alimentaires détenues sur la famille, c'est-à-dire les constatent et les évaluent et fixent ensuite le montant de l'aide accordée par la collectivité, s'écartant ainsi des habitudes antérieures qui consistaient à renvoyer le demandeur devant une juridiction civile pour mettre en cause ses débiteurs avant qu'il puisse se présenter à nouveau devant la commission d'admission à l'aide sociale.

La procédure d'admission a été fortement allégée et simplifiée pour l'aide médicale par la loi du 29 juillet 1992, celle-ci étant décidée par le président du conseil général (ou le préfet pour les personnes sans résidence stable) et étant, dans certains cas, de plein droit (titulaires du RMI, par exemple).

B / *Un droit subjectif, fondé sur l'appréciation de la situation personnelle*

Certains auteurs entendent par cette expression le fait que le droit à l'aide sociale trouve son fondement dans le droit de l'individu. Dans d'autres textes, cette expression s'oppose à droit objectif, c'est-à-dire que l'accès aux prestations d'aide sociale n'est pas automatique, comme en matière de sécurité sociale où il suffit de prouver que le risque s'est produit pour voir les frais engagés couverts. En matière d'aide sociale, même s'il existe un droit aux prestations, il faut passer par un filtre supplémentaire, une instance qui vérifie que l'individu a bien un droit, et en fait a bien besoin de ce qu'il demande [102].

Cette nécessité d'une demande a souvent été critiquée dans l'aide sociale, le demandeur ayant à faire preuve de son incapacité à se sortir de la situation dans laquelle il se trouve : il y a là une différence essentielle avec les droits objectifs reconnus par la Sécurité sociale, qui ouvrent immédiatement l'accès aux prestations indépendamment de la situation personnelle de l'individu.

C / *Un droit alimentaire qui se traduit dans des aides spécialisées*

L'existence de la procédure d'admission se justifie par la nature de l'aide sociale : alors que la sécurité sociale couvre des risques limitativement et *a priori* énumérés, l'aide sociale est censée aider à couvrir des besoins essentiels, notion éminemment subjective, qu'il revient aux responsables de la décision de mesurer, ou au juge, s'il y a contestation, de constater.

Les besoins étant par nature infinis, il s'agit donc de déterminer si le besoin est, ou non, comme le spécifiait la tradition épicurienne, nécessaire. D'où l'existence, également, d'une instance extérieure, celle qui paye, destinée à vérifier la réalité et les caractères du besoin.

D'après la Constitution, l'aide sociale n'est destinée qu'à celui qui est dans l'incapacité de travailler. Si la notion est devenue relativement floue avec le développement d'un chômage de masse, cela explique le fait que l'aide sociale ne soit pas un « droit de créance » généralisé et ne se traduit pas dans une prestation générale susceptible de couvrir les besoins de l'individu qui ne travaille pas, comme le serait une allocation universelle, qui serait versée à tous les membres d'une société.

L'aide sociale a pour vocation de permettre la disparition des besoins, et rien de plus ; d'où son caractère traditionnellement discontinu, forfaitaire et spécialisé. Par exemple, l'aide médicale est accordée de façon ponctuelle, pour répondre à un problème de santé identifié, mais n'est pas comparable à la prise en charge générale assurée par l'assurance maladie. Il s'agit d'aider à passer un cap difficile ou d'aider à satisfaire un besoin reconnu comme essentiel.

L'aide sociale n'est pas une prestation générale susceptible d'être utilisée à une autre fin que celle pour laquelle elle a été versée. Elle est affectée à l'usage pour laquelle elle a été demandée et le demandeur doit donc spécifier le type d'aide qu'il réclame, qui est soumis à des critères particuliers d'attribution. On distingue ainsi l'aide médicale, l'aide aux personnes âgées, l'aide à l'enfance, l'aide aux handicapés, l'aide à l'hébergement et à la réadaptation sociale : chacune attribue des prestations en espèces et en nature.

D / *L'aide sociale est subsidiaire par rapport à toutes les autres formes d'aide*

C'est également en raison de son caractère alimentaire que l'aide sociale obéit au principe de l'obligation alimentaire telle que celle-ci a été définie par le Code civil et reste, d'une façon générale, subsidiaire par rapport à toutes les autres formes d'aide. Cela signifie que l'aide sociale n'est accordée que lorsque tous les autres recours ont été épuisés. Premier recours : soi-même, d'où le souci de prendre en compte la totalité des revenus du demandeur (du travail et autres). Second recours : la famille. Conformément au principe de l'obligation alimentaire, sont considérées comme ressources toutes les prestations que le demandeur reçoit ou devrait recevoir de sa famille. La solidarité de la société ne doit jouer que si le recours à la solidarité familiale a été épuisé.

On imagine en effet les détournements qu'on pourrait apporter dans les applications concrètes de l'aide sociale si la famille n'avait pas une obligation à l'égard d'un de ses membres. Elle pourrait préférer voir la société prendre en charge un des siens plutôt que de participer financièrement à son entretien. C'est pourquoi les commissions d'admission à l'aide sociale intègrent les créances alimentaires détenues sur la famille dans l'évaluation des ressources du demandeur, procédure qui soulève de nombreuses difficultés, peu de demandeurs osant assigner les membres de leur famille en justice pour leur réclamer la dette alimentaire.

De la même façon, l'aide sociale a un caractère subsidiaire par rapport à la sécurité sociale : elle n'intervient qu'une fois épuisés les droits acquis auprès de divers régimes.

II | LE RETOUR DE L'ASSISTANCE ?

A / *L'impuissance à prendre en charge toutes les populations exclues*

1 / *Des prestations complémentaires de la Sécurité sociale*

L'aide sociale prend cinq formes essentielles, calquées sur les risques couverts par la sécurité sociale : l'aide médicale, l'aide aux personnes âgées, l'aide à l'enfance, l'aide aux personnes handicapées, l'aide à l'hébergement et à la réadaptation sociale (tableau 74).

Les masses financières n'ont rien à voir, en montant, avec les sommes qui transitent par la Sécurité sociale : elles représentaient, en 1994, 81 milliards de francs, soit 72 milliards à la charge des départements et 9 milliards à la charge de l'État. Pour les départements, ces dépenses représentaient toutefois une part importante des dépenses de fonctionnement de leur budget.

La spécialisation de l'aide sociale par catégorie de population était, en partie au moins, adaptée à l'existence d'inégalités de couvertures sociales qui résultaient d'une absence de couverture généralisée par la sécurité sociale. Ainsi en était-il, par exemple, de l'action en faveur des enfants abandonnés, des vieillards sans ressources, ou des personnes handicapées.

2 / *Une politique d'assistance individuelle*

Au début des années soixante-dix, les responsables prennent conscience du fait que la croissance et la généralisation de la sécurité sociale laissent subsister une frange de la population qui ne peut s'intégrer et que l'aide sociale conçue comme un filet de sécurité ultime prend difficilement en charge.

Ce constat devait conduire à l'intégration de l'aide sociale dans une vaste politique d'action sociale, ce dont témoigne la création, à la même époque, d'une grande direction de l'action sociale [1].

Cette politique d'action sociale s'appuie sur le réseau des travailleurs

1. Pierre Maclouf, « Genèse de la direction de l'action sociale », *Revue française des affaires sociales*, 4, octobre 1992.

Tableau 74. *Les différentes formes d'aide sociale*

	Formes	Montant [1]	Nombre de bénéficiaires [1]
Aide médicale	Aide médicale hospitalière, aide à domicile, prise en charge des cotisations en assurance personnelle, allocation d'aide médicale, aide ménagère	5 milliards	Aide hospitalière : 457 000 Aide médicale à domicile : 555 800 Cotisations à l'assurance personnelle : 288 500
Aide aux personnes âgées	1) Prestations : allocation simple d'aide sociale aux personnes âgées, aide ménagère 2) Services de soins à domicile 3) Financement de structures (foyers, maisons de retraite)	6,7 milliards dont 5,1 milliards pour l'hébergement	140 000 pour les hébergements et 115 000 pour l'aide à domicile
Aide à l'enfance	1) Aide aux familles : aides financières du service d'aide sociale à l'enfance 2) Substitution aux familles : financement des établissements et des familles de placement 3) Actions de prévention et d'éducation	22 milliards	126 700 enfants bénéficiant d'actions éducatives en milieu ouvert 112 000 enfants placés dans un établissement ou une famille d'accueil
Aide aux handicapés	Allocation compensatrice. Financement de structures (foyers d'hébergement...)	17 milliards par département dont 8,6 pour les aides à domicile et 8,2 pour l'hébergement, 4,8 milliards pour l'État	280 000 personnes pour l'aide à domicile et 80 000 pour l'hébergement 82 000 pour les CAT
Aide à l'hébergement et à la réadaptation sociale	Prestations et financement des centres d'hébergement et de réadaptation sociale	3,4 milliards, exclusivement pour l'État	

1. Les chiffres sont issus des documents statistiques disponibles fin 1996 (SESI, « Dépenses et bénéficiaires d'aide sociale », *Documents statistiques*, 272, novembre 1996). Ils concernent au mieux l'année 1994 et certains chiffres ne sont plus connus depuis la décentralisation.

sociaux. Le terme de travail social, consacré à cette époque, regroupe dans un ensemble au contour flou les professions (dont certaines, comme celle des assistantes sociales, ont une existence ancienne) qui concourent à apporter une aide aux personnes, à les assister et à les accompagner.

C'est ainsi qu'entre 1970 et 1980 les assistantes du service social passent de 19 000 à près de 30 000, et les éducateurs spécialisés, de 4 500 (environ) à 25 000. Quant aux animateurs divers, non identifiés comme tels, en 1970, ils étaient près de 34 000 en 1983 [1] ([103] et tableau 75).

Cette politique d'assistance individuelle et d'encadrement des populations en difficulté a fait l'objet de critiques dénonçant, notamment dans

1. Jacques Ion, Jean-Paul Tricart, *Les travailleurs sociaux*, Paris, La Découverte, 1987.

[103]

LES PROFESSIONS SOCIALES

La dénomination de « travailleurs sociaux » recouvre un ensemble extrêmement disparate de professions aux niveaux de qualifications divers (aides ménagères, assistantes maternelles, auxiliaires de vie, conseillers conjugaux et familiaux) [1]. Si l'on s'en tient au « noyau dur » du travail social, il faut distinguer [2] :

– les assistants de service social (les assistantes sociales dans le langage courant, la profession étant essentiellement féminine) « chargés de faciliter l'insertion sociale de familles ou d'individus connaissant des difficultés [...] par un soutien psychosocial ou matériel » ;

– les éducateurs spécialisés, chargés de l'observation et de l'éducation des enfants présentant des déficiences physiques ou psychiques ou des troubles du caractère ou du comportement ;

– les animateurs socioculturels qui conçoivent, organisent et encadrent des activités d'animation et de développement social pour répondre au besoin d'un groupe ou d'une institution dans le cadre d'un projet défini par le partenaire employeur.

Les employeurs sont eux-mêmes très divers : État, départements, municipalités, caisses de Sécurité sociale, associations.

1. Pour un panorama complet, cf. Amédée Thévenet, Jacques Désigaux, *Les travailleurs sociaux*, Paris, PUF (coll. « Que sais-je ? »), 1991.
2. Définitions officielles du CEREQ. Cf. Jacques Ion, Jean-Paul Tricart, *op. cit.*

la perspective des analyses de Michel Foucault, le contrôle social exercé par ce biais [1]. Mais ces critiques ont progressivement été relativisées par le développement d'exclusions multiples, conférant une nouvelle et importante légitimité au travail social, notamment dans les quartiers les plus difficiles.

3 / *Le défi de l'exclusion*

Nouveau défi pour le travail social, l'exclusion a fortement ébranlé la conception traditionnelle de l'aide sociale. La principale remise en cause va venir de l'apparition d'une nouvelle pauvreté, liée au chômage, beaucoup plus multiforme, qui n'est plus limitée à des catégories particulières de la population, et que l'on ne peut plus analyser comme une inadaptation sociale.

Les principes fondateurs de l'aide sociale, qui impliquent l'existence d'un besoin bien cerné et d'une demande précise, ne permettent pas, en effet, de prendre en charge cette population. Là encore, la création du RMI a tiré les conséquences de ce constat, avec l'abandon de la notion de spécialisation.

Dans le domaine de l'aide médicale, qui joue traditionnellement un rôle essentiel dans l'accès aux soins des plus démunis, cette insuffisance de l'aide sociale est apparue particulièrement criante.

Ses dysfonctionnements administratifs ont en effet limité les possi-

1. Cf. notamment Jacques Donzelot, *La police des familles*, Paris, Minuit, 1977, et Jeannine Verdès-Leroux, *Le travail social*, Paris, Minuit, 1978.

Tableau 75. *Effectifs des différentes professions sociales au 1er janvier 1990*

Animateurs socio-éducatifs	2 566
Auxiliaires de vie	3 000
Conseillers conjugaux et familiaux	3 000
Conseillers en économie sociale et familiale	4 950
Éducateurs techniques spécialisés	5 562
Éducateurs de jeunes enfants	5 824
Travailleuses familiales	8 250
Éducateurs techniques	9 475
Aides médico-psychologiques	9 840
Moniteurs-éducateurs	16 343
Assistants de service social	36 000
Éducateurs spécialisés	40 050
Aides ménagères	80 000
Assistantes maternelles	203 556
	428 016

Source : Jacqueline Gottely, « Les professions sociales et la multiplication de leurs tâches », *Données sociales* (INSEE), 1993.

bilités de prise en charge : problèmes de liens entre les ASSEDIC et les caisses d'assurance maladie conduisant à des ruptures de droit, difficulté d'accès à l'assurance personnelle, caractère souvent rebutant des formalités à accomplir pour bénéficier de l'aide médicale, conditions restrictives d'accès à celle-ci, délais très longs de la procédure d'admission [1].

Surtout, les conditions d'admission étaient très strictes, la restriction la plus importante étant liée à l'utilisation du critère du domicile de secours pour l'imputation des dépenses. Ce critère conduisait un certain nombre de mairies à refuser de prendre en charge des personnes au titre de l'aide médicale.

C'est la mise en place du RMI qui a conduit à l'affiliation automatique (et non plus facultative ou sur demande comme auparavant) au régime d'assurance personnelle de l'assurance maladie et de la prise en charge des cotisations y afférentes pour toute personne bénéficiant du RMI mais n'étant pas assuré social. Pour autant, le problème de l'accès à la santé n'a pas été totalement résolu.

Dans la loi du 29 juillet 1992 portant adaptation de la loi du 1er décembre 1988 relative au RMI et à la lutte contre la pauvreté et l'exclusion sociale et professionnelle, c'est le dispositif même de l'aide médicale qui a été partiellement revu et modernisé [104].

B / *Les difficultés présentes*

1 / *L'absence de distinction claire entre les segments de la protection sociale*

La réforme de l'aide médicale est significative des hésitations qui traversent aujourd'hui la protection sociale : la loi du 29 juillet 1992 assou-

1. Joseph Revol, Hélène Strohl, *L'accès aux soins des populations les plus démunies*, rapport IGAS, novembre 1987.

[104]

LE RECOURS À L'AIDE MÉDICALE DEPUIS LA LOI DU 29 JUILLET 1992

L'aide médicale concerne les personnes non couvertes par la Sécurité sociale ou celles qui, couvertes, ne peuvent pas supporter la part non prise en charge par la Sécurité sociale (ticket modérateur, forfait journalier).

La loi du 29 juillet 1992 a introduit six modifications essentielles :

- diversification des lieux de demande ;
- suppression de la référence au domicile de secours ;
- suppression du passage devant les commissions d'admission ;
- non-prise en compte de l'obligation alimentaire ;
- extension de l'aide médicale à l'ensemble des personnes à la charge du demandeur ;
- affiliation obligatoire des personnes admises à l'aide médicale et non assurées sociales au régime de l'assurance personnelle dès lors qu'elles remplissent les conditions.

plit considérablement les conditions d'accès à l'aide médicale et opère même un certain transfert vers l'assurance maladie en rendant obligatoire l'affiliation à l'assurance personnelle. Mais si les conditions d'ouverture des droits en assurance maladie sont aménagées, elles ne disparaissent néanmoins pas et l'assurance maladie n'est pas généralisée comme le réclamaient pourtant un certain nombre de rapports. « L'amélioration de l'accès aux soins des plus démunis devait se réaliser dans les conditions de droit commun par leur intégration dans un statut d'assuré social [1]. »

Or la réforme de 1992 n'a établi ni un droit objectif à l'aide médicale, ni la généralisation de l'assurance maladie (l'assurance maladie universelle), qui aurait pu intervenir sur la base du critère de résidence, comme pour les prestations familiales.

La difficulté à établir un partage des tâches entre les différents segments de la protection sociale apparaît dans les divers domaines concernés.

En ce qui concerne l'aide aux personnes âgées, l'Aide sociale ne verse qu'une seule allocation, l'allocation simple d'aide sociale aux personnes âgées, de plus en plus marginale, alors même que les prestations non contributives versées par la Sécurité sociale représentent des masses financières beaucoup plus significatives et un nombre de prestations beaucoup plus important (minimum vieillesse, allocation aux mères de famille, secours viager...).

A contrario, l'allocation compensatrice pour tierce personne, qui relève de l'aide sociale aux handicapés, a connu une forte croissance car elle permet de pallier l'absence d'une prestation à destination des personnes âgées dépendantes (270 000 bénéficiaires en 1994, contre 150 000 en 1984).

En matière de politique familiale, la généralisation de la branche

1. Joseph Revol, Hélène Strohl, rapport cité.

famille de la Sécurité sociale en 1978 a fait perdre beaucoup de sa justification à l'aide sociale à la famille. Avant l'instauration du RMI, les aides aux familles dans le besoin ont toutefois permis de pallier l'absence totale de revenus. Surtout, si la sécurité sociale vise à compenser, au moins pour partie, les charges familiales, l'aide sociale est surtout orientée vers la protection de l'enfance, la collectivité ayant la possibilité de se substituer à la famille en cas de danger pour l'enfant (placement) mais cherchant surtout à agir par des actions de prévention (action éducative en milieu ouvert).

Ces exemples illustrent l'imbrication entre les systèmes relevant de l'aide sociale et ceux qui relèvent de la sécurité sociale et qui conduisent à des transferts de l'un vers l'autre.

2 / *Les questions posées à l'action sociale*

L'action sociale, au sens large, est aujourd'hui confrontée à deux questions principales, qui concernent, d'une part, ses modalités d'action, d'autre part, le niveau pertinent de gestion des aides.

Trois modalités d'intervention peuvent être distinguées : le versement de prestations, le financement de services ou l'organisation d'actions de prévention ou d'insertion. Or les principaux intervenants (l'État, le département et la Sécurité sociale) utilisent indifféremment ces modalités d'action, sans qu'il soit possible de dégager des principes clairs de répartition des interventions de chacun. Cette situation aboutit à une complexité importante des financements et des actions.

Surtout, la prédominance des prestations monétaires a souvent relégué au second plan l'organisation d'une réponse aux besoins sociaux en termes de services, laissée au libre jeu des initiatives diverses et souffrant de modalités de financement complexes, disparates et incertaines [1]. Dans le domaine de la prévention et de l'insertion, la légitimité de l'intervention des pouvoirs publics n'est pas assurée : d'une part, ils ne peuvent, à défaut d'un contrôle social excessif, assurer un suivi des comportements et des itinéraires sociaux des individus ; d'autre part, la rentabilité effective des actions est difficile à établir. Là encore, cela conduit la collectivité à s'appuyer sur les initiatives qui prennent naissance au sein de la « société civile », en général sous la forme associative.

De là découle la difficulté à déterminer les niveaux de gestion, notamment géographique, des diverses formes d'assistance.

La décentralisation avait été proposée comme une solution alternative à la gestion par l'État, permettant à la fois un allégement des dépenses propres de l'État, un rapprochement des structures administratives des usagers et l'exercice d'une solidarité plus proche. Mais si les lois de décentralisation ont suscité l'espoir d'une gestion plus efficace, la crainte était également grande de voir l'aide sociale plus ou moins bien prise en compte selon les départements. Il est difficile d'établir aujourd'hui si ces craintes étaient fondées ou non, dans la mesure où les statistiques remontent vers l'administration centrale difficilement, et de façon diffé-

1. IGAS, *La politique sociale et les associations*, rapport cité.

renciée selon les départements. On sait seulement que de fortes disparités subsistent entre ceux-ci, même si certaines convergences se manifestent dans des secteurs comme l'hébergement des personnes handicapées [1]. Mais une plus grande difficulté réside dans le fait que la prise en charge des populations les plus défavorisées dépasse largement les cadres territoriaux administratifs. Or la distinction entre des personnes en fonction de critères de résidence dans un département conduit à exclure de l'aide sociale les populations les plus marginales, souvent itinérantes.

Beaucoup d'indices montrent que ce risque de régression vers une solidarité d'abord locale, fondée sur de petites identités et remettant en cause la solidarité nationale est réel : le refus des départements de prendre en charge les populations non résidentes, malgré les textes, leur revendication d'obtenir la libre gestion de prestations ou de structures qui concernent leur population (établissements médico-sociaux, volonté de gérer une future prestation dépendance...), ou la réticence de certains à participer aux actions d'insertion du RMI, dont ils n'ont pas l'entière responsabilité.

Fondée sur l'idée de solidarité de proximité, dans une société qui fait moins de place aux valeurs de solidarité, l'aide sociale n'a pu prendre en charge les personnes exclues de toute protection ; c'est l'État qui, au nom de la solidarité nationale, a constitué ce dernier filet de sécurité par la création du RMI.

On ne saurait pour autant laisser entièrement aux initiatives libres le soin de régler les problèmes que ni la solidarité nationale ni les solidarités locales ne prennent en charge. Les appels au bénévolat et à la générosité publique, s'ils présentent l'avantage de favoriser une souplesse des réponses et de déceler des problèmes mal perçus par les appareils officiels, peuvent aussi constituer un danger du fait du report de responsabilité vers les initiatives privées de la part de la collectivité publique.

1. Observatoire national de l'action sociale décentralisée, *L'action sociale. Dix ans de décentralisation. 1984-1994*, Paris, ODAS éditeur, 1994.

Chapitre 12

Les remises en cause

LA CRISE, RÉVÉLATEUR DES LIMITES D'UN FINANCEMENT FONDÉ SUR UNE LOGIQUE PROFESSIONNELLE

À partir du milieu des années soixante-dix, la France a eu à faire face, comme la plupart des pays européens, à de profondes remises en cause de son système de protection sociale. D'abord ressenties et analysées sous leurs aspects économiques et financiers, ces remises en cause portent sur bien d'autres aspects, notamment les modes de gestion et la capacité du système actuel à faire face à l'évolution des besoins sociaux, mais aussi, plus fondamentalement, sur les principes qui doivent fonder la solidarité et la protection des individus.

I | LE DIVORCE DE L'ÉCONOMIE ET DE LA PROTECTION SOCIALE

A / *L'extension continue de la protection, à l'épreuve de la crise*

1 / *L'extension de la protection*

Pendant la période dite des Trente Glorieuses, le niveau de couverture sociale offert par l'ensemble des dispositifs de protection s'est sans cesse accru. Facilitée par la croissance économique particulièrement forte de cette période, l'extension de la protection s'est traduite par la générali-

Tableau 76. *Comptes simplifiés 1995 (prestations versées)*

(en milliards de francs)

Données sur les comptes par régimes ou par type d'intervention	Comptes de la Sécurité sociale	Effort social de la nation	Comptes de la protection sociale
Régime général	979		
Autres régimes de bases	492		
Régimes complémentaires obligatoires	244		
Chômage		144	
Aide sociale		88	
FNAL, FNH		56	
Quotient familial		75	
RMI		22	
Régimes complémentaires non obligatoire			52
Mutuelles			67
Autres			22
Total	1 715	2 100	2 241

Tableau 77. *Part des prestations sociales dans le PIB*

(en % du PIB)

1981	25,9	1988	27,5
1982	27,1	1989	27,1
1983	27,6	1990	27,2
1984	28,1	1991	27,9
1985	28,2	1992	28,7
1986	28,0	1993	30,2
1987	27,6	1994	29,8
1995	29,8		

Source : « Les revenus sociaux 1981-1995 », *Synthèse INSEE*, 6, 1996.

sation de la protection sociale à la quasi-totalité de la population et par l'amélioration continue des prestations.

Ainsi, en ce qui concerne la Sécurité sociale, l'assurance maladie couvre aujourd'hui 99 % de la population contre 50 % en 1946, la branche famille a été universalisée en 1978, toute la population active est assujettie à un régime d'assurance vieillesse. Parallèlement, l'amélioration des prestations s'est traduite par une augmentation des taux de remplacement du salaire d'activité, en matière de vieillesse ou de chômage et par une amélioration du taux de prise en charge des dépenses de santé par l'assurance maladie, qui est passé de 44 % en 1960 à 76,5 % en 1980. Ce taux a baissé depuis : il est de 73,9 % aujourd'hui.

En dehors du champ de la sécurité sociale, d'autres secteurs ont également vu leurs dépenses augmenter : amélioration de la protection complémentaire, diversification de l'aide sociale, création de nouvelles prestations financées soit par la Sécurité sociale (prestations non contributives), soit

[105]

LA NOTION DE DÉPENSES SOCIALES [1]

Les dépenses sociales ont, en réalité, plusieurs définitions en fonction des comptes considérés.

1. Les comptes de la Sécurité sociale sont établis, depuis 1979, sous l'autorité du gouvernement et transmis à une commission dite Commission des comptes de la Sécurité sociale, comportant des parlementaires et des représentants des professions de santé et des caisses, qui se réunit au moins deux fois par an et établit un rapport transmis au gouvernement et, depuis 1996, annexé au rapport préparatoire à la loi de financement de la Sécurité sociale. Le champ est constitué de l'ensemble des régimes obligatoires de sécurité sociale, de base et complémentaires (art. L 114-1).

2. L'effort social de la nation est un document annexé à la loi de financement de la Sécurité sociale (autrefois à la loi de finances) présenté chaque année depuis 1974 par le gouvernement au Parlement, sans faire l'objet d'un vote. Il retrace la dépense sociale au cours des trois années précédentes et « regroupe l'ensemble des prestations sociales et des charges qui en découlent pour l'État, les collectivités locales, les employeurs, les assurés et les contribuables ». Il est donc plus large que l'agrégat précédent puisqu'il intègre en particulier l'assurance chômage, l'aide sociale et le quotient familial, gérés indépendamment des systèmes de Sécurité sociale.

3. Les comptes de la protection sociale constituent l'agrégat le plus large. Ils regroupent « toutes les dépenses entraînées par la couverture des charges résultant pour les individus et les ménages, de l'apparition ou de l'existence de certains risques dans la mesure où ces dépenses donnent lieu à l'intervention d'un tiers qui gère un mécanisme de prévoyance collective », ce qui revient à intégrer pour partie la protection facultative (mutuelles, régimes surcomplémentaires, mais non les assurances).

4. La loi de financement de la Sécurité sociale est consacrée aux seuls régimes obligatoires de base comptant plus de 20 000 cotisants actifs ou retraités titulaires de droits propres.

1. Voir Projet de loi de financement de la Sécurité sociale pour 1997. Annexe C.

par l'État (allocation supplémentaire du fonds national de solidarité en 1956, allocations aux adultes handicapés en 1975, RMI en 1988).

Cette extension s'est traduite, financièrement, par une forte progression des dépenses sociales. Un des indicateurs les plus significatifs de cette évolution est l'augmentation de la part des prestations sociales dans le PIB (tableau 77).

De 1960 à 1995, le total des prestations de protection sociale versées aux ménages est passé de 14 à près de 30 % du PIB. Cette progression a été particulièrement marquée entre 1975 (22,1 %) et 1984 (28,1 %). Les dépenses de protection sociale sont évaluées à près de 2 700 milliards de francs en 1994, soit bien davantage que le budget de l'État (1 500 milliards environ en 1995).

La croissance des dépenses sociales, bien qu'elle se soit accompagnée de difficultés financières qui ont conduit à des augmentations des taux de cotisations, n'a pas soulevé d'objections majeures de principe jusqu'au milieu des années soixante-dix, car elle s'inscrivait dans un mode global de régulation d'une économie fondée sur le plein-emploi.

En effet, les prestations de protection sociale constituent une composante importante du revenu des ménages (36 % en 1995 contre 15 % en 1960). Leur croissance a contribué à alimenter la demande, notamment grâce à leur effet redistributif au profit des catégories qui avaient des besoins non satisfaits : personnes âgées, ménages à faible revenu, familles nombreuses... En outre, elles ont joué un rôle de stabilisateur automatique et ont contribué ainsi à atténuer les à-coups de la conjoncture. Pour la même raison, elles ont été fréquemment utilisées, à des fins de relance conjoncturelle par la consommation. Ainsi, si elles ont probablement contribué à alimenter les tensions inflationnistes, elles ont constitué un instrument essentiel de la régulation keynésienne et ont favorisé, à ce titre, le plein-emploi des facteurs de production.

Cette régulation keynésienne s'est trouvée remise en cause depuis 1974, du fait de l'ouverture extérieure croissante de l'économie française, qui limite la marge de manœuvre de la politique économique nationale et de l'insuffisance de l'offre compétitive.

Alors que la croissance se ralentissait, les prestations ont contribué à croître au rythme antérieur : les cotisations ont donc augmenté à un rythme plus rapide que le PIB (4,1 points d'écart en moyenne annuelle dans les années soixante-dix). Associée à l'indexation du salaire net (de cotisation) sur les prix, la croissance des cotisations a contribué à réduire les marges des entreprises françaises qui ont vu leur situation financière se dégrader au moment où la contrainte de compétitivité se renforçait.

2 / *Les effets de la crise sur le financement de la protection sociale*

La rupture de la croissance de 1974 ne s'est pas traduite immédiatement par une remise en cause de l'extension de la protection sociale. Au contraire, du milieu des années soixante-dix au début des années quatre-vingt, sont prises les principales décisions permettant d'achever la généralisation de la protection et l'amélioration des prestations. En outre, s'est fait plus lourdement sentir l'influence de facteurs exogènes – dont certains ne datent pas des années soixante-dix – qui se sont révélés de plus en plus difficiles à maîtriser : croissance des dépenses d'assurance maladie, fin de la montée en charge des régimes de retraite par répartition, montée du chômage, début des effets du vieillissement. La progression des dépenses sociales, plus rapide que celle du PIB, a fait apparaître des besoins de financement croissants, et a donné lieu à des discours alarmistes et récurrents sur le « trou » de la Sécurité sociale ou le « déficit » des comptes sociaux [106].

3 / *La remise en cause des prélèvements obligatoires*

La satisfaction de ce besoin de financement s'est traduite en France par un accroissement important des prélèvements obligatoires depuis le milieu des années soixante-dix, lié à l'augmentation des prélèvements sociaux. Ainsi l'augmentation de 10 points des prélèvements obligatoires entre 1973 et 1984 est due pour l'essentiel aux prélèvements sociaux (9,5 points), alors même que la pression fiscale était quasiment stabilisée. Même si la part des impôts a très légèrement augmenté ces dernières

[106]

LE « TROU » OU LE « DÉFICIT » DE LA SÉCURITÉ SOCIALE

Le « déficit » des comptes sociaux comporte en général deux composantes.

– La première est conjoncturelle. L'importance des masses en jeu dans les comptes sociaux les rend extrêmement sensibles à la conjoncture. Une baisse de l'emploi et de la croissance des rémunérations se traduit très vite par une diminution des rentrées de cotisations. Les décalages de trésorerie se traduisent par des sommes qui représentaient jusqu'en 1993 une proportion très faible des prestations (autour de 1 %, soit 20 milliards). La difficulté vient de ce que le système de protection sociale ne dispose quasiment pas de réserves et a une possibilité limitée de recourir à l'emprunt.

– En effet, au-delà des fluctuations conjoncturelles, les comptes de la protection sociale connaissent des difficultés structurelles en période de croissance faible ou ralentie, qui traduisent un besoin de financement. D'un côté, l'évolution des dépenses est très largement dépendante des besoins sociaux (notamment la vieillesse, le chômage). De l'autre, les recettes évoluent – à taux de cotisation inchangé – en fonction du niveau de l'emploi salarié et de celui des salaires. Ces difficultés sont renforcées, en France, par le mode de financement de la Sécurité sociale, assis largement sur les salaires. D'où l'effet de ciseaux, face auquel il n'y a que deux solutions : augmenter les recettes par hausse des cotisations, et donc des prélèvements obligatoires, solution retenue plutôt jusqu'au début des années quatre-vingt, diminuer les dépenses, soit par une diminution de la couverture sociale, soit par une meilleure maîtrise des dépenses.

– Le déficit de la Sécurité sociale s'est aggravé dans les années récentes, comme le montrent les chiffres ci-dessous.

1. *Régime général : solde de l'exercice (variation du fonds de roulement)*

(en milliards de francs)

	1991	1992	1993	1994	1995 [1]
Régime général	– 16,6	– 15,3	– 56,4	– 54,8	– 67,3 (– 71,0)
dont :					
– maladie	*– 3,0*	*– 6,3*	*– 27,3*	*– 31,5*	*– 39,7 (– 41,2)*
– accidents du travail	*+ 0,5*	*+ 2,1*	*– 0,3*	*– 0,1*	*+ 1,1 (+ 0,3)*
– vieillesse	*– 18,7*	*– 17,9*	*– 39,5*	*– 12,8*	*+ 10,1 (– 14,0)*
– famille	*+ 4,6*	*+ 6,8*	*+ 10,7*	*– 10,4*	*– 38,8 (– 16,1)*

1. Entre parenthèses, les soldes significatifs hors modifications purement comptables et hors effet des mouvements sociaux.

Source : Cour des comptes, *La Sécurité sociale*, septembre 1996, Les Éditions du Journal officiel, p. 148.

2. *Évolution des dépenses et des recettes du régime général*

(en %)

	1992	1993	1994	1995
Dépenses	5,4	6,4	3,0	4,7
Recettes	5,6	2,4	3,3	3,1
dont :				
– cotisations	*4,0*	*0,2*	*1,8*	*3,3*

Source : Cour des comptes, *La Sécurité sociale*, *op. cit.*, p. 150.

années dans les prélèvements obligatoires, le poids des prélèvements sociaux, autour de 46 % du total, demeure élevé (tableau 78).

Tableau 78. *Structure des prélèvements obligatoires*

	Moyenne 1970-1975	Moyenne 1981-1985	Moyenne 1988-1992	1992	1995
Impôts (hors sécurité sociale)	59,2	53,4	51,4	50,1	51,5
Prélèvement social	39,0	44,8	46,1	47,4	46,2
Prélèvement au profit de la CEE	1,8	1,8	2,5	2,5	2,3
Ensemble	100,00	100,00	100,00	100,00	100,00
Taux de prélèvements obligatoires (en % du PIB)	35,3	43,5	43,8	43,7	44,5

Source : INSEE, *Tableaux de l'économie française 1996-1997.*

Le poids croissant des prélèvements sociaux explique largement que les critiques se soient centrées autour du système de protection sociale, jugé – à juste titre – plus dépensier que les autres formes d'intervention de l'État.

Trois analyses principales ont concouru à ce mouvement de remise en cause des prélèvements obligatoires : la critique de la théorie keynésienne par les économistes de l'offre, la critique de l'État redistributeur, la critique enfin de l'idée d'obligation.

Face à l'impuissance des thérapeutiques keynésiennes traditionnelles à enrayer la crise apparue depuis le milieu des années soixante-dix, les théories économiques ont été amenées à mettre l'accent sur l'offre et sur le processus de production.

La nécessité de restructurer l'offre productive et d'améliorer la situation financière des entreprises pour renforcer leur compétitivité a conduit les économistes à une mise en question du rôle et du coût de la protection sociale. L'augmentation des prélèvements obligatoires, induite par la protection et symbolisée par la progression continue des cotisations sociales, a été contestée, au regard notamment du nouveau contexte économique international, qui a conduit à une concurrence exacerbée entre les différents pays. Au consensus qu'avait réalisé la théorie keynésienne entre la croissance économique et la progression de la protection sociale, s'est substituée une contradiction entre les exigences d'une économie plus compétitive, dont l'offre de production puisse répondre rapidement et efficacement à toute reprise de la conjoncture, et les contraintes représentées par la protection sociale.

« Dans une période où le problème des coûts était relativement second par rapport au problème de la demande, l'augmentation régulière des prélèvements obligatoires n'était pas dangereuse pour l'évolution de l'économie et avait même plutôt un effet positif, dans la mesure où il obligeait l'économie à une espèce de fuite en avant permanente, quitte à ce que cela se fasse aux dépens de la stabilité des prix. Au contraire depuis 1973, nous sommes dans une situation complètement différente : pour produire, il faut produire moins cher et mieux que les autres. Dans un tel contexte, l'élément coût du prélèvement obligatoire devient beaucoup plus important que l'élément soutien de la demande [1]. »

Ce renouvellement de l'approche économique s'est doublé de critiques plus radicales sur le rôle de l'État providence, qui ont pris deux formes. Dans un premier temps, dès les années soixante, le caractère abstrait de la solidarité nationale qu'a consacrée l'État providence, a commencé à être contesté notamment du fait des risques de déshumanisation sociale qu'elle pouvait comporter. Ces critiques ont été développées depuis. « Coupée des rapports sociaux réels qui la structurent, l'organisation de la solidarité que cet État providence met en place devient plus abstraite. L'État providence procède mécaniquement à un véritable brouillage des rapports sociaux [2]. »

Plus récemment, des critiques d'inspiration libérale ont remis en cause le rôle redistributeur de l'État, en considérant qu'il existait un degré juste d'inégalités des revenus, qui devait être préservé au risque de briser les ressorts de toute initiative individuelle et de constituer une désincitation au travail. « La dévalorisation des revenus du travail ne peut pas ne pas modifier les attitudes des acteurs face au travail. L'État redistributif vise à transférer des richesses des riches aux pauvres, mais, au-delà d'un certain seuil, la redistribution altère la formation de la richesse et pénalise également les pauvres [3]. »

Cette conception aboutit finalement à l'idée d'un seuil de tolérance au prélèvement obligatoire, au-delà duquel toute imposition supplémentaire engendre plus d'effets pervers (moindre rendement de l'impôt et des prélèvements en général, arbitrage en faveur du loisir et du non-travail, développement d'une économie souterraine) que d'effets bénéfiques.

Encore plus radicales enfin sont les analyses qui conduisent à remettre en cause l'idée même d'une protection obligatoire contre les risques, reprenant les thèmes libéraux du XIXe siècle. Comme le dit F.A. von Hayek : « Aider ceux qui ne peuvent subvenir eux-mêmes à leurs besoins est pour chaque individu un devoir moral ; il n'est donc pas nécessaire que l'État s'en charge, d'autant que l'intervention de l'État peut aboutir à ce que les individus aisés se sentent exonérés de tout devoir vis-à-vis des plus démunis. »

B / *Deux enjeux essentiels : l'arbitrage sur le niveau des dépenses et la répartition de leur financement*

La critique qui s'exerce à l'encontre des prélèvements obligatoires recouvre en réalité deux questions : d'une part, l'arbitrage sur le niveau de protection qu'une société désire assurer à ses membres ; d'autre part, le

1. Jean-Baptiste de Foucauld, « Les incidences macroéconomiques des prélèvements obligatoires », *Droit social* (numéro spécial), 3, mars 1990.
2. Pierre Rosanvallon, *La crise de l'État providence,* Paris, Le Seuil, 1981.
3. Philippe Bénéton, *Le fléau du bien. Essai sur les politiques sociales occidentales,* Paris, Robert Laffont, 1983.

choix du mode de financement de cette protection, le financement public reflétant le caractère obligatoire et généralisé de la protection sociale.

Essentielles, ces deux questions n'ont cependant pas fait l'objet de choix explicites.

L'arbitrage général sur le niveau de ressources que la collectivité est prête à consacrer à la protection sociale n'est ni posé dans ces termes, ni réellement débattu. L'étanchéité relative des mécanismes financiers entre les dépenses publiques, votées par le Parlement, et la dépense sociale, rend difficile un arbitrage global. L'idée d'un partage voulu de la richesse nationale entre consommation individuelle, collective et transferts sociaux ne peut trouver de fondement réfléchi. Le déficit démocratique dont souffre la détermination des équilibres financiers dans le domaine social prive les citoyens d'une interrogation fondamentale sur la part de la richesse nationale qu'ils désirent voir consacrer à la protection sociale.

Par ailleurs, la notion de prélèvement obligatoire est délicate à manier : elle agrège, en effet, deux types très différents de prélèvements : d'une part, des dépenses publiques et en particulier celles de fonctionnement des services collectifs, dont le niveau par rapport au PIB traduit la valorisation, au sein de la société, du développement des services non marchands ; d'autre part, des prélèvements sociaux qui sont instantanément redistribués sous forme de transferts. À travers la notion de prélèvement obligatoire, on mélange donc des prélèvements fiscaux, qui visent à alimenter les dépenses de l'État liées à ses fonctions régaliennes et à la régulation économique et sociale qu'il exerce, et des transferts restitués à l'économie productive à travers une redistribution des revenus et le financement de services collectifs (éducation, routes...). C'est, selon J.-J. Dupeyroux, « mettre dans le même sac chapeaux et lapins ».

Surtout, la définition même des prélèvements obligatoires, c'est-à-dire du mode de financement de la protection, est très largement dépendante des modalités qui ont été choisies par chaque État pour l'organiser : si l'État, par exemple, imposait aux salariés et aux employeurs un certain niveau de couverture sociale en leur laissant le libre choix de l'organisme assureur, c'est-à-dire en supprimant le monopole de la Sécurité sociale, le niveau apparent des prélèvements obligatoires serait diminué d'autant. Face à une telle variabilité de la définition des prélèvements obligatoires, il devient particulièrement difficile d'en définir le niveau optimal.

> « Il convient de mettre l'accent, après beaucoup d'autres, sur le caractère relatif et conventionnel du concept de prélèvement obligatoire, ainsi que sur la signification limitée de cette notion, notamment dans le cadre des comparaisons internationales. Le concept de prélèvement obligatoire est incertain. Comme il ne retient que les versements effectifs, les cotisations sociales dites fictives [...] en sont exclues. Leur importance est cependant loin d'être négligeable. À l'inverse, on comptabilise dans les prélèvements obligatoires la totalité des cotisations aux régimes complémentaires de retraite, alors qu'une partie de ces cotisations correspond à des versements facultatifs ou d'origine conventionnelle [1]. »

1. Rapport de la Commission des comptes de la Sécurité sociale, juin 1993.

Tableau 79. *Comparaison des taux de prélèvements obligatoires dans différents pays en 1994*

(en % du PIB)

France	44,1	Royaume-Uni	34,1
Allemagne	39,3	Suède	51,0
Belgique	46,6	État-Unis	27,6
Danemark	51,6	Japon	27,8
Italie	41,7	Moyenne CEE	42,5
Pays-Bas	45,9	Ensemble OCDE	38,4

Source : OCDE.

Ainsi, la critique du prélèvement obligatoire peut-elle recouvrir deux critiques très différentes, voire opposées : d'un côté, une remise en cause de l'idée même d'obligation, qui fonde la protection (ce sont les critiques ultra-libérales) ; d'un autre côté, une remise en cause de l'organisation de la protection et de son mode de financement, mais non de son caractère obligatoire.

L'appel à des comparaisons internationales, qui font notamment du modèle allemand une référence pour des réformes éventuelles du financement de la protection sociale française est à rapprocher de cette seconde critique. Ainsi, en Allemagne, si le niveau des prélèvements obligatoires est plus faible qu'en France, le niveau de la protection sociale, organisée de façon totalement décentralisée, est lui plus important (tableau 79).

Outre la variabilité de la définition des prélèvements obligatoires, il est par ailleurs difficile d'en définir le niveau optimal, car les théories économiques qui défendent l'idée d'un seuil optimal d'imposition, fondement de l'arbitrage sur le degré de protection, n'ont pas fourni les critères qui permettent de mesurer ce seuil.

Ainsi, le débat concernant le poids des prélèvements obligatoires en France s'est-il concentré sur l'influence des charges sociales sur la compétitivité des entreprises françaises, et plus particulièrement sur le mode de financement de la protection sociale, très majoritairement fondé sur des cotisations sociales assises sur les salaires.

II | LA REMISE EN CAUSE DU MODE DE FINANCEMENT

Le système de protection sociale français présente la caractéristique d'être financé, en majorité, par des cotisations calculées sur les salaires. Cette structure des ressources de la protection sociale s'explique par l'importance de la sécurité sociale, dont le financement reste largement fondé sur l'activité professionnelle. Mais la majeure partie des prestations de chômage et des régimes complémentaires obligatoires est également financée de cette manière. Ainsi, les cotisations assises sur les revenus professionnels représentent-elles, en 1994, plus de 76 % du financement de la protection sociale (tableau 80 et [107]).

Tableau 80. *Les comptes de la protection sociale*

(en milliards de francs)

	1985	1995
Dépenses	1 414	2 377
dont :		
– santé	*436*	*759*
– famille	*175*	*349*
– vieillesse	*584*	*978*
– chômage	*77*	*125*
– frais de gestion	*59*	*90*
Recettes	1 414	2 241
dont :		
– cotisations	*1 070*	*1 760*
– impôts et contributions publiques	*271*	*481*

Source : SESI, *Les comptes de la protection sociale*, septembre 1996.

Tableau 81. *Structure des recettes courantes de protection sociale en 1994*

(% des recettes)

	France	Allemagne	Royaume-Uni [1]
Cotisations sociales des employeurs	49,1	39,9	26,1
Cotisations sociales des personnes protégées	27,4	31,4	15,6
Total cotisations	76,5	71,3	41,7
Contributions publiques	23,5	28,7	58,3

1. 1993.

Source : SESI, *chiffres repères. La protection sociale dans les pays de l'Union européenne en 1995*, Paris, Ministère du Travail et des Affaires sociales/La Documentation française, 1996.

La part très importante des cotisations dans le financement de la protection sociale en France est souvent soulignée. En effet, dans la plupart des pays européens, l'impôt occupe une place sensiblement plus importante, même dans les systèmes « bismarckiens » (Allemagne), qui font davantage appel aux cotisations qu'à l'impôt (tableau 81).

Cette spécificité du mode de financement français fait l'objet de trois critiques principales :

– les cotisations sociales, assises sur les salaires, pèseraient directement sur les charges des entreprises et sur leur compétitivité ;

– le poids important des cotisations sociales aurait également des conséquences négatives sur l'emploi, notamment par le renchérissement relatif des bas salaires qu'il entraîne ;

– enfin, il peut sembler contradictoire de financer une protection sociale largement fondée sur la solidarité nationale par des cotisations assises sur les revenus professionnels, non seulement du point de vue de la cohérence, mais également de la justice sociale, puisque les autres revenus ne contribuent pas à l'effort de solidarité.

[107]

LE FINANCEMENT PAR COTISATIONS
DANS LA SÉCURITE SOCIALE [1]

Le financement de la sécurité sociale est essentiellement assuré par des cotisations recouvrées pour le régime général par les unions de recouvrement de la sécurité sociale et des allocations familiales (URSSAF). Elles sont calculées sur les rémunérations et supportées par les salariés (part salariale) et les employeurs (part patronale), sauf les cotisations d'allocations familiales et d'accidents du travail qui pèsent exclusivement sur les employeurs. La part salariale est remise directement par l'employeur à l'organisme de recouvrement en même temps que la part patronale.

Pour chacun des risques, un taux déterminé, défini de façon réglementaire, s'applique à l'assiette (ensemble des rémunérations concernées) définie par voie législative.

La base de calcul des cotisations peut être limitée à un plafond, c'est-à-dire que le taux de cotisation, au lieu de s'appliquer à l'ensemble de la rémunération, ne s'applique qu'à la partie de la rémunération inférieure au plafond. Jusqu'en 1967, le principe du plafond s'appliquait à l'ensemble des cotisations. Actuellement, il ne s'applique plus qu'au risque vieillesse ; il était de 13 720 F par mois au 1er janvier 1997.

Les taux de cotisation du régime général sur les revenus d'activité étaient fixés en 1997 à :

– pour la maladie : 18,3 %, dont 12,8 % à la charge de l'employeur et 5,5 % à la charge du salarié ;

– pour l'assurance veuvage : 0,10 % sur la totalité de la rémunération, à la charge du salarié ;

– pour la famille : 5,4 % à la seule charge de l'employeur ;

– pour la vieillesse : 14,75 % des salaires sous plafond, dont 8,2 % à la charge des employeurs et 6,55 % à la charge du salarié et 1,60 % des salaires déplafonnés à la seule charge des employeurs.

En revanche, des taux plus faibles s'appliquent sur les revenus de remplacement ou d'inactivité ; par exemple, le taux de cotisation pour la maladie est de 2,8 % sur les retraites, les revenus du chômage et de 4,5 % sur les pré-retraites.

Les cotisations sociales sont déduites du revenu imposable.

En 1995, la part des cotisations sociales dans le financement du seul régime général était de 78 %, de 72 % dans l'ensemble des régimes.

1. Cf. « Les cotisations de Sécurité sociale », *Droit social,* numéro spécial, juin 1993.

A / *Un mode de financement qui pèse sur la compétitivité ?*

Lorsqu'ils dénoncent le poids excessif des prélèvements obligatoires dans l'économie nationale et plus spécifiquement la part des prélèvements sociaux dans ceux-ci, les chefs d'entreprise considèrent qu'il contribue au handicap de compétitivité dans un contexte de concurrence internationale accrue.

Tant les pourcentages d'évolution des taux de cotisations sociales depuis vingt ans que les comparaisons internationales témoignent effectivement du poids comparativement plus lourd des financements qui pèsent directement sur les entreprises françaises : les cotisations sociales à la charge des employeurs représentent, en 1994, 26 % des recettes de protection sociale au Royaume-Uni, 39,9 % en Allemagne, 49,1 % en France (tableau 81).

Néanmoins, l'existence d'un handicap de compétitivité des entreprises françaises, du fait du mode de financement de la protection sociale, doit être relativisée pour trois raisons.

Tout d'abord, malgré l'importance des charges sociales pesant sur les entreprises françaises, le coût global du travail, élément essentiel de la compétitivité-prix, se situe en France à un niveau moyen par rapport aux autres pays industrialisés : plus élevé qu'aux États-Unis et surtout en Grande-Bretagne, moins élevé qu'en Allemagne, en Belgique et dans les pays nordiques (tableau 82).

Tableau 82. *Rémunération horaire de la main-d'œuvre ouvrière aux taux de change courants dans l'industrie manufacturière (1995)*

Pays	Indices, France = 100	Pays	Indices, France = 100
Allemagne	161	France	100
Belgique	134	États-Unis	90
Autriche	131	Italie	85
Finlande	123	Royaume-Uni	76
Pays-Bas	123	Irlande	73
Danemark	121	Espagne	67
Luxembourg	114	Grèce	44
Suède	110	Portugal	28

Source : « Coûts de main-d'œuvre, compétitivité et emploi », *La Revue de l'IRES*, 22, automne 1996.

Cela s'explique par le fait qu'en France le salaire net de charges sociales est comparativement plus faible que dans les autres pays européens. Le mode de financement de la protection sociale spécifique à la France n'a donc pas affecté la compétitivité-prix des entreprises françaises ; il explique, en revanche, la faiblesse relative du salaire direct (salaire net + avantages en nature) dans le coût total du travail, car c'est sur celui-ci que se sont opérés les ajustements.

D'ailleurs, si les entreprises ont subi une dégradation sensible de leur situation financière dans les années soixante-dix et au début des années quatre-vingt, ce n'est plus le cas ces dernières années : d'une part, elles ont réagi aux augmentations des cotisations sociales en ralentissant la progression des salaires bruts ; d'autre part, les augmentations des charges ont essentiellement pesé sur les salariés au cours des dix dernières années. L'évolution des salaires directs s'est trouvée sensiblement ralentie, et le coût total du travail pour les entreprises, de même que leur épargne, c'est-à-dire leur capacité d'investissement, n'ont pas été affectés comme on aurait pu le craindre. Dans les années quatre-vingt-dix, la part des salaires dans la valeur ajoutée des entreprises s'est stabilisée à un niveau qui est le plus faible atteint depuis 1970. Le taux de marge est donc élevé sur la période, même si la « profitabilité » n'a pu atteindre un niveau comparable.

Il faut souligner, enfin, que les critiques qui dénoncent le rôle des charges sociales dans la compétitivité des entreprises retiennent une conception restreinte de la notion de compétitivité, c'est-à-dire la seule compétitivité-prix. Or les travaux économiques menés au cours des années quatre-vingt ont mis en évidence l'importance de la compétitivité qualitative et des facteurs d'offre dans la compétition internationale.

C'est pourquoi les critiques se sont de plus en plus focalisées sur la faiblesse des salaires directs français, susceptibles de produire trois effets :

– d'une part, renforcer les revendications salariales et les centrer sur le salaire net, ce qui handicaperait fortement la politique salariale des entreprises ;

– d'autre part, augmenter les risques de délocalisation de main-d'œuvre vers des pays comme l'Allemagne où les salaires nets sont plus élevés ;

– enfin, limiter les possibilités de négociation avec les salariés, puisque seule une part limitée du salaire dépend directement de la politique salariale de l'entreprise.

En réalité, les risques de délocalisation de la main-d'œuvre apparaissent pour l'instant limités ; la limitation de la marge de manœuvre de la négociation salariale a probablement un impact plus important, mais la diminution de l'ardeur revendicative a limité ses conséquences sur le climat social dans les entreprises.

B / *Un mode de financement qui pèse sur l'emploi ?*

Un second type de critiques s'est développé à l'encontre du mode de financement par des cotisations assises sur les salaires : les charges sociales sont accusées de peser négativement sur l'emploi, accentuant les réticences à l'embauche de la part des employeurs, et donc le chômage.

Pesant sur le facteur travail, le financement de la protection sociale peut induire un risque d'incitation à la substitution du capital au travail. En effet, le prélèvement social n'est pas neutre par rapport à l'allocation des facteurs de production : il pénalise l'utilisation de la main-d'œuvre, alors même que le système fiscal français est favorable à l'investissement capitalistique.

Cet effet est particulièrement important pour les entreprises à bas salaires employant de la main-d'œuvre peu qualifiée et pour lesquelles les coûts salariaux constituent la plus grande partie de la valeur ajoutée. En effet, ces entreprises financent une proportion de la protection sociale très supérieure à la part qu'elles représentent dans le revenu national.

Enfin, l'existence d'un plafond contribue également au renchérissement du coût du travail non qualifié [108]. Ainsi, les cotisations sociales, proportionnelles pour les revenus inférieurs ou égaux au plafond, deviennent dégressives pour les salaires supérieurs au plafond, favorisant ainsi les emplois les mieux rémunérés, qui sont généralement aussi les plus qualifiés. Le plafond défavorise à l'inverse les entreprises qui ont une forte proportion de leur masse salariale sous-plafond et favorise le recours aux heures supplémentaires au détriment de la création d'emplois : le plafond peut inciter les entreprises à allonger la durée du travail plutôt qu'à embaucher de nouveaux salariés lorsque le paiement des heures supplémentaires intervient au-delà du plafond.

D'ailleurs, au fur et à mesure que se développait le chômage, il est apparu que le mode de financement de la sécurité sociale, reposant principalement sur des cotisations assises sur les salaires, rendait contradictoires la politique de sécurité sociale, qui vise à augmenter les prestations et les bénéficiaires, donc les cotisations, et une conception de la politique de l'emploi qui tendrait à diminuer, au moins pour certaines catégories, le coût du travail.

La politique de l'emploi, à travers ces exonérations de cotisations sociales, représente ainsi un coût non négligeable pour la Sécurité sociale (si l'État ne rembourse pas) ou pour l'État : en 1996, le montant total des prises en charge de l'exonération par l'État s'est élevé à 40,8 milliards de francs. La perte financière nette pour le régime général pour la seule année 1996 est estimée à 13,2 milliards.

Depuis 1994, les mesures d'exonération nouvelles doivent toutefois donner lieu à compensation intégrale par le budget de l'État.

C / *Les limites d'un financement fondé sur les revenus professionnels*

Enfin, plusieurs rapports officiels ont insisté sur l'incohérence conceptuelle qui consiste à faire financer des dépenses relevant de plus en plus de la solidarité nationale par des cotisations assises sur des revenus professionnels [1].

Cette incohérence a une double manifestation.

D'abord, les dépenses de protection sociale, fondées en partie sur la solidarité nationale, sont financées essentiellement par les revenus du travail, ce qui a longtemps conduit à écarter une partie importante des revenus de l'assiette : revenus de remplacement, revenus mobiliers ou immobiliers...

Ensuite, ce financement est assuré par un prélèvement qui n'est pas progressif, comme l'impôt sur le revenu, mais simplement proportionnel, voire dégressif, lorsque s'applique le mécanisme du plafond (ce n'est plus le cas aujourd'hui que des cotisations vieillesse).

De plus, les cotisations sociales ne sont pas comprises dans le revenu imposable, ce qui n'est pas le cas, par exemple, de la TVA : le citoyen est imposé sur l'intégralité de son revenu et supporte ensuite, lorsqu'il consomme, la charge de la TVA. Cette déductibilité des cotisations salariales du revenu imposable conduit donc à atténuer sensiblement, pour l'ensemble du prélèvement sociofiscal considéré globalement, la progressivité de l'impôt sur le revenu : comme les cotisations sociales sont proportionnelles aux salaires, et non pas progressives, la progressivité du prélèvement social et fiscal est beaucoup plus faible que la progressivité du seul prélèvement fiscal.

1. Cf. notamment Véronique Maillet, *Éléments de réflexion sur la réforme de l'assiette des cotisations sociales*, rapport au ministre de la Solidarité, 1981.

[108]

LE CALCUL DES COTISATIONS

Dans le régime général, les cotisations sont assises sur le salaire brut : le salaire brut, considéré comme le fruit de la négociation entre l'employeur et le salarié lors de l'élaboration du contrat de travail, ne représente ni ce que paiera au total l'employeur (coût du travail total), ni ce que recevra en définitive le salarié (le salaire net) :

– le coût du travail total se calcule en ajoutant au salaire brut la charge des cotisations sociales pesant sur l'employeur (part patronale) et assises sur le salaire brut ;

– le salaire net reçu par le salarié s'obtient en enlevant du salaire brut la charge des cotisations sociales pesant sur le salarié (part salariale) et assise également sur le salaire brut ;

– la charge sociale globale est la somme de la part patronale et de la part salariale de cotisations sociales.

Les charges sociales obligatoires (hors régimes complémentaires) représentent sur la totalité des rémunérations 19,8 % pour l'employeur et 5,60 % pour le salarié et les charges sociales sur la partie inférieure au plafond (13 720 F), 8,2 % pour l'employeur et 6,55 % pour le salarié.

On obtient les résultats suivants, pour un salaire brut de 7 000 F par mois et un autre de 20 000 F.

Calcul des cotisations pour un salaire de 7 000 F et pour un salaire de 20 000 F

(en francs)

	Salaire brut de 7 000 F par mois	Salaire brut 20 000 F par mois
Charge employeur	1 960	5 085
Charge salarié	850	2 018
Coût total du travail	8 960	25 095
Salaire net	6 150	17 982
Total de charges	2 810	7 103
Charges sociales/salaire net	45,69 %	39,50 %

On voit, sur cet exemple, l'impact du plafond qui introduit une dégressivité de la charge sociale par rapport au salaire net.

III | DES RÉFORMES ENCORE PARTIELLES

A / *Les réformes envisagées*

À partir des années soixante-dix, la répétition des crises financières a donné lieu à des débats sur le financement de la protection sociale, qui se sont traduits aussi bien par des propositions d'aménagement du système existant que par de plus vastes projets de réformes.

Les deux principaux thèmes abordés ont concerné, d'une part, l'assiette des prélèvements, d'autre part, les modalités de ce prélèvement et ont abouti à une réflexion plus large sur la possible fiscalisation d'une partie de la protection sociale.

1 / *Les réflexions sur l'assiette*

Si la plupart des propositions se rejoignaient dans leur souci d'élargir l'assiette des prélèvements, trois degrés distincts d'élargissement ont été envisagés :

– l'élargissement de l'assiette à l'ensemble des revenus professionnels, déplafonnés, et en y intégrant les revenus de remplacement (préretraite, retraite, chômage), qui, avant 1979, échappaient totalement aux prélèvements sociaux ;

– un changement d'assiette, qui consisterait à substituer au seul salaire l'ensemble de la valeur ajoutée de l'entreprise. Ce projet était surtout motivé par le souci d'une plus grande neutralité du prélèvement social à l'égard des facteurs de production et de la combinaison productive choisie. Le choix d'une telle assiette devait permettre d'éviter l'effet incitatif à la substitution du capital au travail et de rééquilibrer les charges en faveur des entreprises de main-d'œuvre. Il s'est cependant heurté à une triple critique : instabilité de l'assiette fondée sur la valeur ajoutée, importance des transferts entre les différents secteurs, risques de pénalisation des entreprises qui investissent le plus ;

– un élargissement de l'assiette à d'autres revenus que les revenus professionnels, englobant les revenus fonciers et les revenus du patrimoine.

2 / *Les modalités du prélèvement*

Prenant acte de la non-progressivité du prélèvement par cotisations, un certain nombre de projets ont été envisagés :

– soit un renversement complet de la logique jusqu'alors en vigueur, en mettant en place un système d'abattement à la base, consistant à exonérer de cotisations une fraction du salaire inférieure à un certain montant et à instaurer pour la fraction supérieure un prélèvement progressif. Ce projet devait permettre de diminuer les cotisations des entreprises dont le salaire moyen est inférieur au salaire général, dans le souci de favoriser l'emploi ;

– soit une modulation des taux de cotisation par type d'entreprise ;

– soit l'institution d'un prélèvement proportionnel sur tous les revenus.

3 / *Les projets de fiscalisation*

En filigrane de ces débats, s'est toujours posée la question de la part qui devait être réservée à l'impôt dans le financement de la protection sociale.

Les projets de fiscalisation étaient motivés à la fois par un souci de cohérence, afin de faire supporter à l'État les charges relevant de la solidarité nationale, et par la volonté d'alléger les charges pesant sur les entreprises.

Les inconvénients d'une telle réforme n'ont cependant pas manqué d'être soulignés. Tout d'abord, fiscalisation et étatisation ont souvent été assimilées, rendant les partenaires sociaux souvent méfiants à l'égard de ces projets, dès lors qu'ils souhaitaient maintenir leur place dans la gestion du système. Aussi une telle solution a-t-elle en général été ramenée à une clarification des logiques et des responsabilités : reviendraient à l'État les dépenses dites de solidarité, avec un financement adapté, l'impôt, les prestations d'essence contributive ou assurantielle continuant à être financées par des cotisations sociales.

On pouvait tout aussi bien considérer, sans vouloir distinguer à tout prix entre assurance et solidarité, qu'une majoration de la contribution de l'État au financement de la protection sociale était plus cohérente avec l'objet de celle-ci, qui, dans les faits, associe la logique d'assurance et d'assistance. Au-delà de ces réticences, des arguments techniques se sont opposés à ces projets de fiscalisation. Une fiscalisation même réduite des dépenses supposerait, en effet, une augmentation très sensible des trois grands impôts ou taxes constitutifs des ressources de l'État. Or l'augmentation de l'impôt sur les sociétés est contraire aux orientations visant à améliorer l'autofinancement des entreprises. La majoration de la TVA se heurte à l'objectif d'harmonisation européenne. Enfin, l'impôt sur le revenu pâtit de sa faiblesse (310 milliards en 1996), de sa faible rentabilité, d'une exonération de près de la moitié des ménages, et de la forte résistance qu'il suscite, n'étant pas prélevé à la source, à la différence des cotisations sociales. La fiscalisation du financement d'une partie des dépenses sociales renvoie donc finalement à la mise en œuvre d'une profonde réforme fiscale.

B / *Les modifications limitées intervenues dans les années soixante-dix et quatre-vingt*

Au cours des années soixante-dix et quatre-vingt, quatre aménagements principaux ont été mis en œuvre.

– Le déplafonnement des cotisations s'est fait en vingt-trois ans pour les branches maladie, famille et accidents du travail (entre 1967 et 1991) ; la branche vieillesse reste aujourd'hui la seule où subsiste le mécanisme du plafond, parce qu'il s'agit de la branche où la logique contributive est la plus sensible et parce que la partie au-dessus du plafond constitue l'assiette des régimes complémentaires obligatoires ; tous risques confondus, en 1970, les cotisations plafonnées dominaient très largement (35,93 % sous plafond et 3 % déplafonnés) alors qu'en 1995 les proportions étaient inversées (25,4 % sur la totalité de la rémunération, 14,70 % en deçà du plafond).

– L'assiette a été élargie aux revenus de remplacement (pour les pensions de retraites et les indemnités chômage, une cotisation d'assurance maladie réduite existe depuis 1979 et 1982 ; pour les préretraites, une cotisation maladie existe depuis 1983).

– La diversification des ressources de la sécurité sociale est restée marginale et s'est limitée à l'instauration de diverses taxes sur des ressources autres que les salaires (1 % sur les revenus des capitaux institué au profit de la branche vieillesse en 1987, taxe sur les assurances automobiles, les tabacs et alcools, la publicité pharmaceutique et les grossistes répartiteurs) ; l'ensemble reste cependant faible par rapport à la masse des cotisations. Si l'on considère non plus la seule sécurité sociale mais l'ensemble de la protection sociale, les impôts et les contributions publiques représentaient, en 1995, 18 % de l'ensemble des ressources de la protection sociale [1].

– L'augmentation sensible de la part salariale par rapport à la part patronale a fait porter l'ajustement à la hausse des cotisations davantage sur les revenus des ménages que sur les capacités de financement des entreprises ; le double mouvement d'augmentation des cotisations salariées et de déplafonnement a conduit à ce que, aujourd'hui, la part des cotisations salariées représente 44,4 % du total des cotisations sous plafond (régime général) contre seulement 17,2 % en 1970.

La budgétisation d'une partie des cotisations familiales à la charge de l'employeur, engagée par la loi du 27 juillet 1993 relative au développement de l'emploi et de l'apprentissage et prolongée par la loi quinquennale sur l'emploi, est une réponse aux mises en cause dont a fait l'objet le financement de la protection sociale, notamment quant à son influence défavorable sur l'embauche.

Deux idées se sont rejointes (celle selon laquelle les cotisations sociales sont particulièrement défavorables à l'embauche des catégories à bas salaires, et celle selon laquelle les allocations familiales, dépenses de solidarité nationale, devraient être financées par le budget de l'État) et avaient conduit à la prise en charge totale ou partielle, par le budget de l'État, des cotisations patronales d'allocations familiales dues sur les salaires proches du SMIC. Ce dispositif a été modifié au 1er octobre 1996 au profit d'une ristourne d'une partie des cotisations sociales à la charge des employeurs pour les salaires compris entre le SMIC et 1,33 fois le SMIC (le dispositif d'exonération partielle des allocations familiales a été maintenu dans certaines situations, notamment en zone rurale).

C / *Vers un prélèvement sur l'ensemble des revenus ?*

L'idée d'un prélèvement proportionnel sur tous les revenus s'est progressivement imposée au cours des années quatre-vingt, en intégrant divers éléments des projets antérieurs : élargissement de l'assiette à tous les revenus ; amorce d'une déconnexion du financement par rapport à la logique professionnelle.

Cette idée a pris la forme, en 1989, de la contribution sociale généralisée (CSG). Trois débats internes au gouvernement ont dû être tranchés avant sa mise en place :

– le prélèvement devait-il être progressif ou proportionnel ?

– devait-il se rapprocher des cotisations ou de l'impôt ?

– son produit devait-il être affecté à des dépenses déterminées ou venir en appoint, de manière indifférenciée, des ressources existantes ?

Le choix qui a été fait est celui d'une contribution proportionnelle et affectée temporairement au financement de la branche famille du régime général, seule branche universelle de la Sécurité sociale [109].

1. SESI, *Comptes de la protection sociale.*

109

CSG ET CRDS

La contribution sociale généralisée a été instituée par la loi de finances pour 1991. Elle se distingue des cotisations sociales – car elle n'ouvre pas droit à des prestations de sécurité sociale – et des impôts – car elle était affectée à la CNAF lors de sa création. Elle a été reconnue par le Conseil constitutionnel comme « une imposition de toute nature ». Toute modification des règles concernant son assiette, son taux et ses modalités de recouvrement relève donc du législateur.

Le taux initial de la CSG avait été fixé à 1,1 %, assis sur la quasi-totalité des revenus, mais avec quelques exonérations, son produit étant intégralement affecté à la branche famille. Dans le cadre des mesures visant à rétablir l'équilibre des comptes, le taux de la CSG a été augmenté en juillet 1993 et fixé à 2,4 %, les ressources supplémentaires étant, cette fois, affectées à la prise en charge des dépenses de vieillesse relevant de la solidarité (fonds de solidarité vieillesse). Initialement, cette part supplémentaire (1,3 %) était déductible de l'impôt sur le revenu, disposition qui a été abandonnée en 1994.

Le « plan Juppé » de réforme de la Sécurité sociale, annoncé le 15 novembre 1995, a conduit à une nouvelle augmentation de la CSG, à compter du 1er janvier 1997 (3,4 % désormais), la part supplémentaire se substituant cette fois-ci à une partie des cotisations maladie. Cette part (1 %) est également déductible de l'impôt sur le revenu.

Ce plan a également conduit à la mise en place d'un nouveau prélèvement, inspiré par la même philosophie : la contribution pour le remboursement de la dette sociale (CRDS). Affectée à une caisse d'amortissement, celle-ci est supposée permettre de couvrir, à l'issue de treize années, l'ensemble du déficit cumulé de la sécurité sociale.

La CSG a rapporté 94 milliards de francs en 1995 et 98 en 1996, dont 92 au titre des revenus d'activité et 6,2 au titre des revenus de capitaux et de placement.

La contribution sociale généralisée s'est voulue une réforme en profondeur, différente des impôts d'équilibre qui avaient été institués pour faire face ponctuellement aux difficultés de financement de la sécurité sociale. Il s'agit, en effet, d'une contribution permanente qui vise à amorcer une refonte du financement de la protection sociale selon deux objectifs :

– rationalisation et plus grande équité d'un financement assis sur l'ensemble des revenus et non plus uniquement sur les revenus professionnels pour faire face à des dépenses relevant, pour une large part, d'une logique de solidarité nationale ;

– élargissement de l'assiette permettant d'augmenter les recettes et, le cas échéant, de faire face plus aisément à l'accroissement du besoin de financement de la protection sociale.

Novatrice, la CSG fait cependant, aujourd'hui encore, l'objet de débats sur sa nature, sa philosophie et son avenir, débats qui rejoignent largement ceux sur la solidarité nationale.

D'une part, en dissociant la protection sociale du salaire, on remet en cause la gestion du système par les partenaires sociaux, voire par les seuls représentants des salariés. C'est ce qui explique la forte opposition d'une partie du mouvement syndical à une disposition qui est analysée comme une mesure de fiscalisation.

Le second débat porte sur l'adéquation du mode de financement instauré par la CSG à la prise en charge de la solidarité nationale : « La question incontournable est donc la suivante : ce type de prélèvement exprime-t-il de la façon la plus adéquate la solidarité de la collectivité nationale ? Il existe une conviction universelle : la contribution aux charges nationales doit être " progressive ". Autrement dit, le taux de prélèvement doit être d'autant plus lourd que le revenu est plus élevé [1]. »

Le caractère proportionnel de la CSG remettrait ainsi en cause l'idée que la contribution aux charges collectives doit être progressive.

Enfin, les débats portent sur l'utilisation qui doit être faite des ressources issues de la CSG : doivent-elles être affectées exclusivement aux dépenses de protection sociale clairement identifiées comme des dépenses de solidarité nationale, permettant ainsi de réserver un financement par cotisations professionnelles aux dépenses d'assurance, ou bien constitue-t-elle une source de financement parmi d'autres, sans affectation particulière ?

Il s'agit là d'une question très importante sur la vocation du système de sécurité sociale, et sur ses modalités de gestion actuelles. En effet, lors de sa création, comme lors de ses augmentations successives, la CSG correspondante a été supposée financer successivement la branche famille (au titre de la solidarité nationale), la branche vieillesse (au même titre, avec une affectation au fonds de solidarité vieillesse), puis la branche maladie (au titre de la mise en place d'une assurance maladie universelle). Mais ces affectations successives apparaissent davantage comme une justification permettant d'illustrer la vocation de cette contribution à financer des dépenses dites de solidarité, que comme une réelle stratégie de différenciation des financements.

Ces débats restent aujourd'hui entiers : d'un côté, certains souhaiteraient pousser jusqu'à son terme la logique qui sous-tend la CSG, ce qui reviendrait à augmenter la part des ressources publiques dans le financement de la sécurité sociale. Dans cette hypothèse, resterait posée la question de l'affectation, au sein de la Sécurité sociale, des financements publics et des financements d'origine professionnelle : indifférenciation ou partage strict assurance-solidarité.

D'autres considèrent que toute augmentation de la part des ressources publiques, grâce à la CSG ou d'une autre manière, s'assimile à une fiscalisation, au moins partielle, de la sécurité sociale. Ils s'opposent à celle-ci non seulement parce qu'elle remettrait en cause les modes actuels de gestion, mais également parce qu'elle donnerait au ministère du Budget une place trop grande dans les décisions, avec le risque d'un rationnement budgétaire.

Malgré les hésitations [109] et les débats, l'évolution vers un financement proportionnel assis sur l'ensemble des revenus semble désormais engagée, comme en ont témoigné les mesures prises dans le cadre du plan de réforme de la Sécurité sociale de novembre 1995 [2] :

1. Jean-Jacques Dupeyroux, « La république bananière », *Le Monde*, 29 septembre 1990.
2. Sur l'ensemble de ce plan, voir « Le plan Juppé I et II », numéros spéciaux de *Droit social* proposés par J.-J. Dupeyroux, 3, mars 1996 et 9/10, septembre-octobre 1996.

– institution d'une contribution, analogue à la CSG, pour rembourser le déficit cumulé de la Sécurité sociale (CRDS) ;
– augmentation de taux de la CSG et élargissement de son assiette.

LES ACTEURS
UNE LÉGITIMITÉ MISE À L'ÉPREUVE

I | LA GESTION PAR LES USAGERS : LA DIFFICILE MISE EN ŒUVRE DE LA DÉMOCRATIE SOCIALE

En 1945, le choix originel du mode de gestion des caisses de sécurité sociale s'est inscrit dans un vaste ensemble de réformes. Le contexte de l'époque, et notamment la prépondérance des partis de gauche et de la CGT, qui avaient directement participé à l'élaboration du programme de la Résistance, a très fortement marqué les choix opérés. De même que la sécurité sociale représentait un tournant très important, qui n'était pas le simple prolongement des assurances sociales ou l'extension du champ des risques pris en charge, elle s'inscrivait dans un projet d'instauration d'une démocratie économique et sociale, dont participait évidemment au premier chef le principe d'une « gestion des institutions de Sécurité sociale par les intéressés [1] ». On espérait, par ce biais, éviter le développement d'une forte bureaucratie. Ainsi la gestion de la Sécurité sociale par l'administration de l'État, comme dans le système britannique, a-t-elle été écartée. « L'organisation nouvelle doit donc éviter le risque d'étatisme bureaucratique. Le premier principe qui doit dominer cette organisation est celui de la gestion des institutions de sécurité sociale par les intéressés eux-mêmes [2]. » Cette double préoccupation – démocratie sociale et refus de la bureaucratie – a conduit à l'affirmation du principe de la gestion par les intéressés qui s'inscrivait dans la tradition des courants de pensée mutualistes.

En 1945, il fut donc décidé que les caisses de sécurité sociale seraient administrées par un conseil d'administration composé en majorité de représentants des travailleurs relevant de ces caisses. Ces représentants n'étaient pas soumis à l'élection ; ils étaient désignés par les organisations syndicales les plus représentatives, et de façon minoritaire par les représentants des employeurs désignés par leurs organisations les plus représentatives ou par d'autres représentants de la société civile (par exemple, associations familiales).

A / *La remise en cause de l'unicité*

À ce principe de gestion par les usagers, répondait la volonté de généraliser la sécurité sociale à l'ensemble de la population dans le cadre d'un

1. Exposé des motifs de l'ordonnance du 4 octobre 1945.
2. *Ibid.*

régime unique géré par une caisse unique. On l'a vu, les pressions sociales et le contexte économique ont conduit, au contraire, au maintien de régimes et de formes de protection multiples.

La caisse unique mise en place en 1945 symbolisait la volonté d'unicité qui inspirait les rédacteurs des ordonnances : destinée, à terme, à gérer un régime unique, cette caisse était responsable, dans un premier temps, de la gestion de tous les risques pour le régime général. De même, la gestion de trois des quatre risques par les caisses primaires (maladie, accidents du travail et prestations familiales), en plus du recouvrement des cotisations, devait également permettre de ne disposer à l'échelon de base que d'un seul type de caisse, multifonctionnelle.

Ces caisses multifonctionnelles n'ont en réalité jamais vu le jour puisque ont persisté dans les faits, à côté des caisses primaires de sécurité sociale, des caisses d'allocations familiales et des caisses régionales pour le risque vieillesse. Cette organisation fut confirmée par un décret de 1960.

Ce sont les ordonnances de 1967 qui ont défini l'organisation actuelle de la Sécurité sociale, fondée sur la distinction entre quatre branches : la famille, la maladie et les accidents du travail, la vieillesse, et le recouvrement [110].

Cette réforme était essentiellement motivée par les problèmes de financement que connaissait la Sécurité sociale. Les rédacteurs de l'ordonnance de 1967 considéraient, en effet, que seul un système de gestion séparée et autonome de chacun des risques permettait d'opérer une distinction fiable des dépenses et des recettes par risque autorisant, par là même, la maîtrise des dépenses. Pour matérialiser cette indépendance, la Caisse nationale de sécurité sociale, qui assurait la gestion du seul régime général, fut éclatée en trois caisses nationales érigées en établissements publics administratifs.

La logique de séparation des risques n'a cependant pas été poussée jusqu'à son terme : d'une part, du fait du maintien, sous la responsabilité de la Caisse nationale d'assurance maladie des travailleurs salariés (CNAMTS), de types de risques différents (maladie, accidents du travail, invalidité, maternité, décès) ; d'autre part, en raison de la création d'une quatrième structure nationale, l'Agence centrale des organismes de sécurité sociale (ACOSS), créée « afin de ne pas briser l'unité du régime général » et chargée de la gestion commune de la trésorerie de l'ensemble des organismes de sécurité sociale.

Cet éclatement de la Caisse nationale et l'élargissement du champ de responsabilités des trois caisses nationales, ayant désormais pour mission d'équilibrer leurs comptes, ont entraîné une modification profonde des rapports entretenus entre les échelons nationaux et locaux des organismes de la Sécurité sociale. En effet, ses responsabilités s'étendant à l'ensemble de la gestion du risque, la Caisse nationale devait pouvoir maîtriser d'une façon ou d'une autre les agissements des caisses locales « dépensières ». La Caisse nationale d'assurance maladie vit ainsi ses pouvoirs à l'égard des caisses de base considérablement affermis.

L'application de ces principes a été renforcée depuis.

D'une part, le principe de séparation des risques a conduit à la mise

[110]

L'ORGANISATION DU RÉGIME GÉNÉRAL

On parle souvent de branches pour désigner l'ensemble du réseau national et local chargé d'un risque particulier : on emploie ainsi souvent les expressions « branche maladie », « branche vieillesse »...

La branche maladie est composée d'un vaste réseau d'organismes. Au centre, on trouve la CNAMTS, dont la mission principale est d'assurer, sur le plan national, en deux gestions distinctes, le financement, d'une part, des assurances maladie, maternité, invalidité, décès et, d'autre part, des accidents du travail et des maladies professionnelles, et de maintenir l'équilibre financier de chacune de ces gestions. Elle doit également, outre cette mission principale (ainsi que l'action sanitaire et sociale, le contrôle médical, la prévention), exercer un contrôle sur les caisses régionales et primaires et émettre un avis sur tous les projets de lois et règlements intéressant les matières de sa compétence. En matière administrative, la CNAMTS gère un certain nombre de fonds, sur lesquels elle attribue des dotations aux caisses régionales et locales.

Les 16 caisses régionales d'assurance maladie, outre des missions limitées en matière de maladie, interviennent en matière de vieillesse, d'une part, et d'accidents du travail, d'autre part. En matière d'assurance vieillesse et de veuvage, elles assurent, pour le compte de la CNAVTS, la tenue des comptes des assurés et la liquidation des droits ainsi que le paiement des prestations. En ce qui concerne les accidents du travail et les maladies professionnelles, elles développent et coordonnent la prévention de ce risque et concourent à l'application des règles de tarification et à la fixation des cotisations. Elles sont également chargées de certaines missions relatives à l'action sanitaire et sociale.

Quant aux 129 caisses primaires d'assurance maladie, elles ont pour rôle d'immatriculer les assurés sociaux, de servir les prestations pour tous les risques à l'exclusion des prestations vieillesse et famille, et de développer une action sanitaire et sociale.

La branche vieillesse : la CNAVTS assure la gestion de l'assurance vieillesse et de l'assurance veuvage du régime général, centralise les ressources et sert les prestations. Elle exerce également une action sanitaire et sociale, propose au gouvernement toute mesure relative au maintien de l'équilibre financier du régime et est consultée sur toute mesure de ce type. La CNAVTS dispose de relais régionaux (les CRAM) mais d'aucune structure à l'échelon local.

La branche famille : au centre du dispositif, on trouve la CNAF, qui est chargée d'assurer le financement de l'ensemble des régimes de prestations familiales. Elle gère un fonds d'action sociale, attribue aux caisses locales des dotations, leur prescrit toute mesure tendant à améliorer leur gestion, les met en demeure de prendre des mesures de redressement en cas de gestion défectueuse, peut se substituer au conseil d'administration de celles-ci en cas de carence et est consultée sur ou propose toute mesure concernant l'équilibre des régimes de prestations familiales dont elle assure le financement.

Les 115 caisses d'allocations familiales servent les prestations familiales aux salariés qui relèvent du régime général, aux employeurs et travailleurs indépendants et à la population non active, et développe une action sociale.

La branche recouvrement est constituée de l'ACOSS et des URSSAF (unions de recouvrement des cotisations de sécurité sociale et d'allocations familiales). L'ACOSS assure la gestion de trésorerie des caisses nationales et assure, depuis 1991, sur les URSSAF, un pouvoir de contrôle semblable à celui qu'exerce la CNAF sur les CAF. Elle centralise les ressources et les met à disposition des organismes payeurs.

Les 105 URSSAF existent en tant que organismes autonomes, et non plus en tant que simples services communs des caisses primaires et d'allocations familiales depuis 1967 : elles ont pour rôle essentiel de recouvrer les cotisations.

Enfin, l'Union des caisses nationales de sécurité sociale (UCANSS) gère la formation professionnelle et la convention collective des agents du régime général.

Les trois caisses nationales et l'ACOSS sont des établissements publics nationaux à caractère administratif. Les caisses, autres que les organismes nationaux, sont des organismes privés chargés de la gestion d'un service public.

en place d'une gestion autonome, au sein de la CNAMTS, de la branche « accidents du travail » : la loi du 25 juillet 1994 a institué une commission des accidents du travail et des maladies professionnelles, chargée de cette gestion. Par ailleurs, la séparation comptable et financière entre les branches a été renforcée, les avances de trésorerie étant rémunérées par les branches déficitaires aux branches excédentaires.

D'autre part, les pouvoirs de « contrôle » des caisses nationales sur les caisses locales, souvent exercés de façon indirecte, ont vu leur fondement légal précisé et renforcé, notamment en matière budgétaire.

B / *La démocratie sociale à l'épreuve de la crise de la représentation*

La mise en œuvre de la gestion par les intéressés suppose de résoudre deux questions : qui sont les intéressés ? Comment les désigner ?

1 / *La prédominance d'une gestion par les organisations syndicales et professionnelles*

La première question que posait la mise en place d'une gestion par les intéressés eux-mêmes était de savoir qui étaient ces intéressés. Dès 1945, celle-ci s'est traduite par un partage du pouvoir entre les employeurs, directement intéressés par le financement de la protection sociale (ils cotisent), et les salariés, intéressés tant par ce financement (ils cotisent également) que par le niveau des prestations qui leur sont versées.

Entre employeurs et salariés, le choix de 1945 a privilégié la gestion par les salariés en leur accordant une représentation largement majoritaire dans les conseils d'administration. Ce choix était d'abord largement imposé par les circonstances historiques, étant donné le discrédit dont étaient frappés les milieux patronaux du fait de leur comportement sous le régime de Vichy. Il répondait aussi à l'analyse que faisait, de la Sécurité sociale, le mouvement syndical. Celui-ci considérait, en effet, que la mise en place d'assurances sociales était le résultat des luttes du mouvement ouvrier. De plus, tant les cotisations (patronales et salariales) que les prestations étaient analysées comme un salaire différé, ce qui justifiait à l'époque la gestion par les salariés.

Dans le contexte de l'époque marqué par le caractère limité du pluralisme syndical puisque, à part le syndicalisme chrétien (CFTC) et la toute nouvelle organisation des cadres (CGC), la CGT réunifiée regroupait l'essentiel des forces syndicales (4,5 millions d'adhérents en 1945) [1] et jouissait de l'influence liée à sa participation à l'élaboration du programme économique et social du Conseil national de la résistance, la gestion par les intéressés a été assimilée à une gestion par leurs représentants directs, les syndicats : « Les bénéficiaires des institutions de Sécurité sociale sont aujourd'hui légalement représentés par leurs groupements syndicaux qui sont qualifiés pour désigner les dirigeants des institutions nouvelles [2]. »

2 / *Des hésitations sur le mode de choix des représentants des usagers*

Si les représentants des employeurs ont toujours été désignés par leurs organisations représentatives, le mode de choix des représentants des salariés a connu d'importantes variations :

– en 1945, fut privilégié le principe d'une désignation par les syndicats représentatifs ;

– dès 1946, les contestations à propos de la représentativité des différents syndicats ont conduit l'Assemblée nationale à voter une loi qui prévoyait le principe de l'élection, avec des candidatures libres (loi du 30 août 1946) ;

– les ordonnances de 1967 ont profondément modifié les modalités de désignation et de composition des conseils d'administration : suppression de l'élection et retour à la désignation des administrateurs par les cinq centrales syndicales reconnues représentatives au niveau national, instauration du paritarisme (répartition à égalité des sièges des conseils d'administration entre employeurs et salariés) ;

L'instauration de l'égalité de représentation était motivée par la double volonté de l'État de donner plus de pouvoir aux employeurs, jugés meilleurs gestionnaires, et principaux financeurs de la sécurité sociale, et d'accroître les responsabilités confiées à l'ensemble des partenaires sociaux : les modèles du régime d'assurance chômage et des régimes de retraite complémentaire ont, en partie, servi d'exemple à cette réforme.

Les syndicats de salariés ont émis des critiques fortes quant au principe du paritarisme, la CGT et la CFDT qualifiant les ordonnances de « lois scélérates » et allant jusqu'à refuser de cogérer une Sécurité sociale donnée au patronat (refus des présidences, pas de vote des budgets) ;

– en 1982, la loi du 17 décembre a revu la composition des conseils d'administration dans le sens d'une représentation majoritaire des salariés et a prévu le retour à l'élection pour les administrateurs des caisses de base, les administrateurs des caisses régionales et nationales continuant à être désignés sur la base des résultats des élections « primaires » ;

– l'échec des élections de 1983, qui se sont traduites par un taux d'abstention proche de 50 %, et diverses pressions syndicales ont abouti

1. A. Catrice-Lorey, *Dynamique interne de la Sécurité sociale,* Paris, Economica, 1981.
2. Extrait de l'exposé des motifs de l'ordonnance de 1945.

à repousser à plusieurs reprises les élections qui devaient se tenir en 1989 ; le renouvellement des conseils d'administration s'est donc effectué selon des procédures *ad hoc* de désignation, sur la base des résultats des élections de 1983 [111].

Après l'annonce du plan de réforme de novembre 1995, l'ordonnance du 24 avril 1996 relative à l'organisation de la Sécurité sociale est revenue aux principes de 1967 : paritarisme et désignation par les organisations représentatives. Les réactions syndicales ont été moins vives que trente ans auparavant, mais la nouvelle composition des conseils d'administration a conduit à une modification importante des majorités au sein des caisses.

3 / *Une légitimité contestée*

Qu'ils soient désignés par leurs organisations ou élus, les représentants syndicaux et patronaux ont été mis au cœur de la gestion de la Sécurité sociale. Cette situation a fait l'objet de diverses critiques qui se sont accentuées dans la période récente :

– ce type de gestion s'est révélé beaucoup plus difficile avec l'accentuation du pluralisme syndical. La Sécurité sociale est devenue l'objet de négociations subtiles et de luttes d'influence entre les représentants patronaux et les diverses organisations syndicales, le jeu des alliances permettant une répartition des postes de responsabilité entre les représentants du CNPF et les organisations syndicales dites réformistes. « L'institutionnalisation de l'action syndicale dans le domaine de la protection sociale se caractérise principalement par la permanence des fonctions qui ne peut qu'être assimilée, compte tenu du faible niveau général de responsabilités effectivement exercées, à l'instauration de véritables chasses gardées [1] » ;

– surtout la pertinence du mode de gestion actuel de la Sécurité sociale par les représentants des employeurs et les cinq centrales syndicales de salariés est contestée du fait, d'une part, de la faiblesse du taux de syndicalisation des salariés (estimé aujourd'hui à moins de 10 %) et, d'autre part, de l'effacement progressif du fondement professionnel qui justifiait la gestion par les partenaires sociaux.

Cette inadéquation n'est devenue sensible qu'à mesure que la sécurité sociale se généralisait et que la société se transformait.

II / L'ÉTAT, RESPONSABLE DE LA POLITIQUE DE SÉCURITÉ SOCIALE ?

La responsabilité confiée aux partenaires sociaux pour la gestion de la Sécurité sociale s'est toujours exercée sous la tutelle et le contrôle de l'État.

1. Cf. Jacques Oudin, rapport cité.

[111]

LES CONSEILS D'ADMINISTRATION DU RÉGIME GÉNÉRAL

En 1945, les conseils d'administration des caisses locales sont composés à environ deux tiers des représentants des salariés et un tiers des représentants des employeurs. Les membres des CA des caisses régionales sont désignés par ceux des caisses locales. Le CA de la caisse nationale comprend des représentants élus des caisses régionales et des CAF et des représentants de l'État.

Le 27 février 1947 a lieu l'élection des administrateurs de base au scrutin de liste à un tour avec représentation proportionnelle par le corps des assurés et des employeurs répartis en deux collèges électoraux différents, pour cinq ans, avec candidatures libres. La CGT obtient 60 % des voix.

Les élections de 1950, 1955 et 1962 sont une occasion pour les centrales de mesurer leur influence respective : la CGT recueille environ 44 % des suffrages, la CFTC (qui n'est pas encore séparée de la CFDT), 21 %, FO, 15 %.

Les ordonnances de 1967 instituent une procédure de désignation par les organisations syndicales et patronales représentatives des membres des CA selon une proportion identique dans tous les conseils : 3 CGT, 2 CFDT, 2 FO, 1 CFTC, 1 CGC et 9 représentants des employeurs.

La loi du 17 décembre 1982 était revenue au principe de la représentation majoritaire des salariés (15 contre 6 pour les employeurs) et à celui de l'élection. Celles-ci ont lieu durant l'année 1983, avec les résultats suivants : CGT, 28,17 % ; FO, 25,56 % ; CFDT, 18,38 % ; CGC, 15,9 % ; CFTC, 12,29 %.

L'ordonnance du 24 avril 1996 portant des mesures relatives à l'organisation de la Sécurité sociale est revenue aux principes de 1967 : paritarisme et désignation par les organisations représentatives (le paritarisme est toutefois tempéré par la présence d'institutions spécialisées – mutualité pour la maladie, associations familiales pour la famille – et de personnalités qualifiées désignées par l'État).

De façon générale, les conseils d'administration des organismes locaux sont composés de :

- huit représentants des assurés sociaux (2 CGT, 2 CGT-FO, 2 CFDT, 1 CFTC, 1 CGC) ;
- huit représentants des employeurs ;
- deux représentants de la mutualité ou des associations familiales ;
- quatre personnalités qualifiées.

Les conseils d'administration des organismes nationaux sont composés de :

- treize représentants des assurés sociaux (3 CGT, 3 CGT-FO, 3 CFDT, 2 CFTC, 2 CGC) ;
- treize représentants des employeurs ;
- quatre personnalités qualifiées ;
- trois représentants de la mutualité française pour la CNAMTS, cinq de l'UNAF pour la CNAF.

Les caisses de mutualité sociale agricole, les sociétés de secours minières, les caisses mutuelles régionales pour les non-salariés non agricoles sont également gérées par des conseils d'administration, qui n'ont pas subi autant de réformes que le régime général. Le décret du 12 mai 1960 relatif à l'organisation de la Sécurité sociale impose des dispositions de principe communes à l'ensemble des régimes, en particulier en ce qui concerne : la répartition des pouvoirs entre le conseil d'administration et le personnel de direction ; le recrutement et la formation du personnel d'encadrement et de direction, l'exercice de la tutelle sur les actes des organismes.

A / *La Sécurité sociale, une mission de service public*

Le principe de gestion par les intéressés n'est pas apparu contradictoire, à l'origine, avec le caractère de service public que revêtaient déjà, sous l'empire de la loi de 1930, les assurances sociales [1], au moins aux yeux des rédacteurs de l'ordonnance de 1945. C'est bien l'État qui a donné au système sa forme et ses principes, c'est bien lui qui l'a intégré dans une vaste entreprise de réforme sociale et de transformation de la société.

C'est cette responsabilité qui explique la mission de service public reconnue à la Sécurité sociale. Cette qualification n'a cependant jamais été expressément reconnue dans un texte officiel, mais découle essentiellement de la jurisprudence lorsqu'elle traite du contentieux de la Sécurité sociale [2].

En contrepartie de l'autonomie de gestion, l'ordonnance de 1945 a dévolu à l'État le contrôle et la tutelle de la Sécurité sociale. Même si la comparaison entre la tutelle exercée sur la Sécurité sociale et sur les collectivités locales peut être faite, ces deux tutelles sont d'une nature juridique différente. D'un côté, la libre administration des collectivités territoriales a été reconnue par les Constitutions successives (Constitution de 1946, art. 87 ; Constitution de 1958, art. 72) ; de l'autre, le législateur a toujours disposé d'une liberté totale dans le choix des modalités de gestion de la sécurité sociale.

Il a choisi, en 1945, une formule alliant autonomie de gestion et tutelle ; il peut toujours choisir d'autres modes de gestion pour la Sécurité sociale. Cette latitude a d'ailleurs été confirmée par l'article 34 de la Constitution du 4 octobre 1958 : « La loi détermine [...] les principes fondamentaux du droit du travail, du droit syndical et de la sécurité sociale. »

Dans la réalité, cette répartition des tâches entre l'État et les organismes de la Sécurité sociale a conduit à une hésitation sur les responsabilités respectives des gestionnaires et des pouvoirs publics.

B / *Le renforcement du rôle de l'État depuis 1945*

L'État intervient essentiellement par trois voies sur la Sécurité sociale : la définition de procédures de nomination des dirigeants, la tutelle et le contrôle, le pouvoir réglementaire.

1 / *Une intervention accrue dans le choix des dirigeants*

Avant 1960, le conseil d'administration élu choisissait librement les cadres dirigeants des caisses de sécurité sociale. Le décret du 12 mai

1. Conseil d'État, 13 mai 1938, *Caisse primaire aide et protection.*
2. Décision du Conseil constitutionnel du 14 décembre 1982. Cf. aussi Xavier Prétot, « L'État et la Sécurité sociale », *Droit social,* 12, décembre 1981, et « La tutelle de l'État sur les organismes de Sécurité sociale », *Droit social,* 7, juillet 1985.

1960, relatif à l'organisation et au fonctionnement de la Sécurité sociale, et justement pris sur le fondement de l'article 37 de la Constitution, a modifié profondément l'équilibre issu des ordonnances de 1945 : il a, en effet, complètement revu les pouvoirs respectifs du directeur et du conseil d'administration des caisses de sécurité sociale.

La liberté des conseils d'administration pour le choix des agents de direction est ainsi depuis lors canalisée : d'abord parce que les agents de direction ne peuvent être nommés que parmi les personnes inscrites sur une liste d'aptitude, établie par le ministre ; ensuite, parce que ne peuvent être inscrits sur cette liste, dans la proportion des quatre-cinquièmes, que des anciens élèves du Centre national d'études supérieures de la Sécurité sociale, créé par le même décret de 1960, et qui assure la formation des futurs cadres de la Sécurité sociale. Enfin, parce que tout nouveau directeur doit obtenir l'agrément du ministre avant de pouvoir effectivement exercer ses fonctions.

CNESSS, liste d'aptitude et agrément font donc, des agents de direction des organismes, des personnels qui se sont éloignés, par rapport à la situation qui prévalait jusqu'en 1960, des conseils d'administration, tant par leur procédure de sélection (concours), leur formation dans une école spécialisée, et le mode de nomination, même s'ils conservent un statut privé et si le conseil d'administration a toujours une marge de manœuvre encadrée par les textes.

De surcroît, avec le décret de 1960, les pouvoirs du directeur ont été considérablement renforcés par rapport à la situation qui prévalait antérieurement et par rapport à ceux du conseil d'administration, en particulier en matière financière (c'est lui qui prépare le budget) et de gestion du personnel (il a seul autorité sur le personnel). Dans les faits, le conseil d'administration a donc vu ses pouvoirs considérablement réduits.

Par ailleurs, les ordonnances de 1967 ont également modifié l'équilibre des pouvoirs au niveau national : en effet, les quatre caisses nationales du régime général, érigées en établissements publics administratifs, voient, depuis cette date, leur directeur nommé par décret en Conseil des ministres.

Les réformes intervenues depuis le « plan Juppé » ont conduit à accroître le pouvoir des caisses nationales :

– en renforçant leur pouvoir de contrôle sur les organismes locaux ;

– en leur donnant un pouvoir sur la nomination des agents de direction des caisses, puisque ceux-ci sont désormais nommés par le directeur de la caisse nationale, après choix par le conseil d'administration de la caisse, sur une liste de trois noms elle-même proposée par le directeur de la caisse nationale.

L'ordonnance de 1996 a cherché, quant à elle, à clarifier la délégation de gestion donnée aux caisses nationales, en instituant des conventions d'objectif et de gestion, entre l'État et les caisses nationales.

Le système apparaît dès lors fortement encadré dans son organisation interne. Les caisses locales, administrées par un conseil d'administration qui dispose de peu de pouvoirs et dirigées par un directeur, sont soumises à la « double tutelle » des échelons déconcentrés du ministère (directions régionales des affaires sanitaires et sociales) et des caisses nationales, elles-mêmes soumises à la tutelle du ministère et à divers contrôles.

2 / *La tutelle et le contrôle*

La tutelle de l'État prend deux formes habituelles : la tutelle sur les personnes, qui s'exerce non seulement à l'égard des agents de direction, comme on l'a vu, mais également à l'égard des conseils d'administration, à travers les possibilités de suspension ou de dissolution « en cas d'irrégularités graves, de mauvaise gestion ou de carence [1] » et la tutelle sur les actes [112].

Dès 1945, deux possibilités de suspension ou d'annulation des décisions des caisses ont été prévues : soit du fait d'une irrégularité juridique, soit parce que les décisions sont « de nature à compromettre l'équilibre financier de la caisse [2] ».

Dans la pratique, ces possibilités d'annulation ont été utilisées de façon beaucoup plus importante à partir des années soixante. Alors qu'à l'origine seul le ministre disposait du pouvoir d'annulation, celui-ci a été étendu, par le décret du 12 mai 1960, aux directeurs régionaux des affaires sanitaires et sociales.

Le caractère considéré comme « tatillon » de la tutelle *a priori* a fait l'objet de multiples critiques, car elle favorise l'irresponsabilité des caisses et entraîne une vision souvent trop juridique de leur gestion et de leur activité.

C'est pourquoi on a tenté d'alléger progressivement les tutelles.

Toutefois, la réforme de 1967 s'est traduite par la substitution à la tutelle de l'État d'une quasi-tutelle des caisses nationales sur les caisses de base, concernant la procédure budgétaire et la mise en place de l'informatique.

En outre, la tutelle *a priori* de l'État aurait dû être remplacée par un contrôle *a posteriori,* qui ne se limite pas à un contrôle de régularité, mais constitue également un contrôle de gestion. Consciente de ses difficultés à organiser et à systématiser ce type de contrôle, l'administration a hésité à diminuer la tutelle sur les caisses. L'ordonnance du 24 avril 1996 portant mesures relatives à l'organisation de la sécurité sociale a instauré des conventions d'objectifs et de geston pluri-annuelles, instrument d'un partage plus clair de responsabilités entre l'État et les gestionnaires de la Sécurité sociale.

3 / *Un pouvoir réglementaire de plus en plus développé*

Malgré la volonté, en 1967, de confier une véritable responsabilité aux caisses nationales dans l'équilibre des comptes, c'est toujours l'État qui a

1. Code de la Sécurité sociale, art. 281.3.
2. Ordonnance du 4 octobre 1945.

[112]

TUTELLE ET CONTRÔLE DES ORGANISMES DE SÉCURITE SOCIALE

Le ministre chargé de la Sécurité sociale doit veiller à l'application des dispositions législatives et réglementaires relatives à la Sécurité sociale. C'est sous son autorité que s'exercent de façon permanente la tutelle et le contrôle des organismes de gestion. Au niveau national, la direction de la Sécurité sociale est chargée en particulier de la tutelle. Au niveau régional, le pouvoir de tutelle est exercé par le préfet de région, qui délègue ses pouvoirs au directeur régional des affaires sanitaires et sociales (DRASS).

Le ministre des Finances intervient dans la tutelle sur les personnes (agrément des agents comptables). Le trésorier-payeur général préside le comité départemental d'examen des comptes des organismes de sécurité sociale (CODEC).

Les corps d'inspection et de contrôle à vocation interministérielle exercent également ce contrôle : l'Inspection générale des affaires sociales, la Cour des comptes, l'Inspection des finances.

Des contrôleurs d'État sont chargés d'une mission permanente sur les quatre caisses nationales. De même, des commissaires du gouvernement représentent auprès des caisses nationales le ministre chargé des Finances et celui chargé de la Sécurité sociale.

pris les décisions d'augmentation des cotisations ou de réduction des prestations.

La responsabilité en incombe à la fois aux partenaires sociaux, qui n'ont pas utilisé les possibilités ouvertes par les ordonnances de 1967, et à l'État, qui a voulu conserver la maîtrise d'une masse de dépenses et de prélèvements qui constitue un enjeu essentiel pour les équilibres économiques de la nation.

C / *Le déficit démocratique*

Ce renforcement des pouvoirs de l'État s'est effectué jusqu'aux réformes introduites en 1996, non par une intervention accrue du Parlement, mais par celle de l'exécutif dans la gestion de la Sécurité sociale.

Cette faiblesse du rôle du Parlement s'est traduite de plusieurs manières : les décisions majeures prises en 1945, en 1967 et en 1996 l'ont été sous forme d'ordonnances. Les projets de loi portant diverses mesures d'ordre social (DMOS) sont devenus une des voies principales des modifications législatives en matière de législation sociale. Or il s'agit de textes « fourre-tout » (et d'ailleurs souvent dénoncés à ce titre par le Conseil constitutionnel), votés en fin de session parlementaire.

En outre, le domaine du pouvoir réglementaire est particulièrement large en matière de sécurité sociale. Le nouveau partage des pouvoirs mis en place par la Constitution de 1958 et la conception extensive du domaine réglementaire retenue par la jurisprudence ont conduit à ce que le champ du pouvoir réglementaire se développe considérablement par rapport à celui réservé au Parlement.

Antérieurement à l'entrée en vigueur de la Constitution de 1958, il appartenait au seul pouvoir législatif de statuer en matière de sécurité sociale, le pouvoir réglementaire venant préciser les textes de loi sauf dans les cas d'utilisation des règlements d'administration publique, des décrets-lois ou des ordonnances.

Depuis 1958, en revanche, si l'existence d'un régime, son champ d'application, la définition des règles de principes concernant les prestations (création d'une catégorie de prestations, détermination des bénéficiaires, définition des conditions d'attribution), la création de cotisations, la définition des assujettis et la détermination de leur assiette relèvent de la loi, la fixation du taux des cotisations, les modalités de recouvrement des cotisations, les modalités d'application des règles d'assiette, les règles de gestion des régimes relèvent du pouvoir réglementaire.

De plus, l'information dont disposait le Parlement – le rapport sur l'effort social de la nation – était réduite, fournie avec retard, et ne faisait l'objet d'aucune présentation ni d'aucun débat.

Cette limitation posait un double problème : celui de la représentation publique, d'une part, et celui de l'absence d'un contrôle du Parlement sur des sommes équivalentes, pour la seule Sécurité sociale, au budget de l'État, d'autre part. Ainsi, alors que des procédures infiniment complexes et longues de préparation, de présentation, de discussion et de vote sont utilisées pour les dépenses de l'État, les problèmes financiers de la Sécurité sociale étaient quasi entièrement pris en charge par le gouvernement, son administration, et, dans la mesure où ils le souhaitaient, par les conseils d'administration des caisses.

La loi organique du 22 juillet 1996 relative aux lois de financement de la sécurité sociale prévoit désormais que le Parlement se prononce sur les orientations de la politique de santé et de sécurité sociale. Chaque année, désormais, les lois de financement détermineront les conditions générales de l'équilibre financier prévisionnel de la sécurité sociale, et fixeront les objectifs de dépense de tous les régimes obligatoires de sécurité sociale comptant plus de 20 000 cotisants.

III | L'IMPOSSIBLE CONCILIATION DES LOGIQUES INSTITUTIONNELLES ?

La conception d'une Sécurité sociale gérée par les représentants des usagers désignés sur une base professionnelle est aujourd'hui profondément ébranlée. La Sécurité sociale ne peut plus être réduite à son fondement professionnel et les prestations, assimilées à un salaire différé. Le rôle important de l'État remet en cause, dans les faits, cette conception.

A / *La protection sociale en quête d'acteurs*

Il est plus facile de faire le constat des ambiguïtés et des insuffisances du système actuel que de proposer des solutions pour l'avenir de la Sécurité sociale.

La mise en place d'une gestion directe par l'État pourrrait relever d'un souci de clarification. Mais, outre le fait que ce serait contraire aux textes fondateurs, confier la gestion à l'administration ou à des établissements publics n'aurait sans doute rien d'une solution miracle. On voit mal l'État prendre en charge une organisation de 180 000 personnes, et il n'est pas sûr que le service des usagers s'en trouverait grandement amélioré. Cela conduirait de plus à soumettre le budget de la sécurité sociale à une régulation purement budgétaire, qui conduirait inévitablement à des formes de rationnement.

Si l'on retient le principe actuel de la représentation des intéressés par des « corps intermédiaires », l'ouverture de la représentation à d'autres regroupements que professionnels (mutualité pour la maladie, associations familiales pour la famille) relève de cette logique. La difficulté est dans le choix de ces regroupements et dans leur légitimité : comment trouver un principe de répartition s'agissant, par exemple, du rôle respectif des pensionnés et des cotisants actifs dans le régime vieillesse ?

On a aussi proposé une gestion tripartite [1], où les conseils d'administration pourraient associer représentants élus des assurés – que leur candidature ait été ou non présentée par une organisation syndicale représentative –, représentants des entreprises et administrateurs représentant l'État.

D'autres propositions, enfin, visent à accorder une plus grande autonomie aux organismes, soit en régionalisant, soit au travers d'organismes mutualistes (comme les caisses de la MSA en agriculture), soit en laissant le libre choix de l'organisme assureur comme cela existe déjà pour l'assurance maladie des exploitants agricoles (AMEXA) et pour l'assurance maladie des « non-non ».

Le problème est aujourd'hui, en matière de sécurité sociale, comme dans d'autres domaines, de trouver des modalités appropriées ou renouvelées d'expression et de représentation collectives qui puissent participer ou prendre en charge des missions d'intérêt collectif et qui bénéficient d'une légitimité suffisante pour le faire.

B / *Vers un éclatement des protections ?*

L'idée, de plus en plus répandue, d'une séparation entre la logique d'assurance et la logique dite « de solidarité » porte en germe une évolution qui peut conduire à une stratification, à bien des égards, inquiétante.

Une telle distinction a d'ores et déjà été engagée en matière de vieillesse avec la mise en place du Fonds de solidarité [113]. Elle est, depuis

1. Cf. Jacques Oudin, rapport cité ; Xavier Prétot, « Un patron pour la Sécurité sociale ? », *Projet,* 210, avril 1988.

[113]

LE FONDS DE SOLIDARITÉ VIEILLESSE

Le fonds de solidarité vieillesse (FSV) a été institué par la loi du 22 juillet 1993. Il a pour mission de financer les avantages vieillesse non contributifs (minima sociaux et majorations pour enfants à charge). À ce titre, il a repris à sa charge le financement de l'allocation spéciale vieillesse, qui constitue un des dispositifs permettant d'atteindre le premier niveau du minimum vieillesse (le complément étant couvert par l'allocation supplémentaire du fonds national de solidarité).

Initialement, le FSV devait également assurer le remboursement de la « dette sociale » du régime général. Cette mission a été transférée, dans le cadre de la réforme de novembre 1995, à la caisse d'amortissement de la dette sociale.

1984, appliquée au risque chômage. Certaines organisations la réclament pour le risque maladie, arguant de l'existence de « charges indues » pesant sur le régime général, alors qu'elles devraient être financées par l'État.

Le résultat serait, à terme, un système de protection sociale à trois niveaux :

– le premier, celui de la solidarité, qui constituerait le minimum auquel chacun a droit ;

– le deuxième, celui d'une sécurité sociale redevenue une stricte assurance sociale, tant pour le régime d'assurance chômage que pour les diverses branches du régime général (sauf pour la branche famille qui relève déjà d'un financement partiellement fiscalisé, et donc de la logique de solidarité) et ne créant une obligation d'assurance que dans un cadre limité ;

– le troisième niveau, celui de l'assurance facultative (parfois même obligatoire), qui garantirait une protection supérieure, dépendant des capacités financières des entreprises ou des secteurs auxquels ils appartiennent, ou variant en fonction de la capacité de chacun à s'assurer.

Cette « stratification de la protection », dont on perçoit aujourd'hui certaines prémices, conduirait à réduire la part relative de la sécurité sociale obligatoire, dans un sens complètement opposé aux ambitions de 1945.

*
**

Le paysage d'ensemble de la protection sociale et de ses remises en cause financières et institutionnelles étant ainsi dressé, les chapitres suivants, consacrés à la vieillesse, à la santé, à la famille, et à l'indemnisation du chômage, vont permettre d'approfondir la connaissance des prestations, et surtout des politiques menées dans des domaines fondamentaux de la vie sociale.

Chapitre 13

Politique de la vieillesse

La nécessité de faire face, en 1945, au problème urgent de la pauvreté des personnes âgées explique la priorité donnée, au sein de la politique de la vieillesse, à la politique des retraites. Le système des retraites, élaboré au lendemain de la seconde guerre mondiale, est aujourd'hui confronté à de nouveaux enjeux, tant financiers que sociaux, qui résultent à la fois de l'arrivée à maturité des régimes, de la dégradation des conditions économiques qui pèsent sur le financement des retraites, et des changements démographiques.

La politique des âges, qui concerne au premier chef, mais pas seulement, les lieux et modes d'hébergement des personnes âgées, s'est développée beaucoup plus lentement que la politique des retraites. L'émergence d'un nouveau risque social, la dépendance, constitue aujourd'hui un enjeu décisif de cette politique des âges encore en devenir, dans un contexte caractérisé par l'allongement de la durée de la vie et par la modification des comportements sociaux, en particulier des solidarités familiales.

I | LA CONSTRUCTION DU SYSTÈME : ACQUIS ET LIMITES

Deux grandes tendances ont présidé à l'élaboration du système français de retraite mis en place à la fin de la seconde guerre mondiale :

– la nécessité de mener une politique des revenus, afin de faire face à la pauvreté des personnes âgées ;

– le développement de régimes différenciés pour les trois grandes catégories de la population active : les salariés du secteur privé, les salariés du secteur public au sens large et les non-salariés. La généralisation de la prise en charge de la vieillesse est ainsi largement réalisée aujourd'hui, mais dans un cadre institutionnel qui s'éloigne du principe d'unité souhaité lors de l'adoption des ordonnances de 1945.

A / *Un système qui a efficacement répondu au problème de la pauvreté des personnes âgées*

1 / *La pauvreté des personnes âgées*

Avant le XIXe siècle, le problème de la « retraite » ne se posait pas pour deux raisons. En premier lieu, le nombre de personnes âgées de plus de 65 ans était faible (4,5 % de la population en 1775). Ensuite, le problème des ressources des personnes âgées relevait soit de la sphère privée, la famille, soit de l'Église et de l'assistance aux pauvres, seul recours en définitive des « vieux » sans patrimoine. La transformation de la société au cours du XIXe siècle et le développement du salariat, en même temps que l'allongement de l'espérance de vie, ont rendu plus aigu le problème des moyens de subsistance des vieux travailleurs salariés sans patrimoine, devenus beaucoup plus nombreux (en 1945, le nombre total de personnes ayant atteint l'âge de 65 ans était de 4 500 000 personnes).

Malgré les systèmes de retraite mis en place dans certains secteurs au cours du XIXe siècle et au début du XXe siècle, la situation des personnes âgées au lendemain de la seconde guerre mondiale était pratiquement synonyme de pauvreté : soit elles ne disposaient d'aucune source de revenu (sur 4 500 000 personnes âgées de 65 ans et plus, environ 1 700 000 pouvaient bénéficier d'une pension), soit leur « pension » s'était réduite à presque rien du fait des dépréciations monétaires, car les systèmes existants fonctionnaient en capitalisation et n'avaient pas résisté à l'érosion monétaire.

Le système de protection sociale s'est donc construit, au lendemain de la seconde guerre mondiale, autour de cette question du revenu, la plus urgente, laissant de côté d'autres aspects comme ceux relatifs à la politique des âges.

2 / *La fin des « vieux pauvres »*

La création d'un régime général obligatoire de couverture du risque vieillesse pour les salariés du secteur privé par les ordonnances de 1945, la généralisation progressive des systèmes de prise en charge de la vieillesse après 1945 et l'amélioration continue des conditions de liquidation des pensions ont ainsi conduit, par rapport à la situation qui prévalait avant la seconde guerre mondiale, à une amélioration considérable de la situation matérielle des personnes âgées de 65 ans et plus.

Plusieurs étapes peuvent être distinguées dans ce processus. La création du minimum vieillesse en 1956 [114] a marqué un moment important dans la politique de revenu des personnes âgées, en particulier pour toutes les personnes qui ne relevaient pas du régime général des salariés ou qui avaient des carrières très incomplètes. Cette prestation, qui permet de garantir un revenu minimal à toute personne de plus de 65 ans, et qui constitue le premier minimum social instauré dans la législation sociale française, a en effet « répondu, dès son origine, à un grand besoin : en 1958 et en 1959, près de 59 % des retraités du régime général le percevaient [1] ». Cette proportion s'est ensuite fortement réduite, à la fois du fait de la montée en charge du régime général et du fait de la création de régimes complémentaires obligatoires.

La mise en place de régimes complémentaires de retraite, par la voie de la négociation collective, a, de fait, permis d'améliorer sensiblement le revenu des retraités du secteur privé, d'abord pour les cadres en 1947 (création de l'AGIRC), puis pour les non-cadres en 1961 (création de l'ARRCO). Ces régimes complémentaires ont été progressivement généralisés à l'ensemble des salariés du secteur privé et ont de plus assuré le versement de pensions complètes dès leur démarrage, y compris pour les salariés qui n'avaient que des carrières incomplètes.

Par la suite, la loi du 31 décembre 1971, dite « loi Boulin », a sensiblement amélioré les modalités de calcul de la pension de vieillesse du régime général :

– majoration du taux plein de la pension de 40 à 50 % ;

– prise en compte des salaires annuels des dix meilleures années et non des dix dernières années ;

– allongement de la durée d'assurance nécessaire pour bénéficier d'une retraite à taux plein (de 120 à 150 trimestres), compte tenu de l'arrivée à maturité du système, mais, parallèlement, suppression de la durée minimale d'assurance (quinze ans) ouvrant droit à pension par la loi du 3 janvier 1973. Il suffit aujourd'hui d'un trimestre de cotisation pour avoir droit à une pension du régime général.

Par ailleurs, des périodes d'inactivité furent progressivement assimilées à des périodes de cotisations ouvrant droit au versement d'une prestation : validation des périodes de chômage en 1967, limitées en 1980 aux périodes de chômage indemnisées ; validation des périodes d'éducation des enfants en 1972.

1. M.-F. Laroque, « La protection sociale des personnes âgées », *Revue française des affaires sociales*, numéro spécial, « Quarante ans de sécurité sociale », juillet-septembre 1985.

[114]

LE MINIMUM VIEILLESSE

Le minimum vieillesse n'est pas une prestation mais un terme générique regroupant tout un ensemble de prestations garantissant un revenu minimal aux personnes âgées. S'il trouve son origine dans la création de l'allocation aux vieux travailleurs salariés en 1942, sa forme actuelle résulte de nombreuses modifications et compléments introduits après la seconde guerre mondiale.

Le minimum vieillesse est constitué de deux étages de prestations dites non contributives :

– un premier étage est constitué d'avantages de base, qui garantissent à une personne âgée un revenu annuel de 17 147 F en 1997 (ou 34 294 F s'il s'agit d'un couple). Selon les cas, ce premier étage sera constitué d'une allocation de base (allocation aux vieux travailleurs salariés, allocation aux vieux travailleurs non salariés, secours viager, allocations aux mères de famille), d'une allocation spéciale vieillesse pour les personnes qui ne peuvent être rattachées à aucun régime, ou d'une majoration accordée aux personnes percevant des droits à pension trop faibles ;

– un deuxième étage est constitué de l'allocation supplémentaire du fonds de solidarité vieillesse (FSV), qui a remplacé, depuis le 1er janvier 1994, le fonds national de solidarité (FNS). Cette allocation supplémentaire est d'un montant maximal de 24 050 F pour une personne seule et de 39 612 F pour un ménage (montant annuel au 1er janvier 1997).

En cumulant le premier et le second étage, le minimum vieillesse permet donc de garantir un revenu minimal total de 41 197 F pour une personne seule et de 73 906 F pour un ménage (montant annuel au 1er janvier 1997).

Les conditions pour pouvoir bénéficier de ce minimum vieillesse sont les suivantes :

– être âgé de plus de 65 ans (sauf cas d'inaptitude) ;

– résider sur le territoire français ;

– disposer de ressources inférieures à un certain plafond (42 193 F pour une personne seule au 1er janvier 1997).

À la fin de 1995, près de 1 000 000 de personnes bénéficient du minimum vieillesse. Parmi elles, 300 000 personnes sont bénéficiaires d'une prestation du « premier étage » et de l'allocation supplémentaire et 700 000 perçoivent uniquement l'allocation supplémentaire du minimum vieillesse (second étage). Le nombre de bénéficiaires du minimum vieillesse a fortement diminué entre 1970 et 1995, passant de 2,2 millions à la fin de 1970 à un peu moins d'un million à la fin de 1995. Cette diminution est largement la conséquence de l'amélioration progressive des retraites versées par les différents régimes.

Source : « Les minima sociaux », *Les dossiers de CERC-Association*, 2, juin 1997.

Le mouvement continu d'amélioration des retraites s'explique également par les conditions favorables de revalorisation des pensions. En effet, jusqu'au début des années quatre-vingt, les retraites étaient revalorisées au rythme des salaires moyens bruts, qui ont progressé plus rapidement que les salaires moyens nets, compte tenu de l'augmentation des cotisations sociales salariales. De plus, la référence au salaire moyen a également profité aux retraités du fait de la transformation de la structure professionnelle (davantage de cadres, moins d'ouvriers), qui se traduit directement dans les évolutions du salaire moyen (tableau 83). Depuis 1980, en revanche, les pensions ont été revalorisées à un taux inférieur à celui de la progression des salaires nets.

Tableau 83. *Une comparaison des niveaux de salaires et de retraites perçues en 1988 et en 1993 pour le régime général (salariés du secteur privé) (retraités unipensionnés ayant une carrière complète)*

	Salaire mensuel moyen net	Salaire mensuel moyen net en fin de carrière	Retraite moyenne nette	Retraite nette/ Salaire net en fin de carrière (en %)
1988	8 433	10 460	7 149	67,6
1993	10 120	11 942	8 459	69,4

Source : Commissariat général du Plan, *Perspectives à long terme des retraites*, rapport du groupe de travail présidé par Raoul Briet, Paris, La Documentation française, 1995.

Enfin, les pensions de réversion, qui sont les pensions versées au conjoint en cas de décès du bénéficiaire, ont également été améliorées à partir de 1971 (loi Boulin) : abaissement de l'âge de versement (55 ans), cumul partiel avec la pension personnelle, élargissement du champ de la population concernée et majoration du taux de la réversion (52 %). Ce mouvement d'amélioration du dispositif s'est achevé avec la création de l'assurance veuvage en 1988.

La mise en place et l'amélioration des retraites ont ainsi permis de largement éliminer la vieillesse comme facteur de pauvreté :

« Longtemps, vieillesse et pauvreté ont été associées. Les vieux ont été, jusque vers le début des années soixante-dix, les pauvres des sociétés industrielles développées. En France, ils ont été longtemps désignés sous le vocable d'" économiquement faibles ". Dans ce même pays, en 1970, plus de la moitié des pensionnés touchait une pension qui était inférieure à 75 % du salaire minimum de l'époque. Et la chute des revenus entre les dernières années de la vie active et la retraite était d'environ 50 %. [...] Les personnes âgées n'ont jamais connu un niveau de vie aussi élevé qu'aujourd'hui. Leur revenu disponible est désormais très proche de la moyenne nationale. Le groupe âgé n'a plus la priorité dans les statistiques de pauvreté. Les « nouveaux pauvres » sont plutôt aujourd'hui les jeunes pauvres [1]. »

Ce constat, formulé à la fin des années quatre-vingt, s'est encore renforcé dans la première moitié des années quatre-vingt-dix. « Entre 1989 et 1994, le niveau de vie des ménages de moins de 25 ans a baissé de 15 à 20 %. Pour les ménages de 25 à 29 ans, aucune baisse des revenus n'est observée sur la période, alors que le niveau de vie continue d'augmenter pour les actifs plus anciens comme pour les retraités [2]. »

1. A.-M. Guillemard, « Les paradoxes des politiques de la vieillesse », *Revue française des affaires sociales*, septembre 1990.
2. *Inégalités d'emploi et de revenu*, Paris, La Documentation française, 1996, p. 99 et suiv.

Tableau 84. *L'évolution des inégalités chez les actifs et chez les retraités, de 1984 à 1994*

(Indice de Gini)

	1984	1989	1994
Actifs et assimilés	0,323	0,335	0,361
Retraités et assimilés	0,351	0,353	0,350

L'indice de Gini est compris entre 0 et 1. Plus il est élevé, plus les inégalités sont fortes.
Source : CSERC, *Inégalités d'emploi et de revenu*, rapport cité, p. 81.

Tableau 85. *Les cotisants selon les différents régimes au 1er juillet 1995*

Régimes	Cotisants	En %
Ensemble des salariés	19 095 000	89,0
dont :		
– régime général	*14 008 000*	*65,3*
– salariés agricoles *	*638 000*	*2,9*
– régimes spéciaux	*4 459 000*	*20,8*
Ensemble des non-salariés	2 362 000	11,0
dont :		
– artisans	*488 000*	*2,3*
– commerçants et industriels	*615 000*	*2,9*
– professions libérales	*413 000*	*2,0*
– exploitants agricoles	*822 000*	*3,8*
Total	21 680 000	100,0

* Le régime des salariés agricoles est aujourd'hui totalement aligné sur le régime général.
Source : CNAVTS, *Recueil statistique*, Paris, décembre 1996.

Parallèlement, au sein de la population des retraités, une sensible réduction des inégalités a eu lieu jusqu'au milieu des années quatre-vingt, notamment sous l'effet du minimum vieillesse. Ce mouvement de réduction des inégalités s'est toutefois arrêté depuis le milieu des années quatre-vingt (tableau 84) et le niveau de vie des retraités augmente depuis cette date à peu près au même rythme, quelle que soit la position dans la hiérarchie des revenus.

En conclusion, il apparaît bien que le système de retraites français a permis d'assurer à la grande majorité des personnes âgées un revenu décent. Cette évolution, qui s'est produite dans le contexte de généralisation du salariat, constitue un des éléments fondamentaux du « statut salarial », où la sécurité est bien assurée par le biais du travail – présent ou passé –, et non plus par la seule propriété : « La sécurité sociale procède d'une sorte de transfert de propriété par la médiation du travail et sous l'égide de l'État. Sécurité et travail vont devenir substantiellement liés parce que, dans une société qui se réorganise autour du salariat, c'est le statut lbhdonné au travail qui produit l'homologue moderne des protections traditionnellement assurées par la propriété [1]. » La retraite est

1. R. Castel, *Les métamorphoses de la question sociale*, Paris, Fayard, 1995, p. 300-301.

certainement une des pièces essentielles de ce mouvement de transformation du salariat, réalisé pour l'essentiel après la seconde guerre mondiale.

En France, ces progrès ont été assurés grâce à un système de retraite très majoritairement fondé sur des systèmes de répartition, qui assurent une solidarité entre générations par le biais d'une redistribution des salaires. Toutefois, cette amélioration des droits s'est effectuée à travers le maintien d'une pluralité de régimes, qui conduit à distinguer plusieurs catégories de populations.

B / *Des régimes éclatés institutionnellement*

Le système de retraite français est donc aujourd'hui généralisé à l'ensemble des catégories de population et complété par des mécanismes non contributifs qui assurent un revenu à l'ensemble des personnes âgées de plus de 60 ans. Toutefois, l'histoire de la construction des systèmes de retraite après la seconde guerre mondiale a conduit à affirmer les différences entre trois types de populations (tableaux 85 et 86) :

– les salariés du secteur privé ont immédiatement accepté leur intégration dans le régime général de sécurité sociale créé par les ordonnances de 1945, mais ont obtenu une amélioration de leur couverture à travers la création de régimes complémentaires gérés paritairement, sur le modèle de la protection complémentaire des cadres mise en place dès 1947 ;

– les salariés du secteur public ont des « régimes spéciaux », qui sont gérés directement par l'État employeur ou les entreprises publiques concernées ; ces régimes maintiennent des disparités importantes entre professions, notamment pour les salariés des grands établissements publics (SNCF, EDF...) ;

– les non-salariés, enfin, ont obtenu dès 1948 la reconnaissance de régimes séparés de retraites ; toutefois, plusieurs de ces régimes ont été progressivement harmonisés avec le régime général, même si la gestion par des caisses séparées est demeurée ; les régimes des professions libérales et des exploitants agricoles conservent de fortes spécificités.

1 / *Les retraites des salariés du secteur privé : la prédominance d'une logique interprofessionnelle nationale*

Dans la plupart des pays européens, les systèmes de retraite des salariés du secteur privé se sont construits autour d'un système à deux étages :

– « un premier étage, qui correspond aux régimes légaux de sécurité sociale, que l'on peut qualifier de régimes de base ou de régimes publics ; ces dispositifs ont été instaurés par le législateur et l'État joue un rôle central dans leur mise en œuvre ;

Tableau 86. *Architecture du système français de retraites* [1]
Principaux régimes de salariés et de non-salariés

• *Salariés du secteur privé*

Salariés	Régime de base	Régimes complémentaires	Régimes facultatifs
Salariés de l'industrie et du commerce	Régime général (CNAV, 16 caisses régionales)	ARRCO (46 régimes, 114 caisses) AGIRC (1 régime, 57 caisses)	– Clauses facultatives ARRCO/AGIRC – Régimes surcomplémentaires
Salariés d'entreprises à statut particulier		banques, caisses d'épargne, etc.	
Agents non titulaires des collectivités publiques		IRCANTEC	
Salariés agricoles	Régime des salariés agricoles (CCMSA, 89 caisses locales)	ARRCO/AGIRC CCPMA (tertiaire agricole)	

• *Salariés des régimes spéciaux*

Fonctionnaires civils et militaires. Ouvriers de l'État. Agents des collectivités locales et hospitalières. SNCF. RATP. Marins. EDF/GDF. Opéra. Comédie-Française. Banque de France. Chambre de commerce et d'industrie de Paris. Personnels de la caisse nationale de sécurité sociale dans les mines.

• *Non-salariés*

Catégorie	Régimes de base	Régimes complémentaires obligatoires	Régimes facultatifs
Artisans	1 caisse nationale (CANCAVA), 33 caisses locales ou professionnelles		Une mutuelle gérée par les précédentes
Commerçants	1 caisse nationale (ORGANIC), 54 caisses locales ou professionnelles	Uniquement pour les conjoints et les entrepreneurs du bâtiment	
Professions libérales	Un régime de base unique compensé par la CNAVPL géré par 13 sections professionnelles		
Exploitants agricoles	Caisses de mutualité sociale agricole		Diverses clauses facultatives dans la plupart des régimes complémentaires agricoles

1. Source : *Livre blanc sur les retraites*, Paris, La Documentaion française, 1991, p. 174 et suiv. Seuls les principaux régimes ont été repris, notamment pour les non-salariés.

– un deuxième étage, qui est constitué de régimes complémentaires ou professionnels ; il s'agit de dispositifs dans lesquels le rôle prépondérant est celui des acteurs du domaine professionnel : employeurs, syndicats, organisations professionnelles, salariés individuels [1] ».

1. E. Reynaud, « Le financement des retraites : répartition et capitalisation dans l'Union européenne », art. cité.

Tableau 87. *Montant mensuel moyen des pensions versées en 1993 pour des retraités ayant une carrière complète (retraités du secteur privé)*

Retraités nés en	1906	1912	1918	1922
Régime général				
– en francs	3 824	4 437	4 529	4 731
– en % du total	59 %	57 %	58 %	52 %
Retraite complémentaire				
– en francs	2 634	3 269	3 218	4 321
– en % du total	41 %	43 %	42 %	48 %
Total	6 458	7 706	7 747	9 052

Source : SESI, « Échantillon interrégimes de retraités », dans Commissariat général du Plan, *Perspectives à long terme des retraites*, rapport cité, p. 32.

Les régimes français de retraite des salariés du secteur privé s'inscrivent largement dans ce schéma général :

– le premier étage de la protection est constitué par le régime général de sécurité sociale, issu des ordonnances de 1945 ; les prestations qu'il verse sont soumises à un plafond ; ce régime fonctionne sur la base d'un système en répartition, à prestations définies [115] ;

– au-delà de ce plafond, les régimes complémentaires de retraite versent des compléments de pensions ; ces régimes sont issus, pour les cadres, de l'accord national interprofessionnel du 14 mars 1947, signé entre le CNPF d'une part, la CGC, la CGT et la CFTC d'autre part, créant l'AGIRC ; pour les non-cadres, la mise en place d'une protection complémentaire s'est faite plus tardivement et progressivement, d'abord avec la création de l'UNIRS par l'accord du 14 mars 1957, puis avec la création de l'ARRCO, par l'accord national interprofessionnel du 8 décembre 1961. L'une des différences importantes entre les cadres et les autres salariés est que l'AGIRC a fonctionné dès l'origine sur la base d'un régime unique, alors que l'ARRCO fédérait différents régimes professionnels, assurant une compensation entre eux. Toutefois, une tendance croissante à l'harmonisation entre régimes a joué au sein de l'ARRCO, qui a abouti à la décision de créer un régime unique complémentaire au sein de cette institution à compter du 1er janvier 1999 (accord du 25 avril 1996). Les régimes complémentaires, qu'ils relèvent de l'AGIRC ou de l'ARRCO, fonctionnent sur la base d'un système en répartition à cotisations définies [115]. Ils concourent pour une part tout à fait significative (plus de 40 % en moyenne) aux retraites versées aux salariés du secteur privé (tableau 87).

Par rapport aux systèmes de retraite des autres pays européens, le système français se caractérise par les éléments dominants suivants :

– pour la couverture de base, le système verse des prestations proportionnelles à un salaire de référence et ne s'inscrit donc pas dans la logique forfaitaire telle qu'elle peut exister dans d'autres pays comme le Royaume-Uni ou les pays nordiques ;

[115]

RÉPARTITION ET CAPITALISATION

1 / *La répartition*

D'une manière générale, la répartition fonctionne selon le principe de base suivant : les contributions versées pendant une période donnée servent à payer les prestations sur une même période. Cependant, ce principe de base donne lieu à diverses formes de mise en œuvre. On peut ainsi distinguer les régimes qui prennent des engagements sur les prestations avec fixation d'un objectif (régimes dits à prestations définies) et ceux dont les engagements en matière de prestations sont pris sans fixation d'objectif (régimes dits à cotisations définies).

Pour les régimes en répartition à prestations définies, l'élément essentiel est le mode de détermination des prestations : la formule de calcul des prestations est au cœur de la logique de ces régimes. Quatre composantes principales concourent à sa définition : les conditions d'âge pour l'ouverture des droits, la formule de calcul elle-même, les modalités de revalorisation, les avantages annexes proposés (réversion, majorations pour enfants...). En France, le régime général des salariés du secteur privé fonctionne selon ce principe.

Pour les régimes en répartition à cotisations définies, un système de cotisations est mis en place, qui permet d'acquérir des droits. Ces droits sont valorisés, lors du calcul de la pension, en fonction des ressources du régime. Autrement dit, le montant global des cotisations est réparti entre les bénéficiaires en fonction des droits qu'ils ont acquis. En France, les régimes complémentaires des salariés du secteur privé, AGIRC et ARRCO, fonctionnent selon ce principe. Concrètement, le système fonctionne grâce à un système de points : les cotisations versées par un salarié sont transformées en points de retraite, qui s'accumulent tout au long de la carrière de l'intéressé. Au moment de la retraite, le montant de la pension annuelle est déterminé à partir du nombre de points inscrits au compte, et de la valeur d'achat du point à cette date. Par la suite, la pension évolue en fonction de la revalorisation de la valeur du point.

2 / *La capitalisation*

Pour la capitalisation, le principe de base est le suivant : des réserves sont accumulées dans la perspective du paiement des prestations. Là également, on peut établir une distinction entre des régimes à prestations définies et des régimes à cotisations définies, même si les différences ne sont pas toujours tranchées dans le fonctionnement concret des régimes.

Pour les régimes en capitalisation à prestations définies, les mécanismes de détermination des prestations sont très proches de ceux existant dans des régimes en répartition, avec un engagement pris sur les objectifs, qui s'exprime à travers une formule de calcul. Une grande variété de mode de calcul est envisageable : pension calculée sur la base du salaire de fin de carrière, pension calculée en fonction du salaire moyen de carrière, pension d'un montant fixe pour chaque année d'ancienneté... Pour les ressources du régime, en revanche, les principes s'éloignent fortement de la répartition. En effet, un niveau théorique de réserves nécessaires pour couvrir les engagements est calculé en fonction d'hypothèses actuarielles. Par rapport à ce niveau théorique souhaité, les réserves effectivement constituées dépendent des choix des gestionnaires, si bien que les régimes peuvent être aussi bien sur-financés que sous-financés.

Pour les régimes en capitalisation à cotisations définies, aucun engagement n'est pris vis-à-vis des prestations. Un mécanisme de versement de cotisations est mis en place, celles-ci sont placées sur les marchés des capitaux et les prestations versées sont fonction du rendement sur les placements. Cette modalité de financement correspond assez bien à l'image traditionnelle de la capitalisation : une accumulation de capitaux et un niveau de prestations dépendant des taux d'intérêt. Du point de vue de l'affilié, le système ne renvoie pas à une accumulation de droits qui donne lieu au versement d'une pension le moment venu, mais à la constitution d'un stock d'épargne pouvant être transformé en rente viagère. Toutefois, ces mécanismes de capitalisation à cotisations définies s'inscrivent, pour les pays où ils existent, dans des cadres institutionnels variés. Ils peuvent être obligatoires ou volontaires, être organisés sous forme de plans de retraite individuels, ou relever de l'entreprise, du secteur d'activité ou du niveau national.

Source : E. Reynaud, « Le financement des retraites : répartition et capitalisation dans l'Union européenne », art. cité.

– pour la couverture complémentaire, une des spécificités françaises est d'avoir développé une couverture obligatoire – et non facultative comme dans d'autres pays –, mais surtout une couverture nationale interprofessionnelle, alors que dans d'autres pays les régimes complémentaires sont plutôt gérés soit dans le cadre de l'entreprise (cas de l'Allemagne, du Royaume-Uni, de l'Irlande notamment), soit dans un cadre sectoriel professionnel (cas des Pays-Bas), soit dans le cadre de plans individuels de retraite (cas du Royaume-Uni et du Danemark notamment).

Une autre particularité des régimes français tient à la place quasi exclusive occupée par la répartition dans le mode de financement des différents régimes de retraite des salariés du secteur privé. Toutefois, les oppositions entre régimes en répartition et régimes en capitalisation doivent être relativisées : le choix des modes de régulation du système, leur caractère obligatoire ou non, leur champ d'application (individuel, territorial ou national) sont autant de caractéristiques tout aussi importantes, voire plus importantes, pour définir la situation réelle du salarié face à sa retraite à venir. De plus, le rendement effectif des deux formes de financement est fortement lié aux conditions économiques à l'œuvre dans un pays.

« Dans le cas français, par exemple, de 1950 à 1979, la période a été clairement à l'avantage de la répartition : la croissance de la masse salariale a été en moyenne de 12,4 % par an, alors que le taux d'intérêt annuel moyen à long terme [...] n'atteint que 7,6 %. En revanche, de 1980 à 1993, les conditions ont penché du côté de la capitalisation avec, sur la période, un taux d'intérêt moyen annuel à long terme de 11,4 % et un accroissement moyen annuel de la masse salariale de 7,1 %. Sur la longue durée, à l'échelle du siècle, la perspective la plus probable est l'alternance des situations respectivement favorables à la capitalisation et à la répartition. Dans cette perspective, les deux techniques de financement peuvent être considérées comme équivalentes [1]. »

Ainsi, la particularité du système français de retraite, pour ce qui est des salariés du secteur privé, doit plus se lire à travers les formes de

1. E. Reynaud, « Le financement des retraites : répartition et capitalisation dans l'Union européenne », art. cité.

solidarité organisées entre les salariés, qu'à travers le mode de financement en lui-même. De ce point de vue, le choix d'un système couvrant l'ensemble du territoire et assurant de ce fait une solidarité non seulement entre générations, mais aussi entre professions, apparaît déterminant. Le haut niveau de remplacement progressivement assuré par ce système explique la faible part de systèmes complémentaires de couverture, organisés sur une base purement individuelle et volontaire. De plus, la couverture très large du système de retraite a constitué un des éléments encourageant le développement d'une plus grande mobilité de la main-d'œuvre, tant géographique que professionnelle : il s'agit là d'un des avantages importants d'un système géré au niveau national et interprofessionnel.

2 / *Les retraites des salariés du secteur public : le maintien de disparités professionnelles*

Les régimes qualifiés de « spéciaux » sont le produit de l'histoire du développement des systèmes de retraite en France. En effet, dès la fin du XIXe siècle, et parfois même bien avant, des systèmes de retraite furent mis en place dans certains secteurs de l'économie, destinés notamment à fidéliser la main-d'œuvre : les régimes de l'État et des collectivités locales, des marins, des salariés des compagnies de chemin de fer, des mines, des compagnies de gaz et d'électricité en constituent les principaux exemples :

> « Les origines corporatistes des régimes de retraite sont indéniables. À l'instar de Colbert, qui créa la caisse des invalides de la marine pour assurer à cette dernière un recrutement stable et suffisant, les industriels prirent conscience de l'intérêt qu'ils auraient à fidéliser leur personnel par la perspective d'une pension versée à l'issue de nombreuses années de bons et loyaux services. Les objectifs humanitaires n'étaient certes pas absents, mais ils se combinaient en un cocktail typiquement paternaliste, avec le souci de limiter la mobilité des ouvriers en la rendant coûteuse. Les salariés quittant l'entreprise (volontairement ou par licenciement) avant l'âge de la retraite se voyaient en effet souvent privés de la pension à laquelle ils pouvaient aspirer [...] [1]. »

En 1945, ces régimes n'ont pas été absorbés par le régime général, notamment parce que les salariés de ces secteurs demandaient le maintien de perspectives de retraite identiques à celles offertes par leurs anciens régimes. En effet, la plupart des régimes dits spéciaux (à l'exception de celui des Mines) offraient – et continuent à offrir – des prestations sensiblement plus favorables que celles proposées par le régime général, que ce soit du point de vue du montant de la pension, mais aussi souvent du point de vue des conditions d'âge qui ouvrent droit au versement d'une retraite (cf. tableau 70). Ces régimes spéciaux étaient environ 160 à l'issue de la seconde guerre mondiale ; ils ne sont plus aujourd'hui qu'une cen-

1. J. Bichot, « Les retraites : solidarité professionnelle ou solidarité nationale », *Humanisme et entreprise*, 1990.

Tableau 88. *Les principaux régimes spéciaux en chiffres*

	Nombre d'affiliés en 1992	Affiliés en % du total en 1992	Nombre de pensions versées en 1992	Montant moyen des pensions annuelles directes versées en 1990
Fonctionnaires civils et militaires	2 342 000	53	1 361 000	93 286
Collectivités locales	1 462 000	33,1	420 000	65 370
SNCF	197 000	4,5	340 000	83 766
EDF-GDF	153 000	3,5	130 000	117 730
Autres (marine, Mines, RATP...)	263 000	5,9	747 000 (dont Mines : 410 000)	
Total	4 418 000	100	2 998 000	

Source : CNAVTS et DSS, « Les retraites en France », *Les études de La Documentation française*, Paris, 1994.

taine, dont seulement quinze continuent à accepter des affiliés (les autres sont fermés aux nouveaux adhérents).

Une des difficultés principales de ces régimes spéciaux est que certains d'entre eux, non seulement offrent des prestations supérieures à celles offertes par le régime général, mais ont de plus des structures démographiques très défavorables : un nombre croissant de pensionnés pour un nombre de cotisants en réduction continue (tableau 88). C'est le cas, par exemple, de régimes comme ceux de la SNCF ou de EDF-GDF, qui connaissent de ce fait des déficits structurels particulièrement lourds. Une compensation partielle est opérée avec d'autres régimes [cf. 93], mais ne suffit pas à assurer leur équilibre financier. Ainsi, leur logique purement professionnelle aboutit aujourd'hui à de fortes contestations quant à leur pérennité, qui s'est notamment exprimée à travers les projets avortés de réforme du mois de novembre 1995 (plan Juppé).

3 / *Les retraites des non-salariés : de fortes inégalités entre populations*

Les régimes des non-salariés sont au nombre de six, qui couvrent respectivement les artisans, les professions industrielles et commerciales, les professions libérales, les avocats, les exploitants agricoles et les ministres des cultes. Mais « cet éclatement, résultat de la volonté d'autonomie des non-salariés lors de la mise en place du régime général, recouvre en fait une diversité moins marquée qu'il n'y paraît au premier abord. Un processus d'alignement des règles de la plupart des régimes de base sur celles du régime général s'est en effet enclenché [1] », notamment pour les arti-

1. CNAVTS et DSS, « Les retraites en France », *Les études de La Documentation française*, Paris, 1994.

sans et les professions industrielles et commerciales (depuis le 1er janvier 1973) et pour les exploitants agricoles (depuis le 1er janvier 1990). Les professions libérales sont, en revanche, restées à l'écart de ce mouvement.

Dans l'ensemble, les prestations versées par les régimes de base des non-salariés sont d'un niveau faible, en particulier pour les régimes des professions libérales qui fonctionnent sur une logique de prestation minimale (à l'exception des avocats). Ceci explique le développement d'une couverture complémentaire relativement importante, à l'instar de ce qui s'est passé pour les salariés du secteur privé.

Le découpage des régimes complémentaires des non-salariés recoupe celui des régimes de base, par professions :

– le régime complémentaire des artisans, introduit le 1er janvier 1979, est un régime obligatoire, qui fonctionne largement sur le modèle des régimes ARRCO ;

– les commerçants et industriels ont opéré des choix très différents, avec un régime obligatoire en faveur des conjoints et un régime à adhésion facultative ;

– pour les professions libérales, quinze régimes complémentaires ont été instaurés, de façon progressive dans le temps depuis le début des années cinquante ; ces régimes correspondent aux différentes sections professionnelles de la Caisse nationale d'assurance vieillesse des professions libérales ; ils fonctionnent sur des bases très différentes, avec en général une part obligatoire et une part facultative ;

– le régime complémentaire des exploitants agricoles, mis en place tardivement en 1990, est à adhésion facultative ; il s'agit d'un régime à cotisations définies en capitalisation pure.

Les régimes de retraite des non-salariés offrent encore aujourd'hui l'image d'une grande diversité, surtout si l'on intègre leurs régimes complémentaires. D'un côté, les artisans ont aujourd'hui un système de retraite très comparable à celui des salariés du secteur privé ; à l'opposé, les professions libérales ont conservé une très forte spécificité, tant pour leur régime de base que pour leurs régimes complémentaires, et une grande diversité à l'intérieur même de cette catégorie entre les diverses professions concernées. Entre les deux, les commerçants et les industriels, ainsi que les exploitants, ont un régime de base proche de celui des salariés du secteur privé, mais des régimes complémentaires qui s'en éloignent.

Il est, en toute hypothèse, très difficile d'établir des comparaisons entre ces différentes régimes, ce qui suppose de pouvoir comparer à la fois le montant des cotisations versées par rapport au revenu, mais également le niveau des prestations offertes. Or, les derniers travaux effectués à ce sujet remontent à 1982 (travaux du CERC).

II | LES DIFFICULTÉS ACTUELLES

Si le système de retraite comporte des agencements institutionnels variés pour les différentes catégories de la population couverte, les contraintes auxquelles il est confronté sont largement communes à tous les régimes. Ces contraintes peuvent être classées dans trois rubriques principales : des contraintes démographiques, liées à l'allongement de la durée de la vie et à la diminution de la fécondité ; des contraintes économiques, liées au fort taux de chômage qui pèse sur les cotisations effectivement perçues par les régimes ; des contraintes plus techniques, liées notamment à l'arrivée à maturité des régimes. La formalisation de ces différents éléments donne lieu à des projections sur l'équilibre à long terme des régimes de retraite, qui alimentent régulièrement les débats sur la « nécessaire réforme » du système.

A / *Les contraintes techniques, démographiques et économiques*

Le caractère relativement récent des systèmes de retraite, et des améliorations qui leur ont été apportées dans les conditions de liquidation des pensions, explique la relative lenteur de l'arrivée à maturité de ces régimes, qui reste encore incomplète aujourd'hui. Toutefois, au-delà de ces aspects techniques, c'est principalement autour des évolutions démographiques et économiques que se sont focalisées les inquiétudes.

1 / *La disparition d'avantages techniques conjoncturels*

Au regard de plusieurs facteurs techniques, la situation actuelle apparaît avantageuse car elle bénéficie de contextes favorables. Mais ces avantages sont voués à disparaître.

a / *Disparition de l'avantage lié à la non-maturité des régimes.* Les régimes de retraite des salariés, bien qu'ils aient été créés depuis assez longtemps et que certains aient, de surcroît, validé assez généreusement les périodes d'activité effectuées auparavant, ne sont pas encore parvenus à complète maturité (actuellement, en effet, tous les retraités ne peuvent prétendre à une retraite pleine alors que les actifs cotisent pleinement). Dans les années à venir, au contraire, l'ensemble des retraités pourront bénéficier d'une retraite pleine.

b / *Disparition de l'avantage lié à l'augmentation de l'activité féminine.* L'augmentation de l'activité féminine conduit progressivement à un allongement des carrières des femmes ouvrant droit à pension. Mais, actuellement, les femmes âgées n'ont été salariées que pendant douze ans en moyenne et coûtent peu aux caisses de retraite, alors que les femmes en âge d'activité (qui cotisent en moyenne dix-neuf ans) leur rapportent beaucoup. Cette situation très favorable ne peut être que transitoire : l'activité féminine devrait rapidement plafonner, les classes d'âge adultes cessant de cotiser un peu plus chaque année, tandis que les droits acquis par les classes âgées vont s'accroître sensiblement.

c / *L'impact de l'amélioration de la législation sur les retraites.* L'amélioration continue des conditions de liquidation des pensions, décidés au cours d'une période économique particulièrement prospère, ne fait que progressivement sentir son impact, qui conduit à ce que les pensions nouvelles liquidées chaque jour sont en moyenne nettement plus favorables que celles qui s'éteignent.

2 / *Des évolutions défavorables du ratio cotisants/retraités*

Si ces éléments techniques interviennent dans les évolutions financières des différents régimes, les équilibres à long terme des systèmes de retraite sont principalement dépendants de l'évolution du ratio entre les cotisants et les retraités. Ce ratio, appelé taux de dépendance, varie en fonction de trois éléments principaux :

– une composante démographique, qui dépend des taux de fécondité et de mortalité ;

– une composante liée aux taux d'activité, qui dépend largement des comportements de la population en âge de travailler, notamment les femmes et les salariés les plus jeunes ou les plus âgés ;

– une composante liée à l'emploi, et donc aux perspectives économiques.

Ces différents éléments supposent la construction de projections démographiques et d'hypothèses économiques. Sur l'horizon acceptable de ces projections, les démographes s'accordent généralement pour considérer que les projections qui vont au-delà du seuil d'une génération restent très aléatoires, notamment parce qu'elles reposent sur des hypothèses sur les comportements de fécondité de personnes qui ne sont pas encore nées. Dans le domaine des projections économiques, les incertitudes apparaissent au moins aussi grandes.

Ces incertitudes conduisent donc à limiter l'horizon des projections à une vingtaine d'années. Dans ce cadre, les travaux prospectifs concluent à une forte dégradation du ratio population âgée de 60 ans et plus / population âgée de 15 à 59 ans. L'actualisation du *Livre blanc sur les retraites*, réalisée en 1994, montre ainsi que ce ratio devrait passer de 0,33 en 1995 à 0,47 en 2020 [1].

Complétées par des hypothèses sur le taux d'activité et l'emploi, dont les marges d'incertitude sont importantes, ces projections permettent de construire des évolutions du ratio cotisants/retraités pour les différents régimes (tableau 89).

Ces hypothèses dessinent donc des évolutions défavorables, qui ont largement inspiré les réformes en cours des régimes de retraite (cf. p. 475 et suiv.). Elles doivent toutefois être relativisées, car ce ratio ne suffit pas à définir l'ensemble des arbitrages possibles ou souhaitables entre revenus d'activité et revenus de transferts.

1. Commissariat général du Plan, *Perspectives à long terme des retraites*, rapport cité.

Tableau 89. *Les évolutions à venir du rapport cotisants/retraités dans quelques régimes*

	1995	2002	2005	2010	2015	Évolution 2015/1995 (en %)
Régime général	1,75	1,66	1,62	1,42	1,22	– 30
ARRCO	2,71	2,58	2,50	2,28	1,88	– 31
AGIRC	2,60	2,41	2,25	1,93	1,68	– 35
Fonctionnaires civils	2,53	2,19	1,86	1,59	1,40	– 45
SNCF	0,85	0,83	0,79	0,74	0,68	– 20
Exploitants agricoles	0,43	0,41	0,41	0,39	0,38	– 13

Source : *Perspectives à long terme des retraites*, rapport cité.

B / *Des évolutions dont l'impact doit être relativisé*

Si le ratio cotisants/retraités est essentiel pour les gestionnaires des différents régimes, il ne rend qu'imparfaitement compte des arbitrages plus globaux opérés dans la distribution des revenus entre générations. En effet, si des cotisations plus élevées sont nécessaires pour financer les pensions de retraités de plus en plus nombreux, cette charge supplémentaire sur les actifs sera théoriquement compensée par la diminution de la charge liée à l'éducation des enfants. « En d'autres termes, si les actifs de demain devront cotiser davantage pour payer les pensions de leurs aînés, ce surcoût sera compensé par la baisse du coût d'entretien et d'éducation des enfants, lesquels seront proportionnellement moins nombreux qu'aujourd'hui [1]. »

Ainsi, la question principale de la distribution des revenus entre générations réside dans l'évolution du rapport entre l'ensemble des personnes qui ont un emploi et l'ensemble des personnes qui n'en ont pas, qu'elles soit au chômage ou inactives (retraités, enfants...).

Or, l'examen des différents ratios de dépendance que l'on peut construire à partir d'un tel raisonnement offre une image beaucoup plus contrastée de l'avenir, que le seul examen du ratio cotisants/retraités (tableau 90).

Si ce tableau confirme les analyses précédentes fondées sur une dégradation du rapport entre la population en âge de travailler et la population âgée (que celle-ci soit appréhendée à partir des plus de 60 ans ou à partir des plus de 65 ans), il met en lumière deux faits marquants :

– si l'on intègre la population des moins de 15 ans, également à la charge des actifs, dans le calcul des évolutions démographiques, on voit que le ratio de dépendance se dégrade nettement moins rapidement ; ceci s'explique largement par le fait que les enfants sont aujourd'hui moins nombreux qu'ils ne l'étaient par le passé, en proportion de la population totale ;

– ce tableau met également en lumière la très forte sensibilité de l'évolution des ratios de dépendance aux hypothèses formulées sur l'em-

1. P. Concialdi, « Le débat sur les retraites : l'alibi de la démographie », *La Revue de l'IRES*, 23, hiver 1996.

Tableau 90. *Évolution comparée de quelques ratios de dépendance*

Indicateur	Définition	Calcul	Hypothèses d'emploi	Variation de 1995 à 2020 (en %)
Ratio de dépendance *vieillesse*	Population âgée / Population en âge de travailler	Population de 65 ans et plus / Population de 15 à 65 ans	–	+ 35
Ratio de dépendance *démographique*	Nombre de jeunes et de vieux / Population en âge de travailler	Population de moins de 15 ans et de plus de 65 ans / Population de 15 à 64 ans	–	+ 8
Ratio de dépendance *économique*	personnes sans emploi / Personnes ayant un emploi	Inactifs (jeunes, retraités) et chômeurs / Personnes ayant un emploi	– Emploi stable – Emploi + 0,2 % par an – Emploi – 0,2 % par an	+ 5 – 3 + 14

Source : Données Eurostat. Tableau repris de P. Concialdi, « Le débat sur les retraites : l'alibi de la démographie », art. cité.

ploi ; ainsi en retenant trois hypothèses, l'une favorable (progression de 0,2 % par an de l'emploi), l'autre défavorable (diminution de 0,2 % par an de l'emploi) et l'autre moyenne, on constate dans les trois cas des évolutions fortement contrastées du rapport entre actifs et non-cotisants (chômeurs, jeunes et retraités pour l'essentiel) ; par rapport à ces hypothèses, les plus probables résident dans une stabilité ou une légère croissance de l'emploi, ce qui conduit donc à des projections nettement plus favorables que celles retenues pour le seul ratio population de plus de 65 ans / population de 15 à 65 ans.

Ce constat ne signifie pas bien entendu que le statu quo est viable à terme, mais il conduit à poser en des termes différents le débat sur l'avenir des retraites.

– En premier lieu, il apparaît que les dépenses engagées pour l'éducation des enfants et celles qui permettent de prendre en charge les retraités ne sont pas de même nature ; en effet, dans le premier cas, les dépenses sont largement supportées par les ménages pris individuellement, alors que, dans le second, il s'agit de dépenses socialisées, médiatisées par les systèmes de redistribution des revenus que sont les régimes de retraite : « Les questions posées par l'adaptation aux changements de structure démographique ne sont donc pas de nature économique, mais essentiellement politique : elles portent sur l'organisation des transferts au sein de la société, mais non sur le niveau global de ces transferts, qui ne devrait pas connaître d'accélération sensible au cours des vingt-cinq prochaines années [1]. »

– En second lieu, cette analyse des évolutions à venir met en lumière le rôle déterminant des évolutions de l'emploi dans les équilibres futurs des systèmes de retraite ; ce constat est une invitation à une approche plus globale des politiques sociales, le domaine des retraites illustrant avec une force particulière les liens qui existent aujourd'hui entre sécurité sociale et politiques de l'emploi.

1. P. Concialdi, « Le débat sur les retraites : l'alibi de la démographie », art. cité.

La réflexion sur l'avenir des retraites ne saurait ainsi se nourrir exclusivement de constats alarmistes sur les perspectives démographiques à venir de nos sociétés ; elle pourrait, en revanche, s'engager autour d'une analyse des différents âges de la vie – âge de la formation, âge du travail, âge de la retraite, âge du vieillissement – sur lesquels l'ensemble des politiques publiques ont, à un titre ou à un autre, une influence souvent décisive.

III | LES RÉFORMES ENGAGÉES ET À VENIR

A / *La réforme des systèmes de retraite des salariés du secteur privé*

Les voies empruntées pour réformer les régimes de retraite sont en partie le reflet de la diversité institutionnelle qui caractérise le système français. Elles ont en effet mis en jeu des modes de régulation très différents selon les cas :

– pour le régime général, c'est principalement un mode de régulation étatique qui a prévalu, aboutissant à l'adoption d'une loi de réforme en juillet 1993 ;

– les régimes complémentaires, gérés sur le mode paritaire, ont emprunté la voie de la négociation collective, ajustant progressivement les règles de fonctionnement des régimes aux nouvelles contraintes financières ;

– les régimes spéciaux apparaissent particulièrement difficiles à faire évoluer, tant leur réforme implique une confrontation directe employeur/salarié, par nature fortement conflictuelle.

Au-delà de l'opposition entre ces différents modes de régulation et de réforme, les évolutions à la baisse des rendements des régimes de retraite et les craintes sur l'avenir des retraites ont ouvert la voie à de nouvelles formes de protection, facultatives et assurées par le marché. L'introduction de ces nouvelles formes de régulation demeure toutefois limitée jusqu'à présent.

1 / *La réforme du régime général*

La réforme du régime général des salariés du secteur privé a été préparée pendant une longue période.

« Débattue pendant plus d'une douzaine d'années, elle a donné lieu à la production de multiples rapports, à la constitution de plusieurs commissions d'experts, à la publication d'un livre blanc, à la consultation, à divers stades du débat, du patronat et des organisations syndicales... Le processus a finalement débouché sur l'adoption par le Parlement, en juillet 1993, d'une loi de réforme qui réduit le niveau des prestations du régime général et prévoit la création d'un fonds de solidarité vieillesse, alimenté par la CSG et diverses taxes, pour prendre en charge le financement de droits accordés sans contrepartie de cotisations. [...] Cette réforme n'a donné en définitive lieu au sein de la société française à aucune réaction susceptible de la remettre en cause. Autrement dit, elle a passé ce qui apparaît en France comme un des tests clés du mode de régulation étatique en matière de protection sociale, le test de la rue [1]. »

Ce constat sur le processus de réforme du régime général conduit à une double interrogation sur le mode de régulation à l'œuvre :

– la place de la représentation nationale dans le processus apparaît finalement réduite, même si le texte adopté est de niveau législatif ;

– la nature même de la réforme engagée conduit à une interrogation sur le type d'arbitrages opérés ; en effet, la voie d'une réduction des prestations offertes par le système a très nettement été privilégiée par rapport à la voie d'une augmentation des ressources consacrées à la retraite [116] : il n'est pas sûr que cet élément central des arbitrages ait été clairement perçu à l'époque du vote de la loi.

De ce point de vue, il est particulièrement intéressant de comparer ce qui s'est passé dans le cadre du régime général et les réformes engagées par les régimes complémentaires. En effet, tant le processus de la réforme que les résultats obtenus diffèrent très sensiblement des choix opérés pour le « premier étage » du régime de retraite des salariés.

2 / *La réforme des régimes complémentaires AGIRC et ARRCO*

Pendant que la réforme du régime général était débattue, les régimes ARRCO et AGIRC ont pratiqué, à travers la négociation collective, une révision régulière de leur rendement à la baisse, qui s'est concrétisé dans un triple mouvement d'augmentation des cotisations finançant le régime, de revalorisation des pensions à un rythme plus faible que par le passé et de liquidation des nouvelles pensions dans des conditions moins favorables que par le passé. Ces différentes évolutions se sont concrétisées par la signature de plusieurs accords : accord ARRCO de février 1993, accord AGIRC de février 1994 et accords AGIRC et ARRCO d'avril 1996 [117].

La voie de la négociation collective a donc abouti à des arbitrages progressifs entre les intérêts des cotisants (affiliés et employeurs) et ceux des bénéficiaires, les retraités. « Expression d'un mode de régulation strictement paritaire, ce processus de baisse de rendement des régimes complémentaires n'a donné lieu à aucun débat public. Dans la perception du sens commun, la notion de réformes des retraites [...] ne s'applique même pour l'essentiel qu'à la seule réforme du régime général [2]. »

Ainsi, deux différences fondamentales se font jour entre la réforme décidée dans le cadre du régime général et celle appliquée par les régimes complémentaires :

– la réforme du régime général a privilégié la voie d'une réduction des prestations, alors que les régimes complémentaires ont opéré des ajustements qui portent autant sur les dépenses que sur les recettes ;

– les modes de discussion et d'élaboration des réformes apparaissent également largement distincts, fruit d'un compromis patronat/syndicat

1. IRES, *Le paritarisme et ses enjeux*, rapport de recherche remis à la MIRE, novembre 1996.

2. *Ibid.*

[116]

LE CALCUL ET LA REVALORISATION DES PENSIONS DU RÉGIME GÉNÉRAL AVANT ET APRÈS LA LOI DU 22 JUILLET 1993

La loi du 22 juillet 1993 a modifié trois éléments essentiels dans le mode de calcul et de revalorisation des pensions : la durée d'assurance requise pour obtenir une pension à taux plein, la période de référence utilisée pour le calcul du salaire de référence servant à déterminer la pension, les références utilisées pour revaloriser les pensions versées.

La formule de calcul des pensions reste toutefois la même, et peut s'écrire ainsi :

$$P = SAM \times t \times d/150$$

avec :
P : le montant de la pension ;
SAM : le salaire moyen annuel de référence ;
t : le taux de liquidation (compris entre 25 et 50 % selon la durée d'assurance).

Calcul du salaire moyen

Antérieurement à la réforme, le salaire moyen servant de base au calcul de la pension correspondait à la moyenne des dix meilleures années de salaires, dans la limite du plafond de la sécurité sociale. Au terme de la réforme, c'est-à-dire en 2008, le nombre d'années retenues pour calculer le salaire moyen de référence aura été progressivement élevé à vingt-cinq ans (soit un an de plus par génération). Une telle évolution tend à faire davantage de la prestation reçue un reflet de l'effort de cotisation fourni, tout en laissant subsister une logique de solidarité, puisque les plus mauvaises années de carrière, liées notamment aux difficultés d'insertion ou de réinsertion sur le marché du travail, seront neutralisées et ne pénaliseront pas l'assuré lors de la liquidation de ses droits.

Calcul du taux de liquidation

Antérieurement à la réforme, la durée d'assurance servant à calculer le taux de liquidation était limitée à 150 trimestres et atteignait 50 % une fois cette durée atteinte ou lorsque l'assuré était âgé de 65 ans. Lorsque aucune de ces deux conditions n'était remplie, le taux était minoré, avec un taux plancher de 25 %. Au terme de la réforme, c'est-à-dire en 2003, la durée d'assurance nécessaire pour avoir le taux plein aura progressivement été étendue à 160 trimestres, soit un trimestre de plus par génération. Toutefois, les salariés ayant atteint l'âge de 65 ans avec 150 trimestres validés conservent le bénéfice d'une pension à taux plein.

La revalorisation des pensions

Les pensions et les salaires portés au compte de chaque assuré seront indexés sur les prix pour les exercices allant de 1994 à 1998 inclus. Il ne s'agit pas toutefois d'une mesure totalement nouvelle, puisque cette indexation était en pratique appliquée depuis 1987.

Selon le rapport sur les perspectives des retraites, paru en 1995, ces différentes éléments de la réforme du régime général décidée en 1993 devraient permettre de maintenir un équilibre à l'horizon 2005.

Source : *Perspectives à long terme des retraites*, rapport cité.

dans un cas et résultat d'un processus d'élaboration de propositions d'experts, piloté et validé par le pouvoir politique dans l'autre cas.

Le déroulement des négociations de 1993-1996 a également mis en lumière les nouvelles tensions auxquelles étaient soumis les régimes complémentaires de retraite :

– d'une part, pour la première fois en 1993, un accord national interprofessionnel a fait l'objet d'une contestation devant les tribunaux [117],

[117]

LES ACCORDS AGIRC ET ARRCO : 1993-1996

Les régimes ARRCO (qui couvrent l'ensemble des salariés du secteur privé, y compris les cadres) et le régime AGIRC (qui couvre les seuls cadres) ont fait l'objet de modifications importantes entre 1993 et 1996, décidées dans le cadre d'accords nationaux interprofessionnels. Ces accords sont principalement destinés à assurer l'équilibre financier des régimes complémentaires de retraite, mais ils ont également mis en place un certain nombre de réformes institutionnelles.

L'accord ARRCO du 10 février 1993

Cet accord a adopté un certain nombre de dispositions qui concernent tant les recettes du régime que ses dépenses.

Du côté des recettes, deux dispositions principales doivent être notées :

– un relèvement progressif du taux minimal contractuel des cotisations (taux fixé à 4 % en 1993, progressivement relevé jusqu'à 6 % au 1er janvier 1999) ;

– une stabilité du taux d'appel jusqu'en 1995, fixé à 125 % (le taux d'appel des cotisations permet de définir le niveau effectif des cotisations perçues ; à titre d'exemple, lorsque le taux d'appel est fixé à 125 %, si le taux minimal de cotisation est de 4 %, le taux effectif des cotisations est de 5 % ; toutefois, seules les cotisations perçues au titre des 4 % ouvrent des droits pour les assurés).

Du côté des dépenses, l'accord de février 1993 a décidé d'une diminution progressive du rendement de référence, fixé à 13,80 % avant l'accord, abaissé à 13,30 % en 1995.

L'accord AGIRC du 9 février 1994

De même que l'accord ARRCO signé un an plus tôt, l'accord AGIRC a porté tant sur les recettes que sur les dépenses du régime.

Du côté des recettes, trois dispositions principales ont été adoptées :

– un relèvement progressif du taux contractuel minimal de cotisation, sur les tranches de salaires au-dessus du plafond de sécurité sociale (tranches B et C) ; ce taux passe ainsi de 10 % en 1994 à 14 % à compter du 1er janvier 1997 ;

– un relèvement du taux d'appel des cotisations, de 117 % avant l'accord à 125 % à compter du 1er janvier 1995 ;

– l'instauration d'une contribution exceptionnelle de solidarité prélevée sur les allocations de retraite complémentaire destinée à financer les périodes de validation accordées au titre des périodes de chômage (contribution fixée à 0,7 % en 1995 et à 1 % en 1996).

Du côté des dépenses, deux dispositions principales peuvent être relevées :

– un gel de la valeur du point pour 1994 ;

– la diminution des majorations familiales accordées aux cadres ayant élevé trois enfants ou plus ; cette disposition s'applique à toutes les allocations servies à compter du 1er janvier 1995, y compris pour les retraites déjà liquidées en cours de versement.

Ce dernier point a fait l'objet d'une contestation devant les tribunaux, soulevée par la CGT et la fédération française des familles, qui remettent en cause le caractère rétroactif d'une telle disposition. L'AGIRC a obtenu gain de cause en première instance, mais l'affaire était encore en cours de jugement en deuxième instance en 1997.

Les accords AGIRC et ARRCO du 25 avril 1996

Les accords adoptés en 1993 et en 1994 se sont avérés insuffisants pour équilibrer les régimes complémentaires à long terme et les analyses effectuées préalablement à la signature des accords de 1996 faisaient état d'un besoin de financement estimé à 37 milliards de francs pour les régimes ARRCO et à 130 milliards de francs pour le régime AGIRC d'ici 2005. Ces perspectives ont donc conduit à la signature de trois accords datés du 25 avril 1996, l'un concernant l'ARRCO, l'autre l'AGIRC et le troisième, des dispositions communes aux deux régimes.

Conclus pour la période allant du 1er janvier 1996 au 31 décembre 2005, ces accords introduisent deux modifications institutionnelles importantes : ils prévoient la fusion de l'ensemble des régimes ARRCO en un régime unique de retraite à compter du 1er janvier 1999 (les différents régimes ayant déjà connu un processus progressif d'harmonisation) et ils instaurent, par ailleurs, un mécanisme de compensation financière entre l'AGIRC et l'ARRCO.

Ces accords prévoient également un certain nombre de dispositions financières visant à équilibrer sur le long terme les deux régimes. Les principales modifications sont les suivantes :

1 / *Les augmentations des taux de cotisations minimaux*

Pour l'ARRCO, les accords prévoient de rendre obligatoires pour les non-cadres les taux de cotisations jusque-là facultatifs sur la tranche B, selon un calendrier prévisionnel étalé jusqu'en 2005 où le taux sera fixé à 16 % pour tous les salariés.

Pour l'AGIRC, le calendrier de passage à un taux obligatoire de cotisations de 16 % sur les tranches B et C est accéléré, ce taux de 16 % devant être atteint à compter du 1er janvier 1999.

2 / *La diminution des rendements*

Par ailleurs, des modifications des taux de rendement ont été décidés pour les deux régimes. La révision des modes de calcul du salaire de référence conduiront, pour un salaire constant et pour un même taux de cotisation, à attribuer moins de points en 2000 qu'en 1995 : 14,5 % de moins pour l'ARRCO et 21 % de moins pour l'AGIRC.

Source : *Liaisons sociales*, textes des accords.

ce qui pose la question de l'introduction du juge dans les processus de régulation à l'œuvre ;

– d'autre part, l'obtention d'un accord s'est avérée particulièrement difficile à l'AGIRC ; une partie du patronat défendait en effet l'idée du maintien de taux de cotisations facultatifs sur les tranches les plus élevées du salaire, ce qui aurait pu laisser la place au développement de dispositifs supplémentaires facultatifs sur une autre base que celle assurée par les régimes complémentaires. C'est finalement la voie d'un taux de cotisation unique, progressivement porté à 16 % sur la totalité du salaire, qui l'a emporté.

B / *L'impossible réforme des régimes spéciaux* ?

Si les deux étages des régimes de retraite couvrant les salariés du secteur privé ont été réformés, les régimes spéciaux couvrant les personnes employées dans le secteur public au sens large n'ont, pour l'instant, pas connu de processus comparable [118]. L'annonce d'une possible réforme de ces régimes spéciaux dans le cadre du plan Juppé présenté à l'automne 1995 a en effet été en partie à l'origine des mouvements sociaux des mois de novembre-décembre 1995 et l'ampleur des protestations a conduit au retrait des projets annoncés et, plus largement, à un blocage des processus de réforme dans ce secteur.

[118]

LES RÉGIMES SPÉCIAUX DES FONCTIONNAIRES D'ÉTAT ET DES AGENTS DES COLLECTIVITÉS LOCALES

Dans ces deux régimes spéciaux, les plus importants quantitativement, le mode de calcul de la pension est le même. Il est conçu selon le principe du pourcentage du salaire de fin de carrière : la pension est égale à 2 % par année de service du dernier traitement indiciaire (traitement brut moyen des six derniers mois). le nombre d'annuités pris en compte est limité à 37,5. Le taux de remplacement du dernier salaire est donc de 75 % pour une carrière de 37,5 années. Les pensions sont, par la suite, revalorisées comme les traitements.

Le niveau élevé du taux de remplacement offert par ces régimes doit toutefois être relativisé dans la mesure où la base de calcul de la pension ne tient pas compte des primes, souvent importantes, que touchent en plus de leur traitement les agents titulaires de la fonction publique ; parallèlement à leur régime spécial, ceux-ci ont la possibilité de s'affilier à deux régimes complémentaires à adhésion facultative, celui de la Préfon et le CREF (complément de retraite de la Fonction publique).

Source : « Les retraites en France », *Les études de la Documentation française*, Paris, 1994.

Si les mouvements sociaux ont abouti à mettre l'accent sur des régimes très spécifiques comme ceux de la SNCF, notamment parce qu'ils offrent des âges de départ à la retraite plus précoces que dans le régime général, l'avenir financier des régimes spéciaux à terme dépend de façon encore plus cruciale de l'évolution des règles régissant le régime des fonctionnaires d'État et celui des collectivités locales, de loin les plus importants numériquement (cf. tableau 88). Or, les perspectives financières de ces régimes ne sont pas plus favorables que celles du régime des salariés : exprimé en points de cotisation, le besoin de financement du régime des fonctionnaires civils s'élève à plus de 10 points d'ici 2005 et celui des agents des collectivités locales à plus de 16 points [1].

Par rapport à cet enjeu d'équilibre à long terme des régimes, la volonté des salariés de maintenir le « contrat » – ou les « droits acquis » – sur lequel ils ont été embauchés constitue certainement un obstacle à une réforme des régimes spéciaux qui se traduirait par une baisse du niveau des pensions. Mais d'autres facteurs pèsent également fortement sur les processus de réforme dans ce secteur :

– d'une part, ces régimes sont pour la plupart des régimes d'employeurs, ce qui signifie que la négociation sur leur avenir se déroule dans un contexte de confrontation directe employeur/syndicats, comparable à celui qui existe pour la négociation des salaires ; ce mode de régulation est ainsi beaucoup plus porteur de conflits qu'un mode de régulation médiatisé par des acteurs sociaux gestionnaires d'un système paritaire, comme ce qui existe par exemple dans les régimes complémentaires des salariés du secteur privé ;

– d'autre part, la réforme du régime de retraite des agents de l'État et des collectivités locales pose directement la question de la transparence des rémunérations dans ces secteurs. En effet, dans l'hypothèse où une plus grande parité par rapport à ce qui existe dans le secteur privé serait souhaitée, cet objectif supposerait que soient prises en compte les rémunérations accessoires des fonctionnaires (les primes), qui ne sont pas intégrées aujourd'hui dans le calcul des pensions des fonctionnaires. Il n'est pas certain que les pouvoirs publics soient particulièrement soucieux de soulever le voile d'opacité qui entoure la gestion de ces rémunérations ni de promouvoir en ce domaine une réelle transparence, qui nourrirait nécessairement de nombreuses revendications salariales.

C / *L'ouverture contestée de formes de protection facultative, dans le cadre d'un marché de la protection sociale*

Les réformes des systèmes de retraite des salariés du secteur privé, qui aboutissent à des baisses progressives des pensions versées aux salariés qui arrivent à la retraite, mais aussi les craintes sur les perspectives démographiques à venir, ont nourri les débats autour de la constitution d'un troisième étage du système de retraite, sur une base facultative, faisant appel à l'épargne individuelle des salariés. Ainsi, depuis le début des années quatre-vingt-dix, des initiatives visant à encourager le développement de dispositifs volontaires de retraite, financés en capitalisation, se sont multipliées en France. Trois propositions de loi ont ainsi été déposées par des parlementaires entre 1993 et 1994 (proposition sénatoriale de Philippe Marini en mars 1993, proposition Millon/Thomas déposée à l'Assemblée nationale en novembre 1993, proposition Barrot présentée en février 1994 à l'Assemblée nationale). Le CNPF a également proposé un projet en ce sens en octobre 1993. Ces différentes initiatives se sont

1. Commissariat général du Plan, *Perspectives à long terme des retraites*, rapport cité.

[119]

LA LOI DU 20 FÉVRIER 1997 CRÉANT DES FONDS D'ÉPARGNE RETRAITE

Le Parlement français a adopté, le 20 février 1997, une loi créant des plans d'épargne retraite. L'objectif poursuivi par cette loi est double : d'une part, fournir aux salariés du secteur privé une nouvelle couverture retraite financée en capitalisation ; d'autre part, renforcer la place financière de Paris et contrebalancer le poids croissant des investisseurs institutionnels étrangers.

Les plans d'épargne retraite ainsi créés sont des dispositifs à adhésion facultative auxquels peuvent potentiellement adhérer tous les salariés du secteur privé. Concrètement, ils prennent la forme de contrats souscrits par les employeurs au profit de leurs salariés auprès d'organismes assureurs spécialement créés à cet effet, les fonds d'épargne retraite. Ils peuvent ensuite être mis en place à la suite d'un accord collectif (au niveau de l'entreprise, de la branche, de la profession...). Toutefois, si un accord n'a pas été conclu dans un délai de six mois à compter du début de la négociation, la souscription du plan peut également résulter d'une décision unilatérale de l'employeur. En outre, un an après la promulgation de la loi, les salariés n'ayant pas accès à un plan d'épargne retraite à travers leur entreprise pourront demander leur adhésion à un plan existant.

Ces plans sont destinés à fournir une rente viagère à compter de l'âge légal de la retraite. L'adhésion relève de la seule décision du salarié et les versements qu'il pourra effectuer pour alimenter le plan, de même que l'abondement de l'employeur, sont entièrement facultatifs. Les versements du salarié et le complément de l'employeur sont exonérés d'impôts sur le revenu dans la limite d'un plafond fixé par la loi. L'abondement de l'employeur est également exonéré de cotisations sociales dans les limites fixées par décret. Par ailleurs, pour favoriser le placement des sommes collectées en actions, la loi prévoit que les fonds d'épargne retraite ne devront pas être investis à plus de 65 % en obligations.

Il est aujourd'hui difficile de dire quelle application recevra cette loi : les décrets d'application n'étaient pas adoptés lors de la rédaction de cet ouvrage, et les socialistes, revenus au pouvoir après les élections législatives de juin 1997, ont contesté ce texte lors de son adoption et se sont engagés à l'abroger.

finalement concrétisées en 1996-1997 et ont abouti au vote d'une loi sur les plans d'épargne retraite (PER) en février 1997 [119].

Si l'avenir de ce texte reste largement hypothétique étant donné le changement de majorité politique intervenu en juin 1997, l'examen des débats qui ont entouré son adoption fournit des éclairages intéressants quant à l'avenir des retraites en France.

En effet, sur le plan des principes, cette loi introduit une rupture importante dans le mode de construction du système de retraite français. Alors que la couverture complémentaire des salariés du secteur privé avait été jusque-là élaborée sur le mode de la négociation collective et de la logique paritaire, cette nouvelle couverture est introduite par la loi et s'est faite contre les organisations syndicales. À l'intérieur du patronat également, l'adoption de cette loi témoigne des changements de rapports de forces à l'œuvre : en effet, des positions divergentes ont pu s'exprimer entre le patronat industriel, qui a participé à l'instauration des régimes complémentaires existants, et le patronat financier, dont les intérêts sont fortement liés au développement de tels dispositifs, où banques et assurances joueront certainement un rôle décisif.

Le débat s'est également focalisé sur la question des incitations financières prévues pour encourager le développement d'un tel dispositif. En effet, les exonérations de cotisations sociales prévues par la loi de février 1997 impliquent que, plus le système facultatif se développe, plus les recettes tant du régime général que des régimes complémentaires en sont affectées, le processus risquant d'aboutir à de nouvelles baisses de rendement des pensions. De plus, les exonérations d'impôt sur le revenu prévues par la loi ont tendance à favoriser les salariés les mieux rémunérés, par définition plus intéressés par des avantages fiscaux que des salariés moins rémunérés, payant peu, voire pas d'impôt. Ces éléments ont largement été à l'origine des critiques contre la loi portées par les organisations syndicales.

En conclusion provisoire de ce chapitre sur la politique des retraites, on pourrait souligner combien la perception de la retraite est devenue aujourd'hui contradictoire au sein de la société française, ces contradictions reflétant largement les différences de positionnement au sein du monde du travail.

> « Pour les classes aisées, qui furent les principales bénéficiaires des progrès considérables accomplis dans l'état de santé au cours des trente dernières années, il n'est pas impensable de travailler au-delà de 65 ans, bien au contraire. L'âge de la vieillesse ne se situe pas avant 75 ans, et le travail est constitutif d'une identité sociale forte, il est source de pouvoir, d'influence, de considération et de revenus. [...] Pourtant, lorsque l'âge vient effectivement plus tôt, que le travail est le moyen de gagner sa vie (souvent assez mal), tout en étant le lieu de la contrainte, des tâches répétitives ou sans intérêt, lorsque l'activité professionnelle est perçue comme un appauvrissement des potentialités de la vie et non comme un enrichissement ou l'épanouissement d'un identité sociale, la retraite est vécue comme une libération et non comme une mise à l'écart [1]. »

Or, si le système de retraite instauré après la seconde guerre mondiale, et progressivement complété par la suite, a permis pendant longtemps de surmonter ces contradictions, il semble que celles-ci reviennent aujourd'hui sur le devant de la scène. D'un côté, les salariés les mieux rémunérés ne sont pas hostiles au prolongement de la vie active et soutiennent, au moins en partie, l'idée d'un système de retraite plus souple, laissant éventuellement la place à des protections facultatives. À l'opposé, les revendications en faveur de la retraite à 55 ans se développent dans d'autres catégories de la population active. L'équilibre à terme du régime de retraite français est ainsi aujourd'hui menacé par des tensions internes, qui pèsent sur son avenir au moins autant que les contraintes démographiques.

1. P. Bourdelais, « Les âges de la vieillesse : vers une situation contrastée », *La Lettre de l'Observatoire des retraites*, 9, février 1997.

LA DIFFICILE RECONNAISSANCE D'UN NOUVEAU RISQUE SOCIAL, LA DÉPENDANCE

I | UN NOUVEAU RISQUE SOCIAL : LA DÉPENDANCE

A / *Une notion difficile à appréhender et à mesurer : la dépendance*

Les réflexions actuelles concernant l'action sur le mode de vie et l'hébergement des personnes âgées sont centrées sur le risque de dépendance. Au cours des années soixante-dix, des efforts ont été faits (OMS, INSERM) pour clarifier cette notion et l'on retient ainsi aujourd'hui comme définition de la population dépendante les personnes qui dépendent d'un tiers pour des actes élémentaires de la vie courante (s'habiller, se déplacer – transfert lits/fauteuil –, se nourrir, faire sa toilette) ou qui sont inaptes à réaliser des tâches domestiques qui leur permettraient de vivre seules dans un logement ordinaire (faire les courses, le ménage, la cuisine...).

L'augmentation du nombre de personnes dépendantes est essentiellement due à l'allongement de la vie : l'espérance de vie à la naissance a gagné pratiquement dix ans depuis 1950 (tableau 91).

Tableau 91. *Évolution observée, depuis 1950, de l'espérance de vie à la naissance*

Années	Observations sur la période 1950-1990 Espérance de vie à la naissance	
	Hommes	Femmes
1950	63,4	69,2
1955	65,2	71,5
1960	67,0	73,6
1965	67,5	74,4
1970	68,4	75,9
1975	69,0	76,9
1980	70,2	78,4
1985	71,3	79,4
1990	72,7	80,9
1995 *	73,8	81,9

* Provisoire.

Source : INSEE.

Parallèlement, les effectifs de population pour les tranches d'âge élevées ont considérablement augmenté en termes absolus et relatifs (tableau 92).

Si ces données démographiques sont bien connues, en revanche, la connaissance statistique sur les personnes âgées dépendantes demeure

Tableau 92. *Évolution observée et projetée sur la période 1950-2000 de la proportion de la population âgée de plus de 60 ans*

	60 ans et +	75 ans et +	85 ans et +
1950	16,2	3,8	0,5
1960	16,7	4,3	0,6
1970	18,0	4,7	0,8
1980	17,0	5,7	1,1
1990	19,0	6,8	1,5
2000 *	20,5	7,1	2,1
2020 *	27,5	9,4	2,9

* Hypothèses sur le taux de fécondité : 1,8.
Source : INSEE.

beaucoup plus imprécise, malgré les efforts de clarification de l'OMS et de l'INSERM [1].

Les seules enquêtes nationales aujourd'hui disponibles ont estimé que le nombre de personnes âgées de 65 ans et plus souffrant de dépendance physique lourde (personnes confinées au lit et au fauteuil, ayant besoin d'une tierce personne pour l'habillage) était de 700 000 en 1995 (270 000 dans les établissements pour personnes âgées, 430 000 vivant à domicile). Toutefois, ces données ne reflètent que partiellement la réalité, notamment parce que la définition ne retient pas les personnes âgées valides qui souffrent de détérioration intellectuelle (maladie d'Alzheimer ou autres formes de démence sénile).

Un projet d'enquête important sur la mesure de la dépendance et du handicap est préparé actuellement par l'INSEE. Sa réalisation autoriserait d'importants progrès dans la connaissance et la mesure de la dépendance [2].

Pour l'avenir, la situation est plus incertaine encore car, si les travaux statistiques de l'INSEE font état de la poursuite de l'augmentation, dans la population totale, des effectifs et de la part des tranches d'âge les plus élevées, le phénomène d'allongement de la vie aux âges élevés s'accompagne d'un recul de l'âge moyen de dépendance. Et l'on ignore si l'espérance de vie sans incapacité augmente plus ou moins vite que l'espérance de vie. On ne dispose donc pas de données prospectives sur la population dépendante : le rythme d'augmentation du nombre de personnes dépendantes est fonction de l'impact qu'auront l'amélioration de l'état sanitaire de la population et les progrès de la médecine.

La nature des problèmes de dépendance est également marquée par des facteurs internes et, en premier lieu, les mutations sociologiques qui tiennent aux modes de vie des familles, notamment à la diminution de la cohabitation des générations au sein d'une même famille : les familles se réduisent aux parents et aux jeunes enfants ou adolescents. De ce fait,

1. C. Borrel, « Personnes âgées dépendantes : les définir, les compter, les décrire », *Solidarité Santé,* 3, 1996.
2. Cf. Conseil national de l'information statistique, *Handicap-Dépendance*, rapport n° 35, Paris, INSEE, 1997.

la proportion de personnes âgées ne vivant ni en couples, ni seules, c'est-à-dire celles qui, pour l'essentiel, sont accueillies par un proche, et le plus souvent un enfant, a diminué de moitié depuis le début des années soixante. Ainsi, pour la tranche d'âge 60-74 ans, on peut estimer que la part des personnes âgées cohabitant avec leurs proches est passée de 20 à 8 %. Le même processus s'applique aux tranches d'âge plus élevées.

La « décohabitation » ne signifie pas forcément la disparition des solidarités familiales. Elle s'explique avant tout par des mutations structurelles : l'urbanisation liée à l'industrialisation et à la salarisation, le développement de l'activité professionnelle des femmes en particulier, mais aussi sans doute une plus grande autonomie, physique, psychique et financière des personnes de plus de 60 ans considérées dans leur ensemble, grâce notamment à la politique des retraites. Ce phénomène de décohabitation s'est traduit par une mutation des modes de vie des personnes âgées : entre 60 et 75 ans, les personnes âgées vivent ainsi le plus fréquemment en couple, le ménage ne comprenant le plus souvent que ce seul couple. La prolongation de la vie en couple tient à l'allongement de la durée de vie et aussi au fait que les générations considérées sont encore peu concernées par le divorce.

Mais les personnes âgées font aussi l'apprentissage de la solitude :

> « Entre 75 et 84 ans, les femmes sont deux fois plus nombreuses que les hommes et une sur deux vit seule. La situation des femmes diffère radicalement de celle des hommes : alors que moins de 30 % des femmes font partie d'un couple à ce moment de leur existence, plus de 70 % des hommes partagent leur vie avec leur conjointe. Sur les trente dernières années, pour cette tranche d'âge la progression de la part des couples est notable, passant de 25 à 35 %. Mais la croissance de la proportion des personnes seules est plus rapide encore, de 30 % en 1962 à 45 % en 1990 [1]. »

Ces mutations sociologiques rendent les personnes âgées plus vulnérables que par le passé aux situations de dépendance.

B / *La transformation des objectifs de la politique sociale visant le mode de vie et les lieux de vie des personnes âgées*

Si, aujourd'hui, la question de la dépendance des personnes âgées apparaît comme centrale pour la détermination d'une politique de la vieillesse, cela n'était pas aussi clairement le cas par le passé : le problème de la dépendance était moins aigu pour la société quand le nombre de personnes très âgées était plus faible et lorsque les personnes âgées à autonomie réduite étaient encore, dans la majorité des cas, prises en charge par leur famille. Ainsi la politique de la vieillesse s'est-elle structurée autour de l'alternative hébergement collectif/maintien à domicile alors qu'une telle différenciation tend aujourd'hui à être dépassée.

1. Jean-Paul Baraille, « L'âge de la retraite », *Données sociales,* 1993.

1 / *La prédominance de la logique d'assistance jusqu'au début des années soixante*

Jusqu'au début des années soixante, il n'existait pas à proprement parler de politique sociale concernant le mode de vie des personnes âgées. La question de la vieillesse était une affaire privée et de solidarité entre les générations au sein de la famille. Dans de nombreux cas, cependant, et surtout lorsque le patrimoine familial était faible, cette solidarité était impuissante. De ce fait, la politique sociale à l'égard des personnes âgées coïncidait et se résumait à celle de l'assistance aux pauvres. Les deux instruments de cette assistance étaient le placement en hospice (loi du 7 août 1851 sur les hôpitaux et hospices) et les attributions d'aides minimales (loi du 14 juillet 1905 relative à l'assistance aux vieillards, infirmes et incurables privés de ressources) dites de secours à domicile obligatoire. Dès cette époque, l'alternative hébergement/secours à domicile se pose : le secours à domicile, forme morale et non légale du devoir d'assistance de l'État, outre son moindre coût, paraît moins de nature à décourager la solidarité familiale que l'hébergement en hospice. Les tenants de l'hébergement, en revanche, font valoir le caractère moralisateur du rôle de l'hospice (incitation à la prévoyance individuelle), compte tenu du sort peu enviable de ceux qui y sont hébergés. Ces deux formes d'assistance se complètent néanmoins pour officialiser l'indigence d'une partie de la population âgée et organiser son exclusion de la société [1].

À l'issue de la seconde guerre mondiale, cette logique d'assistance perdure avec, toutefois, une différence. Désormais, la population âgée est identifiée comme une cible spécifique de l'assistance : les personnes âgées sans ressources ne sont plus assimilées à des indigents au même titre que les autres, mais constituent une catégorie particulière. Cela s'explique notamment par le développement des politiques de retraite qui donne à la vieillesse son caractère d'« inactivité pensionnée » et permet de distinguer les problèmes de la vieillesse de ceux des personnes inaptes au travail avec lesquels ils tendaient auparavant à se confondre [2]. Mais les personnes âgées, objet de l'action publique d'assistance, demeurent une catégorie de pauvres. Au fur et à mesure que la spécificité de l'appareil hospitalier s'affirme dans son rôle curatif, les hospices, héritiers des hôpitaux généraux, tendent à se spécialiser dans l'accueil des vieillards sans ressources. Les maisons de retraite se développent parallèlement à partir de l'ordonnance du 18 décembre 1958 qui prévoit, à côté des hospices, la création de maisons de retraites publiques.

2 / « *La naissance du troisième âge* »

Le début des années soixante marque une rupture par rapport à la situation antérieure et la naissance d'une véritable conception de l'intervention organisée de l'État en faveur de la vieillesse. En 1962, le rapport de la commission d'étude des problèmes de la vieillesse, présidée par

1. Jean-Claude Henrard, *Les systèmes d'aides aux personnes âgées,* Paris, La Documentation française, 1992.
2. Anne-Marie Guillemard, *La vieillesse et l'État*, Paris, PUF, 1980.

Pierre Laroque, jette les bases de cette nouvelle politique de la vieillesse qui s'oppose à la logique d'assistance des actions antérieures et à la ségrégation des vieillards. Son objectif principal est préventif et vise à retarder l'apparition des dépendances résultant du vieillissement et aussi à limiter le recours à l'hospitalisation. Le moyen retenu pour cela est de maintenir les personnes âgées dans leur environnement économique et social. « Il est essentiel de maintenir les personnes âgées dans la société en contact avec les autres générations et d'éviter toute rupture brutale dans leurs conditions de vie. La rupture du vieillard avec son environnement habituel, le changement de résidence et de logement, l'éloignement de ses relations constituent autant de facteurs d'aggravation du vieillissement [1]. »

La mise en œuvre de cette nouvelle logique d'intégration qui s'oppose à la relégation antérieure des vieillards suppose le développement de services et d'équipements légers, priorité étant donnée à ceux qui permettent le maintien à domicile : actions sur le logement, aides pour les tâches ménagères et les soins de vie, services sociaux visant l'organisation des loisirs... Le caractère préventif de la politique envisagée conduit à élargir l'action publique à l'ensemble de la population âgée et plus seulement aux indigents ou aux grands vieillards, ce qui induit une modification sociologique de la perception de la vieillesse. À la notion de dégradation répond désormais celle d'autonomie, de participation et d'activité, caractéristiques d'un nouveau « troisième âge ».

Mais la traduction concrète de cette politique a été tardive. Elle s'est opérée essentiellement à travers les programmes spécifiques des VIe (1970-1974) et VIIe Plans (1975-1979) qui réaffirment la priorité du maintien à domicile. L'analyse de la mise en œuvre de ces programmes témoigne d'un relatif échec par rapport aux objectifs initiaux. Les engagements prévus pour l'action de l'État n'ont pas été réalisés. Les financements croisés se sont multipliés, surtout pour les projets les moins coûteux. De ce fait, les objectifs d'intégration de la population âgée dans la vie sociale et de retardement de l'hébergement définitif des vieillards n'ont pu être atteints.

Parallèlement, en matière d'hébergement, la spécialisation curative de l'hôpital a progressivement conduit à instaurer un clivage entre les structures sanitaires et les structures sociales. Cette dichotomie, à l'origine de graves distorsions et d'effets pervers pour l'accueil et l'hébergement des vieillards, a prévalu dans les années quatre-vingt, en dépit de la réaffirmation, par de nombreux rapports [2], de la priorité de l'aide au maintien à domicile.

1. *Rapport de la commission d'étude des problèmes de la vieillesse,* présidée par Pierre Laroque, Paris, La Documentation française, 1962.

2. Commissariat général du Plan, *Vieillir demain,* rapport du Groupe de prospective, 1987.

II | LES MOYENS DE LA POLITIQUE DE LA VIEILLESSE

Les instruments actuels de la politique de la vieillesse sont issus de cette évolution hésitante, d'une trentaine d'années, au cours de laquelle les objectifs se sont progressivement modifiés et affirmés.

A / *L'hébergement des personnes âgées dépendantes*

L'hébergement des personnes âgées dépendantes relève d'une double réglementation instituant une dichotomie entre le secteur social et médico-social, d'une part, et le secteur sanitaire, d'autre part.

Cette volonté de séparer l'hébergement des personnes âgées du milieu hospitalier avait été affirmée, dès le début des années soixante, dans le rapport de la commission d'études des problèmes de la vieillesse. C'est dans cette perspective que furent créés les foyers-logements et que se développèrent les maisons de retraite. Mais la séparation fut véritablement instituée par la loi du 31 décembre 1970 qui fit de l'hôpital la clé de voûte du système sanitaire, consacrant son rôle curatif et excluant de ses missions l'accueil des personnes âgées et des infirmes. Cinq ans plus tard, la loi du 30 juin 1975 sur les institutions sociales et médico-sociales visait à réglementer l'ensemble du champ des établissements sociaux et donc, en premier lieu, l'hébergement des personnes âgées.

Cependant, la séparation totale entre les deux domaines, sanitaire d'une part, social de l'autre, malgré son caractère intellectuellement séduisant, se heurta à la réalité des situations particulières : il fut nécessaire de créer dans les hôpitaux des « services de dégagement » pour des personnes dont l'état de santé, sans forcément nécessiter de soins intensifs, imposait une présence médicale continue. Ces établissements ou unités dits de « long séjour » ont été créés par la loi du 4 janvier 1978 qui précise leur mission dans les termes suivants : il s'agit « d'assurer l'hébergement des personnes n'ayant plus leur autonomie de vie et dont l'état nécessite une surveillance médicale constante et des traitements d'entretien ». Ainsi, les personnes âgées dépendantes peuvent-elles être hébergées dans des structures soit de type sanitaire, soit de type social, soit de type médico-social ([120] et tableau 93).

Aujourd'hui, le débat sur l'hébergement des personnes âgées se focalise sur la médicalisation des établissements sociaux.

La scission entre le secteur sanitaire et le secteur social s'est trouvée inadaptée à la situation de personnes très âgées hébergées dans des établissements sociaux. Le grand âge rend floues les frontières entre l'état de bonne santé et la maladie. De ce fait, la stricte dichotomie entre sanitaire et social a pour corollaire l'hospitalisation périodique en court séjour, donc à un coût élevé pour l'assurance maladie, de personnes très âgées souffrant d'affections mineures mais qui nécessitent une surveillance médicale permanente du simple fait de leur âge.

C'est à cette situation qu'entend répondre la « médicalisation » des établissements sociaux. Les « sections de cure médicale », prévues par la

[120]

STRUCTURES SANITAIRES, SOCIALES ET MÉDICO-SOCIALES

1 / *Structures sanitaires : services de long séjour*

Les services de long séjour relèvent de la loi hospitalière. Le plus souvent, ils font partie d'un hôpital de court séjour ou d'un centre de moyen et long séjour. Les établissements autonomes, assez rares, proviennent le plus souvent de la transformation d'hospices ou d'hôpitaux ruraux. Le financement des établissements de services de long séjour est à la charge du pensionnaire ou de l'aide sociale pour l'hébergement, et de l'assurance maladie pour les soins.

2 / *Structures sociales (loi de 1975) : maisons de retraite, hospices, logements, foyers...*

Maisons de retraite

Structures d'hébergement collectif relevant de la loi sociale de 1975, les maisons de retraite dépendent des présidents de conseils généraux : leur construction est désormais financée par les caisses de sécurité sociale (prêts, 30 % de l'investissement), l'État (subvention, 40 % du coût) et les collectivités locales (30 %). Il peut s'agir de structures publiques (gestion communale) ou privées : elles offrent un ensemble de prestations comprenant à la fois le logement, le repas et divers services spécifiques. Le tarif est un prix de pension « tout compris » à la charge de la personne âgée ou de l'aide sociale.

Les hospices

La loi du 30 juin 1975 avait prévu la disparition des hospices et leur transformation juridique, dans un délai de quinze ans :

– soit en unités sanitaires de long séjour relevant de la loi hospitalière ;

– soit en unités sociales et médico-sociales relevant de la loi sociale sur les établissements sociaux.

À la transformation juridique répondait également une volonté de rénovation et de modernisation de ces établissements vétustes en véritables lieux de vie. Aujourd'hui, le processus de transformation juridique des hospices en unités sanitaires ou médico-sociales est en voie d'achèvement : au 1er juillet 1996, sur 216 000 lits d'hospice originels, il restait à transformer juridiquement 5 800 lits, principalement situés dans les établissements hospitaliers. Toutefois, la transformation juridique ne s'est pas toujours accompagnée d'une rénovation des lieux et les conditions de vie et de confort demeurent précaires dans plusieurs de ces structures (estimées à un quart environ en 1990) [1].

Les logements-foyers

Créés à partir des fonds d'offices d'habitation à loyer modéré, des caisses de Sécurité sociale ou des départements, ces structures (publiques ou privées) offrent équipements et services spécifiques (restaurant, salle de réunion, infirmerie, blanchissage) en distinguant la facturation entre l'hébergement et les services. Les personnes âgées y sont locataires et bénéficient éventuellement de l'aide sociale. Ces logements s'adressent à des personnes âgées conservant une large autonomie. Les résidents peuvent bénéficier de services d'aides ménagères et de soins infirmiers. Il existe également des logements-foyers médicalisés.

Autres établissements

Il existe quelques autres types d'établissement pour personnes âgées : pensions de familles ou résidences financées par des caisses de retraite complémentaires, des mutuelles ou encore des sociétés privées. (Le coût est intégralement supporté par l'individu.)

1. J.-C. Henrard, *op. cit.*

Sources : Commissariat général du Plan, *Dépendances et solidarités. Mieux aider les personnes âgées*, rapport de la commission présidée par Pierre Schopflin, Paris, La Documentation française, 1991 ; M. Neiss, G. Rouvero, « La prise en charge des personnes âgées en institution », *Solidarité Santé*, 3, 1996.

Tableau 93. *Capacité d'accueil par type d'établissements au 31 décembre 1994*

Sections des hôpitaux publics	100 994
Maisons de retraite autonomes	293 638
Logements-foyers	153 397
Services de soins de longue durée des hôpitaux publics	71 770
Autres établissements	4 109
Total	623 908

Source : Statistiques du SESI. Repris dans « La prise en charge des personnes âgées en institution », *Solidarité Santé*, 3, 1996.

loi du 30 juin 1975, sont « destinées à l'hébergement et à la surveillance médicale des pensionnaires qui ont perdu la capacité d'effectuer les actes ordinaires de la vie ou qui sont atteints d'une affection somatique ou psychique stabilisée pour laquelle un traitement d'entretien et une surveillance médicale ainsi que des soins paramédicaux sont nécessaires ». Le forfait de section de cure médicale fixé par l'État est pris en charge par l'assurance maladie pour financer les personnels soignants des établissements médico-sociaux, logements-foyers ou maisons de retraite.

B / *Les instruments du maintien à domicile*

Les services destinés au maintien à domicile sont très nombreux. L'originalité de la politique française de la vieillesse tient au fait qu'ont été mis en place, en plus des services traditionnels de l'aide sociale, des services spécifiques destinés aux personnes âgées. Ces services réglementés sont principalement de trois types : l'aide ménagère, les services de soins à domicile et les organismes d'aide familiale [121].

L'évolution de ces services depuis le début des années soixante traduit bien les changements progressifs d'orientation de la politique de prise en charge de la vieillesse et de la dépendance. En effet, dans un premier temps, seuls les services d'aide ménagère connaissent un développement important : destinés aux plus pauvres ou aux retraités ayant des pensions de faible montant, ils s'inscrivent dans une logique encore largement assistantielle.

Le développement des services de soins à domicile à partir du début des années quatre-vingt s'inscrit, en revanche, dans un cadre différent. Destinés à assurer le maintien à leur domicile de personnes âgées ayant besoin de soins médicaux, ils ont un double objectif de limitation des dépenses de soin (la prise en charge au domicile est en effet très nettement moins coûteuse que l'hospitalisation, même brève) et d'amélioration des conditions de vie des personnes les plus âgées, en leur permettant de demeurer le plus longtemps possible dans leur univers familier.

Enfin, le début des années quatre-vingt-dix marque une troisième étape, avec le développement de services d'aide à domicile, non plus réservés aux plus pauvres, mais destinés à l'ensemble de la population âgée, y compris les retraités les plus aisés puisque certaines des aides

[121]

LES INSTRUMENTS DU MAINTIEN À DOMICILE

Trois catégories principales de prestations sont offertes aux personnes âgées afin de faciliter leur maintien à domicile :
- les services d'aide ménagère et d'auxiliaire de vie ;
- les services de soins à domicile ;
- les organismes d'aide familiale.

1 / *Les services d'aide ménagère et d'auxiliaire de vie*

Les services d'aide ménagère et d'auxiliaire de vie s'adressent à des personnes qui ont des difficultés à accomplir les actes de la vie quotidienne. Ces services s'adressent principalement – mais pas uniquement – aux personnes âgées de 65 ans et plus. Les personnels qui interviennent dans ces services (aides ménagères et auxiliaires de vie), sans formation initiale obligatoire, peuvent accéder pour une fraction d'entre eux à une formation dispensée dans le cadre du certificat d'aptitude aux fonctions d'aide à domicile (CAFAD). Le financement repose majoritairement sur les caisses de retraite et les conseils généraux.

2 / *Les services de soins à domicile*

Les services de soins à domicile, prévus par la loi de juin 1975, ne se sont réellement développés que dans les années quatre-vingt. Créés pour permettre le maintien à domicile des personnes âgées dépendantes, ils dispensent sur prescription médicale des soins infirmiers et d'hygiène. Près de 97 % des bénéficiaires de soins à domicile ont au moins 65 ans, l'âge moyen étant de 82 ans. Les aides soignantes et les infirmières salariées ou libérales forment l'essentiel du personnel de ces services. Les soins sont pris en charge à 100 % par l'assurance maladie. Les services de soins à domicile ont connu un développement important depuis le début des années quatre-vingt : 3 500 places étaient offertes en 1980 ; leur nombre est passé à 26 000 en 1985 et à près de 52 000 en 1993.

3 / *Les organismes d'aide familiale*

En plus des services traditionnels assurés par les travailleuses familiales, principalement destinées à aider les familles avec enfants, les personnes âgées peuvent faire appel à des associations intermédiaires ou à des associations mandataires, pour des activités d'aide à domicile.

Le secteur associatif s'est surtout développé à partir de 1987 et a été encouragé dans le cadre des politiques publiques d'emploi. La solvabilité croissante des retraités, la mise en place d'incitations fiscales à partir de 1992 et les mesures d'exonération de cotisations patronales de sécurité sociale accordées aux personnes handicapées et aux personnes âgées de plus de 70 ans ont également contribué à l'essor de ce secteur. Le volume d'activité de ces associations reste toutefois mal connu aujourd'hui.

Estimation du nombre de bénéficiaires et d'heures réalisées dans les services d'aide à domicile ou de soins à domicile en 1992

Types de services	Capacité	Heures réalisées (en millions)	Personnes ou familles aidées en 1992
Soins à domicile	47 500	10	90 000
Travailleuses familiales	35 000	12	130 000
Aides ménagères	430 000	81	540 000
Auxiliaires de vie	10 000	1	13 000

Sources : A. Lebeaupin, « L'aide à domicile se développe au profit des personnes âgées », *Solidarité Santé*, 2, 1995.

passent par le biais d'incitations fiscales. Cette évolution traduit la place croissante accordée aux préoccupations d'emploi, les services d'aide aux personnes âgées étant envisagés comme un secteur potentiellement créateur de nouveaux emplois.

C / *Les prestations en espèces : la difficile reconnaissance du risque « dépendance »*

La prise en charge du risque dépendance est longtemps restée un élément secondaire dans les politiques de la vieillesse, la politique des retraites d'un côté, les politiques d'hébergement et les aides au maintien à domicile de l'autre côté, demeurant les principaux piliers de la politique de la vieillesse.

Malgré tout, trois types de dispositifs principaux ont été mobilisés – et le sont encore largement – pour fournir une aide aux personnes âgées dépendantes :

– l'allocation compensatrice pour tierce personne, créée par la loi du 30 juin 1975, a été l'instrument principal de cette aide aux personnes âgées dépendantes ; octroyée aux personnes ayant un taux d'incapacité reconnu de 80 %, cette allocation permet de prendre en charge partiellement les frais liés à l'aide effective d'une tierce personne pour les actes de la vie quotidienne. Au début des années quatre-vingt-dix, près de 60 % des bénéficiaires de cette allocation étaient des personnes âgées dépendantes, les autres étant principalement des handicapés ;

– par ailleurs, pour les personnes âgées aux revenus les plus faibles, les mécanismes de l'aide sociale autorisent une prise en charge ; toutefois, les dépenses réalisées à ce titre par les départements sont très largement consacrées au financement d'une partie des dépenses d'hébergement collectif ;

– enfin, des aides plus spécifiques peuvent être consenties en faveur des personnes âgées dépendantes, en particulier au titre des allocations logement, de l'emploi d'une aide à domicile, ou de l'hébergement collectif.

Ainsi, jusqu'à une période récente, la prise en charge financière de la dépendance est restée à la fois éclatée institutionnellement entre différents dispositifs, mettant en œuvre des circuits financiers spécifiques, et surtout insuffisants. Cette situation n'a pas manqué d'être soulignée par de nombreux rapports et études : rapport de Théo Braun sur les personnes âgées dépendantes en 1987, mission d'information parlementaire en 1991, rapport Schopflin en septembre 1991. Elle a aussi conduit à l'adoption à titre expérimental, par la loi du 25 juillet 1994, de dispositifs départementaux d'aide aux personnes âgées dépendantes. Toutefois, les contraintes financières ont pesé lourdement sur la prise en charge du risque dépendance : ainsi, le 4 octobre 1995, fut adopté par le Conseil des ministres un projet de loi instituant une prestation d'autonomie, dont l'application fut repoussée pour des raisons budgétaires.

Ce n'est donc qu'en 1997 qu'a finalement abouti une proposition de loi instituant une prestation spécifique dépendance [122]. Toutefois, ce texte, adopté dans l'attente de dispositions plus générales, présente des

[122]

LA LOI DU 24 JANVIER 1997 ET LA PRESTATION SPÉCIFIQUE DÉPENDANCE

Proposition sénatoriale, la loi du 24 janvier 1997 substitue à l'allocation compensatrice tierce personne créée en 1975 une prestation spécifique dépendance (PSD) pour les personnes de plus de 60 ans. L'objet de cette loi ne se limite pas toutefois à la création de cette nouvelle prestation ; elle comprend également un volet consacré à la coordination des politiques de prise en charge de la dépendance et instaure une réforme de la tarification des prestations d'hébergement des personnes âgées.

Concernant plus particulièrement la prestation spécifique dépendance, son attribution est soumise à trois conditions principales :

– une condition d'âge : être âgé de plus de 60 ans ;

– un « degré de dépendance », évalué au cas par cas par une équipe médico-sociale dépendant du département ;

– une condition de ressources, fixée par décret, proche de celle retenue auparavant dans le cadre de l'allocation compensatrice tierce personne.

La différence principale entre les deux prestations est que l'allocation compensatrice était une prestation en espèces, alors que la prestation spécifique est versée en nature. Cela signifie deux choses : d'une part, la prestation spécifique autonomie n'est pas seulement appréciée au regard du degré de dépendance de la personne âgée, mais également au regard de son environnement (conditions de logement, aides apportées...). Par ailleurs, la loi du 24 juillet 1997 prévoit que le patrimoine des bénéficiaires de l'allocation soit utilisé après leur décès pour rembourser à la collectivité les dépenses exposées. « Cette possibilité de récupération distingue très clairement la prestation spécifique dépendance de l'allocation compensatrice tierce personne et la situe indéniablement dans le champ de l'aide sociale [1]. »

1. A. Thévenet, « De l'allocation compensatrice à la prestation spécifique dépendance : le volet financier – le volet social », *La Vie départementale et régionale*, avril 1997.

limites. En effet, la dépendance n'est pas reconnue comme un nouveau risque social, au même titre que la maladie par exemple, et ne relève donc pas de la sécurité sociale. Il s'agit, au contraire, d'une prestation d'aide sociale, versée par les départements, sous conditions de ressources. Cette prestation ne crée donc pas de droit inconditionnel à une aide et pourrait connaître des applications relativement différenciées d'un département à l'autre. Les choix finalement retenus semblent avoir privilégié les contraintes financières, en écartant jusqu'à présent l'hypothèse d'une prise en charge généralisée de la dépendance.

***

Ainsi, si la politique des retraites est aujourd'hui confrontée à des perceptions de plus en plus divergentes au sein de la société des différents âges de la vie, la politique de la vieillesse au sens large rencontre des difficultés finalement comparables.

« Retraite aisée ne rime pas toujours avec vieillesse heureuse. L'image du retraité resté jeune, dynamique, sportif, qui voyage, participe à de multiples activités collectives et dont l'emploi du temps est très chargé, masque quelquefois une autre réalité de la vieillesse, celle du grand âge, associée à la dépendance et à l'isolement. À partir de 80 ans, 28 % des personnes qui vivent chez elles, et qui sont principalement des femmes, manquent d'autonomie pour certains gestes de la vie quotidienne et 72 % ont besoin d'aide pour un certain nombre de tâches domestiques [...] [1]. »

Cette question contribue à renouveler profondément les questions auxquelles les politiques de la vieillesse à venir auront à répondre. En effet, « le compromis social concernant le risque vieillesse qui a suivi la deuxième guerre mondiale a fait de la retraite la coïncidence entre trois points : la fin de la vie professionnelle, l'obtention d'une pension, l'incapacité liée à l'âge [2] ». Or, aujourd'hui, la coïncidence temporelle de ces trois points tend à se distendre de plus en plus. Alors que l'exclusion souvent précoce du marché du travail est prise en charge par les politiques d'indemnisation du chômage ou de préretraite, les risques de dépendance liés à l'allongement de l'espérance de vie demeurent très imparfaitement couverts. Cette situation pèse donc lourdement sur la légitimité même des politiques de la vieillesse et renvoie au sens que l'on peut et que l'on souhaite donner à ce troisième temps de la vie.

1. M.-G. David, C. Starzec, « Aisance à 60 ans, dépendance et isolement à 80 ans », *INSEE Première*, 447, avril 1996.

2. Xavier Gaullier, « Des préretraites au risque de fin de carrière », *Lettre de l'Observatoire des retraites*, 9, février 1997.

Chapitre 14

Politique de la santé

De toutes les « branches » couvertes par la Sécurité sociale, la santé est sans doute celle qui connaît les difficultés les plus grandes et qui se trouve, à l'heure actuelle, au tournant le plus décisif.

Car la santé n'est pas un bien comme les autres. Au sens où l'entend l'Organisation mondiale de la santé (« la santé est un état de complet bien-être physique, mental et social, ne consistant pas seulement en une absence de maladies ou d'infirmités »), elle répond à l'une des aspirations les plus profondes des individus. Même si certains économistes la rapprochent d'un bien courant, ils reconnaissent qu'elle constitue un « bien supérieur », « dont le poids au sein de la consommation s'élève au fur et à mesure que le niveau de richesse collectif progresse [1] ».

Par ailleurs, les difficultés qu'elle connaît aujourd'hui sont loin de se résumer à un problème de financement. « Conflits sociaux reflétant le malaise des professionnels, effritement de la confiance des usagers et mise en cause de la responsabilité des médecins, inquiétude ou espoirs exagérés suscités par l'évolution de la recherche, incapacité des acteurs collectifs à assurer la responsabilité qui leur incombe dans la gestion du système... [2] » en sont autant de signes.

L'organisation du système de soins mis en place par l'histoire, après l'intervention de l'assurance maladie, est demeurée en France relativement cloisonnée et il reste à savoir si la réforme introduite par les ordon-

1. Avant-propos à *Santé 2010,* rapport du groupe « Prospective du système de santé », présidé par Raymond Soubie (Commissariat général du Plan), Paris, La Documentation française, juin 1993.
2. *Ibid.*

nances d'avril 1996 permettra d'opérer les arbitrages et les choix nécessaires pour réconcilier contraintes économiques et respect des objectifs de santé publique.

LA LENTE CONSTITUTION DU SYSTÈME DE SOINS

Un système de soins peut être défini comme l'ensemble des services, des structures et des règles ayant pour fonction de prévenir la maladie, de soigner et de réadapter les personnes. Il s'appuie sur les acteurs essentiels que sont les personnels de santé, mais aussi les structures collectives d'hébergement des malades (hôpitaux, cliniques). Ce système a connu des changements très importants avec le développement du rôle de l'État (dans une moindre mesure celui des collectivités locales), l'intervention des assurances sociales, puis celle de la Sécurité sociale en 1945.

I | L'HÔPITAL AU CŒUR DU SYSTÈME DE SANTÉ

A / *D'un lieu de bienfaisance à un lieu de soins ouvert à tous*

Avec la Révolution française, l'hôpital, jusqu'alors œuvre de bienfaisance, connaît une véritable transformation, liée au mouvement des idées préconisant la substitution de l'assistance à la charité, et de la responsabilité individuelle à celle de l'Église. Appartenant au patrimoine ecclésiastique et sous tutelle de l'évêque pendant le Moyen Âge, continuant de fonctionner au cours des siècles suivants grâce à la volonté charitable de quelques généreux donateurs, accueillant toutes les infortunes, l'hôpital est laïcisé et nationalisé en 1793 et en 1794, puis confié aux municipalités par le Directoire. Une loi de 1851 confirme le principe de l'administration par la commune d'un hôpital désormais doté de la personnalité morale et de l'autonomie financière.

Dans un second temps, la mise en place progressive de mécanismes visant à assurer une mutualisation des risques, et donc un financement collectif des soins, va introduire des changements sensibles. Qu'il s'agisse des caisses patronales, des caisses de secours mutuels ou des assurances sociales, ces dispositifs permettent une solvabilisation des besoins de santé, donc un accroissement de la demande, mais posent en même temps le problème de l'organisation des services destinés à y répondre.

L'hôpital, distingué de l'hospice par la loi de 1851, commence à affirmer sa vocation médicale. La diversification des ressources, et notamment la généralisation du prix de journée, vont lui permettre de se développer sans dépendre du revenu de son patrimoine ou de la générosité de ses donateurs [1].

La loi hospitalière de 1941 consacre l'hôpital comme lieu destiné à soigner toutes les classes de la société, c'est-à-dire à recevoir toutes les catégories de malades et non plus seulement les indigents.

Mais c'est la création de la Sécurité sociale, en 1945, qui permet véritablement la mutation de l'hôpital, en lui apportant des ressources stables et importantes : d'un lieu réservé à l'hébergement des pauvres, il devient un lieu de soins de plus en plus technicisé et médicalisé, ouvert à tous ceux qui bénéficient de l'assurance maladie. Il est désormais l'instrument essentiel de l'accès de tous aux soins, et de la « protection de la santé » affirmée dans le préambule de la Constitution de 1946 [2].

B / *L'élaboration d'une politique hospitalière*

L'hôpital français s'est constitué grâce à une politique hospitalière à laquelle ont contribué l'État et la Sécurité sociale en dirigeant des ressources importantes vers l'équipement hospitalier, en réformant les études médicales, en faisant de l'hôpital un pôle hautement technique de soins, d'enseignement et de recherche, et en mettant en place une véritable organisation hospitalière [3] [123].

1 / *La médicalisation : un objectif constamment réaffirmé*

L'ensemble des grandes lois hospitalières poursuivent le même objectif, inscrit dans la loi de 1970 et consacré dans la loi du 31 juillet 1991, qui définit l'hôpital comme un établissement de santé : la vocation première de l'hôpital n'est plus d'héberger. L'hôpital est ainsi devenu un lieu de soins de plus en plus médicalisé, dont le cœur est le plateau technique, c'est-à-dire l'ensemble des moyens permettant le diagnostic et les soins. À l'hôpital, l'heure est à la médecine efficace [4].

De cette conception, découle une séparation croissante entre les malades qui n'ont pas besoin de soins intensifs et les malades aigus. Dès 1972, cette distinction est consacrée par le classement des lits en court, moyen et long séjour.

2 / *Une gestion et une organisation rationalisées*

Cette conception de l'hôpital comme pôle d'excellence, notamment dans l'utilisation des nouvelles techniques de soins, conduit celui-ci à étendre ses missions : à la fonction traditionnelle de soins, la loi Debré de 1958 a ainsi ajouté l'enseignement et la recherche. C'est par cette

1. S. Borsa, C.-R. Michel, *La vie quotidienne des hôpitaux en France,* Paris, Hachette, 1985.
2. Jean Imbert, *Les hôpitaux en France,* Paris, PUF, 1988 (coll. « Que sais-je ? ») ; *Le droit hospitalier de la Révolution et de l'Empire,* Paris, Sirey, 1954 ; *L'hôpital français,* Paris, PUF, 1972.
3. P. Comet, R. Piganiol, *L'hôpital public,* Paris, Berger-Levrault, 1974.
4. Cf. Marianne Berthod, « Dossier personnes âgées », *Espace social européen,* 8 et 15 décembre 1989.

[123]

LES GRANDES LOIS HOSPITALIÈRES

Loi du 16 vendémiaire an V (7 octobre 1796) : les établissements hospitaliers sont des établissements publics communaux placés sous la surveillance d'une commission administrative désignée par les municipalités.

Loi du 7 août 1851 : distinction des hôpitaux et des hospices ; l'hôpital est lié à la commune.

Loi du 30 juin 1858 sur les aliénés : institution, dans chaque département, d'un établissement public destiné spécialement à recevoir et à soigner les aliénés.

Loi du 21 décembre 1941 : ouverture de l'hôpital à l'ensemble des patients et non plus seulement aux indigents ; recrutement d'un corps médical, rémunéré par les établissements ; affirmation de l'autorité supérieure de l'État quant au contrôle et à la coordination des établissements.

Ordonnances des 11 et 30 décembre 1958 (loi Debré) : mise en place du système hospitalo-universitaire ; création des CHU ; institution du plein-temps hospitalier ; définition d'une classification des établissements.

Loi du 31 décembre 1970 : institution du service public hospitalier et de la carte sanitaire.

Loi du 19 janvier 1983 : institution du budget global.

Loi du 31 juillet 1991 : relance de la planification sanitaire, allégement de la tutelle sur les hôpitaux et réforme des structures internes à l'hôpital.

Ordonnance du 24 avril 1996 portant réforme de l'hospitalisation publique et privée.

même loi que sont créés les centres hospitalo-universitaires (CHU), et leur corollaire, un corps médical et universitaire qui se consacre à plein temps à ses fonctions hospitalières.

Ainsi l'hôpital public devient-il progressivement le lieu où se concentre le progrès médical et d'où partent la plupart des innovations. C'est sur lui que s'est fondée la réputation de la médecine française, notamment d'un point de vue international.

Parallèlement, une politique de rationalisation de la gestion des hôpitaux est menée. La loi de 1970 unifie la formation et le recrutement des directeurs d'hôpitaux, nommés depuis 1958 par le ministre de la Santé pour tout établissement de plus de 50 lits. Le personnel de direction des établissements hospitaliers devient ainsi un corps particulier, relevant de la fonction publique hospitalière.

Enfin, les missions et les pouvoirs du directeur d'hôpital sont considérablement renforcés au détriment de ceux du conseil d'administration et de son président : la loi de 1972 prévoit ainsi que le directeur est « l'organe responsable de la marche quotidienne de l'établissement ». L'ordonnance de 1996 prévoit que le directeur est nommé, après avis du président du conseil d'administration, par décret du Premier ministre pour certains établissements, par arrêté ministériel pour les autres.

À travers ces lois successives, l'État accroît donc considérablement son emprise sur le monde hospitalier, non seulement par le renforcement de la tutelle directe exercée sur les hôpitaux, mais aussi par l'élaboration d'un ensemble de dispositions législatives et réglementaires qui orga-

[124]

CARTE SANITAIRE ET SECTEUR SANITAIRE

La carte sanitaire, arrêtée par le ministre sur avis des commissions régionale et nationale de l'équipement sanitaire devenues, depuis la loi de 1991, les commissions régionale et nationale de l'organisation sanitaire et sociale, se fonde sur un découpage en secteurs et en régions de l'ensemble du territoire national : pour une région donnée, secteur par secteur, sont déterminés le nombre de lits installés et surtout le nombre d'installations nécessaires pour répondre aux besoins, sous la forme d'indices de nombre de lits ou d'équipement pour 100 habitants, par durée de séjour.

Les établissements, les lits et les équipements lourds sont concernés par cette procédure, ce qui signifie qu'aucune installation supplémentaire ne peut être mise en place et donc être autorisée par le ministre de la Santé, si elle ne correspond pas aux besoins. La carte sanitaire constitue donc un véritable schéma directeur de l'équipement sanitaire, public et privé, du pays.

En 1970, la carte sanitaire a été établie uniquement pour les disciplines dites de court séjour : médecine, chirurgie, gynécologie et obstétrique. Depuis, des cartes spécifiques pour le moyen séjour et la psychiatrie ont été réalisées.

nisent le monde hospitalier, notamment en définissant les règles de gestion du personnel, et lui fixent ses missions.

3 / *La planification et l'apparition d'un « service public hospitalier »*

La mise en place d'une planification des structures, et donc la prévision des besoins ainsi que la définition d'un service public hospitalier, constituent le point d'aboutissement de cette politique.

En effet, au lendemain de la seconde guerre mondiale, le tissu des établissements de soins reste très hétérogène : coexistent des hôpitaux publics, des établissements spécialisés dans certaines maladies (tuberculose, psychiatrie), des établissements privés non lucratifs, gérés notamment par des congrégations et des cliniques à but lucratif.

La planification mise en place en 1970 répond, dans ce contexte, à plusieurs objectifs :

– rationaliser l'offre de soins et lutter contre le développement sans contrainte des établissements, à l'origine de surcoûts mais aussi d'une certaine insécurité médicale dans les plus petites structures qui ne disposent pas toujours des équipements adéquats ;

– développer l'offre de soins de façon à pouvoir répondre de façon équitable à l'ensemble des besoins sur tout le territoire ;

– assurer une complémentarité entre l'équipement hospitalier public et l'équipement privé tout en mettant en place le cadre d'un véritable service public hospitalier, qui, par son caractère attractif, doit attirer la majeure partie des établissements. Ces établissements participant au service public doivent assurer la continuité et la permanence des soins et respecter le principe d'égalité des usagers. Il est ainsi prévu d'intégrer dans le service public hospitalier le secteur privé à but non lucratif, mais aussi à but lucratif par le biais de concessions entre l'État et les établissements.

Les deux instruments principaux de cette planification sont la carte sanitaire et les commissions nationale et régionales de l'organisation sanitaire et sociale [124].

Ainsi, dans un contexte de forte croissance des soins, la carte sanitaire devait être le moyen à la fois d'assurer une meilleure couverture du territoire et une rationalisation des installations hospitalières.

II | LA MÉDECINE LIBÉRALE FACE À LA PRISE EN CHARGE COLLECTIVE DE LA SANTÉ

A / *Les principes de la médecine libérale*

La médecine libérale, telle qu'on la connaît aujourd'hui en France, ne s'est mise en place que progressivement.

Sous l'Ancien Régime, la profession médicale était extrêmement cloisonnée, hiérarchisée, et réglementée par des monopoles, de sorte que le droit d'exercer et d'enseigner la médecine était strictement limité. La Révolution, au nom de la lutte contre les privilèges et pour la liberté du travail, supprime les facultés de médecine, les organisations professionnelles et les associations traditionnelles de charité (en particulier du fait de la loi Le Chapelier). La liberté totale et sans limite d'enseigner et d'exercer la médecine moyennant le simple paiement d'une patente conduit au développement d'une médecine peu sûre, souvent exercée par des charlatans. Une loi de 1803 rétablit des conditions à l'exercice de la médecine en définissant deux filières d'accès. Ce n'est qu'en 1892 que le contrôle de l'État sur la formation médicale s'affirmera et que sera défini l'exercice légal de la médecine.

Jusqu'à la fin du XIXe siècle, la profession médicale reste donc très peu réglementée. L'accès aux soins reste inégal, en fonction des régions – les campagnes, domaine privilégié des officiers de santé, sont sous-médicalisées – et des ressources, alors que le revenu des médecins est particulièrement aléatoire.

Chaque médecin a pour mission de soigner le pauvre comme le riche ; il est individuellement responsable de la fixation de ses tarifs et doit donc assurer la compensation entre ses différents clients : « Je donnerai mes soins gratuits à l'indigent et je n'exigerai jamais un salaire au-dessus de mon travail », stipule le serment d'Hippocrate [1].

C'est en 1927, dans le cadre de la charte votée par les syndicats médicaux, que sont formalisés les principes de la médecine libérale : fondée sur le colloque singulier du malade et de son médecin, qui relève totalement de la sphère privée, elle affirme les principes du libre choix du

1. Henri Hatzfeld, *Le grand tournant de la médecine libérale,* Paris, Éditions ouvrières, 1963.

médecin par le malade, de la liberté de prescription du médecin, de l'entente directe entre malade et médecin en matière d'honoraires, du paiement direct des honoraires par le malade au médecin [1].

B / *Les résistances à une prise en charge collective des dépenses*

Ces principes fondateurs de la médecine libérale expliquent les résistances qu'ont opposées les médecins, ou plus exactement certains syndicats de médecins, à la mise en place d'assurances sociales ayant vocation à prendre en charge les dépenses de santé. En effet, dès qu'intervient un organisme tiers, destiné à assurer le financement d'une prestation du médecin, cet organisme ne peut se désintéresser du coût de la prestation. La solution la plus efficace pour lui est même d'être l'organisateur du système de soins, de sorte que le médecin soit payé selon un tarif fixé par celui qui finance, en dernier ressort, les soins.

Sous la Troisième République, les premières lois sociales confrontent les médecins à des partenaires collectifs, financeurs de soins et donc à la nécessité de négocier les tarifs. Face à cette pression, la profession s'organise en syndicats, légalisés en 1892 [2].

C'est la perspective d'une véritable assurance sociale qui cristallise les oppositions et les résistances, bien que la profession médicale apparaisse, dans un premier temps, relativement favorable à cette idée. Ainsi, l'Union des syndicats médicaux français (USMF), fondée en 1884, œuvre à l'institution d'une obligation d'assurance pour les accidents du travail en 1905 et s'engage, après la première guerre mondiale, dans le projet de loi qui vise à instituer les assurances sociales et prévoit en particulier le principe du tiers payant et des tarifs négociés opposables à tous les médecins, sur le modèle allemand.

En revanche, la fraction la plus libérale de la profession, qui s'organise à partir des années vingt, milite beaucoup plus fortement pour la sauvegarde de ce qu'elle appelle les principes de la médecine française. Cette tendance, qui refuse d'accepter que la relation malade-médecin perde son caractère individuel au profit d'un rapport avec la collectivité, et qu'un organisme extérieur – la caisse – puisse intervenir dans cette relation, va parvenir à remodeler le syndicalisme médical. La Confédération des syndicats médicaux français (CSMF) qui se substitue, en 1928, à l'USMF déclinante, défend alors le principe de l'entente directe, donc de la libre fixation des tarifs par les médecins [3].

De 1930 à 1945, dans le cadre de la loi sur les assurances sociales, c'est ce mécanisme qui est utilisé. Les tarifs de responsabilité, qui constituent la base du remboursement effectué par les caisses de sécurité sociale, n'engagent que les seules caisses et, en aucun cas, les praticiens.

1. Le principe du paiement direct des honoraires par le malade a été remplacé, en 1971, par le libre choix du lieu d'installation par le médecin.

2. Cf. notamment J. Léonard, *La France au XIXe siècle,* Paris, Julliard, 1978, ainsi que *La médecine entre les pouvoirs et les savoirs,* Paris, Aubier, 1981.

3. Cf. H. Bellon, J. Sabatini, « La naissance du fait syndical en médecine », *Gestion hospitalière,* 265, avril 1989.

Cela signifie que la part restant à la charge du patient peut être très importante et dépend de toute façon de la seule décision du médecin [1].

C / *La médecine libérale face à la Sécurité sociale : un compromis difficile*

Le plan de 1945 prévoit une rénovation complète de l'assurance maladie, l'objectif majeur étant de rapprocher le niveau de remboursement des caisses des frais engagés par l'assuré, afin de garantir l'égal accès aux soins.

Cet objectif se traduit, pour la médecine libérale, par l'adoption du principe du tarif opposable : décidé conjointement par les caisses et les médecins, et représentant à la fois le prix payé par le client et la base du remboursement de l'assuré, il se distingue donc fondamentalement du tarif de responsabilité, qui représentait bien la base de remboursement, mais non le prix payé par le malade.

Mais la mise en application concrète de ce principe, dans le cadre de la Sécurité sociale, va donner lieu à des négociations particulièrement longues et difficiles, qui n'aboutissent finalement qu'en 1971, avec la première convention nationale entre les médecins et les caisses d'assurance maladie. Elle prévoit la mise en place de tarifs opposables, applicables à tous, sauf aux médecins qui manifestent explicitement leur volonté de ne pas être conventionnés [125].

La difficulté de parvenir à un accord s'explique par le paradoxe de la médecine libérale française : une profession libérale, dont les membres sont donc totalement libres de leurs décisions, notamment de prescription, exerce, selon un certain nombre de principes, une activité dont l'essentiel du financement est pris en charge par la collectivité, c'est-à-dire socialisé [2].

Mais si l'existence de conventions remet effectivement en cause un des principes de la médecine libérale, à savoir la libre fixation des tarifs (encore appelée entente directe), l'ensemble des autres principes a été maintenu et la profession conserve les caractéristiques habituelles de l'exercice libéral : libre choix du médecin par le client et liberté de prescription notamment.

[125]

LA DIFFICILE MISE EN PLACE DES CONVENTIONS MÉDICALES

Une ordonnance du 3 mars 1945 avait prévu que les tarifs des médecins seraient établis par les syndicats médicaux, inscrits dans des conventions collectives départementales, approuvés par une commission nationale et contrôlés par des commissions départementales paritaires. À la suite de l'opposition des médecins, l'ordonnance du 19 octobre 1945 proposa un dis-

1. Cf. Henri Hatzfeld, *op. cit.*, et Monica Steffen, « Les professions libérales de santé en France », *Regards sur l'actualité*, 175, novembre 1991.

2. Cf. *Cinquante ans d'exercice de la médecine en France*, Paris, INSERM, 1993.

positif plus souple, que la CMSF refusa également. En l'absence de coopération des médecins, une commission nationale fixa d'autorité les tarifs sur la base desquels les caisses remboursaient leurs dépenses aux malades, mais qui n'avaient rien à voir avec les tarifs réellement pratiqués. La volonté des auteurs du plan de la Sécurité sociale de permettre aux assurés sociaux d'être remboursés de 80 % du prix déboursé était tenue en échec.

Des négociations quasiment ininterrompues et des projets sans cesse remis en cause se succédèrent tout au long des années cinquante. En 1960, un nouveau dispositif est arrêté par décret (12 mai 1960), qui conserve le principe des conventions départementales, en prévoyant que les tarifs conventionnels devront respecter des plafonds fixés par arrêté ministériel. Les conventions départementales doivent respecter une convention type à laquelle les médecins peuvent adhérer individuellement si leur département n'est pas couvert. Cette possibilité d'adhésion individuelle va dès lors permettre de distinguer deux types de praticiens : ceux qui adhèrent à la convention, dont les patients sont remboursés sur la base des tarifs conventionnels, et les autres, pour les soins desquels les assurés sont remboursés d'un montant dérisoire. En contrepartie de leur engagement, les praticiens conventionnés bénéficient d'avantages sociaux financés en grande partie par les caisses d'assurance maladie.

C'est en 1970 que le régime qui est encore en vigueur aujourd'hui se met en place : l'idée d'une convention nationale est lancée par les syndicats médicaux eux-mêmes, qui, d'une part, craignent pour leur utilité et leur existence et qui, d'autre part, redoutent la remise en cause de la rémunération à l'acte. La première convention nationale est signée le 28 octobre 1971, pour une durée de trois ans et demi, entre les syndicats médicaux et les caisses nationales d'assurance maladie et approuvée par le ministre chargé de la sécurité sociale. En échange, le gouvernement s'engage solennellement à garantir l'avenir de l'exercice libéral de la médecine (texte du 19 mai 1971) et le régime de prise en charge directe par la Sécurité sociale des cotisations des médecins conventionnés pour la vieillesse et la maladie est amélioré. Cette convention comporte trois innovations principales : conclue au niveau national : elle lie *a priori* tous les médecins à l'exception de ceux qui manifestent individuellement leur intention de ne pas être conventionnés ; elle institue de nouvelles structures de concertation nationales et locales ; enfin, elle met en place les tableaux d'activité statistique des praticiens, destinés à permettre un suivi de l'activité des médecins.

Depuis, six conventions ont été signées : en 1976, 1980, 1985, 1990, 1993 et 1997 (séparation entre spécialistes et généralistes), les dernières ayant chacune donné lieu à des tractations et à des négociations extrêmement complexes.

Pour être appliquée, une convention doit être signée par deux des trois caisses nationales d'assurance maladie (CNAMTS, CANAM, CCSMA [1]) – et parmi ces deux, obligatoirement la CNAMTS –, par un ou plusieurs syndicats médicaux représentatifs, et enfin être approuvée par le ministre chargé de la sécurité sociale.

La convention de 1976 a surtout apporté des aménagements techniques à celle de 1971. Celle de 1980 institue le secteur 2 qui concerne les médecins qui, tout en étant conventionnés, dépassent le tarif conventionnel. La convention de 1985 s'inscrit dans la continuité de la précédente. La négociation de la convention de 1990 a été dominée par le débat sur la maîtrise des dépenses de santé, qui expliquent les péripéties politico-juridiques de sa mise en œuvre. Elle institue également un gel (relatif) du secteur 2. La convention signée le 21 octobre 1993 entre la CNAMTS, la CCSMA [1], la CSMF et le SML a été dénoncée en décembre 1996.

1. Caisse centrale de secours mutuel agricole.

III | DES PRÉOCCUPATIONS HYGIÉNISTES À L'ÉLABORATION D'UNE POLITIQUE DE SANTÉ PUBLIQUE

A / *La santé : d'une préoccupation individuelle à une logique collective*

Dès 1789, certains auteurs [1] tentent d'attirer l'attention des pouvoirs publics sur le fait que les progrès de l'hygiène et de la prospérité physique et individuelle sont liés à l'intervention de l'État. Trois chaires d'hygiène sont créées en 1794. Des étapes importantes sont franchies au milieu du XIXe siècle, à la suite de la publication d'un certain nombre d'ouvrages. En 1848, conscient de la nécessité d'une hygiène publique, le gouvernement met en place un comité consultatif d'hygiène publique de France.

Tout au long du XIXe siècle, les pouvoirs publics prennent conscience que les problèmes de santé ne relèvent pas seulement d'une logique individuelle – se faire soigner à l'hôpital ou par un médecin pour une pathologie donnée – mais également d'une logique collective.

L'exemple le plus frappant est bien sûr celui des épidémies. Les deux épidémies de choléra de 1832 et de 1849 sont ainsi directement à l'origine du vote de la loi de 1850 sur les logements insalubres, qui fixe les premières règles modernes de la salubrité publique.

Les découvertes de Pasteur conduisent à développer de façon encore beaucoup plus significative l'approche collective et sociale de la santé [2]. En effet, la découverte du rôle des microbes et des virus dans la propagation des maladies contraint à envisager différemment l'action de l'État : l'isolement de la population atteinte ne suffit plus et la prévention acquiert une dimension primordiale.

Mais, dans le domaine de la santé comme dans les autres, l'intervention accrue de l'État ne va pas sans susciter des résistances. Une conception extrême du droit de propriété est défendue par les juridictions. L'autorité publique ne peut, dans le cadre des compétences que lui accorde la loi, imposer qu'une obligation de résultat à un propriétaire qui doit rester « libre d'employer tel moyen qu'il voudrait pour arriver à ce but [3] ». De même, l'idée d'une vaccination obligatoire apparaît contraire à la liberté individuelle. Ce n'est donc que très progressivement qu'émerge un appareil administratif et législatif susceptible de protéger efficacement la santé [4].

La conjonction des préoccupations hygiénistes et démographiques constitue, malgré ces résistances, un élément déterminant pour la mise au point des premiers instruments d'une politique de santé publique : il est en effet nécessaire à la nation d'avoir une population à la fois nombreuse et bien portante, notamment pour des raisons militaires.

Deux étapes importantes sont ainsi franchies : en 1902, une loi relative

1. Cf., entre autres, Johan Peter Franck, *Le système de politique médicale globale,* 1789 ; *La misère du peuple est la mère des maladies,* 1790.
2. Pierre Rosanvallon, *L'État en France,* Paris, Le Seuil, 1990.
3. Conseil d'État, 5 mai 1865.
4. « Historique des ministères du Travail, de la Santé publique et des Affaires sociales », *Revue française des affaires sociales,* mars 1971.

à la protection de la santé publique est votée [126] ; en 1920, juste après la première guerre mondiale, est créé un ministère de l'Hygiène, de l'Assistance et de la Prévoyance sociales, qui comprend les anciens services du ministère de l'Intérieur, jusqu'alors chargé des questions d'hygiène publique.

[126]

LA LOI DU 15 FÉVRIER 1902

Cinq dispositions essentielles sont formulées par la loi de 1902, dont la plupart sont aujourd'hui reprises dans le Code de la santé publique :
- mise en place obligatoire d'arrêtés municipaux portant règlement sanitaire ;
- obligation de déclaration de certaines maladies par le corps médical ;
- vaccination anti-variolique obligatoire ;
- prescription de mesures de désinfection et d'hygiène d'habitation ;
- création du Conseil supérieur de l'hygiène publique.

B / *La mise en place d'une politique de santé publique*

C'est surtout après la seconde guerre mondiale que la politique de santé publique prend véritablement son essor et se voit dotée des instruments qui, encore aujourd'hui, sont les siens. En effet, pendant l'entre-deux-guerres, le ministère de la Santé ne dispose pas des relais nécessaires à une intervention efficace, notamment dans les départements. Au contraire, le plan Debré, en 1945, affirme le principe d'une prise en charge nationale des problèmes sanitaires et sociaux.

Cette ambition est mise en œuvre progressivement dans les années cinquante :

- le 16 juillet 1949, est fixé le statut de l'Inspection de la santé ; le corps des médecins-inspecteurs de la Santé est chargé de « l'application de toutes mesures concernant la protection de la santé publique ainsi que de la coordination et du contrôle technique des services ou établissements de prévention et de cure et des institutions d'aide sociale » ;
- en 1950, est créé le laboratoire national de la santé, chargé des analyses et du contrôle de certains médicaments, sérums et vaccins ;
- en 1953, une autre étape importante est franchie avec la mise en place du Code de la santé publique, qui codifie et réunit plusieurs dispositions antérieures (Code de l'hygiène, Code de la pharmacie) ;
- par un décret du 31 juillet 1956, la direction de l'Hygiène sociale prend le titre de direction générale de la Santé publique, consacrant ainsi les transformations dans l'approche des problèmes sanitaires intervenue depuis le XIXe siècle.

Grâce à ces instruments, peuvent être mises en place des actions dont l'impact sur l'état général de santé de la population est considérable. Il en va ainsi de la politique de protection maternelle et infantile, mise en œuvre pendant cette période et qui conduit à rendre obligatoires un certain nombre d'examens. La baisse considérable du taux de mortalité infantile entre 1945 et 1970 témoigne du succès de cette démarche de prévention, issue certes de constats anciens, mais qui n'est véritablement généralisée qu'à ce moment. De même, les vaccinations obligatoires, l'instauration d'un carnet de santé pour tous les enfants ont conduit à une amélioration très sensible de l'état sanitaire général.

Mais, à partir de 1970, cette politique de santé publique va progressivement être reléguée au second rang :

– d'abord parce qu'il apparaît que les progrès les plus significatifs ont été réalisés et se sont traduits par une amélioration des indicateurs de santé ;

– ensuite, parce que l'importance de cette politique est restée en France largement sous-estimée. Les médecins de santé publique ont un statut dévalorisé par rapport à l'ensemble de la profession médicale ; cela explique notamment la faiblesse d'une spécialité comme l'épidémiologie en France ;

– enfin, parce que l'impératif économique de maîtrise des dépenses de santé est progressivement devenu la priorité essentielle des pouvoirs publics.

LA DIFFICILE RÉGULATION DU SYSTÈME DE SOINS

I | LA CROISSANCE RAPIDE DES DÉPENSES

Il faut distinguer plusieurs notions :

– la dépense courante de santé couvre l'ensemble des ressources consacrées à la santé. Elle est en fait constituée, à 87 %, des dépenses individuelles consacrées à la consommation des soins et biens médicaux ;

– la consommation de soins et de biens médicaux est, pour sa plus grande part, prise en charge par l'assurance maladie. Alors que ces deux notions se trouvent dans les *Comptes nationaux de la santé*, les dépenses d'assurance maladie au sens strict figurent, elles, dans le rapport publié chaque année par la Commission des comptes de la Sécurité sociale.

Le tableau 94 présente la décomposition de la dépense courante de santé.

La définition des dépenses d'assurance maladie est bien moins large que les concepts de consommation médicale totale, de consommation de biens et services médicaux et de dépense courante de santé (tableau 95).

La croissance de la consommation médicale totale est continue. Elle a atteint, en 1994, 668 milliards de francs (11 540 F par habitant) et 697 milliards en 1995. De 1985 à 1994, le taux moyen de croissance en valeur de la consommation médicale est de 6,7 %, accroissement qui reste plus rapide que le taux de croissance du PIB. Bien que la progression de cet agrégat ne cesse de ralentir depuis 1970, au rythme des trois dernières

Tableau 94. *Dépenses de santé (1995)*

	Valeur (en milliards de francs)	En %
Soins hospitaliers et en section médicalisée	338	43,2
Soins ambulatoires	190	24,3
Médicaments	126	16,1
Autres services	28	3,6
Consommation de soins et biens médicaux (CSBM)	682	87,2
Médecine préventive	15	1,9
Consommation médicale totale (CMT)	697	89,1
Prévention collective, recherche, enseignement, gestion, etc.	85	10,9
Dépense courante de santé	782	100,00

Source : SESI, *Comptes nationaux de la santé 1996.*

Tableau 95. *Dépenses d'assurance maladie en 1995*

(en milliards de francs)

CNAM (hors accident du travail)	437
Régimes agricoles	48
Régimes spéciaux	30
CANAM et caisses des professions libérales	22
Total	537

Source : *Comptes de la Sécurité sociale*, 1995.

Tableau 96. *Taux annuel moyen de croissance des principaux postes de la consommation de soins et biens médicaux*

	1980-1985	1985-1990	1991	1992	1993	1994	1995
Soins hospitaliers et sections médicalisées	3,6	2,5	3,3	3,7	3,2	1,9	1,4
Soins ambulatoires	6,9	6,9	5,2	3,7	2,6	– 0,5	0,5
Médicaments	8,3	8,1	6,1	5,5	6,5	1,9	5,1
Autres services (transport, prothèses)	6,8	6,0	8,8	5,5	2,3	3,9	0,1
Consommation de soins et biens médicaux	5,5	4,8	4,6	4,1	3,6	1,3	1,8

Source : SESI, *Comptes nationaux de la santé*, 1993, 1994, 1995.

années la masse des dépenses de santé augmenterait de 65 % tous les dix ans (tableau 96).

La traduction concrète de cette progression est la part prise par les dépenses de santé dans la consommation totale des ménages, qui est passée de 6,6 % en 1960 à près de 13 % en 1995 (tableau 97).

L'évolution des dépenses de santé se répercute directement sur celle des dépenses d'assurance maladie, par le biais de la part remboursée, notamment par des soldes négatifs lorsque l'ajustement par une augmentation des cotisations ou un moindre remboursement des dépenses n'est pas immédiatement réalisé.

Tableau 97. *Rapport de la consommation médicale totale à la consommation des ménages et au PIB*

(en %)

	1960	1970	1980	1990	1992	1994	1995
CMT/Total consommation des ménages	6,6	9,4	10,3	12,1	12,5	12,8	12,9
CSBM/PIB	2,8	5,4	6,8	8,1	8,6	8,8	8,9

Source : SESI, *Comptes nationaux de la santé*, 1993-1994, 1995.

Tableau 98. *Évolution des recettes et des dépenses de la CNAMTS (branche maladie seulement)*

(en milliards)

	1989	1990	1991	1992	1993	1994	1995	1996
Dépenses CNAMTS (hors AT)	388,5	418,1	445,5	477,0	507,0	521,4	546,4	559,8
Recettes CNAMTS (hors AT)	386,0	408,8	443,4	471,0	479,6	489,9	506,7	527,4
Solde	– 2,5	– 9,3	– 3,0	– 6,0	– 27,3	– 31,5	– 39,7	– 32,3

Source : Commission des comptes de la Sécurité sociale, *Comptes de la Sécurité sociale*, 1989-1996.

Tableau 99. *Évolution du taux de remboursement des soins par la Sécurité sociale*

1960	1970	1980	1990	1994	1995
44 %	66 %	76,5 %	74 %	73,5 %	73,9 %

Source : *Comptes nationaux de la santé* et *Comptes de la Sécurité sociale*, juillet 1996.

Tableau 100. *Part de la dépense nationale de la santé dans le PIB dans les pays de la Communauté (définitions OCDE)*

(en %)

Pays	1980	1994	Pays	1980	1994
Allemagne *	8,4	9,5	Irlande	9,2	7,9
Belgique	6,6	8,2	Italie	6,9	8,3
Danemark	6,8	6,6	Luxembourg	6,8	5,8
Espagne	5,6	7,3	Pays-Bas	8,0	8,8
France	7,6	9,7	Portugal	5,9	7,6
Grèce	4,3	5,2	Royaume-Uni	5,8	6,9
Autriche	7,9	9,7	Finlande	6,5	8,3
			Suède	9,4	7,7

* *Länder* de la République fédérale avant réunification, Allemagne réunifiée depuis 1991.
Source : OCDE.

En effet, le solde des recettes et des dépenses de l'assurance maladie est très irrégulier. Les recettes, constituées pour l'essentiel de cotisations sur les salaires, sont directement dépendantes de l'activité économique et de la masse salariale. Les dépenses sont également très sensibles à certains événements conjoncturels. Une épidémie de grippe peut entraîner un surcoût de 1 milliard pour l'assurance maladie. Par ailleurs, les évolutions du taux de remboursement de certaines prestations ou médicaments ont également une influence importante sur les dépenses de la CNAM (tableau 98).

Sur une longue période, la généralisation de l'assurance maladie s'est traduite par une amélioration constante du taux de couverture globale des dépenses de santé par la Sécurité sociale. Toutefois, depuis une dizaine d'années, le taux de remboursement a diminué (tableau 99).

Cette croissance des dépenses, qu'il s'agisse de la consommation médicale totale ou des dépenses remboursées, n'a, en elle-même, rien d'exceptionnel (tableau 100).

La croissance des dépenses de santé n'est donc pas une mauvaise chose : si elle se traduit par une amélioration de l'état de santé, elle contribue au bien-être individuel et collectif. C'est la prise en charge socialisée qui conduit à s'interroger sur la croissance des dépenses de santé :

– d'une part, la socialisation exonère, pour partie, les individus de la contrainte budgétaire et peut se traduire par un développement excessif de la consommation par rapport à d'autres dépenses collectives, donc par une mauvaise affectation des ressources ;

– d'autre part, la croissance de la consommation se traduit par une augmentation des dépenses d'assurance maladie et donc par des prélèvements accrus du fait de déficits récurrents.

II | UN SYSTÈME DE RÉGULATION DÉFAILLANT

A / *Des facteurs d'accroissement des dépenses communs à tous les pays développés*

Dans tous les pays industrialisés, comme le montre le tableau 100, la part des dépenses de santé dans le PIB s'est considérablement accrue depuis les années soixante. Plusieurs éléments peuvent expliquer cet accroissement :

– le progrès médical, d'abord, a joué un rôle déterminant en permettant à chacun de se soigner de mieux en mieux et de vivre de plus en plus longtemps ; or les techniques mises en place, tout autant que la prise en charge de pathologies nouvelles, ont un coût souvent considérable (le coût moyen d'une greffe, par exemple, est généralement compris entre 300 000 et 800 000 F) ;

– le développement économique est un élément indissociable du progrès médical, car c'est lui qui a permis la prise en charge financière de ces nouvelles techniques, soit par la mise en place de financements collectifs, soit, individuellement, par l'augmentation du pouvoir d'achat des ménages ; ainsi, dans les pays en voie de développement, où ces conditions économiques n'existent pas, la part des dépenses de santé dans le PIB reste généralement beaucoup plus faible que dans les pays développés ;

– l'existence d'une offre de soins développée et performante (équipement hospitalier, densité médicale) est aussi une condition déterminante, voire prédominante, de l'accroissement des soins et donc des dépenses de santé ;

– enfin, les facteurs socioculturels jouent également un rôle important : ils tiennent à la possibilité d'accéder à toujours plus de santé (abaissement du seuil d'acceptation de la douleur et de l'inconfort, médicalisation de problèmes sociaux ou psychologiques, demande de corps performant), ainsi qu'au développement de pathologies liées au mode de vie des sociétés occidentales [1] (angoisse, surmenage, toxicomanie, alcoolisme, tabagisme, accidents de la route, troubles psychosomatiques, difficultés familiales ou sexuelles).

Mais ces éléments, communs à l'ensemble des pays développés, ne permettent pas d'expliquer la spécificité de la France. En effet, l'accroissement des dépenses a été nettement plus rapide en France que dans les autres pays industrialisés, mis à part les États-Unis : en 1994, la France est le pays européen qui consacre le pourcentage le plus élevé de son PIB aux dépenses de santé. Ainsi, alors que des pays comme l'Allemagne, les Pays-Bas ou le Danemark ont vu la part des dépenses de santé dans le PIB diminuer lors de la dernière décennie, la France n'est pas encore parvenue à maîtriser ses dépenses de santé. Ceci s'explique par la spécificité du « marché » français de la santé.

B / *La spécificité française : un système de soins non régulé*

Le marché de la santé est un marché spécifique, dont les caractéristiques rendent difficile une seule régulation par les prix. Chaque pays a été amené à définir un mode de régulation qui lui est propre : la croissance des dépenses de santé, plus marquée en France que dans d'autres pays, traduit la difficulté à mettre en place cette régulation.

1 / *La santé n'est pas un marché comme les autres*

Deux spécificités essentielles, irréductibles pourrait-on dire, caractérisent le marché de la santé :

– la santé n'est pas un bien comme les autres : le risque maladie est pour chacun imprévisible ; nul ne peut savoir quand il se réalisera et quelle sera sa gravité ; surtout, ce risque porte sur la vie même, son existence et sa qualité. Or parler d'un marché de la santé revient justement à considérer qu'il s'agit d'un bien comparable aux autres, dont l'utilité décroît avec le prix ; il y a donc une difficulté, consubstantielle au secteur lui-même, à se fonder sur un modèle théorique de marché pour un bien dont on dit souvent « qu'il n'a pas de prix » ;

– l'asymétrie d'information entre le malade et le médecin est telle que

1. Cf. rapport *Système de santé, pouvoirs publics et financeurs. Qui contrôle quoi ?*, Commissariat général au Plan, Paris, La Documentation française, ainsi que A. et A. Mizrahi, « Les tendances à long terme de la consommation médicale », *Futuribles*, octobre 1990.

le patient n'a pas la même information que le médecin sur son état. Contrairement au consommateur classique, la personne malade n'est pas en position d'exercer un choix rationnel entre différentes solutions, parmi lesquelles elle trancherait grâce au critère de prix ou d'utilité. En effet, le consommateur ne sait pas de quelle maladie il est affecté, il n'est pas capable d'évaluer ses besoins et s'en remet, par nécessité, au système de soins.

Ces caractéristiques ont conduit l'ensemble des pays industrialisés à réglementer le marché de la santé par diverses voies : l'accès aux professions de santé est soumis au minimum à des conditions de diplômes et souvent à des quotas (par exemple, les officines en France, ou le nombre d'étudiants admis à entrer en deuxième année de médecine) ; les médicaments ne sont mis sur le marché qu'après des procédures d'habilitation et de contrôle ; une partie de l'offre de soins – les hôpitaux le plus souvent – est généralement organisée par les pouvoirs publics eux-mêmes.

La spécificité de la santé a donc conduit l'ensemble des pays industrialisés, même les plus libéraux, à réglementer ce secteur. Mais, dans ce contexte d'un marché réglementé, le principal objet de débat concerne les modalités de régulation, dès lors qu'une régulation simple par les prix est écartée [1].

2 / *Quelle régulation pour le « marché » de la santé ?*

En effet, outre les caractéristiques déjà mentionnées, le marché de la santé en France est un marché où la demande est très largement solvabilisée, par le biais de l'assurance maladie. Si on ajoute à cette prise en charge collective des dépenses de santé l'asymétrie d'information et l'importance que chaque individu attribue à sa santé, on voit bien que la régulation ne peut venir du consommateur. Celui-ci n'a aucune raison de limiter sa consommation de soins, dès lors qu'il pense qu'elle lui procure du « mieux-être ».

C'est pourquoi certains auteurs [2] considèrent ainsi que l'existence même d'une assurance obligatoire, pour laquelle les individus payent de toute façon, même s'il ne leur arrive rien, induit des comportements anti-économiques de surconsommation : « Puisque j'ai payé, je dois rentrer dans mes frais. » Ils en déduisent que cette assurance obligatoire est à l'origine d'une surconsommation des prestations offertes par le système de soins. Sans pousser le raisonnement aussi loin, il semble, de toute façon, que l'intervention de mécanismes d'assurance ou de prise en charge socialisée crée une dynamique distincte du marché puisque la consommation individuelle n'est pas soumise à une contrainte budgétaire : le consommateur n'a pas à arbitrer entre une dépense de santé et d'autres dépenses.

Face à ce constat, une autre forme de régulation peut être envisagée,

1. Cf. « La santé est-elle un marché ? », *Problèmes politiques et sociaux,* 627, 1990, et « Quelques réflexions en économie de la santé », *Revue française des affaires sociales,* avril-juin 1993.

2. Cf., entre autres, J.-J. Rosa, « Faut-il réduire les dépenses médicales ? », *Droit social,* 1, janvier 1981.

qui conduit à limiter le développement de l'offre de soins, ce qui aboutit mécaniquement à maîtriser les dépenses dans un système où l'offre conditionne très largement la demande.

Au regard de ces deux possibilités de régulation – par la demande, en réintégrant le prix et la concurrence, ou par l'offre –, le système de soins français apparaît comme un système mixte. Les modes de régulation ne sont pas complètement concurrentiels car, même dans le secteur libéral (médecins, professions paramédicales, cliniques), ont été mis en place des instruments comportant des engagements réciproques de la Sécurité sociale et des distributeurs de soins, qui garantissent en particulier le remboursement des malades. Ils ne sont pas non plus véritablement administrés, car, même si l'État et la Sécurité sociale fixent un grand nombre de règles, beaucoup de décisions sont prises à la suite de négociations ; toute une partie de la médecine reste exercée de façon libérale, sans encadrement du nombre d'actes ou des prescriptions.

De cette régulation mixte découle une maîtrise très difficile des dépenses, dans un contexte où le partage des rôles entre les différents acteurs (l'État, la Sécurité sociale et les représentants du système de soins) apparaît souvent peu clair.

Il y a là une différence essentielle entre la France et d'autres pays, qui ont modifié leurs modes de régulation à la suite de l'instauration de mécanismes d'assurance ou de prise en charge collective des dépenses : certains se sont rapprochés d'une régulation administrée (Grande-Bretagne), les autres d'une régulation organisée (Allemagne), les autres, enfin, d'une régulation concurrentielle (États-Unis). La France, jusqu'aux ordonnances d'avril 1996, n'a pas réellement modifié les modalités de fonctionnement de son système de soins, façonnées par l'histoire.

III | LA RÉGULATION DES DÉPENSES DE MÉDECINE AMBULATOIRE

A / *Des tentatives répétées, mais insuffisante*

Les tentatives de régulation de l'offre et de la demande de santé n'ont pourtant pas manqué en France, notamment avec les difficultés liées au ralentissement de la croissance à partir de 1974. Dans les années soixante, la forte progression des dépenses d'assurance maladie due au développement des dépenses de santé, mais aussi à la montée en charge progressive du système de protection sociale, s'est faite sans déséquilibre financier majeur, car elle était compatible avec celle des revenus salariaux. À partir du milieu des années soixante-dix, la croissance des salaires n'a plus été suffisante pour éviter une forte augmentation des cotisations sociales. Pour un salaire inférieur au plafond de la Sécurité sociale, le taux global de cotisation s'est accru de quatre points de 1970 à 1991.

1 / *Les actions sur la demande*

Les actions sur la demande visent à introduire au moins partiellement une régulation par les prix sur la demande de santé : elles consistent donc en un transfert de charge vers les ménages, avec l'espoir que ceux-ci refréneront leur consommation. C'est l'essence même de la notion de « ticket modérateur » qui vise à laisser à la charge de l'assuré une part, plus ou moins importante, des frais de soins. Relèvent donc de cette catégorie tous les plans augmentant le ticket modérateur, notamment le plan Séguin ou encore le plan de redressement de l'assurance maladie de juillet 1993 [127].

[127]

LE TICKET MODÉRATEUR
PLAN « SÉGUIN » DE 1987 – PLAN « VEIL » DE 1993

Le ticket modérateur est la part des dépenses de soins engagées restant à la charge de l'assuré. De 20 % théoriques en 1945, ce taux a progressivement augmenté. Il est aujourd'hui de 30 % pour les honoraires médicaux, d'environ 40 % pour les médicaments (il existe trois possibilités : 35 %, 65 % ou 100 %) et de 20 % en moyenne pour l'hôpital.

Deux exemples peuvent être cités.

– Le plan Séguin, en 1987, s'est concentré sur les exonérations permanentes, c'est-à-dire sur des cas ou des personnes, des événements ou des situations qui ouvrent droit à une prise en charge à 100 % des soins.

– Le plan Veil de 1993 est, à cet égard, plus classique, puisqu'il consiste à augmenter uniformément de cinq points le ticket modérateur pour les soins de ville (soit 30 % au lieu de 25 % pour les honoraires des médecins, chirurgiens-dentistes et sages-femmes, et 40 % au lieu de 35 % pour les honoraires des auxiliaires médicaux et les analyses). Les médicaments voient également leur taux de remboursement baisser. Le plan Veil reprend également certaines dispositions du plan Séguin, visant à ne rembourser à 100 % que les médicaments prescrits au seul titre de la maladie ayant entraîné l'exonération à 100 %.

Un autre exemple d'action sur la demande est constitué par le forfait hospitalier, actuellement de 70 F par jour, qui ne peut faire l'objet d'un remboursement par les mutuelles.

Ce type de mesure diminue la charge de l'assurance maladie et favorise un rétablissement rapide de l'équilibre des comptes, mais deux critiques majeures peuvent être adressées à son encontre.

En premier lieu, il est apparu d'une efficacité limitée pour ce qui est d'exercer une action décisive et durable sur l'évolution des dépenses de santé. Ainsi, les actions portant sur la demande ont-elles eu pour conséquence de faire de la France un des pays de l'OCDE où le remboursement des soins est le moins bien pris en charge par les systèmes publics : la part du financement des dépenses de santé assurée par la Sécurité sociale est passée, entre 1980 et 1995, de 76,5 à 73,9 %, pendant que la part supportée par les institutions de prévoyance et les sociétés d'assurances, passait globalement de 15,6 à 18,5 %.

Or, malgré ce taux de remboursement plus faible, les dépenses de santé en France ont continué à augmenter plus rapidement que dans la plupart des autres pays occidentaux.

De même, l'efficacité de ces mesures sur la maîtrise des dépenses peut être contestée au regard de l'évolution de la composition de la consommation médicale. Ainsi, ce sont les dépenses de soins ambulatoires, pour lesquels les taux de remboursement sont les plus faibles et ont le plus diminué sur la période récente, qui continuent aujourd'hui à progresser le plus rapidement.

Ainsi, si les plans visant à limiter les remboursements ont eu un impact immédiat et sensible sur les dépenses de l'assurance maladie, ils n'ont influencé que de façon très marginale l'évolution de la consommation médicale à moyen et long terme.

Deuxième difficulté majeure : les actions sur la demande portent fondamentalement atteinte à l'égalité d'accès aux soins pour tous ceux qui n'auront pas les moyens de prendre à leur charge les dépenses supplémentaires. La concentration des dépenses de santé sur un petit nombre d'assurés renforce encore ce risque (chaque année, 50 % des dépenses de santé sont effectués par 2,5 % des personnes protégées), surtout pour les personnes âgées, dont la consommation médicale est très importante. On voit un exemple particulièrement frappant des inégalités dans le développement du « secteur 2 ». Depuis 1980 a été mis en place, par dérogation aux règles générales établies en 1971, un secteur spécial, dit secteur 2, permettant aux médecins y participant de tarifer leurs actes comme ils le souhaitent, certes avec tact et mesure, mais en restant néanmoins conventionnés : l'assuré est donc remboursé au taux du secteur 1, et supporte le surcoût. Cette réforme avait pour but d'inciter les médecins à réduire le nombre de leurs actes au profit d'actes plus longs et moins coûteux en prescriptions. Or ce secteur s'est très fortement développé, avec des concentrations importantes par région et par discipline surtout chez les spécialistes, portant ainsi atteinte à l'égalité d'accès aux soins, dans la mesure où les patients les plus défavorisés ne peuvent payer le surcoût et donc n'accèdent pas au secteur 2.

Ces obstacles ont conduit de fait à limiter le recours à une régulation par la demande, qui ne pourrait finalement être efficace que si le prix des soins devenait effectivement un facteur de dissuasion à la consommation de soins, et donc une source d'inégalité majeure.

Ces deux limites des actions sur la demande – efficacité limitée et risques pour l'égal accès aux soins – ont conduit les pouvoirs publics à tenter parallèlement une régulation de l'offre de soins.

2 / *Les actions sur l'offre*

Dans le secteur de la médecine de ville (ce qu'on appelle les soins ambulatoires), les actions portant sur l'offre ont concerné la démographie médicale, la nomenclature, les prescriptions, le volume des actes, avant que des projets d'enveloppe globale, conçus dès les années quatre-vingt, ne soient remis à l'ordre du jour.

L'offre de soins, qui détermine en partie la progression de la demande, s'est en effet développée en France de façon très rapide. C'est notamment le cas de la démographie médicale : on est passé de 0,7 médecin pour 1 000 habitants en 1950 à 1 pour 1 000 en 1968 et 3,17 pour 1 000 aujourd'hui (tableau 101).

Tableau 101. *Démographie médicale*

	Médecins	dont médecins libéraux
1955	40 000	–
1965	55 000	–
1980	104 073	*69 963*
1990	148 089	*103 221*
1992	155 896	*107 431*
1993	158 987	*108 672*
1994	160 235	*108 878*
1995	169 553	*116 478*

Source : SESI, *Annuaire de statistiques sanitaires et sociales*, 1996 ; *Solidarité santé* 2 et 3, 1988, 1 et 3, 1991.

Les actions sur la démographie médicale ont consisté à réduire le nombre d'étudiants admis à passer en seconde année de médecine. D'abord déterminé en fonction des capacités formatrices des hôpitaux, le numerus clausus a été fixé, à partir de 1978, en fonction des besoins médicaux de la population. Le tableau 102 montre son évolution.

Tableau 102. *Nombre d'étudiants admis à passer en seconde année de médecine*

1978	1981	1985	1990	1991	1992	1993	1994	1995
8 150	6 409	4 754	4 000	4 000	3 750	3 500	3 570	3 600

Source : SESI, *Annuaire des statistiques sanitaires et sociales*, 1996.

Parallèlement a été instaurée une régulation des spécialités, mise en œuvre à partir de 1984, qui conditionne l'accès au troisième cycle de médecine spécialisée à la réussite d'un concours dont le nombre de postes est fixé annuellement par discipline.

Ces mesures ont été prises trop tardivement. Deux rapports officiels [1] chiffrent ainsi un excédent de médecins (contesté par certains) à 30 000, voire à 40 000, et proposent de les reconvertir dans les secteurs de la santé connaissant de forts besoins : les hôpitaux, la médecine scolaire, la médecine du travail, la prévention.

Des actions sur les prescriptions ont par ailleurs visé à sensibiliser les médecins à la dimension économique de leurs actes et à les inciter à prescrire moins et mieux : les ordonnances françaises comporteraient, selon certaines études, deux fois plus de prescriptions que les ordon-

1. Philippe Lazar, *12 thèses pour le renouveau de la médecine libérale,* rapport d'étape à Monsieur le ministre des Affaires sociales, octobre 1990 ; Jean-François Girard, *Démographie médicale, débouchés et réorientation,* Direction générale de la Santé, juillet 1991.

nances des autres médecins européens. C'est pourquoi les diverses conventions nationales ont inclus des dispositifs visant à inciter les médecins à ne pas avoir des pratiques exagérément coûteuses pour l'assurance maladie. Institués en 1971, les tableaux statistiques d'activité des praticiens (TSAP) devaient permettre de détecter les médecins dont les prescriptions étaient très supérieures à la moyenne et de procéder, après avertissement, à leur déconventionnement. Cette procédure n'a été appliquée que de façon exceptionnelle. En 1980, la convention prévoyait la définition, chaque année, d'un objectif de dépenses compatible avec l'évolution prévisible des recettes de l'assurance maladie, dispositif qui n'eut guère plus de succès.

Le plan de modération des dépenses mis en œuvre par la Sécurité sociale en 1987, juste avant le plan Séguin, ou les références médicales nationales d'évolution que s'étaient engagés à respecter les médecins dans la convention de 1990, en échange d'une revalorisation tarifaire, entrent dans ce cadre. Mais ces actions butent très rapidement sur le principe de la liberté de prescription qui interdit à des organismes extérieurs d'imposer quelque limitation que ce soit au médecin. Ces actions n'ont d'ailleurs pas connu un véritable succès, les mesures de 1990 n'ayant pas été appliquées par les médecins en raison de l'absence des revalorisations tarifaires prévues dans la convention.

Les actions sur la nomenclature ont été trop peu nombreuses pour remédier à son obsolescence : celle-ci est à l'origine de distorsions dans la valorisation des différents actes médicaux, en particulier les plus techniques d'entre eux et ne permet pas d'adapter en permanence la classification des actes aux progrès technologiques [128].

[128]

LA NOMENCLATURE

Le système conventionnel, pour respecter le principe du paiement à l'acte, a dû procéder à une classification des actes, qui permet de fixer un tarif pour chacun d'entre eux : c'est la nomenclature générale des actes professionnels, fixée par un texte réglementaire (NGAP).

Chaque type d'acte est désigné par une lettre clé : C, par exemple, pour la consultation chez le généraliste, CS pour le spécialiste, B pour les analyses biologiques, Z pour les actes de radiologie, K (ou KC) pour les actes chirurgicaux....

À chaque acte correspond un coefficient, par exemple 50, soit KC 50 pour une appendicectomie. Les coefficients sont fixés par la commission de la nomenclature et inscrits dans la NGAP.

Et la valeur de la lettre clé, pour les praticiens (par exemple 110 F pour le C, et 13,70 F pour le KC), déterminée par les conventions des différentes professions médicales ou para-médicales concernées, permet, en la multipliant par le coefficient, de déterminer le tarif des actes.

3 / *Des mécanismes conventionnels peu efficaces*

En comparaison des dépenses hospitalières, dont la progression a été freinée depuis la mise en place du budget global, les dépenses de soins ambulatoires ont continué à augmenter à un rythme bien supérieur à celui du PIB. En effet, le taux annuel moyen de croissance en volume des soins ambulatoires est de 6,9 % de 1985 à 1990 (2,5 % pour les soins hospitaliers).

Jusqu'à l'intervention des accords de régulation de 1993 et de l'ordonnance d'avril 1996 relative à la maîtrise médicalisée des dépenses de soins, les conventions constituaient en effet un instrument insuffisant. La convention exerce une limitation sur le seul prix de l'acte unitaire : elle indique, par exemple, que la consultation du généraliste doit être payée 100 F, dont l'assuré se fera rembourser 70 %. Mais les médecins se faisant payer à l'acte, et la convention ne réglementant pas le nombre d'actes par médecin, c'est-à-dire le volume, la seule régulation par les prix ne suffisait pas. Trois phénomènes sont venus aggraver ce processus d'ajustement des revenus des médecins par les volumes :

– la multiplication des actes par médecin, s'accompagnant d'un raccourcissement du temps de chaque consultation ;

– la multiplication du nombre de médecins, qui a comme conséquence directe une augmentation des actes ;

– la densification des actes des généralistes par l'augmentation des prescriptions par consultation et de ceux des spécialistes par l'augmentation des actes techniques pratiqués et cotés selon la nomenclature générale des actes professionnels.

Or ce qui coûte cher à la Sécurité sociale, ce ne sont pas vraiment les honoraires du médecin, qui sont normalement maîtrisés, mais les prescriptions à l'origine desquelles se trouve celui-ci. On considère, en effet, qu'un médecin coûte environ 1,6 million de francs par an en moyenne, dont un tiers en honoraires et deux tiers en prescriptions. C'est ce poste qui connaît la croissance la plus forte et la plus incontrôlable.

Le bilan des actions engagées depuis plusieurs années en matière de régulation des volumes montre que plusieurs segments de la médecine de ville sont désormais couverts par des accords, négociés de façon tripartie entre l'État, la Sécurité sociale et les organisations représentatives des professions, qui prévoient des taux d'évolution annuelle des dépenses : il s'agit de l'hospitalisation privée, des biologistes, des soins infirmiers de ville, des masseurs-kinésithérapeutes.

En revanche, en ce qui concerne la médecine de ville, les hésitations entre enveloppe globale et maîtrise médicalisée ont finalement abouti à l'ordonnance d'avril 1996 relative à la maîtrise médicalisée des dépenses de soins qui institue, de fait, un système mixte.

4 / *La délicate régulation des dépenses pharmaceutiques*

Les dépenses de consommation de médicaments posent un problème encore plus difficile, dans la mesure où les principaux producteurs sont des laboratoires et des entreprises privées qui obéissent à une logique commerciale et poursuivent des objectifs différents de ceux de l'assurance maladie (politique de vente, de recherche...).

Ces laboratoires ont, de surcroît, une position importante dans le tissu industriel français (345 entreprises, 83 300 salariés, chiffre d'affaires de

111 milliards, contribution positive à la balance du commerce extérieur), ainsi que dans la recherche (troisième rang des secteurs industriels français pour la part du chiffre d'affaires consacré à la recherche), et se trouvent sur un marché international extrêmement concurrentiel (marché mondial de 283 milliards de dollars où dominent de grandes firmes allemandes et américaines).

La recherche d'un prix du médicament, satisfaisant à la fois l'industrie, l'assurance maladie et le consommateur, s'effectue de surcroît sous la contrainte de vérification de la qualité et de l'efficacité des médicaments, réalisée grâce à des procédures et à des institutions spéciales (autorisations de mise sur le marché...).

Aujourd'hui, le rythme d'évolution de la consommation de médicaments reste élevé en dépit d'une tendance à la décélération : de plus de 8 % en moyenne annuelle entre 1980 et 1990, le taux de croissance en volume est, en 1995, de 5,1 %. Les industriels français se plaignent par ailleurs du caractère peu élevé des prix français, qui les oblige à multiplier les produits sans efficacité supplémentaire et conduit à alourdir les dépenses de publicité, alors même qu'il faut investir de plus en plus d'argent dans la recherche pour rester compétitif et obtenir des brevets.

Au-delà des controverses sur la libération ou l'administration totale des prix des médicaments, deux types d'action semblent possibles. La première, inspirée du modèle allemand, donne aux caisses de sécurité sociale le pouvoir de publier des listes de produits qu'elle rembourse aux usagers et de jouer ainsi un rôle incitatif. La seconde, inspirée du modèle anglais, vise à permettre aux laboratoires, à l'État et à la Sécurité sociale de passer des conventions pour chaque médicament, sur des engagements de volume et des objectifs de dépenses quantifiés pour les médicaments « innovants » et « non innovants ». Après l'échec d'un projet de loi visant à mettre en place cette seconde solution, une Agence du médicament a été créée par la loi du 4 janvier 1993. Il s'agit d'un établissement public qui assure des tâches antérieurement dévolues à la direction de la Pharmacie et du Médicament. Ses compétences peuvent être regroupées autour de quatre fonctions essentielles :

– l'Agence remplit tout d'abord une fonction de police sanitaire. C'est une autorité sanitaire chargée d'assurer la protection de la santé publique dans le domaine du médicament et du réactif de laboratoire ;

– elle exerce une fonction d'expertise pour le bon usage du médicament et du réactif de laboratoire ;

– l'Agence est aussi investie d'une fonction d'aide au développement des activités industrielles et de recherche. Ses compétences dans la chaîne du médicament vont des essais cliniques à la pharmaco-vigilance en passant par l'autorisation de mise sur le marché et l'évaluation pharmaco-économique ;

– enfin, l'ordonnance du 24 avril 1996 relative à la maîtrise médicalisée des dépenses de soins confie à l'Agence l'élaboration des références professionnelles pour le domaine du médicament.

Ces références médicales opposables (RMO), accompagnées de recommandations de bonne pratique établies par l'Agence du médicament, à partir des évaluations réalisées pour délivrer l'autorisation de mise sur le marché (AMM), constituent le volet médicalisé de la régulation des dépenses pharmaceutiques prévue par l'ordonnance d'avril 1996.

B / *Le dispositif de maîtrise médicalisée instauré par l'ordonnance d'avril 1996 sur les dépenses de soins*

1 / *Les voies de réforme initialement envisageables*

Si l'on examine, dans l'absolu, les solutions structurelles pouvant être apportées à la difficile compatibilité d'une médecine libérale et d'un financement socialisé, trois chemins sont envisageables.

Le premier consiste à substituer à l'organisation en place une régulation de nature purement concurrentielle, c'est-à-dire à remettre sur le marché l'ensemble des soins dispensés par les professionnels de santé libéraux, en concentrant les moyens publics sur l'hôpital et en instaurant des prises en charge personnalisées pour les personnes les plus défavorisées. Une telle idée, soutenue par le rapport Nora-Naouri de 1979, sous la forme d'une remise sur le marché du petit risque, pose de nombreux problèmes, en particulier l'exacte définition de ce petit risque.

Elle porte en germe un développement important de l'inégalité d'accès aux soins et conduit de fait à abandonner l'ambition de la Sécurité sociale, à savoir l'idée d'une solidarité collective face aux risques qui peuvent affecter chacun. Elle peut conduire à une logique de type aide sociale, qui n'accorde plus que des droits subjectifs aux individus.

Le second consiste à administrer de façon plus radicale l'ensemble des soins ambulatoires, en lui imposant des taux d'évolution stricts. Le risque est de voir le système se bureaucratiser, les médecins refuser de participer à un tel système : l'allocation des ressources en serait peu améliorée.

Une troisième voie consiste à s'inspirer des modes de régulation des systèmes étrangers qui sont les plus proches du nôtre. Le système allemand est à cet égard très intéressant, parce qu'il tend, comme le système français, à concilier médecine libérale et financement socialisé. Même s'il a donné lieu récemment à des remises en cause en Allemagne du fait de nouveaux « dérapages » des dépenses. On retiendra :

– que l'Allemagne a engagé une action de régulation du secteur ambulatoire (dite action concertée) dès 1977 et a instauré une enveloppe globale dès 1984 ;

– que les modes de régulation généraux ont souvent été plus rationnels qu'en France : en effet, l'État n'intervient pas dans les négociations qui s'effectuent entre caisses de sécurité sociale et associations de médecins (accords régionaux et nationaux) ; les médecins qui veulent être conventionnés doivent obligatoirement être affiliés à l'association des praticiens conventionnés, qui gère toutes les relations avec la Sécurité sociale et avec les médecins ;

– que les principes fondamentaux de la médecine libérale sont préservés, mais dans des cadres stricts : le libre choix du médecin existe mais avec des contraintes et avec tiers payant généralisé ; la liberté de prescription existe mais dans le cadre de listes de médicaments remboursés et exclus du remboursement, publiées par les caisses de sécurité sociale... Pour autant, les médecins allemands sont mieux rémunérés qu'en France.

2 / *La genèse des mécanismes de maîtrise médicalisée en 1991 et en 1992*

Dès 1980, devant les difficultés grandissantes de l'assurance maladie, fut évoquée l'idée d'une enveloppe globale, budget prévisionnel pour les soins de ville, déterminée chaque année pour l'ensemble des honoraires et prescriptions, qui aurait permis d'intéresser les médecins à la maîtrise des dépenses. Les protestations du corps médical furent telles qu'il fallut y renoncer. À la fin des années quatre-vingt, la référence du système allemand, où existe un tel système, se fit plus précise, et les années 1991 et 1992 virent se succéder de longues négociations concernant les modalités de mise en place d'une maîtrise médicalisée des dépenses, destinées à assurer une régulation des volumes sans porter atteinte aux principes de la médecine libérale [129].

La mise en œuvre d'une réelle maîtrise médicalisée suppose :

– la définition de références médicales, c'est-à-dire de règles de bonnes pratiques face à une pathologie donnée, impliquant donc un développement important de l'évaluation médicale, domaine dans lequel la France est en retard ;

– pour que l'opposabilité de ces références soit mise en œuvre, il faut que puisse être effectué un suivi des actes et des pathologies supposant la conception et la mise en place de systèmes informatiques nouveaux.

– enfin, le système suppose que, contrairement aux dispositifs jusqu'alors expérimentés (comme les TSAP), les écarts excessifs et les manquements aux RMO se traduisent par des sanctions.

Cette difficulté de la mise en œuvre effective des sanctions en cas d'une croissance trop forte des dépenses de soins, sanctions qui peuvent très difficilement être instaurées dans un cadre purement conventionnel, a sans doute contribué à l'institution du système de maîtrise des dépenses de soins par l'ordonnance d'avril 1996, qui constitue un dispositif mixte entre enveloppe globale et maîtrise médicalisée.

3 / *Les mécanismes prévus par l'ordonnance du 24 avril 1996 relative à la maîtrise médicalisée des dépenses de soins*

L'idée directrice de la réforme du système consiste à donner au Parlement le soin de déterminer chaque année une sorte d'enveloppe globale des dépenses de santé (objectif national), déclinée par le gouvernement selon le type de dépenses et notamment les dépenses de soins de ville. Le dispositif conventionnel est rénové pour que les partenaires à la convention se donnent les moyens de respecter l'objectif prévisionnel annuel en maîtrisant les dépenses par des procédures médicalisées permettant de respecter la qualité des soins. De plus, l'ordonnance instaure plusieurs mesures visant à agir sur l'offre de soins, qu'il s'agisse de la coordination

[129]

1991 à 1993 : DE L'ENVELOPPE GLOBALE À LA MAÎTRISE MÉDICALISÉE

L'année 1991 a vu se développer une tentative de réforme structurelle des dépenses ambulatoires, dont les grandes lignes sont les suivantes.

– Octobre 1991 : signature d'un protocole d'orientation pour la maîtrise négociée de l'évolution des dépenses d'assurance maladie, entre le ministère des Affaires sociales et les présidents des trois caisses nationales d'assurance maladie. Le protocole indique en particulier que le « gouvernement et les caisses nationales d'assurance maladie négocient un taux d'évolution annuel global des dépenses ». Un projet est élaboré par la CNAM qui fixe un taux d'évolution annuel, dont le non-respect entraînera des sanctions, et qui propose des contreparties aux médecins. Les syndicats médicaux se prononcent contre ce projet : ils n'ont pas été consultés, sont contre le principe de l'enveloppe globale, et veulent voir réouvert le secteur 2, gelé par la convention de 1990.

– Jusqu'en février 1992, plusieurs projets sont élaborés et discutés. Le gouvernement refuse la réouverture du secteur 2, qui « dégradera les conditions de remboursement des assurés » et veut l'application d'un vrai taux directeur. Les médecins refusent une maîtrise économique et veulent une maîtrise médicalisée.

– En mars, un texte de compromis est signé et doit être présenté à l'Assemblée. Il prévoit la fixation annuelle d'un taux d'évolution des dépenses d'honoraires et de prestations, décliné par zone géographique, et des sanctions individuelles pour les médecins. Devant les réticences de l'opposition, le gouvernement retire son projet de l'ordre du jour au mois de juin. Au même moment, la convention de 1990 est annulée par le Conseil d'État, créant ainsi un vide juridique.

– Les négociations reprennent et aboutissent à un nouvel accord entre caisses nationales d'assurance maladie, syndicats de médecins et ministère des Affaires sociales, en octobre 1992. Le texte élaboré est porté devant l'Assemblée, qui apporte de nombreux amendements. Le texte est voté le 4 janvier 1993. Il fonde la maîtrise des dépenses sur des références médicales nationales (c'est-à-dire des normes déterminant la bonne pratique professionnelle dans des cas bien définis) opposables à chaque médecin et sur des contrats locaux dans chaque circonscription de caisse, le tout accompagné d'un codage informatique des actes. La création d'unions professionnelles de médecins libéraux est prévue pour aider les syndicats à gérer les dépenses. Le taux d'évolution des dépenses est désormais prévisionnel. Des sanctions sont prévues en cas de non-respect des références médicales.

des soins, de la démographie médicale ou de la formation médicale continue.

C / *L'encadrement financier des dépenses médicales*

Chaque année, le Parlement vote la loi de financement de la Sécurité sociale, qui fixe notamment, en matière de santé, l'objectif national de dépenses d'assurance maladie (réforme constitutionnelle de février 1996 et loi organique du 22 juillet 1996). En parallèle, et de façon complémentaire, sont instituées, par l'ordonnance du 24 avril 1996 relative à la maîtrise médicalisée des dépenses de soins, les conférences nationales et régionales de santé, dont l'objet est d'analyser l'évolution des besoins de santé et de marquer la place des priorités de santé publique dans le débat parlementaire préalable au vote du Parlement.

Ensuite, l'État et les caisses nationales d'assurance maladie disposent de quinze jours, à compter de la publication de la loi de financement de la Sécurité sociale, pour conclure l'avenant annuel à la convention d'objectifs et de gestion instituée par l'ordonnance portant mesures relatives à l'organisation de la Sécurité sociale, avenant qui détermine l'objectif national d'évolution des dépenses de soins de ville en fonction de l'objectif national d'évolution des dépenses d'assurance maladie voté par le Parlement. À défaut d'accord, l'État notifie aux caisses nationales l'objectif des dépenses de soins de ville.

L'ordonnance procède à une adaptation du champ de la convention médicale pour instaurer le mécanisme d'ajustement financier destiné à assurer le respect de l'objectif annuel. Elle met ainsi un terme à trois années d'ambiguïté : l'objectif d'évolution des dépenses médicales remboursables, fixé par les parties à la convention, est désormais clairement opposable aux médecins [1], en distinguant, d'une part, les médecins généralistes et, d'autre part, les médecins spécialistes qui ont chacun leur objectif. Comme dans la loi de 1993, il s'agit d'objectifs englobant les dépenses d'honoraires et les dépenses de prescriptions médicales. Ainsi, une annexe annuelle à la convention médicale fixe les objectifs portant sur les dépenses remboursables : cette annexe fixe également les tarifs des honoraires et peut comprendre une provision pour leur revalorisation. Si l'objectif est respecté, cette provision est versée aux médecins en proportion de leur activité et dans la limite, le cas échéant, d'un plafond, la revalorisation étant acquise pour l'année suivante. En cas de dépassement des objectifs, l'ordonnance prévoit, à l'inverse, une récupération de tout ou partie du dépassement sur les médecins. Le décret du 19 décembre 1996 détermine les modalités de calcul du montant reversé, à savoir l'intégralité du dépassement constaté sur les honoraires et 5 % du dépassement constaté en matière de prescriptions, dans la limite de 1 % des dépenses remboursables au titre des honoraires. Il appartient ensuite aux parties à la convention de fixer les règles de répartition entre les médecins du montant à récupérer, toute latitude étant laissée aux parties pour individualiser la récupération.

D / *La médicalisation de la maîtrise des dépenses*

L'ordonnance reprend les principes ayant prévalu à la loi de 1993, « médicalisant » la maîtrise des dépenses en donnant aux parties à la convention médicale le pouvoir de rendre opposables à chaque médecin des règles de bonne pratique médicale, dites références médicales oppo-

1. Cf. A.-M. Brocas, « La convention médicale après les ordonnances », *Droit social*, 9/10, septembre-octobre 1996.

sables, et de sanctionner le non-respect de ces règles. Deux instances scientifiques indépendantes, l'Agence nationale d'accréditation et d'évaluation en santé et l'Agence du médicament (pour les prescriptions de médicaments) se voient confier, par l'ordonnance, le rôle d'établir les références médicales et les recommandations de bonnes pratiques. Il appartient aux partenaires conventionnels de définir les conditions dans lesquelles ces références deviennent opposables et donc leur manquement sanctionnable. Désormais, ces références ont un caractère permanent et ne sont plus, comme sous l'emprise de la loi de 1993, soumises aux aléas de la négociation tarifaire annuelle. Elles figurent en conséquence dans le corps de la convention médicale.

E / *L'organisation de la médecine ambulatoire*

Parallèlement, l'ordonnance cherche à promouvoir une rationalisation de l'offre et une meilleure organisation de la médecine ambulatoire. Ainsi l'ordonnance consacre le rôle de la convention dans la gestion de la démographie médicale. Elle crée un fonds de réorientation et de modernisation de la médecine libérale dont l'objet est de financer les aides à la réorientation des médecins et à l'informatisation de leurs cabinets médicaux ainsi que les allocations de préretraite. Le champ d'application du mécanisme de préretraite est corrélativement étendu par un abaissement de l'âge minimal d'accès (de 60 ans à 57 ans) et par un assouplissement des règles de non-cumul de l'allocation de préretraite et de la rémunération d'une activité salariée. Il devrait être possible, dans ce cadre, de parvenir d'ici l'an 2000 à une stabilisation du nombre de médecins.

L'ordonnance cherche enfin à mieux coordonner les soins. Le carnet de santé est institué pour l'ensemble de la population afin de faciliter le suivi des malades, leur orientation dans le système de soins et la meilleure communication de l'information entre le médecin traitant, qui tient le dossier médical du patient, et les autres professionnels de santé. Le carnet a vocation à être porté, à terme, sur la carte électronique du patient. L'ordonnance ouvre aussi, pour cinq ans, une possibilité d'expérimenter de nouvelles formes d'organisation de soins : filières articulant les interventions auprès d'un patient à partir d'un médecin généraliste et destinées à améliorer la qualité du suivi médical, réseaux de soins pour coordonner les interventions en ville et à l'hôpital notamment. Dans ce cadre expérimental, il sera possible de déroger aux principes habituels de rémunération des professionnels libéraux (paiement à l'acte par exemple) et de remboursement des assurés (non-remboursement de la prévention, avance de frais, ticket modérateur).

F / *Une mise en œuvre délicate*

La mise en œuvre de la réforme du système de santé introduite par l'ordonnance d'avril 1996 a été délicate. C'est, de fait, la première véritable réforme structurelle du système : encadrement des pratiques des

[130]

DE LA RÉSILIATION DE LA CONVENTION UNIQUE DE 1993 À L'INSTAURATION DE DEUX CONVENTIONS SÉPARÉES EN 1997

20 décembre 1996 : La CNAMTS, la CANAM et la MSA résilient la convention nationale des médecins du 21 octobre 1993. C'est la première fois, depuis la mise en place du système conventionnel en 1971, que les caisses d'assurance maladie décident de mettre fin de manière unilatérale à une convention avant sa date d'échéance. Cette situation s'explique par l'échec des négociations entre les caisses d'assurance maladie et les syndicats médicaux en vue d'adapter la convention de 1993 aux dispositions nouvelles prévues par les ordonnances. La convention nationale doit théoriquement cesser le 20 février 1997.

Janvier 1997 : Enquête de représentativité des syndicats médicaux engagée par le gouvernement. Quatre critères sont retenus pour accorder ou non la représentativité à un syndicat : ses effectifs, son indépendance, le nombre de ses cotisants, son expérience et son ancienneté.

Février 1997 : cinq syndicats sont reconnus représentatifs :

– la CSMF : Confédération des syndicats médicaux français représentative des généralistes et des spécialistes (Dr Maffioli) ;

– la FMF : Fédération des médecins de France, représentative des spécialistes (Dr Gras) ;

– le SML : Syndicat des médecins libéraux, représentatif des spécialistes (Dr Cabrera) ;

– l'UCCSF : Union collégiale des chirurgiens et spécialistes français, représentative des spécialistes (Dr Winisdoerfer) ;

– MG France : Fédération française des médecins généralistes, représentative des généralistes (Dr Bouton).

Mars 1997 : Éclatement du système conventionnel unique créé en 1971 par la conclusion d'un accord entre les caisses nationales (CANAM, CNAM, MSA) et deux syndicats médicaux (MG France et l'UCCSF) sur l'institution de deux conventions séparées avec un socle commun, l'une pour les 61 000 généralistes, l'autre pour les 53 000 spécialistes.

28 mars 1997 : publication des arrêtés portant approbation respectivement de la convention nationale des médecins généralistes signée par MG France et de la convention nationale des médecins spécialistes signée par l'UCCSF.

participants au système de soins de sorte que l'argent public ne soit pas gaspillé, d'une part, et mise en place d'engagements et de règles destinés à ce que les consommateurs individuels n'abusent pas du système, d'autre part. Le caractère structurel de ces changements contraste avec l'aspect conjoncturel des ajustements effectués par le passé souvent essentiellement financiers et décidés dans l'urgence.

L'opposition de plusieurs syndicats médicaux (CSMF, FMF, SML) s'est cristallisée sur la question du reversement exigible des médecins libéraux en cas de non-respect du taux d'évolution des dépenses de soins, montant dont le calcul est précisé dans le décret de décembre 1996. Cette opposition a abouti à l'éclatement du système conventionnel unique créé en 1971 [130] et à la mise en œuvre, en mars 1997, de deux conventions séparées, l'une pour les généralistes signée par MG France, l'autre pour les spécialistes avalisée par l'UCCSF. Pour les généralistes, la convention prévoit la mise en place d'une sorte de « secteur optionnel » dans lequel les médecins « référents » bénéficieront d'une rémunération spécifique pour assurer la coordination des soins et un meilleur suivi de santé publique de leurs patients. Les parties signataires demandent également la création d'une lettre clé correspondant à la visite d'urgence (VU). La convention spécifique aux médecins spécialistes prévoit, quant à elle, de prendre en compte, dans le dispositif de maîtrise des dépenses de santé, les particularités inhérentes à chaque discipline, notamment en ce qui concerne le montant du reversement exigible des médecins.

À la suite de la signature de ces deux conventions séparées, une vive protestation de l'intersyndicat national des internes des hôpitaux s'est déclarée avec une grève des internes dans vingt-deux CHU sur vingt-six, les internes jugeant pénalisantes les nouvelles conventions pour leur future installation en secteur privé.

IV / LA RÉGULATION DU SECTEUR HOSPITALIER

À la fin des années quatre-vingt-dix, le monde de l'hospitalisation publique et privée traverse une crise que l'on peut caractériser brièvement en trois points : une offre excédentaire et, dans une certaine mesure, inadéquate par rapport aux besoins ; des mécanismes de financement impuissants à juguler la croissance des dépenses et sources par ailleurs d'effets pervers qui rendent le système inéquitable et tendent à le figer ; enfin, une absence d'articulation entre la qualité des soins fournis au patient et le dispositif de planification et de financement des établissements. C'est à ces difficultés que l'ordonnance du 24 avril 1996 portant réforme de l'hospitalisation publique et privée entend remédier.

A / *Les dysfonctionnements du monde hospitalier*

1 / *Une offre excédentaire et inadéquate*

Le premier instrument de planification hospitalière mis en place dans les années soixante-dix était la carte sanitaire. Mais cet instrument, dont l'objectif initial était essentiellement de permettre une meilleure couverture du territoire, n'a pas été suffisant pour faire face à la progression continue des dépenses. Dans les années quatre-vingt, compte tenu de l'accroissement excessif de l'offre, la carte sanitaire a été utilisée pour programmer une diminution des capacités hospitalières devenues excédentaires, en grande partie du fait de la baisse de la durée moyenne de séjour dans les établissements hospitaliers.

Mais l'outil de maîtrise de l'offre que devait être la carte sanitaire a montré ses limites. Il s'est révélé trop grossier (reposant sur des notions d'équipements, comme les lits, alors que l'activité des établissements dépendait de moins en moins de ceux-ci), trop exclusivement quantitatif, et insuffisamment incitatif, c'est-à-dire incapable de susciter une restructuration du secteur hospitalier et une réorientation de certains établissements. De même, la carte sanitaire n'a pas permis de maîtriser le déve-

Tableau 103. *Structure du système hospitalier lits en hospitalisation complète au 1er janvier 1995*

Secteur public		
Établissements d'hospitalisation (psychiatrie incluse)	337 374	64,4 %
Secteur privé		
Établissements à caractère commercial (psychiatrie incluse)	105 068	20,1 %
Établissements à but non lucratif non PSPH *	26 625	5,1 %
Établissements à but non lucratif PSPH (psychiatrie incluse)	54 462	10,4 %
Total privé	186 155	35,6 %
Ensemble public + privé	523 529	

* PSPH : Participant au service public hospitalier.
Source : SESI, *Annuaire des statistiques sanitaires et sociales*, 1996.

Tableau 104. *Évolution des dépenses d'hospitalisation*

(en %)

	En francs courants			En francs constants		
	92/91	93/92	94/93	92/91	93/92	94/93
Versement aux établissements d'hospitalisation	7,9	7,2	5,7	5,4	5,0	4,2
Secteur public	7,4	7,5	5,6	4,9	5,3	4,1
Secteur privé	11,0	5,0	6,5	8,4	2,8	5,0

Source : SESI, *Annuaire des statistiques sanitaires et sociales*, 1996.

loppement de nouvelles activités particulièrement coûteuses. L'instauration des schémas régionaux d'organisation sanitaire qui, depuis la loi de réforme hospitalière du 31 juillet 1991, déterminent la répartition géographique des équipements ou activités, à l'intérieur de chaque région, n'a guère connu plus de succès du point de vue de l'incitation à la restructuration du tissu hospitalier.

Ainsi, l'offre hospitalière est aujourd'hui à la fois excédentaire et inadéquate par rapport aux besoins (tableau 103). On estime que l'excédent de lits de court séjour est de l'ordre de 60 000 lits, alors que les conditions de prise en charge des personnes âgées dépendantes sont très insuffisantes. Cette inadéquation se double de disparités géographiques fortes si bien que l'on constate, compte tenu de l'assujettissement relatif de la demande de l'offre, que le recours aux actes médicaux est susceptible d'une variabilité considérable dans des zones géographiques à population comparable.

2 / *Des mécanismes de financement critiquables*

Compte tenu de la dérive des dépenses d'hospitalisation, le financement des établissements hospitaliers publics (et privés participant au service public) a été réformé en 1984. Auparavant, les hôpitaux étaient tarifés sur la base de prix de journée, mécanisme dont l'impact inflationniste était fort, chaque hôpital ayant intérêt à augmenter le nombre des journées pour accroître ses sources de financement [131]. Le budget global est un mécanisme contraignant instaurant une maîtrise des dépenses établissement par établissement : une enveloppe annuelle de dépenses est fixée *a priori* et de façon limitative pour chaque hôpital ; il n'y a plus d'intérêt à multiplier le nombre des journées. Les effets de l'instauration du budget global ont été immédiats : la croissance en volume des dépenses a été pratiquement ramenée à celle du produit intérieur brut, au moins durant les cinq premières années d'application.

Cependant, l'effet de freinage financier du budget global n'a eu qu'un temps : de dérogation en dérogation, le taux d'évolution *ex post* des dépenses d'hospitalisation dans le secteur public et parapublic en est venu à dépasser systématiquement le taux directeur défini en début d'année faute de restructuration en profondeur du secteur. Et le taux d'évolution des dépenses hospitalières a poursuivi sa croissance (tableau 104).

[131]

TARIFICATION AU PRIX DE JOURNÉE, BUDGET GLOBAL ET NOUVELLE TARIFICATION DES CLINIQUES PRIVÉES

1 / *La tarification au prix de journée*

Ce mécanisme, qui s'est généralisé au XIXe siècle, n'a pas été remis en cause au moment de la création de la Sécurité sociale. Il consistait à diviser les dépenses prévisionnelles de l'année N + 1 par le nombre de journées prévisionnelles N + 1, ces calculs étant établis au niveau de chaque établissement, et par catégorie de services. C'est le préfet qui arrêtait le prix de journée pour chaque établissement et chaque spécialité, prix qui était également la base de paiement du malade puis du remboursement de la Sécurité sociale. L'évolution susceptible d'être prise en compte d'un budget à l'autre était, depuis 1972, modérée par des circulaires annuelles indiquant le taux de progression à ne pas dépasser.

Cette procédure a permis, pendant la période considérée, d'accompagner le développement, la restructuration et la modernisation des hôpitaux publics, grâce à une couverture automatique de tous les coûts, les déficits étant repris dans l'ensemble des dépenses de référence de l'année N + 1. Le mécanisme du prix de journée était cohérent avec un hôpital où le coût principal était celui de l'hébergement. Dès lors que celui-ci devenait marginal par rapport au coût du plateau technique, il devenait inflationniste, les établissements ayant intérêt à amortir le coût des interventions sur un séjour le plus long possible, ce d'autant plus que les capacités en lits se révélaient de plus en plus excédentaires.

Les établissements de soins ne participant pas au service public étaient également financés, durant la même période, par un prix de journée, mais selon une autre méthode. Alors que le prix de journée des hôpitaux publics et des établissements non lucratifs était arrêté par le préfet, celui des établissements privés l'était par les caisses régionales d'assurance maladie, selon une convention type et une grille de classement, en fonction de laquelle étaient classés les établissements selon leur confort et les diverses prestations qu'ils étaient susceptibles d'offrir.

2 / *Le budget global*

Depuis 1984 pour les centres hospitaliers régionaux et 1985 pour tous les établissements publics ou participant au service public hospitalier, les ministres des Affaires sociales et du Budget fixent chaque année un taux d'évolution des dépenses hospitalières, appelé taux directeur, qui est répercuté sur chaque établissement par le préfet. Au niveau de chaque établissement, ce coefficient d'augmentation est appliqué aux dépenses obligatoires (environ 90 % du total des dépenses) de l'année précédente, ce qui donne le budget remboursable de l'année N + 1, appelé dotation globale. Cette somme est communiquée à la caisse d'assurance maladie pivot, chargée de toutes les relations avec l'hôpital et les autres caisses de Sécurité sociale, qui verse cette dotation par douzième tout au long de l'année.

3 / *Un nouveau mode de régulation pour les cliniques privées*

Plusieurs rapports ont été consacrés à l'éventuelle harmonisation des règles régissant le secteur public et le secteur privé : le rapport Briet, en 1984, recommande l'extension du budget global aux établissements privés à but lucratif. En 1988, le rapport Guillaume met en garde contre une extension de la dotation globale à ceux-ci. Un dernier rapport, des deux auteurs, propose, en 1989, la mise en place dans chaque clinique privée à but lucratif d'un budget prévisionnel annuel. À la suite d'un rapport de l'Inspection générale des Affaires sociales (IGAS), le forfait de salle d'opérations, qui représente un des éléments du financement des cliniques, est harmonisé. Le 31 juillet 1991, une loi (DMOS) consacre l'accord passé entre le ministre des Affaires sociales et deux organisations représentatives des établissements privés conventionnés (accord du 4 avril 1991), rejointes plus tard par une troisième organisation. Chaque année, un objectif annuel de dépenses remboursées est arrêté entre le ministre chargé de la Sécurité sociale, la Caisse nationale d'assurance maladie (CNAM) et au moins une autre caisse nationale d'assurance maladie et une ou plusieurs organisations nationales les plus représentatives des établissements de soins privés, pour le prix de journée et le forfait de salle d'opérations. Cet objectif est déterminé en relation avec le taux d'évolution des dépenses hospitalières ; il est décliné par région et par pathologie. Les organisations professionnelles se sont de surcroît engagées à expérimenter puis à adopter la tarification à la pathologie ; cette dernière méthode pourrait également être utilisée dans le secteur public.

De plus, l'instauration du budget global a eu des effets pervers : les inégalités budgétaires entre hôpitaux se sont sensiblement accrues. Le budget global a figé les établissements dans la situation budgétaire dans laquelle ils se trouvaient au moment de sa mise en place, les budgets suivants étant déterminés, par rapport à cette base, par l'application d'un taux directeur uniforme : impossibilité de tenir compte des différences d'évolution d'activité entre tel établissement ou tel autre, absence d'incitation réelle à l'optimisation de l'activité par rapport au budget. Et les hôpitaux « riches » sont devenus, relativement aux « pauvres », de plus en plus riches.

La régulation financière des établissements d'hospitalisation privée est différente : les établissements sont tarifés sur la base de prix de journée et de différents forfaits attachés au type d'activité pratiquée. Depuis 1991 (loi DMOS du 31 juillet 1991), une régulation macroéconomique du secteur a été mise en place, permettant de pallier l'effet inflationniste de la tarification au prix de journée. C'est une régulation prix-volume : chaque année, un objectif quantifié national de dépenses est déterminé entre les caisses nationales d'assurance maladie et une ou plusieurs organisations nationales les plus représentatives des établissements de soins privés. Si l'objectif annuel est dépassé, les tarifs sont automatiquement diminués, à due proportion, l'année suivante.

Ce mode de régulation, plus souple que la dotation globale, a permis de générer une dynamique de restructuration sensiblement plus forte dans l'hospitalisation privée qu'à l'hôpital public : réduction du nombre de cliniques (400 cliniques privées ont fermé en vingt ans), accroissement de la taille moyenne, regroupements. La performance économique du secteur privé est également reconnue et elle a été mise en évidence dans plusieurs rapports (rapport sur l'expérimentation PMSI en Languedoc-Roussillon par exemple). Cependant, l'hospitalisation privée ne parvient pas à faire reconnaître pleinement ses performances économiques car elle reste entachée d'un « aléa de moralité » lié dans ce secteur à une relative incitation à la multiplication des actes corrélative d'une tentation de « sous-qualité ».

Quoi qu'il en soit, la question de la concurrence entre établissements publics et privés est apparue particulièrement délicate. Alors que, pendant plusieurs années, l'hôpital assurait les soins de pointe et les cliniques, le traitement de pathologies plus faciles, leur atout étant le confort qu'elles offraient, le paysage clinico-hospitalier a aujourd'hui changé, certaines cliniques parvenant à être aussi bien équipées que les hôpitaux et assurant de ce fait un niveau de technologie et de sécurité équivalent.

Ainsi, alors que jusqu'à 1980-1982 tout avait concouru à faire de l'hôpital le pivot du système de soins français, les années 1980-1990 voient l'application d'un système efficace de freinage des dépenses, mais en même temps le développement de la crise du secteur public hospitalier, qui se traduit notamment par une concurrence accrue de la part du secteur privé et par un profond malaise des personnels. En effet, les dépenses de l'hôpital public sont constituées, pour 70 % environ, de frais de personnels, médicaux et para-médicaux. La réduction des dépenses s'est donc répercutée sur eux, faisant monter peu à peu un très fort malaise des internes, des infirmières et aussi des praticiens hospitaliers. Le mal-être des personnels hospitaliers s'est traduit, pour les uns, par des départs dans le secteur privé, certains secteurs de l'hôpital ayant ainsi le plus grand mal à trouver des praticiens, pour les autres, par d'importantes grèves et manifestations et des augmentations de salaires, concédées dans l'urgence, qui ne sont pas parvenues à apporter de remèdes définitifs, notamment à la crise de la profession infirmière.

3 / *Une insuffisante articulation entre planification et tarification*

Jusqu'à la réforme introduite par l'ordonnance du 24 avril 1996 relative à l'hospitalisation publique et privée, la planification sanitaire n'était que très peu articulée avec le financement des établissements de santé, conduisant souvent à des arbitrages budgétaires tenant peu compte des besoins sanitaires de la population. La planification, autorisations d'équipements et de structures (lits, matériels lourds), relevait ainsi de l'État, c'est-à-dire au niveau régional du préfet de région, sans lien organique avec le financeur, l'assurance maladie. Pour l'hospitalisation publique, cette dernière devait en outre se résoudre à n'être qu'un payeur aveugle puisque c'est bien par la tutelle État, au niveau départemental cette fois, qu'est fixé le budget hospitalier. Par ailleurs, dans l'hospitalisation privée, la fixation historique des tarifs au niveau régional, par les caisses régionales d'assurance maladie (CRAM), a conduit à une grande hétérogénéité et à de fortes disparités géographiques sans aucun fondement rationnel.

Cette absence de lien entre planification et financement a produit des effets pervers tant à l'hôpital public que dans l'hospitalisation privée : à l'hôpital, ce ne sont pas les services rendus au malade qui sont remboursés par l'assurance maladie en fonction de leur qualité ou de leur opportunité de santé publique, ce sont avant tout des structures qui sont financées et, de la même façon, dans le privé, ce sont des actes qui sont rémunérés et non la qualité de la prise en charge globale.

L'absence d'articulation entre les logiques de financement, les mécanismes de restructuration et l'évaluation de la qualité des soins et des pratiques médicales a conduit à une inadéquation structurelle du tissu actuel par rapport aux évolutions qu'imposent tant les nouvelles techniques et les pratiques médicales que les contraintes économiques ou les besoins d'équité sociale.

B / *La réforme de l'hospitalisation publique et privée instaurée par l'ordonnance du 24 avril 1996*

Le principal apport de l'ordonnance d'avril 1996 portant réforme de l'hospitalisation est de clarifier les responsabilités, en les regroupant au sein des agences régionales d'hospitalisation qui assurent concomitamment l'essentiel des responsabilités en matière de planification hospitalière et de financement des établissements de santé. Les agences régionales créées dans chaque région sont compétentes tant pour l'hospitalisation publique que pour l'hospitalisation privée. Elles sont chargées « de définir et de mettre en œuvre la politique régionale d'offre de soins hospitaliers, d'analyser et de coordonner l'activité des établissements de santé publics et privés et de déterminer leurs ressources » (nouvel article L 710-18 du Code de la Santé publique). Les agences rassemblent ainsi en une main unique des pouvoirs autrefois dispersés entre l'État déconcentré (régional comme départemental) et l'assurance maladie. L'objectif, dans ce rapprochement, est bien de parvenir à harmoniser progressivement et à restructurer l'ensemble du champ hospitalier pour assurer une prise en charge à la fois plus efficace et plus adaptée de la population.

Cette autorité est exercée, notamment, par un directeur nommé en Conseil des ministres. Et, pour ce qui relève de leur compétence, les services des directions régionales des affaires sanitaires et sociales, des directions départementales des affaires sanitaires et sociales et des caisses régionales d'assurance maladie sont mis à la disposition des agences. Appelées à devenir les têtes du réseau de la régulation régionale de l'offre de soins hospitaliers, les agences s'appuient également sur les conférences régionales de santé qui sont des instances à caractère stratégique et sur les comités régionaux de l'organisation sanitaire et sociale (CROSS) qui, dans une forme rénovée, jouent un rôle consultatif élargi.

Les outils de la planification hospitalière et les modes de financement des établissements ne sont pas fondamentalement réformés : ils font l'objet d'aménagement visant à les articuler entre eux autour notamment d'une logique de contractualisation pluriannuelle, que l'agence régionale d'hospitalisation est chargée de mettre en œuvre. Ces contrats d'objectifs et de moyens s'articulent avec le schéma régional d'organisation sanitaire et prennent en compte le projet médical et le projet d'ensemble des établissements. Pour les établissements publics (et participant au service public hospitalier), les contrats décrivent « les transformations que l'établissement s'engage à opérer », « les dispositions relatives à la gestion des ressources humaines nécessaires pour la réalisation des objectifs » ; enfin, ils fixent « les éléments financiers, tant en fonctionnement qu'en investissement » nécessaires pour atteindre ces objectifs. Il est prévu de remédier progressivement aux inégalités interrégionales comme aux inégalités entre établissements. Pour les établissements, les contrats remplacent le conventionnement CRAM pour la détermination des tarifs des prestations d'hospitalisation. Ces contrats doivent être conformes à un contrat type, lui-même annexé au contrat tripartite national qui remplace la convention nationale de l'hospitalisation privée.

Cependant, les modes de financement des deux secteurs restent fondés sur les mêmes principes qu'auparavant : dotation globale pour le public et les PSPH (participants au service public hospitalier), tarifs de prestations pour le privé. La régulation macroéconomique d'ensemble est articulée avec le rôle du Parlement en matière de financement de la Sécurité sociale : ainsi, en fonction de l'objectif national d'évolution des dépenses d'assurance maladie voté par le Parlement, le gouvernement arrête l'objectif prévisionnel d'évolution des dépenses des établissements financés par dotation globale prises en charge par l'assurance maladie, d'une part, et le montant total annuel des frais d'hospitalisation privée financés par l'assurance maladie, d'autre part. L'ordonnance organise la fongibilité des enveloppes publiques et privées et vise à renforcer le niveau régional dans son rôle de régulation. Dans le public, le montant national est réparti en dotations régionales qui présentent un « caractère limitatif » et qui sont constituées dans un objectif, inscrit dans la loi, de « réduction progressive des inégalités de ressources entre régions et établissements ». De la même façon, le financement des établissements privés est régionalisé à travers des « objectifs quantifiés régionaux », obligatoires à compter de 1998.

Théoriquement, l'agence régionale devrait être à même de comparer la totalité des coûts des différents établissements et de pouvoir, en tenant compte de leurs missions spécifiques, encourager le développement des structures les moins coûteuses et remédier aux inégalités de moyens constatées entre les établissements. En ce sens, l'utilisation du programme de médicalisation des systèmes d'information (PMSI), généralisée dans les cliniques privées comme dans les hôpitaux publics, devrait lui permettre une allocation plus efficace de ressources.

De même, les outils de la planification sanitaire restent les mêmes : la carte sanitaire, élément d'encadrement quantitatif de l'offre, et le plus récent schéma d'organisation sanitaire, élément plus qualitatif institué par la loi de 1991. Seul aménagement notable : les annexes aux schémas régionaux d'organisation sanitaire qui n'étaient jusqu'ici qu'indicatives et, de fait, dépourvues de portée réelle, deviennent opposables. Ces annexes déterminent « les créations, les regroupements, les transformations ou suppressions des installations et unités qui seraient nécessaires » à la réalisation des SROS.

Enfin, l'ordonnance du 24 avril 1996 introduit en France un instrument d'amélioration de la qualité, appelé accréditation. Procédure externe d'évaluation, l'accréditation est conduite par des experts indépendants. Engagée à la demande de l'établissement, elle vise à porter une appréciation sur la qualité de l'établissement ou d'un ou plusieurs de ses services ou activités. Chaque établissement de santé devra s'être engagé dans la procédure d'accréditation, dans un délai de cinq ans, à compter de la publication de l'ordonnance. Théoriquement, l'accréditation n'est ni une procédure d'autorisation, ni une procédure de financement : elle vise à instaurer une dynamique d'amélioration de la qualité. Il appartiendra aux agences régionales et aux établissements de la mettre en œuvre au bénéfice des patients. L'accréditation « à la française » est confiée à une structure nouvelle, l'Agence nationale d'accréditation et d'évaluation en santé (ANAES), établissement public administratif de l'État, qui élabore, valide et diffuse les méthodes nécessaires à l'évaluation des soins et des pratiques professionnelles ainsi que des recommandations de bonne pratique clinique et des références médicales en matière de prévention, de diagnostic et de thérapeutique.

L'ambition du dispositif vise donc à concilier l'accès de tous à des soins de qualité et la maîtrise de la croissance des dépenses hospitalières. Il reste à savoir si cette ordonnance sera en mesure de susciter le dynamisme nécessaire à une vraie restructuration hospitalière, sans laquelle ni l'un ni l'autre de ces objectifs ne pourra réellement être atteint. De plus, il n'est pas certain que l'ordonnance d'avril 1996 suffise à résoudre la crise que vit l'hôpital public car demeure en suspens une question de fond concernant ce qu'est la vocation réelle de l'hôpital public : accueil de tous ou pôle d'excellence réservé au traitement des pathologies les plus lourdes ?

DE L'ASSURANCE MALADIE À UNE VÉRITABLE POLITIQUE DE SANTÉ

I | LE SYSTÈME DE SOINS FRANÇAIS : UNE EFFICACITÉ PARTIELLEMENT MISE EN CAUSE

Le coût du système de soins français, plus élevé que celui de l'ensemble des autres pays européens rapporté au PIB, a souvent été présenté comme la condition d'une efficacité plus grande de la médecine française. À l'appui de ce rapprochement sont souvent cités les succès indéniables de la médecine en matière de recherche médicale au niveau international, que ce soit dans le domaine de l'immunologie et des transplantations, à travers les découvertes réalisées sur les cellules cancéreuses, ou encore dans la connaissance des mécanismes cérébraux pour ne citer que quelques exemples. Le cas des transplantations d'organes illustre ainsi parfaitement le lien entre la découverte d'une nouvelle technique de soins, sa généralisation et le coût nécessairement lourd induit pour l'assurance maladie.

Parallèlement, l'amélioration continue de l'espérance de vie en France constitue un autre indicateur de l'amélioration générale des soins accordés à la population.

Mais l'efficacité du système de soins français est aujourd'hui partiellement mise en cause, notamment au regard des comparaisons internationales [1].

A / *Des indicateurs de santé moyens*

La mise en place et le développement de la sécurité sociale ont, de façon évidente, exercé une action déterminante, non seulement sur le système de soins et sa structure, mais également sur l'état de santé, comme le montrent les indicateurs classiques utilisés en matière de politique de santé. On retiendra bien évidemment parmi ceux-ci le plus important, l'espérance de vie à la naissance. Celle-ci est passée pour les femmes de 40 ans vers 1880 à 68,6 ans en 1950 puis à 80,9 ans en 1990 et à 81,9 ans en 1996, grâce en particulier, dans un premier temps, à la baisse du taux de mortalité infantile (15 % vers 1880, 52 ‰ en 1950, 7,3 ‰ en 1990, 5 ‰ en 1996) et à l'augmentation de l'espérance de vie à 50 ans dans un deuxième temps [2].

Mais une série d'études et de rapports ont récemment contribué à relativiser les idées que les Français avaient de leur système de santé.

Elles ont montré en particulier que si la France se trouvait au deuxième rang du classement des pays de l'OCDE pour ce qui est de la part des dépenses de santé dans le PIB, elle se plaçait, d'une part, au quatorzième rang en ce qui concerne la part des dépenses prises en charge de façon publique et, d'autre part, à des niveaux encore moyens pour ce qui est des indicateurs de santé. L'étude des niveaux et des évolutions de l'espérance de vie et des taux de natalité met ainsi en évidence des particularités importantes de la situation française : une situation très favorable en termes de mortalité infantile et de mortalité des personnes âgées ; une situation défavorable concernant le niveau de mortalité des jeunes adultes, en particulier pour les hommes ; un écart très important du risque de décès entre hommes et femmes. Par ailleurs, d'après les données de l'OCDE, la France se situait, en 1990, au douzième rang mondial pour la mortalité périnatale, et au dixième rang pour la mortalité

1. OCDE, « Les dépenses de santé », *Bloc-notes statistique*, 1990 ; Yannick Moreau, *Dépenses de santé, un regard international* (ministère des Affaires sociales), Paris, La Documentation française, 1992.

2. Jacques Vallin, « La politique française, grandes tendances », *L'état de la France 1997-1998*, Paris, La Découverte et Syros, 1997.

infantile. Au cours de la période récente, ces taux ont décru. Mais on ne dispose pas de nouvelles comparaisons internationales [1].

Les Français ont progressivement découvert que leur système de santé, s'il est un des plus chers du monde, n'est pas nécessairement le meilleur, et que l'injection massive de ressources dans le système de santé ne suffisait pas à assurer un meilleur état général de santé de la population.

B / *Le maintien d'inégalités fortes face à la santé*

Les inégalités face à la santé perdurent, après avoir été stabilisées, voire réduites, jusqu'aux années quatre-vingt :

– l'amélioration très réelle de la couverture sanitaire n'a pas réduit les écarts de mortalité entre groupes sociaux (l'amélioration de l'espérance de vie des cadres supérieurs a été plus importante que celle des ouvriers), ni les différences d'accès au système de soins (tableau 105) ;

– les disparités régionales de natalité et d'offres de soins apparaissent importantes [2].

Tableau 105. *Espérance de vie masculine à 35 ans par catégorie socioprofessionnelle*

	Espérance de vie à 35 ans	
	1960-1969	1980-1989
Cadres moyens ou supérieurs	40,6	43,4
Ouvriers ou employés	36,6	39,1

Source : INSEE, « L'inégalité sociale devant la mort », *Données sociales*, 1993.

L'ensemble de ces constats – indicateurs de santé moyens, maintien d'inégalités fortes – met ainsi en cause la conception habituelle de l'efficacité d'un système de soins.

Des études récentes [3] ont ainsi démontré que :

« l'état de santé d'une population n'est pas en rapport direct avec le volume des ressources qu'elle consacre aux soins. Il est, en revanche, étroitement corrélé à un grand nombre d'autres facteurs, au premier rang desquels figurent les inégalités de revenu individuel observées dans chaque pays [...].

Sont ainsi porteurs d'inégalités de santé : le maintien d'un niveau de chômage élevé, les stratégies d'emploi des entreprises, les conséquences sociales de la recherche effrénée de compétitivité, la dualisation lente, mais certaine, du tissu économique et social ».

1. Haut Comité de la santé publique, *La santé en France en 1996*, Paris, La Documentation française, septembre 1996.

2. *Les inégalités sociales de santé*, rapport de l'atelier n° 2, groupe « Prospective du système de santé », présidé par R. Rochefort (Commissariat général du Plan), Paris, La Documentation française, 1993.

3. Citées dans *Santé 2010*, rapport du groupe « Prospective du système santé » présidé par R. Soubie (Commissariat général du Plan), juin 1993.

La position moyenne de la France en matière d'indicateurs de santé ne peut donc être exclusivement imputée au fonctionnement du système de soins lui-même ; c'est plutôt, d'une façon certes paradoxale, la priorité absolue accordée au système de soins, et une croyance tout aussi forte dans le progrès médical, qui sembleraient expliquer certaines des difficultés françaises.

Les facteurs liés à l'environnement, plus généralement la dimension collective de la santé, apparaissent ainsi largement sous-estimés, voire dévalorisés, dans leur impact sur l'état de santé de la population.

Parallèlement, l'importance accordée à la technique médicale comporte des effets pervers pour le fonctionnement même du système de soins.

C / *Une offre de soins éclatée*

La fragmentation du système de soins français [1] apparaît, de fait, comme une de ses caractéristiques majeures. Quelques exemples de ces dysfonctionnements peuvent être donnés : le généraliste n'a aucun rôle pivot en France. Le patient peut aller voir dix généralistes s'il le souhaite pour le même problème (nomadisme médical), aller voir directement le spécialiste, même si cela coûte beaucoup plus cher et que son problème ne relève pas du spécialiste. Il n'existe quasiment aucun lien entre l'hôpital et la médecine de ville : le patient est envoyé par un généraliste à l'hôpital, qui ne renvoie pas systématiquement le dossier au praticien ; les deux systèmes sont pratiquement entièrement cloisonnés. Même si le patient a effectué « en ville » toute une série d'examens, ceux-ci vont être refaits à l'hôpital, sans justification.

Les structures de soins sont ainsi juxtaposées et deviennent de plus en plus concurrentes. Le problème n'est pas seulement que l'offre soit parfois redondante, mais également que son cloisonnement induise des comportements de déresponsabilisation : « Aucun prestataire n'est responsable de la santé de son client au-delà de son champ de compétence propre. Le malade est donc exposé à cette médecine morcelée, plus préoccupée des organes que des individus. La non-articulation du système, indépendamment du préjudice qu'elle porte au malade sur le plan médical, est également un facteur de croissance des coûts [2]. »

L'ordonnance d'avril 1996 relative à la maîtrise médicalisée des dépenses de soins prévoit, pour remédier à ce problème, des dispositifs expérimentaux de filières et de réseaux de soins visant à une meilleure coordination des soins. Les filières de soins sont organisées à partir des médecins généralistes, chargés du suivi médical et de l'accès des patients au système de soins. Les réseaux de soins permettent, quant à eux, la prise en charge globale des patients atteints de pathologies lourdes ou

1. R. Launois, *Économie de la santé et systèmes d'information*, rapport rendu à M. le ministre des Affaires sociales et de l'Intégration, mars 1993.

2. R. Launois, B. Majnoni d'Intigano, V.G. Rodwin, J.-C. Stephan, « Les réseaux de soins coordonnés. Propositions pour une réforme profonde du système de santé », *Revue française des affaires sociales*, 1, 1985.

chroniques. Des dérogations concernant les règles habituelles de tarification et de paiement des établissements de santé et des médecins sont prévues dans ce cadre expérimental.

II | LA NÉCESSAIRE RÉGULATION DU SYSTÈME DE SOINS

A / *La clarification du rôle des acteurs publics*

Si le système de soins est éclaté, le cloisonnement des différents intervenants publics chargés de définir la politique de santé est lui aussi extrême. Il a conduit à plusieurs effets pervers :

– l'affrontement permanent entre la logique financière et les exigences de santé publique sans qu'un arbitrage raisonné puisse être effectué, la prégnance des préoccupations financières l'emportant généralement. L'affaire du sang contaminé, sans revenir sur l'ensemble de ses dimensions, fut une illustration dramatique de ce dérèglement dans les règles supérieures qui devaient présider aux processus d'arbitrages financiers ;

– l'impossibilité de définir une politique cohérente appliquée par l'ensemble des acteurs ;

– enfin, la difficulté à mettre en place une régulation globale, dès lors que les découpages administratifs conduisent naturellement à l'envisager par segments (hôpitaux, médicaments, profession libérale...) et de façon souvent ambiguë (partage des rôles particulièrement délicat entre la tutelle exercée par les différentes directions du ministère et les organismes de la Sécurité sociale) (tableau 106) ; d'où notamment la difficulté à véritablement encourager des formes de soins intermédiaires, qui s'intègrent mal dans les logiques institutionnelles en place : l'extrême lenteur et les blocages dans le développement de l'hospitalisation à domicile en sont une illustration.

Là encore, une certaine clarification a été apportée au système par les ordonnances d'avril 1996. En matière d'hospitalisation, la création des agences régionales de l'hospitalisation permet, d'une part, d'unifier l'autorité compétente pour l'hospitalisation publique et l'hospitalisation privée et, d'autre part, de regrouper en leur sein l'essentiel des responsabilités, jusqu'alors éclatées, en matière de planification hospitalière et de financement des établissements de santé. Par ailleurs, en matière de médecine de ville, l'ordonnance apporte une certaine clarification du cadre conventionnel qui était devenu, au fil du temps, un imbroglio, plus personne ne sachant qui de l'État, des caisses d'assurance maladie et des syndicats médicaux était responsable de quoi.

Sont prévus désormais une délégation claire aux caisses nationales d'assurance maladie du soin de négocier avec les différentes professions de santé les dispositifs de maîtrise des dépenses compatibles avec les orientations fixées par le Parlement et un encadrement strict de la négociation conventionnelle par l'intermédiaire notamment du pouvoir de substitution confié à l'État en cas de carence des parties à la convention médicale. En fin de compte cependant, seule la pratique permettra de

Tableau 106. *Interventions administratives en matière de politique de santé*

Direction de la Sécurité sociale (relais local : DRASS)	Agence du médicament (relais local : DRASS, Inspection régionale de la pharmacie)	Direction générale de la Santé (relais local : DDASS, médecins inspecteurs)	Direction des hôpitaux (Agences régionales de l'hospitalisation)
Tutelle sur la Sécurité sociale	– Évaluation de la sécurité et de la qualité des médicaments – Délivrance des autorisations de mise sur le marché des médicaments – Actions d'inspection, d'expertise et de contrôle relatifs aux moyens de fabrication et de conditionnement des médicaments	– Organisation des soins et des urgences, qualité des soins – Réglementation des modes d'exercice des professions de santé – Formation des professions médicales et paramédicales (y compris pharmacies pour professions médicales) – Conception de programmes de santé publique – Fonction de surveillance (apparition et évolution des maladies) – Développement de la prévention, de la promotion et de l'éducation à la santé	– Tutelle sur les établissements de soins : . tutelle budgétaire (DDASS) ; . planification par la carte sanitaire, procédures d'autorisation – Gestion des personnels médicaux et des agents de direction – Conception et élaboration des statuts, organisation des concours de l'internat

Autres organismes publics

Agence du sang (1er juillet 1992) : accroître la sécurité transfusionnelle, coordonner l'activité des établissements de transfusion sanguine ; Comité de la sécurité transfusionnelle ; Réseau national de la santé publique : GIP créé en juin 1992, réunit et coordonne les organismes chargés d'assurer la veille sanitaire ; Agence nationale de recherche sur le Sida (ANRS) ; Agence nationale d'accréditation et d'évaluation en santé (ANDEM) ; École nationale de la santé publique (ENSP) ; Institut national de la santé et de la recherche médicale (INSERM) ; Haut comité de la santé publique (HCSP) ; Agences régionales de l'hospitalisation (24 avril 1996) chargées de « définir et mettre en œuvre la politique régionale d'offre de soins hospitaliers, d'analyser et de coordonner l'activité des établissements de santé publics et privés et de déterminer leurs ressources ».

dire si l'objectif d'une rénovation de la vie conventionnelle fondée sur des équilibres nouveaux, permettant à chacun d'exercer pleinement ses responsabilités, est atteint.

B / *Santé et système d'information*

Qu'il s'agisse de maîtriser les dépenses, de définir des références médicales, d'évaluer l'efficacité d'une thérapeutique, de déceler à temps des problèmes de santé publique, le système d'observation et d'information est au cœur des dispositifs à mettre en œuvre.

Or force est de constater que la France accuse dans ce domaine un grand retard [1] qui résulte :

– de l'éparpillement des acteurs, qui suivent chacun les domaines qui leur sont utiles, sans souci de communication entre eux ;

– de l'absence de réseau susceptible d'exploiter les informations dont dispose le secteur libéral (les activités de suivi des patients par les médecins ne sont pas rémunérées et n'ont qu'une utilité strictement personnelle pour le praticien, excluant toute exploitation statistique).

Le retard des études épidémiologiques en France, par comparaison avec les pays anglo-saxons, s'explique largement par cette raison.

Pour que puisse se construire une politique de santé, devra se constituer un système d'association et d'information cohérent, d'autant plus nécessaire que la médecine est confrontée à des questions qui sont, pour une part, inédites.

En ce domaine, l'ordonnance d'avril 1996 relative à la maîtrise médicalisée des soins prévoit la mise en place d'échanges informatisés entre l'assurance maladie et les professionnels de santé. Au 31 décembre 1998, caisses d'assurance maladie et professionnels de santé devraient être en mesure de procéder à de tels échanges de données grâce notamment à des cartes à puce, pour chaque assuré social. De ce fait, devrait être rapidement assurée la télétransmission des feuilles de soins et le codage des actes et des pathologies dans un but à la fois d'amélioration des connaissances épidémiologiques et de maîtrise des dépenses d'assurance maladie. Parallèlement, en matière d'hospitalisation, le programme de médicalisation des systèmes d'information (PMSI) a été généralisé à l'ensemble des établissements de santé publics et privés.

III / VERS UNE POLITIQUE DE SANTÉ RENOUVELÉE ?

Depuis la seconde guerre mondiale, la politique française s'est construite sur trois objectifs majeurs, intervenus successivement dans le temps :

– la généralisation de l'accès aux soins pour tous par la mise en place de l'assurance maladie en 1945 ;

1. R. Launois, *Économie de la santé et systèmes d'information*, rapport cité.

– la couverture sanitaire de l'ensemble du territoire grâce à la politique hospitalière ;
– la régulation des dépenses de santé à partir des années soixante-dix, avec les difficultés que l'on sait.

Aujourd'hui, la politique de santé ne peut se limiter à ces aspects économiques ou sociaux. Elle doit faire face à des dilemmes nouveaux.

A / *Le défi des « maladies sociales » et des nouvelles formes de maladies transmissibles*

Les récents travaux consacrés aux évolutions prévisibles de la morbidité [1] permettent de dégager quelques grandes tendances :
– la prépondérance des maladies dégénératives : cancers et maladies vasculaires, qui sont largement liées au vieillissement de la population. Les programmes de prévention et les progrès techniques peuvent faire beaucoup pour retarder l'âge d'apparition des maladies cardio-vasculaires ; ils le peuvent également, mais dans de moindres proportions, pour les cancers ;
– le développement des maladies chroniques, conséquence de la sénescence et qui peuvent être à l'origine de la dépendance des personnes très âgées ;
– les maladies que l'on appelle « sociales » resteront des causes importantes de mortalité et de recours au système de soins : suicides et accidents de toutes formes (circulation, accidents dus aux sports dangereux, accidents domestiques) représentent aujourd'hui 50 000 décès par an ; ce sont les premières causes de décès avant 45 ans et les premiers motifs d'hospitalisation en court séjour ;
– enfin, la diminution de la morbidité infectieuse, sous l'effet de l'amélioration de l'hygiène de vie et du progrès médical, est interrompue, notamment du fait du Sida. Le Sida constitue, au seuil du XXIe siècle, un problème majeur de santé publique, sans doute analogue à ce que représentait la syphilis dans la première moitié du XXe siècle mais avec une mortalité qui a atteint jusqu'à présent 95 à 100 % des sujets contaminés [2]. Le nombre total de cas de Sida en France depuis le début de l'épidémie est estimé entre 47 000 et 51 500 et le nombre total de décès entre 30 400 et 33 000. Les progrès récents très importants, notamment de la « trithérapie », sont cependant susceptibles de modifier sensiblement l'évolution et la morbidité de cette maladie.

Si les conséquences de l'épidémie dans les pays développés n'ont rien à voir avec les fléaux qu'elle entraîne déjà et entraînera dans le Tiers Monde, le Sida représente un problème majeur de santé publique, un enjeu social et politique. Une épidémie entraîne toujours des conséquences importantes, en matière d'exclusion notamment du fait de la rapidité de diffusion de comportements éventuels d'intolérance vis-à-vis

1. Résumés dans *Santé 2010* (rapport cité), largement repris ici.
2. Cf. annexe au rapport *Santé 2001* ; Jean-Paul Lévy, « Le Sida, enjeux et perspectives » ; Claude Got, *Rapport sur le Sida*, Paris, Flammarion, 1989.

des sujets contaminés. Ceux-ci restent limités en France par rapport à ce que l'on constate dans certains pays comme les États-Unis, où l'épidémie est, il est vrai, plus importante.

Les maladies sociales, comme les maladies transmissibles, mettent la politique de santé au cœur des politiques sociales et exigent une remise à l'honneur de la politique si dévalorisée de « santé publique ».

B / *Maîtriser le progrès médical*

Le progrès médical est souvent considéré comme une donnée, essentiellement dépendante de l'état de la recherche scientifique, sur laquelle les pouvoirs publics n'ont finalement qu'une influence très secondaire.

Plusieurs éléments semblent devoir aujourd'hui modifier cette approche :

– des données éthiques, car les nouvelles techniques médicales mettent en question les conceptions traditionnelles de la naissance (progrès de la procréation assistée et risques de dérive), de la vie et de la mort (débats sur l'euthanasie) ;

– des données de santé publique et une réflexion sur les objectifs d'une politique de santé : doit-elle viser la prolongation maximale de la vie ou l'amélioration générale de l'état de santé tout au long de la vie, en vue notamment de retarder l'apparition de la maladie ?

Face à ces enjeux, il ne semble pas que l'État puisse rester indifférent et considérer que l'orientation du progrès médical ne relève pas de sa compétence.

En matière de matériel, tout d'abord, un système national de matériovigilance exercée sur les dispositifs médicaux a été mis en place par le décret du 15 janvier 1996. Ce réseau national prévu pour les dispositifs médicaux par les directives européennes s'inscrit dans le cadre de la politique de sécurité sanitaire.

En matière éthique, par ailleurs, un premier élément de réglementation a été mis en place avec la loi du 20 décembre 1988, dite loi Huriet. Ce texte relatif à la protection des personnes qui se prêtent à des recherches biomédicales, tout en autorisant les essais thérapeutiques, traduit dans la loi un certain nombre de principes traditionnels de l'éthique médicale, notamment ceux édictés par le code de Nüremberg, au moment du procès des médecins nazis, mais qui n'étaient pas toujours appliqués, en particulier le consentement libre et éclairé. Il prévoit également des garanties pour les peronnes qui se prêtent à des expérimentations, notamment de réparation en cas d'accident thérapeutique.

Enfin, depuis le 29 juillet 1994 et après un travail parlementaire de dix-huit mois, lui-même préparé par un vaste débat national, la France est dotée d'une législation sur l'éthique biomédicale. Cette législation s'organise autour de deux textes essentiels : la loi relative au respect du corps humain, et la loi relative au don et à l'utilisation des éléments et produits du corps humain, à l'assistance médicale à la procréation et au diagnostic prénatal. L'objectif de la nouvelle législation est de concilier deux impératifs qui peuvent se révéler contradictoires : ne pas entraver le progrès de la science et éviter les dérives en protégeant l'individu et en préservant sa dignité. Son enjeu est de garantir l'application de principes fondamentaux, véritables choix de société, et plutôt que de chercher à tout réglementer au risque de rendre rapidement la loi obsolète, d'encadrer les activités les plus sensibles sur lesquelles existe un consensus. Le Conseil constitutionnel a reconnu dans ces textes des instruments œuvrant pour la « sauvegarde de la dignité de la personne humaine contre toute forme d'asservissement et de dégradation », principe de valeur constitutionnelle.

En définitive, divers scénarios d'orientation du progrès médical peuvent être envisagés : ils ont été explicités par le rapport du Commissariat général au Plan *Santé 2010*, qui se place volontairement dans une perspective longue et ne limite pas la prospective à l'analyse des données financières (tableau 107).

Tableau 107. *Trois scénarios de l'état de santé de la population dans les vingt prochaines années*

Premier scénario : *extension de la morbidité*	Les processus morbides commencent schématiquement au même âge moyen (55 ans) qu'actuellement, l'espérance de vie augmente de cinq ans par exemple (80 ans).
Deuxième scénario : *maintien du niveau de morbidité actuel*	L'âge moyen d'apparition des processus morbides et la date de décès se décalent parallèlement de cinq ans.
Troisième scénario : *compression de la morbidité*	L'âge moyen d'apparition des processus morbides est retardé de dix ans (65 ans), l'espérance de vie s'allonge de deux ans (77 ans).

Source : *Santé 2010*, rapport cité.

Il est possible que les projets techniques médicaux, convenablement orientés par les pouvoirs publics et la collectivité des chercheurs, permettent d'atteindre celui de ces scénarios qui apparaît le plus souhaitable pour la société. Voilà bien un enjeu majeur de la politique de santé.

Ces développements auront suffisamment montré que la régulation financière du système de santé ne peut être un objectif en soi mais la conséquence des choix d'une véritable politique de santé, qui doit se substituer à une politique d'assurance maladie.

Chapitre 15

Politique de la famille

Fait social par excellence, et pris pour cette raison comme objet d'étude par de nombreuses disciplines [1], l'institution familiale a subi, au cours des deux derniers siècles, des bouleversements majeurs.

Ceux-ci ont affecté tant les structures familiales, cadre dans lequel s'exerce traditionnellement la fonction de reproduction, que l'évolution générale de la population française.

Cette dernière est, depuis les années trente, l'objet de la sollicitude des pouvoirs publics, qui s'est traduite par la mise en place d'une politique familiale développée.

Aujourd'hui, cette politique familiale se voit remise en cause : sa vocation n'est plus aussi claire et ne fait peut-être plus l'objet du même consensus que par le passé ; surtout, son efficacité n'est pas démontrée et ses modalités d'intervention ne semblent plus adaptées à l'actuel contexte social.

UNE POLITIQUE D'INSPIRATION NATALISTE, GÉNÉREUSE ET DIVERSIFIÉE

I | UNE POLITIQUE D'INSPIRATION NATALISTE

La politique familiale est une politique relativement récente. Jusqu'à la première guerre mondiale, les interventions de l'État s'étaient limitées,

1. François de Singly, *La famille : l'état des savoirs,* Paris, La Découverte, 1997.

dans une perspective d'assistance, à la prise en charge des enfants abandonnés ou vivant dans des conditions difficiles.

Ce n'est qu'au cours des années trente que se met en place une politique qui est, à bien des égards, spécifique à la France et se trouve au confluent de trois inspirations [1] : familialiste, nataliste et patronale.

A / *Aux origines de la politique familiale*

Au moment où Malthus publie anonymement son *Essai sur le principe de population* (1758), plusieurs régions françaises ont déjà recours aux deux méthodes de limitation des naissances, le mariage tardif et la contraception, anticipant ainsi sur les comportements et les usages du siècle suivant. Tout au long du XIXe siècle, en effet, la fécondité des femmes françaises décline au fur et à mesure que baisse la mortalité, contrairement aux autres pays européens qui conservent une fécondité élevée. Cette adaptation du rythme de fécondité à celui de la mortalité, plus rapide qu'ailleurs, explique que la France, pays le plus peuplé d'Europe en 1800 (en dehors de la Russie), soit devancée, un siècle plus tard, par l'Allemagne, le Royaume-Uni et l'Italie, dont la population a fortement augmenté.

Cette augmentation relativement plus faible de la population française, et les saignées opérées par les guerres, vont constituer, à partir de ce moment, un motif d'inquiétude permanent chez les dirigeants français qui opéreront d'ailleurs souvent le rapprochement entre les défaites militaires et l'« anémie démographique », rapprochée d'une évolution de la société vers la décadence et la mollesse.

Deux débats se développent sur ce thème jusqu'à la deuxième guerre mondiale. Le premier oppose partisans d'une intervention politique sur la famille et défenseurs de la liberté individuelle, qui s'appuient sur les idéaux révolutionnaires de 1789 et sur les principes des droits de l'homme et du citoyen. Le second débat partage en deux courants les partisans d'une intervention de l'État pour favoriser la natalité. Le premier courant, d'inspiration assez matérialiste, qualifié seul de « nataliste », met au premier plan la nécessité d'une reprise de la fécondité ; le second courant, qualifié de « familialiste », défend des principes d'éthique : la famille doit être le garant du maintien et de la transmission des valeurs morales.

Dès la fin du XIXe siècle, le courant nataliste s'organise avec la création, en 1896, de l'Alliance nationale pour l'accroissement de la population française et réclame des aides pour les familles nombreuses, dénonçant le malthusianisme qui caractérise la France, « pays de célibataires et de fils uniques [2] ».

Le courant familialiste s'organise au début du XXe siècle, avec la ligue populaire des pères et mères de familles nombreuses, puis avec la Confédération générale des familles. S'il rejoint le courant précédent dans la promotion de la natalité, il se fait plutôt le défenseur de la famille, la

1. Michel Messu, *Les politiques familiales,* Paris, Éditions ouvrières, 1992.
2. G. Rossignol, *La France, un pays de célibataires et de fils uniques,* 1914.

famille nombreuse en particulier. « Il ne s'agit pas, pour fortifier la population française, de réclamer des naissances n'importe où et n'importe comment. Il ne s'agit pas d'inventer une formule nouvelle de repopulation ; la famille humaine a fait ses preuves [1]. »

Alors que le courant nataliste est plutôt d'origine laïque, et marqué par son origine positiviste et hygiéniste, favorable à une intervention de l'État, le courant familialiste est héritier du catholicisme et très présent dans certains milieux patronaux.

Les initiatives prises par un certain nombre de patrons, appartenant souvent aux mouvements chrétiens sociaux, ont été de fait à l'origine de la création des prestations familiales [132].

[132]

LES PREMIÈRES MESURES EN FAVEUR DES FAMILLES

Dès la fin du XIXe siècle, sous la double influence de Le Play et du catholicisme social, certains patrons avaient mis en place des sursalaires familiaux ; il s'agissait à la fois de fixer la main-d'œuvre et de favoriser le modèle de la famille stable.

Après la première guerre mondiale, ces pratiques sont renforcées et généralisées : des caisses de compensation patronales sont créées afin que ces versements ne constituent pas un obstacle à la concurrence loyale.

La loi du 11 mars 1932 rend obligatoire le versement du sursalaire familial et oblige les employeurs de l'industrie et du commerce à s'affilier à des caisses de compensation agréées. L'État généralise en fait la prise en charge, dans le cadre d'un système d'assurance fondée sur une base professionnelle, des coûts supplémentaires occasionnés par les charges de famille. En 1917, l'État avait déjà généralisé à tous ses fonctionnaires l'indemnité pour charge de famille.

Après l'avertissement de 1935, où le nombre de décès est supérieur aux naissances, la politique familiale naissante prend un tour plus délibérément démographique : les allocations familiales sont généralisées et un décret-loi de 1938, préparé par A. Sauvy, prend un certain nombre de dispositions en faveur de la famille, rassemblées dans le Code de la famille (29 juillet 1939).

Aux propos qui suivent la défaite de 1871 font écho ceux du maréchal Pétain, le 20 juin 1940 : « Trop peu d'enfants, trop peu d'armes. »

À la veille de la seconde guerre mondiale, un consensus existe en France sur la nécessité de développer une politique nataliste et de voir traiter les problèmes démographiques et familiaux au plus haut niveau, c'est-à-dire grâce à l'intervention de l'État. À l'occasion de la présentation du décret-loi de 1938, Édouard Daladier proclame : « Un pays désert ne peut pas être un pays libre. Nous suivrons donc une politique de natalité qui permettra à la France de rester ce qu'elle fut dans le siècle passé. »

Le gouvernement de Vichy développe à son tour une politique résolument nataliste, fondée sur le modèle de la mère au foyer et appuyée sur une forte incitation de l'État. En 1941, est créée l'allocation de salaire unique, versée aux mères de famille qui restent au foyer pour élever leurs enfants.

1. A. Isaac, Compte rendu du 1er congrès de la natalité, 1899.

Le consensus sur la nécessité d'une politique familiale est tel en France que le Conseil national de la résistance reprend à son compte la majeure partie du dispositif mis en place par le gouvernement de Vichy en enlevant les aspects les plus répressifs.

La fin de la dernière guerre mondiale et la période de la Libération marquent cependant une rupture avec le contexte antérieur : passage définitif à une logique de droits objectifs, intégration du « risque famille » dans la sécurité sociale. L'aide de la collectivité tend à compenser la baisse relative des revenus liée à l'élargissement de la famille ou aux conséquences d'aléas familiaux. « Ce faisant, la politique d'aides financières tend à s'autonomiser des autres politiques à caractère plus normatif concernant la famille ; le droit social et le droit civil mènent ainsi des chemins parfois parallèles, mais nettement distincts [1]. »

Les ordonnances de 1945 et diverses lois adoptées entre 1944 et 1949 tracent les grandes lignes du nouveau système d'aide aux familles. Les ordonnances de 1945 créent les caisses d'allocations familiales, chargées du paiement des prestations familiales, entités autonomes, mais partie intégrante de la sécurité sociale naissante.

La loi du 22 août 1946, complétée par diverses lois de 1945 à 1949, fixe le cadre des principales prestations.

Les bases du système sont alors posées : « L'évolution de la politique française dans le domaine de la famille jusqu'à la période actuelle n'est que l'histoire des aménagements successifs de cet ensemble de départ [2]. » Les grands courants de pensée qui s'étaient opposés au début du siècle n'en ont pas disparu pour autant. Les évolutions ultérieures portent la trace de ces sensibilités différentes, et la politique familiale présente est le résultat de la sédimentation progressive des compromis qui ont été passés entre eux depuis l'origine.

B / *Démographie ou redistribution : l'alternance des objectifs*

Dès le début, la politique familiale poursuit deux objectifs qui, sans être contradictoires, vont l'influencer inégalement selon les périodes : un objectif de redistribution, de « compensation des charges familiales » retenu par le Code de la famille et de l'aide sociale, et un objectif démographique.

Quatre grandes périodes peuvent être distinguées (cf. indicateurs démographiques [133] et tableau 108).

– Jusqu'au milieu des années cinquante, les principaux instruments de la politique familiale, à vocation nataliste, se développent. Les prestations instituées après guerre (allocations familiales versées à partir du deuxième enfant, allocation de salaire unique, versée dès le premier enfant, allocations prénatales et primes à la naissance, allocations de maternité) sont complétées par la reconnaissance du « quotient familial »

1. Jacques Commaille, Pierre Strobel, Michel Villac, « Enjeux et perspectives de la politique familiale française », Année internationale de la famille, document multigr., octobre 1994.

2. *Ibid.*

[133]

SITUATION DÉMOGRAPHIQUE DE LA FRANCE

Les principaux indicateurs servant à caractériser la situation démographique d'un pays sont :

– le taux de natalité, rapport du nombre de naissances à la population moyenne de l'année ;

– le taux net de reproduction, qui exprime la façon dont les générations d'enfants se substituent à celle des parents ;

– le taux de fécondité, rapport entre les naissances et l'effectif moyen des femmes en âge de procréer, qui permet la construction de deux indices synthétiques de fécondité. L'indicateur conjoncturel de fécondité est calculé à partir de la somme des taux de fécondité par âge au cours d'une année et s'interprète comme le nombre d'enfants que mettrait en moyenne au monde une génération fictive de femmes qui auraient toute leur vie le comportement de fécondité observé cette année donnée ; la descendance finale, somme des taux de fécondité par âge au long d'une génération, est le nombre moyen d'enfants que les femmes de cette génération ont en moyenne mis au monde au cours de leur vie féconde.

On utilise en général, pour décrire la situation démographique d'une année donnée, l'indicateur conjoncturel de fécondité, que l'on compare au seuil de remplacement des générations, – niveau de fécondité tel que le nombre de filles dans la génération des enfants est égal au nombre de mères dans la génération des parents, compte tenu du régime de mortalité, soit actuellement environ 2,1 enfants par femme.

La France se situe, depuis 1962, dans un contexte général de ralentissement démographique commun à tous les pays européens : en effet, à la période exceptionnelle du *baby boom*, commencée dès la fin de la deuxième guerre mondiale, et qui a constitué une parenthèse en rupture avec deux siècles de baisse de la fécondité, a succédé une période qui rejoint le trend précédent, mais se décompose néanmoins en plusieurs phases distinctes : quatorze ans de baisse du taux de fécondité (qui passe de 2,9 en 1964 à 2,5 en 1971 et à 1,8 en 1978), une période de stabilisation relative depuis 1978 avec, en fin de période, une tendance à l'érosion. Depuis 1983, le taux oscille de 1,6 à 1,8.

Malgré cette baisse, la France conserve encore une place particulière en Europe. Sa fécondité demeure plus élevée que celles de l'Italie, de l'Espagne et de l'Allemagne, dont les indicateurs sont tombés au-dessous de 1,3. Elle occupe une place intermédiaire entre l'Europe du Nord et les Îles Britanniques où les taux sont en général plus élevés, et les autres pays de l'Europe de l'Ouest et l'Europe du Sud où ils sont plus bas.

En 1996, le taux de natalité est de 12,6 ‰, le taux de mortalité de 9,2 ‰ et le taux d'accroissement naturel de la population de 3,4 ‰.

Les causes de la baisse de la fécondité sont difficiles à mettre en évidence. Les explications avancées mentionnent le plus souvent :

– la montée de l'individualisme et un changement radical des modèles sociaux ;

– la libération des mœurs et la généralisation de la contraception qui permet de choisir le nombre d'enfants désiré ;

– l'émancipation des femmes et leur entrée massive sur le marché du travail ;

– les difficultés économiques et les incertitudes sur l'avenir.

Sources : Jacques Vallin, France Meslé, « Grandes tendances démographiques », dans *L'état de la France 1996-1997*, Paris, CREDOC/La Découverte, 1997, p. 56-65 ; F. Daguet, « Le bilan démographique du siècle », *Données sociales*, 1996, p. 12-21.

Tableau 108. *Évolution démographique (1950-1995)*

	Population totale au 1/1 (en milliers)	Espérance de vie à la naissance en années [Hommes]	Espérance de vie à la naissance en années [Femmes]	Indicateur conjoncturel de fécondité (nombre moyen d'enfants par femme)
1950	41 647	63,4	69,2	2,93
1955	43 228	65,2	71,5	2,67
1960	45 465	67,0	73,6	2,73
1965	48 562	67,5	74,4	2,83
1970	50 528	68,4	75,9	2,47
1975	52 600	69,0	76,9	1,93
1980	53 731	70,2	78,4	1,94
1985	55 157	71,3	79,4	1,81
1990	56 577	72,7	80,9	1,78
1996	58 265 (1)	74,0 (1)	81,9 (1)	1,72 (1)

(1) Chiffres provisoires.
Sources : INSEE, *Données sociales* 1993, et *L'état de la France 1996-1997, op. cit.*

(loi du 31 décembre 1945) (cf. [137]), de l'allocation logement (1948), de l'allocation de mère au foyer (1955).

– Sous l'effet du *baby-boom*, l'inquiétude démographique s'apaise, et l'objectif de compensation des charges familiales reprend le dessus.

– À partir de 1970, l'objectif de redistribution horizontale fait place à un objectif plus marqué de redistribution verticale. Les années soixante-dix voient en effet la création de prestations à caractère social, destinées à répondre à des besoins spécifiques (veuvage, handicap), et la mise sous conditions de ressources de certaines prestations dans le cadre d'une politique plus large de réduction des inégalités [1]. Des mesures sont prises en faveur des familles monoparentales : allocation d'orphelin en 1970, allocation de parent isolé en 1976, assurance veuvage en 1980. Des allocations particulières (allocation d'éducation spéciale, allocation adulte handicapé en 1975) sont créées en faveur des handicapés. Les aides au logement sont étendues et améliorées. Ces évolutions en matière de prestations sociales s'accompagnent, dans le domaine du droit civil, de transformations importantes : l'État a commencé, dès 1965 (réforme des régimes matrimoniaux), à prendre en compte dans le droit civil l'évolution des mœurs et de la société. La loi de 1970 met fin à la « puissance paternelle » ; la loi de 1975 supprime la prééminence du mari dans le choix de la résidence de la famille ; celle de 1985 établit l'égalité des époux dans l'administration des biens de la famille... Une plus grande liberté est accordée aux acteurs familiaux, réduisant le champ et la portée de l'institution du mariage (loi de 1975 sur le divorce). Après la loi Neuwirth de 1967 autorisant la vente de contraceptifs, la loi Veil de 1975 permet de pratiquer l'interruption volontaire de grossesse à certaines conditions.

– Les préoccupations démographiques réapparaissent au début des années quatre-vingt, avec la prise de conscience que le renouvellement des

1. « Pour une politique globale de la famille », rapport du comité de pilotage de la conférence de la famille, document multig., avril 1997.

générations n'est plus assuré. Si l'objectif nataliste redevient premier, il n'est cependant pas présent avec la même intensité durant toute la période et prend des formes diverses, s'agissant notamment du rang de l'enfant donnant lieu à aide financière, de son âge (aide aux grands enfants vivant au foyer), de la conciliation vie familiale/vie professionnelle [134].

[134]

LES MESURES FAMILIALES
DANS LES ANNÉES QUATRE-VINGT ET QUATRE-VINGT-DIX

1 / *Mesures incitatives en faveur du troisième enfant en 1980*

La loi du 17 juillet 1980 :

– allonge à 26 semaines la durée du congé de maternité pour les enfants de rang 3 et plus ;

– porte à 10 000 F le montant des allocations pré et postnatales versées pour la naissance d'un troisième enfant ou d'un enfant de rang supérieur.

La loi de finances pour 1980 fait bénéficier les contribuables ayant cinq enfants et plus d'une demi-part supplémentaire de quotient familial. Cette mesure est étendue par la loi de finances pour 1981 à toutes les familles ayant à charge trois enfants et plus.

2 / *1981-1993 : ciblage sur la petite enfance et les modes de garde en relation avec le développement du travail féminin*

La loi du 4 janvier 1985 crée l'allocation au jeune enfant, et l'allocation parentale d'éducation. L'AJE, qui remplace les allocations pré et postnatales, et est versée à partir de 1986 quel que soit le nombre d'enfants de moins de 3 ans à charge, vise à encourager les naissances rapprochées. L'APE a pour objectif de compenser la perte de revenus liée à la réduction ou à l'interruption de l'activité professionnelle d'un parent à partir de la naissance d'un troisième enfant.

La loi du 29 décembre 1986 renforce le caractère indemnitaire de l'APE : alors qu'auparavant il fallait avoir travaillé deux ans pendant les trente mois précédant la naissance de l'enfant, il faut désormais avoir travaillé deux ans dans les dix années précédentes. Le même texte crée l'allocation de garde d'enfants à domicile qui rembourse, dans la limite d'un plafond, les cotisations patronales et salariales de la personne gardant l'enfant à domicile.

La loi du 6 juillet 1990 institue l'aide à la famille pour l'emploi d'une assistante maternelle agréée (AFEAMA), égale aux cotisations sociales dues pour l'emploi.

3 / *Les mesures intervenues depuis 1994 : loi « famille », « plan Juppé », « conférence de la famille »*

La loi du 25 juillet 1994 relative à la famille résulte d'une volonté politique exprimée par le Premier ministre (« garantir les solidarités essentielles à notre société, renforcer la place de la famille dans la nation »), et d'une réflexion sur la promotion de la famille menée en 1994, année internationale de la famille. Cette loi ne définit cependant pas de fait une politique globale de la famille, mais met en œuvre des mesures de trois ordres :

– les mesures en faveur de l'accueil des jeunes enfants. Le bénéfice de l'allocation parentale d'éducation, servie jusqu'alors aux familles ayant au moins trois enfants à charge, est étendue aux familles de deux enfants et au cas d'exercice d'une activité à temps partiel. S'agissant des autres modes de garde que parentaux, l'allocation de garde d'enfant à domicile est simplifiée et étendue, ainsi que l'aide à la famille pour l'emploi d'une assistante maternelle ;

– les mesures en faveur des naissances multiples et de l'adoption. En cas de naissances multiples : durée du congé de maternité allongée, extension du droit à l'allocation parentale d'éducation. En cas d'adoption : création d'une nouvelle allocation familiale, l'allocation d'adoption ;

– les mesures d'aide aux familles, notamment pour les jeunes adultes à charge : remplacement des bourses de collège par une aide à la scolarité, relèvement de l'âge d'ouverture du droit aux prestations familiales, celui-ci ne devant intervenir que lorsque la situation financière de la branche famille le permettra, mais au plus tard le 31 décembre 1998.

Par ailleurs, la loi de 1994 garantit l'autonomie financière de la « branche famille » pour une période qui va du 1er janvier 1994 au 31 décembre 1998. Déficitaire, elle devra réduire son action ; excédentaire, elle sera fondée à développer celle-ci. L'article 34 de la loi postule en effet que, durant cette période, on ne pourra modifier la législation et la réglementation de 1993 concernant les recettes sans compensation.

Le « plan Juppé » et la branche famille [1]. Les mesures relatives à la politique familiale n'ont pas été au premier rang des réformes décidées à la fin 1995.

D'une part, des mesures d'urgence ont été décidées et mises en œuvre pour le rééquilibrage des comptes de la branche famille : non-revalorisation des prestations familiales en 1996, non-revalorisation de certains plafonds de ressource, mise sous condition de ressources de l'allocation pour jeune enfant (économies attendues de 5 milliards de francs). La branche famille bénéficie, à partir de 1997, de l'élargissement de la base de la CSG.

Le discours du Premier ministre, le 15 novembre 1995, comprenait par ailleurs différents projets structurels jugés nécessaires pour rendre la politique familiale plus équitable et plus efficace, qui n'avaient pas été mis en œuvre à la mi-1997 : soumission des allocations familiales à l'impôt sur le revenu, simplification des prestations et allocations existantes dans le but d'améliorer l'efficacité du dispositif. En particulier, l'assujettissement des allocations familiales à l'impôt sur le revenu avait été abandonné par le précédent gouvernement et reporté à la réalisation d'une réforme fiscale d'ensemble.

La conférence de la famille. La politique familiale a été relancée lors de la conférence annuelle sur la famille le 6 mai 1996. Cinq groupes de travail associant tous les partenaires ont été mis en place : « Les familles aujourd'hui », « La compensation des charges et les aides à la famille », « L'environnement de la famille », « La gestion du temps », « Le lien intergénérations et la question des personnes âgées dépendantes ». Le rapport de synthèse de ces divers travaux a été rendu public en février 1997 [2]. Ses principaux axes sont les suivants : aider les familles ayant de grands enfants à charge ; reconnaître le rôle des parents au foyer et reconnaître le soutien à un « temps familial ». Le rapport écarte l'imposition des allocations familiales. Enfin, s'il réitère la « neutralité du droit à l'égard des différentes formes de vie familiale », il privilégie discrètement le mariage, en demandant qu'il soit « réhabilité ».

L'arrivée, après les élections législatives anticipées de mai-juin 1997, d'un gouvernement de gauche, a conduit dans l'immédiat à deux projets nouveaux : une revalorisation très substantielle de l'allocation de rentrée scolaire et la mise sous plafond de l'ensemble des allocations familiales dont les modalités d'application doivent être étudiées d'ici la fin de l'année 1997.

1. Philippe Steck, « De la loi Veil au plan Juppé : l'évolution de la branche famille », *Droit social,* 4, avril 1996 ; François Monéger, « La politique familiale », *Revue de droit sanitaire et social,* 32 (4), octobre-décembre 1996.

2. *Pour une politique globale de la famille,* rapport cité.

C / *Des débats récurrents*

L'alternance des priorités, qui a caractérisé la politique familiale française, a eu pour principale conséquence de rendre le dispositif plus complexe. Elle s'est traduite également par une incertitude sur les modalités d'intervention, que l'on peut schématiser autour de quatre questions.

– La première question porte sur la cible prioritaire de la politique familiale : faut-il aider toutes les familles sans tenir compte du niveau de leurs revenus, ou privilégier les familles les plus démunies, pour lesquelles l'existence d'une aide financière constitue une incitation beaucoup plus forte à la procréation, en même temps qu'un soutien utile à l'éducation des enfants ? Jusqu'aux années soixante-dix, c'est la première voie qui a été choisie, l'essentiel des aides étant constitué de l'allocation de salaire unique et des allocations familiales, toutes versées sans condition de ressources et croissant avec le rang de l'enfant. Les années soixante-dix ont vu apparaître les prestations sous condition de ressources qui ont pris une part croissante dans l'ensemble des prestations, jusqu'en 1985, date à laquelle leur part relative diminue pour réaugmenter en fin de période.

Encore faut-il s'entendre sur le champ des prestations qui sont prises en compte pour l'estimation de la part de celles qui sont sous condition de ressources. Le champ retenu par la Commission des comptes de la Sécurité sociale est celui de l'ensemble des prestations versées par la CNAF hormis le RMI. L'évolution de la part des prestations sous conditions de ressources se présente, selon elle, de la façon suivante :

Tableau 109. *Part des allocations familiales sous condition de ressources*

(en %)

1970	1974	1982	1985	1989	1992	1996
13,6	39,4	44,9	47,1	40,8	32	42

Source : Commission des comptes de la protection sociale, juillet 1996.

La CNAF, reprenant toutes les prestations versées par la Caisse, y compris le RMI, estime la place des prestations mises sous condition de ressources à 60 % contre 12 % aux alentours de 1970.

Il convient de marquer, en tout cas, que la croissance des prestations sous condition de ressources est due pour l'essentiel aux développements importants des prestations de logement, et aux minima sociaux (allocation parent isolé, allocation adulte handicapé). Si l'on considère les seules prestations famille (hors allocations logement, API et AAH), la part des prestations sous conditions de ressources (allocation de salaire unique, de frais de garde et leur majoration, remplacées par le complément familial en 1978 auquel s'est substituée l'allocation au jeune enfant en 1985), leur montant atteint 33 milliards de francs en 1995, soit 25 % des prestations famille ; et cette proportion est restée à peu près stable de 1973 à 1995 [1].

1. Catherine Boissière, « Les prestations famille sous condition de ressources : au même niveau en 1995 qu'en 1968 », *Recherches et prévisions* (CNAF), 45, septembre 1996.

Quoi qu'il en soit, ces enjeux ressurgissent aujourd'hui fortement avec les débats sur la pauvreté et l'exclusion. La mise sous condition des ressources est en effet un moyen de privilégier la lutte contre la pauvreté, dans une période où les contraintes économiques pesant sur les politiques sociales sont fortes. Le débat « universalité/sélectivité » des prestations reprend de l'ampleur. Les associations familiales et les courants familialistes défendent l'idée que les allocations familiales ont pour vocation de compenser la charge supplémentaire que représente pour les familles l'arrivée d'un nouvel enfant, et de réduire l'écart de revenu ainsi créé entre ceux qui ont des enfants et les autres, quel que soit le niveau de revenu. De l'autre côté, les partisans de la généralisation de conditions de ressources font valoir qu'il est choquant de verser des revenus supplémentaires issus de la solidarité collective à des familles ayant déjà des revenus élevés, et qu'une économie significative pourrait être réalisée et redistribuée en direction des plus défavorisés par la généralisation de plafonds de ressources [1]. Un autre ordre d'argument intervient souvent dans le débat sur la sélectivité des prestations. Certains font en effet valoir le danger de rejet de programmes placés sous conditions de ressources sévères : des programmes trop sélectifs peuvent, selon eux, se détériorer rapidement du fait d'une réticence des classes moyennes et supérieures à soutenir des dispositifs d'assistance qui ne les concerneraient pas [2]. Le nouveau gouvernement de gauche, issu des élections de mai-juin 1997, a décidé la mise sous plafond de ressources de l'ensemble des prestations familiales. Les modalités du principe annoncé (plafond de 25 000 F en moyenne par foyer) seront mises au point d'ici la fin 1997 après concertation avec les acteurs des politiques familiales.

– La seconde question porte sur la taille des familles à favoriser à travers la politique familiale : faut-il aider plus particulièrement les familles au moment de la naissance du troisième enfant, ou dès le premier enfant ? À la suite d'études de l'Institut national d'études démographiques (INED) montrant que la baisse du taux de natalité était due essentiellement à la diminution du nombre d'enfants de rang 3 et plus, la politique familiale avait concentré, en 1980, ses interventions sur l'aide au troisième enfant. D'autres analyses montrèrent que cette baisse, calculée à partir du seul indicateur conjoncturel de fécondité, n'était peut-être qu'apparente. L'indicateur conjoncturel ne prenait pas en considération le phénomène de décalage des naissances, dû à l'augmentation du nombre de femmes sans enfant et à l'âge plus tardif de la mère lors de la première naissance. Il fallait donc aider à la naissance du premier enfant. La prise en compte, parfois successive, parfois simultanée, de ces deux préoccupations s'est traduite dans la mise en place de mesures favorables aux familles de trois enfants et plus, puis de deux enfants (allocation parentale d'éducation en 1986 et en 1994) et aux jeunes enfants, indifféremment de leur rang (allocation au jeune enfant (AJE)).

– La troisième question porte sur le moment où doivent intervenir les aides : faut-il aider au moment de la naissance ou pendant toute la durée

1. Cf. notamment les positions de Jean-Jacques Dupeyroux.
2. Cf. Pierre Rosanvallon, *La nouvelle question sociale, op. cit.*

de la prise en charge des enfants par leurs parents ? Au principal instrument de la politique familiale, les allocations familiales, qui sont versées jusqu'à la majorité civile des enfants et qui permettent donc également de couvrir une partie de leur éducation, se sont ajoutées beaucoup d'allocations versées au moment de la naissance et jusqu'à 3 ans. Une telle évolution peut apparaître paradoxale, alors que le coût de l'enfant croît avec l'âge. Elle reflète, là encore, la prégnance des préoccupations natalistes dans la construction de la politique familiale française, qui conduit à privilégier des allocations pour les très jeunes enfants, dont on estime qu'elles ont un impact incitatif plus fort sur la décision de procréation.

Les mesures prises dans le cadre de la loi famille de 1994 ont cependant accentué les aides en faveur des grands enfants, puisque son titre III était consacré aux mesures « en faveur des familles ayant de jeunes adultes à charge et du logement ». Ainsi, les limites d'âge pour le bénéfice des prestations familiales et de logement ont été relevées de 18 à 20 ans pour l'ensemble des jeunes, alors qu'auparavant seuls les jeunes en formation avaient droit aux prestations. La loi prévoit que, progressivement, ce droit sera étendu aux jeunes de 20 à 22 ans, étudiants ou en formation. Mais, là aussi, des débats surgissent. Deux logiques s'affrontent, l'une reposant sur une certaine idée de la famille, l'autre sur la recherche de l'autonomie du jeune. Pour les uns, l'aide à la famille plutôt qu'aux enfants renforcerait les liens familiaux ; pour les autres, le jeune adulte doit, en recevant directement l'aide qui lui est destinée, pouvoir prendre, s'il le désire, son autonomie. Certes, on peut être tenté, à l'heure où l'État providence est appauvri et sollicité sur tous les fronts, de réactiver les solidarités traditionnelles, notamment familiales, pour la prise en charge des jeunes adultes. Des enquêtes récentes montrent d'ailleurs l'importance des aides financières versées dans le cadre de la famille, celles-ci permettant d'améliorer le niveau de vie des jeunes fortement menacés par les difficultés liées à l'emploi [1]. Mais, tout comme l'héritage, ces tranferts privés sont plus inégalitaires et inéquitables que les transferts publics. Et, s'il est légitime de donner leur juste place aux solidarités familiales, celles-ci ne peuvent en aucun cas servir de substitut à la protection sociale.

– Une quatrième difficulté des politiques familiales vient de ce que ces modalités d'intervention ne sont pas neutres vis-à-vis des structures sociales et familiales. Ainsi, l'idée du salaire maternel, qui n'a jamais été reconnue sous cette terminologie, a inspiré un certain nombre de prestations (allocation de salaire unique, allocation parentale d'éducation). Parallèlement, le développement de l'activité professionnelle féminine a conduit à la mise en place d'autres allocations (allocation de garde d'enfant à domicile) ou à une politique d'équipements collectifs, en crèches essentiellement. On voit bien à quel point chaque type de prestation sous-tend des modèles familiaux différents et peut avoir une influence sur les choix individuels, par exemple sur l'activité féminine. De même, la création de l'allocation de parent isolé a constitué une réponse à l'éclatement de plus en plus fréquent des familles et au développement parallèle de familles

1. Chantal de Barry, Denise Eneau, Jean-Michel Hourriez, « Les aides financières entre ménages », *INSEE Première*, avril 1996.

monoparentales. Toute la question est ici de fixer la limite entre les arbitrages privés et les interventions publiques.

C'est bien ce qui explique l'ampleur et la récurrence des débats relatives à la politique familiale. Celle-ci constitue un domaine politiquement sensible, « exposé à l'idéologisation et aux vieilles passions de la société française [1] ».

II | UNE POLITIQUE DIVERSIFIÉE

La politique familiale française a tenté, au cours des années, de prendre en compte des besoins différenciés. Alors que, dans les années cinquante, elle reposait sur quatre instruments principaux : l'allocation de salaire unique (ASU), les allocations familiales, le quotient familial et les allocations prénatales et de maternité, elle développe aujourd'hui des interventions multiples :

– la politique familiale met en jeu les municipalités (services gratuits, financement des écoles), les départements (aide sociale à l'enfance, crèches...) et l'État (quotient familial, école maternelle et système éducatif, équipements collectifs), à côté de la Sécurité sociale, devenue le principal canal de distribution des prestations légales et qui développe également une forte action sociale ;

– elle tente de répondre à tous les besoins que peuvent connaître les familles : distribution de l'allocation logement par les CAF en 1948, des prestations destinées aux enfants handicapés (1963) puis aux adultes handicapés (1971) ;

– elle poursuit trois objectifs différents : un objectif nataliste, un objectif de compensation des charges familiales, qui vise à rendre neutre le coût des enfants, et un objectif de redistribution verticale en faveur des familles les plus démunies.

Ainsi, le terme de politique familiale ou de prestations familiales recouvre-t-il des réalités différentes. Pour le Code de la Sécurité sociale, il existe dix prestations familiales, mais d'autres prestations de sécurité sociale sont destinées à aider les familles (allocation de garde d'enfants à domicile, aide aux familles pour l'emploi d'une assistante maternelle agréée), sans compter la prise en charge de cotisations pour d'autres branches au profit des familles.

Le tableau 110 illustre la complexité considérable des prestations familiales aujourd'hui, notamment à travers la définition d'une multitude de critères d'attributions, différents pour chaque prestation.

La politique familiale résulte de la stratification de mesures successives, les prestations monétaires ayant de plus en plus un objectif spécialisé de couverture d'un besoin spécifique, contrairement aux allocations familiales initiales, qui cherchaient à couvrir l'ensemble des besoins (tableau 111).

1. Jacques Commaille et al., « Enjeux et perspectives de la politique familiale française », art. cité.

Tableau 110. *Caractéristiques des prestations familiales*

	Conditions d'ouverture des droits						
Prestations familiales (date de création)	Situation matrimoniale réelle	Présence d'enfant(s)	Âge des enfants	Âge du ou des allocataires	Ressources	Autres conditions	Montant 1994 (en milliards)
Prestations d'entretien							
Allocations familiales et leurs majorations (1938)		X	X			Scolarisation des enfants ; études, apprentissage ou infirmité entre 16 et 20 ans ou au chômage entre 16 et 17 ans	68
Complément familial (1977)		Au moins 3 enfants	un ayant moins de 3 ans		X		9,7
Prestations liées à la naissance et à la petite enfance							
Allocation pour jeune enfant (1985)		De moins de 3 ans ou grossesse			À partir du 4ᵉ mois de l'enfant	Délai de déclaration de la grossesse ; visites médicales de la femme ; examens médicaux de l'enfant	20,7
Allocation parentale d'éducation (1985)		Au moins 2 enfants	Un enfant de moins de 3 ans			Interruption ou réduction d'activité. Durée maximale 3 ans	5,7
Prestations à vocation spécifique							
Allocation de rentrée scolaire (1976)		X	X		X	Scolarisation des enfants ; perception d'une prestation familiale	8,2
Allocation d'éducation spéciale (1963)		X	X			Taux d'incapacité de l'enfant handicapé	1,6
Allocation de parent isolé (1976)	X	X	X		X	1 an maximum	4,5
Allocation de soutien familial (1984)	X	X	X			Personnes isolées ou familles ayant à charge un enfant orphelin	4,2

Aides pour la garde des jeunes enfants							
Allocation de garde d'enfant à domicile (1986)		X	Un ayant moins de 3 ans			Activité minimale, versement des cotisations employeurs et salariés à l'URSSAF	0,5
Aide à la famille pour l'emploi d'une assistance maternelle (1992)	·	X	X			Perception d'une prestation familiale, déclaration de l'assistance maternelle à la DDASS, versement des cotisations employeurs et salariés à l'URSSAF	4,2
Aides au logement							
Allocation de logement « familiale »		(a)		(b)	X	Montant des dépenses de logement ; éléments de confort, conditions de statut d'occupation du logement	14,0
Allocation de logement « sociale »				X	X	Montant des dépenses de logement, éléments de confort, conditions de statut d'occupation du logement. Sans conditions d'âge pour infirmes	18,8
Aide personnalisée au logement					X	Montant du loyer ou du remboursement du crédit	34
						Total :	194,1

a) La charge d'au moins un enfant est nécessaire pour prétendre à l'allocation de logement « familiale », sauf pour les jeunes ménages et les personnes ayant à charge un ascendant ou un infirme.
b) Une condition d'âge n'est exigée que pour les jeunes ménages sans charge de famille. Aucun des deux époux ne doit avoir plus de 40 ans au moment du mariage.

Source : SESI, *Annuaire des statistiques sanitaires et sociales,* 1996 ; projet de loi de financement à la sécurité sociale pour 1997.

Tableau 111. *Montant des prestations familiales au 1er janvier 1997*

	Métropole	
	BMAF[1] (en %)	Montant mensuel[2] (en francs)
1. Allocations familiales (AF)		
1 enfant	–	–
2 enfants	32	672
3 enfants	73	1 531
4 enfants	114	2 392
5 enfants	155	3 252
par enfant à partir du sixième	41	860
majorations pour âge : 10 à 15 ans	9	189
plus de 15 ans	15	335
2. Allocation pour jeune enfant (APJE) et allocation d'adoption	45,95	964
3. Complément familial (CF)	41,65	878
4. Allocation de soutien familial (ASF)		
total	30	630
partiel	22,5	472
5. Allocation d'éducation spéciale (AES)		
de base	32	675
complément de première catégorie	24	506
complément de deuxième catégorie	72	1 518
complément de troisième catégorie	–	5 597
6. Allocation de parent isolé (API)		
parent	150	3 163
enfant	50	1 054
7. Allocation parentale d'éducation (APE)		
plein taux	142,57	2 990
mi-taux	–	1 978
8. Allocation de rentrée scolaire (ARS)[3]	20	416
9. Allocation de garde d'enfants à domicile (AGED)	–	2 100
10. Majoration d'aide à la famille pour l'emploi d'une assistante maternelle agréée (AFEAMA)		
enfant de moins de 3 ans	38,48	807
enfant de 3 ans à 6 ans	19,24	404

1. Base mensuelle de calcul des allocations familiales (au 1er janvier 1997 : 2 108,49 F).
2. Arrondi au franc le plus proche, déduction faite de la CRDS.
3. L'allocation de régime scolaire a été portée à titre exceptionnel à 1 600 F pour la rentrée 1997.

Source : Direction de la Sécurité sociale, et *Liaisons sociales,* barème social périodique, 30 avril 1997.

III | UNE POLITIQUE QUI DEMEURE GÉNÉREUSE

Dès 1939, les prestations versées aux familles sont dissociées du salaire et prennent le nom d'allocations familiales. Elles ne bénéficient plus seulement aux salariés, mais également à tous les chefs de famille exerçant une activité professionnelle.

En 1944, l'allocation de salaire unique et les allocations familiales voient leur montant considérablement majoré.

En 1949, les dépenses maternité, famille représentent près de 42 % des dépenses de protection sociale : c'est le premier risque pris en compte par la Sécurité sociale, financièrement parlant.

La loi de 1946 avait mis en place le mécanisme d'évolution des allocations familiales, quasiment indexées sur les salaires. Jusqu'en 1960, la politique familiale bénéficie ainsi de ressources substantielles.

En 1978, la branche famille est « généralisée » : toute la population résidente a le droit aux prestations familiales sans avoir à faire valoir de critère d'activité.

Néanmoins, l'évolution préoccupante des branches vieillesse et surtout maladie va exercer une contrainte forte sur le développement de la politique familiale : les sommes consacrées aux prestations familiales ont subi, à partir de 1960, une forte décélération due à la concurrence des deux autres branches, dans un contexte de rareté croissante des ressources disponibles.

La part des prestations relatives à la famille dans l'ensemble de la protection sociale est passée de 16,2 % en 1981 à 15,2 en 1994. Alors que les dépenses de protection sociale passaient, durant la même période, de 25,95 % du PIB à 29,83 %, la part des prestations famille représentait 4,21 % du PIB en 1981 et 4,52 % en 1994, ce qui représente tout de même une progression, due essentiellement aux années 1993 et 1994.

Tableau 112. *Part des prestations familiales dans le PIB*

1981	4,2	1988	4,4
1982	4,5	1989	4,2
1983	4,6	1990	4,2
1984	4,6	1991	4,2
1985	4,7	1992	4,3
1986	4,5	1993	4,6
1987	4,5	1994	4,5
1995	4,5		

Source : « Les revenus sociaux 1981-1995 », *Synthèses*, 6, 1996.

Cette diminution du poids relatif de la branche famille dans les dépenses de sécurité sociale s'est effectuée par le biais d'une revalorisation moindre que prévue de la base de calcul des différentes prestations : la base mensuelle des allocations familiales (BMAF). Alors qu'elle devait évoluer comme les salaires, elle n'a en fait guère évolué plus vite que l'inflation.

Néanmoins, les conséquences de la moindre croissance des ressources consacrées aux prestations familiales doivent être relativisées :

– d'une part, parce que les excédents dégagés grâce à la sous-indexation des prestations ont permis de financer des mesures qui peuvent être considérées comme partie intégrante d'une politique familiale (AAH, prestations spécifiques en faveur des familles défavorisées, généralisation des prestations) ou de renforcer la dimension familiale des deux autres branches de la Sécurité sociale [135] ;

[135]

LA DIMENSION FAMILIALE DES BRANCHES MALADIE ET VIEILLESSE DU RÉGIME GÉNÉRAL

Les branches maladie et vieillesse de la Sécurité sociale prennent aussi en compte la dimension familiale, voire conjugale.

• La dimension conjugale de la Sécurité sociale vient du fait que dans un couple où seul un des conjoints est actif, une seule cotisation proportionnelle à son revenu est versée à la Sécurité sociale (la même que celle qu'il paierait s'il était seul mais qui sert à payer les prestations de deux personnes, au moins les prestations en nature de l'assurance maladie et la pension de reversion) alors qu'un couple dont les deux membres sont actifs paie deux fois des cotisations ;

• La dimension familiale de la branche maladie s'explique par le fait qu'une seule cotisation, celle de l'actif, sert à couvrir tous les membres de la famille, aussi nombreux soient-ils. À partir de cette seule cotisation, tous les membres assurés de la famille bénéficient des prestations en nature de l'assurance maladie. De plus, les indemnités journalières sont majorées lorsque l'assuré a trois enfants à sa charge ;

En matière de vieillesse, la dimension familiale de la branche vieillesse du régime général n'est pas négligeable :

– la pension vieillesse normale est majorée de 10 % pour tout assuré ayant eu au moins trois enfants ;

– les femmes assurées sociales ayant élevé un enfant ou plusieurs enfants pendant au moins neuf mois, avant leur seizième anniversaire, ont une majoration de leur durée d'assurance égale à deux années supplémentaires par enfant ;

– l'assurance vieillesse de la mère au foyer créée en 1972 permet, sous certaines conditions, en particulier de ressources, à un parent d'être affilié gratuitement à l'assurance vieillesse du régime général.

– d'autre part, les dépenses sociales ne prennent en compte qu'une partie des dépenses de la politique familiale : il faudrait également comptabiliser la gratuité du système éducatif, le quotient familial, le système de santé... Les dépenses de la politique familiale ne se limitent pas aux 195 milliards distribués par la Caisse nationale d'allocations familiales.

Toutes les comparaisons internationales effectuées, notamment par rapport aux pays de l'Union européenne, aux États-Unis, montrent que les aides aux familles en France se situent parmi les plus hautes.

POLITIQUE FAMILIALE ET ÉVOLUTIONS SOCIALES

La politique familiale française présente trois caractéristiques : elle repose sur une intervention forte de l'État ; elle vise à avantager les familles les plus nombreuses et elle reste encore majoritairement appuyée sur des interventions de type monétaire. Les évolutions sociales présentes tendent à ébranler certains de ses fondements.

I | LES BOULEVERSEMENTS DES STRUCTURES FAMILIALES

La France est un des rares pays européens où l'intervention de l'État, dans la sphère privée, est acceptée au nom de l'impératif démographique.

Parmi les autres États membres de la CEE, certains sont satisfaits de leur évolution démographique (Pays-Bas). D'autres ressentent la baisse de la fécondité comme un progrès, signe d'une émancipation et d'une sortie des situations traditionnelles (Europe du Sud). Les autres (Allemagne, Royaume-Uni) contestent le principe d'une intervention de l'État dans le domaine démographique, notamment à cause d'excès passés (Allemagne) et sont attachés au primat de la liberté des individus.

Au-delà de la question de l'opportunité d'une intervention publique dans une sphère qui est au croisement du privé et de l'intérêt général, on peut se demander si les bouleversements qui affectent depuis plus d'une décennie les structures familiales ne remettent pas profondément en cause les modalités traditionnelles d'intervention de l'État.

Ces bouleversements sont essentiellement caractérisés par l'éclatement progressif de la cellule familiale classique, la baisse du taux de nuptialité, l'augmentation des naissances hors mariage et la montée des divorces, donc l'augmentation des familles monoparentales [136].

Les nouvelles conduites conjugales et parentales ne cessent de se développer. À ces nouvelles conduites, la prolongation de la crise économique et l'incertitude de l'avenir ne sont pas étrangères. Dans la mesure où la durée de vie s'allonge, et où le monde environnant paraît changer de plus en plus rapidement, se renforce la crainte du « définitif [1] ».

Au-delà de ces manifestations, c'est une transformation même de l'institution familiale qui semble en cause et qui suscite l'inquiétude. « La famille contemporaine n'est plus une institution, c'est un réseau relationnel. » « Ainsi se dessine une profonde redéfinition de la famille, perçue désormais comme un “ réseau de relations affectives et de solidarité ”, qui ne serait pas prédéterminé et trouverait en lui-même, dans la logique interne de ses échanges affectifs, le principe complexe d'équilibre et de cohésion qui en fait une entité... Étonnante formule, qui exclut de sa définition les mots mêmes de la parenté [2]. »

Or la prise en compte des évolutions sociologiques dans la définition des instruments de la politique familiale s'avère particulièrement délicate, ceux-ci pouvant difficilement rester neutres :

– soit ils s'adaptent aux évolutions en cours, tendant ainsi à les favoriser ;

– soit ils ne s'y adaptent pas, au risque de devenir de plus en plus décalés par rapport aux réalités.

Autant de débats et de situations qui rendent impossible la définition d'une « norme » des structures familiales, et délicate la définition des objectifs et des instruments d'une politique de la famille.

1. Agnès Pitrou, « Naître, grandir, vieillir. Grandes tendances », *L'état de la France 1996-1997,* Paris, La Découverte, 1996.
2. Irène Théry, « Différence des sexes et différence des générations ; l'institution familiale en déshérence », *Esprit,* décembre 1996.

[136]

L'ÉVOLUTION DES STRUCTURES FAMILIALES

Les évolutions au sein de la famille française ainsi qu'entre les générations sont très importantes depuis la fin de la seconde guerre mondiale. Elles se sont considérablement accélérées depuis les années soixante-dix.

1 / *Les ménages*

De 1968 à 1990 (date du dernier recensement), le nombre de ménages (au sens de foyers, c'est-à-dire de logements occupés) s'est accru de 37 % (de 15,8 à 21,5 millions). L'évolution des structures familiales en a été le moteur principal. La décohabitation entre générations s'est poursuivie. La baisse de la fécondité a réduit la taille des familles. L'augmentation des familles monoparentales, liée à la fragilité accrue des couples, a eu les mêmes conséquences. De plus en plus de personnes vivent seules : 5,85 millions de personnes en 1990, soit une personne sur dix.

2 / *Le couple*

On constate un recul de la vie en couple pour les jeunes de 20 à 24 ans : 22,4 % en 1990 contre 31,6 % en 1982 et 34,4 % en 1975. Mais le fait le plus marquant est la généralisation de l'union libre. La désaffection pour le mariage s'exprime à la fois par la montée du divorce et par un développement très rapide de l'union libre. L'union libre, qui était au milieu des années soixante-dix, qualifiée de cohabitation juvénile, forme transitoire de mariage à l'essai, est devenue un passage normal dans la vie des individus. L'union libre n'est plus limitée aux jeunes couples et elle peut se prolonger de nombreuses années. À partir de 1980, les naissances hors mariage se développent : d'une naissance sur dix en 1979, elles représentent aujourd'hui un tiers des naissances.

3 / *La famille*

On assiste à une diversification des formes familiales.

En 1990, les familles monoparentales, composées d'un adulte avec des enfants de moins de 25 ans, sont au nombre de 1,18 million.

Avec la multiplication des séparations et des divorces, la possibilité d'une nouvelle union, qui peut être féconde, s'étend. En 1990, 660 000 familles sont constituées de couples avec des enfants de 0 à 18 ans, dont au moins un est né d'une autre union. Ces enfants d'une autre union, qui vivent avec un beau-parent, une belle-mère, ou surtout un beau-père, sont au nombre de 750 000, parmi lesquels 400 000 ont des demi-frères ou des demi-sœurs partageant le même logement

4 / *Les enfants*

Le fait marquant de ces dix dernières années est le départ plus tardif des jeunes du foyer. En 1990, lors du recensement, 56,2 % des jeunes de 20 à 24 ans sont encore « des enfants d'une famille » au lieu de 49,4 % huit ans plus tôt. Cet écart signifie à la fois un retard du départ, et des allers et retours. La prolongation des études, le chômage, l'emploi instaurent une période de plus en plus longue entre la fin de l'adolescence et le moment où le jeune adulte est véritablement installé et peut envisager de fonder une famille et d'avoir un enfant.

Source : Guy Desplanques, « Les structures familiales », notice 3, p. 19-24, dans *La protection sociale en France ; les notices*, Paris, La Documentation française, 1995.

Ces débats se sont développés notamment autour de la situation fiscale faite aux concubins, jugée plus favorable que celle des couples mariés (la loi de finances pour 1996 a commencé à aligner la situation fiscale des couples mariés et non mariés). On en trouve un écho beaucoup plus conflictuel encore à propos du contrat d'union civile et sociale.

Il faudrait évoquer également les débats éthiques auxquels la politique familiale est aujourd'hui confrontée (droits de l'enfant, autorité parentale dans les couples séparés et les familles recomposées...).

II | L'EFFICACITÉ DE LA POLITIQUE FAMILIALE SUR LA NATALITÉ

La multiplicité des objectifs poursuivis par la politique familiale rend son évaluation particulièrement complexe.

Notamment, la mesure de l'incidence de la politique familiale française sur la natalité a fait l'objet de nombreux débats.

Ainsi le seul indicateur dont on dispose à court terme est l'indicateur conjoncturel de fécondité, l'indicateur de descendance finale étant obtenu avec un long décalage dans le temps du fait même de sa méthode de calcul.

Certains analystes tirent argument de la situation relativement meilleure de la France pour y voir un effet de la politique familiale. Celle-ci expliquerait le différentiel avec les autres pays européens, c'est-à-dire 0,2 à 0,3 enfant par femme.

À l'inverse, d'autres affirment que la politique familiale n'a qu'un impact marginal sur la natalité. Si l'on en croit les réponses à certaines enquêtes qui doivent être considérées avec prudence [1], les allocations familiales n'entreraient pas en compte dans les décisions des femmes d'avoir un enfant.

Il est en fait difficile de tirer une conclusion claire quant à l'impact de la politique familiale sur la démographie.

Il faut tout d'abord souligner le caractère incertain des conclusions tirées de l'observation de l'indicateur conjoncturel de fécondité. La baisse de cet indicateur est en effet due, pour une partie que l'on ne peut aujourd'hui mesurer, au recul de l'âge moyen de procréation. Il faut en fait connaître la descendance finale de chaque génération pour savoir si elle a, ou non, atteint le taux de remplacement des générations. Certes, celle-ci a diminué : de 2,6 pour les femmes qui ont eu des enfants dans les années trente, elle est passée à 2,1 pour celles nées vingt ans après et semble se stabiliser autour de cette valeur. « En fait, s'il y a un tel écart entre la descendance finale et l'indicateur conjoncturel de fécondité, c'est en grande partie parce que le calendrier de constitution des descendances est en train de se transformer [2]. »

Il peut donc s'agir moins d'une baisse du taux de fécondité que d'une adaptation de la fécondité des femmes françaises à leur nouveau rôle dans la société et d'un décalage de celle-ci dans le temps. L'âge des mères à la naissance des enfants est de plus en plus tardif, en raison de la pro-

1. C. Castelain-Meunier, J. Fagnani, « Deux ou trois enfants : les nouveaux arbitrages des femmes », *Revue française des affaires sociales,* janvier-mars 1988.

2. Guy Desplanques, « Un siècle de difficultés à assurer le remplacement des générations », *Données sociales,* 1993.

longation des études, du chômage, de la difficile conciliation de la vie familiale et professionnelle.

En outre, les comportements des femmes et des couples en matière de natalité dépendent de tendances sociologiques et culturelles lourdes, sur lesquelles la politique familiale n'a probablement qu'une influence marginale. Ainsi en est-il de l'évolution des modèles familiaux, de l'importance, diverse selon les époques, du nombre d'enfants dans le processus de reconnaissance sociale, de la place de la religion dans la société, de la généralisation des méthodes contraceptives qui permettent d'ajuster exactement le nombre d'enfants au nombre désiré.

III | L'AVENIR DE LA POLITIQUE FAMILIALE

Outre cette incertitude sur son effet démographique, trois critiques fondamentales sont adressées à l'actuelle politique familiale : elle n'assure pas une suffisante compensation des charges familiales, elle demeure inégalitaire, et elle ne répond qu'imparfaitement aux évolutions sociales actuelles.

A / *Une compensation des charges familiales insuffisante*

La politique familiale vise, outre l'augmentation du taux de fécondité, à la compensation des charges qui résultent pour les familles de la survenance d'un ou de plusieurs enfants [1]. Si une partie des prestations augmente plus que proportionnellement avec le rang de l'enfant, c'est non seulement pour inciter aux naissances de rang 3 et plus, mais également parce que le troisième enfant coûte plus cher que les deux autres, en particulier parce que les femmes s'arrêtent souvent de travailler au moment où elles ont un troisième enfant (tableau 113).

Tableau 113. *Activité professionnelle des mères de familles selon le nombre d'enfants*

	1975	1982	1986	1990 *	1990 **
Mères de 1 enfant < 2 ans	45	60	69	76	81
Mères de 2 enfants dont 1 < 2 ans	26	38	54	63	70
Mères de 3 enfants dont 1 < 2 ans	14	16	25	29	38

* Enquête emploi (âge de l'enfant < 3 ans).
** Recensement 1990 (âge entre 1 et 2 ans).

Source : « L'emploi des femmes », *Travail et emploi,* 1993.

Le fléchissement de l'activité de la mère est particulièrement net au troisième enfant. Cette réduction varie néanmoins selon le diplôme.

D'une manière plus générale, le manque à gagner qu'entraîne la pré-

1. M. Glaude, M. Montardier, « Une évaluation du coût direct de l'enfant de 1979 à 1989 », *Économie et statistique,* 248, novembre 1991.

sence de plusieurs enfants n'est pas compensé par les aides à la famille et a donc pour conséquence un niveau de vie nettement inférieur des familles nombreuses par rapport aux familles sans enfant. Certaines études ont montré que cette infériorité est de 22 % pour les familles de trois enfants [1].

B / *Une politique inégalitaire*

Si le montant des prestations familiales varie fortement selon le niveau du revenu (à nombre d'enfants égal, il est d'autant plus faible que le niveau du revenu primaire est élevé) et selon le nombre d'enfants (par rapport auquel il varie plus que proportionnellement), il n'en va pas de même des allégements de l'impôt sur le revenu : en effet, à nombre d'enfants égal, leur importance absolue et même relative par rapport au revenu primaire s'accroît avec le niveau de celui-ci. L'importance relative de ces allégements par rapport au niveau des revenus avant impôt est nettement plus grande en 1990 qu'elle ne l'était en 1960 [2] [137].

[137]

LE QUOTIENT FAMILIAL

Le quotient familial, mesure instituée en 1945, permet de tenir compte des charges de famille dans le calcul de l'impôt sur le revenu. Seul le Luxembourg possède un système équivalent. Ce procédé original consiste à :

– diviser le revenu imposable par un certain nombre de parts représentatif de la situation et des charges de famille du contribuable ;

– appliquer au résultat le barème progressif de l'impôt ;

– multiplier la somme ainsi obtenue par le nombre de parts afin de déterminer le montant de l'impôt.

L'application du quotient familial atténue la progressivité de l'impôt pour les familles et opère une réduction sensible de son montant : il représentait, en 1994, une dépense fiscale de 57 milliards de francs. Il entraîne une diminution d'impôt à nombre d'enfants donné d'autant plus forte que le revenu imposable du contribuable est plus élevé. L'effet du quotient familial est plafonné, mais la tendance de ces dernières années a été d'augmenter le plafond (de 11 800 F par demi-part en 1990 à 15 400 F par demi-part en 1994). La Caisse nationale d'Allocations familiales estime à plus de 75 % la part des familles de deux enfants et plus bénéficiant du quotient familial. « La plupart des autres pays pratiquent des systèmes de prise en compte des charges relatives aux enfants qui s'avèrent être moins favorables pour les revenus élevés et le seul autre pays développé pratiquant le quotient familial, à savoir le Luxembourg, plafonne plus énergiquement cet avantage [1]. »

1. Pour un débat sur cette question, cf. « Pour défendre le quotient familial » et « Neutralité et efficacité de la politique familiale », *Économie et statistique*, 256, juillet-août 1992.

1. P. Madinier, C. Sahut d'Izarn, « Familles nombreuses : les aides sont loin de compenser les charges », *Notes et graphiques du CERC*, juin 1990 ; et « Politique familiale et dimension de la famille », *Documents du CERC*, 104, 1er et 2e trimestres 1992.

2. Cf. M. Glaude, « L'originalité du système du quotient familial », *Économie et statistique*, 248, novembre 1991.

Si l'on ajoute à cela que les familles très nombreuses, qui ont à faire face à un manque à gagner même après versement des aides, se situent plus souvent que les familles de dimension restreinte dans les milieux défavorisés, on peut se demander ce qu'il est advenu du troisième objectif de la politique familiale : la redistribution envers les familles les plus démunies.

C / *Vers un élargissement de la politique familiale*

Mais, surtout, la politique familiale française apparaît inadaptée au nouveau contexte social caractérisé par un développement massif et, semble-t-il, durable de l'activité professionnelle des femmes qui confère une place centrale à la question de la garde des jeunes enfants.

D'une façon générale, manque de crèches, enfants accueillis dans des lieux non officiellement connus, contrainte des horaires des systèmes collectifs non compatibles avec ceux du travail, coût de la garde manifestent les lacunes de la politique familiale en cette matière. La carence d'équipements de garde était reconnue par 81 % des femmes actives en 1989. À l'heure actuelle, sur 2,2 millions d'enfants de moins de 3 ans (déduction faite de ceux pris en charge en maternelle), 720 000 à 1 100 000 ont besoin d'un mode d'accueil permanent. Le tableau 114 résume ces modes de garde.

Tableau 114. *Modes de garde des enfants de moins de 3 ans*

(1994)

Crèches collectives	Crèches familiales	Assistantes maternelles agréées indépendantes
126 800	65 300	260 000

Ainsi entre 270 000 et 650 000 enfants seraient gardés par une employée de maison, une aide familiale, un membre de la famille ou une nourrice au noir.

L'insuffisance d'équipements collectifs ou de services de proximité organisés constitue actuellement une très grande difficulté pour les familles. « Cette évolution remet en cause l'idée de l'efficacité durable de politiques familiales fondées seulement sur des avantages matériels. Au-delà des prestations financières se pose, en effet, le problème de la conciliation de la vie professionnelle et de la vie familiale qui doit conduire les politiques à innover [1]. »

***

La confusion dans une même politique d'objectifs d'encouragement à la natalité, de compensation des coûts de l'enfant et de promotion des familles avait un sens dans une société où le modèle familial était tout à

1. Rapport du Haut Conseil de la population et de la famille cité dans *La politique familiale française,* rapport du Conseil économique et social, septembre 1991.

la fois relativement stable et homogène. On peut se demander si l'éclatement des modèles familiaux ne devrait pas conduire à recentrer la politique familiale sur l'enfant, avec l'objectif de lui faire une place dans la société. Cela passerait évidemment par la prise en charge de certains coûts inhérents à l'enfant, mais aussi par l'affirmation de certains de ses droits [1], le développement des services et, plus encore, par une adaptation générale de l'environnement (logements, espaces verts, horaires de travail...) à la présence et à l'épanouissement des jeunes enfants, ce qui est loin d'être le cas dans la société d'aujourd'hui.

1. Cf. Convention internationale des droits de l'enfant.

Chapitre 16

L'indemnisation du chômage

Aujourd'hui, le système d'indemnisation du chômage répond partiellement à ce qui, en vingt ans, est devenu un risque social majeur : le chômage de masse. Conçu à une période d'expansion économique, à l'instigation des partenaires sociaux, le système d'indemnisation du chômage entendait alors faire face à un chômage frictionnel, résiduel et d'ampleur très limitée. Lors de la création du système, l'urgence des difficultés sociales attachées au chômage apparaissait secondaire par rapport à celle de la vieillesse ou des autres risques de la sécurité sociale. Ce n'est plus le cas aujourd'hui. Pourtant, le système d'indemnisation, s'il a été aménagé par la suite, demeure fondamentalement inspiré par sa conception originelle. De ce fait, le régime d'indemnisation a été confronté à des crises récurrentes, tant institutionnelles que financières. La relative stabilisation qu'il semble connaître depuis 1994 de ce point de vue a pour revers une rétraction du régime sur sa logique assurantielle, dont la conséquence est la croissance du chômage non indemnisé.

I | UN RÉGIME PARITAIRE D'INDEMNISATION DU CHÔMAGE

A / *Une généralisation tardive de la protection contre le risque chômage*

Absente des ordonnances du 4 octobre 1945 instaurant la Sécurité sociale, la protection contre le risque chômage a été créée en France par un accord national interprofessionnel du 31 décembre 1958. Avant 1958, existait cependant depuis longtemps un régime d'aide publique aux chômeurs, fondé sur une logique d'assistance, qui offrait des prestations forfaitaires par des mécanismes proches de ceux de l'aide sociale.

Ce caractère tardif de la mise en place d'une protection contre le risque chômage peut recevoir plusieurs explications. Ainsi, en 1945, Pierre Laroque considérait bien que l'indemnisation du chômage devait être incluse dans la sécurité sociale. Toutefois, l'urgence de la protection contre ce risque, dans le contexte de pénurie de main-d'œuvre qui caractérisait l'après-guerre, apparaissait alors moins grande que pour d'autres branches de la Sécurité sociale comme la vieillesse ou la maladie.

Par ailleurs, l'influence des idées libérales demeurait relativement prégnante dans ce domaine, l'indemnisation du chômage étant jugée susceptible de favoriser le développement d'un chômage volontaire. Le système d'indemnisation du chômage instauré au Royaume-Uni dès 1911 était utilisé pour démontrer les risques d'une telle politique [1].

Ensuite, le caractère moins massif du chômage français révélé dans les années trente constitue également une hypothèse du caractère tardif de la mise en place d'une protection contre ce risque :

> « Les raisons de cette carence sont connues : la France, cet hexagone privilégié, n'a jamais connu des masses de chômeurs comme ses voisins : aux périodes les plus sombres de la crise 1929-1935, l'Allemagne a eu jusqu'à 30 % de sa population active en chômage, la Belgique 23 %, le Royaume-Uni 22 %, les États-Unis, 23,5 %. Le maximum dans notre pays a été de 8 %. De même, la France n'est pas un pays de grandes entreprises et les licenciements collectifs s'opèrent de façon assez diluée ; ils n'ont pas, en conséquence, la résonance psychologique des débauchages massifs se produisant à Detroit ou dans le Lancashire [2]. »

Aussi, c'est dans un contexte de renouvellement politique majeur, à la suite de l'avènement de la Cinquième République, que va se créer un système d'indemnisation du chômage. Les raisons économiques sont très

1. Ainsi, Jacques Rueff, économiste, conseiller financier à Londres en 1925 (d'où il tira son analyse des effets du régime d'indemnisation), a eu une influence forte dans les milieux politiques et patronaux français à travers la dénonciation qu'il faisait des mécanismes d'assurance chômage.

2. H. Lesire-Ogrel, « L'assurance chômage », *Revue de l'action populaire,* 127, 1959. Cité dans l'ouvrage de l'UNEDIC consacré à l'historique du régime d'assurance chômage.

présentes dans les préoccupations de l'époque. Notamment, les perspectives d'intégration de la France dans le Marché commun, la plus grande ouverture du pays vers l'extérieur et les importantes restructurations industrielles qui accompagnent ce mouvement jouent un rôle déterminant. Il s'agit avant tout de favoriser la mobilité de la main-d'œuvre et la fluidité du marché du travail, sans que le coût social n'en soit trop élevé. Il s'agit aussi, dans une optique keynésienne, de favoriser le maintien des ressources en faveur des chômeurs, ce qui permet de limiter les effets dépressifs d'une récession économique.

Les formes institutionnelles prises par le régime instauré par la convention de 1958 s'écartent assez nettement du schéma de la Sécurité sociale. En effet, si c'est un discours du général de Gaulle du 1er août 1958 qui exhorte les partenaires sociaux à mettre en place une protection contre le chômage, la réalisation institutionnelle qui en résulte, à travers l'accord interprofessionnel du 31 décembre 1958, est un système paritaire, fondé sur la négociation collective et qui donne naissance à des institutions gérées à parité par les organisations syndicales et patronales.

Ce choix reflète les critiques institutionnelles émises à l'époque à l'encontre de la « gestion par les intéressés » au sein de la Sécurité sociale. Tant le patronat que la plupart des organisations syndicales se retrouvaient en effet sur le terrain de la dénonciation de l'« étatisation » de la Sécurité sociale, mettant en cause une mainmise jugée excessive de l'État sur la gestion de cette institution. La CGT, seule organisation à défendre une intégration de l'indemnisation du chômage au sein de la Sécurité sociale, se retrouva ainsi isolée et refusa par conséquent de s'associer aux négociations qui donnèrent naissance à l'UNEDIC. Ce refus de participer aux négociations n'empêcha toutefois pas la centrale syndicale d'adhérer à la nouvelle convention dès le mois de janvier 1959 afin de n'être pas exclue de la gestion du nouveau régime.

Il faut aussi souligner que le modèle institutionnel du paritarisme n'était pas nouveau. Dès 1947, la retraite complémentaire des cadres s'est élaborée dans ce cadre : fondée sur un accord national interprofessionnel, l'AGIRC était gérée depuis cette date sur une base paritaire. Le modèle était repris en 1957 avec la mis en place de l'UNIRS, destinée à assurer une retraite complémentaire pour les non-cadres, ensuite généralisée par l'ARRCO, association interprofessionnelle créée par un accord de décembre 1961.

Ainsi, le régime d'indemnisation du chômage n'est pas le premier à se créer dans un cadre institutionnel différent de celui de la Sécurité sociale. Cette forme de prise en charge des intérêts des salariés fait même plutôt l'objet d'un encouragement de la part des pouvoirs publics qui y voient un moyen de développer des relations plus coopératives et moins conflictuelles entre organisations syndicales et patronat.

Si, après 1958, plusieurs réformes sont intervenues, l'organisation institutionnelle du régime est aujourd'hui largement comparable à celle qui était définie par la convention du 31 décembre 1958, avec un dualisme entre le régime dit d'assurance, géré et décidé par les partenaires sociaux, et le régime dit de solidarité, financé et décidé par l'État, mais dont les prestations sont versées par les organismes du régime d'assurance [138].

[138]

L'ORGANISATION INSTITUTIONNELLE DU SYSTÈME D'INDEMNISATION DU CHÔMAGE

1951-1958. Existence de deux circuits d'aide

– Caisses d'assurance chômage facultatives dans certains secteurs ;
– Allocation d'aide publique versée sous condition de ressources et de résidence sur initiative municipale.

1958-1979

– Création d'un régime obligatoire d'assurance chômage le 31 décembre 1958 : régime géré de façon paritaire, par les partenaires sociaux, financé par des cotisations d'employeurs et de salariés et octroyant des prestations au prorata du salaire de référence, pendant une durée limitée, aux personnes ayant cotisé au régime.
– Coexistence avec un régime d'assistance financé par le budget de l'État servant des prestations d'un montant forfaitaire sous condition de ressources sans limitation de durée.

1979-1983

Le développement du chômage provoque une complexité croissante du système avec la création de nouvelles allocations et leur extension à des populations d'abord exclues. La non-harmonisation des règles d'indemnisation des deux régimes crée des inégalités excessives dans le niveau d'indemnisation des bénéficiaires et aboutit à une gestion onéreuse.

La loi du 16 janvier 1979 et une nouvelle convention signée entre les partenaires sociaux, le 27 mars 1979, instaurent un système unique d'indemnisation, géré par les partenaires sociaux, financé pour un tiers par l'État et pour les deux tiers par des cotisations. Le système est rationalisé par la diminution (à 5) du nombre des allocations et des catégories d'allocataires.

Au début des années quatre-vingt, la crise financière du système d'indemnisation, liée notamment à l'explosion des mécanismes de préretraites, conduit à des négociations pour une révision de la convention de 1979. Devant leur échec et la dénonciation de la convention de 1979 par la CNPF, le gouvernement prend par décret (24 novembre 1982) des mesures d'économie affectant le règlement des prestations du régime d'assurance.

Depuis 1984

Le protocole d'accord du 11 janvier 1984 puis les conventions de février 1984 instaurent à nouveau la séparation entre l'assurance chômage gérée et financée par les seuls partenaires sociaux et la solidarité relevant de l'État. La convention de 1984 sera ensuite révisée à de multiples reprises mais l'organisation institutionnelle ne sera plus modifiée. L'indemnisation du chômage reste un système dual.

B / *Les ambiguïtés de la gestion paritaire*

Codifié par les conventions collectives régulièrement renégociées entre les partenaires sociaux, le régime d'assurance chômage fonctionne ainsi selon des principes décisionnels très différents de ceux en vigueur au sein de la Sécurité sociale. Ce sont en effet ces conventions collectives qui fixent le niveau des prestations versées et le niveau des cotisations nécessaires pour les financer : la responsabilité de l'équilibre financier du régime incombe donc directement aux partenaires sociaux en charge du régime.

Ceci ne signifie pas que l'État soit absent de ce processus juridique, dans la mesure où ce sont des arrêtés du ministre du Travail qui étendent ces conventions, traduisant ainsi le caractère obligatoire du régime d'assurance chômage. Même en 1958, cette intervention n'est pas que formelle. C'est la procédure d'extension qui oblige ainsi les entreprises non adhérentes au CNPF à s'intégrer dans le régime d'indemnisation du chômage, alors que la seule existence d'une convention interprofessionnelle ne les liait pas juridiquement. De même, le ministère du Travail utilise, en 1958, l'arme de l'agrément pour peser sur le cours des négociations. Il intervient ainsi sur deux points principaux : d'abord pour rappeler que la fonction de placement des demandeurs d'emploi et de reclassement relève du ministère du Travail et que le rôle du nouveau régime doit en conséquence être centré sur l'indemnisation des chômeurs et non sur leur placement. Ensuite, pour contraindre à un accord, menaçant de recourir à des ordonnances si un terrain d'entente n'est pas trouvé entre les partenaires sociaux (ceux-ci avaient, en effet, du mal à s'accorder sur le partage des cotisations entre les cotisations patronales et salariales).

Si les pouvoirs publics ne sont pas totalement absents des processus de décisions, la gestion même du régime fonctionne sur des règles paritaires strictes. L'Union nationale pour l'emploi dans l'industrie et le commerce (UNEDIC), chargée de gérer le régime, est une association dirigée par un conseil d'administration composé pour moitié des représentants des organisations patronales et pour moitié des organisations syndicales. Les associations pour l'emploi dans l'industrie et le commerce (ASSEDIC), chargées localement d'assurer le versement des prestations aux chômeurs, ont également un statut associatif et des conseils d'administration paritaires.

Pourtant, la multiplication des crises financières du régime à partir du début des années soixante-dix a révélé les ambiguïtés de cette construction institutionnelle [1]. En effet, plus le chômage de masse progresse, plus il devient inconcevable que l'État se désintéresse du système qui assure la prise en charge financière des demandeurs d'emploi.

Deux périodes charnières ont illustré avec force cette ambiguïté de la position de l'État. En 1982 d'abord, le régime se retrouve dans une situation de crise financière particulièrement difficile, liée tant à la progression du chômage qu'à la montée en charge de dispositifs de préretraite largement financés par l'assurance chômage. Les partenaires sociaux ne parviennent alors pas à un accord sur les mesures d'économie et sur les recettes nécessaires pour équilibrer le régime. Ce constat de désaccord conduit le patronat à dénoncer la convention d'assurance chômage en octobre 1982. Face au vide juridique ainsi créé, l'État intervient par décret, décidant unilatéralement des mesures d'économie à appliquer ainsi que des hausses de cotisations nécessaires : ce décret permet ainsi

1. Pour une analyse plus générale des enjeux et de la crise du paritarisme, voir IRES, « Le paritarisme et ses enjeux », rapport de recherche remis à la MIRE, novembre 1996.

la survie provisoire du régime, dont la gestion paritaire n'est d'ailleurs pas remise en cause. Cette crise, autant financière qu'institutionnelle, se dénoue en 1984 avec la signature d'une nouvelle convention.

Plus récemment, en 1993, l'acuité des difficultés financières traversées par l'UNEDIC a également conduit à une intervention de l'État, celle-ci ayant permis d'éviter de nouvelles ruptures. Ainsi, les accords signés en juillet 1993 par les partenaires sociaux sont complétés par un accord tripartite État/patronat/partenaires sociaux, qui prévoit le versement d'une subvention publique pour assurer l'équilibre du régime.

Au-delà de ces crises financières et de ces interventions de l'État, la gestion paritaire de l'indemnisation du chômage fait l'objet de remises en question plus générales, liées à la crise de représentativité et de légitimité que traversent les organisations syndicales. Ces critiques se fondent sur les évolutions de la nature même du chômage, qui s'apparente, pour un nombre croissant de personnes, à une exclusion durable du marché du travail. Elles mettent aussi en avant la composition sociologique des syndicats, qui représentent plus largement les salariés les moins exposés – d'un point de vue statistique – au risque du chômage. Les revendications des associations de chômeurs d'être associées à la définition des droits financiers accordés aux chômeurs sont l'un des signes de cette remise en cause.

Ces questions renvoient en partie à la vocation de la représentation syndicale : les organisations syndicales ont en effet pour objet de représenter l'ensemble des salariés au-delà des différences catégorielles. Plus fondamentalement, c'est le type de solidarité mis en œuvre dans le cadre de l'indemnisation du chômage qui est en cause : s'agit-il d'une solidarité qui s'exerce entre les salariés du secteur privé, dans le champ couvert par les conventions nationales interprofessionnelles signées entre partenaires sociaux ? S'agit-il d'une solidarité qui s'exerce dans l'ensemble de la population active, incluant par exemple les fonctionnaires, comme tendrait à le montrer la mise en place d'une contribution de solidarité en 1982 ? Ou bien s'agit-il d'une solidarité qui s'exerce à l'intérieur de la nation, entre tous les citoyens, actifs ou inactifs ?

La difficulté à apporter une réponse à de telles interrogations est à l'origine des ambiguïtés qui ont prévalu à la séparation d'un régime dit d'assurance et d'un régime dit de solidarité dans le système français d'indemnisation du chômage.

II | LA SÉPARATION ASSURANCE-SOLIDARITÉ

A / *L'évolution des prestations*

Les prestations définies par le régime d'indemnisation du chômage reflètent largement la vision que l'on se fait, à une époque donnée, du marché du travail. Ainsi, lors de la création du système en 1958, il s'agissait avant tout de prendre en charge un chômage frictionnel, d'adaptation aux mutations techniques et économiques. Ceci entraînait la définition de prestations d'un montant relativement élevé, mais versées pendant une période courte (un an maximum dans la première convention de décembre 1958). Cette faible durée de versement des prestations ne constituait pas réellement un problème, dans la mesure où les salariés – dans leur immense majorité – ne se retrouvaient pas durablement privés d'emploi.

Une première évolution majeure intervient au début des années soixante-dix, avec le développement d'un chômage beaucoup plus important que par le passé. Mais cette poussée du chômage est à l'époque analysée comme un phénomène conjoncturel, qui doit donc être traité par des mesures contra-cycliques – notamment par une action destinée à soutenir la demande intérieure.

Les mécanismes d'indemnisation mis en place à cette époque s'inspirent de cette analyse et l'allocation supplémentaire d'attente (ASA), mise en place en 1974, en est certainement l'exemple le plus marquant. Cette prestation assure en effet un niveau de remplacement particulièrement élevé, puisqu'elle garantit aux salariés licenciés pour motif économique un revenu égal à 90 % du salaire brut (soit 100 % du salaire net, voire davantage). Au-delà des considérations sociales, qui visent à indemniser à un niveau élevé un chômage involontaire des individus, l'idée de cette prestation est bien qu'il faut soutenir la demande en maintenant le revenu des salariés licenciés, condition d'une reprise économique qui permettra d'absorber le chômage.

L'échec de cette politique de soutien de la demande – dont l'ASA n'était qu'un élément parmi d'autres –, la prise de conscience du caractère durable du chômage et surtout le coût considérable de telles dispositions ont conduit à une première refonte du régime en 1979. Celle-ci opère une harmonisation et une rationalisation des prestations versées dans le cadre d'un régime unique d'indemnisation. Mais ce nouveau régime n'eut qu'une durée de vie réduite : en effet, la montée en charge très rapide des dispositifs de préretraites – largement financés par le régime d'assurance chômage – a fortement mis en cause l'équilibre financier de l'UNEDIC, aboutissant à une crise financière grave en 1982, qui se transforme en crise institutionnelle.

1982 marque ainsi une date charnière dans l'évolution des prestations. Jusqu'à cette période, en effet, les mécanismes d'indemnisation étaient demeurés relativement favorables pour les salariés licenciés : les règles d'indemnisation conduisaient à ce que plus de 20 % des allocataires aient un taux de remplacement supérieur à 90 % du salaire brut, 60 % supérieur à 70 % et 85 % supérieur à 60 %. En matière de revenus nets, le taux était donc supérieur à 80 % pour plus de la moitié des allocataires.

Depuis cette date, en revanche, les mesures d'économies successives ont pesé sur le niveau d'indemnisation offert. Ces mesures ont eu un impact d'autant plus fort sur le revenu réel des chômeurs que la durée moyenne du chômage a, dans le même temps, fortement progressé. Or, les prestations du régime d'assurance chômage ne sont versées que

[139]

LES PRESTATIONS D'INDEMNISATION DU CHÔMAGE

1 / *Le régime d'assurance*

L'allocation unique dégressive (AUD) est, depuis l'accord du 12 juillet 1992, la seule allocation versée par le régime d'assurance chômage (à l'exception de l'allocation formation-reclassement, versée aux demandeurs d'emploi indemnisés au titre de l'AUD qui suivent une formation). La dégressivité, initialement appliquée par paliers de quatre mois, a été atténuée par l'accord du 19 décembre 1996 et est désormais appliquée par paliers de six mois. Le taux de dégressivité applicable varie entre 17 et 8 % en fonction des durées d'affiliation au régime.

Le tableau qui suit, issu de l'accord du 19 décembre 1996, décrit les différentes filières de l'allocation unique dégressive et les durées maximales d'indemnisation afférentes.

N° de filière	Durée d'affiliation au régime	Durée maximale d'indemnisation
1	4 mois au cours des 8 derniers mois	4 mois
2	6 mois au cours des 12 derniers mois	7 mois
	8 mois au cours des 12 derniers mois	
3	– moins de 50 ans	15 mois
4	– 50 ans et plus	21 mois
	14 mois au cours des 24 derniers mois	
5 et 6	– moins de 50 ans	30 mois
7	– 50 ans et plus	45 mois
	27 mois au cours des 36 derniers mois	
8	– 50 à 54 ans	45 mois
9	– 55 ans et plus	60 mois

Le montant de l'allocation est calculé en fonction du précédent salaire de référence. Il est égal :

– soit à la somme d'une partie fixe égale à 52,73 F et d'une partie proportionnelle égale à 40,4 % du salaire de référence ;

– soit à 57,4 % du salaire journalier de référence si ce calcul est plus avantageux.

Pour les salariés auparavant employés à temps plein, le montant de l'allocation plancher versée au titre de l'assurance chômage est de 3 100 F depuis l'accord du 19 décembre 1996, contre 2 805 F auparavant. Les salariés auparavant employés à temps partiel peuvent, en revanche, percevoir une allocation d'un montant inférieur à ce plancher.

Fin décembre 1995, le nombre de bénéficiaires de l'AUD était de 1 800 000 personnes.

2 / *Le régime de solidarité*

L'allocation de solidarité spécifique (ASS), de loin la plus importante des deux prestations du régime de solidarité, est versée aux chômeurs ayant épuisé leurs droits au régime d'assurance, justifiant de cinq années d'activité au cours des dix dernières années. Elle est soumise à conditions de ressources. Son montant est forfaitaire, avec une allocation au taux normal de 74,01 F par jour en 1996, qui peut être majorée à 106,30 F pour les plus de 55 ans justifiant de vingt ans d'activité salariée.

La hausse du chômage de longue durée en 1993 et en 1994, conjuguée avec le raccourcissement des droits à l'indemnisation au titre du régime d'assurance depuis la mise en place de l'AUD en 1992, a abouti à une hausse importante du nombre de bénéficiaires : 467 000 personnes percevaient l'ASS en 1995, contre 348 000 en 1992 (stock moyen annuel).

L'allocation d'insertion (AI) est réservée à certaines catégories de demandeurs d'emploi qui n'ont pas pu acquérir un droit au titre de l'assurance chômage (détenus libérés, victimes d'accidents du travail ou de maladie professionnelle, réfugiés ou apatrides...). Depuis 1992, elle ne bénéficie plus aux jeunes primo-demandeurs d'emploi de 16 à 25 ans. Versée pendant un an maximum, l'allocation d'insertion s'élève, en 1996, à 43,70 F par jour. La non-revalorisation de cette prestation, d'un montant très faible, et surtout l'exclusion des jeunes de ce dispositif ont entraîné une baisse très forte du nombre de bénéficiaires : celui-ci est ainsi passé de 109 000 en 1991 à 17 000 personnes en 1995 (stock moyen annuel).

pendant une durée limitée. Ainsi, plus le chômage se prolonge, plus les revenus de remplacement sont d'un niveau faible.

De 1984 à 1992, deux allocations principales étaient versées au titre du régime d'assurance chômage : l'allocation de base dans un premier temps, proportionnelle au salaire de référence, puis l'allocation de fin de droits, d'un montant forfaitaire, une fois que les droits ouverts au titre de l'allocation de base étaient épuisés.

Depuis l'accord du 18 juillet 1992, une dégressivité des prestations versées a été introduite à travers la mise en place d'une allocation unique dégressive, remplaçant les autres prestations versées jusqu'alors [139]. La mise en œuvre de l'AUD a pesé tant sur le niveau d'indemnisation offert aux demandeurs d'emploi indemnisés que sur les conditions nécessaires pour ouvrir des droits. Les dernières négociations sur le régime, qui se sont tenues en décembre 1996, ont toutefois atténué la dégressivité du système, qui s'applique par palier de six mois au lieu de quatre mois dans l'accord de juillet 1992.

Parallèlement, le régime dit de solidarité, qui verse deux prestations principales, ne concerne qu'un nombre réduit de demandeurs d'emploi :

– l'allocation d'insertion, qui pouvait jusqu'en 1991 bénéficier aux jeunes demandeurs d'emploi de 16 à 25 ans, est aujourd'hui réservée à des catégories très limitées et se trouve en quasi-voie d'extinction ;

– l'allocation de solidarité spécifique présente la caractéristique d'être soumise à des conditions préalables d'activité assez strictes (cinq ans au cours des dix dernières années), qui en limite donc les bénéficiaires potentiels et l'écarte d'une pure logique d'assistance.

En conclusion, il apparaît que la séparation assurance-solidarité réalisée par le système français depuis la convention de 1984 est très ambiguë au regard de la nature des prestations versées par les deux régimes. Cette ambiguïté traduit, plus fondamentalement, la difficulté d'un système conçu en période de plein-emploi à s'adapter aux évolutions actuelles du chômage.

B / *L'ambiguïté de la séparation assurance-solidarité : une inadéquation du système au développement du chômage de masse*

Au départ, l'objectif du régime est de prendre en charge des salariés victimes de licenciement économique : on raisonne sur le modèle de salariés ayant des carrières relativement stables et longues précédant le licenciement et on suppose qu'existe une réelle chance de reclassement, le revenu de remplacement n'ayant alors pour objet que de faire face à un risque temporaire.

Or, les évolutions du chômage et de l'emploi vont à l'encontre de ce schéma initial : la massification du chômage, les difficultés d'insertion des jeunes sur le marché du travail, le développement de carrières courtes, de parcours atypiques font que les exigences préalables d'affiliation écartent les demandeurs d'emploi du bénéfice des prestations d'assurance. De même, le développement du chômage de longue durée aboutit à ce qu'un nombre croissant de demandeurs d'emploi épuisent leurs droits à indemnisation. Toutes ces évolutions mettent ainsi en lumière les limites d'un système de type assurantiel pour assurer la prise en charge du risque chômage tel qu'il se développe. D'autant que les catégories qui échappent au système sont justement celles qui deviennent majoritaires, notamment lorsqu'on les mesure à travers les flux d'inscription comme demandeurs d'emploi à l'ANPE.

Parallèlement, le régime dit de solidarité n'a que peu assuré la prise en charge de ces publics exclus des mécanismes d'assurance. On peut y voir l'effet de politiques de restriction budgétaire. Ce phénomène résulte aussi certainement des difficultés concrètes à tracer une frontière entre l'assurance et la « solidarité » : à partir de combien de mois de chômage un chômeur de longue durée doit-il sortir d'une logique d'indemnisation assurantielle, pour être pris en charge par une logique dite de « solidarité » ? La réponse à une telle question relève d'une définition arbitraire des droits – mouvante en fonction des contraintes financières d'un régime d'assurance dont les ressources se tarissent.

Ces contradictions révèlent ainsi les limites actuelles du système, qui se traduit par une progression forte du nombre de chômeurs non indemnisés : le régime dit d'assurance, n'ayant pas été conçu dans une perspective de chômage de masse, est confronté à des crises financières récurrentes, alors que le régime dit de solidarité, qui avait une vocation résiduelle, prend mal en compte les situations d'exclusion prolongée du marché du travail.

III | L'ARTICULATION DE L'INDEMNISATION DU CHÔMAGE AVEC LES AUTRES POLITIQUES SOCIALES

Largement liée aux débats évoqués sur la séparation entre l'assurance et la solidarité, la question de l'articulation entre l'indemnisation du chômage et les autres politiques sociales déborde cependant ce champ : la politique d'indemnisation du chômage est en effet intimement liée aux autres branches de la protection sociale et est parallèlement de plus en plus sollicitée pour servir les politiques d'emploi.

A / *Chômage et vieillesse*

Le cas de la prise en charge des chômeurs – ou salariés – âgés illustre de façon particulièrement claire le caractère mouvant des frontières qui séparent les différents instruments des politiques publiques.

Durant les années soixante-dix, pendant l'« âge d'or des préretraites », les dispositifs mis en place pour inciter les salariés âgés de plus de 60 ans au retrait d'activité, notamment les garanties de ressources dites de « licenciement », et de « démission », touchèrent massivement la catégorie des 60-65 ans : l'effectif de bénéficiaires dans les différents dispositifs de préretraite atteignait 400 000 personnes en 1982 pour les 60-64 ans et le taux d'activité de cette tranche d'âge était passé de plus de 65 % en 1970 à 40 % en 1982 (tableau 115). Parallèlement, en 1982, le montant des dépenses de l'incitation au retrait d'activité représentait plus de 27 milliards de francs annuels.

Tableau 115. *Taux d'activité des hommes et des femmes de 55 à 64 ans de 1968 à 1996*

(en % de la tranche d'âge)

	Hommes		Femmes	
	55-59 ans	60-64 ans	55-59 ans	60-64 ans
1968	83,9	65,9	45,7	35,3
1975	83,3	56,7	43,5	29,8
1982	75,6	40,0	46,1	23,3
1989	68,1	24,0	44,7	17,7
1996	67,9	nd.	49,1	nd.

Source : INSEE, *Enquêtes emploi 1968-1996.*

Brutalement, avec l'abaissement de l'âge de la retraite à 60 ans, ces dépenses relevant jusque-là du système d'indemnisation du chômage se voient transférées à la branche vieillesse de la Sécurité sociale et aux régimes complémentaires de retraites, par le biais de la création de l'Association pour la structure financière [140].

Ainsi, la croissance du chômage est largement à l'origine du mouvement progressif de cessation d'activité des 60-64 ans. Face à ce mouvement social, deux instruments de la protection ont été utilisés successivement : l'indemnisation du chômage, puis l'assurance vieillesse.

Plus généralement, les débats récurrents sur l'abaissement de l'âge de la retraite sont significatifs des connexions qui existent entre politiques de l'emploi, indemnisation du chômage et politiques de la vieillesse, connexions qui ne peuvent être lues indépendamment de la situation du marché du travail. En effet, les analyses qui portent sur le court terme insistent à juste titre sur les effets du chômage sur le financement de la protection sociale et rejoignent ainsi les aspirations d'une partie des salariés à quitter plus tôt le marché du travail. Des analyses qui privilégient le long terme mettent en avant les risques d'une exclusion des salariés âgés du marché du travail, porteuse de pertes de savoirs et de discrimination et soulignent parallèlement l'impossibilité de financer les retraites sur une population active sans cesse réduite. Tenter d'apporter des réponses à ces questions nécessite ainsi une prise en compte de l'ensemble des politiques publiques et de leurs interactions et ne peut se limiter à la prise en charge d'un risque par l'un ou l'autre des régimes.

B / *Le RMI : une réponse au chômage non indemnisé ?*

La création du RMI témoigne également de la difficulté à analyser de façon isolée le système d'assurance-chômage. La création du RMI en 1988 avait pour objectif de répondre aux situations de « nouvelles pau-

[140]

L'ASSOCIATION POUR LA STRUCTURE FINANCIÈRE

Depuis 1983, a été créée auprès de l'UNEDIC l'Association pour la structure financière (ASF) destinée à financer :

– d'une part, l'extinction des « garanties de ressources », système de préretraites institué en 1972 et en 1977 en faveur des salariés âgés de 60 à 65 ans et définitivement supprimé avec l'abaissement de l'âge de la retraite : l'ASF finance les prestations des personnes encore bénéficiaires du système ;

– d'autre part, le différentiel financier résultant de l'impact, pour les régimes complémentaires de retraite (AGIRC et ARRCO), de l'abaissement de l'âge de la retraite dans ces régimes, que les partenaires sociaux n'étaient initialement pas tenus de consentir.

L'ASF était initialement prévue pour une période transitoire. Ainsi, l'accord de février 1983 instituant cette structure précisait-il : « Les parties signataires devront examiner les conditions dans lesquelles les régimes de retraite complémentaire pourraient s'adapter à la situation résultant de la disparition de la structure financière. »

Toutefois, l'accord signé en 1983 pour une durée de sept ans, déjà prorogé à deux reprises en 1990 et en 1993, a à nouveau été prorogé par un accord signé le 23 décembre 1996 entre les organisations patronales et toutes les confédérations syndicales.

De ce fait, environ deux points de cotisations assurance chômage (1,8 point jusqu'au plafond et 2 points entre le plafond et quatre fois le plafond) servent à financer l'ASF. En outre, si l'ASF est un fonds géré paritairement par les organisations syndicales et patronales, il est depuis l'origine alimenté par une double source de financement : les cotisations d'une part, une subvention de l'État d'autre part. Ainsi, la contribution financière de l'État à l'ASF a atteint 10 milliards de francs par an entre 1983 et 1989. Cette contribution a fortement baissé depuis cette date : l'accord de décembre 1996 a été signé après que l'État s'est engagé à verser 700 millions de francs (valeur 1996) pendant quatre ans.

vretés » qui se multipliaient, notamment du fait de l'extension du chômage de longue durée non indemnisé.

Depuis 1988, et de façon encore plus marquée après 1992 avec la mise en place de l'AUD, le nombre de chômeurs non indemnisés a crû de façon importante.

Tableau 116. *Évolution du pourcentage de chômeurs non indemnisés parmi les demandeurs d'emploi de catégorie 1 + 6*

Fin juin 1991	Fin juin 1992	Fin juin 1993	Fin juin 1994	Fin juin 1995
38,3 %	38,6 %	39,1 %	43,4 %	47,0 %

Source : UNEDIC, *Bulletin de liaison*, 140, 2e trimestre 1996.

Par chômeurs non indemnisés, on entend ici tout chômeur qui ne touche ni prestation au titre du régime d'assurance, ni prestation au titre du régime de solidarité. Il n'est, en revanche, pas possible de connaître le nombre de bénéficiaires du RMI parmi cette population des chômeurs non indemnisés.

Tableau 117. *Répartition des chômeurs non indemnisés (catégories 1 et 6) selon le motif en juin 1995*

	Nombre	En %
Demandeurs d'emploi n'ayant pas retourné leur dossier .	272 857	20,0
Demandeurs d'emploi ayant reçu un rejet de dossier	636 806	46,6
Demandeurs d'emploi au dossier classé sans suite	18 280	1,3
Demandeurs d'emploi en attente d'indemnisation	92 145	6,7
Demandeurs d'emploi ayant épuisé leurs droits à indemnisation	196 933	14,4
Demandeurs d'emploi en interruption momentanée d'indemnisation	149 490	10,9
Total	1 366 511	100,0

Source : UNEDIC, *Bulletin de liaison*, 140, 2e trimestre 1996.

Les motifs de non-indemnisation des chômeurs rejoignent largement les remarques précédentes faites sur les limites d'un système principalement assurantiel : en effet, les demandeurs d'emploi qui se voient opposer un rejet de dossier (principal motif de non-indemnisation) sont principalement des chômeurs qui n'ont pas de durée suffisante d'affiliation pour bénéficier d'une indemnisation.

Face à cette situation, on voit bien les liens directs qu'entretiennent le RMI et sa diffusion d'un côté, et la politique d'indemnisation des chômeurs de l'autre : la carte géographique des bénéficiaires du RMI peut ainsi pratiquement être confondue avec celle du chômage de longue durée. De même, l'accroissement du nombre de demandeurs d'emploi non indemnisés se traduit directement – à travers un mécanisme de « vases communicants » – par un accroissement du nombre des allocataires du RMI.

Ces liens ne doivent pas masquer les différences réelles de logiques qui président à un système d'indemnisation du chômage et à un système de revenu minimal, même conditionné à une insertion. En effet, dans le cas de l'indemnisation du chômage, c'est la position individuelle de chômeur et l'existence d'une recherche d'emploi qui conditionnent l'attribution d'une prestation, même dans l'hypothèse où celle-ci est soumise à condition de ressources. Dans le cas du RMI, ce sont les ressources de l'individu qui constituent le principal critère d'attribution de la prestation, celles-ci étant appréhendées au niveau des ménages.

C / *Indemnisation du chômage et politiques d'emploi : vers une activation des dépenses d'indemnisation ?*

Enfin, les politiques d'indemnisation du chômage entretiennent également des relations avec les politiques actives d'emploi. Ces relations sont aujourd'hui le plus souvent abordées à travers le thème de « l'activation des dépenses passives », l'idée étant de mettre les dépenses d'indemnisation du chômage plus directement au service du reclassement professionnel ou du retour à l'emploi des demandeurs d'emploi.

Jusqu'à une date récente, les réalisations dans ce sens sont demeurées limitées. L'amélioration de la situation financière de l'UNEDIC depuis 1994 (cf. *supra*) a contribué à donner une plus grande importance à ces thèmes. En particulier, l'allocation de remplacement pour l'emploi (ARPE), qui permet de financer le départ en retraite d'un salarié ayant cotisé quarante ans en échange de l'embauche d'un jeune, a connu un développement relativement rapide [141].

[141]

LES DISPOSITIFS D'ACTIVATION DES DÉPENSES PASSIVES

Les conventions de conversion. Instaurées pour la première fois par l'accord national interprofessionnel du 20 octobre 1986, ces conventions s'intègrent dans les différentes mesures d'accompagnement des licenciements pour motif économique. Les entreprises qui embauchent un salarié licencié pour motif économique ayant adhéré à une convention de conversion peuvent bénéficier d'une aide financière et d'un financement partiel de la formation de ce salarié.

L'allocation formation-reclassement (AFR). Créée par l'accord national interprofessionnel du 26 février 1988, cette allocation est versée aux chômeurs indemnisés au titre de l'assurance chômage qui entrent de façon précoce en formation. Elle leur permet de conserver leur indemnisation pendant la durée de leur formation. L'AFR est financée de façon conjointe par l'UNEDIC et l'État.

Les conventions de coopération. Créées par l'accord national interprofessionnel du 8 juin 1994 et entrées en vigueur depuis février 1995, ces conventions permettent à un employeur qui embauche un chômeur indemnisé au titre de l'AUD de recevoir, pendant une durée d'un an, l'allocation chômage qu'aurait perçue le nouvel embauché. L'ampleur de ce dispositif reste limitée. À la fin du mois de mai 1996, ce dispositif avait concerné moins de 4 000 personnes. L'accord du 19 décembre 1996 prévoit un nombre maximal de bénéficiaires de 18 000 personnes par an.

L'allocation de remplacement pour l'emploi. Créée par un accord national interprofessionnel du 6 septembre 1995, l'ARPE permet de financer le départ d'un salarié âgé, ayant cotisé quarante ans ou plus à l'assurance vieillesse, en contrepartie d'une embauche compensatrice d'un jeune de moins de 26 ans. De septembre 1995 à décembre 1996, ce dispositif a concerné 60 000 personnes.

Toutefois, ces dispositifs comportent des risques et des ambiguïtés non négligeables [1] :

– ils contribuent au renforcement de la complexité et de la fragmentation des dispositifs des politiques publiques d'emploi ;

– plus fondamentalement encore, ils posent la question du statut des demandeurs d'emploi indemnisés et des contreparties qu'il est possible d'associer à cette indemnisation : quel statut en effet accorder à des acti-

1. Cf. à ce sujet, Mireille Elbaum, « Coût du chômage, dépenses passives, traitement social : quelles significations pour un redéploiement ? », *Droit social,* 5, mai 1996.

vités qui seraient exercées par des personnes indemnisées en dehors d'un contrat de travail ?

Ainsi, l'articulation des politiques d'emploi et de l'indemnisation du chômage se trouve au cœur d'un enjeu essentiel : garantir le droit à un revenu de remplacement, tout en favorisant le reclassement des demandeurs d'emploi. Ces deux objectifs sont loin d'être contradictoires et se renforcent au contraire, tant le fait de disposer d'un revenu ayant une certaine stabilité apparaît souvent comme la condition d'une réinsertion professionnelle rapide. Ils ne sont en fait opposés que lorsque, derrière les discours sur « l'activation », se profile l'image du chômeur volontaire – si peu conforme à la réalité actuelle du chômage de masse.

LES DIFFICULTÉS DU FINANCEMENT DE L'INDEMNISATION DU CHÔMAGE

I | LES SPÉCIFICITÉS DU FINANCEMENT DE L'INDEMNISATION DU CHÔMAGE

L'histoire du système d'indemnisation est ponctuée de crises financières qui ont d'ailleurs marqué les principales étapes de son évolution (tableaux 118, 119 et 120).

– 1979 marque la première grave crise financière du régime d'assurance, pris de court par la croissance des dépenses multipliées par 13 entre 1973 et 1978. Juste avant la réforme de 1979, le déficit prévisionnel pour la fin de l'année s'élevait à 6 milliards de francs.

– Les deux crises suivantes, en 1982 et en 1984, trouvent toutes deux leur principal facteur d'explication dans l'explosion des dépenses d'incitation au retrait d'activité : ces dépenses passent de 7,9 milliards de francs en 1979 à 52,3 milliards de francs en 1984, avec des rythmes de croissance dépassant 50 % chaque année en 1981, 1982 et 1983.

– Depuis, la situation financière du système se dégrade en fonction de l'évolution structurelle de la situation de l'emploi. Entre 1986 et 1990, les dépenses d'indemnisation ont crû, tous régimes confondus, à un rythme moyen de 8 % par an. Parallèlement, les dépenses d'incitation au retrait d'activité ont diminué, passant de 47,5 milliards de francs en 1984 à 38 milliards en 1990.

– Durant trois années consécutives (1988, 1989 et 1990), le régime d'assurance chômage a connu une situation financière favorable, dégageant une capacité de financement d'environ 9 milliards de francs sur l'ensemble de la période grâce à l'amélioration conjoncturelle de la situation économique.

– Au début des années quatre-vingt-dix, la situation s'est à nouveau dégradée et les montants annoncés des déficits prévisionnels évoluant entre 10 et 20 milliards de francs, ont donné le ton des négociations de juillet 1992 et de juillet 1993.

Tableau 118. *Les dépenses d'indemnisation du chômage*

(en millions de francs courants)

1985	1990	1991	1992	1993	1994	1995(p)
56 350	87 374	101 772	115 109	123 287	118 239	115 800

Tableau 119. *Les dépenses d'incitation au retrait d'activité*

(en millions de francs courants)

1985	1990	1991	1992	1993	1994	1995(p)
58 056	37 109	32 653	28 879	27 987	28 912	nd

Tableau 120. *Taux d'évolution comparé des dépenses du régime d'assurance et des dépenses du régime de solidarité*

(en francs courants, en %)

	1991/1990	1992/1991	1993/1992	1994/1993	1995/1994
Assurance-chômage (AUD)	+ 14,6	+ 13,9	+8,3	− 7,4	− 9,7
Solidarité	+ 0,2	− 8,3	− 7,5	+ 10,9	+ 8,4
Total	+ 12,5	+ 10,9	+ 6,5	− 5,6	− 7,7

Sources : DARES, *40 ans de politique de l'emploi, op. cit.*, et « Dix ans d'indemnisation du chômage en France (1985-1995) », *Premières synthèses*, 46-2, novembre 1996.

Ces difficultés financières récurrentes tiennent avant tout à des causes structurelles – la dégradation de la situation économique et de l'emploi –, mais elles dépendent aussi des spécificités du mode de financement de l'indemnisation du chômage et notamment du régime d'assurance. Le financement de l'indemnisation du chômage apparaît très sensible aux fluctuations conjoncturelles de la situation économique à cause de deux effets dits « effet de ciseau » et « effet de cliquet ».

L'effet de ciseau explique l'ampleur des difficultés financières actuelles : en matière de sécurité sociale, l'origine des déficits récurrents est bien connue ; elle tient à l'absence de lien entre la croissance de l'assiette des recettes (les revenus d'activité) et l'évolution des dépenses. Pour l'indemnisation du chômage, cet effet est accentué : en cas de dégradation conjoncturelle, les dépenses augmentent beaucoup, alors que le rythme de croissance des salaires, c'est-à-dire celui des ressources, tend au contraire à se ralentir. Dépenses et recettes sont toutes deux liées à la conjoncture économique mais en sens inverse : l'effet de ciseau, résultant de la divergence entre emplois et ressources, ne peut que se traduire, dans des scénarios à législation constante, par des déficits prévisionnels croissants. Cet effet explique pourquoi la dégradation conjoncturelle touche aujourd'hui avec une telle amplitude le régime d'assurance chômage.

L'effet de cliquet constitue une deuxième caractéristique de l'indem-

[142]

L'ACCORD DU 19 DÉCEMBRE 1996 RENOUVELANT LE RÉGIME D'ASSURANCE CHÔMAGE

Au terme de cinq séances de négociations, dont la dernière a abouti dans la nuit du 19 au 20 décembre 1996, les organisations patronales et quatre des cinq organisations syndicales représentatives (la CFDT, la CGT-FO, la CGC et la CFTC) sont parvenues à un accord pour renouveler la convention d'assurance chômage.

Le protocole finalement signé, qui fixe les règles d'indemnisation pour la période allant du 1er janvier 1997 au 31 décembre 1999, constitue un compromis entre les positions initiales du patronat, favorable à une baisse des cotisations, et celles des organisations syndicales, qui souhaitaient privilégier les chômeurs :

– la baisse de cotisations s'élève à 0,42 point au total, ramenant le taux global de cotisations à 6,18 % ; répartie pour moitié entre les cotisations employeurs et salariés, cette baisse représentera un manque à gagner de 6,6 milliards de francs en 1997 ;

– l'allocation plancher est portée à 3 100 F par mois (soit 61 % du salaire minimum net) contre 2 805 F en 1996 ; la dégressivité de l'indemnisation est atténuée (palier de six mois, au lieu de quatre mois auparavant) et la situation des jeunes chômeurs et des chômeurs ayant cotisé 40 ans est également améliorée par rapport à la convention précédente ; au total, ces mesures en faveur des chômeurs devraient coûter 3,4 milliards de francs en 1997 ;

– enfin, plusieurs accords en faveur de l'emploi ont été reconduits, dont le coût supplémentaire est évalué à 3 milliards de francs pour 1997 (départ en préretraite de salariés ayant cotisé 40 années, en échange d'une embauche de jeunes, reconversion des salariés licenciés pour motif économique...).

La CGT est la seule organisation à avoir adopté, comme lors des précédentes négociations, une position très critique, s'opposant notamment à toute baisse de cotisation qui, selon elle, finit tôt ou tard par peser sur le niveau de l'indemnisation des chômeurs.

nisation du chômage qui, à moyen terme, renforce le caractère préoccupant de la crise actuelle. Le chômage indemnisé tend à croître rapidement en période de dégradation de la conjoncture, mais le retournement de celle-ci n'assure pas pour autant un retour à la normale. En effet, en cas d'amélioration, les dépenses d'indemnisation ne diminuent pas pour autant, compte tenu du faible impact des améliorations conjoncturelles sur le niveau du chômage. Ainsi, une dégradation conjoncturelle crée non seulement une crise financière dans l'année mais génère également un besoin de financement structurel.

Toutefois, depuis 1994, l'UNEDIC a vu sa situation financière se redresser à la suite des accords de juillet 1992 et de juillet 1993. La conjonction de la hausse des cotisations décidées à cette période et du durcissement des conditions d'indemnisation des chômeurs a abouti à des excédents importants dans les années 1994 à 1996, ainsi qu'à des excédents prévisionnels pour les années 1997 et 1998.

Tableau 121. *Les résultats financiers de l'UNEDIC*

(en milliards de francs)

1992	1993	1994	1995	1996	1997(p)	1998(p)
− 15	− 8,8	+ 8,7	+ 22,4	+ 11,2	+ 13,5	+ 13,5

(p) : résultats prévisionnels établis à l'occasion des négociations de décembre 1996.
Source : *Liaisons sociales*, négociations paritaires.

La répartition de cet excédent, paradoxal à une période où le chômage continue à progresser, a ainsi constitué l'un des principaux enjeux de la renégociation de la convention d'assurance chômage en novembre-décembre 1996 [142].

Cette situation relativement favorable des finances de l'UNEDIC sur les années 1994-1996 n'est pas totalement stabilisée, tant les prévisions en ce domaine sont sensibles aux évolutions conjoncturelles de l'emploi. La question du financement reste donc largement posée.

II | L'ACTION SUR LES COTISATIONS ET LES PRESTATIONS

Les cotisations sociales assurent environ 96 % des ressources du régime d'assurance chômage, les mesures prises dans le sens d'une diversification des recettes n'ayant eu qu'un effet limité ou des résultats médiocres (prélèvement retraite complémentaire, frais de dossier, contribution Delalande).

Dans ce contexte, l'augmentation des cotisations apparaît comme une des seules réponses possibles aux difficultés de financement. C'est effectivement le moyen d'action qui a été privilégié jusqu'à présent, comme en témoigne le tableau 122.

Tableau 122. *Le taux des contributions au régime d'assurance-chômage (*)*

(en %)

	Depuis le 1-1-1988	Depuis le 1-1-1991	Depuis le 1-8-1992	Depuis le 1-8-1993	Depuis le 1-1-1997
Sur la tranche A					
– part patronale	3,23	3,17	3,63	4,18	3,97
– part salariale	1,67	1,61	2,07	2,42	2,21
Total tranche A	*4,90*	*4,78*	*5,70*	*6,60*	*6,18*
Sur la tranche B					
– part patronale	3,23	3,17	3,63	4,18	3,97
– part salariale	2,17	2,11	2,57	2,97	2,71
Total tranche B	*4,90 + 0,50*	*4,78 + 0,50*	*5,70 + 0,50*	*6,60 + 0,55*	*6,18 + 0,50*

(*) Hors contribution-solidarité payée par les fonctionnaires et hors contribution au titre de l'ASF.
Tranche A : Dans la limite du plafond de la sécurité sociale.
Tranche B : Entre une fois et quatre fois le plafond de la sécurité sociale.

Pour l'avenir, une des questions posées concernant l'évolution des cotisations consiste à déterminer si, contrairement à ce qui se passe aujourd'hui, l'effort de cotisation devrait être modulé en fonction du risque encouru. Une telle modulation modifierait la philosophie des ajustements à venir en faisant porter une part plus importante de la charge financière sur les entreprises dont les pratiques en matière de gestion de main-d'œuvre impliquent un recours fréquent à l'assurance chômage. Cela permettrait à l'assurance chômage de jouer un rôle actif sur les comportements des entreprises en matière d'emploi et renforcerait la logique d'assurance du système. Cependant, de nombreuses études restent encore à entreprendre pour apprécier les effets d'une telle réforme qui romprait avec la tradition constante de solidarité interprofessionnelle et interentreprise. Peut-on distinguer deux types de chômage : l'un lié à l'évolution conjoncturelle ou structurelle de l'activité des entreprises et pour lequel la responsabilité des entreprises ne pourrait être valablement retenue, et l'autre lié à la politique de gestion de la main-d'œuvre des entreprises et qui serait source à la fois d'un chômage intermittent et d'un chômage de longue durée, pour certaines catégories de salariés âgés ou peu qualifiés ?

En matière de prestations, les partenaires sociaux se sont engagés, depuis juillet 1992 dans la voie d'un accroissement de la contributivité du régime à travers la création de l'AUD. Cette réforme, justifiée par les difficultés financières et le caractère assurantiel du régime, comporte des conséquences sociales négatives pour certaines catégories de chômeurs : en l'occurrence, la situation des chômeurs ayant les salaires les plus faibles se trouve sensiblement dégradée et le taux de couverture du régime a baissé.

Le dilemme se présente donc de la façon suivante : toute mesure d'économie en matière de prestations du régime d'assurance, qu'elle agisse sur les montants ou sur les durées d'indemnisation, est source de conséquences sociales plus ou moins néfastes pour certaines catégories de chômeurs. Les ajustements ne peuvent donc avoir lieu indépendamment et sans tenir compte de leur impact sur le régime de solidarité, d'une part, et les régimes d'assistance, d'autre part : entrées accélérées dans le régime de solidarité ou transferts vers le RMI.

III | DES ÉBAUCHES DE PERSPECTIVES POUR L'AVENIR

Devant la difficulté du problème du financement de l'indemnisation du chômage, il est possible d'évoquer une voie de réforme en s'attardant sur la nature profonde des allocations de chômage : la nature même du risque « assuré » et son mode de financement par un prélèvement proportionnel à la masse salariale entraînent une très grande sensibilité à la conjoncture et donnent aux allocations de chômage la caractéristique d'allocations contracycliques. Cela met en évidence la difficulté d'appliquer à l'assurance chômage une contrainte d'équilibre budgétaire permanent, sauf à considérer, sans fondement macroéconomique, que le budget de l'UNEDIC doit jouer un rôle procyclique. Dans cette voie, il serait possible d'envisager l'abandon de la contrainte de l'équilibre permanent du régime au profit d'un impératif d'équilibre de moyen terme : en période de sous-emploi (par rapport à l'équilibre de moyen terme), les prestations seraient financées non par des cotisations mais par un crédit (ou des réserves financières) remboursé en période d'amélioration de l'emploi (reconstitution des réserves). Cette réforme, séduisante dans son principe, présente cependant des difficultés techniques dont la détermination du taux de cotisation d'équilibre de moyen terme ne constitue pas la moindre : « Il est évidemment très difficile de distinguer dans le court terme, particulièrement au cours de la période actuelle, entre ce qui relève, dans l'apparition d'un déficit de l'assurance chômage, du simple mouvement conjoncturel, et ce qui relève d'une évolution durable du chômage [1]. » Elle reste néanmoins une voie de réforme envisageable pour l'avenir.

Enfin, les perspectives d'évolution du système d'indemnisation du chômage ne peuvent s'affranchir des conséquences sociales du chômage de longue durée et du chômage non indemnisé (environ 45 % des demandeurs d'emploi), outre que le premier conduit automatiquement à un alourdissement des dépenses d'indemnisation car les chômeurs de longue durée séjournent plus longtemps dans le dispositif. La nécessité de réinsérer les chômeurs de longue durée en leur fournissant notamment une réelle formation, conduit ainsi à remettre en cause la distinction entre assurance et solidarité, car en théorie les chômeurs de longue durée, pour ne pas être voués à l'exclusion sociale, devraient percevoir, au sein du régime de solidarité, des allocations proches du niveau de celles du régime d'assurance, alors même que la distinction assurance-solidarité fonde une différence parfois très marquée du niveau des allocations.

Du point de vue de ses conséquences financières comme de son impact social, le chômage de longue durée présente des risques pour la cohérence globale du système d'indemnisation ; il constitue un élément important dans les réflexions menées sur les perspectives d'évolution de l'indemnisation du chômage.

1. Cf. travaux de l'OFCE, notamment *Lettre de l'OFCE,* 103, 24 juin 1992.

De nos analyses des politiques de protection sociale, trois conclusions principales se dégagent.

1 / La mise en place d'une protection sociale, essentiellement par le biais de la Sécurité sociale à partir de 1945, a permis de répondre à la question fondamentale qui s'est posée dès le début du XIXe siècle : assurer la sécurité matérielle des individus grâce au travail. Le système d'extension progressive à l'ensemble de la population a relativement bien fonctionné jusqu'au début des années quatre-vingt, en résorbant en partie les inégalités liées notamment à la maladie ou à la vieillesse. Les conditions économiques de cette période ont permis d'assurer le financement de l'ensemble du système sans trop de difficultés.

Le maintien d'une crise économique durable et le développement du chômage qui l'accompagne ont très profondément perturbé les protections mises en place. En effet, malgré la généralisation de 1978, la Sécurité sociale a conservé des liens forts avec le monde professionnel, en exigeant des durées de travail préalables à l'ouverture des droits et en excluant par là même une partie de plus en plus importante de la population, celle qui se trouve le plus avoir besoin d'une protection.

Ce n'est plus le travail qui est aujourd'hui la principale forme d'insécurité, mais bien le chômage. De plus, le chômage a conduit à la multiplication de situations intermédiaires entre le travail et le non-travail, difficilement prises en compte par les grands régimes de protection conçus dans une situation de plein-emploi.

À côté des salariés sous contrat à durée indéterminée, trois catégories de population au sein du monde salarié rencontrent des problèmes de couverture sociale :

– les personnes relevant de contrats de travail atypiques (contrats à durée déterminée, intérimaires, contrats aidés...) qui n'ont qu'une couverture partielle parce qu'ils ne travaillent pas suffisamment longtemps pour s'ouvrir des droits ;

– les chômeurs indemnisés, ou les stagiaires de la formation professionnelle, bénéficiant d'un statut qui leur assure une couverture sociale minimale, mais qui conduit à la perte des protections complémentaires directement liées à l'entreprise et dont les revenus de remplacement, pour ceux qui sont au chômage, sont rapidement décroissants ;

– les chômeurs non indemnisés, personnes n'ayant pas suffisamment travaillé pour s'ouvrir des droits, ou encore personnes ayant droit à une couverture, mais n'y ayant pas accès dans la réalité, du fait des dysfonctionnements administratifs.

C'est bien le paradoxe de la politique de sécurité sociale que de n'avoir pas su assurer une protection contre le facteur d'insécurité aujourd'hui le plus important : le chômage.

Pour ces populations, l'aide sociale n'a pu prendre réellement le relais : elle est conçue pour répondre à un besoin transitoire et non pour apporter une protection permanente à des populations en voie d'exclusion. Et les constructions mises en place pour pallier les lacunes de la sécurité sociale – essentiellement au travers de l'assurance personnelle pour la couverture maladie – se sont révélées affectées d'une telle lourdeur administrative qu'elles sont demeurées partielles, du moins jusqu'à la loi de 1992 pour l'assurance maladie. Les ordonnances de 1996, en application du « plan Juppé », ont introduit des réformes importantes, mais qui concernent essentiellement la maîtrise de l'assurance maladie et le fonctionnement des caisses.

2 / Les différentes politiques menées pour la vieillesse, la santé, la famille font apparaître qu'ont été privilégiées pendant longtemps des politiques de prestation et de remplacement du revenu, par rapport à des politiques plus globales. On a commencé à tenter de passer d'une politique des revenus des personnes âgées à une politique de la vieillesse, d'une politique d'assurance maladie à une véritable politique de santé. Mais il reste des étapes considérables à franchir. Dans ce domaine, les politiques de prévention des risques ont un champ considérable de développement : santé publique, prévention du vieillissement, des accidents...

3 / De façon générale, sans aller jusqu'à s'y substituer, bien sûr – les prestations monétaires non affectées sont un facteur indispensable de liberté des individus, notamment des plus marginalisés –, le développement de certains services apparaît mieux adapté dans certains cas à l'évolution actuelle de la situation et des besoins sociaux : garde des enfants, logements, foyers, équipements de proximité pour les personnes âgées, les personnes malades et isolées, accompagnement vers l'insertion de toutes les personnes longtemps écartées d'une quelconque activité sociale...

Ce sont ces insuffisances, auxquelles ont partiellement tenté de répondre les politiques sociales dites transversales, notamment la création du revenu minimum d'insertion, qui vont être étudiées dans la quatrième partie.

Quatrième partie

À LA RECHERCHE DE NOUVELLES COHÉRENCES

Bien avant 1974, avaient été lancées, avec un bonheur inégal, des tentatives de coordination des instruments de politique sociale (emploi, formation, politiques de protection sociale, aides à la famille, prévention de la santé...), sur des catégories particulières de population : femmes, personnes handicapées, personnes âgées... Ces politiques, que l'on appelait catégorielles, se sont souvent traduites par la création d'un secrétariat d'État éphémère, voire, dans certains cas, d'un ministère à part entière.

Mais, depuis le milieu des années quatre-vingt-dix, l'accentuation des phénomènes de précarité, de pauvreté, et d'exclusion a donné à ces tentatives de coordination une tout autre dimension. La multiplication de situations de pauvreté non prises en charge par les mécanismes de protection sociale a conduit à de nouvelles orientations dans la politique de lutte contre la pauvreté et l'exclusion, notamment par la mise en place du revenu minimum d'insertion, prestation nouvelle, à la frontière de la protection sociale et de la politique de l'emploi.

Par ailleurs, l'importance prise, dans un contexte de crise, par les difficultés d'intégration d'une partie des populations d'origine étrangère et les réactions d'une opinion très fragilisée ont remis l'accent sur les politiques d'intégration des populations immigrées, devenues un enjeu central de la cohésion sociale, et donc des politiques sociales aujourd'hui. Enfin, la concentration géographique des exclusions dans des banlieues ou dans des quartiers à problèmes a donné naissance à la politique des villes qui a suscité de grands espoirs en une politique sociale renouvelée, transversale, appliquée sur des lieux précis d'exclusion, échappant aux pesanteurs et au caractère anonyme et abstrait de l'État providence grâce à un appel à la participation active des habitants.

Il existe d'autres types de politiques transversales : la politique dite du « développement local », par exemple, est une politique de développement de l'emploi au niveau des bassins d'emploi particuliers qui utilise plutôt les instruments de la politique de l'emploi et de l'aménagement du territoire ; les politiques destinées aux jeunes en difficulté disposent d'une instance nationale légère : la délégation interministérielle pour les jeunes en difficulté créée à la suite du rapport remis par Bertrand Schwartz en 1981. La politique des jeunes est pratiquement intégrée dans celle des villes, son instrument principal (les missions locales) ayant été mobilisé pour contribuer à la recherche de solutions dans les quartiers dégradés. Si les politiques transversales étudiées dans cette partie ne sont pas les seules, il s'agit là des principales et des plus élaborées.

L'exposé de leur développement et de leurs premiers résultats montre qu'elles ne constituent malheureusement pas un ferment suffisant de transformation des politiques sociales, à la hauteur des enjeux présents. Des changements plus importants sont sans aucun doute nécessaires.

Chapitre 17

Remises en question

LE RETOUR DE LA QUESTION SOCIALE

Pendant la période qui a séparé la fin de la deuxième guerre mondiale de la crise de 1974, les politiques sociales avaient comme objectif principal, au-delà du développement de la protection et de la sécurité des plus faibles, de lutter contre les inégalités. Ce à quoi elles se sont employées avec succès, bénéficiant de la conjoncture exceptionnelle des Trente Glorieuses. Mais, depuis la seconde moitié des années quatre-vingt, alors que les inégalités de revenus ont d'abord cessé de se réduire, puis ont commencé à s'accentuer, le développement de formes nouvelles de pauvreté a mobilisé l'attention de l'opinion publique et des responsables. Qu'elle soit intitulée « exclusion », « désaffiliation », « disqualification », « fracture sociale », cette réalité, dont certains travaux permettent de mieux cerner les contours, rejoint, dans les représentations collectives – dans un contexte radicalement différent de celui de la fin du XIXe siècle –, la question sociale d'alors : elle met en cause en effet la cohésion sociale et est susceptible de menacer les fondements de la société, d'où l'inquiétude qu'elle suscite, et les remous politiques et sociaux qui peuvent en résulter.

I | INÉGALITÉS

A / *L'évolution jusqu'aux années quatre-vingt*

De la fin de la seconde guerre mondiale jusqu'au milieu des années soixante-dix, l'expansion économique avait autorisé une situation favorable de l'emploi et s'était doublée de progrès importants de la couverture sociale ; elle s'était, en outre, accompagnée d'une réduction lente mais certaine des inégalités de revenus.

Quelle que soit la mesure que l'on retienne [1], les « disparités », c'est-à-dire les écarts de revenu entre les catégories sociales, ou la « dispersion », soit l'écart entre les *x* % de plus riches et les *y* % de plus pauvres, diminuent jusqu'en 1979-1980 (tableau 123).

Tableau 123. *Disparités de revenu disponible par personne entre les différentes catégories socioprofessionnelles*

(ensemble des ménages d'actifs = 100)

	1962	1984
Exploitants agricoles	91	87
Professions indépendantes	188	173
Cadres supérieurs	191	148
Cadres moyens	116	100
Employés	86	94
Ouvriers	66	73
Ensemble des ménages d'actifs	100	100

Source : « Les revenus des ménages 1960-1984 » (rapport de synthèse), *Documents du CERC*, 80, 2e trimestre 1986, p. 70.

Le débat sur les inégalités n'a cependant cessé, durant cette période, de nourrir la réflexion des intellectuels et de mobiliser les organisations syndicales et les partis politiques [2]. Le progrès économique devait favoriser l'égalité des chances. Le débat social portait davantage sur les inégalités et le partage des « bénéfices » que sur la pauvreté en tant que telle – même si les formes extrêmes de pauvreté n'avaient pas disparu et avaient même provoqué indignation et actions de la part de certains, essentiellement au travers de la crise du logement. C'est durant l'hiver 1953-1954 que les premières campagnes de l'abbé Pierre ont été effectuées en faveur des pauvres sans logement ; l'action en faveur de ce que l'on appelait le « sous-prolétariat » et les cités d'urgence a commencé avec la création d'ATD Quart Monde, en 1957.

B / *L'inversion de la tendance*

1 / *Inégalités de revenus*

Avec le retournement de la situation économique et l'adaptation de l'économie française aux contraintes de la crise – en réalité, à une nouvelle donne en matière d'économie internationale –, la tendance à la

1. Cf. Geneviève Canceill, « Le revenu des ménages », *Données sociales,* 1990.
2. On peut souligner notamment le retentissement de certains ouvrages sur les inégalités devant l'enseignement. Cf., en particulier, Pierre Bourdieu, Jean-Claude Passeron, *Les héritiers. Les étudiants et la culture,* Paris, Minuit, 1964. Sur tous ces points, cf. aussi Serge Paugam, *La société française et ses pauvres,* Paris, PUF, 1993.

réduction des inégalités de revenus semble s'être inversée, comme l'a montré en 1989 un rapport publié par le CERC [1].

Celui-ci mettait à l'époque l'accent sur trois points : la tendance à la réouverture de l'éventail des salaires ; l'enrichissement des propriétaires ; la réduction de la progressivité des prélèvements en fonction du revenu, ceci en raison essentiellement de la part prise, au sein des prélèvements obligatoires, par les cotisations sociales, proportionnelles et non progressives.

Les travaux publiés récemment par le Conseil supérieur de l'emploi, des revenus et des coûts, qui a remplacé le CERC (supprimé en 1993 par un amendement à la loi quinquennale sur l'emploi), confirment le diagnostic porté alors. Dans les années quatre-vingt-dix, dans un contexte de bouleversement des conditions économiques, de niveau élevé des taux d'intérêt, de développement du chômage, la répartition des revenus a subi d'importantes modifications. Un des faits majeurs est l'écart entre le rythme d'évolution des revenus d'activité par rapport aux revenus du patrimoine. Ces derniers s'accroissent sur la période 1989-1994 plus rapidement en moyenne (près de 4 % par an) que les revenus d'activité (qui diminuent de 0,5 %) et que les revenus sociaux, qu'il s'agisse des retraites (+2,3 %), ou des autres revenus sociaux (+ 1,9 %) (tableau 124).

Tableau 124. *Le revenu du ménage « moyen »*

	Taux de croissance annuel entre 1989 et 1994	Part dans le revenu total en 1994
Revenu d'activité	– 0,5	58,5
Retraites	2,3	19,8
Autres revenus sociaux	1,9	7,8
Revenus du patrimoine ...	3,9	13,0
Versements réguliers d'autres ménages	2,7	0,9
Revenu total avant impôt .	0,8	100

Source : Conseil supérieur de l'emploi, des revenus et des coûts (CSERC), *Inégalités d'emploi et de revenu ; les années 1990,* Paris, La Documentation française, 1996.

Quant aux inégalités de niveau de vie (revenus par « unités de consommation » du ménage), elles se sont accrues entre 1989 et 1994, contrairement aux tendances encore constatées en moyenne dans les années quatre-vingt (tableau 125). Selon le CSERC [2], l'évolution des disparités de niveau de vie se présente dans ces années de la manière suivante :

1. « Les Français et leurs revenus : le tournant des années 1980 », *Documents du CERC,* 94, 3e trimestre 1989.
2. *Inégalités d'emploi et de revenus. Les années 1990, op. cit.*

Tableau 125. *Le niveau de vie des salariés par catégories sociales*

(Revenu moyen par unité de consommation.
Base 100 pour les ouvriers non qualifiés)

	1984	1989	1994
Cadres	253	280	302
Professions intermédiaires	172	183	186
Employés	133	137	140
Ouvriers qualifiés	113	122	125
Ouvriers non qualifiés	100	100	100

Source : CSERC, *op. cit.*, p. 81.

– entre retraités, le mouvement de réduction des inégalités de niveau de vie a cessé depuis le milieu des années quatre-vingt ;

– entre actifs, il y a eu hausse des inégalités entre 1989 et 1994. Le mouvement paraît confirmé, au sein de la catégorie des indépendants entre les professions libérales d'une part, les agriculteurs, artisans et commerçants de l'autre. Il est tout à fait net, depuis 1984, au sein de la catégorie des salariés.

Le CSERC présente, dans son rapport, les conclusions suivantes :

« Durant cette période (la première moitié des années quatre-vingt-dix), le niveau de vie des ménages actifs les plus aisés continue à augmenter assez rapidement ; les revenus du patrimoine, les salaires des cadres, le revenu des professions libérales s'accroissent à des rythmes non négligeables. Par contre, en bas de la distribution, les évolutions de la conjoncture se font pleinement sentir : le niveau de vie stagne. Celui des ouvriers non qualifiés, celui des jeunes décroît. La situation des familles où il n'y a qu'un adulte, plus fragiles face au risque du chômage, se dégrade. Les revenus sociaux permettent de contenir l'accroissement des inégalités des revenus d'activité. Ils ne le font que partiellement. »

2 / *Autres formes d'inégalités*

Les inégalités de revenus ne constituent qu'un aspect des inégalités : il existe en effet des inégalités de patrimoine, des inégalités face à l'emploi, à l'éducation, au logement... S'agissant des inégalités face à l'emploi et à la formation professionnelle, on a vu dans les développements consacrés à la politique de l'emploi et de formation combien le développement du chômage frappait sélectivement certaines catégories et comment l'accès à la formation restait inégal selon la taille et la catégorie d'entreprise, le statut de l'emploi, le niveau de qualification. S'agissant des inégalités face à l'école, qui ont fait depuis très longtemps l'objet d'importants travaux sociologiques et statistiques, on sait que, même si l'accès aux études s'est généralisé, les parcours scolaires traduisent encore fortement les différences sociales par le jeu des orientations, le choix des options, la valeur du diplôme obtenu [1].

1. Marie Duru-Bellat, « École : l'inégalité des parcours », *Sciences humaines*, 72, mai 1997, numéro spécial « Inégalités sociales... au-delà des idées reçues ».

« La diversification officielle (en filières) ou officieuse (en établissements ou en classes scolaires subtilement hiérarchisés, notamment à travers les langues vivantes) a pour effet de contribuer à créer un principe, particulièrement dissimulé, de différenciation : les élèves bien nés qui ont reçu de leur famille un sens du placement bien affûté, et aussi les exemples et les conseils capables de les soutenir en cas d'incertitude, sont en mesure de placer leurs investissements au bon moment et au bon endroit, c'est-à-dire dans les bonnes filières, les bons établissements, les bonnes sections, etc. ; ceux qui sont issus des familles les plus démunies, et en particulier les enfants d'immigrés, sont contraints de s'en remettre aux injonctions de l'institution scolaire ou au hasard pour trouver leur voie dans un univers de plus en plus complexe et sont ainsi voués à placer à contretemps et à contresens un capital culturel au demeurant extrêmement réduit [1]. »

L'accroissement des inégalités de revenus depuis une décennie n'est pas, au demeurant, un phénomène particulier à la France. Dans tous les pays occidentaux, le retournement par rapport aux années soixante-dix est patent. L'inégalité des revenus a cessé de décroître, dans les années quatre-vingt/quatre-vingt-dix et elle a augmenté de façon sensible dans certains d'entre eux : particulièrement les État-Unis et le Royaume-Uni [2], c'est-à-dire les pays où les écarts de revenu mesurés étaient plus élevés que dans les pays nordiques (Allemagne, Belgique, Suède, Norvège), la France occupant entre les deux catégories une situation intermédiaire.

De l'ensemble des inégalités, on ne dispose pas d'un indicateur synthétique. On peut dire cependant que, même si la répartition des revenus, des patrimoines physiques, monétaires et culturels, a connu, grâce aux évolutions intervenues depuis trente ans, un resserrement certain, il est vraisemblable que l'on assiste aujourd'hui, au-delà de la tendance à une réouverture des écarts de revenus, à une réactivation des inégalités aux deux extrémités de la hiérarchie des positions sociales. Certains estiment que les inégalités ont en quelque sorte changé de nature. Si elles se mesuraient auparavant par les écarts entre les groupes sociaux, elles proviendraient aujourd'hui davantage des différences entre les trajectoires de vie, à l'intérieur de chaque catégorie sociale, du fait des changements économiques très rapides qui conduisent à une redistribution des places occupées, du chômage, et également des variations de taux d'intérêt qui donnent un atout disproportionné à ceux qui possèdent un patrimoine [3]. « Auparavant rapprochés par l'inflation, qui dévalorisait les encaisses et permettait au plus grand nombre d'accumuler un patrimoine, les individus sont aujourd'hui séparés par la frontière du capital [4]. » Pierre Rosanvallon conclut à une croissance de l'opacité sociale. Les nomenclatures utilisées – en parti-

1. Pierre Bourdieu et Patrick Champagne, « Les exclus de l'intérieur », p. 597-603, dans *La misère du monde,* Paris, Seuil, 1993.

2. Thomas Piketty, *L'économie des inégalités,* Paris, La Découverte, coll. « Repères », 1997.

3. Jean-Paul Fitoussi, Pierre Rosanvallon, *Le nouvel âge des inégalités,* Paris, Seuil, 1996 ; Pierre Rosanvallon, « Du statut social aux trajectoires de vie », *Sciences humaines* 72, mai 1997.

4. Jean-Paul Fitoussi, Pierre Rosanvallon, *Le nouvel âge des inégalités, op. cit.*, p. 30.

culier celle des catégories socioprofessionnelles – seraient inadaptées à la société actuelle, caractérisée par une réorganisation des modes de différenciation et de hiérarchisation sociale.

[143]

CRITIQUES DE LA MESURE DES INÉGALITÉS

Selon Pierre Rosanvallon, les statistiques traditionnelles seraient inaptes à décrire notre nouvel univers social. Cette question demeure controversée, au moins dans le caractère abrupt des conclusions. Les difficultés de connaissance et de mesure, s'agissant notamment des revenus et des inégalités, ont toujours existé. Les données fiscales, sur lesquelles s'appuie une part importante des constats, sont connues avec retard et doivent être redressées pour mieux représenter la réalité. Par ailleurs, quelle que soit la source statistique utilisée, on connaît imparfaitement le haut de la hiérarchie (les revenus du patrimoine sont mal appréhendés) et les plus bas revenus (la grande pauvreté est mal saisie). Le constat des difficultés présentes ne doit donc pas conduire à privilégier les jugements rapides ou à l'emporte-pièce au détriment de la lecture attentive et rigoureuse des statistiques disponibles. Le problème est, aujourd'hui, tout à la fois de perfectionner les nomenclatures et de renouveler les instruments statistiques lourds, et de se livrer à une analyse fine et plus complexe, en développant notamment les enquêtes longitudinales et les « récits de vie ». Les travaux du Conseil national de l'information statistique (CNIS, placé auprès de l'INSEE), des centres d'étude et de recherche placés sous la tutelle du ministère en charge du travail et des affaires sociales et de celui de la Recherche (CEE, CEREQ, INED), les laboratoires de recherche universitaires ou à statut privé comme le CREDOC concourent à ce renouvellement.

C / *Nouveaux débats*

Au-delà des problèmes de mesure et d'interprétation, le débat sur les inégalités a pris, depuis la fin des années quatre-vingt, un tour différent de ce qu'il avait connu dans les décennies antérieures. De nouvelles théories de la justice sociale ont été élaborées. Le débat entre « libertariens » (pour lesquels les libertés individuelles demeurent la seule valeur fondamentale) et les « utilitaristes » (pour lesquels le critère de justice est la maximisation d'un bien-être collectif défini comme la somme des utilités de chacun des individus composant la société) s'est renouvelé. Les thèses de l'auteur américain John Rawls [1] ont été introduites et discutées en France à cette époque. John Rawls énonce deux principes de justice. Le premier est que chaque personne a un droit égal à un système de libertés et de droits égaux pour tous ; le second est que les inégalités économiques et sociales doivent remplir deux conditions : elles doivent être attachées à des fonctions et à des positions ouvertes à tous dans des conditions de juste égalité des chances ; elles doivent être « au plus grand avantage des membres les plus défavorisés de la société [2] ». Ces idées de la « justice

1. John Rawls, *Théorie de la justice,* Paris, Seuil, 1987 ; *Individu et justice sociale : autour de John Rawls,* Paris, Seuil, coll. « Points politiques », 1988.

2. *Individu et justice sociale..., op. cit.,* conclusion de John Rawls, p. 284.

comme équité » ont donné lieu à des généralisations hâtives substituant sans précaution à la notion d'égalité jugée dépassée une notion d'« équité [1] », conception de la justice sociale très éloignée de celle qui est aux fondements des systèmes politiques et sociaux français et européens. D'où de vives discussions aujourd'hui mises en sommeil. Quoi qu'il en soit, l'idée de lutter contre les inégalités a été plus souvent qu'auparavant remise en cause comme une idée inadéquate ou dépassée. Inadéquate, car l'efficacité économique exigerait une différenciation suffisante des situations. « La revendication de l'égalité est une revendication de résultat incompatible avec la justice [2]. » Dépassée, car la précarité et le sous-emploi ont fait souvent passer l'objectif général d'égalité au second plan par rapport à la lutte contre le chômage et la pauvreté [3].

II | EXCLUSION

A / *La pauvreté au cours de l'histoire*

Gardons-nous d'erreurs de perspective : la pauvreté n'a jamais disparu dans les pays développés même pendant les périodes de très forte croissance, et l'exclusion n'est pas un terme nouveau. Il est passionnant de remonter aux siècles passés, sur lesquels existent beaucoup d'ouvrages d'histoire sociale [4], pour mesurer l'importance de la pauvreté et le traitement que la société réservait, selon les époques, aux « indigents, infirmes, mendiants, vagabonds, vieillards et malades sans ressources, enfants sans parents, mères et veuves sans protection, paysans sans terre, citadins sans domicile, ouvriers sans emploi, laissés-pour-compte de la croissance et blessés de la civilisation, marginaux de toutes sortes... [5] ».

Mais sans remonter bien loin, dès 1974, R. Lenoir appelait l'attention sur le phénomène de l'exclusion [6]. Lionel Stoléru développait le thème de la pauvreté et militait pour un « impôt négatif » dans un essai publié dans les premières années qui ont suivi le premier choc pétrolier. Mais la tonalité des termes était alors différente de celle qu'elle prend à la fin des années quatre-vingt : l'exclusion, la pauvreté constitueraient, selon ces auteurs, des problèmes que la croissance n'aurait pas résolus ; elles

1. Rapport au Premier ministre de la commission présidée par Alain Minc *La France de l'an 2000,* Commissariat général du Plan, Odile Jacob/La Documentation française, 1994 (deuxième partie « Le devoir d'équité »).
2. Pascal Salin, « Vive l'inégalité ! », *Le Monde,* mardi 10 juillet 1990.
3. Mireille Elbaum, « Justice sociale, inégalités, exclusion », *Revue de l'OFCE,* 53, avril 1995.
4. Cf., par exemple, Bronislav Geremek, *La potence ou la pitié. L'Europe et les pauvres du Moyen Âge à nos jours,* Paris, Gallimard, 1987 (1re édition 1978) ; Robert Castel, *Les métamorphoses de la question sociale*, Paris, Fayard, 1996.
5. R. Castel, « De l'indigence à l'exclusion, la désaffiliation », dans Jacques Donzelot, *Face à l'exclusion, op. cit.*
6. René Lenoir, *Les exclus. Un Français sur dix,* Paris, Le Seuil, 1974.

conservaient un caractère résiduel. Les pauvres et les exclus, dans le langage d'alors, étaient les oubliés de la croissance.

« La France fait partie de la frange heureuse et prospère de l'humanité [...]. Toutefois, dans cette France prospère et heureuse, il naît un handicapé physique ou mental toutes les vingt minutes. Les accidents de la route en ajoutent 50 000 par an. 1 300 000 personnes âgées sont invalides.

Mais surtout, phénomène moins connu, l'inadaptation sociale s'accroît comme une lèpre ; aucune classe sociale, aucun âge ne sont indemnes. L'alcoolisme n'a pas disparu, la drogue est apparue, les névroses et les maladies psychosomatiques prennent le pas sur toutes les autres, les délinquants se multiplient, la frange des marginaux s'étend [1]. »

De même, l'expression « pauvreté » était couramment utilisée dans les revendications ouvrières pour caractériser le niveau de vie modeste des classes populaires [2]. Les travailleurs considérés comme pauvres restaient situés dans une catégorie d'appartenance définie par une activité spécifique ou une position. Le terme pauvreté ne renvoyait pas à un groupe distinct et ne correspondait pas à un problème différent de celui des inégalités. Des formes extrêmes de pauvreté et de misère subsistaient, mais elles étaient identifiées comme liées à de très mauvaises conditions de logement (bidonvilles, cités de transit) et traitées comme telles.

B / *Les évolutions depuis 1974*

La période de mutations profondes qui a commencé avec le premier choc pétrolier a considérablement transformé les données du problème.

Non que l'on dispose de mesures très fiables et très claires de ces phénomènes. Les sources classiques (recensements de la population, enquête auprès des ménages, sources fiscales sur les revenus) saisissent peu ou très mal les situations de grande pauvreté, notamment les personnes non imposables, ou logées dans des logements de fortune, sans abri, nomades... Sans compter qu'elles décomptent toujours « à part » la population logée en institution (établissements de soins, institutions sociales et médico-sociales – dont les maisons de retraite –, prisons, etc.). Certains déduisent de ces difficultés qu'il ne faut pas trop se soucier de la mesure. « Cette définition (de l'exclusion), plus qualitative, permet de faire l'économie de cette question récurrente du dénombrement des exclus... Comme si tout pouvait être chiffré !... derrière ce sentimentalisme comptable peut se dissimuler une indifférence de fait [3]. » En fait, il est important tant pour la compréhension des transformations sociales que pour la réorientation des interventions publiques d'avoir des données sur l'ampleur du phénomène et son évolution dans le temps.

La pauvreté peut être mesurée de diverses façons : par référence à un

1. René Lenoir, *op. cit.*
2. Serge Paugam, *op. cit.*
3. Jean-Baptiste de Foucauld, Denis Piveteau, *Une société en quête de sens,* Paris, Odile Jacob, 1996, p. 142.

minimum vital, ou par référence à un écart fixé arbitrairement par rapport au revenu moyen (pour mener ces études comparatives entre pays, la Communauté économique européenne a ainsi fixé le seuil de pauvreté à 50 % du revenu moyen disponible par habitant). Compte tenu de la diversité des définitions possibles et des lacunes des instruments de mesure, les estimations les plus diverses ont été avancées sur l'ampleur et l'évolution des phénomènes de pauvreté jusqu'à ce que l'instauration du revenu minimum d'insertion permette de disposer, en France, de statistiques relativement précises (si l'on décide de mesurer la pauvreté à l'aune du nombre des bénéficiaires du RMI, ce qui peut être jugé contestable).

Les statistiques de la CEE, rappelées dans le tableau 126, montrent que ce sont les pays économiquement les plus pauvres qui ont la proportion de personnes ou de ménages situés au-dessous du seuil la plus élevée (Portugal, Italie, Grèce). Les pays ayant un faible taux ou un taux inférieur à la moyenne sont le Danemark, les Pays-Bas, la Belgique, l'Allemagne. La France, le Royaume-Uni, l'Irlande, l'Espagne occupent une position intermédiaire. Mais, comme le fait remarquer Serge Paugam [1], il existe différentes représentations de la pauvreté selon le développement économique : en Italie et en Espagne et plus généralement dans les sociétés méditerranéennes de l'Europe existerait plutôt une forme de pauvreté « intégrée ». En Allemagne et dans les pays scandinaves, une pauvreté « marginale ». En Angleterre et en France, une pauvreté « disqualifiante » qui, par son ampleur et l'inquiétude qu'elle suscite, paraît menacer plus directement la cohésion sociale (tableau 126).

Les estimations faites en France avant l'instauration du RMI à partir de définitions différentes [2], et qu'il faut considérer avec prudence, montraient que la pauvreté avait régressé en valeur absolue depuis 1975, du fait de trois phénomènes principaux : le recul de la pauvreté des personnes âgées, l'accroissement du revenu moyen des ouvriers, l'élévation du taux d'activité des personnes seules et des conjoints. Ce recul se serait fait au prix d'une aggravation de situation pour les personnes en situation de pauvreté.

Quels sont les ordres de grandeur des phénomènes de pauvreté à l'heure actuelle dans notre pays ? Des différentes données existantes, on peut retenir les chiffres suivants [3].

– S'agissant de la « pauvreté administrative », c'est-à-dire les bénéficiaires de « minima sociaux », on peut l'estimer à 3 millions de personnes, soit, en comptant les personnes du ménage (conjoint, ayants droit, enfants à charge), de 5 à 5,5 millions de personnes concernées, ce qui représente 8 à 9 % de la population française. Ce nombre n'évolue guère depuis trente ans. Il était de 2,5 millions par an début 1980 comme en 1960. L'évolution n'est paradoxale qu'en apparence car, d'une part, il

1. Serge Paugam, *L'exclusion : l'état des savoirs,* Paris, La Découverte, 1996 (cf. Serge Paugam, « Pauvreté et exclusion. La force des contrastes nationaux », chap. 33, p. 389 et suiv.).
2. Serge Milano, *La pauvreté absolue,* Paris, Hachette, 1988.
3. CERC-Association, « La pauvreté en France aujourd'hui. Formes multiples et éléments communs », Actes de la journée d'étude du 28 mai 1996, multigr.

Tableau 126. *La pauvreté dans l'Europe des Douze*

Ménages et personnes se trouvant au-dessous du seuil de pauvreté selon le seuil de 50 % des dépenses équivalentes moyennes [1]

État membre	Ménages pauvres (en %)	Ménages pauvres (en milliers)	Personnes pauvres (en %)	Personnes pauvres (en milliers)
France (1989)	14,9	3 238	14,7	8 234
Espagne (1988)	17,5	1 920	16,9	6 546
Portugal	26,5	836	24,5	2 525
Italie (1988)	22,0	4 494	21,1	12 111
Grèce (1988)	20,8	711	18,7	1 868
Irlande (1987)	16,4	155	15,7	556
Belgique (1988)	6,6	261	7,4	729
Luxembourg (1987)	9,2	12	11,1	41
Danemark (1987)	4,2	98	3,9	200
Pays-Bas (1988)	6,2	366	4,8	706
Royaume-Uni (1988)	17,0	3 819	14,8	8 436
Allemagne (1988)	12,0	3 250	10,9	6 675
Europe des Douze		19 170		48 628

1. Sont considérés comme pauvres les ménages dont les dépenses équivalentes totales sont inférieures à 50% de la moyenne arithmétique des dépenses équivalentes dans les États membres où ils vivent. Il ne s'agit pas de la même définition que celle utilisée plus loin pour la France (le revenu médian) d'où les divergences de chiffres pour la France (14, 7% dans ce tableau, environ 10 % d'après les calculs concernant le revenu médian, chiffre cité dans cette même page).
Source : Eurostat (1995), Enquêtes nationales sur le budget des ménages. Tableau tiré de *L'exclusion : l'état des savoirs, op. cit.*, p. 391.

s'agit des bénéficiaires de la réglementation existante, et les chiffres reflètent l'évolution de la réglementation ; d'autre part, l'analyse montre un déplacement majeur des formes de pauvreté : réduction de la pauvreté des personnes âgées (celle-ci s'accompagnant d'une forte réduction des bénéficiaires du minimum vieillesse), et de la pauvreté rurale, auxquelles se substitue une pauvreté urbaine, touchant beaucoup plus des adultes jeunes.

– S'agissant des ménages situés au-dessous d'un seuil de pauvreté, CERC-Association l'évalue dans son dossier à un peu moins de 10 % en 1990, 11 % si l'on y ajoute la « population en institution ». Ceci à partir de la définition suivante : est considérée comme pauvre la proportion de ménages percevant un revenu disponible par unité de consommation inférieur au revenu médian de l'ensemble des ménages français, soit environ 3 000 F par mois en 1996. La proportion de pauvres, selon cette définition, a nettement diminué en France jusqu'au milieu des années quatre-vingt et s'est stabilisée depuis. Entre 1975 et 1990, se manifeste le même phénomène noté à propos de la « pauvreté administrative » : un basculement entre les ménages âgés et les jeunes ménages.

C / *Débats*

Ce n'est donc pas tant, semble-t-il, l'accroissement quantitatif des situations de pauvreté, telles qu'on peut les mesurer par des indicateurs relativement frustes, que les transformations et la gravité du phénomène, liés aux nouvelles réalités économiques et sociales de la société française, qui sont préoccupantes et focalisent aujourd'hui les débats sur les lacunes des politiques sociales. Ces transformations se sont d'abord traduites, dans le débat public, par l'expression « nouvelles pauvretés », puis par une reprise – mais dans un tout autre sens que dans les années soixante-dix – du thème de l'exclusion.

L'expression « nouvelles pauvretés » traduit la prise de conscience de la venue, auprès des guichets de l'Aide sociale ou des permanences des organisations caritatives, de couches de population jusque-là inconnues des services sociaux – essentiellement celles qu'amènent la forte dégradation du marché de l'emploi et surtout l'extension du chômage de longue durée : population plus jeune, marquée par des ruptures récentes dans sa vie professionnelle et familiale, très différente de la population du « quart monde » autrefois décrite dans les rapports et les études sur la grande pauvreté.

Le terme exclusion, qui a succédé à celui de nouvelles pauvretés, a un sens beaucoup plus fort : il ne s'agit plus des oubliés de la croissance, comme au début des années soixante-dix, mais de tous ceux qui ne peuvent s'adapter aux mutations économiques et sociologiques et se situent de ce fait en dehors de l'appareil de production. « Devenu une notion familière, presque banale [1] », ce terme, au fur et à mesure de sa généralisation, a donné lieu à des discussions et à des remises en cause, du fait du flou et des équivoques qu'il pouvait entretenir [2]. Au sens littéral, le terme d'exclusion a deux acceptions principales : l'acte de chasser quelqu'un d'un endroit où il avait précédemment sa place ou le priver de certains droits, celui de le tenir à l'écart en lui interdisant un accès. Mais d'où, de quels espaces réels ou symboliques, est-on chassé ou interdit d'accès ? Il peut s'agir de la sphère des biens économiques (exclusion marchande du marché du travail, du niveau de vie admis dans le pays où l'on vit...), des institutions (scolaires, hospitalières, culturelles...), de celle des représentations et valeurs courantes (drogue, déviance...), ou encore – définition retenue par les instances européennes – du champ d'application des droits de l'homme et des droits sociaux. Le premier inconvénient de la notion est donc son ambiguïté quant aux représentations sous-jacentes et aux difficultés de mesure que celles-ci impliquent. Le second tient à l'extrême hétérogénéité des populations concernées : faire masse des exclus risque de masquer une part importante de la réalité sociale. Certains « exclus » sont en effet atomisés, isolés ; d'autres appartiennent à un groupe rejeté en tant que tel. Loin d'être un bloc monolithique, un « continent à part », l'exclusion recouvre en fait une extrême diversité de manifestations de la différence : subie et individuelle, volontaire et collective... Enfin, un troisième inconvénient est que

1. Serge Paugam, (dir.), *L'exclusion : l'état des savoirs, op. cit.* (introduction, « La constitution d'un paradigme »).

2. Cf. Robert Castel, « Les marginaux dans l'histoire », dans *L'exclusion : l'état des savoirs, op. cit.* ; Mireille Elbaum, « Justice sociale, inégalités, exclusion », art. cité, Marie-Thérèse Join-Lambert, « Exclusion : pour une plus grande rigueur d'analyse », *Droit social*, 3, mars 1995 ; Jean-Baptiste de Foucauld, Denis Piveteau, *Une société en quête de sens, op. cit.* ; ainsi que les débats par presse interposée au moment des mouvements sociaux de l'hiver 1995.

l'exclusion est souvent entendue comme un état. Or, la population des exclus n'est pas, comme un emploi abusif du terme pourrait le laisser croire, une population à part, séparée par un fossé grandissant du reste de la société. Une des conclusions les plus marquantes des travaux de Robert Castel [1] est bien de montrer comment elle s'alimente et se renouvelle à partir de processus intimement liés aux modes actuels d'évolution de l'économie et de la société : la remontée de la vulnérabilité du fait du chômage, des emplois précaires, du chômage récurrent, qui ne permettent plus d'assurer une couverture sociale efficace et stable, crée une zone de « turbulences sociales », de vulnérabilité, qui, au moindre accident professionnel, familial, alimentent la zone de « désaffiliation », où les droits deviennent extrêmement précaires. Enfin, la dernière critique adressée au terme d'exclusion est qu'il conduit à centrer le regard et les actions sur la partie visible des problèmes (l'aide aux « exclus ») en les détournant, si l'on n'y prend garde, des mécanismes plus généraux de fonctionnement de l'économie et de la société.

La critique de l'emploi à tous propos du terme d'« exclusion » n'a pas permis pour autant d'en substituer un autre qui introduise plus de rigueur dans le débat social. Certains ont tenté d'introduire le terme de « disqualification sociale [2] », qui met l'accent sur le discrédit qui touche les populations concernées ; d'autres, le terme « relégation [3] », qui met l'accent sur l'enfermement géographique dans les « quartiers à problèmes ». Robert Castel emploie le terme de « désaffiliation », qui qualifie bien la rupture des liens sociaux, l'inexistence sociale des « inutiles au monde ». Ces termes ne sont pas entrés dans le vocabulaire courant. Serge Paugam en conclut [4] que l'exclusion est un « concept horizon », « avant tout un paradigme sociétal, c'est-à-dire un ensemble de représentations de l'ordre social suffisamment concordantes et stabilisées dans la durée pour que s'organise à l'échelon de la société tout entière une réflexion sur ses fondements et ses modes de régulation [5] ».

III | UNE QUESTION SOCIALE « NOUVELLE », « MÉTAMORPHOSÉE » ?

Beaucoup utilisent aujourd'hui, pour qualifier les problèmes sociaux, le terme de « nouvelle question sociale [6] ». On entend par là un ensemble de données de fait qui menacent la cohésion et le lien social, et qui ne parviennent pas à trouver de solutions dans les cadres d'analyse et d'intervention antérieurement construits. Notre époque se rapprocherait de la sorte, dans un contexte radicalement différent, de la situation connue au milieu et à la fin du XIXe siècle. De ces données, outre l'aggravation

1. *Les métamorphoses de la question sociale, op. cit.*
2. Serge Paugam, (dir.), *L'exclusion : l'état des savoirs, op. cit.*
3. Jean-Marie Delarue, *Banlieues en difficulté : la relégation*, Paris, Syros, 1991.
4. Serge Paugam (dir.), *L'exclusion : l'état des savoirs, op. cit.*, p. 16.
5. Pierre Rosanvallon, *La nouvelle question sociale, op. cit.* ; Robert Castel, *Les métamorphoses de la question sociale, op. cit.* ; Jacques Commaille, *Les nouveaux enjeux de la question sociale*, Paris, Hachette, 1997.

des phénomènes de pauvreté et d'inégalité notée plus haut, on retiendra particulièrement trois aspects.

A / « *La rupture entre générations* [1] »

L'alliance des phénomènes démographiques et des évolutions économiques, comportant à la fois accroissement du chômage et taux d'intérêt élevés, a conduit à mettre en cause le pacte entre générations qui constitue un des fondements du contrat social. Les rapports entre les jeunes et la société ont connu des bouleversements importants dont les difficultés d'accès à l'emploi ne constituent qu'une des facettes la plus apparente.

Les difficultés d'emploi ont touché d'abord les jeunes – surtout les moins qualifiés – sortant de l'appareil scolaire. Mais, au-delà même du chômage récurrent, de l'emploi précaire, les conditions d'entrée dans la vie active se sont radicalement transformées. Les jeunes générations sont à l'interface des changements du marché du travail – diversification, précarisation, élévation des qualifications et des exigences professionnelles – et en éprouvent les conditions nouvelles. Corrélativement, s'est produit l'allongement de la transition entre la formation et l'emploi : le « labyrinthe de l'insertion » utilise en quelque sorte la précarité des emplois comme outil de l'intégration [2]. Cette évolution revêt des aspects et comporte des conséquences très différentes selon les catégories de jeunes concernées. De cette précarité, certains s'accommodent en en faisant en quelque sorte « un moratoire vers la maturité [3] ». Au travers de l'errance, ils parviennent à trouver un chemin vers la vie professionnelle et la socialisation. Mais la catégorie « jeune », loin d'être homogène – l'a-t-elle d'ailleurs jamais été – connaît une différenciation croissante. La dualisation est là aussi à l'œuvre, entre les jeunes disposant d'un capital scolaire et familial suffisant, beaucoup mieux formés, « déliés », ouverts à une société internationalisée, et des jeunes en difficulté demandant des aides à l'insertion, une attention particulière et surtout le droit à l'erreur et à une nouvelle chance, dans un système où il existe peu de passerelles.

On constate au demeurant, dans les années récentes, en même temps qu'une forte irrégularité des revenus des ménages jeunes, un accroissement des disparités de niveau de vie au sein de la catégorie des jeunes ménages de moins de 30 ans [4]. Mais le phénomène massif est constitué par la baisse relative de niveau de vie que connaît la population jeune au regard de la population âgée qui a bénéficié, jusqu'aux années 1993, d'une évolution favorable des revenus liée aux retraites et, pour une partie de cette population, de l'accroissement des revenus de patrimoine qui sont concentrés dans les tranches d'âge élevées. Entre 1989 et 1994, le niveau

1. Jean-Marie Poursin, « La rupture entre générations », dans *État providence. Arguments pour une réforme,* Paris, Gallimard, coll. « Folio actuel », 1996.

2. Chantal Nicole-Drancourt, Laurence Roulleau-Berger, *L'insertion des jeunes en France,* Paris, PUF, coll. « Que sais-je ? », 1995.

3. Chantal Nicole-Drancourt, Laurence Roulleau-Berger, *op. cit.*, p. 80.

4. Chantal Cases, Jean-Michel Houriez et Bernard Legris, « Les revenus des ménages », *Données sociales,* 1996.

de vie des ménages de moins de 25 ans a baissé de 15 à 20 %. Pour les ménages de 25 à 29 ans, les revenus ont stagné, le niveau de vie continuant à augmenter pour les actifs plus anciens comme pour les retraités. Entre les ménages âgés de 25 à 29 ans et ceux âgés de 50 à 59 ans, l'écart de niveau vie atteint 30 à 40 % en 1994 ; il n'était que de 20 à 30 % en 1989, et de 10 % en 1970 [1]. Au surplus, au cours des années quatre-vingt-dix, la pauvreté devient de plus en plus fréquente chez les ménages jeunes (tableau 127).

Tableau 127. *Taux de pauvreté relative chez les jeunes (évolutions de 1989 à 1994)*

	1989	1994
Proportion de ménages pauvres parmi les jeunes ménages de moins de 30 ans	11,2	18,5
Proportion de ménages pauvres parmi les jeunes ménages de moins de 20 ans non étudiants	5,9	12,2
Proportion de personnes pauvres parmi les personnes de 20 à 29 ans	8,4	12,5

Source : INSEE, Enquêtes nationales sur le budget de ménages. Tableau présenté dans CSERC, *Inégalités d'emploi et de revenus, op. cit.*, p. 102.

Cette pauvreté, en début de cycle de vie, est un phénomène nouveau. Certes, les aides financières de la famille viennent partiellement compenser cet état de fait pour une partie des jeunes ménages. En 1995, les ménages consacrent 3 à 4 % de leurs revenus (en espèces ou en nature) à aider d'autres ménages. Ces aides représentent environ 135 milliards de francs par an, dont les trois quarts vont des ascendants vers les descendants. Ces aides réduisent l'écart qui s'est creusé entre jeunes et moins jeunes, mais elles ne le comblent pas. De plus, ces solidarités familiales accentuent plutôt les inégalités de revenus entre ménages jeunes, et elles paraissent concentrées au moment de l'insertion sur le marché du travail [2].

Ainsi, les évolutions démographiques économiques et sociales ont créé les conditions d'une faille profonde dans la solidarité intergénérationnelle.

B / *Concentration géographique des phénomènes de pauvreté et d'exclusion*

Un fait majeur des années récentes tient également à ce que l'exclusion, alimentée par les phénomènes de précarité, se traduit de façon beaucoup plus marquée que par le passé, sur un plan spatial.

« Une nouvelle ligne de clivage a surgi au sein de la société. Elle ne sépare plus tant ses membres là où ils produisent, dans l'entreprise, que là où ils vivent,

1. CSERC, *Inégalités d'emploi et de revenus, op. cit.* (chap. 3 « L'emploi et les revenus des jeunes »).

2. Chantal de Barry, Denise Eneau, Jean-Michel Houriez, « Les aides financières entre ménages », *INSEE Première*, 441, avril 1996.

dans la ville... Les banlieues populaires ne sont plus organiquement reliées à la ville. Elles se trouvent hors du système... Ainsi, la relation entre les pôles de la société ne prendrait plus les formes d'un face-à-face mais d'un côte à côte... Il y a un décrochage de la partie modernisée de la société qui s'opère sans utilisation de la partie inadaptée ni coercition à son égard. C'est cette indifférence qui suscite la violence [1]. »

Des processus cumulatifs qui risquent de devenir irréversibles sont dès lors à l'œuvre. Il est juste, à ce stade, de donner la parole à Pierre Bourdieu qui a tenté de reprendre les grilles d'analyse sociologique sur l'appropriation de l'espace.

« Le quartier stigmatisé dégrade symboliquement ceux qui l'habitent, et qui, en retour, le dégradent symboliquement puisque, étant privés de tous les atouts nécessaires pour participer aux différents jeux sociaux, ils n'ont en partage que leur commune excommunication. Le rassemblement en un même lieu d'une population homogène dans la dépossession a aussi pour effet de redoubler la dépossession, notamment en matière de culture et de pratique culturelle : les pressions exercées à l'échelle de la classe ou de l'établissement scolaire ou à l'échelle de la cité, par les plus démunis ou les plus éloignés des exigences constitutives de l'existence " normale ", produisent un effet d'entraînement vers le bas, donc de nivellement et ne laissent d'autre issue que la fuite (le plus souvent interdite par le manque de ressources) vers d'autres lieux [2]. »

C / *Risques accrus de vulnérabilité et d'exclusion pour la population étrangère*

Dans ce contexte nouveau, l'intégration de certaines catégories de population présente des difficultés accrues.

Tel est le cas des populations d'origine étrangère, dont on sait que la concentration dans certains quartiers défavorisés alimente la montée de l'intolérance. « C'est bien la cohabitation explosive en de nombreux quartiers ou cités entre des immigrés récents et des populations françaises en voie de marginalisation qui constitue actuellement un des problèmes les plus graves auxquels notre société est exposée [3]. »

Quels sont les problèmes nouveaux qui se posent, en l'occurrence, dans un pays reconnu depuis fort longtemps comme un pays d'immigration ?

Les flux migratoires d'entrées en France ont fortement diminué par rapport aux années de forte croissance. Le nombre annuel moyen d'entrées d'étrangers enregistré était de près de 150 000 entre 1960 et 1965, de 180 000 entre 1965 et 1970, de 200 000 environ de 1970 à 1973. Entre 1990 et 1995, on enregistre en moyenne annuelle 85 000 entrées d'étrangers sur le territoire français. Cette période est marquée par une baisse

1. Jacques Donzelot, *Face à l'exclusion*, Paris, Éditions Esprit, 1991.
2. Pierre Bourdieu, *La misère du monde*, Paris, Le Seuil, 1993 (chap. « Effets de lieux »).
3. Haut Conseil à l'intégration, *Pour un modèle français d'intégration*, coll. « Rapports officiels », Paris, La Documentation française, 1991.

significative des entrées enregistrées en 1994, confirmée en 1995 – cette baisse des entrées devant être rapprochée des changements intervenus en 1993 dans les lois fixant les conditions d'entrée et de séjour en France, et de ruptures dans les séries statistiques introduites par l'évolution des procédures. Mais les flux ne sont et ne peuvent être complètement arrêtés. Pour trois raisons :

– si les conditions du recours à la main-d'œuvre étrangère par l'économie française se sont considérablement modifiées depuis 1975, l'appel à une main-d'œuvre étrangère n'a pas pour autant disparu. Il subsiste un volume d'entrées au titre des autorisations de travail, qui est de l'ordre de 15 000 par an en 1994 et en 1995 ;

– le regroupement familial pour des étrangers installés depuis une certaine durée en France est un droit garanti par les principes généraux de notre droit : les flux correspondants représentaient 17 000 à 18 000 personnes par an en 1994 et en 1995 ;

– enfin, en vertu du droit d'asile garanti par la convention de Genève, chaque année un certain nombre de demandeurs d'asile se voient reconnaître la qualité de réfugié par l'Office français pour les réfugiés et apatrides (OFPRA) : de l'ordre de 5 000 personnes par an ces deux dernières années (l'admission à la qualité de réfugié ne représente qu'une faible part des demandeurs d'asile qui se présentent chaque année à nos frontières pour des motifs qui ne sont pas reconnus par la convention de Genève, et notamment la misère dans le pays de départ).

L'ensemble des motifs d'entrées en France (en ajoutant aux sources précédentes diverses autres procédures, dont les actifs non salariés qui ont des procédures d'admission au travail particulières) a représenté, en 1994, 64 000 entrées, en 1995 environ 50 000 (tableau 128). Bien sûr, ce chiffre ne comprend pas les entrées non autorisées à ces divers titres, soit ce qu'on a coutume d'appeler à tort les étrangers clandestins, qui sont en fait des étrangers en situation irrégulière au titre de leur autorisation de travail ou de séjour. Mais, si on ne doit pas le négliger, le nombre d'étrangers présents illégalement en France, qui ne peut par définition être mesuré avec précision, n'atteint pas les chiffres fantasmatiques que lui prête une partie de l'opinion publique rongée par la peur du chômage [1].

Les flux migratoires ont été, de 1993 à 1996, fortement réduits par une politique rigoureuse et très restrictive, qui a créé d'ailleurs un certain nombre de problèmes d'application difficiles s'agissant des droits de l'homme (les sans-papiers). Quelle que soit la politique mise en œuvre, ils ne peuvent être supprimés dans le contexte d'une économie ouverte et dans la configuration internationale que nous connaissons aujourd'hui.

Or ces flux d'entrées sont marqués, depuis un certain nombre d'années, par une diversification croissante des pays d'origine, qui traduit là aussi le nouvel état du monde. La part des étrangers d'origine africaine entrant en France est aujourd'hui de 40 à 45 %, alors que celle des Européens (y compris les originaires de Turquie) est de 31 à 32 %

1. Haut Conseil à l'intégration, *Les étrangers et l'emploi*, coll. « Rapports officiels », Paris, La Documentation française, décembre 1992. Cf. notamment le rapport particulier sur « l'emploi illégal des étrangers ».

Tableau 128. *Immigration selon le type de procédure*

	1994 (en valeur absolue)	1994 (en %)	1995 (en valeur absolue)	1995 (en %)
Travailleurs permanents	18 349	28,6	13 106	26,6
Regroupement familial	20 646	32,2	14 360	29,1
Conjoints de Français .	13 145	20,5	13 387	27,1
Parents d'enfants français	1 749	2,7	1 921	3,9
Réfugiés ou apatrides ..	7 025	11,0	3 751	7,5
Familles de réfugiés ou apatrides	776	1,2	749	1,5
Actifs non salariés	1 204	1,9	956	1,9
Autres bénéficiaires de plein droit d'une carte résident	1 208	1,9	1 166	2,4
Total	64 102	100	49 396	100

Source : OMI/OFPRA (Office des migrations internationales/Office français de protection des réfugiés et apatrides), *La connaissance de l'immigration,* Rapport du Haut Conseil à l'intégration, Paris, La Documentation française, février 1997.

Tableau 129. *Immigration par origine géographique*

	1994 (en valeur absolue)	1994 (en %)	1995 (en valeur absolue)	1995 (en %)
Europe [1]	21 657	33,7	15 771	32,0
Asie	9 161	14,2	6 342	12,9
Afrique	26 704	41,9	21 795	44,1
Amérique	6 580	10,2	5 488	11,0
Total	64 102	100	49 396	100

1. L'Europe comprend la Turquie.

Source : OMI/OFPRA, rapport du Haut Conseil à l'intégration, février 1997.

(tableau 129). Parmi les entrées, on compte depuis quelques années une part plus importante qu'auparavant d'immigrés en provenance de pays éloignés d'Europe dont les caractéristiques linguistiques, culturelles, religieuses, nécessitent un effort beaucoup plus soutenu d'intégration.

Deux facteurs supplémentaires viennent aggraver les difficultés rencontrées par les populations étrangères. Il s'agit d'abord de la concentration géographique croissante des entrées. La région Île-de-France accueille un fort pourcentage d'immigrants et de résidents temporaires : en 1995, 56 % des réfugiés, 51 % des travailleurs permanents, 40 % des immigrants pour raisons familiales se sont installés dans cette région.

Par ailleurs, le chômage frappe particulièrement la population étrangère. En 1994, le taux de chômage des étrangers était le double de celui des Français. Les taux de chômage observés sont particulièrement élevés pour certaines nationalités, et pour les étrangers arrivés récemment en France. On peut ajouter à ces facteurs puissants de désintégration et d'exclusion le fait que la répartition des étrangers occupés, par secteur et catégorie d'entreprises, montre qu'ils se trouvent, plus fréquemment que dans la période précédente de développement industriel, dans des petites entreprises du secteur tertiaire et dans des emplois temporaires, où font défaut les institutions intégratrices qu'avaient constituées, dans les années de croissance, les organisations syndicales et les organismes gérés par elles.

Les menaces d'exclusion particulières que connaît aujourd'hui la population étrangère viennent aggraver dans d'importantes proportions les phénomènes d'exclusion, notamment en alimentant la peur et l'intolérance des populations françaises touchées par la crise. La politique d'intégration de la population étrangère devient une impérieuse nécessité.

Ainsi, les précarités nouvelles issues du chômage et des nouvelles formes d'emploi alimentent un processus d'exclusion de la production et des systèmes d'intégration antérieurs, largement fondés sur le travail, qui apparaît menaçant pour la cohésion sociale. En ce sens, la signification de l'emploi (trop généralisé) du terme d'exclusion dans le débat social attire l'attention sur le fait qu'il ne s'agit plus seulement de pauvreté, de cumul ou d'accentuation des inégalités ; elle évoque une possibilité de rupture du lien social.

Rupture du pacte entre les générations, concentration géographique des phénomènes de pauvreté et d'exclusion, risques accrus de vulnérabilité et d'exclusion pour la population étrangère, tels sont quelques-uns des aspects qui caractérisent la nouvelle question sociale, ou sa métamorphose. Nouvelle question sociale signifie bien remise en cause du pacte social, menaces pour la cohésion sociale. Ces craintes sont confusément ou directement ressenties par ceux qui sont privilégiés du fait de leur situation d'emploi, de niveau de vie, d'habitat, de patrimoine... Mais une part importante de la population française ressent le danger d'exclusion pour elle-même ou pour ses proches : les enquêtes d'opinion indiquent en effet qu'une part importante des personnes interrogées disent avoir elles-mêmes peur de devenir des exclus, personnes sans logement ou chômeurs de longue durée. L'ignorance liée à l'« invisibilité » pour ceux qui, privilégiés, habitent dans des endroits d'où la pauvreté s'est « retirée » pour des quartiers périphériques, la menace au contraire de connaître le même sort pour ceux qui côtoient les populations françaises ou étrangères en voie de marginalisation, entretiennent un climat d'inquiétude. La raison profonde est bien l'apparition d'une forme d'insécurité nouvelle liée à l'absence d'emploi que les formes d'intervention traditionnelle ne parviennent pas à atteindre vraiment.

Même si « la question sociale se pose explicitement sur les marges de la vie sociale... elle " met en question " l'ensemble de la société [1] ».

1. Robert Castel, *Les métamorphoses de la question sociale, op. cit.,* p. 20.

« *L'ÉTAT À L'ÉPREUVE DU SOCIAL* [1] »

Face à ce qu'on appelle aujourd'hui le retour de la question sociale, l'État social se trouve en proie à de grandes difficultés, tant en ce qui concerne la définition d'une nouvelle doctrine d'intervention que sur le plan de ses moyens d'action. Incertitudes de l'intervention publique, crise de légitimité d'un côté, crise des outils, excessive complexité, malaise des professions dites sociales de l'autre. Autant d'éléments qui ont conduit les politiques sociales, depuis quelques années, à la recherche de nouveaux modes d'intervention [144].

[144]

« ÉTAT PROVIDENCE », « ÉTAT SOCIAL », POLITIQUES SOCIALES

L'État providence a été très fréquemment employé pour caractériser le développement des interventions sociales de l'après-guerre. L'expression est d'origine française. Elle date du Second Empire, époque où elle a été forgée par des penseurs libéraux hostiles à l'accroissement des attributions de l'État, critiques néanmoins vis-à-vis de phénomènes purement individualistes. Le terme est aujourd'hui beaucoup moins employé dans la mesure où il traduit un système dans lequel l'État serait lié par des engagements sociaux illimités.

L'État social, qui est actuellement préféré par divers auteurs (notamment Robert Castel) à celui d'État providence, renvoie plutôt à l'idée d'un système qui a pu stabiliser des mécanismes de protection sociale efficaces. L'État providence peut entrer en crise sans que cela signifie nécessairement la fin de l'État social. Le terme d'État social a été employé par le philosophe allemand Jürgen Habermas, dans ses écrits politiques. Habermas a étudié en particulier les difficultés que l'État social se crée à lui-même, et l'épuisement de l'énergie utopique qui l'inspirait et qui était fondée sur le travail.

Les politiques sociales ne constituent pas un concept, mais un ensemble empirique d'interventions publiques (voir l'avant-propos du présent ouvrage). La définition sous laquelle nous vivons aujourd'hui est le résultat de l'histoire sociale depuis le milieu du XIXe siècle. Elle est susceptible d'évoluer dans son champ, compte tenu précisément des caractéristiques de la « nouvelle question sociale ».

I | L'AVENIR DE L'ÉTAT SOCIAL

Beaucoup s'interrogent sur la nature de la crise que traversent les interventions publiques dans le domaine social et sur l'impuissance de nos systèmes diversifiés de protection, pourtant arrivés à maturité, à faire face aux problèmes de pauvreté et d'exclusion. Il ne fait pas de doute qu'est en cause le lien très profond qu'ils entretiennent avec le travail

1. Titre d'un colloque de recherche organisé à Toulouse, en septembre 1995, par le CNRS (Groupement de recherche « relations professionnelles »).

salarié. C'est autour de celui-ci que se sont progressivement mis en place, lors de l'apparition des immenses problèmes sociaux liés à l'industrialisation, de nouvelles interventions publiques assurant certaines formes de protection et de sécurité.

Les développements précédents de cet ouvrage l'ont amplement démontré, on a assisté, depuis le début du XIXe siècle, à une consolidation progressive de la condition salariale qui s'est traduite notamment par le développement de la proportion de salariés et du contrat à durée indéterminée ; le maintien, grâce à une croissance économique soutenue, de 1950 à 1975, d'un faible taux de chômage, n'autorisait pas la mise en cause de la légitimité d'un droit à la protection sociale consubstantiel à la stabilité de l'emploi.

C'est bien à partir des années quatre-vingt, que l'extension du chômage de longue durée, qui entraîne la suppression des droits à indemnisation – ceux-ci étant d'ailleurs rendus progressivement plus restrictifs sous l'effet des difficultés financières de l'UNEDIC – et le développement de l'instabilité de l'emploi, chez les jeunes notamment, ont multiplié les situations de non-couverture sociale.

L'État social est atteint au cœur de ses mécanismes de protection lié au travail salarié et par extension à toutes les formes de travail. Il ne s'agit plus, comme au XIXe siècle, de pallier l'insécurité qui était liée au travail industriel, mais celle qui a trait à la généralisation du chômage et de la précarité de l'emploi.

Ce constat est plus particulièrement marqué dans les systèmes d'État social dit « bismarckien », ou assurantiel qui, même s'ils ont toujours comporté des systèmes d'aide sociale plus ou moins étendus en direction de populations qui ne gagnaient pas par leur travail le droit à protection, ont fondé leurs principes d'action sur l'assurance, et sur les cotisations sur les salaires versés. Mais les systèmes « universalistes » du Nord de l'Europe (Danemark, Suède, Norvège) qui ont privilégié un autre type de solidarité, verticale, à visée explicitement égalitariste, financée par l'impôt, sont également ébranlés : les dépenses engagées en direction d'un nombre grandissant de personnes qui, se trouvant à l'écart du travail, ne sont plus « contribuables », aggravent en effet considérablement le poids financier des protections [1].

Face à cette nouvelle question sociale, il faut bien constater un certain désemparement, à l'image sans doute de celui des hommes du XIXe siècle qui mirent tant de temps à comprendre les mécanismes d'insécurité, à trouver et à admettre de nouveaux cadres d'analyse et d'intervention. Les débats intellectuels sur les remèdes tournent aujourd'hui autour des positions suivantes [2]. Pour certains, il faudrait tirer toutes les conséquences de la « fin de la société salariale » et ouvrir la voie à une dissociation du travail et du revenu par l'institution d'un « revenu universel », « revenu de citoyenneté » ou « impôt négatif ». Ces propositions, qui sont « susceptibles d'appropriations idéologiques, politiques, parfaitement oppo-

1. François-Xavier Merrien, « État providence et lutte contre l'exclusion », dans Serge Paugam (dir.), *L'exclusion, l'état des savoirs, op. cit.*

2. Jacques Commaille, *Les nouveaux enjeux de la question sociale, op. cit.*

sées [1] », sont loin de faire l'unanimité. S'y opposent notamment ceux qui soulignent les dangers d'une dissociation de l'économique et du social qui, « instituant des prestations qui ne seraient plus liées à l'emploi, (pourraient) consacrer une société marchande libérée des contraintes étatiques [2] ». S'instaurerait alors une coupure dangereuse entre une population au statut d'assisté et une population « performante ». Les mêmes recherchent les moyens de redéfinir de nouvelles protections accompagnant le développement de la mobilité et des formes nouvelles de travail [3]. Enfin d'autres débats existent autour de la redéfinition des critères d'attribution des prestations sociales, certains défendant l'idée d'une sélectivité qui se substituerait au moins partiellement au principe initial d'universalité.

Mais les débats d'idées ne sont pas les seuls à susciter la recherche de nouveaux modes d'intervention des collectivités publiques. Les interventions sociales sont aussi un secteur considérable, un entrelacs d'institutions, de financements et de prestations qui structurent profondément nos sociétés. Ces dispositifs souffrent d'handicaps spécifiques pour faire face à la crise actuelle : la faiblesse des moyens des administrations sociales, les liens trop ténus existant entre la politique sociale et des politiques structurantes comme la politique de l'école ou le logement, la grande dispersion et la complexité des instruments.

II | CRISE DES OUTILS

A / *Faiblesse des moyens des politiques sociales*

Il existe relativement peu de travaux s'intéressant à l'instrumentation des politiques sociales, c'est-à-dire d'abord aux caractéristiques des administrations en charge des types d'intervention classées sous ce titre : emploi, travail et formation professionnelle, d'une part, affaires sociales et intégration de l'autre.

L'administration sociale se caractérise dans notre pays par son caractère relativement récent [4]. Les ministères sociaux datent du XXe siècle. Le ministère du Travail a été créé en 1906. Le ministère de l'Hygiène, de l'Assistance et de la Prévoyance sociale, en 1924. Les deux ministères fusionnent en 1929 avant de se séparer en 1930 entre le ministère du Travail et de la Prévoyance sociale et le ministère de la Santé publique. Depuis, l'organisation des ministères en charge des politiques sociales varie en fonction de la conjoncture politique et de considérations techniques, autour de onze grandes directions (tableaux 130 et 131).

En dépit d'efforts consentis sur certains secteurs clés – comme en

1. *Ibid.*
2. *Ibid.*
3. Alain Supiot, *Critique du droit du travail, op. cit.*
4. Michel Laroque, *Les politiques sociales dans la France contemporaine,* Paris, Sciences et techniques humaines, 1986.

Tableau 130. *Ministère de l'Emploi et de la Solidarité*
Services en charge du travail, de l'emploi et de la formation professionnelle

Direction des relations du travail (DRT)	Délégation à l'emploi et à la formation professionnelle (DEFP)	Direction de l'administration générale et de la modernisation des services (DAGEMO)	Direction de l'animation de la recherche et des statistiques (DARES)
– Définition et mise en œuvre du cadre juridique du travail et des relations du travail – Suivi de la négociation collective à tous les niveaux (interprofessionnel, branches, entreprises) et encadrement juridique des institutions représentatives du personnel – Définition de la politique d'hygiène, de sécurité et de conditions de travail – Définition des politiques salariales et du temps de travail	– Préparation, animation, coordination et mise en œuvre des politiques spécifiques d'emploi – Préparation et animation de la politique de formation professionnelle – Gestion du fonds national de l'emploi – Tutelle de l'ANPE et de l'AFPA – Secrétariat du conseil national de la formation professionnelle, de la promotion sociale et de l'emploi; du conseil de gestion du fonds de la formation professionnelle; du comité de coordination des programmes régionaux d'apprentissage et de la formation professionnelle continue – Suivi de la mise en œuvre financière, juridique et technique des décisions	– Gestion des ressources humaines et des moyens du ministère du travail, de l'emploi et de la formation professionnelle – Animation des services déconcentrés	– Conception, collecte, exploitation et diffusion des données statistiques dans le domaine du travail, de l'emploi et de la formation professionnelle – Réalisation ou coordination d'études, analyses, actions d'évaluation – Animation et valorisation des travaux de recherche

* Afin d'éviter une excessive complication, les délégations légères d'animation des politiques transversales ne sont pas incluses dans cette présentation : jeunes en difficultés, RMI, villes.

Tableau 131. *Ministère de l'Emploi et de la Solidarité*
Services en charge des affaires sociales, de la santé et de la ville

Direction de la sécurité sociale (DSS)	Direction des hôpitaux (DH)	Direction générale de la santé (DGS)	Direction de l'action sociale (DAS)	Direction de l'administration générale, du personnel et du budget (DAGPB)	Direction de la population des migrations (DPM)	Pour mémoire (service et non direction)
– Législation et réglementation concernant l'assurance maladie et maternité dans le régime général et celui des « non non » – Législation et réglementation concernant les retraites (salariés et « non non ») – Politique des prestations familiales – Tutelle des caisses	– Recrutement, gestion, statuts et formation des personnels hospitaliers médicaux et de ceux relevant de la fonction publique hospitalière. – Planification, organisation sanitaire et évaluation de l'organisation des soins	– Observation de l'état de santé de la population – Politiques et programmes de santé publique. – Réglementation et formation des professionnels de santé – Évaluation des actions de santé publique	– Élaboration de la politique d'aide et d'action sociale – Législation et réglementation relative à la famille et à l'enfance (sauf PF) – Législation et réglementation relatives aux personnes handicapées et âgées – Législation et réglementation relatives à l'exercice du travail social	– Gestion des moyens matériels et humains du ministère	– Questions démographiques – Naturalisations – Action sociale, culturelle, et de formation des populations immigrées – Tutelle du FAS	– Service des statistiques des études et des systèmes d'informations (SESI) Statistiques, Comptes et synthèses, documentation, publications

* Afin d'éviter une excessive complication, les délégations légères d'animation des politiques transversales ne sont pas incluses dans cette présentation : jeunes en difficultés, RMI, villes.

1975, avec la création de la Délégation à l'emploi – ces administrations ne disposent pas (n'ont jamais disposé) des moyens matériels et humains correspondant à ceux de ministères plus anciens et plus prestigieux. Un certain nombre de réformes ont été tentées ces dernières années pour concentrer les moyens de l'administration centrale (la plus marquante étant la fusion des deux délégations, délégation à l'emploi et délégation à la formation professionnelle), adapter ses interventions au nouveau contexte de la décentralisation et de la déconcentration, répondre à des faiblesses et à des lacunes manifestes (réorganisation de la Direction générale de la santé après l'affaire du sang contaminé), développer ses moyens d'études, de prévision, d'évaluation (création de la DARES). Mais beaucoup reste encore à faire pour donner à l'organisation du ou des ministères en charge de ces questions centrales les moyens d'impulser des politiques qui relèvent d'acteurs multiples et d'un grand nombre d'organismes sous sa tutelle. Les rapports élaborés dans le cadre de la « modernisation de l'État [1] » ont tenté de définir quelles inflexions paraissaient nécessaires.

Mais, quelles que soient les réorganisations nécessaires et entreprises, demeure le mal profond que constitue la faiblesse des moyens financiers et humains. L'intendance [2] est souvent la grande absente des réformes entreprises dans le domaine social. Certes, les moyens budgétaires du ministère de l'Emploi et de la Solidarité sont importants : 167 milliards de francs en 1996 (loi de finances initiale), soit 12,8 % du budget civil de l'État. En matière d'effectifs, l'administration centrale et les services déconcentrés comptent 26 700 agents. Mais ces chiffres en eux-mêmes – particulièrement les effectifs – ne disent rien si on ne les compare aux effectifs d'autres administrations comme le ministère de l'Économie et des Finances (environ 190 000 agents), ou celui de l'Équipement (103 000), et surtout aux tâches à accomplir. Car les deux ensembles travail/affaires sociales ont dans leur mouvance de très nombreux organismes de statut divers dont les textes leur ont confié la tutelle (tableau 132). Certes, on dira que cette tutelle ne doit pas être tâtillonne et doit plutôt s'exercer *a posteriori*, avec de larges délégations de compétences. Tel est d'ailleurs le sens dans lequel, lentement, on s'achemine pour les grands organismes dans le domaine de l'emploi (ANPE) et de la formation (AFPA) et pour les caisses de sécurité sociale, à la suite des ordonnances de 1996 : priorité est désormais donnée à des « contrats de progrès », ou à des « conventions de gestion » à caractère pluriannuel. Mais pour exercer la « tutelle des sommets », ou une évaluation *a posteriori*, il faut avoir, non pas nécessairement plus de moyens, mais des moyens de grande qualité. Ajoutons que cette faiblesse des moyens n'est pas située uniquement au niveau central. Depuis de nombreuses années, des rapports décrivent et mettent en garde contre l'affaiblissement de la situation des DDASS et des DRASS au sein des services de l'État. Ce

1. Jean Picq, *L'État en France : servir une nation ouverte sur le monde*, Paris, La Documentation française, 1995 ; Christian Rollet, Rapport d'orientation sur la réforme de l'administration centrale des affaires sociales et de la santé, IGAS, 29 septembre 1996.

2. Marie-Thérèse Join-Lambert, « Politiques sociales : la mémoire et l'intendance », *Droit social*, avril 1994.

Tableau 132. *Moyens des organismes sociaux*

Organismes	Effectifs (en milliers)	Budget fonctionnel (en milliards de francs)	Interventions (en milliards de francs)
Secteur travail-emploi			
ANPE	14,0	5,6	1,5
AFPA	10,8	4,5	–
ASSEDIC-UNEDIC	11,6	4,9	128,5
Secteur solidarité et santé			
Hôpitaux publics	710,3	178,9	–
Organismes de Sécurité sociale			
Régime général	179,7	38,5	771,5
Ensemble des organismes	nd	64,0	1 494,6
Collectivités locales départementales	73,1	3,0	49,0

Source : *L'état de la France 1996-1997*, Paris, La Découverte, p. 538.

constat d'insuffisance de moyens humains et de négligence de l'instrumentation des politiques sociales pourrait être étendu à bien d'autres secteurs du domaine social que les services de l'État.

Il y a quelque paradoxe à ce que l'administration sociale soit « méprisée dans un pays où la méfiance vis-à-vis de l'argent se conjugue avec le culte de la finance [1] ». En tout cas, cette situation est particulièrement dommageable à un moment où les problèmes sociaux exigent de plus en plus des interventions coordonnées à caractère interministériel. Car les préoccupations sociales devraient être prises en charge par des politiques « structurantes » : le logement, l'éducation, l'aménagement du territoire, la justice... L'absence au sein de l'État d'un pôle social suffisamment fort, actif, ingénieux et respecté y fait obstacle [2]. La prise en compte des préoccupations sociales, les constats qui remontent depuis un certain nombre d'années sur le développement de la pauvreté, les problèmes de l'exclusion n'ont pas encore suffisamment irrigué les politiques sectorielles menées par d'autres départements ministériels.

C'est dire que le peu de moyens dont disposent les administrations sociales a pour inévitable corollaire un faible poids sur les décisions « structurantes » que prennent d'autres ministères et qui ont, en fait, des conséquences capitales pour les politiques sociales.

1. Michel Laroque, *op. cit.*
2. Cf. Aquilino Morelle, *La défaite de la santé publique*, Paris, Forum/Flammarion, 1996 (chap. 4 « L'État Gulliver »).

[145]

INSPECTION GÉNÉRALE DES AFFAIRES SOCIALES (IGAS)

Créée en 1967 par le regroupement fonctionnel de trois inspections générales (travail, santé, sécurité sociale) fusionnées en 1990, l'IGAS est un corps interministériel placé sous l'autorité du ministre en charge du travail, de l'emploi et de la formation professionnelle et des affaires sociales et de la santé.

D'après les termes de l'article 42 de la loi du 28 mai 1996 portant diverses mesures d'ordre sanitaire, social et statutaire, elle assure une mission de contrôle et d'évaluation de la mise en œuvre des politiques publiques de la sécurité sociale et de la prévoyance sociale, de la protection sanitaire et sociale, du travail, de l'emploi et de la formation professionnelle.

L'IGAS exerce également un contrôle des ressources collectées auprès du public dans le cadre de campagnes nationales et des comptes des organismes faisant appel à la générosité publique.

De façon générale, l'IGAS :

– assure une mission d'évaluation des politiques suivies par les ministères sous l'autorité desquelles elle est placée, ou par d'autres ministères qui souhaitent lui faire appel sur des sujets relevant de son domaine de compétence (par exemple, Coopération, Fonction publique, Affaires étrangères, sur les questions de santé publique, de gestion des effectifs...) ;

– exerce le contrôle supérieur de tous les services, établissements ou institutions du champ social ;

– développe des missions d'étude, d'assistance et de réflexion pour le ou les ministres concernés.

B / *Extrême dispersion des acteurs et des interventions*

La faiblesse des moyens va de pair avec une dispersion des acteurs qui s'est particulièrement accentuée dans la période récente.

La jeunesse de l'administration sociale et les traditions antérieures qui marquaient ce secteur (mutuelles, hôpitaux, établissements divers d'assistance...) l'ont fait échapper au « modèle napoléonien ». De plus, la participation des organisations professionnelles et syndicales, même si elle est organisée en France de façon différente de la plupart des pays européens du Nord, a contribué à renforcer l'ouverture de l'administration sociale. De fait, comme on l'a vu précédemment, l'administration sociale a la tutelle d'un nombre considérable et très varié d'établissements publics, d'organismes à gestion paritaire ou tripartites, d'associations.

Ces caractéristiques ont été accentuées et compliquées dans les années récentes du fait des lois de 1982 sur la décentralisation. On le sait, les lois de décentralisation ont posé le principe des blocs de compétence : chaque collectivité publique devient responsable tant au plan de la décision que du financement, des actions et prestations dont elle a la charge. Dans le domaine social, les transferts de « blocs de compétence » se sont effectués à des niveaux différents : la formation professionnelle a été décentralisée au niveau régional, l'action sociale au niveau départemental, la santé (prévention sanitaire) au niveau départemental également. L'emploi et la protection sociale n'ont pas été décentralisés. Finalement, cette décentralisation à des niveaux divers a compliqué le paysage des interventions sociales [146]. Par exemple, l'aide sociale vis-à-vis des personnes âgées et handicapés est aujourd'hui difficilement séparable de la médicalisation des établissements d'hébergement – celle-ci devenant de plus en plus indispensable avec l'allongement de la durée de vie. Or, la première est de la compétence du conseil général ; l'autre demeure de la compétence de l'État. La décentralisation des actions de formation professionnelle a connu une évolution sensible avec la loi quinquennale de 1993. Dans les autres domaines, notamment celui de l'action sociale, des aménagements devraient intervenir et permettre de procéder à certaines simplifications, en en application de la loi d'orientation du 14 février 1995 pour l'aménagement et le développement du territoire.

[146]

POLITIQUES SOCIALES ET DÉCENTRALISATION

Formation professionnelle

Depuis les lois de décentralisation, la formation professionnelle est devenue une compétence de droit commun de la région. Cependant, l'État avait conservé dans son champ de compétence les actions prioritaires, particulièrement les stages pour les jeunes et les chômeurs de longue durée. La loi quinquennale sur l'emploi de 1993 a organisé un transfert progressif de compétences des actions de formation pour les jeunes, qui doit intervenir d'ici la fin 1998.

Actions de prévention sanitaire.

En vertu des lois de décentralisation, l'État conserve :
- la protection de la santé mentale ;
- la lutte contre l'alcoolisme et le tabagisme ;
- le contrôle administratif et technique des règles d'hygiène.

Le département est responsable des actions suivantes :
- la protection sanitaire de la famille et de l'enfance ;
- la lutte contre les grands fléaux sociaux (tuberculose, maladies sexuellement transmissibles, sauf le Sida qui reste de la compétence de l'État) ;
- le dépistage précoce des affections cancéreuses ;
- la lutte contre la lèpre.

Action sociale

Le transfert au département a été l'un des plus complets. Le département est responsable :
- de l'aide médicale ;
- de l'aide sociale à l'enfance ;
- de l'aide sociale aux familles et aux personnes âgées (domicile et placement en établissement).

Reste du domaine de la solidarité nationale, c'est-à-dire de la compétence de l'État, la prise en charge des handicapés et des personnes sans domicile fixe (frais d'hébergement, d'entretien et de formation professionnelle des handicapés en centre de rééducation professionnelle, frais de fonctionnement des centres d'aide par le travail pour les handicapés, prise en charge des personnes sans domicile fixe, centres d'hébergement et de réadaptation sociale). Le RMI n'est pas décentralisé s'agissant du versement de la prestation qui est considérée comme relevant de la solidarité nationale, mais les programmes d'insertion font appel à la compétence et au financement des conseils généraux.

Les caractéristiques de la décentralisation dans le secteur social n'ont fait que renforcer la complexité d'un système construit au fil des cent cinquante années d'histoire. Ce système comporte plus que dans d'autres pays un grand nombre d'institutions spécifiques aux différentes catégories de la population ; il fait intervenir sur un même secteur d'intervention des institutions publiques – déconcentrées ou décentralisées –, des organismes tripartites ou paritaires... Ce chevauchement de compétences, qui ne peut être compensé uniquement par du « partenariat », contribue à l'opacité du système, au désarroi des usagers devant une réglementation complexe et des démarches à effectuer auprès de multiples guichets.

Une des conséquences les plus marquantes de cette dispersion des instruments, au regard des évolutions notées plus haut, est la difficulté de coordonner les interventions sur des lieux géographiques connaissant des problèmes importants de précarité et d'exclusion.

*
**

Pour faire face à ces remises en question et aux défauts propres à des mécanismes d'intervention fortement marqués par les spécificités de notre histoire sociale et de nos relations professionnelles, les politiques sociales ont connu, ces dernières années, trois grands types de développement. Il s'agit, dans chaque cas, de tentatives de politiques « transversales » à des niveaux très différents :

– la réorganisation – non achevée – des moyens de lutte contre la pauvreté, avec la création du revenu minimum d'insertion ;

– des tentatives de coordination interministérielle plus poussées en faveur de populations particulièrement menacées d'exclusion : on en prendra pour exemple la politique d'intégration des populations étrangères ;

– des politiques de coordination des interventions sur le plan géographique, alliées à une concentration de moyens permettant de pratiquer une « discrimination positive » envers les lieux particulièrement touchés ou menacés par l'exclusion : il s'agit essentiellement de la politique des villes.

Ces trois aspects sont développés dans les trois chapitres suivants.

Chapitre 18

Politiques de lutte contre la pauvreté et revenu minimum d'insertion

L'opinion publique a tendance aujourd'hui à confondre la lutte contre la pauvreté avec le dispositif du revenu minimum d'insertion, créé en France par la loi du 1er décembre 1988. En réalité, le revenu minimum d'insertion est venu s'inscrire dans un ensemble préexistant de dispositifs de lutte contre la pauvreté relevant de la protection sociale et de l'aide sociale, sans en modifier fondamentalement l'architecture. C'est d'ailleurs un des points qui fait problème aujourd'hui, le « filet de sécurité » que l'on a voulu instaurer à la fin de 1990 pouvant – si on n'y prend garde – constituer le réceptacle de personnes écartées du bénéfice de prestations que les contraintes financières et budgétaires conduisent à rendre plus restrictives.

Au-delà même de problèmes « conjoncturels » récurrents sur la fraude, l'obligation alimentaire, les risques de désincitation au travail, les débats sur l'avenir du RMI portent sur deux points fondamentaux : les modalités de sa réarticulation avec l'ensemble du dispositif de la protection sociale et de l'aide sociale – notamment les minima sociaux catégoriels existants et le dispositif d'indemnisation du chômage – et l'évolution de la notion d'« insertion ». Tandis que dans certains pays étrangers se développent les demandes de contrepartie, voire d'obligation de travail, en échange des prestations d'assistance versées aux pauvres, les propositions déjà anciennes de « revenu d'existence », d'« allocation de base inconditionnelle » ressurgissent en France et alimentent le débat sur la conditionnalité ou l'inconditionnalité du revenu minimum.

LES INSTRUMENTS DE LUTTE CONTRE LA PAUVRETÉ EN FRANCE AVANT L'INSTAURATION DU RMI

Jusqu'à la fin du XIXe siècle, en dépit des propositions avancées sous la Révolution française au sein du comité de la mendicité qui représentaient des avancées théoriques considérables, le traitement de la pauvreté se limitera à actualiser les notions de l'Ancien Régime, en les adaptant au nouveau cours libéral [1]. La première protection était la famille : c'est l'obligation alimentaire définie en 1803 par le Code civil ; le deuxième niveau était l'intervention facultative des collectivtés locales, avec la possibilité de créer des bureaux de bienfaisance ; le troisième niveau, la charité à l'égard des plus pauvres qui s'est traduite par de multiples initiatives privées tout au long du XIXe siècle. Le principe d'obligation de l'assistance pour les pouvoirs publics n'est acté qu'au tournant du siècle.

À la constitution et au développement d'un droit à l'aide sociale, se sont superposés par la suite les mécanismes de protection des assurances puis de la protection sociale qui jouent aujourd'hui un rôle important dans la lutte contre la pauvreté notamment, mais pas seulement, par le biais de minima sociaux catégoriels.

I | AIDE ET ACTION SOCIALE

On sait que l'action sociale désigne une série d'actions prises en charge par des organismes publics ou privés très divers à caractère *facultatif* (fonds sanitaires et sociaux des caisses de sécurité sociale, fonds sociaux des ASSEDIC, aides facultatives des collectivités locales : bons de transport, aides pour la cantine...).

L'aide sociale (cf. chap. 11) comprend des prestations et des services sociaux *obligatoires*. Ces prestations et services sont aujourd'hui largement décentralisés. Ils sont subordonnés à des conditions de ressource et soumis à l'obligation alimentaire (c'est-à-dire à l'obligation première faite aux parents d'entretenir leurs enfants, leurs petits-enfants et inversement). Il s'agit de prestations spécialisées, c'est-à-dire qu'elles ne constituent pas une somme d'argent dont le bénéficiaire dispose librement, mais de sommes affectées à la couverture d'un besoin : aide médicale, aide aux personnes âgées, handicapées, aide sociale à l'enfance.

Les dépenses engagées au titre de l'aide et de l'action sociale représentent aujourd'hui des sommes importantes, bien supérieures à celles engagées pour le revenu minimum d'insertion. L'aide sociale légale s'élevait, en 1995, à plus de 80 milliards de francs, dont 90 % environ sont à la charge du budget des départements. Ces sommes sont en augmentation rapide depuis 1989, du fait notamment de l'impact d'accords de salaires dans le secteur des établissements sociaux et médico-sociaux, de la créa-

1. Daniel Lenoir, « L'exclusion face au droit », dans Serge Paugam (dir.), *L'exclusion : l'état des savoirs*, *op. cit.*

tion de places pour adultes handicapés et, plus généralement, de la montée des besoins. On constate cependant, en 1995 et en 1996, une décélération de la croissance des dépenses départementales liée à l'atténuation de l'impact des accords de salaires et au renforcement du contrôle des dépenses par les départements, sans que l'on puisse dire encore s'il s'agit d'un renversement de tendance durable [1].

Quant à l'action sociale facultative, elle s'élève pour les seuls fonds d'action sociale des caisses à quelque 18 milliards de francs.

Ces sommes ne représentent qu'une partie des efforts engagés dans la lutte contre la pauvreté. En dehors des dépenses facultatives non évaluées des collectivités locales, des comités d'entreprise, ne sont pas comptabilisées les aides en nature. À titre d'exemple, ce qu'on appelle l'aide alimentaire (distribution de repas et colis alimentaires par divers réseaux : Resto du cœur, Secours populaire, Secours catholique, Fédération des banques alimentaires) concerne près de deux millions de personnes en France et représente approximativement 1,5 milliard de francs, dont 22 % proviennent de dons de l'Union européenne à partir d'une partie des excédents agricoles, 55 % de dons en nature et 23 % d'achats effectués par les organisations caritatives.

II | PROTECTION SOCIALE

La sécurité sociale – on l'oublie trop souvent – n'a pas qu'un caractère assurantiel. Dès l'origine, comme le montrent les textes fondateurs, son but principal a été de combattre la misère. « La sécurité sociale est la garantie donnée à chacun qu'en toutes circonstances il disposera des moyens nécessaires pour assurer sa subsistance et celle de sa famille dans des conditions décentes. »

La sécurité sociale a joué dans le passé un rôle très important de lutte contre la pauvreté. Son caractère très développé en France est sans doute une des raisons du caractère tardif de l'instauration d'un revenu minimum en France par rapport à d'autres pays.

Un rapport du CERC, publié en 1993 [2], avait évalué, pour l'année 1991, l'importance des mécanismes généraux de protection sociale pour réduire la pauvreté ou atténuer la précarité financière. Il parvenait à la conclusion que 12 à 13 millions de personnes (en incluant les personnes protégées grâce à la perception du RMI par le chef du ménage, soit 1,9 million de personnes) échappaient à la pauvreté ou à la précarité financière grâce à diverses dispositions de la protection sociale. Le coût des prestations monétaires versées à ces personnes était estimé à environ 15 % de la masse des prestations sociales.

1. *Lettre de l'Observatoire national de l'action sociale décentralisée* (ODAS), 6, semestriel, 1er mai 1997.
2. « Précarité et risque d'exclusion en France », *Documents du CERC*, 109, 3e trimestre 1993.

Le tableau 133 illustre la part des prestations sociales dans le revenu des ménages et son évolution depuis quelques années.

Tableau 133. *Proportion de ménages [1] dont les prestations sociales représentent plus du quart du revenu*

	1986-1987	1993-1994	Variation (en points)
Prestations sociales/Revenu global du ménage = 25% et plus	*14,3*	*19,4*	*+ 5,1*
Entre 25 et 50 %	8,4	10,4	+ 2,0
Plus de 50 %	5,9	9,0	+ 3,1
Prestations sociales/revenu global du ménage = 25 % et plus	*14,3*	*19,4*	*+ 5,1*
Femme seule sans enfant (10,4 % des ménages)	8,1	22,8	+ 14,7
Homme seul sans enfants (10,3 % des ménages)	10,0	20,3	+ 10,3
Couple sans enfant (6,5 % des ménages)	6,5	10,5	+ 4,0
Couple avec 2 enfants (21,1 % des ménages)	10,9	11,7	+ 0,8
Prestations familiales de logement et RMI/ Revenu = 25 % et plus	*9,7*	*13,4*	*+ 3,7*

1. Ménages de moins de 65 ans non retraités.
Source : INSEE, Enquêtes sur les conditions de vie des ménages (tableau tiré de CERC-Association, *La pauvreté en France aujourd'hui, op. cit.*).

Au sein de la protection sociale, outre certaines allocations de chômage et les retraites et préretraites pour des personnes ayant eu de médiocres revenus d'activité, deux types de dispositifs jouent un rôle particulièrement important dans la lutte contre la pauvreté monétaire.

A / *Les allocations familiales*

Globalement, les prestations familiales représentent un apport substantiel pour les ménages à bas revenus. Il existe à cela deux raisons :

– d'une part, les difficultés financières vont souvent de pair avec certaines configurations familiales : les couples avec trois enfants et plus, et surtout les familles monoparentales ;

– d'autre part, c'est par les caisses d'allocations familiales que transitent des aides de solidarité comme l'allocation parentale d'éducation ou les aides au logement. Ces dernières sont devenues un instrument très important de lutte contre la pauvreté et l'exclusion [147].

B / *Les minima sociaux catégoriels* [1]

Bien avant la création du RMI existaient dans le système de protection sociale français différents dispositifs de revenus minima garantis (tableau 134).

1. Cf. Jean-Luc Outin « Minima sociaux, salaires minima et protection sociale : vers un modèle français du workfare ? », *Revue française des affaires sociales*, 4, octobre-décembre 1996 : numéro spécial, « La contrepartie : les expériences nationales ». Cf. également CERC-Association « Les minima sociaux : 25 ans de transformations », *Les dossiers de Cerc-Association*, 2, 1997, et rapport du CSERC sur les minima sociaux (à paraître à la Documentation française).

[147]

LES ALLOCATIONS LOGEMENT

Trois catégories d'aides sont destinées à assurer une couverture partielle des frais de logement : l'aide personnalisée au logement, l'allocation de logement à caractère familial ainsi que l'allocation de logement à caractère social. Elles sont accordées toutes trois sous conditions de ressources aux locataires et accédants à la propriété qui occupent un logement répondant à des normes minimales de salubrité et de peuplement.

L'allocation de logement à caractère familial est une prestation destinée aux jeunes ménages (versée au maximum pendant cinq ans à compter de la date du mariage), et aux familles avec personnes à charge (enfants, ascendants ou infirmes) ayant un minimum de loyer.

L'allocation de logement à caractère social est accessible, depuis le 1er janvier 1993, à toute personne disposant de ressources ne dépassant pas un certain plafond (qui varie selon le lieu où elle vit). Sont concernés en particulier les étudiants, les jeunes travailleurs de plus de 25 ans, les personnes âgées de plus de 65 ans et les chômeurs.

L'aide personnalisée au logement (APL) est destinée aux locataires de logements conventionnés et aux accédants à la propriété qui ont amélioré leur logement avec des prêts aidés par l'Etat (PAP) ou des prêts conventionnés (PC).

Ces trois allocations sont calculées de la même façon ; seuls les coefficients sont calculés différemment selon les allocations, selon la composition familiale et le statut du bénéficiaire (locataire ou propriétaire).

À la fin décembre 1994, 1 094 000 ménages bénéficiaient de l'allocation de logement à caractère familial, 2 729 000 de l'APL, et 1 932 000 de l'allocation de logement à caractère social, soit au total 5 755 000 ménages. En 1994, le montant mensuel moyen des allocations logement était de 960 F pour les seuls bénéficiaires du régime général (de 800 F pour les couples sans enfant à plus de 1 600 F pour les couples ayant plus de 4 enfants et pour les isolés de plus de 3 enfants).

Source : INSEE, « Les revenus sociaux 1981-1995 », *Synthèses*, 6, 1996.

La création de ces minima s'est faite par étape : au fur et à mesure du développement du système de protection sociale, les revenus garantis catégoriels ont pallié les failles qui apparaissaient. Ces allocations constituaient et constituent toujours des prestations d'un nouveau type, se distinguant à la fois des prestations assurantielles et des prestations d'aide sociale. Elles empruntent à l'assurance du fait de la prise en charge de situations de perte de ressources liées à l'impossibilité d'exercer une activité professionnelle ou à la survenance d'une charge de famille (vieillesse, invalidité, chômage, « monoparentalité »). En revanche, elles sont, comme l'aide sociale, des prestations non contributives, c'est-à-dire qu'elles ne sont pas « affectées » à la prise en charge d'un besoin particulier ; elles consituent un revenu dont les bénéficiaires ont le libre usage.

Les premiers minima s'adressaient aux personnes âgées invalides et handicapées, populations situées hors du marché de l'emploi et qui n'avaient pas cotisé durant une période suffisante pour pouvoir bénéficier d'un minimum de prestations. Par la suite, ont été instaurés des minima

Tableau 134. *Les minima catégoriels avant l'instauration du RMI*

Intitulé de l'allocation minimale	Public visé	Année de création	Organisme gestionnaire	Financement
Minimum invalidité	Invalides de moins de 60 ans	1930	CPAM et MSA	Assurance-maladie et, pour une part, fonds de solidarité invalidité
Minimum vieillesse	Plus de 65 ans (ou 60 ans en cas d'inaptitude au travail)	1941-1963	Caisses de retraite, dans certains cas Caisse des dépôts et consignations	Fonds de solidarité vieillesse
Allocation adulte handicapé	Handicapés de plus de 20 ans (ou de 16 ans si la personne n'est plus à charge de ses parents.	1975	CAF et MSA	État
Allocation parent isolé	Personne isolée assurant la charge d'un ou de plusieurs enfants	1976	CAF et MSA	Sécurité sociale
Allocation de veuvage	Veufs ou veuves vivant seuls et ayant élevé un enfant	1980	Caisses vieillesse et MSA	Sécurité sociale
Allocation d'insertion	Certaines catégories déterminées de demandeurs d'emploi ne pouvant prétendre à l'indemnisation du chômage (détenus libérés, demandeurs d'asile...)	1984	ASSEDIC	Fonds de solidarité financé pour 2/3 par l'Etat et pour 1/3 par la contribution de solidarité de la fonction publique
Allocation de solidarité spécifique	Certains chômeurs de longue durée ayant épuisé leurs droits à l'assurance chômage	1984	ASSEDIC	*Idem*

sociaux correspondant à des pertes de ressources en principe provisoires. Avec l'allocation de parent isolé et l'allocation veuvage, ont été pris en compte les risques liés à des situations familiales fragilisées. En 1984, sont mises en place des revenus minima pour les chômeurs de longue durée et les personnes recherchant pour la première fois un emploi (allocations de solidarité spécifique et allocation d'insertion).

Le caractère très développé de la protection sociale est sans aucun doute une des explications de l'instauration tardive – relativement à d'autres pays européens – d'un revenu minimum en France. Ce dernier suscitait en effet notamment dans les partis de gauche trois inquiétudes au regard du haut niveau de protection assuré par les assurances sociales [1] :

« – laisser entendre que le problème de la pauvreté est résolu et retirer de ce fait aux plus démunis les appuis et les aides sur lesquels ils pouvaient compter jusqu'ici ;
– devenir le " déversoir " du système actuel de protection sociale... On peut concevoir qu'elle (l'institution d'un revenu minimum) rende plus aisé un désengagement des institutions sociales intervenant auprès des populations fragiles... ;
– maintenir une réserve de main-d'œuvre aux marges de l'appareil productif, ce qui est susceptible, soit de " légitimer " l'organisation du marché du travail sur une base dualiste, soit de précariser le travail salarié [2] ».

Dans une autre partie de l'opinion, on craignait les conséquences de l'attribution de droits sans contrepartie et la désincitation au travail.

Progressivement cependant, à partir du milieu des années quatre-vingt, les insuffisances de la couverture sociale d'une partie de la population et le caractère limité des réponses apportées ont conduit à l'instauration, par la loi du 1er décembre 1988, d'un revenu minimum original. Pour la première fois a été en effet institué un lien entre le droit à une prestation minimale et un engagement contractuel à l'insertion.

I | *LES REVENUS MINIMA DANS LES PAYS DE LA CEE AVANT LA LOI FRANÇAISE DE 1988*

Très grossièrement, on peut dire que les revenus minima institués dans les pays européens ont été conçus, dans les systèmes bismarckiens [3], comme des « filets » de sécurité destinés à compléter les trous de la protection sociale existante. Dans les systèmes beveridgiens [3], ils ont pour fonction de porter à un minimum vital fixé par le Parlement les ressources insuffisantes, soit de certaines familles dont le chef ou l'un des conjoints travaille, mais à un faible taux de rémunération, soit de familles ou de personnes

1. Jean-Michel Bélorgey, *La gauche et les pauvres*, Paris, Syros, 1988.
2. Jean-Michel Bélorgey, « Rapport sur le projet de loi relatif au RMI », dans *JOAN*, 161, 31 octobre 1988.
3. Les systèmes de protection « bismarckiens », à caractère professionnel, sont orientés vers le maintien d'un niveau de vie acquis grâce à des prestations proportionnelles au revenu qu'elles remplacent, financées par des cotisations obligatoires elles-mêmes proportionnelles au revenu. Les systèmes « beveridgiens », à caractère universel, sont orientés vers la garantie d'un niveau de vie minimum à toute la population, grâce à des prestations forfaitaires et uniformes et financées soit par l'impôt, soit par des cotisations elles-mêmes forfaitaires et uniformes.

n'ayant aucun revenu d'activité : ces mesures concernent, en Grande-Bretagne, un nombre important de personnes : 4,6 millions de ménages, soit 7 millions de personnes pour l'*income support*.

Le tableau 135 montre la diversité qui en résulte. En fait, comme le souligne B. Gazier [1], les difficultés de comparaison sont extrêmes : dans les deux cas (systèmes bismarckien et beveridgien), le revenu minimum représente une exigence de cohérence et de « bouclage » de systèmes de protection sociale arrivés à maturité et ne pouvant plus guère se développer de manière extensive. Sont alors recherchés simultanément une meilleure couverture des populations et un meilleur contrôle financier et social.

La diversité des bénéficiaires, du montant et des conditions d'accès reflète l'ampleur et la nature des dysfonctionnements des systèmes existants. Enfin, la nature de l'obligation de « contreparties » qui est éventuellement faite au bénéficiaire varie selon les conceptions dominantes : les minima garantis peuvent être conçus comme une compensation provisoire à l'impossibilité d'une insertion professionnelle, ou comme la contrepartie durable d'un processus d'exclusion. Dans le premier cas, on assortira le revenu de conditions, notamment de formation ou d'insertion dans des emplois particuliers ; dans le second, aucun engagement ne sera exigé de l'allocataire.

II | SYSTÈMES LOCAUX DE MINIMUM GARANTI

En France, avant 1988, certaines collectivités locales avaient pris l'initiative de mettre en œuvre un revenu minimum garanti financé sur leur budget d'aide sociale facultative. Ces revenus minima locaux étaient versés lorsque les prestations de protection légale étaient soit insuffisantes, soit inexistantes, de façon momentanée (attente de certaines prestations légales) ou durable.

Même si certaines d'entre elles sont beaucoup plus anciennes, ces expériences locales se sont essentiellement développées au cours des années quatre-vingt. Elles avaient pour caractéristiques de concerner un champ relativement étroit de bénéficiaires (chaque commune ou département édictait généralement une liste limitative) et l'obligation fréquente d'accompagner le versement des prestations d'une contrepartie en termes d'engagement de travail qui « apparaît souvent comme un instrument indirect de sélection des bénéficiaires, ayant pour but principal de limiter les coûts financiers du système, en rejetant le caractère automatique et permanent de l'allocation [2] ».

En outre, ces expériences locales étaient en nombre limité : vingt-cinq collectivités locales étaient recensées par le CERC en 1984 [3], en dehors

1. B. Gazier, « L'analyse économique des revenus minima en Europe », *Revue française des affaires sociales,* juillet-septembre 1990.

2. « Le revenu minimum garanti à l'épreuve des expériences locales », *Chronique du CREDOC,* 25, janvier 1988. Cité par J.-M. Bélorgey, « Rapport à l'Assemblée nationale sur le projet de loi relative au revenu minimum d'insertion », *JOAN*, n° 161, 3 octobre 1988.

3. « Protection sociale et pauvreté », art. cité.

Tableau 135. *Les revenus minima dans la CEE existant avant la loi française de 1988*

	Danemark	Royaume-Uni	RFA	Pays-Bas	Belgique	Irlande	Luxembourg
	1933	1948	1961	1963	1974	1977	1986
Conditions • Age minimal • Nationalité	18 ans Résident légal	18 ans Résident depuis dix ans	Résident légal	23 ans Résident légal	21 ans CEE et résident depuis cinq ans	18 ans	30 ans Résident depuis dix ans
Contrepartie			Inscription bureau d'emploi et acceptation emploi offert	Acception emploi offert	Disponible au travail	Disponible au travail	Engagement travail ou insertion
Mode de calcul	78 % de la pension vieillesse	Allocation en fonction d'un panier de biens indispensables	Allocation variable calculée en fonction d'un panier de biens indispensables	70 à 100 % du salaire minimum net, en fonction de la taille de la famille	Montant fixé chaque année	Allocation de base suivant un panier de biens indispensables	Niveau en fonction des minimums sociaux
Durée	neuf mois puis réduction	Illimitée	Illimitée	Illimitée	Réexaminé annuellement	Illimitée	Illimitée
Prise en charge financière	État (50 %)	État	État fédéral	État (90 à 100 %) et communes	État (50 %) communes (50 %)	État	État
Montant FF 1 famille 2 enfants	(1988) 6 500	(1988) 3 800	(1987) 6 400	(1987) 7 000	1988 3 300 + prestations familiales	1987 2 900	1988 6 380
Nombre de bénéficiaires (% population totale)	1977 115 000	1985 4,6 millions 8,1 %	1987 2,4 millions 4,2 %	1987 612 000 4,5 %	1985 50 000 environ 0,5 %	1987 55 000 1,6 %	5 280 1,5 %

Source : « Garantir le revenu. Une des solutions à l'exclusion », Document n° 3, *Transversales,* mai 1992, pages 70 et 71.

du cas particulier de la ville de Paris. La plupart de ces collectivités étaient situées dans le quart nord-est de la France, deux communes et un département se situaient dans le quart nord-ouest. Nîmes, seule commune du Sud de la France à pratiquer un revenu minimum, faisait figure d'exception. Le nombre de bénéficiaires de ces compléments locaux représentait environ 12 500 personnes fin 1987.

III | LES PRISES DE CONSCIENCE

Avec l'approfondissement des difficultés économiques et l'irréversible progression du chômage en France, les lacunes du système de protection sociale, si développé fût-il, sont apparues progressivement jusqu'à devenir préoccupantes.

D'une part, le système de protection légale n'était pas exempt de rigidités et de manques, qui faisaient qu'un certain nombre de personnes se retrouvaient sans revenus d'activité et sans protection sociale : malades de longue durée ou encore malades relevant d'une activité non salariée ; personnes qui devaient attendre le versement d'une prestation, ou celles qui se trouvaient gravement affectées dans leur équilibre de vie du fait de délais excessifs de paiement et des discontinuités administratives liées à des changements de situation [1] ; tous les individus connaissant des situations d'inactivité dues au chômage ayant tendance à se prolonger : chômeurs de longue durée, jeunes ne parvenant pas à s'insérer sur le marché du travail, femmes chefs de famille rencontrant des difficultés à trouver ou à retrouver un emploi...

> « La réflexion menée sur les problèmes de pauvreté a mis sans ambiguïté en évidence, depuis maintenant au moins une décennie, que quelque effort qu'on consente – et la marge est encore considérable – pour combler les " trous " du dispositif existant de protection sociale, il demeurera des situations qu'il sera toujours impuissant à saisir, des besoins auxquels il ne parviendra jamais à répondre : ces situations et ces besoins ayant, au demeurant, tendance à se multiplier en période de crise [2]. »

L'évaluation de ces situations présentait néanmoins de très grandes difficultés. Le CERC [3] a tenté d'en donner une estimation en utilisant les résultats de l'enquête Emploi de l'INSEE. Il concluait à une forte présomption de pauvreté pour environ 400 000 ménages. Les études préparatoires lors de la préparation du projet de loi gouvernemental, extrêmement frustes en l'absence de sources, indiquaient selon les cas que le RMI serait susceptible de concerner 250 000 ou 350 000 ménages repérés dans les fichiers de la CNAF, plus 150 000 à 250 000 autres, ou encore 700 000 ménages représentant 2 millions de personnes (évaluation du

1. Gabriel Oheix, « Contre la précarité et la pauvreté. 60 propositions », mars 1981 (non publié).
2. J.-M. Bélorgey, *La gauche et les pauvres*, *op. cit.*
3. « Protection sociale et pauvreté », art. cité.

Secours catholique). Un rapport plus ancien de J. Wresinski au Conseil économique et social estimait le nombre de pauvres à 2,5 millions [1].

Par ailleurs, de grandes divergences se manifestaient à propos de l'évolution des situations de pauvreté. Les études de la CEE, jusqu'à 1985 [2], semblaient indiquer une réduction globale de leur nombre, ce que confirmaient les travaux de S. Milano. Ces constats contrastaient avec la grande inquiétude des organisations caritatives qui constataient auprès de leurs guichets d'accueil une augmentation considérable de la fréquence des situations de détresse.

Les grandes étapes de cette prise de conscience ont été marquées par une série de rapports. Début 1981 un rapport effectué par Gabriel Oheix pour le Premier ministre, évoqué plus haut, proposait, entre autres, l'institution d'un « minimum de soutien social », allocation attribuée pour une période de quatre mois renouvelable jusqu'à la prise en charge par un « bloc » institutionnel de protection sociale ou la reprise d'un emploi. En octobre 1984, le gouvernement mit en place un programme d'actions spécifiques contre la pauvreté et la précarité destiné à prévenir les situations de détresse pendant les périodes hivernales. Puis il encouragea les formules de revenus minima locaux.

En 1987, le rapport Wresinski soulignait la nécessité de considérer la lutte contre la pauvreté comme une priorité nationale et proposait l'instauration d'un revenu minimum sans aucune condition préalable d'insertion.

En 1988, durant la campagne présidentielle, la *Lettre à tous les Français* de François Mitterrand annonçait qu'il demanderait « au prochain gouvernement qu'un revenu minimum soit attribué... Peu importe le nom qui lui sera donné, revenu minimum d'insertion, revenu minimum garanti... L'important est qu'un moyen de vivre ou plutôt de survivre soit donné à ceux qui n'ont rien, qui ne peuvent rien, qui ne sont rien. C'est la condition de leur réinsertion sociale ».

IV | LA LOI DE 1988

L'originalité de la loi instituant le revenu minimum d'insertion en France, votée à l'unanimité, vient de ce qu'elle lie intimement une prestation quasi universelle, qui constitue un droit, et une démarche d'insertion basée sur un engagement contractuel entre l'individu et la société. Cet aspect a été particulièrement étudié et débattu lors du débat parlementaire, qui a fait évoluer les premiers projets gouvernementaux de la notion de « contrepartie » à celle de contrat d'insertion. Progrès conceptuel qui contrevenait à un « moralisme collectif, profondément enraciné dans la vieille méfiance à l'égard des pauvres valides, dans la peur ancestrale d'encourager la paresse [3] ». Une formule intermédiaire entre une prestation inconditionnelle et une prestation sous condition de travail a

1. Joseph Wresinski, *Grande pauvreté et précarité économique et sociale,* Avis et rapports du Conseil économique et social, n° 4074, juin 1987.
2. Citées au chapitre 17.
3. Jean-Michel Bélorgey « Pour renouer avec l'esprit initial du RMI », *La revue du MAUSS*, 7, 1er semestre 1996.

été ainsi introduite. Celle-ci constitue une originalité du système français qui a été depuis adoptée en Espagne. L'engagement ne constitue pas une « contrepartie » obligatoire en termes de travail à fournir, mais un droit à l'insertion sociale et professionnelle qui a pour corollaire un devoir d'insertion incombant à la collectivité nationale. La lecture de l'article premier de la loi du 1er décembre 1988 [148] est révélatrice de l'ambition et aussi de l'ambiguïté de la démarche d'insertion.

[148]

LOI N° 88-1088 DU 1er DÉCEMBRE 1988
RELATIVE AU REVENU MINIMUM D'INSERTION
(*Journal officiel,* 3 décembre 1988)

Titre 1er
DISPOSITIONS GÉNÉRALES

Article 1er

Toute personne qui, en raison de son âge, de son état physique ou mental, de la situation de l'économie et de l'emploi, se trouve dans l'incapacité de travailler, a le droit d'obtenir de la collectivité des moyens convenables d'existence. L'insertion sociale et professionnelle des personnes en difficulté constitue un impératif national. Dans ce but, il est institué un revenu minimum d'insertion mis en œuvre dans les conditions fixées par la présente loi. Ce revenu minimum d'insertion constitue un des éléments d'un dispositif global de lutte contre la pauvreté tendant à supprimer toute forme d'exclusion, notamment dans les domaines de l'éducation, de l'emploi, de la formation, de la santé et du logement.

Le droit à prestation est quasi universel [1]. Jusqu'à présent, les minima sociaux étaient destinés à des catégories de population : personnes âgées, adultes handicapés, parents isolés. Cette fois, la population tout entière est concernée :

– dans son champ territorial (France et DOM) ;

– dans son champ socioprofessionnel : les exploitants agricoles et les non-salariés ont droit au RMI, qui n'est d'ailleurs subordonné à aucune condition d'activité antérieure ;

– dans son champ personnel, avec deux notables exceptions qui ont fait l'objet de longs débats lors de la préparation du texte : la population étrangère récemment arrivée en France (le RMI n'est attribué qu'à la population étrangère présente en France depuis plus de trois ans [2]) ; les jeunes de moins de 25 ans, sauf s'ils ont des enfants à charge, du fait de l'existence pour cette catégorie d'un dispositif d'insertion professionnelle.

Le contrat d'insertion est lié au versement de la prestation avec plusieurs nuances d'importance. Il ne conditionne pas le versement de la prestation pendant une durée initiale de trois mois ; son absence ne peut conduire à l'interruption de l'allocation lorsque ce sont les services chargés de préparer et de conclure ledit contrat avec l'intéressé qui sont responsables.

1. Bertrand Fragonard, « Le RMI, une grande ambition », *Droit social,* juillet-août 1989.
2. Plus exactement ont droit au RMI les étrangers disposant d'une carte de résident de dix ans, ou, depuis trois ans, d'une carte de séjour temporaire avec mention d'une activité professionnelle

L'insertion est prise dans une acception large [149]. Elle comprend notamment des actions d'« autonomie sociale » (traitements médicaux, cures de désintoxication, accompagnement social pour les personnes particulièrement déstructurées...).

[149]

ARTICLE 37 DE LA LOI DU 1er DÉCEMBRE 1988

L'insertion proposée aux bénéficiaires du revenu minimum d'insertion et définie avec eux peut, notamment, prendre la forme :

– d'activités d'intérêt collectif dans une administration, un organisme d'accueil public, associatif, à but non lucratif ;

– d'activités ou de stages d'insertion dans le milieu professionnel, définis par convention avec des entreprises ou des associations selon des modalités fixées par voie réglementaire ;

– de stages destinés à l'acquisition ou à l'amélioration d'une qualification professionnelle par les intéressés ;

– d'actions destinées à aider les bénéficiaires à retrouver ou à développer leur autonomie sociale.

« Le contrat d'insertion doit ainsi être une chance pour l'allocataire et sa famille, un devoir pour les collectivités publiques qui doivent être en mesure d'offrir aux allocataires la gamme variée des actions et activités nécessaires au parcours personnalisé d'insertion, une exigence de la collectivité publique vis-à-vis de l'allocataire [1]. »

En ce domaine, dont on mesure à la fois l'ambition et les ambiguïtés possibles d'application, la loi définit essentiellement des procédures de mobilisation : élaboration de programmes départementaux d'insertion par un conseil départemental d'insertion créé par la loi, développement d'actions d'insertion de tous ordres grâce à une contribution du département à hauteur de 20 % des sommes consacrées à la prestation [2], création de commissions locales d'insertion composées de personnes d'horizons divers, chargées d'examiner et de signer avec les bénéficiaires les contrats d'insertion.

Ainsi le premier objectif relatif aux personnes et à leurs droits visait-il à procurer des moyens convenables d'existence à toute personne en incapacité de travailler.

Le second objectif, l'insertion sociale et professionnelle, visait les politiques sociales et tout particulièrement la politique de l'emploi.

Ces deux objectifs ont été très inégalement atteints. S'il y a eu une indéniable réussite dans la mise en place de la prestation, l'objectif d'insertion a rencontré de grandes difficultés.

1. Bertrand Fragonard, « Le RMI, une grande ambition », art. cité.
2. Cette contribution nouvelle correspondait pour partie à une estimation des « économies » que les départements feraient sur l'aide sociale du fait de la création de la prestation nouvelle.

Institué par la loi du 1er décembre 1988, qui a été votée par le Parlement à la quasi-unanimité, le RMI est entré en vigueur très rapidement : les principaux décrets ont été publiés le 13 décembre 1988, et les premiers versements sont intervenus dès la fin 1988-début 1989. L'évaluation de la loi avait été prévue dès l'origine : l'article 52 de la loi avait limité (au 30 juin 1992, délai qui a été prolongé au 31 décembre 1992) la durée d'application de la loi en l'accompagnant d'une procédure d'évaluation. Celle-ci a abouti à un rapport communiqué au Parlement [1], qui a voté une nouvelle loi le 29 juillet 1992 reprenant et modifiant à la marge le texte de 1988. Trois domaines en particulier ont fait l'objet en 1992 de progrès notables [2] :

– le droit à la santé et la modernisation corrélative de l'aide médicale ;

– la modification des règles trop complexes de cumul de l'allocation avec des revenus provenant de la reprise d'une activité ;

– l'amélioration des procédures d'élaboration et de suivi des contrats d'insertion.

I | LA PRESTATION

A / *Une approche globale du niveau de vie garanti*

Le RMI est une allocation différentielle. Son bénéficiaire ne reçoit que la différence entre le RMI et les ressources de son foyer.

L'allocation différentielle représente la part monétaire du revenu garanti. Son taux maximal représente le niveau de revenu garanti par la prestation (tableau 136).

Tableau 136. *Montant mensuel du RMI au 1er janvier 1997*

(en francs par mois)

Nombre de personnes à charge	Isolé	Ménage
–	2 403	3 604
1	3 604	4 325
2	4 325	5 046
3	5 287	6 007
4	6 248	6 969
1 en +	961	961

Montant mensuel : allocation différentielle et subsidiaire complétant les ressources du foyer (personnes à charge de moins de 25 ans) dans la limite des sommes ci-dessus mentionnées.

1. Commission nationale d'évaluation du revenu minimum d'insertion, *RMI, Le pari de l'insertion*, Rapport de la commission présidée par Pierre Vanlerenberghe, Paris, La Documentation française, 1992.

2. On doit citer également, bien que cela ne concerne pas, à proprement parler, le RMI, que la loi de 1992 a instauré l'affiliation obligatoire de tous les jeunes de moins de 25 ans à l'assurance maladie.

Les ressources éventuelles du demandeur, prises en compte pour le calcul de l'allocation différentielle permettant d'atteindre le niveau de revenu garanti, sont, en règle générale et sauf exceptions qui seront évoquées plus loin, tous les revenus professionnels et toutes les prestations sociales, y compris les allocations familiales, les allocations d'aide sociale, l'hébergement gratuit.

L'allocation est également subsidiaire, c'est-à-dire que l'intéressé – ou en son nom, les caisses d'allocations familiales (CAF) qui ont été chargées de verser les prestations – doit faire valoir les droits qu'il possède vis-à-vis des différentes prestations sociales et également des créances alimentaires que les parents doivent à leurs enfants au titre de l'obligation d'entretien, et que les époux et ex-époux se doivent au titre du devoir de secours [1].

Le niveau de vie garanti va au-delà du taux maximal de la prestation. Le RMI donne automatiquement accès à certains droits sociaux essentiels : l'affiliation à l'assurance maladie (assurance personnelle) pour ceux qui n'ont pas le droit, ceci dès la loi de 1988 ; depuis la loi de 1992, l'aide médicale pour la prise en charge du ticket modérateur et du forfait journalier, le système du tiers payant pour éviter l'avance des frais médicaux. En outre, depuis 1988, le droit à l'allocation de logement social est ouvert aux bénéficiaires du RMI qui ne peuvent prétendre à une autre aide au logement. L'extension progressive du champ de l'allocation à des catégories de logement qui en étaient auparavant exclues (seuls restent exclus les taudis dont les conditions d'insalubrité et de surpeuplement permettent difficilement de considérer qu'il s'agit véritablement de logements) a permis la généralisation du versement d'une allocation logement aux bénéficiaires.

Les aides au logement constituent également un appoint substantiel car une fraction de certaines allocations (l'allocation logement et l'aide personnalisée au logement), définie forfaitairement, est cumulable avec le RMI. L'objectif de cette mesure est d'assurer un certain niveau de revenu après le paiement des charges de logement qui constituent les charges les plus lourdes.

Enfin, dans le but cette fois de ne pas décourager les efforts d'insertion, l'allocataire qui, pendant qu'il perçoit le RMI, parvient à exercer une activité professionnelle ou à suivre un stage de formation, peut conserver une partie de ces gains. C'est ce que l'on appelle l'intéressement, dans le jargon de la prestation.

De plus, certaines prestations légales ou facultatives sont cumulables avec le RMI : il s'agit notamment de l'allocation d'éducation spéciale, de l'allocation de rentrée scolaire et de l'allocation compensatrice.

Il reste qu'objectivement le montant du minimum garanti par la prestation est bas, ce qui s'explique par la volonté d'éviter tout effet de concurrence entre le revenu minimum et le SMIC.

1. Il s'agit d'une version atténuée de l'obligation alimentaire, vieux principe du Code civil, repris dans le Code de l'aide sociale : les obligations alimentaires des enfants envers leurs parents, et entre gendre et belle-fille, beau-père et belle-mère ont été supprimées pour le RMI. L'obligation alimentaire peut être levée par décision du préfet.

Le montant du RMI a été calculé de sorte que, dans aucune configuration familiale, il ne soit supérieur au revenu qui pourrait provenir d'une activité rémunérée à temps plein.

B / « *Une existence sociale retrouvée pour deux millions de personnes* [1] »

Le RMI a révélé des populations inconnues des services sociaux, qui étaient exclues de fait ou de droit de toute protection sociale.

La montée en charge de l'allocation a été très rapide puisque, sept mois après sa mise en place, elle concernait déjà 270 000 allocataires.

Le nombre de bénéficiaires dans les DOM a été très vite voisin de 100 000, puis il s'est stabilisé. Le nombre de bénéficiaires en métropole s'est accru de 100 000 par an de 1991 à 1994 (17% par an en moyenne). Cette augmentation s'est infléchie en 1995 et en 1996 (+ 40 000 personnes par an, soit + 4 % par an) (tableau 137).

Tableau 137. *Évolution du nombre de bénéficiaires du RMI entre 1989 et 1996*

(en milliers)

	Métropole	DOM	Total
1989	335	72	407
1990	422	88	510
1991	488	94	582
1992	575	96	671
1993	697	96	793
1994	803	105	908
1995	841	105	946
1996 (juillet)	885	109	994

Si l'on prend en compte les personnes vivant dans les foyers de bénéficiaires du RMI, ce sont environ 1 900 000 personnes qui sont concernées par la prestation.

Comme le montre le tableau 138, les populations qui ont accédé au RMI ne présentaient pas les caractéristiques auxquelles on s'attendait.

Cette répartition est restée stable depuis la création du RMI. Le RMI est majoritairement versé à des personnes seules (environ 60 %, dont 40 % d'hommes, 20 % de femmes), mais aussi à des familles monoparentales (20 %), et à des couples avec ou sans enfant (respectivement 16 % et 4 %).

La structure par âge est également stable. Les bénéficiaires du RMI sont plutôt jeunes (en dépit de la condition d'âge de 25 ans minimum imposée dans le dispositif, sauf en cas de charge de famille). 30 % ont moins de 30 ans, 32 % ont entre 30 et 39 ans, 22 % entre 40 et 49 ans, 16 % ont plus de 50 ans. L'âge moyen est d'environ 38 ans.

De nombreux constats font pourtant état de l'augmentation de la part

1. Titre retenu dans la note de synthèse du rapport de la Commission nationale d'évaluation du RMI, *Une dynamique d'insertion encore insuffisante,* mars 1992, Paris, La Documentation française.

Tableau 138. *Les allocataires du RMI. Les prévisions avant la loi et la réalité au 30 juin 1991*

(en %)

	Isolés sans enfant	Couples sans enfant	Foyers avec 1 enfant	Foyers avec 2 enfants et plus	Total
Estimations INSEE à partir de l'enquête « Situations défavorisées »	26	6	20	48	100
Estimation retenue lors de la préparation de la loi	24	19	26	31	100
Situation au 30 juin 1991	58	5	17	20	100

Source : Commission nationale d'évaluation du RMI, *RMI. Le pari de l'insertion*, rapport cité.

des jeunes dans les nouveaux entrants. Une enquête du CREDOC [1] montre, en particulier, que les nouveaux entrants analysés constituent une population jeune, ayant avant tout des problèmes d'insertion professionnelle. La contradiction apparente avec la stabilité de la structure par âge s'explique par le fait que les jeunes restent moins longtemps dans le dispositif. Bien que la durée moyenne de présence des allocataires dans le dispositif du RMI soit difficile à connaître avec précision, on sait en effet que le taux de rotation annuel est de l'ordre de 20 à 30 %. Les jeunes restent moins longtemps dans le dispositif et sont plus nombreux parmi les sortants.

La répartition des bénéficiaires de la prestation en fonction de la date d'ouverture des droits se présentait de la façon suivante au 31 décembre 1995 :

droits antérieurs au 1er janvier 1990	14 %
droits ouverts en 1990	6 %
droits ouverts en 1991	7 %
droits ouverts en 1992	9 %
droits ouverts en 1993	14 %
droits ouverts en 1994	21 %
droits ouverts en 1995	29 %

50 % étaient donc présents depuis moins de deux ans. Parmi les 50 % restants, 14 % étaient bénéficiaires du RMI depuis l'année de montée en charge de la prestation, soit environ sept ans.

Ces données permettent de mettre en relief un constat majeur et trop souvent oublié : l'extrême diversité du profil des bénéficiaires, depuis les jeunes marginalisés (mais aussi quelques jeunes ayant fini leurs études et sans emploi), jusqu'aux chômeurs âgés, aux femmes seules suite à une séparation et sans expérience professionnelle...

Beaucoup sont chômeurs de longue durée, avec un niveau faible de

1. CREDOC, « Les nouveaux arrivants au revenu minimum d'insertion : profils, parcours antérieurs, rapports à l'emploi et à la famille », multigr., 1996.

formation et de qualification. Beaucoup rencontrent aussi des difficultés de santé ou de logement [1]. La cause essentielle d'entrée au RMI est le chômage. Rares sont les bénéficiaires (6 %) qui arrivent directement à la sortie de leurs études, 1 % seulement des entrants n'ont jamais travaillé. Parmi les entrants, près d'une femme sur deux a été inscrite à l'API dans une période précédente (qui n'est généralement pas la période précédant immédiatement l'entrée au RMI).

Tous les bénéficiaires ont pu connaître une amélioration de leurs conditions de vie. En dépit de son faible montant, l'allocation permet aux bénéficiaires d'acquérir une certaine sécurité matérielle. D'après les enquêtes commandées par la Commission nationale d'évaluation du RMI pour le rapport effectué en 1992, le revenu minimum a permis aux allocataires de couvrir un certain nombre de besoins essentiels, de connaître moins de difficultés pour régler des charges fixes, voire, pour certains, d'engager un processus de désendettement.

Le paiement de l'allocation s'est effectué dans de relativement bonnes conditions, grâce au réseau des CAF et des MSA. La loi sur le RMI pose le principe d'une gestion « sociale » de la prestation : prospection des allocataires, aide des CAF pour faire valoir leurs droits à d'autres prestations du système légal, procédures permettant d'obtenir des avances et d'assurer une continuité de paiement en cas de non-renvoi accidentel des déclarations de ressources (exigées trimestriellement) [150].

[150]

LE CIRCUIT ADMINISTRATIF DU RMI

– Les centres communaux et les services départementaux d'action sociale, les associations agréées par le préfet reçoivent et instruisent les demandes.
– Les caisses d'allocations familiales (CAF) et celles de la Mutualité sociale agricole (MSA) calculent le montant du RMI.
– Le préfet décide de l'attribution de l'allocation, ainsi que de la fin du droit (radiation).
– Les CAF ou la MSA effectuent le paiement qui est mensuel.
– Ayant élaboré et fait signer au bénéficiaire un contrat d'insertion, la commission locale d'insertion, placée sous l'autorité du préfet et du président du conseil général, est chargée du suivi de l'action de formation ou d'insertion.

Source : Vincent Poubelle, Bernard Simonin, « Le RMI. Un million d'allocataires en trois ans », *Données sociales,* 1993, p. 555.

Cependant, ces dispositions ont été appliquées inégalement sur tout le territoire. Et la procédure de l'allocation comporte encore des facteurs d'insécurité, notamment les délais de paiement, la complexité du calcul, inhérente au caractère différentiel de l'allocation. Le logement reste un problème crucial du fait de l'insuffisance d'une offre de logement adaptée : un allocataire sur dix a un besoin impératif de relogement, un allo-

1. Michel Raymond, « Pauvreté, précarité, RMI », dans *La protection sociale en France, Les notices*, Paris, La Documentation française, 1995.

cataire sur vingt est menacé d'expulsion. Près de la moitié des bénéficiaires n'ont pas de logement personnel.

C / *Le financement de la prestation*

Au titre de la solidarité nationale, l'État finance l'essentiel de la prestation du RMI. Le tableau 139 montre l'évolution des masses versées sur le budget de l'État.

Tableau 139. *Évolution du financement du RMI entre 1989 et 1997*

	Crédits budgétaires (en millions de francs)	% de progression
1989	6 000	
1990	8 668	
1991	14 325	+ 44,5
1992	13 168	+ 65,3
1993	16 631	+ 26,3
1994	19 217	+ 15,5
1995	22 022	+ 14,6
1996	23 000	+ 4,4
1997	24 230	+ 5,35

1. Crédits inscrits en loi de finances initiale et en loi de finances rectificative.

II | L'INSERTION [1]

L'efficacité du dispositif d'insertion peut être mesurée à partir de deux critères :

– l'accès à des procédures d'insertion ;

– les sorties durables du dispositif qui sont un des objectifs visés par la loi, la voie privilégiée étant l'emploi ou, à défaut, l'accès à une autre prestation, si possible pérenne.

A / *Les contrats d'insertion*

Les contrats d'insertion sont destinés à formaliser le projet d'insertion mis au point par le service instructeur, en accord avec le bénéficiaire, et sur lequel ce dernier et la collectivité, par l'intermédiaire de la commission locale d'insertion, s'engagent [151]. En fait, les contrats ne concernent qu'une partie de la population des bénéficiaires de la prestation. Si les contrats signés ainsi que les contrats en cours de validité poursuivent leur progression en valeur absolue, le taux de contractualisation (contrats en cours de validité sur nombre d'allocataires payés depuis plus de trois mois) progresse peu. Il s'établissait à 47 % en 1994. Les disparités sur ce point entre départements sont fortes, puisque le taux

1. Cf. synthèse du rapport de la Commission nationale d'évaluation du RMI, *Une dynamique d'insertion encore insuffisante* (op. cité).

[151]

LE DISPOSITIF D'INSERTION

Le dispositif d'insertion du RMI est piloté au niveau départemental sous la co-responsabilité du préfet et du président du conseil général. État et conseil général sont partenaires à part égale, compte tenu de la répartition des compétences issues de la décentralisation : emploi, une partie de la formation (le reste étant de la compétence du conseil régional), santé publique, logement, centres d'hébergement pour l'État ; aide sociale et médicale, protection maternelle et infantile, service social, auxquels s'ajoutent les « crédits d'insertion » qui ont été rendus obligatoires par la loi, pour le département.

Sont associés de nombreux organismes ou collectivités regroupés au niveau départemental au sein d'un conseil départemental de l'insertion (qui adopte un plan départemental d'insertion) et au niveau local de la commission locale d'insertion (700 CLI qui adoptent un plan local d'insertion et valident les contrats d'insertion) : communes, associations, fédérations d'entreprises, organismes HLM, ou encore CAF et CPAM.

Les lois de 1988 et de 1992 ainsi que d'autres textes ont prévu différents dispositifs pour faciliter l'insertion des bénéficiaires du RMI :

– des crédits d'insertion sont à la charge des conseils généraux, calculés à hauteur de 20 % de la dépense de l'État pour l'allocation RMI dans le département ;

– des mesures pour l'emploi bénéficiant en particulier – mais pas seulement – aux bénéficiaires du RMI, dans le secteur marchand (CIE) et non marchand (CES et contrat emploi consolidé CEC).

Les masses financières engagées au titre de l'insertion représentaient, en 1994-1995, environ 12 à 13 milliards de francs.

Financement de la prestation et de l'insertion en 1994

(en milliards de francs)

	État	Conseils généraux	Total
Allocation RMI	19,50		
Mesures pour l'emploi	4,85		
Crédits d'insertion DOM	0,75		
Frais de gestion directe	0,25		
Majoration d'aide au logement	0,85		
Crédits d'insertion		3,1	
Assurance personnelle et aide médicale		2,8	
Total	26,20	5,9	32,10

Source : Michel Raymond, « Pauvreté, précarité, RMI » dans *La protection sociale en France, op. cit.*

était de 14 % dans les « dix moins bons départements » et de 100 % dans les « dix meilleurs », sans que ces écarts puissent entièrement – loin de là – s'expliquer par les différences locales de situation de l'emploi.

Il existe donc un stock d'allocataires sans contrat, faisant apparaître une inégalité sensible entre les bénéficiaires – inégalité particulièrement marquée selon les départements.

De plus, la procédure du contrat ne paraît pas avoir toutes les vertus qu'on lui prêtait initialement. Dans certains cas, le souci de réaliser un « bon taux » de contrat a pu prévaloir sur le contenu et la qualité des processus d'insertion. Par ailleurs, le bénéfice d'un contrat d'insertion ne garantit pas une sortie plus rapide du RMI, ni l'accès à un emploi.

Enfin, le rôle du contrat s'affaiblit avec le temps, ce qui est d'autant plus fâcheux qu'un nombre important de bénéficiaires reste dans le dispositif.

D'autres mesures d'insertion, qui ne sont pas toujours formalisées dans un contrat d'insertion (CES, CIE...), peuvent cependant exister. La Commission nationale d'évaluation du RMI estimait, en 1992, que 20 % des allocataires sont dans ce cas, ce qui porterait à 60 % la proportion d'allocataires inscrite dans une démarche d'insertion ou de suivi social.

B / *Des sorties vers l'emploi encore limitées*

Les sorties du RMI ne correspondent pas toutes à des accès à l'emploi ou à la formation. Sur les 300 000 sorties annuelles, environ 200 000 sont considérées comme des sorties vers l'emploi, 40 000 comme des sorties vers la formation (SIFE). Les sorties vers l'emploi sont, pour plus de la moitié (120 000), des contrats emploi solidarité simples ou consolidés (CES ou CEC), des associations intermédiaires ou entreprises d'insertion. 25 000 correspondent à un contrat aidé dans le secteur marchand. 55 000 correspondent à des reprises d'emploi hors contrats aidés ou à des créations d'entreprise (tableau 140).

Tableau 140. *Accès à l'emploi et à la formation au sortir du RMI*

Accès à l'emploi (France métropolitaine)	1992	1993	1994
Reprises d'emploi hors contrats aidés	40 000	42 000	50 000
Créations d'entreprise	2 000	3 000	4 000
Associations intermédiaires et entreprises d'insertion	7 000	8 000	9 000
Contrats retour à l'emploi (antérieurs au CIE)	14 000	14 800	24 500
CES	75 650	96 100	110 000
CEC	–	3 000	6 000
Total accès à l'emploi	138 650	163 900	203 500
Accès à la formation (SIFE)	48 300	42 250	42 000
Total	186 950	206 150	245 500

LE RMI À LA CROISÉE DES CHEMINS

En dépit d'un vote du Parlement à la quasi-unanimité des voix, d'une procédure d'évaluation de 1990 à 1992, et du vote d'une nouvelle loi en 1992, le RMI a fait et fait toujours l'objet de débats. Les uns sont des débats récurrents, qui touchent à vrai dire l'ensemble des prestations d'aide sociale : fraudes, désincitation au travail... À des données réelles mais que les travaux effectués révèlent toujours marginales par rapport à la grande masse des bénéficiaires, se mêlent sur ce point des visions idéologiques opposées de ce que doit être l'aide aux pauvres, présentes depuis que celle-ci existe. Mais il est des débats plus importants et plus difficiles : ce sont ceux qui ont trait à l'articulation du filet de sécurité instauré par le RMI avec le restant de la protection sociale, et celui de l'avenir de l'insertion.

I | FRAUDES, DÉSINCITATION AU TRAVAIL

Des inquiétudes s'élèvent périodiquement, dans le monde politique, dans l'opinion, au sujet des fraudes aux prestations sociales. Ces craintes n'ont pas épargné le RMI, prestation nouvelle, touchant un très grand nombre de bénéficiaires, dont les dépenses ont augmenté fortement depuis l'origine. L'opinion est prompte à signaler, dans son entourage ou par ouï-dire, des cas d'attribution de l'allocation qu'elle juge injustifiés ou frauduleux.

Des enquêtes ont été diligentées sur ce point par les corps de contrôle : Inspection générale des finances/Inspection générale des affaires sociales, Cour des comptes. Les travaux menés conjointement par l'IGF et l'IGAS à la fin de 1994, à partir d'analyses sur un échantillon forcément limité, constatent la présence d'une fraude (ou plutôt d'indus) représentant 3 à 5 % du montant du RMI, et des ouvertures de droits erronés correspondant à moins de 1 % de l'échantillon. Ce qui représentait des proportions relativement faibles. Les recommandations visaient à renforcer les plans de contrôle des CAF et le développement des échanges informatisés avec d'autres institutions. Le contrôle est une nécessité permanente pour toutes les prestations d'aide sociale, afin d'éviter des failles qui, même limitées, conduisent à des réactions très négatives de l'opinion, dangereuses pour la cohésion sociale et l'avenir même de la prestation. Mais on ne peut dire, au vu des résultats des enquêtes menées jusqu'à présent, que ce soit un problème particulier pour la prestation RMI.

La « désincitation au travail » ou la « trappe à pauvreté » constituent, on le sait, un thème classique de la pensée économique libérale et néolibérale, mais aussi des hommes politiques, alertés par certaines fractions de l'opinion publique prompte à condamner la paresse des « indigents valides ». Ce que l'on peut dire à ce sujet est que le montant du RMI a été fixé par rapport au salaire minimum de sorte qu'en aucune configuration familiale il ne puisse être supérieur à un revenu d'activité – c'est d'ailleurs la raison de son faible montant. Par ailleurs, des mesures dites d'intéressement ont été mises en place afin de ne pas décourager la reprise d'un emploi. Des progrès peuvent encore être réalisés dans cette voie. Une étude de l'ODAS [1] montre que l'apport financier d'un SMIC à temps plein est toujours vérifié quel que soit le type de ménage. Dans le

1. Claudine Padieu, « Étude sur l'apport financier de l'accès à l'emploi par types de ménages », *Les Cahiers de l'ODAS*, mars 1997.

cas des personnes isolées et des familles monoparentales qui représentent huit cas sur dix des bénéficiaires du RMI, l'apport financier est substantiel. Dans deux cas sur dix (les familles en couple avec un ou deux enfants), l'apport financier d'un SMIC à plein temps est plus marginal. Lorsqu'il s'agit d'un SMIC à temps partiel, l'apport financier du SMIC est faible pour les emplois à trois quarts de temps, et inexistant pour des emplois à mi-temps, sauf mesures d'intéressement spécifiques. L'équilibre comptable entre SMIC et revenu minimum d'insertion est donc, selon cette étude, largement respecté dans la majeure partie des cas. Il serait nécessaire, estime l'auteur du rapport, que la législation renforce davantage l'attractivité des emplois à temps partiel, et aussi que soit porté remède à la très grande opacité de la réglementation qui rend la prise en compte de toutes les variétés de situations quasiment impossible.

II | RMI ET PROTECTION SOCIALE

Le RMI est venu s'inscrire dans un dispositif d'ensemble de protection et de lutte contre la pauvreté, sans en modifier la construction. Si la masse financière consacrée au RMI (y compris les crédits d'insertion) représente environ 32 milliards de francs en 1994, l'aide sociale légale, sans compter l'action sociale et les aides facultatives, en représente plus de 80 milliards, et les minima sociaux autres que le RMI plus de 60 milliards. Plusieurs inconvénients en résultent : la complexité et l'opacité de la réglementation qui la rend difficilement intelligible pour les populations les plus démunies ; le risque que le filet de sécurité universel que constitue le RMI n'autorise des réductions de prestations par ailleurs, qui alimentent, sans réflexion préalable ni vue d'ensemble, la croissance des bénéficiaires du revenu minimum.

Deux aspects sont à cet égard particulièrement importants.

A / *Les minima sociaux : articulation, fusion* [1] ?

Huit dispositifs garantissent aujourd'hui un revenu minimum garanti. À la fin de 1995, plus de 3 330 000 bénéficiaires étaient concernés, soit près de 6 millions de personnes couvertes (dont respectivement 946 000, et près de 1 900 000 pour le RMI). Ces dispositifs diffèrent sur de multiples points en raison d'une histoire propre et de finalités différentes. Le niveau de revenu garanti par les différents minima et leurs conditions d'éligibilité varient fortement d'un dispositif à l'autre. Pour un même minimum, le montant et les conditions peuvent varier selon l'activité antérieure de la personne ou d'une personne de la famille, le statut de cette activité (salarié ou non salarié), l'âge, l'existence d'un handicap, la nationalité, la durée de résidence, la situation conjugale, la présence d'enfants à charge. D'autres éléments varient selon les minima : les pla-

1. Sur ce point, voir CERC-Association, doc. cité, et CSERC, rapport (à paraître) cité. Un rapport du Commissariat général du Plan, présidé par Bertrand Fragonard (« Rapport sur les minima sociaux », 1992, non publié), avait présenté des propositions de modification ou de fusion.

fonds de ressources, la durée maximale de perception, l'existence de droits associés, les modalités de gestion... On mesure cet enchevêtrement en prenant connaissance des montants mensuels moyens versés au titre de certaines de ces allocations. Au 31 décembre 1995, le montant moyen mensuel versé au titre du RMI était de 1 890 F ; celui versé au titre de l'allocation de solidarité spécifique, de 2 260 F ; au titre de l'AAH, de 3 322 F (pour l'allocation versée à taux plein) ; au titre de l'assurance veuvage, de 1 750 F.

Mais l'harmonisation ou la fusion des divers minima ne constituent pas des choix purement techniques. Il est vrai, en premier lieu, que le niveau garanti par le RMI est, dans la plupart des cas, inférieur à celui des minima créés antérieurement. La fusion présenterait le risque majeur – en une période de contexte budgétaire resserré – de diminuer l'ensemble des autres dispositifs en faveur des handicapés, des chômeurs en fin de droits... Mais, plus profondément encore, la question préalable est de savoir si l'on crée ou non un filet minimal généralisé qui constituerait le premier étage des prestations de protection sociale. Premier étage au-delà duquel viendrait s'inscrire un second comprenant les assurances obligatoires de base et complémentaires, puis un troisième comprenant la protection surcomplémentaire privée et libre. Cette solution, en apparence simple, soulève des inquiétudes [1]. Car le raisonnement en termes de minimum pourrait conduire à une dévalorisation constante du « premier étage » de protection, et la distinction entre les deux étages « supérieurs » ne pas subsister longtemps, les assurances privées pouvant être introduites dans la gestion des assurances obligatoires. La solution alternative à une fusion généralisée et à la constitution d'un filet de base peut certes passer par la fusion de tout ou partie des certains minima proches, mais à condition qu'il s'agisse d'une solution *transitoire*, garantissant une couverture minimale aux personnes ayant perdu tout rattachement au régime de base, en attendant que l'on puisse les rattacher au régime commun.

Les orientations concernant les minima sont par ailleurs indissociables en fait de la solution que l'on retient à long terme au sujet de l'allocation universelle, c'est-à-dire de l'attribution d'un revenu minimal sans limitation de durée.

B / *RMI et indemnisation du chômage*

Après plus de vingt années de développement d'un chômage de masse, la définition du chômeur, et plus particulièrement du chômage indemnisé, constitue un point central pour l'avenir des systèmes de protection, et notamment du RMI. Quelle sorte d'inactivité et de recherche d'emploi doit être respectivement prise en charge par l'assurance et l'assistance chômage et par le revenu minimum d'insertion ? En fait, notre système d'indemnisation du chômage a été profondément ébranlé par les

1. Jean-Michel Bélorgey, « Logique de l'assurance, logique de la solidarité », *Droit social*, 9-10 septembre-octobre 1995, numéro spécial, « La protection sociale, demain ».

réformes successives et non coordonnées entre elles de l'assurance et de l'assistance chômage, qui ne se trouvent plus en phase avec les évolutions du marché du travail. La couverture du risque est faible ou inexistante pour ceux qui passent par une succession d'emplois précaires, et pour les jeunes de manière générale. L'articulation entre assurance et assistance chômage constitue en outre, en France, une « anomalie » par rapport aux principes généraux de la répartition des tâches entre assurance et assistance, observée dans les pays étrangers. Le système de l'allocation de solidarité spécifique se rapproche de l'assurance puisqu'il exige une durée d'affiliation longue. Ainsi, toute personne ayant épuisé ses droits à l'assurance chômage doit, à défaut d'avoir travaillé ou d'avoir été affilié suffisamment longtemps, demander le bénéfice du RMI. Les évolutions du dispositif d'assurance chômage – rendu plus restrictif du fait des difficultés financières – sont pour une part non négligeables à l'origine de l'accroissement du nombre de bénéficiaires du RMI, notamment dans les années 1992-1994 [1], puisque le filet constitué par l'allocation de solidarité spécifique ne pouvait prendre en charge la totalité des chômeurs en fin de droits.

L'articulation du RMI avec le système d'indemnisation du chômage constitue donc un point très important pour l'avenir du RMI. Là aussi, le choix se pose : réviser le dispositif d'indemnisation du chômage de façon à le rendre plus proche des évolutions structurelles du marché du travail et lui faire couvrir les « nouveaux risques » que sont le travail précaire répétitif, ou laisser ces nouveaux risques au RMI ou à un filet minimal de protection généralisé.

III | L'AVENIR DE L'INSERTION

Les résultats médiocres obtenus en matière d'insertion ont conduit à réactiver des débats et des idées à vrai dire fort anciennes concernant le revenu minimum inconditionnel [2], et, à l'opposé, les idées de contrepartie obligatoire au versement de la prestation.

L'idée de revenu minimum a plusieurs siècles d'existence. Dès la Renaissance, elle fait partie des grandes utopies classiques dans la mesure où elle pose la question de la justice sociale [3]. Au XVIIIe siècle, les philosophies du contrat social font une place à l'idée de revenu minimum dans leur recherche des principes de justice. Au XIXe siècle, l'idée se fait plus précise et s'organise autour du droit au travail et du droit au bien-être. Ainsi, en France, les fondateurs de la revue *Ordre nouveau* revendiquent-ils un minimum social garanti pour tous, de la naissance à la mort, indépendant de tout travail, sauf celui qu'imposerait un « service civil [4] ».

1. Marie-Thérèse Join-Lambert, « Les enseignements de l'histoire pour les politiques sociales d'aujourd'hui. À propos des " métamorphoses de la question sociale " de Robert Castel », *Travail et emploi*, 68 (3), 1996 (DARES/La Documentation française).
2. Cf. notamment sur ce point, « Vers un revenu minimum inconditionnel ? » *Revue du Mauss*, 7, 1er semestre 1996.
3. Serge Milano, *Le revenu minimum garanti*, Paris, PUF, 1989 (coll. « Que sais-je ? »)
4. *Ibid.*

Dans la seconde moitié du XXe siècle, avec le développement des systèmes de protection sociale, ce sont des revenus minima appelés « complétifs » qui se mettent en place. Ceux-ci s'insèrent dans la protection sociale existante et la complètent. Dans la mesure où leur champ dépend alors très directement du système de protection sociale, dont ils sont en quelque sorte le « double négatif [1] », ceux-ci sont éminemment variables dans leur forme et leur extension, selon qu'il s'agit de systèmes de protection à dominante « bismarckienne », ou « beveridgienne » (tableau 141).

Tableau 141. *Les différentes acceptions possibles du terme « revenu minimum »*

Revenu minimum complétif	Revenu minimum substitutif
1. Définition : s'insère dans la protection sociale existante et la complète.	1. Définition : se substitue à l'ensemble des prestations en espèces pour fonder un nouveau principe de sécurité sociale
2. Extension dans la plupart des pays européens	2. Extension : s'il alimente les débats intellectuels et politiques, le revenu substitutif n'existe dans aucun pays
3. Formes prises par le revenu complétif : très variées selon la dominante des systèmes de protection sociale	3. Formes : deux principales formes
– Beveridgien (Grande-Bretagne) Majorations de prestations *Income supplément* pour les personnes qui travaillent « Crédit familial » pour celles qui ne travaillent pas – Bismarckien (Allemagne) *Hilfe zum lebensunterhalt* Aides de subsistance (ou aide à l'entretien) gérées par les communes	– allocation universelle (ou dividende social ou national) : versée sans condition de ressources et sans limitation de durée à chaque individu, jeune ou vieux, actif ou inactif, riche ou pauvre – impôt négatif : technique fiscale permettant de verser une allocation compensatrice à toute personne dont le revenu est inférieur à un montant déterminé, au-delà duquel s'opère le prélèvement fiscal positif
– Systèmes mixtes Allocation servie au titre de la solidarité en Belgique (Minimex) RMI en France	

Toute autre est la conception du revenu minimum substitutif, qui constitue, dans la pensée de ses auteurs, un bouleversement complet des systèmes de protection sociale existants. Celui-ci peut prendre deux formes essentielles. L'impôt négatif conduit à ce qu'en dessous d'un certain niveau de revenu l'individu ne paie plus d'impôt, mais est au contraire subventionné par l'État. L'allocation universelle relève d'un principe différent : elle est versée à tout individu sans condition de ressources et sans limitation de durée. Les revenus classiques issus du marché viennent s'ajouter à cette allocation. Celle-ci devrait constituer un instrument de recomposition du marché du travail qui peut être, selon les auteurs, soit un instrument de flexibilité et de déréglementation (K. Roberts, et collectif Charles Fourier), soit s'inscrire dans un scénario

1. Bertrand Fragonard, « Le RMI, une grande ambition », *Droit social*, juillet-août 1989.

de partage du travail et de temps choisi (R. Passet, A. Gorz, Y. Bresson, H. Guitton).

Cette idée est, selon les cas, reprise ou combattue ces dernières années [1]. Ses défenseurs mettent particulièrement en avant l'idée qu'il faut faire une place matérielle ou symbolique à ceux qui ne pourront ou ne voudront pas trouver leur identité dans le seul travail salarié [2]. D'autres mettent en évidence le coût très élevé de la création de cette allocation (un revenu d'existence à 1 600 F par mois représenterait 14 % du PIB en France) qui conduirait nécessairement à renoncer à des pans entiers de la protection sociale existante. Ils craignent, en outre, le risque de dualisation entre la population vivant de ce revenu et les actifs « suroccupés » et le fait que l'institution de ce droit au secours ne facilite une organisation ultralibérale du marché du travail [3]. Leur position est bien résumée par cette phrase de Jean-Michel Bélorgey : « Il faut parfois cesser de rêver à des lendemains en forme d'avènements, ou qui soient quittes des dilemmes d'aujourd'hui, et s'atteler à forger des lendemains meilleurs avec les outils que l'on a [4]. » Alain Caillé et un certain nombre d'auteurs proposent une formule atténuée du revenu inconditionnel, consistant à rendre le RMI à la fois irrévocable, quand bien même les actions de réinsertion n'auraient pas abouti, et cumulable avec d'autres ressources.

Mais, dans le même temps, ressurgissent d'autres débats, inspirés d'évolutions très sensibles dans les pays étrangers, surtout anglo-saxons : les débats sur le *workfare* ou sur la nécessité de contrepartie au versement du revenu minimum [5], qui s'opposent vigoureusement à un droit au revenu accordé sans condition. L'évolution a été particulièrement marquée aux États-Unis, où l'assistance est devenue de plus en plus une aide « liée » : le soutien de l'État s'assortit d'un ensemble de conditions de comportement. Cette transformation a pris le nom de *workfare* : « néologisme formé de la contraction des termes *work* (travail) et *welfare* (aide sociale). Parler de *workfare*, c'est donc parler du travail, tel qu'il est réglé dans la logique de l'institution assistancielle américaine [6] ». Dans le même temps, dans les pays européens, différentes mesures ont été mises en place dans le sens d'un aménagement plus contraignant pour les demandeurs d'emploi des allocations de chômage [7]. La nature et l'intensité des contreparties demandées aux allocataires de minima sociaux

1. Outre la *Revue du Mauss* déjà citée, voir les positions opposées de Daniel Cohen dans *Richesse du monde, pauvretés des nations* (Paris, Flammarion, 1997), et de Pierre Rosanvallon dans *La nouvelle question sociale* (Paris, Seuil, 1995).

2. Cf. notamment Alain Caillé.

3. Cf. Robert Castel, Jean-Michel Bélorgey.

4. Jean-Michel Bélorgey, « Pour renouer avec l'esprit initial du RMI », art. cité.

5. Voir notamment les deux numéros qu'a consacrés la *Revue française des affaires sociales* à cette question : « La contrepartie : droits et créances », 3, juillet-septembre 1996, « La contrepartie : les expériences nationales », 4, octobre-décembre 1996.

6. Sylvie Morel, « La contrepartie dans la protection sociale américaine », *Revue française des affaires sociales*, 4, octobre-décembre 1996.

7. Marina Pineschi-Gapenne, « Les contreparties demandées aux chômeurs dans les pays européens. La notion d'emploi convenable », *Revue française des affaires sociales*, 4, octobre-décembre 1996.

deviennent un thème central dans les travaux des organisations internationales, dans l'opinion publique. Cette notion de contrepartie est précisément celle qui a été écartée lors de la discussion parlementaire sur le RMI, au bénéfice du contrat d'insertion qui engage les deux parties (l'individu et la collectivité), et qui est discuté et non imposé sous forme, par exemple, de travaux d'intérêt général.

Ainsi deux conceptions opposées pourraient venir ébranler la conception de l'insertion mise en place en France en 1988 : soit rendre le RMI inconditionnel, soit l'assortir de conditions d'activités plus strictes sous forme de contreparties et non de contrat.

Entre ces deux positions tranchées, il y a sans doute matière à des évolutions plus nuancées. Ne pas traiter au regard de l'insertion la population des bénéficiaires du RMI comme une population « uniforme », et s'il y a fusion des minima sociaux ou au moins de certains d'entre eux, admettre que le contrat d'insertion n'est pas nécessaire pour une partie de la population : handicapée, ou présente depuis très longtemps dans le dispositif par exemple.

Encore faudrait-il trancher sur l'articulation du RMI avec les autres minima et sur la place des couvertures minimales dans l'architecture des différents niveaux de protection sociale : solution transitoire dans l'attente d'une réinsertion dans les circuits classiques, ou nouvel étage de base de la protection sociale pour tous les « exclus » des systèmes de protection.

On le voit, l'avenir du RMI, tant du point de vue de son lien avec le système de protection sociale que de son lien avec l'emploi, constitue un des problèmes clés de l'avenir des politiques sociales.

Chapitre 19

La politique d'intégration des populations immigrées

La politique d'immigration revêt un caractère beaucoup plus complexe que d'autres politiques transversales qui cherchent à coordonner un ensemble varié d'interventions des pouvoirs publics au bénéfice d'une catégorie de population. Elle ne met pas seulement en cause le lien social mais une conception de la nation et de ses rapports avec le reste du monde. Par ailleurs, les difficultés actuelles d'intégration des populations étrangères, ou issues de l'immigration, renvoient largement aux « désarrois de l'identité française [1] ». Seul un pays sûr de lui-même et de son identité, confiant en l'avenir, peut intégrer sans heurts des apports extérieurs. Bien des éléments relatifs à la crise économique actuelle et à la menace de dissolution du lien social expliquent la montée actuelle de l'intolérance vis-à-vis de l'étranger.

> « Toutes les grandes démocraties modernes subissent les effets des déséquilibres démographiques et économiques mondiaux, de la perméabilité des frontières et de l'accélération des mouvements de personnes qui affectent, d'une façon ou d'une autre, la composition ethnique et culturelle de leur population [2]. »

Chaque société doit trouver les formes nouvelles de l'intégration de ces apports qui participe de la recherche de l'harmonie sociale et ne porte pas atteinte aux valeurs fondamentales dont elle se réclame.

Face à ces enjeux, la France dispose d'un modèle d'intégration relativement original, qui fait une large part à la logique d'égalité par opposition au système des minorités constituées. Ce n'est qu'assez tardivement que ce

1. *Entrer dans le XXIe siècle. Essai sur l'avenir de l'identité française,* Paris, La Découverte, La Documentation française, 1990.
2. Haut Conseil à l'intégration, *Conditions juridiques et culturelles de l'intégration,* Paris, La Documentation française, mars 1992.

modèle, qui repose en grande partie sur un droit de la nationalité très ouvert, a fait une place à des politiques sociales spécifiquement tournées vers l'intégration des populations d'origine étrangère. Ces politiques souffrent de nombreuses défaillances auxquelles n'est pas étrangère la difficulté d'articuler des politiques générales et des politiques spécifiques dirigées vers des catégories particulières.

« *L'INTÉGRATION À LA FRANÇAISE* [1] »

I | QU'EST-CE QUE L'INTÉGRATION ?

Au-delà de leurs définitions précises [152], il est important de rappeler que la symbolique des mots évolue par elle-même au cours du temps. Le

[152]

ASSIMILATION, INSERTION, INTÉGRATION [1]

	SENS ORIGINEL	ACCEPTION COURANTE EN MATIÈRE D'IMMIGRATION
Assimilation	1. Action de rendre semblable, égaler tels les deux plateaux d'une balance qui s'équilibreraient. 2. Processus par lequel un être vivant en transforme un autre en sa propre substance.	L'assimilation souligne l'unité de la communauté nationale. Elle suppose l'adhésion complète de l'étranger par une conversion de ses mentalités et de ses comportements aux normes de la société d'accueil.
Insertion	Introduction d'une chose dans une autre, telle quelle, de façon à l'y incorporer.	L'insertion revient à reconnaître à l'étranger la place qu'il occupe dans l'économie, le cadre social ou culturel tout en préservant son identité d'origine, ses spécificités culturelles et ses modes de vie.
Intégration	Est intégral ce qui n'est l'objet d'aucune diminution ni restriction ; est intégrant ce qui reste entier.	L'intégration est un processus cherchant à susciter la participation active à la communauté nationale d'éléments variés et différents, tout en acceptant la subsistance de spécificités culturelles, sociales, morales et en tenant pour vrai que l'ensemble s'enrichit de cette complexité, de cette variété.

1. Définitions résumées à partir des travaux de J. Costa-Lascoux (cf. notamment « De l'immigré au citoyen », *Notes et études documentaires,* 4886, 1989) et de ceux du Haut Conseil à l'intégration.

1. Titre d'un ouvrage de la collection 10/18 rassemblant l'essentiel des travaux du Haut Conseil à l'intégration de 1990 à 1993.

terme assimilation a été rejeté après la période coloniale, celui d'insertion a été abandonné dans le langage officiel alors qu'il est couramment employé, sans arrière-pensée, dans le domaine des politiques d'emploi ; s'agissant des politiques d'immigration, ce terme est apparu correspondre à un respect excessif du « pluriculturel », du droit à la différence, qui constituaient des déviations jugées dangereuses par rapport au modèle français. Il est possible que, dans quelque temps, le terme intégration soit rejeté au bénéfice d'un autre, compte tenu de la coloration négative qu'il pourrait prendre auprès de populations déçues [1].

II | UN MODÈLE FRANÇAIS D'INTÉGRATION ?

A / *Les modes d'intégration des étrangers sont étroitement liés à la conception de l'État-nation*

On a coutume d'opposer deux conceptions différentes de la nation, l'une « organiciste », fondée sur la communauté d'un peuple originel, issue d'une même descendance, partageant la même culture et le même passé, dont l'Allemagne représente l'archétype ; l'autre « constructiviste », fondée sur une volonté commune des citoyens, « nation-contrat » dont la France constitue l'exemple le plus achevé [2]. Cette opposition tranchée est, à certains égards, excessive. D'abord parce qu'il s'agit plutôt de schémas, de guides de lecture ; dans la réalité, les modèles ne sont jamais poussés jusqu'à leur terme et on le comprend. La nation « à l'allemande » fermerait la communauté à l'avenir. La nation-contrat « à la française » pourrait fermer la nation au passé et affaiblir à l'extrême le lien social. En fait, toute nation historique combine des traits empruntés à l'une et l'autre tradition [3], mais dans des proportions très différentes, qui conduisent à des attitudes très diversifiées à l'égard de l'étranger. On le voit nettement lorsqu'on se réfère aux droits positifs de la nationalité.

Ceux-ci, même s'ils ont sensiblement évolué dans les années récentes (lois de 1990 en Allemagne, de 1993 en France), traduisent des conceptions très différentes de l'intégration. L'Allemagne réserve à la population étrangère, durablement installée sur son sol, un statut d'étranger plutôt que de le préparer à l'entrée dans la citoyenneté allemande. La naturalisation a été facilitée, cependant, par une loi qui marque un important tournant (loi votée en mai 1990 et appliquée à partir du 1er janvier 1991, pour les étrangers installés de manière régulière depuis plus de quinze ans et pour les enfants étrangers nés en Allemagne, dans certaines conditions de durée de séjour (plus de huit ans et quatre ans de cursus scolaire).

1. Ce terme est par exemple récusé, au bénéfice de celui d'assimilation, par Michèle Tribalat, dans la présentation qu'elle fait d'une importante enquête, menée en 1992, par l'INED et L'INSEE. Michèle Tribalat, *Faire France. Une enquête sur les immigrés et leurs enfants*, Paris, La Découverte, coll. « Essais », 1995, p. 12-13.

2. Dominique Schnapper, *La France de l'intégration. Sociologie de la nation en 1990*, Paris, Gallimard, 1991, ainsi que *La communauté des citoyens. Sur l'idée moderne de nation*, Paris, Gallimard, 1994.

3. Dominique Schnapper, *op. cit.*

La France, qui est plus proche, de ce point de vue, d'autres grands pays d'immigration comme les États-Unis ou le Canada, a un droit de la nationalité très ouvert. Elle transforme rapidement sa population étrangère en citoyens français. Et le droit de la nationalité constitue un volet important de sa politique d'intégration. La France applique, en effet, sans restriction, le critère de la filiation (droit du sang), que l'enfant d'un parent français soit né en France ou à l'étranger. Elle pratique également un double droit du sol, attribuant la nationalité, dès leur naissance, aux enfants nés sur son sol de parents étrangers qui y sont eux-mêmes nés, et un droit du sol conférant, sous une condition de résidence, la nationalité à leur majorité aux enfants nés sur son sol de parents étrangers nés à l'étranger [1]. Enfin, le régime des naturalisations apparaît assez ouvert. Même si ces dispositions ont été restreintes par la loi du 22 juillet 1993, le droit français de la nationalité demeure encore un des plus ouverts du monde.

Le nouveau gouvernement issu des élections de mai-juin 1997 s'est d'ailleurs engagé à déposer, avant la fin 1997, devant les assemblées parlementaires, un projet de loi revenant entièrement au droit du sol [153].

[153]

LA LOI DU 22 JUILLET 1993
RÉFORMANT L'ACCÈS À LA NATIONALITÉ FRANÇAISE

1. Si le droit du sol n'était pas remis en cause dans son principe, plusieurs modifications lui étaient apportées par le texte :

– La plus importante, celle qui a suscité le plus de réactions, était la « manifestation de volonté ». L'enfant né en France de parents étrangers, qui devenait français sans formalité à l'âge de 18 ans s'il avait eu sa résidence en France pendant les cinq années qui précédaient, devait aux termes du texte manifester sa volonté de devenir français entre 16 et 21 ans. Entre 16 et 18 ans, aucun obstacle ne pouvait s'opposer à l'acquisition de la nationalité française, et le mineur n'avait pas besoin de l'autorisation de ses parents pour manifester sa volonté de devenir français. Après l'âge de 18 ans, l'acquisition de la nationalité française était conditionnée à l'absence de certaines condamnations pénales, et de mesures d'expulsion ou d'interdiction du territoire français.

– Par ailleurs, les parents ne pouvaient plus réclamer pour leur enfant né en France la nationalité française par simple déclaration pendant sa minorité.

2. Le champ d'application du « double droit du sol », en vertu duquel est français de naissance l'enfant né en France dont l'un des parents est lui-même né en France n'était pas remis en cause non plus dans son principe mais subit des restrictions en fonction du lieu de naissance du parent (la naissance dans un territoire qui avait le statut de colonie française ou de territoire d'outre-mer ne sera plus assimilé à une naissance en France ; de même, les enfants nés en France de parents nés en Algérie avant l'indépendance ne bénéficieront du double droit du sol que si, au moment de leur naissance, l'un au moins des parents résidait en France depuis au moins cinq ans).

3. Enfin, les conjoints de Français ne pouvaient plus acquérir la nationalité française par déclaration qu'au bout de deux ans et non plus de six mois de vie commune, ce délai étant supprimé si le couple a des enfants.

1. *Être Français aujourd'hui et demain,* tome 2, rapport remis au Premier ministre par Marceau Long, président de la Commission de la nationalité, Paris, La Documentation française/UGE, 1989, p. 35.

Cette tradition d'identification entre nationalité et citoyenneté, en même temps qu'une très forte opposition de l'opinion publique, expliquent que la France n'ait pas adopté jusqu'à présent (hormis pour les citoyens appartenant à l'Europe communautaire) le droit de vote et d'éliibilité pour les étrangers aux élections locales, qui existe dans d'autres pays européens : certains cantons suisses, le Danemark, la Norvège, la Hollande.

B / *Partisans de la logique des minorités et partisans de la logique d'intégration individuelle*

La logique des minorités, qui existe dans de nombreux pays, notamment anglo-saxons (États-Unis, Grande-Bretagne, mais aussi Pays-Bas, Suède) consiste pour l'essentiel à préserver l'identité des immigrés sur une base nationale ou raciale, en reconnaissant des minorités constituées auxquelles sont accordés des droits spécifiques.

> « Si les minorités ethniques veulent s'intégrer à leur société d'adoption, au sens le plus plein du mot, c'est-à-dire si elles veulent disposer des mêmes droits, elles doivent s'organiser de leur côté pour défendre leurs intérêts propres et tous ceux qui croient en une société fondée sur l'égalité des droits devraient soutenir leurs efforts. L'idée que les minorités s'organisent de leur côté n'a rien à voir avec une espèce d'apartheid politique... Je reste intimement convaincu que l'intégration sur des bases d'égalité ne peut réellement se faire que si les minorités agissent ainsi en leur propre nom [1]. »

La France est à l'opposé de cette logique. Son modèle est fondé sur l'acculturation individuelle des personnes d'origine étrangère et donc sur le refus de reconnaître des minorités dotées de droits spécifiques, qu'elles soient ethniques, communautaires ou religieuses. La liberté religieuse, conformément au principe de la laïcité, est protégée et organisée à partir de la séparation des Églises et de l'État. Mais il ne saurait y avoir en France de ghettos, de casbahs ou de chinatowns organisés. Dans tous les cas, s'il existe des regroupements spatiaux à base ethnique, ils sont tolérés comme des situations de fait, des transitions conduisant à l'intégration individuelle. Ainsi, il est interdit en France de faire mention de l'origine ethnique d'une personne. La Commission Informatique et Libertés veille soigneusement, dans les enquêtes statistiques et administratives, à ne laisser recueillir qu'à titre exceptionnel des informations sur l'ascendance des Français. L'intégration à la française postule l'égalité des droits individuels.

La conception française de l'intégration a fondé en quelque sorte la société française. On a pu estimer en 1990, à partir des résultats du recensement de la population, que dix millions de Français avaient une origine étrangère proche : eux-mêmes, l'un de leur parent ou de leur grand-parent ayant immigré en France. « L'arrivée et l'installation durable de populations venues de pays étrangers a été une constante de la démographie française depuis le XIXe siècle. Ce phénomène, plus ou moins intense selon les périodes, toujours présent depuis la fin de la seconde guerre

1. John Rex, dans *L'intégration des minorités immigrées en Europe*, actes d'un colloque international tenu à Paris en octobre 1990 (coll. de l'Agence pour le développement des relations interculturelles, tome 1, *Problématiques*).

mondiale, et le brassage de population qui en est résulté fondent la société française [1]. » Le risque, aujourd'hui, est que la marginalisation croissante d'un certain nombre de catégories – qu'elles soient françaises, immigrées ou étrangères –, menacées par les transformations économiques et sociales, ne discréditent le modèle français et que se développent des réactions individualistes poussées jusqu'à l'anomie, avec en contrepartie le repli sur les identités communautaires [2].

III | CONDITIONS JURIDIQUES DE L'INTÉGRATION

Cette conception française détermine largement le contexte juridique qui a toujours constitué un volet important de la politique d'intégration. Des progrès ont été réalisés ces quinze dernières années dans le domaine de l'égalité des droits, qui connaissent cependant encore des restrictions. L'intégration des étrangers installés en France aux valeurs fondamentales de notre société nécessite, par ailleurs, des adaptations de notre système interne de droit privé.

A / *Égalité des droits*

Depuis un certain nombre d'années, des progrès très importants ont été accomplis dans le domaine de l'égalité des droits des Français et des étrangers [3].

Le premier domaine dans lequel s'est produite une reconnaissance des droits des étrangers a été celui du travail. Lorsqu'il est autorisé à travailler, l'étranger ne doit être soumis à aucune discrimination.

Le préambule de la Constitution indique : « Nul ne peut être lésé, dans son travail ou son emploi, en raison de ses origines. » L'article 416 du Code pénal punit toute personne qui, « sauf motif légitime, aura refusé d'embaucher ou aura licencié une personne à raison de son origine ou de son appartenance ou de sa non-appartenance à une ethnie, une nation, une race ou une religion déterminée ». L'étranger a, en principe, les mêmes droits à l'égard de son employeur que le travailleur français.

Deux grandes discriminations subsistent : la première est le corollaire du contrôle des entrées au titre du travail. La situation de l'emploi est opposable à des étrangers qui viennent en séjour temporaire (ne disposent pas de la carte de résident de dix ans) : un étranger n'est introduit en France (hors Communauté économique européenne) que si la situation de l'emploi, dans sa profession, est marquée par une pénurie de main-d'œuvre nationale. Par ailleurs, à l'exception de certains secteurs comme la recherche ou l'enseignement supérieur, la fonction publique est ouverte aux seuls nationaux.

1. Marceau Long, Préface à l'ouvrage de Michèle Tribalat, *Faire France...*, *op. cit.*, p. 5.
2. Haut Conseil à l'intégration, *Affaiblissement du lien social. Enfermement dans les particularismes et intégration dans la cité*, Paris, La Documentation française, février 1997.
3. Cf. particulièrement J. Costa-Lascoux, « De l'immigré au citoyen », art. cité, p. 53 et suiv.

Dans la vie de l'entreprise, l'ensemble du droit du travail bénéficie autant aux salariés étrangers qu'aux salariés français. Seule exception, les salariés étrangers ne sont pas éligibles aux conseils de prud'hommes.

S'agissant de la protection sociale, le droit français repose sur le principe de territorialité : l'attribution des prestations sociales est étroitement liée à la résidence (régulière pour l'ensemble des prestations d'assurance depuis la loi de 1993) sur le territoire national, quelle que soit la nationalité des résidents [1] [154].

Enfin, des progrès importants concernant la participation institutionnelle des étrangers ont été réalisés : en 1972, droit à la vie syndicale des étrangers ; en 1982, droit pour ceux-ci d'être électeurs aux conseils d'administration des caisses de sécurité sociale, puis de participer au conseil d'administration du Fonds d'action sociale pour les travailleurs immigrés (FAS).

Dans le domaine des libertés, depuis une loi de 1981, l'autorisation de l'administration n'est plus nécessaire pour le mariage, dans le cas d'un étranger résidant temporairement en France ; et une autre loi de 1981 a également mis fin au régime de l'autorisation préalable applicable aux associations étrangères.

Cette évolution dans la reconnaissance de l'égalité formelle de droits a évidemment une limite essentielle, qui tient à la volonté des pouvoirs publics de maîtriser les flux migratoires. L'affirmation de la souveraineté nationale en cette matière fait que l'entrée est soumise bien entendu à des conditions restrictives, renforcées par les lois de 1993 et du début de 1997 sur les conditions d'entrée et de séjour des étrangers et la maîtrise des flux migratoires, mais aussi la liberté de circulation, le droit d'asile, le droit au regroupement familial qui sont des droits sous étroit contrôle. Les pratiques administratives, dite « politique des guichets », en durcissent très fréquemment l'application, par une sorte de regrettable dérive qui n'est pas suffisamment combattue. Les textes sur les conditions d'entrée et de séjour seront revus en même temps que ceux relatifs à la nationalité, d'ici la fin de 1997, dans un sens moins restrictif.

B / *Adaptations nécessaires de notre droit privé*

L'égalité des droits doit s'accompagner de l'adoption des valeurs fondamentales de la société d'accueil. De ce point de vue, des réflexions importantes ont été menées ces dernières années par le Haut Conseil à l'intégration sur l'adaptation nécessaire de notre système juridique afin de faire face, dans des conditions satisfaisantes, aux nouveaux visages de l'immigration en France [2].

Les caractéristiques de l'immigration d'aujourd'hui sont connues. La proportion de familles d'étrangers est devenue importante, l'origine des migrants s'est beaucoup diversifiée. Or le Code civil dispose que les Fran-

1. Cf. tout particulièrement sur ce point le premier rapport du Haut Conseil à l'intégration *(Pour un modèle français d'intégration)*, p. 56 et suiv., et annexe correspondante sur les prestations sociales allouées aux ressortissants étrangers.

2. Haut Conseil à l'intégration, *Conditions juridiques et culturelles de l'intégration*, Paris, La Documentation française, mars 1992.

[154]

LES ÉTRANGERS ET LA SÉCURITE SOCIALE

Le principe d'égalité des droits régit d'abord l'ensemble des prestations en espèces ou en nature de la Sécurité sociale : assurance vieillesse, assurance invalidité, accidents du travail, prestations familiales (y compris les aides au logement), assurance maladie maternité. Ces deux dernières catégories de prestations comportent une extension de la protection correspondante à l'ensemble de la famille du travailleur étranger (hors la CEE) résidant à l'étranger ; les versements des prestations familiales et des remboursements en nature et en espèces de la Sécurité sociale sont effectués de façon forfaitaire et pour des montants inférieurs à ceux versés en France. Ces remboursements sont déterminés par des conventions bilatérales de sécurité sociale qui prévoient parallèlement les remboursements effectués par le pays signataire de la convention pour les Français résidant à l'étranger.

Les mêmes règles président aux versements de l'aide sociale, qui ne sont pas soumis à la condition de régularité de séjour en dépit des tentatives récentes, finalement abandonnées lors de la discussion du projet de loi sur les conditions d'entrée et de séjour des étrangers en France. Le législateur a prévu pour le RMI la nécessité d'une résidence régulière et ininterrompue d'au moins trois ans en France. Quelques discriminations subsistent en matière de prestations sociales entre Français et étrangers résidant sur le territoire national. D'une part, des règles particulières de résidence ont été fixées par le Code de la famille et de l'aide sociale pour deux prestations d'aide sociale, en l'absence de conventions internationales prévoyant des règles plus favorables : l'aide médicale à domicile et les allocations ou aides en nature aux personnes âgées ou infirmes. D'autre part et surtout, les étrangers sont exclus expressément de certains minima sociaux, sauf en cas de signature d'une convention internationale de réciprocité. Ces prestations sont au nombre de deux : l'allocation supplémentaire du fonds national de solidarité et l'allocation aux adultes handicapés [1].

1. *Pour un modèle français d'intégration,* rapport cité.

çais nés ou résidant dans les pays étrangers demeurent régis pour ce qui concerne leur état et leur capacité par la loi française. « Les lois concernant l'état et la capacité des personnes régissent les Français, même résidant en pays étrangers [1]. » Cette règle est étendue, par symétrie, aux étrangers vivant en France.

Pour toutes les questions relatives au statut personnel (état et capacités des personnes, relations de famille, c'est-à-dire conditions de formation et de dissolution du mariage, règles de filiation), le « facteur de rattachement » est la nationalité. D'autres systèmes juridiques, par exemple ceux des pays anglo-saxons, ont préféré à la nationalité le domicile comme facteur de rattachement : c'est alors la loi du domicile de résidence qui régit le statut personnel.

Ce maintien par la France du principe de rattachement du statut personnel à la nationalité pose, avec les caractéristiques actuelles de l'immigration, des problèmes nouveaux. « À l'intérieur même des familles

1. Code civil, art. 3, p. 16.

peuvent coexister des nationalités et des statuts divers et au kaléidoscope des cultures se superpose un véritable pluralisme juridique dont les implications sont encore mal perçues [...]. Lorsque s'accroît notablement l'effectif des personnes pouvant légitimement se réclamer, en France, de systèmes juridiques d'inspiration très différente du droit français, les conflits de lois risquent de quitter la sphère purement privée pour faire irruption sur la scène publique [1]. »

Les conflits de lois ont trait surtout au statut de la femme et de l'enfant. Certains systèmes juridiques étrangers – moins nombreux qu'on ne le croit, car il s'agit souvent de coutumes non reconnues dans la loi –, admettent ainsi la polygamie, l'interdiction de contracter le mariage avec des personnes n'ayant pas la même religion, la possibilité de la répudiation de l'épouse, sans qu'aucun droit ne lui soit reconnu. Les difficultés rencontrées ces derniers temps par les femmes, divorcées, de couples franco-algériens pour faire respecter le droit de garde et de visite de leurs enfants ont mis sur la place publique la gravité de ces conflits.

Ceux-ci étaient jusqu'à présent réglés par les tribunaux, qui se référaient à la notion d'« ordre public », entendue comme les valeurs essentielles de la société auxquelles les personnes présentes sur le territoire français ne peuvent déroger. Mais encore faut-il que les litiges soient portés devant les tribunaux. C'est pourquoi le Haut Conseil à l'intégration proposait de faire évoluer le contenu de cette notion et ses modalités d'application en introduisant des dispositions protectrices des valeurs fondamentales dans la législation française elle-même. La loi de 1993 sur les conditions d'entrée et de séjour des étrangers a ainsi interdit les regroupements familiaux, en France, de familles polygames.

LES POLITIQUES SOCIALES D'INTÉGRATION

Pendant longtemps, les politiques françaises d'intégration sont restées, pour l'essentiel, centrées sur les divers éléments du modèle rappelé ci-dessus : nationalité, égalités formelles.

Ce n'est qu'à partir des années soixante et surtout des années 1970-1975 que des éléments de politiques sociales spécifiques ont vu le jour.

L'effritement des instruments structurels d'intégration en a été une des causes. Ces politiques ont cependant disposé de peu de moyens ; et une articulation défaillante avec les politiques d'ensemble – notamment celle de l'éducation et du logement – ont nui à leur efficacité.

I | LA DIFFICILE ÉCLOSION DES POLITIQUES SOCIALES D'INTÉGRATION

Pendant longtemps, en dehors de l'instauration progressive d'une égalité juridique, l'intégration des immigrés a été favorisée par le pouvoir intégra-

1. Haut Conseil de l'intégration, *Conditions juridiques..., op. cit.*, p. 16.

teur des grandes institutions que sont l'École, l'armée, les syndicats, les Églises... L'effritement du pouvoir intégrateur de ces institutions, a nui considérablement à la politique destinée aux populations étrangères.

Il s'agit d'abord de ce que l'on appelle communément la crise de l'institution scolaire, et que Pierre Bourdieu nomme beaucoup plus justement le « mal d'école », c'est-à-dire l'entrée dans l'enseignement secondaire de catégories qui, jusqu'alors, en étaient exclues sans qu'il y ait eu changement dans le mode de sélection et la distribution des positions sociales. Cette crise a eu des conséquences particulièrement pénalisantes pour les populations dont le capital linguistique et culturel était faible : non pas tous les enfants immigrés ou d'origine étrangère, mais une part importante. Malgré certaines réussites brillantes, le principal problème réside dans le taux d'échec plus important des élèves étrangers. Comparativement à leurs condisciples nés dans l'hexagone, une majorité des élèves étrangers connaissent souvent un environnement familial qui, par ses caractéristiques objectives, ne favorise pas la réussite scolaire. Une majorité d'élèves sont arrivés en France à un âge qui ne leur a pas permis de suivre l'école maternelle durant les trois années habituelles. Le changement de pays a constitué un obstacle handicapant : un enfant étranger sur deux a redoublé à l'école élémentaire contre un enfant d'ouvrier né en France sur trois. Le parcours au collège fait en revanche apparaître une évolution, mais tous les enfants étrangers ne rejoignent pas la classe de sixième. À leur entrée au collège, 8 % d'entre eux ont été orientés en section d'éducation spécialisée (SES), contre 3 % d'enfants nés en France [1]. De plus, si l'école conserve une fonction intégratrice, celle-ci est mise à mal par la concentration géographique d'élèves étrangers dans certains établissements et par son rôle très atténué dans l'enseignement dit « civique ».

On peut citer également l'affaiblissement de la fonction intégratrice de l'armée. Celle-ci se heurte à des difficultés nouvelles notamment avec les jeunes d'origine maghrébine. Les causes de ces difficultés ont été attribuées [2] autant à une crise d'identité sociale et culturelle des jeunes qu'à une crise d'identité de la société militaire elle-même, inquiète des perspectives du désarmement, secouée par les débats sur l'armée de métier remettant en cause le service national. La mise en application effective de ces importantes réformes transforme d'ailleurs complètement le rôle de l'armée à cet égard.

L'affaiblissement du pouvoir intégrateur de ces grandes institutions est ce qui, sans doute, a le plus contribué au développement de politiques spécifiques. À défaut d'intégration suffisante par le logement, l'emploi, la scolarité, l'égalité juridique formelle peut en effet s'accompagner d'importantes inégalités de fait. C'est même une des critiques fréquentes adressées au « modèle français » par les pays étrangers partisans du droit des minorités que les discordances entre l'égalité de droit qu'il proclame et les inégalités de fait qu'il laisse subsister.

1. INSEE, « Les immigrés en France », *Contours et caractères*, 1997 (4 Scolarité).
2. Cf. *Armées et populations à problèmes d'intégration*, rapport commandé par le ministre de la Défense au Centre d'études sur la sélection du personnel de l'armée de terre, avril 1990.

La lenteur du développement des politiques sociales n'a rien d'étonnant lorsqu'il s'agit de la politique à l'égard de l'immigration [1]. Beaucoup d'observateurs de la vie sociale française ont pu relever que la France était un pays d'immigration qui s'ignore ; si elle a été, depuis le XIXe siècle, renforcée par une immigration unique par son ampleur en Europe, il est frappant de constater les retards dans la prise de conscience de l'ampleur et de la nature des mouvements migratoires, y compris chez les intellectuels, les philosophes et les historiens. Jusqu'au début des années soixante-dix, la prospérité dans laquelle vivait la société française a masqué les problèmes rencontrés par les étrangers et la nécessité de mesures sociales à leur égard ; leurs conditions de vie étaient alors dans certains cas (voir les bidonvilles de l'époque) extrêmement précaires. Ainsi, aucune structure administrative n'a pris en charge la question de l'immigration avant 1966, année où le gouvernement mit en place la direction de la Population et des Migrations, rattachée initialement au ministère en charge du travail.

C'est également autour du milieu des années soixante que le Fonds d'action sociale, initialement créé pour améliorer les conditions de vie des Algériens en France, vit sa mission étendue à tous les étrangers, de même que la Société nationale de construction pour les travailleurs immigrés (Sonacotra), qui, créée en 1957, avait jusqu'alors pour seule compétence le logement des travailleurs algériens. On créa, en 1966, une Commission nationale pour le logement des immigrés, et les bidonvilles commencèrent à disparaître à partir seulement des années soixante-dix (gouvernement Chaban-Delmas). Ce n'est qu'en 1973 qu'on créa pour les étrangers un réseau national d'accueil. À partir de ces mêmes années 1974-1975 furent instituées des mesures spécifiques pour la scolarité des enfants étrangers et considérablement développés les moyens du Fonds d'action sociale.

II | LES PRINCIPAUX INSTRUMENTS

Les politiques sociales spécifiques couvrent trois principaux domaines (l'éducation, le logement, l'emploi) et disposent d'un instrument important, le Fonds d'action sociale [155].

– Dans le domaine de l'école primaire et secondaire, où plus d'un million d'élèves étrangers sont accueillis chaque année, une politique spécifique est mise en œuvre pour favoriser un bon apprentissage de la langue française (classes d'initiation dans le primaire, d'adaptation dans le secondaire), pour développer l'enseignement des « langues et cultures d'origine », généralisé par une circulaire de 1975, pour préparer les maîtres en contact avec des élèves étrangers (centres de formation et d'information pour la scolarisation des enfants de migrants (CEFISEM), créés dans les écoles normales d'instituteurs), enfin pour lutter contre l'échec scolaire (dispositif d'animation éducative périscolaire dispensant un soutien aux élèves en difficulté, financé par le FAS ; zones d'éducation

1. Sur l'histoire de la politique d'immigration en général et particulièrement sur les points évoqués dans ce paragraphe, cf. Patrick Weil, *La France et ses étrangers. L'aventure d'une politique de l'immigration 1938-1991*, Paris, Calmann-Lévy, 1991.

[155]

FONDS D'ACTION SOCIALE POUR LES TRAVAILLEURS IMMIGRÉS ET LEURS FAMILLES

Forme

Établissement public à caractère administratif sous tutelle du ministère des Affaires sociales et du ministère chargé du budget, créé par une ordonnance du 29 décembre 1958.

Mission

Concourir à l'insertion sociale et professionnelle des travailleurs étrangers et de leurs familles par la mise en œuvre de programmes sociaux. Il peut également concourir à des opérations de retour volontaire de travailleurs étrangers dans leurs pays d'origine.

Le FAS finance des actions conduites sous le contrôle des pouvoirs publics, par des associations privées.

Il subventionne, sur décisions de son conseil d'administration ou de commissions régionales pour l'insertion des populations immigrées (CRIPI), quelque 3 500 organismes ou associations ou collectivités publiques.

Financement

Ses ressources sont assurées à titre principal par les régimes de prestations familiales (87 %), les remboursements de prêts et avances et le Fonds social européen. Leur montant global était, en 1996, de 1 125 millions de francs.

Secteurs

Logement : aide à la gestion des foyers de travailleurs immigrés isolés pour limiter l'effort financier des résidents et permettre un équilibre de gestion ; aide au financement de l'équipement mobilier des foyers ; « aide transitoire au logement » (ATL) pour les résidents à revenus modestes dans des foyers non conventionnés à l'aide personnalisée au logement (APL).

Formation : actions à dominante linguistique, alphabétisation ; pour les enfants, actions de préformation à temps plein ou à temps partiel.

Socioculturel

Actions favorisant l'insertion dans la société française des étrangers résidant en France (accueil, action sociale en direction de publics spécifiques – jeunes et femmes –, information, action culturelle).

prioritaires (ZEP) créées en 1981 pour concentrer les moyens sur des zones où la population scolaire connaît des difficultés).

– Dans le domaine du logement, où les populations immigrées connaissent une situation défavorable par rapport aux populations françaises, même si les recensements montrent une amélioration globale des conditions de confort par rapport aux décennies passées, le gouvernement s'est doté de deux modes spécifiques d'intervention : des aides au logement et des aides aux bénéficiaires de ces logements. Les aides au logement sont concentrées sur une « spécificité française » qui est le logement en foyer des travailleurs isolés. Un parc spécifique d'environ 140 000 places existe à cet égard, géré à 50 % par la Sonacotra, société d'économie mixte, à 50 % par des associations privées, dont une partie d'origine patronale. Le FAS verse une aide forfaitaire aux organismes gestionnaires de foyer. Par ailleurs, une aide destinée à faciliter l'accès des immigrés au logement social existe depuis 1975 : une fraction de la participation des employeurs à l'effort de construction est réservée au logement des travailleurs immigrés et de leurs familles. Les aides à la personne spécifiques aux étrangers sont réservées aux personnes habitant en foyer. Il s'agit d'une aide dite « aide transitoire au logement », mise en place en 1978 en faveur des habitants des foyers ne disposant pas de l'aide courante à la personne, appelée l'aide personnalisée au logement (APL).

– En matière de formation et d'emploi, les aides spécifiques mises en place par le FAS concernent la préformation, l'adaptation linguistique, l'alphabétisation et les formations à l'emploi.

III | LES DÉFAILLANCES DE L'ACTION

Les politiques sociales spécifiques en direction des immigrés rencontrent de grandes difficultés pour plusieurs raisons : la première est de « cibler » les populations qui en ont réellement besoin ; s'y ajoutent la limitation des moyens, corollaire de leur absence de priorité par rapport à la politique de maîtrise des flux, et la difficile coordination avec les politiques structurelles dont sont témoins les échecs successifs des tentatives de coordination interministérielle. Bien des enseignements de l'échec relatif de ces politiques peuvent d'ailleurs s'appliquer à d'autres domaines de la politique sociale.

[156]

DÉFINITIONS [1]

Étranger : personne qui ne peut se prévaloir de la nationalité française, quel que soit son lieu de naissance.

Immigré : personne née étrangère, à l'étranger, qui s'est installée en France. L'immigré a pu, au cours de sa vie, acquérir la nationalité française.

Immigrant : personne étrangère qui est autorisée pour la première fois à s'installer en France pour une durée d'un an au moins. Cette notion n'intervient que pour la comptabilisation des flux d'immigration.

Personnes exclues ou marginalisées : personnes, françaises ou étrangères, exclues du processus de production et très éloignées du niveau et du mode de vie moyens de la population vivant sur le territoire français. En aucun cas, cette notion mal définie ne recouvre la population immigrée ou étrangère : certains étrangers ou immigrés ne connaissent pas de phénomènes d'exclusion ou de marginalisation, qui concernent, en revanche, en nombre croissant, des catégories de population française.

1. Définitions tirées des travaux du Haut Conseil à l'intégration, appuyées sur les publications de Michèle Tribalat, en particulier : *Cent ans d'immigration. Étrangers d'hier et d'aujourd'hui*, Travaux et documents, Paris, INED, 1991.

A / *Difficultés de ciblage*

Les explications fournies dans la première partie de ce chapitre, notamment sur la place importante accordée en France aux procédures de naturalisation des étrangers, permettent de comprendre que l'on donne souvent aux termes immigrés et étrangers des significations inexactes. L'encadré [156] permet de bien préciser les sens à accorder à la notion d'étranger, à celle d'immigré et à celle d'exclu.

Les chiffres du recensement de 1990 [1] permettent de distinguer la part respective des Français, des étrangers et des immigrés en France métropolitaine [157].

[157]

FRANÇAIS, ÉTRANGERS ET IMMIGRÉS RÉSIDANT EN FRANCE MÉTROPOLITAINE EN 1990

Français de naissance et Français par acquisition nés en France : 51,76 millions Français par acquisition nés hors de France : 1,29 million	Français
Étrangers nés hors de France : 2,84 millions Étrangers nés en France : 0,74 million	Étrangers

53 millions de Français	51,76 millions nés en France	
	1,29 million nés hors de France	4,1 millions d'immigrés
3,6 millions d'étrangers	2,84 millions nés hors de France	
	0,74 million nés en France	

Source : Tableau construit à partir des travaux du Haut Conseil à l'intégration.

L'inévitable complexité des définitions rend les politiques ciblées incertaines. Concentrer les interventions sur les seuls étrangers conduit à négliger les problèmes souvent très importants que connaissent les jeunes Français de la « deuxième génération ». Traiter l'ensemble de la population immigrée est par ailleurs pratiquement impossible vu l'importance de la population d'origine étrangère dans notre pays ; l'information sur les origines étrangères des populations aujourd'hui françaises, très restreinte dans notre pays pour des raisons qui ont été exposées plus haut l'interdirait de toute façon. Un tel objectif serait d'ailleurs injustifié, compte tenu de la diversité des processus d'intégration souvent parfaitement réussis. Assimiler la population étrangère ou immigrée aux « exclus » peut conduire à négliger certaines caractéristiques importantes et irréductibles de l'intégration de populations linguistiquement et culturellement très éloignées de la France et, par ailleurs, à commettre une grave erreur sur l'état de la société française aujourd'hui et sur les raisons profondes de son appréhension vis-à-vis des étrangers, boucs émissaires. Celle-ci s'explique souvent par les très graves inquiétudes qui pèsent sur les conditions d'emploi, les conditions de vie et sur l'avenir : le sien propre et plus encore celui des enfants.

1. On ne peut actualiser ces chiffres qu'avec un nouveau recensement de la population, qui interviendra en mars 1999.

B / *Non-priorité*

Les politiques de l'immigration sont très souvent présentées en deux points : maîtriser les entrées, condition fondamentale pour pouvoir intégrer les immigrés présents sur le sol français, mener, d'autre part, une politique active d'intégration pour ceux qui sont déjà installés. La sensibilité de l'opinion publique depuis la crise, le ralentissement durable de la croissance et le chômage sont tels que la priorité de la politique relative aux étrangers est toujours donnée à la politique de maîtrise des flux et de lutte contre toutes les formes de travail illégal et de clandestinité du séjour des étrangers en France. Ces formes d'action, et notamment la dernière (lutte contre le travail illégal et la clandestinité) ne sont pas à négliger. Mais dans un monde ouvert, respectant les droits fondamentaux des personnes (droit d'asile, droit à une vie familiale normale...), on peut restreindre les flux, mais on ne peut totalement les interrompre. Depuis 1974, les conditions d'entrée en France ont été très sérieusement réglementées : l'ordonnance de 1945 sur les conditions d'entrée et de séjour a été modifiée six fois depuis 1980. Les modifications apportées par les gouvernements de droite et de gauche ont, bien sûr, fait connaître des oscillations dans certains domaines : les règles concernant les expulsions des étrangers, le caractère plus ou moins stable du statut des étrangers (et notamment, après la création en 1984 de la carte de résident de dix ans, les conditions plus ou moins strictes de son obtention) et, de façon générale, les procédures de recours de l'étranger face à des décisions de l'administration ont distingué pour l'essentiel les politiques de droite et de gauche. À propos de l'immigration, Patrick Weil parle du « consensus républicain », « consensus indicible », qui est intervenu à partir de 1984 entre la majeure partie des partis politiques présents au Parlement [1]. Pourtant, c'est toujours, vis-à-vis de l'opinion, sur la politique des flux qu'interviennent les changements législatifs et que se concentrent les débats publics. Une illustration en a été donnée avec les lois de juillet 1993 et du début 1997, qui renforcent sensiblement les conditions d'entrée et de séjour des étrangers en France et sur lesquelles le nouveau gouvernement entend revenir avant la fin 1997 [158]. Les politiques d'intégration, en dehors de débats généraux, de tables rondes, de rapports parlementaires (rapport Marchand, 1991), ne connaissent pas de priorité comparable, tant l'opinion est persuadée, faute d'efforts pédagogiques suffisants, que le seul problème est le rythme d'arrivée des étrangers dans notre pays.

C / *Difficultés d'articulation avec les politiques structurant les conditions d'intégration*

En l'absence d'un volant de moyens importants et surtout bien orientés, permettant d'infléchir les politiques de base (éducation, logement, emploi), les politiques sociales spécifiques sont condamnées à un

1. Patrick Weil, *La France et ses étrangers...*, *op. cit.*

[158]

LES CONDITIONS D'ENTRÉE ET DE SÉJOUR DES ÉTRANGERS EN FRANCE CINQUANTE ANS DE LÉGISLATION

L'ordonnance du 2 novembre 1945, modifiée à de nombreuses reprises, toujours en vigueur aujourd'hui, fixe les grandes lignes de la législation concernant l'entrée et le séjour des étrangers en France.

À l'origine, elle conférait à un organisme public, l'Office national d'immigration (ONI), rebaptisé plus tard Office des migrations internationales (OMI), le monopole de l'introduction en France de la main-d'œuvre étrangère. Mais, dans les années qui suivent la seconde guerre mondiale jusque vers 1970, les besoins sont tels que la procédure n'est guère respectée. Les entrées sont massives et elles s'effectuent le plus souvent en dehors du cadre légal, ce qui conduit à des taux de régularisation très importants.

À partir des années soixante-dix, la maîtrise des flux migratoires devient une préoccupation majeure des pouvoirs publics,à mesure que la situation économique se dégrade et que le chômage s'étend. Un coup d'arrêt est donné à la procédure de régularisation, en 1972, par les circulaires Marcellin-Fontanet (respectivement ministre de l'Intérieur et du Travail). En 1974 est prise la décision de suspendre l'immigration de travailleurs.

Mais ces aménagements par circulaires apparaissent insuffisants par rapport aux dispositions législatives toujours en vigueur. La *loi du 10 janvier 1980* va, pour la première fois, modifier l'ordonnance de 1945, en rendant plus strictes les conditions d'entrée sur le territoire français. L'entrée et le séjour irrégulier deviennent un motif d'expulsion au même titre que la menace pour l'ordre public ; la faculté est prévue de reconduire l'étranger expulsé à la frontière, et de le détenir dans un établissement pénitentiaire pendant un délai pouvant aller jusqu'à sept jours s'il n'est pas en mesure de quitter immédiatement le territoire.

À l'arrivée de la gauche en 1981, une nouvelle réforme de l'ordonnance de 1945 est mise en chantier. La *loi du 29 octobre 1981* prend sur beaucoup de points le contrepied de la loi de 1980. Les étrangers en situation irrégulière ne peuvent plus être expulsés par la voie administrative. C'est au juge de décider de l'éventuelle reconduite à la frontière de l'étranger coupable d'être entré ou d'avoir séjourné irrégulièrement sur le territoire. L'expulsion est, de son côté, subordonnée à l'existence d'une condamnation pénale au moins égale à un an de prison ferme, les garanties de procédure qui l'entourent sont accrues. Enfin, les étrangers mineurs ou ayant des attaches personnelles ou familiales en France ne peuvent plus faire l'objet de mesures d'éloignement. L'ensemble de ces garanties disparaissent en cas d'urgence absolue, lorsque l'expulsion constitue une « nécessité impérieuse pour la sécurité de l'État ou pour la sécurité publique ».

Cette immunité relative contre l'expulsion concrétise la reconnaissance à certaines catégories d'étrangers d'un droit de demeurer sur le territoire français, droit qui sera encore conforté par l'adoption de la *loi du 17 juin 1984*. L'innovation la plus importante de cette loi réside dans la création d'une carte de résident valable dix ans, qui donne le droit d'exercer sans autorisation sur l'ensemble du territoire la profession de son choix, et qui, dans la mesure où son renouvellement est automatique, confère à son titulaire un droit au séjour quasi inconditionnel, dans la mesure où il ne menace pas l'ordre public. Cette carte est remise à tous les étrangers qui ont des attaches en France en raison de l'ancienneté de leur séjour ou des liens familiaux qu'ils y ont noués.

Deux mesures de la loi de 1980 sont conservées : l'exécution forcée des mesures d'expulsion, et la rétention des étrangers en instance de départ forcé.

En sens inverse, la *loi du 9 septembre 1986*, dite « loi Pasqua », revient sur un grand nombre des dispositions de la loi de 1981 : l'autorité administrative, et non plus judiciaire, recouvre le droit de prononcer la reconduite à la frontière des étrangers en situation irrégulière ; le régime de l'expulsion est rétabli ; la liste des étrangers protégés contre les mesures d'éloignement du territoire ou qui obtiennent de plein droit une carte de résident est restreinte.

La *loi du 2 août 1989,* nouvelle « loi Joxe », revient sur plusieurs points à la loi de 1981, en libéralisant les règles relatives au séjour et à l'expulsion. Deux nouvelles garanties de procédure sont instituées :

– la consultation préalable d'une « commission du séjour » avant tout refus de délivrance d'une carte de résident à un étranger qui peut l'obtenir de plein droit, ou avant tout refus de renouvellement d'une carte de séjour temporaire ;

– la possibilité de former un recours suspensif devant le tribunal administratif contre les mesures de reconduite à la frontière.

Fin 1991 et 1992, sont mises en place un ensemble de mesures plus restrictives : sanctions contre les compagnies aériennes qui tranportent des voyageurs démunis des documents nécessaires pour entrer en France, renforcement des contrôles sur les étrangers venant en France pour une visite privée, création de « zones d'attente » dans les ports et aéroports où les étrangers non admis sur le territoire et les demandeurs d'asile peuvent être maintenus pendant vingt jours

La *loi du 24 août 1993, complétée par celle du 30 décembre de la même année* (nouvelles lois Pasqua) revient à la loi de 1986, avec des restrictions supplémentaires ; elle restreint les possibilités de regroupement familial, limite les pouvoirs du juge judiciaire, allonge à dix jours la durée de rétention administrative, donne au préfet la possibilité d'assortir la reconduite à la frontière d'une interdiction de territoire et restreint sensiblement la liste des catégories d'étrangers protégés contre une mesure d'éloignement.

La *loi Debré de février 1997, corrigée le 23 avril par le Conseil constitutionnel,* renforce le dispositif de lutte contre l'immigration clandestine tout en prévoyant la régularisation de certaines catégories de sans-papiers. Pour la première fois, la loi prévoit de contrôler la sortie des étrangers séjournant en France dans le cadre d'une visite familiale : ceux-ci devront remettre leur certificat d'hébergement aux autorités de police. Les possibilités de contrôle de police sont renforcés. La loi autorise la mémorisation des empreintes digitales de tous les étrangers non européens sollicitant la délivrance d'un titre de séjour, des étrangers en situation irrégulière, ou faisant l'objet d'une mesure d'éloignement.

Les dispositions relatives à l'entrée et au séjour des étrangers en France, en même temps que celles relatives à la nationalité (retour au droit du sol), feront l'objet d'un nouvel examen par le Parlement d'ici la fin 1997, à la suite des travaux d'une mission interministérielle.

Sources : Groupe d'information et de soutien des travailleurs immigrés (GISTI), *Le guide de l'entrée et du séjour des étrangers en France,* Paris, La Découverte, 1995 ; Nicole Guimezanes, « Les lois " Pasqua " et leur mise en application », *La Semaine juridique,* 42, 1996, p. 391 et suiv.

relatif échec. Tel est le cas des politiques spécifiques en direction des populations étrangères.

Les moyens sont faibles, mais surtout mal orientés. On en prendra deux exemples : l'éducation et le logement.

Les classes d'initiation, créées en 1970 dans les écoles primaires pour les enfants de 7 à 12 ans, comme les classes d'adaptation, créées en 1973 dans l'enseignement secondaire pour les enfants de 13 à 16 ans, étaient conçues comme des structures temporaires destinées à favoriser une insertion rapide des enfants étrangers non francophones. Ces élèves devaient acquérir en un an un bagage linguistique qui leur permette d'intégrer l'enseignement normal. Or, non seulement ces classes accueillent les élèves longtemps, mais elles constituent des classes ghettos, où sont regroupés tous les enfants jugés en difficulté ou en échec scolaire, devenant des classes de « relégation » et non d'insertion.

L'enseignement des langues et cultures d'origine (ELCO), qui a bénéficié à partir de 1983 d'une politique plus affirmée, fait actuellement l'objet de nombreuses critiques. Ces enseignements sont assurés aujourd'hui, à raison de trois heures par semaine en plus de la scolarité normale, par des enseignants des pays d'origine, payés par ces pays, et réservés aux seuls enfants qui en sont originaires. Il y a actuellement 1 800 professeurs, dont 500 professeurs d'arabe. Les cours concernent essentiellement les enfants des écoles primaires (moins de 100 000 en 1994). Ils touchent moins de 10 000 des collégiens et lycéens. On s'aperçoit qu'avec l'intention de respecter l'identité de chacun, on a mis en place un système qui est davantage facteur de discrimination que d'intégration. Les enseignants ne sont pas réellement intégrés dans l'équipe pédagogique et ont parfois des difficultés à maîtriser la langue française. L'inspection de ces enseignants a été difficile à mettre en œuvre. De plus, l'enseignement de ce qu'on appelle à l'Éducation nationale les « ELCO » a plutôt perturbé le travail des élèves qui souffrent souvent de handicaps scolaires [1].

Dans le domaine du logement, le même constat d'une politique spécifique excessive peut être dressé. La politique des foyers de travailleurs isolés, que l'État français a soutenue de façon massive après guerre, a eu sa cohérence jusqu'au début des années soixante-dix mais, à la suite de la crise économique, des mouvements sociaux qui ont traversé le milieu des foyers, on a assisté à la dégradation d'une partie du parc et à une aggravation des conditions de gestion, que les efforts des acteurs de terrain n'ont pu entièrement surmonter. Par ailleurs, et surtout, la politique d'accès des étrangers au logement social normal est mal adaptée. D'une part, le mode spécifique d'intervention que constitue l'affectation d'une part de l'effort obligatoire des employeurs (le « 1/9e ») n'assure pas, en fait, une bonne utilisation de ces aides au bénéfice du logement des immigrés : les dotations de crédits correspondants ne sont pas réparties entre régions et départements dans des conditions assurant l'adéquation aux besoins ; ils ne sont pas réellement rattachés à la présence des populations étrangères mais servent essentiellement, en fait, de compléments de financement pour les organismes HLM. L'effort prioritaire de la politique du logement devrait être – et des efforts sont engagés en ce sens – de décloisonner le parc des foyers, de redonner leur portée aux réservations de logements sociaux et de mieux intégrer les étrangers dans la ville

1. Haut Conseil à l'intégration, *Liens culturels et intégration*, Paris, La Documentation française, 1995 (« Les ELCO », p. 77).

en évitant leur concentration excessive dans certaines parties particulièrement dégradées du parc de logement social.

Il est vrai que nous sommes, avec ces considérations, dans une logique différente qui consiste à tenter une coordination interministérielle non au niveau national, comme cela a été fait jusqu'à présent sans succès, mais au niveau local, celui des quartiers et des « sites pour l'intégration », marqués par d'importantes concentrations étrangères. Durant ces dernières années, une partie de la politique d'intégration des immigrés a dérivé vers celle de la ville. On pouvait croire que l'articulation entre politiques générales et spécifiques se ferait mieux au contact des problèmes de terrain en concentrant tous les moyens disponibles et en les renforçant.

Tel est l'objet du chapitre suivant où sont examinés la naissance, le développement, et l'évaluation de la politique des villes.

Chapitre 20

La politique des villes

Parmi les politiques transversales récentes, la politique intitulée, avec d'assez nombreuses errances de vocabulaire, la politique « des quartiers », du « développement social urbain », « de la ville », plus rarement « des villes », est sans doute celle qui a suscité le plus de mobilisation et d'espérances. Celle aussi qui a fait l'objet d'une couverture médiatique sans précédent, entretenue, depuis l'été chaud de 1981, par des accès de violences urbaines, largement relayées par la presse, et surtout par la télévision, suscitant au sein de la population des craintes profondes : constitution de ghettos, évolution « à l'américaine » de certains quartiers des villes françaises.

Le terme de politique des villes a été préféré, dans cet ouvrage, à celui de « politique de la ville », qui a l'inconvénient de ne pas clairement situer son champ par rapport à l'aménagement du territoire, l'urbanisme, l'habitat et le logement. Cette politique nouvelle doit, en effet, d'abord être définie et circonscrite, car, à l'image de la politique de l'emploi, sa définition ne va pas de soi. Elle recouvre de fait, aujourd'hui, la coordination, sur plusieurs centaines de quartiers « à problèmes », d'un grand nombre d'interventions publiques qui sont « contractualisées » avec les collectivités locales et cherchent à associer de façon active les habitants.

Le rappel des causes et du développement de ces interventions, dont l'origine remonte à une quinzaine d'années, est indispensable pour préciser cette définition et décrire avec pertinence les instruments, les institutions et les moyens financiers de la politique des villes.

Même si on ne doit pas négliger les acquis, ni la nécessité d'un important recul pour apprécier ses effets, les résultats de la politique des villes confirment jusqu'à présent le diagnostic porté à plusieurs reprises dans cet ouvrage pour la réussite des politiques transversales : l'impérieuse nécessité d'infléchir en direction d'objectifs sociaux nouveaux, notamment la lutte contre les exclusions, les politiques « structurantes », ici plus particulièrement l'urbanisme, l'habitat, le logement, l'éducation.

En d'autres termes, les quartiers difficiles sont l'expression géographique de l'exclusion. Mais les remèdes à leurs problèmes ne se trouvent pas uniquement – loin de là – sur ces territoires géographiques délaissés.

« ... tout porte à penser que l'essentiel de ce qui se vit et se voit *sur le terrain*, c'est-à-dire les incidences les plus frappantes et les expériences les plus dramatiques, trouve son principe tout à fait ailleurs. Rien ne le montre mieux que les ghettos américains, ces lieux à l'abandon, qui se définissent fondamentalement, par une absence – essentiellement celle de l'État, et de tout ce qui s'ensuit, la police, l'École, les institutions de santé, les associations, etc. [1]. »

L'APPARITION ET LE DÉVELOPPEMENT D'INTERVENTIONS SPÉCIFIQUES SUR LA VILLE

I | URBANISATION ET POLITIQUES URBAINES

A / *L'urbanisation : un phénomène ancien*

La révolution industrielle a, en France comme dans d'autres pays, brisé les continuités des villes anciennes. La naissance et le brusque développement d'agglomérations de nature entièrement nouvelles « différaient de la cité, et de façon si profonde qu'elles en apparaissaient comme une négation absolue [2] ».

On retient généralement, pour mesurer l'ampleur et les rythmes de l'urbanisation, l'indicateur imparfait que constitue la proportion, dans la population totale, des habitants des communes de plus de 2 000 habitants. Le tableau 142 montre son évolution depuis 1901.

En 1846, seulement 25 % de la population française était urbaine. Cette proportion atteint 40 % en 1901, 50 % en 1928, elle dépasse les 74 % au recensement de 1990.

L'INSEE utilise, depuis 1962, une décomposition par type de commune, plus éclairante, compte tenu des modalités nouvelles de l'urbanisation. Celle-ci s'opère de façon de plus en plus extensive : au gonflement des grandes villes a succédé, en effet, leur dépopulation relative, cependant que s'est affirmé l'essor des banlieues. L'espace urbain envahit aujourd'hui les campagnes environnantes, au point qu'il est désormais difficile de parler séparément de l'urbain et du rural (tableau 143).

Une enquête de la division des statistiques et études régionales de

1. Pierre Bourdieu, *La misère du monde*, Paris, Le Seuil, 1993, p. 159.
2. Georges Duby (dir.), *Histoire de la France urbaine*, 5 vol., Paris, Le Seuil, 1980-1985.

Tableau 142. *La population urbaine en France*

(en %)

Années	Ancienne définition [1]	Nouvelle définition [1]
1901	40,9	
1931	50,8	
1962	61,6	63,4
1968		70,0
1975		73,0
1982		73,4
1990		74,0

1. Depuis 1962, on inclut dans la population urbaine celle des communes qui, bien que comptant moins de 2 000 habitants, sont comprises dans une agglomération urbaine.

Source : Jacques Fournier, Nicole Questiaux, Jean-Marie Delarue, *Traité du social,* Paris, Dalloz, 1989.

Tableau 143. *Taux d'accroissement annuel de la population selon le type de commune*

Type de commune	1962-1968	1968-1975	1975-1982	1982-1990
Villes centres	1,29	0,58	– 0,06	0,12
Banlieues	2,66	2,09	0,93	0,86
Rural périurbain	– 0,27	0,12	1,19	0,95
Rural traditionnel	– 1,35	– 1,64	– 1,05	– 0,52
France métropolitaine ensemble	1,15	0,81	0,46	0,51

Source : INSEE, *Recensement général de la population,* 1990.

l'INSEE [1] établit une nouvelle nomenclature spatiale du territoire français : le zonage en 361 aires urbaines. L'extension des aires urbaines (la « périurbanisation ») et leur influence constituent le principal des changements intervenus en France dans l'habitat et les activités de la population. Près des trois quarts de la population résident dans ces zones périurbaines ; 80 % des emplois y sont concentrés.

Deux cycles d'urbanisation ont particulièrement marqué la France : la période 1850-1880, la période 1950-1970. Ces deux temps forts ont été portés par l'expansion de l'économie, qui a produit les déplacements de population alimentant l'urbanisation. La croissance de la fin du XIXe siècle et de la première moitié du XXe n'a pas entraîné une aussi forte expansion urbaine, du fait vraisemblablement de son irrégularité et de la stagnation démographique qu'a alors connue la France. La façon dont s'est opérée l'urbanisation des années cinquante à soixante-dix a des conséquences visibles sur les problèmes rencontrés aujourd'hui dans certains quartiers.

1. Thomas Le Jeannic et Joëlle Vidalenc, « Pôles urbains et périurbanisation », *INSEE Première*, 516, avril 1997.

B / *Urbanisation et politiques urbaines*

Depuis la fin du XIXe et le début du XXe siècle, les interventions des pouvoirs publics constitutives des politiques urbaines se sont multipliées [1]. Les plus importantes sont les suivantes.

La politique foncière concerne l'utilisation du sol. Celui-ci étant le plus souvent une propriété privée, les conditions de sa cession par le propriétaire pèsent lourdement sur son aménagement. Certes, la notion d'utilité publique, seul motif possible d'expropriation selon le Code civil, a vu son domaine d'application élargi, notamment en 1953 où l'expropriation a été autorisée en vue de la construction. Mais le prix du terrain demeure encore largement fixé par la loi du marché. Les interventions directes des pouvoirs publics sur la propriété et le prix des terrains demeurent limitées : zones d'aménagement différé (ZAD), qui permettent aux collectivités publiques de disposer d'un droit de préemption sur la base des cours pratiqués un an avant l'institution de la ZAD ; « plafond légal de densité » (loi de 1975), au-delà duquel le droit de construire supplémentaire doit être acheté à la collectivité. La décentralisation a conduit à rendre ce mécanisme facultatif ; il est laissé désormais à la libre initiative des communes.

L'urbanisme concerne le « sursol », c'est-à-dire la réglementation et la planification de l'aménagement du cadre bâti. Les interventions en cette matière sont apparues dès la fin du XIXe siècle à Paris. Une législation d'urbanisme a vu le jour en 1919, dont la portée principale est d'obliger un certain nombre d'agglomérations à avoir un plan d'urbanisme (aujourd'hui le plan d'occupation des sols (POS), depuis une loi de 1967). Deux documents d'urbanisme existent :

– le schéma directeur d'aménagement et d'urbanisme (SDAU) qui est établi à l'échelle d'une agglomération. C'est un document d'orientation, non opposable aux tiers ;

– le POS est opérationnel ; établi au niveau de la commune, où il doit mettre en œuvre les orientations du SDAU, il revêt un caractère obligatoire. L'instrument essentiel du POS est le coefficient d'occupation des sols (COS), c'est-à-dire le rapport entre la surface de plancher de la construction et la superficie du terrain sur lequel elle est édifiée. Le POS, en déterminant le COS, fixe les limites à ne pas dépasser dans chaque zone de la commune, et donc la densification possible de l'habitat.

Les lois de décentralisation ont mis le POS sous la responsabilité de la commune. La loi n'a pas prévu la participation des usagers à la conception du POS, mais seulement une « enquête publique » entre sa publication et son approbation.

Il convient d'insister sur le fait que les plans d'urbanisme ne sont pas des sources de règles claires et impératives. Fréquemment révisés, relativement enchevêtrés, ils sont susceptibles de nombreuses révisions et adaptations.

1. Cf. Jacques Fournier, Nicole Questiaux, Jean-Marie Delarue, *Traité du social,* Paris, Dalloz, 5e éd., 1989, chap. « Les politiques urbaines », p. 923 et suiv., d'où ce résumé est largement tiré.

La politique du logement revêt une extrême importance dans le domaine de la ville. Les pouvoirs publics disposent, en la matière, de trois instruments : la réglementation des conditions du marché (normes de construction et d'habitabilité, réglementation des moyens), l'aide à la pierre (ensemble diversifié de facilités données aux producteurs en vue de leur permettre d'offrir des logements à des prix abordables), l'aide à la personne (prestations aux utilisateurs de logement en vue de couvrir une partie de leurs charges, ou de les inciter à épargner). Dès la fin du XIXe siècle (1894), avaient été prévues des aides diverses aux premiers organismes de logement social, les sociétés d'habitations à bon marché (HBM), devenues habitations à loyer modéré (HLM).

La politique de l'habitat concerne le voisinage, l'environnement immédiat du logement : encouragement à l'habitat individuel ou collectif, rénovation des centres, construction des « grands ensembles ».

C / *Politiques urbaines et politiques des villes*

Si ces diverses interventions sont essentielles pour orienter l'urbanisation, la « politique des villes » ne les inclut pas dans son champ, même si elle a vu celui-ci s'élargir progressivement. Cette politique constitue encore aujourd'hui une « politique sociale urbaine », une coordination des interventions publiques sur certains sites, notamment des quartiers particulièrement atteints par le chômage, l'exclusion, la dégradation du cadre bâti.

Les causes de l'apparition de cette politique, l'histoire de son développement permettent d'en définir plus précisément les objectifs et les contours.

II | LA NÉCESSITÉ D'UNE INTERVENTION TERRITORIALE COORDONNÉE SUR CERTAINS SITES

Quatre causes principales expliquent le développement de la politique des villes.

A / *Une urbanisation massive*

Les difficultés des villes françaises sont, en premier lieu, imputables à la façon dont s'est opérée après la guerre la deuxième phase massive d'urbanisation qui a touché tous les pays industrialisés.

Les « grands ensembles » ont été la solution mise en place en France après guerre pour faire face à la crise du logement. Il a été décidé de construire des immeubles collectifs à la périphérie des villes. La concentration des logements sur une superficie relativement restreinte, située généralement en dehors de zones urbanisées, permettait de construire dans des conditions moins coûteuses, grâce à des prix du sol moins élevés et à l'utilisation de nouvelles procédures d'aménagement urbain (zones à urbaniser en priorité, ZUP, aujourd'hui zones d'aménagement concerté, ZAC). Un certain nombre de contraintes en découlaient pour les habitants, au départ d'origine diversifiée, plus jeunes et plus « actifs » que la moyenne : situation trop éloignée de l'agglomération, médiocre qualité des logements (notamment de l'insonorisation), insuffisance des équipements collectifs et commerciaux.

La localisation, la qualité initialement médiocre de la construction, les erreurs intervenues dans les choix architecturaux (barres, dalles) ont joué un rôle négatif vingt ans plus tard.

« Les zones à urbaniser en priorité ont été installées là où l'espace existait et là où le sol n'était pas cher. Cela signifiait, le plus souvent, à la fois le désert (sur le plan du bâti), l'éloignement et l'absence de moyens de transport. La topographie traduit aussi cette rupture : la ZUP sur le plateau éventé, la ville en contrebas. De même, la toponymie a gardé souvent à ces quartiers des appellations tirées de leur aspect naturel, ce qui rend un peu plus absurde le sens des mots et accentue le sentiment de dépossession : les Buis, les Haut-du-Lièvre, les Saugeraies, la Grande Pâture, Ousse des Bois, Les Renardières [1]. »

B / *Des facteurs multiples de déséquilibres*

Plusieurs facteurs de déséquilibres liés à la politique de l'urbanisme, du logement, des transports, sont intervenus avant même l'apparition, en 1975, des difficultés économiques et sociales.

On peut citer notamment [2] :

– à partir de la fin des années soixante, une politique de l'habitat qui a favorisé l'accession à la propriété. Cette possibilité, ouverte à une part croissante des ménages à revenus modestes, a déclenché un processus de concentration progressive des personnes les plus démunies dans la fraction la moins attractive du parc de logement, quartiers mal localisés notamment [3]. Plus du tiers des ménages logés en HLM se retrouvent parmi les ménages les plus défavorisés ; entre 1988 et 1992, le pouvoir d'achat de ces revenus modestes a diminué, alors que pour l'ensemble des locataires (section HLM et secteur libre), le pouvoir d'achat s'est accru de + 2,1 points, et celui des propriétaires de leur logement de + 7,2 points [4] ;

– les lacunes dans l'organisation de la ville par les transports publics, une mauvaise desserte des quartiers excentrés par les moyens de transports collectifs, qui s'est accompagnée d'un taux de motorisation des ménages inférieur à la moyenne. Ces caractéristiques ont contribué à leur isolement. En général, les aménageurs n'ont pas intégré les transports collectifs à leur projet. D'où des reliements par un petit nombre de lignes de bus, la desserte étant conçue pour les seuls déplacements domicile-travail, et réduite ou supprimée le soir et en fin de semaine ;

– les tensions croissantes sur les conditions de logement. Si celles-ci

1. Jean-Marie Delarue, *Banlieues en difficulté : la relégation,* Paris, Syros, 1991.

2. Cf. *Villes, démocratie, solidarité : le pari d'une politique,* rapport du groupe « Villes » présidé par François Geindre, préparation du XIe Plan, Paris, Le Moniteur/La Documentation française, 1993.

3. Michel Amzallag, Gilles Horenfeld, « HLM, de plus en plus de ménages modestes », *Données sociales,* 1993.

4. INSEE, « Les ménages et leurs logements au début des années 1990 », *Économie et statistique,* 8/9 (288-289), 1995.

ont connu en moyenne une amélioration continue, le secteur du logement a vu se développer des phénomènes de pénurie et cela malgré les dépenses croissantes consenties par les ménages. Ce déséquilibre est particulièrement ressenti dans les catégories les plus pauvres, dont le droit au logement se trouve remis en cause. L'effort financier des ménages pour se loger s'est rapidement accru après la réforme du financement du logement en 1977, qui a développé l'aide à la personne, par rapport à l'aide à la pierre. Celle-ci a renforcé le rôle du marché en restaurant la vérité des prix et en tentant d'encourager les capitaux privés à s'investir dans la construction de logements.

C / *Les effets de la crise*

La crise économique, qui a aggravé ces tensions, a été le facteur le plus important de dégradation des quartiers à problèmes, du fait notamment de ses effets sur le tissu social. Ces quartiers sont, pour une grande part, la traduction géographique des phénomènes nouveaux d'exclusion.

1 / *Les difficultés économiques* se traduisent par l'appauvrissement de certaines fractions de la population, touchées par le chômage ou l'absence d'emplois, et plus particulièrement concentrées dans les populations anciennement ouvrières, les femmes et les jeunes peu qualifiés à la recherche d'un premier ou d'un nouvel emploi, les personnes d'origine étrangère, dont la plupart sont françaises. Les catégories exclues se sont trouvées progressivement « reléguées » dans les quartiers à faible coût de logement, « chassant », si l'on peut dire, une partie des classes moyennes qui s'y étaient progressivement implantées et désormais tentées soit d'accéder à la propriété, soit de s'installer dans des quartiers mieux desservis et moins « marqués » par la pauvreté, le chômage, la crainte de l'étranger.

« Dans la mesure où l'image de groupes organisés autour des conflits du travail s'est défaite, les problèmes sociaux se manifestent avant tout comme des problèmes urbains. Les banlieues sont l'image même de cette accumulation de difficultés qui se concentrent dans les mêmes quartiers et dont la liste est connue de tous : chômage, immigrations hétérogènes et déracinées, sous-équipement, échec scolaire massif, délinquance juvénile, racisme, affrontements avec la police, dépendance des services sociaux... Mais la ville engendre moins ces divers problèmes qu'elle ne les concentre en quelques endroits. Leur inscription dans l'espace est leur plus grand principe d'unité, sinon le seul [1]. »

Plus intéressant est de noter ici comment l'évolution des villes et des quartiers a été marquée par le changement de nature du développement économique et de sa logique territoriale [2].

Les nouveaux modes d'organisation de l'entreprise renforcent l'effet d'attraction des grandes métropoles. En France, ce phénomène profite particulièrement, depuis 1982, à la région parisienne. Entre 1962 et 1975, la croissance de l'industrie s'est accompagnée d'une diffusion plus large

1. François Dubet, Didier Lapeyronnie, *Les quartiers d'exil,* Paris, Le Seuil, 1992.
2. Cf. *Villes, démocratie, solidarité...,* rapport cité.

des emplois, notamment dans l'Ouest et le Centre, compte tenu des plus faibles coûts d'une main-d'œuvre abondante et peu qualifiée. Les crises de l'emploi industriel de 1975 au début de 1980 apparaissent brutalement dans d'anciennes zones industrielles du Nord et de l'Est qui sont très touchées (Lille, Longwy, Roubaix...). Depuis 1982, se confirme la dualisation de la France entre certaines régions autour des grandes villes (notamment l'Ile-de-France) et les autres.

Mais, parallèlement à cette nouvelle concentration, les avantages relatifs de coût offerts par les zones périphériques apparaissent moins importants. Le différentiel de coût de main-d'œuvre est beaucoup moins déterminant que la qualité, l'organisation des facteurs, la flexibilité du marché de l'emploi. La grande métropole joue en quelque sorte en ce domaine un rôle d'assurance : moindres difficultés lorsqu'il s'agit d'opérer des réductions d'emplois, possibilité de faire appel à un volant de main-d'œuvre qualifiée disponible.

2 / *Que deviennent les zones périphériques « enclavées » dans cette mutation économique ?* La plupart des quartiers ont peu d'emplois, car ils ont été conçus dans une perspective essentiellement résidentielle. Certains d'entre eux, les moins nombreux, sont des quartiers implantés dans d'anciennes banlieues industrielles. Le brusque déclin de l'emploi dans les industries qui y étaient implantées les ont privés de revenus, de liens avec l'économie. Les plus nombreux, les « cités dortoirs », sont dans l'incapacité d'attirer des activités. Les seules qui existent sont des services (maison des jeunes, piscine...) et des commerces.

« Sur ce point, il existe des différences considérables d'un quartier à l'autre, l'une des plus nettes qu'il soit donné d'observer. Il faut sans doute voir dans cet écart le fruit d'une inégale pression des habitants et des politiques municipales opposées. Un fort tissu associatif, explique-t-on par exemple, a obtenu des équipements : maison des jeunes et de la culture, piscine, commerces, halte-garderie, transports, terrain d'aventure... à l'opposé, il existe des cités, véritables " villes-fantômes économiques " où n'existe aucun commerce, sauf le supermarché avec une galerie marchande disproportionnée sans autre activité économique [1]. »

D / *Les conséquences de la décentralisation*

Le transfert des compétences, opéré par les lois de décentralisation en 1982 et 1983, a considérablement changé le cadre de la gestion urbaine. Auparavant, face à des agglomérations éclatées en communes, l'État conservait un rôle très important ; il disposait des compétences juridiques stratégiques en matière d'urbanisme, de programmation des grands équipements, de transports urbains et de logement, ce qui lui permettait d'imposer ses vues en matière de développement de l'agglomération. Le préfet jouait, par rapport au maire, un rôle important en la matière.

Les principales compétences ont été transférées à la commune, sauf en matière de logement et de grands équipements. Mais, dans les grandes villes, la commune n'est qu'une des parties de l'agglomération, et aucune

1. Jean-Marie Delarue, *Banlieues en difficultés..., op. cit.*

autorité réelle n'a été mise en place à ce dernier niveau. Les difficultés de constitution par les communes de structures intercommunales ont fait que chaque commune a eu tendance à mener sa propre politique urbaine, voire à reporter sur d'autres communes voisines ses difficultés. La crise a eu tendance à aggraver les inégalités entre les communes : celles qui ont un faible potentiel fiscal, où se trouvent concentrées les populations en difficulté, sont confrontées à une rapide augmentation de leurs charges sans disposer des ressources nécessaires.

Par ailleurs, les transferts de compétence des politiques « sectorielles » de l'État qui se sont opérés de façon pragmatique, ont conduit à un éclatement des niveaux de décision entre l'État, la région, le département, la commune, d'où un « enchevêtrement des compétences [1] ». Il n'existe pratiquement pas de secteur des politiques publiques où n'interviennent plusieurs niveaux de collectivités : l'État, la région, le département ou la commune.

III | DE L'EXPÉRIMENTATION AU « DÉVELOPPEMENT SOCIAL DES QUARTIERS » ET À « UNE POLITIQUE DES VILLES »

Deux étapes doivent être distinguées dans la jeune histoire de la politique des villes.

A / *1977-1984 : de l'expérimentation au « développement social des quartiers » (DSQ)*

1 / Les difficultés constatées dans les cités ont conduit assez tôt certains pionniers à tenter de définir une politique nouvelle fondée sur l'idée de politique transversale localisée, coordonnant diverses politiques sectorielles.

L'apparition de cette politique est généralement datée, soit de 1976 (création d'un fonds d'aménagement urbain regroupant les crédits budgétaires affectés à diverses opérations urbaines, et notamment ceux des opérations programmées d'amélioration sociale de l'habitat), soit surtout de 1977, date à laquelle a été créé un comité interministériel « habitat et vie sociale », chargé de financer la part « État » de contrats passés entre la commune, les propriétaires HLM et l'État, pour l'aménagement d'une cinquantaine de sites en banlieues de grandes agglomérations [2].

L'approche de « HVS » était novatrice : elle se voulait globale, transversale ; elle requérait la participation des habitants aux projets qui les concernent.

2 / L'approche territoriale et globalisée est développée et confirmée à partir de rapports de mission remis au gouvernement dans les années 1981-1982 [3].

1. *Villes, démocratie, solidarité...*, rapport cité.
2. Jean-Marie Delarue, *op. cit.*
3. B. Schwartz, *L'insertion professionnelle et sociale des jeunes*, Paris, La Documentation française, 1981 ; H. Dubedout, *Ensemble, refaire la ville*, Paris, La Documentation française, 1983.

La démarche « développement social des quartiers » se substitue aux expérimentations HVS. Se confirme l'idée pour les politiques sociales d'une prise en charge globale des populations cumulant les handicaps sur des territoires précis, tout en les voulant acteurs du changement social. Confronté à l'agitation des banlieues lyonnaises durant l'été 1981 (« les Minguettes »), le gouvernement crée, en 1981, la Commission nationale de développement social des quartiers, à laquelle il ne donnera que tardivement une assise juridique (décret du 6 décembre 1986) et qui met au point des procédures contractuelles spécialisées avec un certain nombre de communes volontaires. Ces procédures inspirent un programme du plan intérimaire (1981-1983). Dans dix-huit villes pilotes s'élaborent des contrats d'action préventive (CAP) recommandés par Gilbert Bonnemaison ; en 1981, l'Éducation nationale crée les zones d'éducation prioritaires (ZEP). Les missions locales pour l'insertion des jeunes en difficulté destinées à répondre à l'ensemble de leurs problèmes d'insertion (non seulement emploi, mais logement, santé...) se créent sur une cinquantaine de sites.

B / *1984-1993 : du développement social des quartiers à l'ambition d'une « politique de la ville »*

1 / Les conséquences de la décentralisation conduisent à généraliser les opérations demeurées jusqu'alors à un stade d'expérimentation « étendue ».

Dans le cadre du IXe Plan (1984-1988), grâce à un financement assuré par le comité interministériel des villes créé en 1984, le traitement de 23 sites nationaux et de 122 sites régionaux est prévu. Ces quartiers doivent être intégrés dans des contrats de Plan signés entre l'État et les régions. Le Xe Plan (1989-1993) élargit l'action à 400 « sites difficiles, cumulant de lourds handicaps économiques, sociaux, culturels, urbains » ; toutes les régions, sauf une, sont parties prenantes, quatorze ministères sont impliqués.

D'autres procédures contractuelles voient le jour : les conventions de quartier, les contrats d'agglomération, les conventions ville-habitat. Les missions locales ou en leur absence les permanences d'accueil et d'orientation (PAIO) couvrent une partie de plus en plus importante du territoire national. Les politiques locales (développement local, politiques locales d'insertion, quartiers) mobilisent les énergies et suscitent un grand espoir. Elles attirent l'attention des chercheurs et des commentateurs qui y voient la naissance d'un « social du troisième type », « constat d'insuffisance du social noble (le droit social), comme du social de rattrapage (l'aide sociale) », « implication contractuelle puisqu'elle consiste à répondre à la complainte ou à la revendication par l'offre d'implication ainsi qu'à opposer à l'automaticité du droit attributif le principe de la contractualisation de l'action [1] ».

1. Cf. Jacques Donzelot, *Face à l'exclusion le modèle français*, Paris, Le Seuil, 1991, p. 15 et suiv. Cf. également Jacques Donzelot, Philippe Estèbe, *L'État animateur. Essai sur la politique de la ville*, Paris, Éditions Esprit, 1994.

Elles apparaissent comme un élément prometteur de sortie de la crise des politiques sociales.

2 / C'est à partir de 1988 qu'un renforcement de la coordination au niveau central est opéré. Un décret du 25 octobre 1988 supprime la Commission nationale de développement social des quartiers et le comité interministériel des villes pour y substituer un Conseil national des villes et du développement social urbain (22 élus, 22 personnalités qualifiées, les ministres compétents ou leurs représentants).

Parallèlement sont constitués :

– un comité interministériel des villes et du développement social urbain, présidé par le Premier ministre ;

– une délégation interministérielle à la ville, chargée de préparer les travaux des deux premiers organismes et d'animer la politique.

Le 31 mai 1990, une loi sur la mise en œuvre d'un droit au logement est votée [159].

[159]

LOI DU 31 MAI 1990 VISANT À LA MISE EN ŒUVRE DU DROIT AU LOGEMENT

« Toute personne ou famille éprouvant des difficultés particulières, en raison notamment de l'inadaptation de ses ressources ou de ses conditions d'existence, a droit à une aide de la collectivité, dans les conditions fixées par la présente loi, pour accéder à un logement décent et indépendant ou s'y maintenir. »

Pour cela, sont prévus :

– des plans départementaux d'action pour le logement des personnes défavorisées, qui instituent des fonds de solidarité pour le logement, financés à titre principal par l'État et le département ;

– des dispositions permettant d'accroître l'offre de logement en faveur des personnes défavorisées (notamment des exonérations fiscales pour les propriétaires louant à des personnes défavorisées) ;

– des modifications des conditions d'attribution des aides personnelles au logement : élargissement et simplification de l'aide personnelle au logement (APL).

3 / Les violences de l'automne 1990 dans la banlieue lyonnaise (Vaulx-en-Velin) conduisent à renforcer la politique de la ville par la création d'un ministère coordonnateur (décembre 1990).

Dans le même temps sont préparées puis votées deux lois importantes [160] :

– la loi du 13 mai 1991 instituant une solidarité financière entre les communes ;

– la loi d'orientation pour la ville, en date du 13 juillet 1991.

[160]

LOIS SUR LA SOLIDARITÉ FINANCIÈRE ENTRE LES COMMUNES LOI D'ORIENTATION SUR LA VILLE (1991)

Loi sur la solidarité financière entre les communes (13 mai 1991)

Cette loi vise à lutter contre la ségrégation sociale en aidant les communes urbaines défavorisées à faire face à leurs missions.

Elle crée deux dispositifs :

1/ la dotation de solidarité urbaine (DSU) et un concours particulier au sein de la dotation globale de fonctionnement (DGF) destiné aux communes défavorisées. La contribution de l'État *via* la DGF représente 30 % des ressources des communes en moyenne ; elle se composait, avant la loi, outre la DGF proprement dite, de concours particuliers destinés aux communes touristiques et aux communes-centres d'une agglomération. Il y est ajouté une dotation de solidarité urbaine, afin de pallier les inégalités entre les communes ;

2/ un fonds de solidarité des communes d'Île-de-France « afin de contribuer à l'amélioration des conditions de vie dans les communes urbaines d'Île-de-France supportant des charges particulières au regard des besoins sociaux de leur population sans disposer de ressources fiscales suffisantes ».

Loi d'orientation sur la ville (13 juillet 1991)

Cette loi comporte quatre axes essentiels.

1/ *L'équilibre de l'habitat dans les villes et les quartiers*

– Aménagement du droit de l'urbanisme. La planification urbaine doit intégrer dans ses instruments les conditions d'habitat compatibles avec les orientations de la loi : compléments nécessaires aux schémas directeurs (SDAU), aux plans d'occupation des sols (POS) ; consécration des programmes locaux de l'habitat (PLH) créés par une loi de 1983, qui doivent devenir des instruments de programmation articulant aménagement urbain et politique de l'habitat, à contenu opérationnel direct.

– Création d'une nouvelle taxe d'urbanisme à la charge des constructeurs, la « participation à la diversité de l'habitat », qui vise à contribuer à diversifier l'offre de logements en facilitant la réalisation de logements locatifs sociaux.

2/ *Le maintien de l'habitat, notamment à vocation sociale, dans les quartiers anciens*

Une base législative est donnée aux opérations programmées d'amélioration de l'habitat (OPAH)

3/ *L'évolution urbaine et sociale des grands ensembles*

– Les zones à urbaniser en priorité (ZUP) sont supprimées à compter du 1er octobre 1991.

Comme pour les quartiers anciens, le conseil municipal ou l'organe délibérant de l'établissement public de coopération intercommunal (EPCI) s'il en existe, élabore pour le quartier considéré, dans un délai d'un an à compter de la publication de la loi, un programme de référence.

Ensuite, la commune ou l'EPCI a encore un an pour élaborer un POS correspondant à ce programme.

– Afin d'encourager l'implantation d'activités économiques dans les grands ensembles ou les quartiers (dont une liste sera fixée par décret), la loi autorise les collectivités territoriales à exonérer temporairement de taxe professionnelle les créations ou extensions d'établissement.

4/ *La politique foncière*

– Extension du droit de préemption urbain.

– Élargissement de la faculté pour les communes de recourir aux zones d'aménagement différé (ZAD).

4 / En juillet 1993, après un débat consacré, à l'Assemblée nationale, à la politique de la ville (avril 1993), le ministre d'État, ministre des Affaires sociales et de la Ville, a décidé :

– un accroissement des moyens financiers de la politique des quartiers (5 milliards de francs d'investissement, issus des crédits de l'emprunt national). L'enveloppe retenue pour la durée du XIe Plan est de 9,565 milliards en francs constants ;

– la substitution du contrat de ville entre l'État et les collectivités locales à toutes les autres formes de contrats pour la durée du XIe Plan.

LA POLITIQUE DES VILLES DEPUIS 1993

I / UNE CERTAINE REMISE EN ORDRE DES PROCÉDURES

A / *La multiplicité antérieure des sites et des procédures*

Le nombre de sites concernés par la politique des villes n'avait cessé d'augmenter depuis l'origine. Il y avait au départ 32 sites DSQ, puis 148 pour le IXe Plan, 300 plus 100 conventions de quartier et 120 conventions ville-habitat en 1992, auquel il fallait ajouter 19 nouveaux « contrats ville ». S'y ajoutaient 28 plans d'aménagement concerté du territoire (PACT) urbains, 700 conseils communaux de prévention de la délinquance, et 300 contrats d'action prévention.

En 1990, lors du recensement général de la population, près de 3 millions de personnes étaient concernées par les procédures de développement social des quartiers ou les « conventions de quartiers ». Elles vivaient dans environ 400 sites. « À écouter ce qu'indiquent les uns et les autres, à voir différents sites, on ne doit pas douter que 400 sites [...], relevant de procédures diverses, mais tendant au même objectif, est un nombre excessif [1]. »

Un rapport d'évaluation effectué en mai 1988 [2] concluait que la procédure DSQ devait rester exceptionnelle, se fondant sur une étude de deux experts appartenant alors au CREDOC.

Certes, l'analyse particulière effectuée par l'INSEE à partir des résultats du recensement de la population de 1990, et publiée dans le rapport du XIe Plan [3], montre bien que les quartiers « DSQ » se caractérisaient le plus souvent par un chômage plus élevé, l'importance de l'habitat HLM, une proportion plus importante d'étrangers et de familles nombreuses (tableau 144).

Mais des analyses plus détaillées effectuées par l'INSEE conduisaient le groupe de travail du Plan à insister sur leur grande diversité, au regard de la localisation urbaine, de leur situation économique, des niveaux atteints en matière de chômage ou de proportion d'étrangers.

1. Jean-Marie Delarue, *op. cit.*
2. *Perspectives des contrats de Plan de DSQ*, rapport du groupe de travail présidé par François Lévy, mai 1988, Paris, La Documentation française.
3. *Villes, démocratie, solidarité...*, rapport cité.

Tableau 144. *Quelques caractéristiques des quartiers en convention en 1990*

(en %)

	Quartiers en conventions	France entière
Taux de chômage	19,7	10,8
Proportion de locataires en HLM	55,3	14,6
Proportion de propriétaires	20,8	54,4
Date de construction		
avant 1949	20,6	37,0
1949-1974	64,9	36,1
1975-1981	10,3	14,4
1982-1990	4,2	12,6
Proportion de moins de 20 ans	32,9	26,5
Proportion d'étrangers	18,3	6,3
Part d'étrangers hors CEE dans l'ensemble des étrangers	80,8	63,1
Proportion de ménages de 6 personnes ou plus	7,5	3,2
Proportion de ménages sans voiture	35,7	24,4

Source : Indicateurs extraits d'un tableau d'ensemble figurant dans *Villes, démocratie, solidarité...*, rapport cité.

En fait, le nombre élevé de sites conduit nécessairement au saupoudrage des crédits, aux difficultés d'animation de politiques particulièrement délicates, la généralisation contredit les effets positifs de l'expérimentation.

À la multiplicité des sites s'ajoutait la complexité des procédures. Celles-ci diffèrent notamment selon qu'elles relèvent de la stricte compétence de la délégation interministérielle à la ville (DIV), ou d'une compétence conjointe de cette délégation et d'un ministère, ou encore de ministères ou d'organismes qui agissent dans leur domaine selon leur propre logique.

B / *Le « pacte de relance pour la ville » et la remise en ordre des procédures*

Le pacte de relance pour la ville, qui avait été annoncé d'abord comme « un plan Marshall pour les banlieues », puis dénommé « programme national d'intégration urbaine », s'est traduit par la préparation et le vote d'une loi, le 14 novembre 1996, qui est entrée en application le 1er janvier 1997, qui met en œuvre certaines de ses dispositions [161]. Ce texte contient une simplification et une réduction du nombre de cibles de la politique des villes. De 1 300 quartiers, on passe à 1 034 : 700 zones dites « sensibles » ; 300 zones dites de « redynamisation urbaine » ; 34 « zones franches ». Dans chacune de ces zones s'appliquent des aides différentes, graduées en fonction de l'importance des problèmes rencontrés. Subsistent par ailleurs les contrats de ville, beaucoup plus larges dans leurs objectifs et leurs points d'application. Les objectifs retenus par les contrats de ville s'articulent autour de trois objectifs principaux : la meil-

[161]

LOI RELATIVE À LA MISE EN ŒUVRE DU PACTE DE RELANCE POUR LA VILLE

Rendu public le 18 janvier 1996, le pacte de relance pour la ville – un temps dénommé « programme national d'intégration urbaine » – contenait 68 mesures que le gouvernement estimait nécessaires pour résoudre le retard de développement de certains quartiers urbains. La loi du 14 novembre 1996 met en œuvre certaines des dispositions du pacte. Elle vise essentiellement à déterminer la nouvelle géographie de la politique de la ville, à mettre en œuvre les exonérations fiscales et sociales nécessaires à la relance de l'activité économique dans ces zones, à recréer les conditions d'une plus grande mixité sociale de l'habitat, et à renforcer la vie associative.

1 / *La géographie de la politique de la ville*

Reprenant l'article 1er de la loi du 4 février 1995 d'orientation pour l'aménagement et le développement du territoire, la loi définit la politique de la ville et du développement social urbain comme une politique partenariale « conduite par l'État et les collectivités territoriales dans le respect de la libre administration de celles-ci, selon les principes de la décentralisation et dans le cadre de la politique d'aménagement du territoire ». Outre les objectifs de diversité de l'habitat et de mixité sociale définis par la loi du 13 juillet 1991 d'orientation pour la ville, « elle a pour but de lutter contre les phénomènes d'exclusion dans l'espace urbain et de favoriser l'insertion professionnelle, sociale et culturelle des populations habitant dans des grands ensembles ou des quartiers d'habitat dégradé ».

Des dispositions dérogatoires au droit commun sont donc mises en œuvre, dans des conditions prévues par la loi, en vue de compenser les handicaps économiques et sociaux de trois catégories de zones qui s'« intègrent » les unes dans les autres :

– *les zones urbaines sensibles* sont caractérisées par la présence de grands ensembles ou de quartiers d'habitat dégradé et par un déséquilibre accentué entre l'habitat et l'emploi. Elles comprennent les zones de redynamisation urbaine et les zones franches urbaines ;

– *les zones de redynamisation urbaine* sont celles qui sont confrontées à des difficultés particulières, appréciées en fonction de leur situation dans l'agglomération, de leurs caractéristiques économiques et commerciales et d'un indice synthétique, tenant compte de plusieurs critères (nombre d'habitants, taux de chômage, proportion de jeunes de moins de 25 ans, proportion de personnes sorties du système scolaire sans diplôme, potentiel fiscal de la commune) ;

– *les zones franches urbaines sont les quartiers les plus touchés par l'exclusion urbaine.* La liste de ces quartiers figure en annexe du projet de loi.

2 / *Les mesures pour favoriser la relance de l'activité*

a / *Exonérations de cotisations sociales*

– Dans les zones franches : une exonération des cotisations patronales de sécurité sociale est applicable aux entreprises de petite taille, sous réserve qu'elles répondent à certaines conditions. Elle permet de diminuer des trois quarts environ le taux des cotisations patronales.

– Dans les zones de redynamisation urbaine : l'exonération est centrée sur les embauches effectuées par les entreprises excerçant une activité artisanale, industrielle et commerciale, si l'entreprise garde un effectif de 50 salariés au plus.

b / *Exonérations fiscales*

L'exonération de la taxe professionnelle dont disposaient déjà les établissements nouveaux de moins de 150 salariés en vertu de la loi sur l'aménagement du territoire du 4 février 1995 est étendue dans les zones de redynamisation urbaine, notamment aux établissements nouveaux. Dans les zones franches urbaines, la limite d'exonération est augmentée pour les petits établissements (de moins de 50 salariés). Les zones franches urbaines bénéficient par ailleurs d'exonération d'impôt sur les sociétés ou sur le revenu, dans certaines conditions, ainsi que de la taxe foncière.

3 / *Dispositions relatives à l'habitat*

– Développement des attributions des fonds de solidarité pour le logement.

– Renforcement du programme local de l'habitat.

– Création de conférences communales du logement, qui élaborent la charte communale ou intercommunale des attributions de logement et veillent à son application.

– Recensement des logements sociaux.

La loi comporte, enfin, diverses dispositions relatives à l'aménagement urbain et à la vie associative (extension des compétences des comités consultatifs de quartier, institution de fonds locaux associatifs).

leure adaptation des services au public, la poursuite de l'amélioration de l'habitat et du cadre de vie, l'amplification des actions d'insertion économique et la consolidation des actions de prévention de la délinquance. Il existe environ 250 contrats de ville. Les contrats d'agglomération pour les populations immigrées sont également maintenus.

Les zones sensibles sont caractérisées par la présence de grands ensembles ou de quartier d'habitat dégradé et par un déséquilibre accentué entre l'habitat et l'emploi. Y sont appliquées des mesures comme les avantages spécifiques aux fonctionnaires qui y servent, l'exonération de la contribution au surloyer ou les emplois de ville.

Les zones de redynamisation urbaine sont celles des zones sensibles qui sont confrontées à des difficultés particulières, appréciées notamment par un indicateur, fixé par décret, tenant compte du nombre d'habitants du quartier, du taux de chômage, de la population des jeunes de moins de 25 ans, de la proportion de personnes sorties du système éducatif sans qualification, et du potentiel fiscal des communes. Ces zones bénéficient, dans certaines conditions, de mesures d'exonération de la taxe professionnelle et d'exonérations des cotisations pour les salariés embauchés.

Les zones franches urbaines sont des quartiers de plus de 10 000 habitants particulièrement défavorisés au regard des critères retenus pour les zones de redynamisation urbaine. Elles bénéficient d'exonérations beaucoup plus larges de la taxe professionnelle, d'impôt sur le revenu ou les sociétés pour ceux qui exercent ou créent des activités, d'exonérations de charges sociales patronales et de cotisations personnelles pour les artisans et commerçants. Les procédures administratives y sont simplifiées.

II | L'AUGMENTATION DES FINANCEMENTS

Le total de l'effort financier consacré à la politique de la ville depuis 1989 (y compris les fonds européens et les fonds consacrés par la Caisse des dépôts et consignations) est passé de 2, 8 millions en 1989 à 13, 9 millions en 1996 (tableau 145).

Tableau 145. *Effort financier consacré à la politique de la ville de 1989 à 1997 (1)*

(en millions de francs)

	1989	1991	1993	1995	1996	1997
Total	2 824,7	6 078,7	7 743,2	11 763,3	13 846,1	18 654,4

(1) Y compris fonds européens, fonds propres CDC, prêts projets urbains CDC.
Source : Lois de finances initiales, jaunes budgétaires.

Les augmentations constatées dans les années récentes (et notamment en 1997) sont dues pour l'essentiel aux dépenses fiscales et sociales liées aux exonérations prévues par la loi de 1996 ainsi qu'au développement important prévu des actions de la Caisse des dépôts et consignations (tableau 146).

Tableau 146. *Tableau récapitulatif de l'effort financier consacré à la politique de la ville en 1995, 1996 et 1997*

	1995	1996	1997
A-1 Crédits spécifiques ville	1 411,11	1 469,80	1 400,48
A-2 Crédits relevant de divers ministères contractualisés	1 429,19	1 438,42	1 353,59
A-3 Crédits autres ministères inscrits aux programmes d'action des contrats de ville	744,45	745,00	745,00
A-4 Crédits relevant de divers ministères concourant à la politique de la ville	3 184,56	3 574,39	4 530,21
A-5 Solidarité urbaine (loi du 13 mai 1991)	1 963,40	2 730,00	2 800,00
Total A	*8 742,71*	*9 957,61*	*10 829,028*
B / Dépenses fiscales et compensations	545,00	453,50	2 551,15
Total A + B	*9 287,71*	*10 411,11*	*13 380,43*
C / Fonds européens concourant à la politique de développement social urbain	436,62	785,00	1 124,00
Total A + B + C	*9 724,33*	*11 196,11*	*14 504,431*
D / Programme développement solidarité de la Caisse des dépôts	2 039,00	2 650,00	4 150,00
Programme CLF		1 000,00	

III / LE TEMPS DU DOUTE

A / *Des mérites incontestables*

Un des grands mérites de la politique des villes est d'avoir contribué à des efforts de modernisation des modes d'action des pouvoirs publics et d'avoir permis, dans sa phase initiale, une mobilisation des énergies autour de modes de travail en commun et du souci de l'association des usagers.

Un autre mérite important est d'avoir assuré dans les quartiers une présence irremplaçable des collectivités publiques. On ne dispose, pour évaluer les *coûts sociaux évités*, grâce aux interventions de la politique des villes, d'aucune méthode qui puisse se comparer à celle du « coût du chômeur évité » en matière d'emploi. Mais il est certain que la situation des quartiers français n'est pas comparable à celle de certains quartiers des villes américaines et que, quelque tentation que l'on puisse avoir de faire du spectaculaire, les troubles que connaissent périodiquement les banlieues françaises n'ont rien à voir avec les émeutes urbaines aux États-Unis. Les capacités d'intervention déployées par les collectivités publiques dans les quartiers n'y sont certainement pas étrangères.

Il ne faut pas oublier, enfin, qu'une politique urbaine ne peut se juger que sur des rythmes longs.

B / *Des critiques majeures*

1 / *Blocages multiples rencontrés par l'État.* Alors que les pouvoirs des collectivités locales s'accroissent, les moyens des services de l'État dans la plupart des domaines, mais surtout en matière sociale, ont été très réduits, en personnel et en moyens financiers.

Le rôle de maintien de la solidarité qui lui incombe apparaît dès lors difficile à exercer. D'autant que l'organisation locale de ses services est restée très complexe. Si la présence de « sous-préfets à la ville » permet d'avancer dans la coordination des services, elle ne règle pas le problème de l'autorité de l'État sur le terrain, ni le fait que sa crédibilité au niveau local est gravement affectée.

La mise en œuvre d'une conception d'un État partenaire ne peut se faire avec un État affaibli.

2 / « *À la recherche de la participation des habitants* [1]. » Bien des interrogations se font jour sur les modalités utilisées jusqu'à présent pour mobiliser des habitants des quartiers concernés par des conventionnements.

Comment des habitants mal informés, privés le plus souvent de parole, pourraient-ils participer à des actions d'une aussi grande complexité, avec des experts qui doivent utiliser des procédures aussi sophistiquées ? La participation véritable suppose au surplus que l'on puisse s'opposer et proposer. Elle est, de ce fait, parfois ressentie comme menaçante par les élus locaux.

Enfin, l'état d'anomie atteint dans certains sites notamment chez les jeunes n'est pas compatible avec les modes de concertation institués. Il n'y a souvent plus dans les quartiers d'associations, de syndicats, de mouvements capables de structurer une expression publique des habitants.

3 / *La nécessité d'inflexions réelles dans les politiques sectorielles.* Si l'on veut qu'une véritable politique de la ville voit le jour, avec un objectif prioritaire de lutte contre l'exclusion, il n'est pas suffisant de coordonner – avec un bonheur inégal – les instruments dont dispose chacun (principaux ministères d'État, collectivités territoriales, grandes et petites associations...) sur un territoire déterminé.

1. *Villes, démocratie, solidarité...*, rapport cité.

La condition impérative de la réussite est l'utilisation des leviers d'action dont disposent les pouvoirs publics en matière notamment, mais pas seulement d'urbanisme, de logement. En matière d'urbanisme, les lois de 1990 et de 1991 sont loin d'avoir corrigé les dérives issues de la décentralisation des compétences : l'intercommunalité s'est révélée très difficilement praticable ; les schémas directeurs d'urbanisme ne constituent pas des cadres suffisamment rigoureux, susceptibles d'encadrer efficacement les plans d'occupation des sols.

La crise du logement [1], qui se traduit notamment par le doublement des files d'attente du secteur social, n'a pas été enrayée jusqu'à présent par les lois récentes. En dépit de l'amélioration continue des conditions de logement depuis trente ans, le secteur du logement est, depuis une dizaine d'années, confronté à de nouvelles et graves difficultés. Le taux d'effort net des ménages en accession à la propriété est passé de 12,3 % en 1978 à 15,9 % en 1988, celui des locataires de 9,1 à 12,6 %. La situation des ménages s'est aggravée depuis 1988 sous l'effet de l'augmentation importante des prix de l'immobilier entre 1987 et 1990, surtout en région parisienne.

Ces tensions sur le parc contribuent à provoquer un accroissement de la demande de logements sociaux, elle-même alimentée par une mobilité plus faible des locataires HLM. Les transformations structurelles du secteur du logement – les marchés immobiliers échappant de plus en plus à la régulation par la puissance publique – rendent difficile la mise en œuvre du droit au logement à défaut de nouvelles réformes du financement public et des aides au logement.

En l'absence d'inflexions de cette nature et de cette ampleur sur l'urbanisme et le logement, la politique des villes risque de s'essouffler et de conduire au découragement de nombreux acteurs et militants de terrain qui s'y sont engagés dès l'origine.

1. Cf. rapport du groupe technique « Politiques locales de l'habitat », annexe 2 de *Villes, démocratie, solidarité...*, rapport cité, p. 123 et suiv.

Si différentes soient-elles dans leur champ et leur ciblage, les politiques sociales transversales ont une inspiration commune : tenter de lier plus intimement des interventions trop cloisonnées, notamment entre politiques du travail de l'emploi et de la formation professionnelle d'une part et protection sociale de l'autre, et de les infléchir en direction d'un objectif nouveau : la lutte contre l'exclusion, grâce à une concentration des moyens. Concentration de moyens sur les personnes démunies de ressources stables, ou sur des populations étrangères encore insuffisamment intégrées et ressenties comme menaçantes notamment pour les catégories sociales françaises elles-mêmes en voie d'exclusion. Concentration enfin sur des sites géographiques particuliers menacés de déshérence sociale.

Les difficultés qu'elles rencontrent leur sont également communes. Elles sont essentiellement de trois ordres :

– la complexité excessive des instruments, que les pouvoirs publics ne parviennent pas à maîtriser, et qui est due à l'affaiblissement de l'État, à l'absence de réforme de ses moyens d'intervention au niveau central et à l'extrême enchevêtrement des compétences issu des lois successives de décentralisation ;

– les difficultés des acteurs de terrain, notamment les professions sociales, déjà ébranlées par la crise de leurs métiers,

– le désarroi des usagers défavorisés face à la sophistication des procédures, à la multiplicité des guichets qui finit par devenir, faute de réforme simplificatrice, un facteur supplémentaire d'exclusion.

Au-delà de ces difficultés apparentes, une des causes profondes des difficultés rencontrées par les politiques transversales est sans doute qu'on ne peut pas modifier les politiques sociales en agissant à la marge. La lutte contre la pauvreté et l'exclusion nécessite, en effet, deux types d'action d'un niveau très différent. Des actions ciblées sur les populations, ou des lieux, marginalisés ou en voie de l'être : cette lutte quotidienne et constamment renouvelée, qui n'est pas et ne doit pas être le seul fait de l'État, est indispensable, à condition de ne pas stigmatiser les populations ou les lieux concernés, de ne pas les définir comme un « manque » par rapport à la moyenne. Mais si les actions ciblées sont indispensables, elles sont insuffisantes. Si l'on veut être en mesure de lutter plus efficacement contre l'exclusion, on ne peut différer en effet les transformations que la prise en compte de ce phénomène nouveau appelle dans les mécanismes de la solidarité, les priorités réelles des politiques d'emploi, de protection sociale. Au-delà même des politiques sociales, ce sont d'autres politiques « structurantes », comme celles de l'éducation, du logement, qui doivent être infléchies.

Le projet de loi dit de cohésion sociale, dont la discussion a été interrompue par les élections législatives anticipées de mai-juin 1997, et que le nouveau gouvernement s'est engagé à reprendre, se situait « entre les deux » : il prévoyait des compléments sans réorganisation d'ensemble. Compléments importants comme la consolidation des droits civiques et sociaux des exclus, l'amélioration de l'accès aux soins et de l'accès au logement. Mais les politiques préventives restaient en dehors de l'épure. Il est vrai que la réalisation d'une réelle égalité d'accès à l'éducation et à la formation permanente, celle du droit au logement, de l'accès au crédit, à la culture, à l'environnement urbain, ne dépendent pas d'un seul projet de loi, mais d'une politique d'ensemble.

À défaut de ce que l'on pourrait appeler la formulation d'un nouveau contrat social, les politiques transversales, qui ont et peuvent rencontrer çà et là de brillants succès, ne pourront véritablement réussir. Car ici, comme dans d'autres domaines, on ne peut généraliser telles quelles des expériences réussies : ce sont les objectifs et les modes d'intervention des politiques de base qui doivent eux-mêmes être transformés.

Conclusion générale

En dépit de progrès récents – et assez remarquables – dans l'analyse des transformations économiques et sociales dans lesquelles s'inscrivent les politiques sociales, nous vivons une période de transition, peu propice aux certitudes, où les voies de l'avenir paraissent incertaines.

Il est vrai que notre vision apparaît déformée : la crise « dévore » les souvenirs, l'importance des sacrifices passés, la violence des mouvements sociaux antérieurs, l'ampleur des progrès accomplis, la situation relative de la France par rapport à d'autres pays. Il est vrai également que, comme dans toute période où les modèles antérieurs ne sont plus adaptés aux nouvelles situations, les changements nécessaires sont précédés d'une complication croissante des systèmes d'intervention, que l'on s'efforce d'adapter par une série de modifications à la marge. Est-ce le signe avant-coureur d'une transformation plus globale ?

Les analyses présentées dans cet ouvrage ont amplement montré que les difficultés provenant des changements économiques et technologiques sont communes à la plupart des pays anciennement industrialisés, notamment aux pays européens. Mais, face à la crise, chaque nation puise dans son patrimoine historique des éléments de solution : la tendance actuelle à la diversification des situations tranche ainsi avec la relative homogénéité qui prévalait auparavant.

Le caractère peut-être plus aigu des difficultés françaises a plusieurs explications : les politiques sociales ont été mises en place plus tardivement qu'ailleurs ; surtout, le système français de régulation sociale lié à son système particulier de relations professionnelles et à la place qu'y tient l'État apparaît unique en Europe. Ce n'est pas un hasard si la crise du syndicalisme a atteint la France beaucoup plus profondément.

Par ailleurs, les mutations technologiques et économiques intervenues depuis la crise ne constituent pas à elles seules une explication des difficultés présentes. Certaines mutations sociales ont commencé bien avant 1974. Si le chômage a été un des facteurs les plus importants de l'affaiblissement du lien social, il s'est combiné avec d'autres comportements antérieurs pour parvenir à un effritement et sans doute à une crise dangereuse de la solidarité.

En fait, à la lumière des changements intervenus depuis plus de vingt ans, certaines orientations se dessinent même si elles ne font pas loin de là l'unanimité. S'agissant de la réponse à la « concurrence des systèmes sociaux », beaucoup de responsables et de spécialistes des politiques sociales s'accordent : il ne s'agit pas de procéder à un démantèlement des protections, mais de reconcentrer tous les éléments constitutifs de ces systèmes sociaux autour de la notion de qualification, de compétence, d'implication de tous dans des organisations de travail performantes. Ces dernières seules, dans nos vieux pays développés, constituent, avec d'autres investissements immatériels, comme la recherche, des éléments certains de compétitivité avec des pays moins développés. Ces idées s'expriment dans des expressions devenues courantes en matière de travail et d'emploi : « nouveau modèle socio-productif », « changement du travail », « moderniser sans exclure »... En matière de protection sociale, c'est la solidarité qui devrait l'emporter sur l'assurance, non par une séparation stricte des deux systèmes, mais par un éloignement des principes et des techniques de la Sécurité sociale du seul travail professionnel. Chacun s'accorde également, en matière de protection sociale, sur la nécessité de se donner les moyens de parvenir à déterminer des priorités et d'effectuer des choix : rendre le système plus transparent, parvenir à une croissance plus modérée des dépenses partout où elle est possible, afin de faire place à des politiques plus globales (de la santé, de la famille...) et à des risques nouveaux, comme la dépendance. Et c'est en ce domaine que les débats les plus vifs se produisent.

Mais une grave incertitude pèse, à long terme, en matière d'emploi. Pourra-t-on, avec un modèle d'organisation du travail nouveau, avec la mise en œuvre de tous les leviers d'action, par exemple une réduction significative du temps de travail, faire baisser suffisamment le niveau du chômage ? Si ce n'est pas le cas, le dualisme qui est déjà à l'œuvre réduira à néant tous les efforts de solidarité. Faut-il alors, comme certains y incitent aujourd'hui, s'affranchir de la valeur travail comme référence centrale de la société ? Chercher simplement à préserver l'« État social » est-il suffisant ? Et sa critique résolue, ou son abandon par pans entiers, est-elle une solution ? « Aujourd'hui, l'utopie qui se rattache à la société du travail a épuisé sa force de conviction [...] ; l'incapacité que nous éprouvons désormais à prendre la mesure de la réalité vient de ce que nous sommes dans une situation où les projets d'État social continuent de se nourrir de l'utopie propre à la société du travail, perdant ainsi leur capacité à ouvrir des possibilités d'avenir en vue d'une vie collective meilleure et moins menacée [1]. »

Mais comment se traduirait l'abandon de la valeur travail ? Comment imaginer un découplage du travail professionnel et du revenu ? Bien des débuts restent à mener, bien des questions demeurent, si l'on veut éviter que cet abandon ne constitue qu'un masque d'une réalité où coexiste-

1. Jürgen Habermas, *La crise de l'État providence...*, *op. cit.*, p. 111.

raient les plus compétitifs, insérés dans le monde moderne, et une masse d'assistés.

Nous ne pouvons donc pas encore savoir vers quelle nouvelle « utopie » nous entraîneront éventuellement le mouvement des idées, la nouvelle donne internationale, l'évolution de l'Europe, le mouvement social et politique. Le rôle des pouvoirs publics en est d'autant plus délicat : reprendre une très forte initiative présente des dangers dans un pays habitué à tout demander à l'État, à un moment où il a, en outre, à se réformer lui-même.

C'est dire combien il est difficile, en cette période confuse, de conduire les politiques sociales. C'est qu'au-delà de leurs finalités propres, l'objet de ces politiques – cet ouvrage l'aura suffisamment montré – est en définitive le lien social dont elles cherchent soit à éviter la désagrégation, soit à renforcer l'existence.

Bibliographie [1]

Alfandari (Élie), Monéger (Françoise), dir., *La protection sociale en cause. De la méforme à la réforme,* Paris, Sirey, 1997.
Bichot (Jacques), *Économie de la protection sociale,* Paris, Armand Colin, 1992.
Boissonnat (Jean) (rapport de la commission présidée par), *Le travail dans vingt ans,* Commissariat général du Plan, Paris, La Documentation française/Odile Jacob, 1995.
Bourdelais (Patrice), Gaullier (Xavier), Imbault-Huart (Marie-José), Olivennes (Denis) Poursin (Jean-Marie), Stasse (François), « État providence : arguments pour une réforme », *Le Débat,* 1996.
Bourdieu (Pierre), *La misère du monde,* Paris, Le Seuil, 1993.
Brunhes (Bernard), *Les habits neufs de l'emploi,* Paris, Nil éditions, 1996.
Bernard Brunhes Consultants (sous la direction de Danièle Kaisergruber), *Négocier la flexibilité; pratiques en Europe,* Paris, Les Éditions d'organisation, 1997.
Castel (Robert), *Les métamorphoses de la question sociale. Une chronique du salariat,* Paris, Fayard, 1995.
Cohen (Daniel), *Richesse du monde, pauvreté des nations,* Paris, Flammarion, 1997.
Comité interministériel d'évaluation des politiques publiques/Commissariat général du Plan, *La loi quinquennale relative au travail, à l'emploi et à la formation professionnelle; rapport d'évaluation,* Paris, La Documentation française, 1997.
Commaille (Jacques), *Les nouveaux enjeux de la question sociale,* Paris, Hachette, 1997.
Commissariat général du Plan, *Santé 2010,* rapport du groupe « Prospective du système de santé », présidé par Raymond Soubie, Paris, La Documentation française, 1993.
Commission européenne, *Livre blanc. Politique sociale européenne; une voie à suivre,* Luxembourg, Office des publications officielles des Communautés européennes, 1994.
Commission nationale d'évaluation du RMI, *RMI, le pari de l'insertion,* rapport de la commission présidée par Pierre Vanlerenberghe, Paris, La Documentation française, 2 tomes, 1992.

1. Cette bibliographie ne saurait être exhaustive. Les indications présentées en note dans les différents chapitres de l'ouvrage complètent, pour chaque domaine, les ouvrages à caractère plutôt général qui sont cités ici.

CSERC (Conseil supérieur de l'emploi, des revenus et des coûts), *L'allégement des charges sur les bas salaires*, Paris, La Documentation française, 1996.
CSERC, *Inégalités d'emploi et de revenu; les années 1990*, Paris, La Documentation française, 1996.
DARES, *40 ans de politique de l'emploi*, Paris, Ministère du Travail et des Affaires sociales/La Documentation française, 1996.
Damon (Julien), *La politique de la ville*, Paris, La Documentation française, « Problèmes politiques et sociaux », 1997.
Delarue (Jean-Marie), *Banlieues en difficulté : la relégation*, rapport au ministre d'État, ministre de la Ville et de l'Aménagement du territoire, Paris, Syros (coll. « Alternatives »), 1991.
Donzelot (Jacques), *L'invention du social*, Paris, Fayard, 1984.
Donzelot (Jacques) dir., *Face à l'exclusion*, Paris, éditions Esprit, 1991.
Donzelot (Jacques), Estèbe (Philippe), *L'État animateur. Essai sur la politique de la ville*, Paris, Éditions Esprit, 1994.
Dubar (Claude), *La formation professionnelle continue*, Paris, La Découverte (coll. « Repères »), 1996.
Dumont (Jean-Pierre), *Les systèmes de protection sociale en Europe*, Paris, Economica, 1995.
Dupeyroux (Jean-Jacques), *Droit de la Sécurité sociale*, Paris, Dalloz, 12e édition, 1993.
Ewald (François), *L'État providence*, Paris, Grasset, 1986.
Fitoussi (Jean-Paul), Rosanvallon (Pierre), *Le nouvel âge des inégalités*, Paris, Seuil, 1996.
Fraisse (Robert), Foucauld (Jean-Baptiste de) dir., *La France en prospectives*, Paris, Odile Jacob, 1996.
Freyssinet (Jacques), *Le chômage*, Paris, La Découverte (coll. « Repères »), 1997.
Freyssinet (Jacques), *Le temps de travail en miettes; 20 ans de politique de l'emploi et de négociation collective*, Paris, Les Éditions de l'Atelier, 1997.
Gazier (Bernard), *Économie du travail et de l'emploi*, Paris, Dalloz, 1992.
Guillemard (Anne-Marie), *Le déclin du social (formation et crise des politiques de la vieillesse*, Paris, PUF, 1986.
Hatzfeld (Henri), *Du paupérisme à la Sécurité sociale (1850-1940)*, Nancy, Presses universitaires de Nancy, 1989 (1re édition, Armand Colin, 1971).
Héritier (Pierre) dir., *Un pacte social pour l'Europe*, Paris, Les Éditions de l'Atelier, 1996.
INSEE, *Données sociales* (tous les trois ans), dernier titre paru, *Données sociales 1996, La société française*, INSEE, 1996.
INSEE, *Les revenus sociaux 1981-1995*, Paris, INSEE (coll. « Synthèses »), 1996.
Labbé (Dominique), Croisat (Maurice), *La fin des syndicats*, Paris, L'Harmattan, 1992.
Laroque (Pierre), *Au service de l'homme et du droit : souvenirs et réflexions*, Paris, Association pour l'étude de la Sécurité sociale, 1993.
Lenoir (Daniel), *L'Europe sociale*, Paris, La Découverte (coll. « Repères »), 1994.
L'état de la France, Paris, La Découverte, dernier titre paru, *L'état de la France 97-98*.
Le Goff (Jacques), *Du silence à la parole. Droit du travail, société, État (1830-1989)*, Quimper, Calligrammes, 1985.
L'intégration à la française (présentation de six rapports du Haut Conseil à l'intégration), Paris, Union générale d'éditions, 1993.
Livre blanc sur les retraites, Paris, Gallimard, 1991.
Livre blanc sur la santé, Paris, La Documentation française, 1995.

Lyon-Caen (Gérard), Pélissier (Jacques), Supiot (Alain), *Droit du travail,* Dalloz, 18e éd., 1996.
Lyon-Caen (Antoine) et Lyon-Caen (Gérard), *Droit social international et européen,* Dalloz, 8e éd., 1993.
Méda (Dominique), *Le travail, une valeur en voie de disparition,* Paris, Aubier, 1995.
Murard (Numa), *La protection sociale,* Paris, La Découverte (coll. « Repères »), 1996.
Nicole-Drancourt (Chantal) et Roulleau-Berger (Laurence), *L'insertion des jeunes en France,* Paris, PUF (coll. « Que sais-je? »), 1995.
OCDE, *La stratégie de l'OCDE pour l'emploi : renforcer l'efficacité des politiques actives du marché du travail,* Parsi, OCDE, 1996.
Paugam (Serge), *La société française et ses pauvres,* Paris, PUF, 1993.
Paugam (Serge) dir., *L'exclusion : l'état des savoirs,* Paris, La Découverte (coll. Textes à l'appui »), 1996.
Perspectives à long terme des retraites, rapport d'un groupe de travail présidé par Raoul Briet, Commissariat général du Plan, Paris, La Documentation française, 1995.
Ray (Jean-Emmanuel), *Droit du travail, droit vivant,* Paris, Liaisons, 5e éd., 1996.
Rey (Henri), *La peur des banlieues,* Paris, Presses de Sciences Po (coll. « La bibliothèque du citoyen), 1996.
Rigaudiat (Jacques), *Réduire le temps de travail,* Paris, Syros, 1997.
Rosanvallon (Pierre), *La nouvelle question sociale,* Paris, Seuil, 1995.
Schnapper (Dominique), *Contre la fin du travail,* Paris, Textuel, 1997.
Supiot (Alain), *Critique du droit du travail,* Paris, PUF, 1994.

PUBLICATIONS ET PÉRIODIQUES

Annuaire de statistiques sanitaires et sociales, SESI, ministère de l'Emploi et de la Solidarité (annuel).
Comptes de l'emploi, mises à jour périodiques, Premières synthèses, DARES, ministère du Travail, de l'Emploi et de la Formation professionnelle, Paris, Masson.
Comptes de la protection sociale, semestriel, La Documentation française.
SESI, *Les comptes de la protection sociale 1990-1995,* Paris, ministère des Affaires sociales et de la Solidarité/La Documentaiton française, 1996.
SESI, *Chiffres repères : la protection sociale dans les pays de l'Union européenne,* 1995, Paris, Ministère du Travail et des Affaires sociales/La Documentation française, 1996.
Cour des comptes, *Rapport annuel au Parlement sur la Sécurité sociale,* Paris, les éditions du Journal officiel.
Projets de *lois de financement de la Sécurité sociale.*
Droit social, mensuel, dirigé par Jean-Jacques Dupeyroux, Paris, Éditions techniques et économiques.
Liaisons sociales, série « Législation et documents », essentiellement pour consultation des textes et projets d'actualité de l'année en cours. Numéros spéciaux, Liaisons sociales.
La formation professionnelle, Paris, *Journal officiel,* Imprimerie nationale, document budgétaire annexé à chaque projet de loi de finances.
Revue française des affaires sociales, trimestrielle, ministère du Travail, ministère des Affaires sociales, diffusion Masson.
IGAS, rapports annuels, La Documentation française, dernier paru 1991-1992.

Travail/Emploi, mensuel, ministère du Travail, de l'Emploi et de la Formation professionnelle, diffusion Masson.
Premières synthèses, ministère du Travail, DARES, diffusion Masson.
Premières informations, ministère du Travail, DARES, diffusion Masson.
Dossiers statistiques du travail et de l'emploi, ministère du Travail, DARES, supplément au bulletin statistique mensuel, diffusion Masson ; voir notamment les bilans annuels de la politique de l'emploi.
Recueil d'études sociales, système statistique public (périodique).
Solidarité santé : études statistiques, ministère des Affaires sociales, diffusion Masson (trimestriel).
Économie et statistiques, INSEE (mensuel), Problèmes économiques, La Documentation française (hebdomadaire) pour les articles ou les numéros spéciaux se rapportant aux thèmes des politiques sociales.
État retraçant l'effort social de la Nation, document annexé à chaque projet de loi de finances. Paris, *Journal officiel,* Imprimerie nationale.
Regards trimestriels sur l'actualité (mensuel), La Documentation française.
Eurostat – Statistiques de base de la communauté Luxembourg, Office des publications officielles des Communautés européennes (dernier paru, 1992).
OCDE – *Perspectives de l'emploi,* Paris, OCDE (annuel dernier numéro paru, juillet 1993).
Europe sociale, Commission des Communautés européennes (direction générale de l'Emploi, des Relations industrielles et des Relations sociales), trois numéros par an, Luxembourg, office des publications officielles des communautés européennes.

Liste des tableaux

Chapitre 5

Chapitre 6

Chapitre 7

Chapitre 11

Chapitre 12

Chapitre 13

Chapitre 14

Chapitre 15

Chapitre 16

Chapitre 17

Chapitre 18

Chapitre 20

Liste des encadrés

Chapitre 1

Chapitre 2

Chapitre 3

Chapitre 4

Chapitre 5

Chapitre 6

Chapitre 7

Chapitre 8

Chapitre 9

Chapitre 10

Chapitre 11

Chapitre 12

Chapitre 13

Chapitre 14

Chapitre 15

Chapitre 16

Chapitre 17

Chapitre 18

Chapitre 19

Chapitre 20

Index *

* Pour leurs recherches, les lecteurs consulteront également avec profit la table des matières (page 7), la liste des encadrés (page 705) et la liste des tableaux (page 699).

Composé et achevé d'imprimer
par l'Imprimerie Floch
à Mayenne, en octobre 1997.
Dépôt légal : octobre 1997.
Numéro d'imprimeur : 41649.
Imprimé en France.